影響中華文明的千經之首

易經的智慧

傳部

看得懂 學得會 用得上

唐頤／編著

編者序

重新綻放《易傳》的智慧之光

　　《易經》不僅是中國古代群經之首，同時也是一部蘊含著豐富人生智慧的經典著作。《易傳》，又稱為《易大傳》，自漢以來，也被稱為《十翼》，是中國現存最早的一部系統地解釋《易經》的書。它由《彖辭傳》、《象辭傳》、《繫辭傳》、《文言》、《說卦傳》、《序卦傳》等十篇組成，相傳為孔子所撰。《彖辭傳》說明每一卦的基本思想，解釋卦辭。《象辭傳》一部分是說明如何按照卦的基本思想去行動（又稱為「大象」），一部分是解釋爻辭（又稱為「小象」）。《文言》是專門論述乾、坤兩卦的基本思想。《繫辭傳》是總論《易經》的基本思想。《說卦傳》總述八卦代表的各類事物及其原理、變化等。《序卦傳》是對六十四卦排列次序的說明。《雜卦傳》則說明各卦之間的關係。

　　《易傳》藉助於對《易經》卦辭、爻辭的解釋、說明、補充、發揮，對客觀世界和人類社會發展變化的運動規律，做了深刻的分析和高度的概括。與此同時，《易傳》對《易經》中的智慧進行了創造性的闡述和發揮，主要有天尊地卑、效法天地、樂天知命、知崇禮卑、謹言慎行、恩威並施、靈活變通、陰陽相推、剛柔相濟、居安思危等，對後世產生了深遠的影響。直到今天，那些充滿智慧光芒的思想仍具有極高的學術價值和實用價值。這些思想雖說不是專為某事某物而設，但每個人都可以從自己的經驗出發，從中獲得有益於工作的啟迪和便於解決問題的方法。仁者見仁，智者見智，人人都可以從中汲取智慧的瓊漿，得到有益的啟示。

　　《易傳》透過對《易經》的解讀，把諸家的人生智慧與《易經》中的卦辭、爻辭互釋互融，從而使《易傳》中的人生智慧有了自然根源。易學各個流派的最終統領思想都出現在《易傳》中。因此，若想真正學好易學，《易傳》是必須要精讀的。只有這樣，我們讀《易》時才能夠出入自由。

　　與其他版本不同的是，《圖解易經的智慧‧傳部》將看起來高深莫測的《易傳》通俗化，精心選配了六百餘幅精美的古圖和手繪插圖，用生動的圖解表現形式，讓讀者在閱讀過程中感受優美的意境，並增加對內容的直覺理解。這不能不

編者序　重新綻放《易傳》的智慧之光

說是一種劃時代對古老經典的解讀模式，裡面不但有從古人的典籍中流傳下來的易學圖典精華，更有對《易傳》哲學思想深層內涵的形象演繹，對於大多數第一次打開這本書的讀者，會是一個強大的震撼和驚喜。

本書內容分為六章進行闡述：第一章主要介紹了《易傳》是怎樣的一部書，同時闡明了《易傳》與《易經》的密切關係。第二章和第三章詳盡地介紹了《繫辭傳》的智慧。《繫辭傳》是《易傳》中比較重要的篇章，分上、下篇，各十二章。上篇論述為什麼創立八卦易學系統，下篇論述如何掌握使用《易經》哲理並舉例說明。《繫辭傳》在解釋《易經》時巧妙地運用了一些智慧，主要包括：樂天知命、知崇禮卑、謹言慎行、恩威並施、靈活變通、陰陽相推、剛柔相濟、居安思危等。第四章為《說卦傳》，它是專為說明《易經》卦象而寫的傳。此章主要是說明重卦的由來、八卦的涵義、八卦所取的物象和所處的方位。基於天道為陰陽，地道為柔剛，人道為仁義，提出重卦合「性命之理」。還提出「天地定位」說，以及八卦所象徵的八種自然現象的交錯關係。第五章是《序卦傳》，它是對通行本六十四卦的排序所作的解釋和說明，闡述了六十四卦排列順序的意義。第六章是《雜卦傳》，它位於《易傳》七種十篇之末，以相反相成的觀點，透過反對之象，打亂六十四卦的排列順序，把六十四卦分為三十二對，以最簡練的語言來描述和解釋每卦卦義和相互間的關係。

總之，本書運用圖片、背景、概念、卦義等要素，全新詮釋了這本古老的經典，使《易傳》的智慧之光重新綻放，以指導人們的行為，讓人看得懂、學得會、用得上。但由於其內容包羅萬象，編者能力水準有限，且某些資料也很難搜集齊全，所以本書難免有一些疏漏之處，有些觀點也有待商榷。其中的不足之處，還請讀者批評指正。

編者謹識
2009 年 2 月

目錄

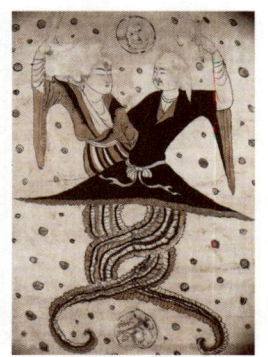
伏羲女媧圖

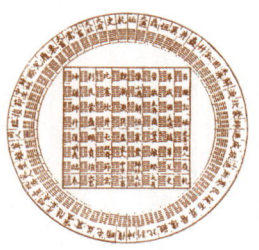
乾坤之變圖

天尊地卑圖

孔子像

《易傳》中繫辭的智慧 …………………………… 拉頁 1

《易傳》中卦序的智慧 …………………………… 拉頁 2

編者序：重新綻放《易傳》的智慧之光 …………… 2

本書內容導航 ………………………………………… 8

第一章　《易傳》概說

第 1 節　《易傳》的內容：七種十篇 ……………… 12

第 2 節　《易傳》的作者：孔子十翼 ……………… 18

第 3 節　《易傳》與《易經》：傳承不絕的易學 …… 24

第 4 節　孔子與《十翼》：述而不作，信而好古 …… 37

第 5 節　如何讀懂《易傳》：開啟易學之門的鑰匙 … 48

第二章　《繫辭傳・上篇》的智慧

第 1 節　天尊地卑：乾道與坤道 …………………… 52

第 2 節　設卦觀象：君子怎樣讀《易經》 …………… 79

第 3 節　辭也者，各指其所之：小大與險易 ………… 97

目錄

第 4 節　《易》與天地準：不違背天地之道 ………… 102

第 5 節　一陰一陽之謂道：日用而不知 ………… 116

第 6 節　易道之廣大：無所不包 ………… 121

第 7 節　易其至矣乎：乾為道之門，坤為義之門 ………… 126

第 8 節　聖人以《易》解天下之玄妙：言應千里 ………… 131

第 9 節　天地之數與大衍之數：
　　　　《易經》中的數學 ………… 166

第 10 節　《易》有聖人之道四焉：
　　　　《易》有「四道」 ………… 183

第 11 節　開物成物，冒天下之道：把握天下之道 ………… 196

第 12 節　自天佑之，吉無不利：
　　　　履行誠信，順應天道 ………… 219

第三章　《繫辭傳・下篇》的智慧

第 1 節　八卦成列：道從觀察中來 ………… 232

第 2 節　八卦與人類上古進化史：
　　　　《易》的演變過程 ………… 245

第 3 節　易者，象也：《易》的象思維 ………… 283

第 4 節　陽卦多陰，陰卦多陽：
　　　　君子之道與小人之道 ………… 286

第 5 節　憧憧往來，朋從爾思：殊途同歸 ………… 291

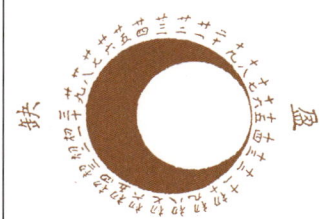
天上月輪圖

老子的「無為而治」思想

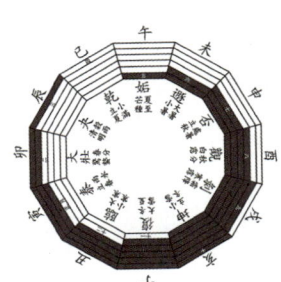
文王十二月卦氣圖

天壇

圖解易經的智慧・傳部

甲骨占卜之辭

第 6 節　乾坤，其易之門邪：古而不老的易學 ……… 327

第 7 節　《易》之興也，其於中古乎：
　　　　《易》的憂患思維 ……………………………… 332

第 8 節　《易》之為書也，不可遠：
　　　　經世致用的學問 ………………………………… 340

第 9 節　《易》之為書也，原始要終：
　　　　推衍萬事萬物的始終 …………………………… 347

達摩面壁圖

第 10 節　《易》之為書也，廣大悉備：
　　　　　內容詳備，無所不包 ………………………… 353

第 11 節　《易》之興也：殷之末世，周之盛德 …… 356

第 12 節　夫乾，天下之至健也：德行恆易以知險 … 359

第四章　《說卦傳》的智慧

第 1 節　參天兩地而倚數：揲蓍成卦法 ……………… 372

性命雙修方式

第 2 節　聖人作易，以順性命之理：
　　　　順應本性與命運 ………………………………… 376

第 3 節　天地定位，山澤通氣：逆序而數 …………… 379

第 4 節　雷以動之，風以散之：
　　　　八個物象的基本特性 …………………………… 384

第 5 節　帝出乎震，齊乎巽：方位和季節 …………… 387

看手相

第 6 節　神也者，妙萬物而為言者也：
　　　　卦象的作用和意義 ……………………………… 392

6

第 7 節　乾，健也：八卦之卦德 …………… 396

第 8 節　乾為馬，坤為牛：八卦代表的八種動物 …… 399

第 9 節　乾為首：八卦與人體各部位 ………… 402

第 10 節　乾，天也，故稱乎父：
　　　　　乾坤父母與三子三女 ………………… 405

第 11 節　乾為天、為圜、為君、為父：萬物類象 … 408

還政於成王

第五章　《序卦傳》的智慧

第 1 節　《序卦傳》一：上經卦序 …………… 422

第 2 節　《序卦傳》二：下經卦序 …………… 430

四象生八卦圖

第六章　《雜卦傳》的智慧

第 1 節　《雜卦傳》通釋：雜而不亂 ………… 440

第 2 節　《雜卦傳》句解：兩兩對解之卦 …… 443

河圖

附錄

一、《易經》六十四卦原文 …………………… 448

二、《繫辭傳》 ………………………………… 468

六十四卦生自兩儀圖

本書內容導航

易學古圖譜
以《四庫全書》中精選了數百幅精美的易學圖譜，力求圖文交相輝映。

第 **3** 節

《易傳》與《易經》
傳承不絕的易學

本節主標題
本節所要探討的主題。

雖然易學在伏羲之前便已存在，河圖、洛書是伏羲之前便已存在的古星圖，但在中國古文獻中，總是將易學歸功於伏羲、文王與孔子。其實，這主要是由於經傳合一的《易經》一書，與這三位聖人有著莫大的關係。

易學植根於天文學

易學，是古天文學。天上斗轉星移，地上則寒暑變換、四季更替。由於天上的星象影響著地上的氣候，所以觀測星象來推算地上的氣候變化及災變情況，便是古老易學最主要的內容。

古人觀測星象，主要是觀測肉眼可見的日月、金、木、水、火、土五大行星以及北斗七星，並以二十八宿一類的恆星星座作為天體坐標定位系統，以主表為天文工具，以月象盈虧週期為立體的月曆牌。這樣，時序的萬般變化，都可以透過天上的星象察覺、推算、預測出來。

隨著時間的推移與經驗的不斷積累，人類透過星體的運行方位、明暗狀況及相互間的合、沖、留、逆變化，可以推算預測出更為豐富的信息，不但對氣候及災變預測得更加準確，並且可以推算出諸多植物的陰陽屬性及生長規律，可以推算出諸多動物的生活習性及分布規律，可以推算出地理形態是否適合人類久居生存，可以推算出不同時間出生的人之吉凶，推算出人的行為舉止是否符合天道……總之，

正文
通俗易懂的文字，讓你輕鬆閱讀。

本書內容導航

圖解標題
針對內文所探討的重點圖解分析，幫助讀者深入領悟。

孔子與六藝

孔子晚年，開始致力於整理前朝遺留下來的文化典籍，編修了六藝，成為後世儒家的主要經典。

孔子修書圖

- 《詩》：即《詩經》，原有三千多篇，孔子把其中重複的去掉，選用合於禮義教化的，集成三百零五篇。
- 《書》：即《尚書》，記述了虞、夏、商、周各代典、謨、訓、誥、誓、命等文獻。
- 《禮》：即《儀禮》，相傳是孔子參合周朝禮儀而定。
- 《樂》：即《樂經》，相傳是孔子根據音樂文獻編的音樂教材，後失傳。
- 《易》：即《易傳》，孔子晚年喜讀《易經》，並作十翼，開始了《彖辭》、《繫辭》、《象辭》、《說卦》、《文言》等。
- 《春秋》：記述了從魯隱公元年（西元前722年）到魯哀公十四年（西元前481年）的歷史，是中國第一部編年史。

圖表
將隱晦、生澀的敘述，以清楚的圖表方式呈現。此方式是本書的精華所在。

手繪插圖
六百幅精美手繪插圖，生動的圖解表現形式，能讓你得到視覺上的愉悅，使閱讀變得輕鬆有效。

章序號
本書每章統一用章號標示，提挈全文。

9

第一章

《易傳》概說

　　關於《易經》成書，歷來有「伏羲制卦，文王卦辭，周公爻辭，孔子《十翼》」的說法。對於伏羲、文王與周公，歷代並無太多爭議，而對於「孔子《十翼》」，則一直存在各種不同說法。《十翼》即《易傳》，有些觀點認為《易傳》中大部分篇章並非孔子所作，有些觀點認為《易傳》本為道家理論；有的觀點認為《易傳》出現於戰國末期，有的觀點認為《易傳》在孔子之前便已經存在……為了使大家能夠明白《易傳》是怎樣的一本書，從而更好地理解《易傳》中的理論，本章便給大家歸總一個較為簡單清楚的說法。

第一章 《易傳》概說

本章內容摘要

《易傳》的內容：七種十篇
《易傳》的作者：孔子十翼
《易傳》與《易經》：傳承不絕的易學
孔子與《十翼》：述而不作，信而好古
如何讀懂《易傳》：開啟易學之門的鑰匙

第 1 節

《易傳》的內容
七種十篇

廣義而言，所有解釋、疏通、闡發《易經》的著作皆可稱為「易傳」，狹義而言，《易傳》則專指相傳為孔子所作的「七種十篇」。

什麼是《易傳》？傳是注釋或闡述經義的文字。如，傳注（解釋經籍的文字）、傳詁（解譯經籍的文字）、傳疏（詮釋經義的文字）。再如，《左傳》、《公羊傳》、《穀梁傳》皆為解釋魯國史書《春秋》的著作；《毛詩傳箋》為注解《詩經》的著作。所以，《易傳》就是解釋《易經》的著作。

廣義而言，所有解釋、疏通、闡發《易經》的著作皆可稱為「易傳」，如《子夏易傳》、《京氏易傳》、《程氏易傳》和《東坡易傳》等，皆屬於易傳。狹義而言，《易傳》則專指相傳為孔子所作的「七種十篇」：《彖辭傳》上、下篇，《象辭傳》上、下篇，《文言》，《繫辭傳》上、下篇，《說卦傳》，《序卦傳》和《雜卦傳》。這十篇文章是現存最早的《易經》輔助讀物，是解讀《易經》最古老的鑰匙。《易傳》，又稱《易大傳》，自漢以來，也稱為《十翼》，與《易經》一起成為公認的儒家經典。本書所要講解的，便是這部被稱為《十翼》的《易傳》。

《彖辭傳》

《易經》六十四卦分為《上經》與《下經》。《上經》三十卦，《下經》三十四卦，每一卦都有周文王撰寫的卦辭，以斷定每一卦的吉凶。文王撰寫的卦辭，便稱為「彖辭」。彖，相傳為一種可以咬斷金屬的猛獸，引申義為斷、斷定的意思。彖辭，即

《易傳》的分類

　　《易傳》是中國儒家學者對《易經》所作的解釋。共七種十篇：《彖辭》上、下，《象辭》上、下，《文言》，《繫辭》上、下，《說卦》，《序卦》，《雜卦》。自漢代起，它們又被稱為「十翼」。

《易傳》

- 《彖辭傳》——《彖》主要用以斷定一卦之義。
- 《象辭傳》——《象》是取八卦所象徵的天、地、風、雷、水、火、山、澤等自然現象解釋卦象和卦名的涵義。
- 《文言》——《文言》是專門對乾坤兩卦卦辭和爻辭的解釋。
- 《繫辭傳》——《繫辭》為《易經》經文之外，解說全書義理的通論，是《易傳》思想的主要代表作。
- 《說卦傳》——《說卦》說明重卦的由來、八卦的內涵、八卦所取的物象和所處的方位。
- 《序卦傳》——《序卦》是對通行本六十四卦排列順序所作的說明。
- 《雜卦傳》——《雜卦》以相反相成的觀點把六十四卦分為三十二對，解釋其卦義和相互間的關係。

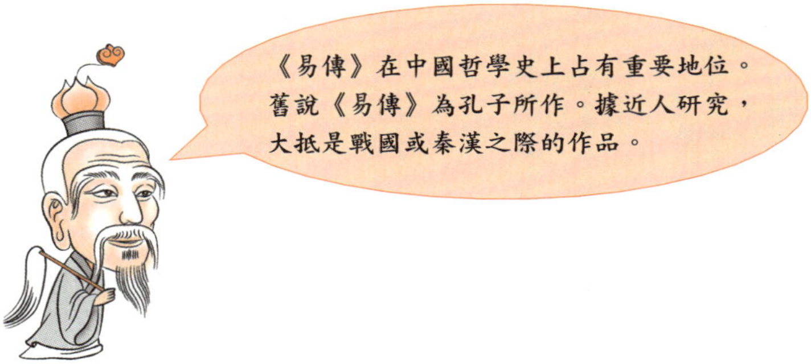

《易傳》在中國哲學史上占有重要地位。舊說《易傳》為孔子所作。據近人研究，大抵是戰國或秦漢之際的作品。

第一章　《易傳》概說

13

彖辭的三種說卦方法

彖辭，即斷定一卦之吉凶休咎的卦辭。唐代孔穎達認為，彖辭是透過取象、取義、析位三個方面來闡明每卦吉凶休咎的原理。

彖辭

- **取象**：以八卦所象徵的事物說明卦義。
- **取義**：以每卦所隱含的義理或德行來說明每卦的內涵。
- **析位**：以爻象在全卦中所處的位置來說明卦辭涵義。

斷定一卦之吉凶休咎的卦辭。《彖辭傳》，則是解釋彖辭（卦辭）的輔助讀物。

《彖辭傳》共六十四條，與六十四卦一一對應，所以也分為上篇與下篇。為便於讀者理解《易經》卦辭，歷代版本的《易經》往往將《彖辭傳》的文字分別附於卦辭之下，其註明「彖曰」的文字，便是《彖辭傳》的內容。所以，後世往往將彖辭稱為卦辭，而將《彖辭傳》的文字簡稱為「彖辭」。唐代孔穎達認為，「彖辭」透過三個方面來闡明每卦吉凶休咎的原理：其一是取象，以八卦所象徵的事物說明卦義；其二是取義，以每卦所隱含的義理或德行來說明每卦的內涵；其三是析位，以爻象在全卦中所處的位置來說明卦辭涵義，包括當位、得中、應位、承乘及剛柔往來等諸多說法。但大體來講，《彖辭傳》重在闡明一卦之「內在品質」；《象辭傳》則重在闡明一卦之「外在品質」。這樣，《彖辭傳》透過界說、定義為方法，《象辭傳》透過表徵、暗示、類推和舉例為手段，世間萬物都可以解說、認知。

「彖」的由來

彖辭，即斷定一卦之吉凶休咎的卦辭，是文王撰寫的卦辭。彖，相傳為一種可以咬斷金屬的猛獸，引申義為斷、斷定的意思。此圖為一面虎牛咬鬥金牌。在人類尚未占據先進的生存優勢時，老虎、野牛之類的猛獸活動猖獗，遠古人類對牠們既敬又畏，把牠們看做勇氣和力量的象徵，於是出現類似「彖」這種虎牛同體的怪獸。

由於本書上冊經部也依古例，將《象辭傳》內容分別附於卦辭之後解說，所以下冊之傳部便不再單獨提出解說，以避免不必要的重複。

《象辭傳》

《象辭傳》簡稱為《象傳》，主要從卦象上解說每卦之內涵，其舉天地萬物之象，以喻人事道德之義。《象辭傳》與《彖辭傳》一樣分為上、下兩篇。但若要細分，《象辭傳》還可分為《大象》和《小象》。

《大象》主要是取八卦所象徵的天、地、風、雷、水、火、山、澤等自然現象解釋每卦整體形象和卦名的涵義。如乾卦《象》曰：「天行健，君子以自強不息。」以乾卦象徵天，其德性純陽剛健，晝夜運行不息。人事效法天，當勤勉自強而不怠。《大象》每卦一條，一共六十四條，歷代版本的《易經》往往將其分別附於每卦的彖辭之後，以「象曰」標示。

《小象》則是對每爻的爻象和爻辭進行解釋，其體例不一。如乾卦初九爻《象》曰：「潛龍勿用，陽在下也。」蒙卦初六爻《象》曰：「利用刑人，以正法也。」《小象》一共有三百八十四條，與《易經》卦爻一一對應。歷代版本《易經》往往將其附於每卦的爻辭之後，即註明「象曰」的內容。

由於本書上冊經部已講過《象辭傳》內容，所以下冊傳部也不再贅述。

象辭傳的分類

《象辭傳》簡稱為《象傳》，主要從卦象上解說每卦之內涵，其舉天地萬物之象，以喻人事道德之義。《象辭傳》與《彖辭傳》一樣分為上、下兩篇。但若要細分，《象辭傳》還可分為《大象》和《小象》。

小象
利用禦寇，上下順也。
主要是對每爻的爻象和爻辭進行解釋，其體例不一，共三百八十四條，與《易經》卦爻一一對應。

大象
山下出泉，蒙；君子以果行育德。
主要是取八卦所象徵的天、地、風、雷、水、火、山、澤等自然現象解釋每卦整體形象和卦名的涵義。每卦一條，共六十條。

蒙卦

第一章 《易傳》概說

15

《文言》

　　《文言》是專門闡發乾、坤這兩卦的深奧意義的小論文，分別附在乾、坤兩卦的文末。唐代孔穎達認為：「當謂釋二卦之經文，故稱《文言》。」其主旨在於藉闡發天地之德，說明君臣上下、進退存亡之道，以及修身、齊家、治國、平天下之理。

　　由於本書上冊經部已講過《文言》內容，所以下冊傳部不再單獨表述。

《繫辭傳》

　　繫，是繫屬之義；繫辭，是繫屬於卦畫之後的經文，即周公所作的卦辭與周公所作的爻辭；《繫辭傳》則是解釋卦、爻辭的《易經》輔助讀物。由於後世將《繫辭傳》簡稱為《繫辭》、《繫》，所以此「繫辭」與卦、爻辭的「繫辭」存在一名兩用的現象。

　　需要說明的是，由於司馬遷著《史記》時，稱《繫辭傳》的文字為「《易大傳》曰」，至《京氏易傳》中，始稱《繫辭傳》為「《繫》云」，所以有學者認為稱《易大傳》為《繫辭傳》者始於京房。其實，司馬遷為史官，京房是精研易學之士，所以二者之言自然有專業與非專業的區別，不能因此而認為《繫辭傳》以前的稱謂就是《易大傳》。我們必須明白的是，《易大傳》是所有《易經》輔助讀物的統稱，《繫辭傳》只是《易大傳》中的一篇。

　　古本《易經》一般將《繫辭傳》列於傳部的首篇，以體現其在《易傳》中的重要地位。其總論全經易理，對天道、人道及其相互關係作了全面的解析，其內容包含《易經》大意、原理、起源和筮法，並有選擇地解釋了十九條爻辭。《繫辭傳》分為上、下兩篇，每篇各十二章。自宋代朱熹參考程頤的見解，於《周易本義》中對《繫辭傳》個別章節作了調整後，後世皆以《周易本義》版本為準。

　　一般認為，《繫辭傳》是《易傳》中思想水準最高的作品，所以歷代解說《易傳》的作品，皆把《繫辭傳》作為重點詳解內容。而且，《繫辭傳》中的思想與文字，也常常被應用於古代各種典籍之中。

《說卦傳》

　　《說卦傳》是古本《易經》傳部的第二篇文章，共十一章。主要講述了先天八卦與後天八卦的形成原理，重卦的由來，以及八卦所取的物象和所處的方位。這些理論皆為古時八卦的正統理論，雖然闡述過簡，但對後來易學的發展仍然產生了很大影響。

《序卦傳》

《序卦傳》是古本《易經》傳部的第三篇文章，分為上下兩篇，由於篇幅較小，所以在「七種十篇」的說法中，《序卦傳》只算成一篇。

《序卦傳》闡明的是《易經》卦序安排的原理。其實，六十四卦的卦序根據不同用途，存在多種卦序排列方式。比如用於太陽八卦曆的先天六十四卦卦序，還有京房八宮卦序，皆有別於《易經》卦序，對此不可不知。

《雜卦傳》

《雜卦傳》是古本《易經》傳部的最後一篇短文，其文以最簡練的文字描述和解釋各卦大意，由於沒有依照《易經》各卦次序，而是雜錯而述，所以稱為《雜卦傳》。

以上，便是「七種十篇」的《易傳》內容。如果將《象辭傳》分為《大象》、《小象》上下篇，則實際上應是「八種十三篇」（《序卦傳》分為上、下兩篇）。這些文字風格不一，筆法不同，觀點也不統一。所以，儘管它被堂而皇之地收錄於儒家經典《四書五經》的《易經》裡成為傳部，並且普遍相傳為孔子所作，但卻難以在事實面前自圓其說。因此，從古至今，一直有人對《易傳》為孔子所作的說法持懷疑態度，而《易傳》的產生年代及真正作者，至今仍是一樁懸案。

第2節

《易傳》的作者
孔子十翼

《周易正義》中說：「伏羲制卦，文王卦辭，周公爻辭，孔子十翼也。」這種說法為大多數人所接受，然而，對於「孔子十翼」一條，卻歷來頗有爭議而成為一樁懸案。

《史記》的記載

現存最早談及孔子與《易傳》關係的文獻是《史記‧孔子世家》，這也是孔子作《易傳》說的最主要根據。《史記》原文是：「孔子晚而喜易序彖繫象說卦文言」，由於後人對其中的「序」字有三種理解，導致有兩種斷句方法及三種觀點。

唐人張守節在《史記正義》中云：「序，《易‧序卦》也。」認為「序」字就是《易經》傳部的《序卦傳》，於是《史記》原文斷句則為：「孔子晚而喜《易》、《序》、《彖》、《繫》、《象》、《說卦》、《文言》。」自然，如此一來，則《史記》中並未言明孔子作《十翼》的事情。

也有人認為「序」字為動詞，非文章名稱，於是《史記》原文則斷句為：「孔子晚而喜《易》，序《彖》、《繫》、《象》、《說卦》、《文言》。」按照這種斷句法，有人將「序」字理解為「排列次序」，即孔子為《十翼》整理過先後順序；有人將「序」字理解為「序跋之序」，即孔子為《十翼》寫過序一類的文字。自然，這兩種理解也不承認孔子作《十翼》的事情。

可見，認為孔子作《易傳》的主要根據，並不能證明孔子作《易傳》的事情。而《漢書‧藝文志》：「文王……作上下篇，孔氏為之《彖》、《象》、《繫辭》、

孔子講易圖

檜樹
在孔廟主體院落大成門內，有一棵挺拔高聳的檜樹。相傳這是孔子親手所栽。據說孔子親手植三棵檜樹，死了兩棵，只活了現在的這一棵。

孔子
現存最早談及孔子與《易傳》關係的文獻是《史記·孔子世家》，這也是孔子作《易傳》說的最主要根據。

杏壇
相傳杏壇是孔子當年弦歌講學的地方。《易經》也在孔子的教學之列，不過只有少數弟子能夠精通《易經》。

弟子聽《易》
孔子設壇講學，圖中孔子高坐，眾弟子端坐聽孔子講《易》。

《文言》、《序卦》之屬十篇。」是儒家一枝獨秀的政治背景之言詞，並且「為之」二字也是一種模糊的說法。

因此，最早言明孔子作了《易傳》的文獻應當是不足信的緯書《周易乾鑿度》：「孔子占《易》，得《旅》，息志停讀。五十究《易》，作《十翼》。」漢人王充在《論衡·謝短》則說：「孔子作《彖》、《象》、《繫辭》。」後來唐朝時，孔子第三十二代孫孔穎達在《周易正義》中則斷言：「其《彖》、《象》等《十翼》之辭，以為孔子所作，先儒更無異論。」而事實上，並不是沒有異論，而是一直有懷疑。只是儒家一枝獨秀的政治格局，使更多的讀書人不敢大膽表白自己的懷疑觀點，導致孔子作《易傳》的說法更加盛行。

歐陽脩對《十翼》的懷疑

宋代歐陽脩對《十翼》的懷疑理由更充分，他認為只有《彖辭傳》與《象辭傳》為孔子所作，其他皆非。是根據「從說淆亂，亦非一人之言也。」、「謂其說出於諸家，而昔之人雜取以釋經，故擇之不精則不足怪也。謂其說出於一人，則是繁衍叢脞之

歐陽脩像

清代 上官周 《晚笑堂畫傳》

　　歐陽脩懷疑孔子作《十翼》，雖然有一些文獻依據，但有些論述也不嚴謹，得到的結論也不比漢唐經學更符合經書的原貌。實際上，這種從懷疑主義先入為主的傾向出發，得到的結果總是「事出有因，查無實據」。

言也。其遂以為聖人之作，則又大繆矣！孔子之文章易《春秋》是已。其言愈簡，其義愈深，吾不知聖人之作，繁衍叢脞之如此也。」

　　歐陽脩不僅從文字上發現《繫辭》、《文言》、《說卦》等不像孔子手筆，內容上也發現矛盾處：「《文言》曰：『元者，善之長也。亨者，嘉之會也。利者，義之和也。貞者，事之幹也。』是謂《乾》之四德。又曰：『乾元者，始而亨者也。利貞者，性情也。』則又非四德矣！謂此二說出於一人乎，則殆非人情也。」又據《繫辭》：「河出圖，洛出書，聖人則之。」又說：「仰則觀象於天，俯則觀法於地，觀鳥獸之文與地之宜，近取諸身，遠取諸物，於是始作八卦。」但在《說卦》中又說：「觀變於陰陽而立卦。」這樣「八卦」共有三種說法。於是歐陽脩說：「謂此三說出於一人乎，則殆非人情也。」

　　此外，歐陽脩還從《文言》、《繫辭》等行文口氣看出問題：「何謂『子曰』？講師言也。《說卦》、《雜卦》者，筮人之占書也。」

　　歐陽脩之後，對《易傳》晚出說作出詳細論證的，有清人崔述。除了引述歐陽脩的論據之外，他還認為：「《春秋》，孔子所自作，其文謹嚴簡質，與《堯典》、《禹貢》相上下。《論語》後人所記，則其文稍降矣。若《易傳》果孔子所作，則當在《春秋》、《論語》之間，而今反繁而文，大類《左傳》、《戴記》，出《論語》下遠甚，何耶？……孟子之於《春秋》也，嘗屢言之，而無一言及於孔子傳《易》之事。孔、孟相去甚近，孟子之表章孔子也不遺餘力，不應不知，亦不應知之而不言也。由此觀之，《易傳》必非孔子所作，而也未必一人所為，蓋皆孔子之後通於《易》者為之，故其言繁而文。其冠以『子曰』字者，蓋相傳以為孔子之說而不必皆當日之言。其不冠以『子曰』字者，則其所自為說也。」

論證《易傳》非孔子所作

　　近代論證《易傳》非孔子所作的人，只有馮友蘭的觀點影響最大，其主要理由是，《易傳》中的思想與今本《論語》的思想不合。他說：「《易》之《彖》、《象》、

《文言》、《繫辭》等是否皆孔子所作，但將《彖》、《象》等之哲學思想與《論語》比較，便可解決。《論語》中孔子對天之觀念，如『獲罪於天，無可禱也。』、『予所否者，天厭之！天厭之！』、『天生德於予，桓魋其如予何！』、『文王既沒，文不在茲乎？天之將喪斯文也，後死者不得與於斯文也。天之未喪斯文也，匡人其如予何！』、『吾誰欺，欺天乎？』、『噫！天喪予！天喪予！』、『君子有三畏：畏天命，畏大人，畏聖人之言。』所說之天，完全係一有意志的上帝，一主宰之天。但主宰之天在《易》、《彖》、《象》中無地位。《易》所說之天，如『大哉乾元，萬物資始，乃統天。……時乘六龍以御天。』、『天地以順動。』、『反復其道，七日來復，天行也；復其見天地之心乎。』、『天地感而萬物化生。』、『天地之道。恆久而不已也。』、『天行健，君子以自強不息。』、『時乘六龍，以御天也；雲行雨施，天下平也。』、『天尊地卑，乾坤定矣。……在天成象，在地成形，變化見矣。』此類語中之天或乾，不過一種宇宙力量，至多不過是一個『義理之天』，乃自然主義的哲學。一人之思想，本可以變動，但絕不能同時對於宇宙及人生持兩種極端相反之見解。上所引《論語》之言，未必皆孔子早年所說，也不能以一人早年晚年思想不同為解釋。孔子所講，本只及日用倫常之事，觀《易》、《文言》等，凡冠有『子曰』之言，幾乎皆言道德者，更可知矣。至其對於宇宙，大概全接受傳統之見解，蓋只以人事為重，此外皆不注意研究。故言『未能事人焉能事鬼，未知生焉知死』。故認《論語》之言為孔子所說，又認《易》、《彖》、《象》等為孔子作，是將孔子陷於一矛盾之地位。」

《編年紀》竹簡
秦　湖北省雲夢縣出土

中國有文字記載的歷史開始於「譜牒」和「牒記」，而它們實現傳播的唯一途徑是透過手工抄錄。毫無疑問，這是一個相當容易出現疏漏和錯誤的過程，而這些疏漏和錯誤正是一些學者對於「孔子十翼」的說法持有懷疑論的依據。

《易傳》為道家哲學

需要說明的是，以上懷疑孔子作《易傳》的諸多觀點，大多認為《易傳》為孔

老子與孔子

老子與孔子作為精通易學的兩位大思想家，他們的人生態度截然不同。莊子記載過孔子與老子這兩位偉大思想家見面的情形。思想的迥異使得這次見面變成了針鋒相對的辯論。

子以後的作品，大概成書於戰國期間，是後人託名孔子之作。但繼馮友蘭之後的李鏡池先生，竟然認為《易傳》之七種十篇皆成書於秦朝以後，其根據之一便是轉引崔述認為《象辭傳》引用過曾子之語。《論語‧憲問》：「曾子曰：『君子思不出其位。』」此語正是《艮》卦「象曰：兼山，艮，君子以思不出其位」的《象辭傳》文字。自崔述以來，學者多認為《象辭傳》引用的是曾子之語，所以認為《象傳》肯定成文於曾子之後。而事實上，應當是曾子引用了《象辭傳》之語，更說明《象辭傳》在曾子之前便已經有了。李鏡池先生還認為《象辭傳》的思想源於先秦儒家典籍，尤其是《論語》，這更是本末倒置，因為中國所有理論皆源於易，而並非源於儒家思想。

如今，大多數人已相信《易傳》並非孔子所作的事實，但是，儒家一枝獨秀的古代中國也有敢於質疑的學士，儒家勢微的今天也不乏推崇孔孟的新儒家，《易傳》作者之爭似乎是件永遠不會有結局的事情。但從出土於戰國中期楚墓中的郭店竹簡來看，《易傳》的成書年代肯定不會晚於戰國中期。

以上所列舉的諸家之說，雖然都不認同孔子作《易傳》之事，但卻基本認同《易傳》為儒家典籍。但隨著人們將《易傳》思想與儒家思想進行深層對比，最終出現了《易傳》為道家哲學的觀點。

雖然道家文化皆源於易學，並且易之真學便隱藏於道教的山、醫、命、相、卜五術中，但古時卻沒有哪個道家有過《易傳》非儒家之學、非孔子所作的言論。而東漢末年的魏伯陽在《周易參同契》中卻肯定了孔子對易學的貢獻。直到現代，才有學者提出《易傳》屬於道家理論系統的觀點。

遠於《論語》而近於老莊

其實馮友蘭對《易傳》的觀點，基本上已暗示《易傳》與道家理論較為接近，而明確提出這一觀點的，則是「一生為故國招魂」的錢賓四先生。錢先生列舉出十個證據來證明《易傳》並非孔子所作。前九條多為對前人觀點的總結，第十條則詳

細論證《繫辭傳》的「道」、「天」、「鬼神」三個概念與《論語》的分歧，並得出結論：「《繫辭》裡的思想，大體上是遠於《論語》而近於《老》、《莊》的有下面三條：①《繫辭》言神言變化，相當於《老》、《莊》言自然言道；《論語》好言仁，只重人與人相交，對於人類以外的自然界似少注意。②《繫辭》言利害吉凶，《老》、《莊》也言利害吉凶；孔子學說的對象為人群，故不敢言利而言義；《老》、《莊》學說的對象為自然，故不必言義而逕言利。③《繫辭》、《老子》均重因果觀念；孔子貴知命，僅求活動於現有的狀態之下，《老子》、《繫辭》則於命的來源均有討究，顯見他們思想上的不同。所以不要認為戰國諸子百家皆受儒家影響而創生，儒家只是重點繼承了周朝的禮樂，雖然在封建社會擁有極高地位，但其學術淵源根本沒有資格和能力派生出諸家之說。道家繼承了伏羲至黃老的學術精華，是中國文化的真正根源，更不會從儒家那裡竊取什麼理論。」

整個《易傳》都屬道家理論系統

如今，陳鼓應先生在《易傳與道家思想》中則將前人的觀點進一步探究，認為《易傳》不但受道家影響，更是道家系統的作品；不但《繫辭傳》是道家的，整個《易傳》都屬道家理論系統。

陳鼓應先生的觀點引來諸多反駁。認為孔子著《易傳》，並堅信《易傳》為儒家典籍的學者，往往認為晚而喜易的孔子思想發生變化，精研易學而著《易傳》，於是孔子之易又影響了戰國時期的道家。但是就算孔子晚年完全相信黃老之學寫出《易傳》，而《易傳》也還是儒家經典。這種爭辯其實沒有任何意義，因為真正的易學隱於道家、道教是不爭的事實。若不是北宋初期的道教名流陳摶、陳希夷傳出古太極圖、先天六十四卦方圓圖、無極圖及河圖洛書，《易傳》中諸多內容都得不到正解，那為何偏要堅持《易傳》就是儒家典籍呢？

所謂真諦無二，萬法歸宗，想要得到真正的學識與理論，便不能徘徊在門派的小圈子裡。顧炎武曾說「六經皆史」，我們只是從歷學的角度讀《易》、《禮》、《樂》、《詩》、《書》、《春秋》六經，便算是儒家的人嗎？便算作剽竊儒家文化嗎？此觀點有些不妥，因為六經是古文化的一部分，並非儒家創造的專有文化系統。所以不要認為戰國諸子百家皆受儒家影響而生，儒家只是繼承周朝的禮樂而已。

老子騎牛圖
張路 明代 臺北故宮博物院藏

《易經》裡的哲學，是道家的自然哲學。老子曾是管理周王室的藏書吏，他著的《道德經》受《易經》的影響很大。據統計，《道德經》中有五十多處文字來源於《易經》。

第3節

《易傳》與《易經》
傳承不絕的易學

雖然易學在伏羲之前便已存在，河圖、洛書是伏羲之前便已存在的古星圖，但在中國古文獻中，總是將易學歸功於伏羲、文王與孔子。其實，這主要是由於經傳合一的《易經》一書，與這三位聖人有著莫大的關係。

易學植根於天文學

易學，是古天文學。天上斗轉星移，地上則寒暑變換、四季更替。由於天上的星象影響著地上的氣候，所以觀測星象來推算地上的氣候變化及災變情況，便是古老易學最主要的內容。

古人觀測星象，主要是觀測肉眼可見的日月、金、木、水、火、土五大行星以及北斗七星，並以二十八宿一類的恆星星座作為天體坐標定位系統，以圭表為天文工具，以月象盈虧週期為立體的月曆牌。這樣，時序的萬般變化，都可以透過天上的星象察覺、推算、預測出來。

隨著時間的推移與經驗的不斷積累，人類透過星體的運行方位、明暗狀況及相互間的合、沖、留、逆等變化，可以推算預測出更為豐富的信息，不但對氣候及災變預測得更加準確，並且可以推算出諸多植物的陰陽屬性及生長規律，可以推算出諸多動物的生活習性及分布規律，可以推算出地理形態是否適合人類久居生存，可以推算出不同時間出生的人之吉凶，推算出人的行為舉止是否符合天道……總之，

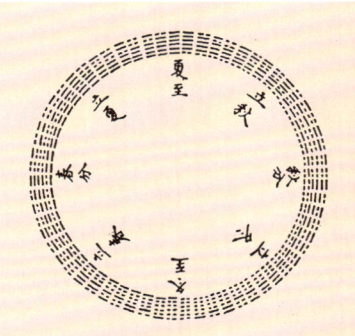 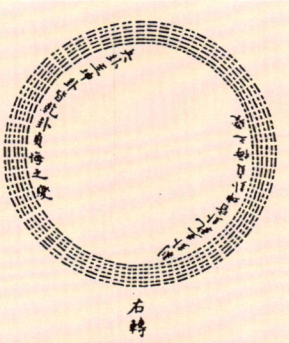 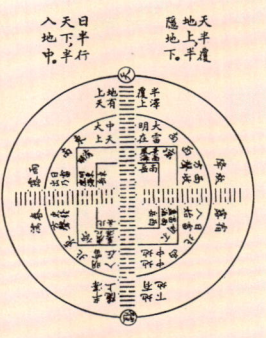

圓圖左旋配節氣圖
天之陽極於冬，陰極陽生為冬至。天之陽極於夏，陽極陰生為夏至。陰極陽生而為復，因此乾、坤、姤、復四卦也是陰陽的樞紐。

圓圖右轉生諸卦圖
天左旋，日月星辰右轉，一順一逆，可見變化之機。乾卦生兌、離、震，坤卦生巽、坎、艮。

通知晝夜之圖
天半覆地上，半隱地下。日半行天下，半入地中。

在那個皮衣草裙的年代，人類狩獵、養殖、種植、遷移、飲食、打仗及婚喪嫁娶等一切活動，都必須要以這種系統龐大、功能眾多的古天文理論為指導。這種古天文理論，就是易學。並且，這種易學當時並非是某一部落所專有的文化，而是每個部落有著每個部落的易學，雖然不盡相同，但總歸大同小異，總之都可以使本部落生存得更好。

那個時代沒有國家的概念，整個地球是全人類的，人類拿著長矛與弓箭，追逐著獸群周遊全世界，見到哪裡更適宜人類久居，便駐紮下來。可以說，那時候遍布全世界的人類，皆是在這種易學的指導下得以更好地生存、發展，並且也在生存、發展中不斷完善著易學。然而，世界上只有中國這塊古老的土地，由於擁大海、高山及無垠沙漠的天險邊界，形成固若金湯的地理優勢而免遭各種異族侵害，所以本地域之間的戰爭及朝代更替並不能斷絕古老文化的繼承，於是上古時代的易學知識一路傳承下來，歷萬年而未曾泯滅。

雖然易學在伏羲之前便已存在，河圖、洛書是伏羲之前便已存在的古星圖，但在中國古文獻中，總是將易學歸功於伏羲、文王與孔子。其實，這主要是由於經傳合一的《易經》一書，與這三位聖人有著莫大的關係。

一畫開天，文明肇啟

伏羲是距今萬年之久母系社會的一位部落領袖，他與女媧聯姻共同統領著華胥部落，並成為當時眾部落的盟主，開創的漁獵文化、龍文化、婚嫁文化和易卦文化被專家認為是中華民族的本源文化。

伏羲女媧圖

伏羲執矩，女媧執規
《易經》的起源最早可以追溯到人類誕生之時。在世間萬物中，從沒有一種動物能像人類一樣，能把宇宙萬物歸納成抽象的規律，從而具有了改造自身和改造世界的能力。此圖伏羲執矩，女媧執規表現了人類自誕生之日起就具有了精密的思維能力。

女媧
神話中說伏羲和女媧是兄妹，同時也是夫妻。在中國的圖騰上便有女媧和伏羲交合的圖像。

伏羲
伏羲是傳說中人類的始祖，人類由他和女媧兄妹通婚而生。從考古出土文物看，伏羲像多是人頭蛇身，這可能是後人對自己祖先加以崇拜的結果，是一種圖騰崇拜，也有可能伏羲當年所穿著的是一種裙子，上有蛇紋的圖案。

　　伏羲繼承、總結、發揮燧人氏時代的文化成果，開創了伏羲文明。他「造書契以代結繩之政」是中國漢字的萌芽；他制定了男婚女嫁的婚禮制，改變了原始群婚生活，使氏族之間開始了較為先進的對偶婚；他傳授人們種植穀物和人工飼養桑蠶；他教會人們如何馴養家畜、如何烹飪肉食；他與女媧合婚並且統領了其他氏族；他還與女媧一起發明了琴瑟，使人們擁有了美妙的音樂；他發明了漁獵生產工具網罟，大大地提升了勞動生產力，使人類逐步脫離採集自然物的生活而進入漁獵時代；他最大的貢獻是在前人的基礎上發明了八卦，並創立了六十四卦曆法，確立了元日，使人們有了更準確的作息時間。

由於與天地準的易學是一切文化的基礎，所以伏羲發明了八卦，則意味著開創了人類文明。故此古人對伏羲的評價是「一畫開天，文明肇啟」。其實細看古文獻所記載的伏羲所有的發明創造，皆離不開易學之理。

伏羲「造書契以代結繩之政」，便是取法於六十四卦中的夬卦，因為夬卦有陽氣增長將驅除陰氣的卦象，伏羲時代既是母系的鼎盛時期，又是男權增長女權漸衰，由母系向父系轉型的過渡時期。而以卦象符號表示意圖則正是漢字初創之萌芽。易學之「易」字，便是表示日月相合為「易」的象形字，這是說明易學起源於天文學的有力見證。

伏羲建立對偶婚制度，正是「一陰一陽之謂道」的體現，結束了原始群婚狀態，使人類繁衍在符合天道的法則下優生優育。

始創八卦的伏羲

伏羲　西漢　卜千秋墓室壁畫局部

一般認為先天八卦是聖人伏羲創造的。華夏民族有著「龍馬負圖，伏羲畫卦」、「一畫開天地」等古老的傳說。

伏羲傳授人們種植穀物，飼養桑蠶，馴養家畜，是古天文學更加完善的標誌。說明當時以八卦曆法可以準確推算出四時八節，並且根據物候可以觸類旁通地推演出動植物的生長規律。

伏羲教會人們如何烹飪肉食，則是比燧人氏時代掌握了更為先進的飲食之道。燧人氏發明人工取火，只是使人類結束了茹毛飲血的生活，吃上了燒烤。而伏羲時代的烹飪，已運用食物的五味調節人體陰陽的平衡，開創了食療及醫藥的先河。

伏羲與女媧一起發明的琴瑟為五弦琴，共分五音而暗合五行之數。琴瑟和合，弄弦高歌，開創了人類牧歌式的愛情生活。如今少數民族對山歌的習俗，實即源自萬年之久的上古遺風。而故宮博物院珍藏的「大聖遺音」伏羲式古琴，仍然見證著伏羲製琴的萬年傳說。

伏羲發明網罟，則取法於六十四卦的離卦。因離中虛，兩離相重，則正是漁網的形象。網罟使人類進入漁獵時代，而種植與養殖則屬於農耕文明，因此伏羲時代是半漁獵半農耕的文明時代。

總之，伏羲一畫開天，開啟了易學之源，中華文明的所有文化，皆可上溯至伏羲開創的易學。據考證，中國西元前 7724～西元前 5008 年被稱為伏羲時期，這個時代既包括伏羲氏、女媧氏的母系氏族群體，又包括伏羲氏、女媧氏氏族群體及伏

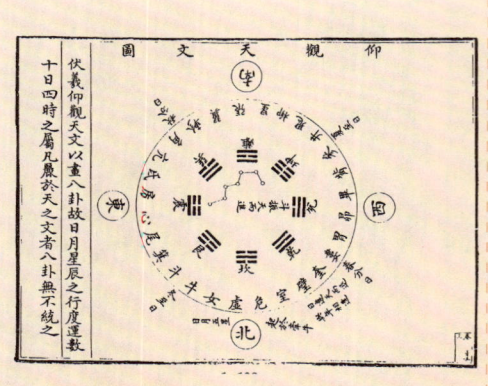

仰觀天文圖

伏羲仰觀天文，以畫八卦，所以日月星辰的行度運數，十日四時之屬，凡屬於天文的，八卦都歸納在內。

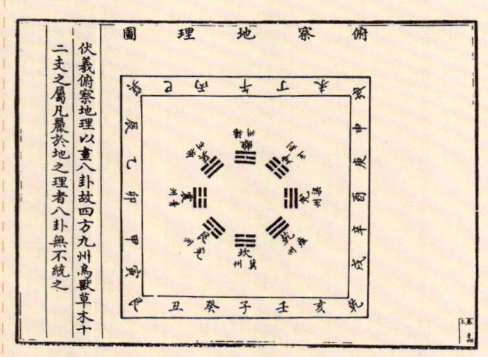

俯察地理圖

伏羲俯察地理，以畫八卦，故四方九州鳥獸草木十二支之屬，凡屬於地理的，八卦無不統之。

羲二世、伏羲三世等伏羲氏族的不同階段，所以大約前後延續了二千七百到三千年左右。

伏羲八卦經整個伏羲時代的補充與完善，形成了系統博大的先天八卦系統。而伏羲易學經過歷代聖人的補充與完善，易學知識日漸豐富，在融合了周文王發明的後天八卦系統以後，形成干支學、四柱學、紫微斗數、陰陽五行學、六壬學、風水學、相學、易經、漢字學、星相學、符咒學、諸葛神數、星評江海、白鶴神數、祝由十三科、請箕法、靈棋經等十八大類。因此，易學的知識領域要大於《易經》，所以《易經》只是易學的一個分類。

《易經》的成書

話說殷商末代國君紂王執政的第十年，便日漸荒淫無度起來。他娶了九侯的美貌女兒為妃，只因這位女子不喜歡他的荒淫，紂王便在盛怒之下將她殺死，還把她的父親九侯剁成了肉醬。鄂侯知道這件事，就向紂王提出了嚴厲的批評，結果卻被殺死做成肉脯。姬昌聽到這些事情後，只因一聲輕嘆，便被紂王囚禁在羑里這座國家監獄裡面。

西元前1066年，周文王走進監獄大門時，已經是八十二歲的老人。他在羑里整整被關押了七年，就是在這與外界斷絕往來的七年裡，周文王以蓍草演繹祖上真傳的八卦，最終發明了文王後天八卦系統。此外，他出於對西周未來的憂慮，按照事物發展的普遍規律將六十四卦有序地排列起來，並將每一卦配上了包含警戒與忠告

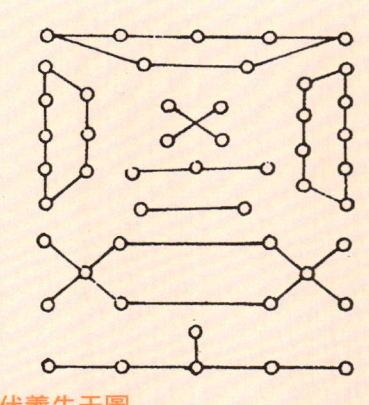

伏羲先天圖

伏羲八卦方位，乾一、兌二、離三、震四、巽五、坎六、艮七、坤八，盡顯自然之妙。

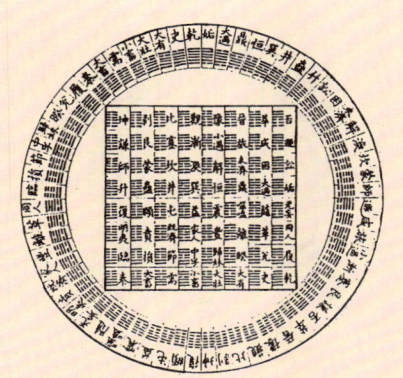

乾坤之變圖

這幅古圖，從左開始，由純陽得一陰爻變為兌卦，然後又變為離卦，之後變為巽卦，最後乾坤交泰，變為純陰卦。坤卦的演變也是如此。

的卦辭。於是，有卦畫有經文（卦辭）的早期《易經》就這樣產生了。需要說明的是，文王於羑里發明的後天八卦系統，與伏羲的先天八卦系統一起構成後世易學的十八大類。而文王所作的《易經》，只是後天八卦系統的一部分內容，其內涵要小於後天八卦系統。在這部早期《易經》中，文王八卦以乾父坤母作為六十四卦的開始，喻示了父母所生的子子孫孫在發展壯大過程中彼此間的衝突與矛盾，因此產生的命運吉凶。周文王用八卦預言了人類在新時期的災難將來自於人類本身，人們為了自己的利益將會在兄弟之間、父子之間發生戰爭，所以他在卦辭中提出解決這種危機的辦法，即以禮來加強父與子、君與臣等不同階層的約束力，使人們能夠在禮的約束下，減少因利益發生的衝突。

文王所著的《易經》還不是完整的《易經》，待周公加入爻辭之後，完整的《易經》才算正式誕生。

周公姓姬，名旦，是周文王的第四個兒子，是周武王的同母弟弟。周公在當時不僅是卓越的政治家、軍事家，而且還是個多才多藝的詩人和學者。滅殷戰役中，武王在商郊牧野集眾誓師的誓詞（即《尚書》中的〈牧誓〉），即周公所作。

滅商後第二年，操勞過度的周武王身染重病而病故。十多歲的太子誦繼位，是為成王。為了使王室草創、內憂外患的周初政權不致顛覆，周公挺身而出，代成王攝政。

伏羲八卦圖
　　乾一、兌二、離三、震四、巽五、坎六、艮七、坤八為先天數。

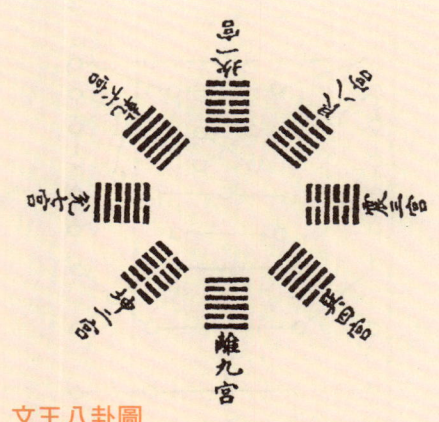

文王八卦圖
　　文王八卦方位與伏羲先天八卦不同，形成離南、坎北、震東、兌西、艮東北、坤西南、乾西北、巽東南的次序。

周公制禮樂

　　周公攝政後，先取得姜子牙與召公奭的支持，然後順利地平定「三監」之亂，並乘勝大舉東征，滅掉了奄（今山東曲阜）等五十多個國家，把飛廉趕到海邊殺掉，徹底掃清了殷商殘餘勢力，使周朝版圖東至海，南至淮河流域，北至遼東，成為真正的泱泱大國。東征結束後，於洛水與伊水一帶營建東都雒邑，並「秉文之德」，制禮作樂，把天下人納入統一的道德規範。

　　周公所制定的「禮」，是維護統治者階級制度的政治準則、道德規範和各項典章制度的總稱，其強調的是「有別」，即所謂「尊卑」。禮所要解決的中心問題是尊卑貴賤的區分，即宗法制，進一步講是繼承制的確立。由於沒有嚴格的繼承制，周公固然可以稱「咸王」，管、蔡也可以因爭王位而背叛王室。周朝不得不接受殷朝的經驗教訓，何況周公對夏殷歷史是瞭如指掌的。在繼承王位制度上，殷朝是傳弟和傳子並存，所以導致了「九世之亂」。周朝在周公之前也沒確立嫡長制，自周公以後才有了嫡長子繼承制。周公把宗法制和政治制度結合起來創立了封建制度。周天子是天下大

周公像
　　在孔子之前，周公對中國文化和易學的發展做出了極大貢獻。在周公的晚年，成王為了表彰周公對中國文化的貢獻，特許周公的封地魯國世代享有天子之禮樂。

曾侯乙墓十弦琴

戰國時期制作 寬 19 公分 高 11.4 公分 湖南省博物館藏

我們看到的《易經》中有一卦專門為禮樂而設，那就是賁卦。精通《易經》的周公自然明白禮樂的重要性。該琴1978年湖北省隨縣曾侯乙墓出土，由琴身和活動底板組成，琴身中空為共鳴箱。底板開有淺槽，內出四枚琴軫。

宗，而姬姓諸侯對周天子來說是小宗。而這些諸侯在自己封國內是大宗，同姓卿大夫又是小宗，這樣組成一個寶塔形結構，它的頂端是周天子。周代大封同姓諸侯，目的之一是要組成這個以血緣關係結合起來的政權結構，它比殷代的聯盟形式前進了一大步。周代同姓不婚，周天子對異姓諸侯則視為甥舅關係。血緣婚姻關係組成了周人的統治系統。儘管這種制度不是很科學，到春秋戰國時代便暴露了它的弱點。但在當時的條件下，它無疑形成了一種以華夏族為主體層次分明的政權結構，是一種遠較殷人的統治更為進步的結構。由宗法制必然推演出維護父尊子卑，兄尊弟卑，天子尊諸侯卑的階級森嚴的禮法。這種禮法是隸屬關係的外在化，反過來，它又發揮鞏固宗法制的作用，其目的是維護父權制，維護周天子的統治。誰要是違反了禮儀、居室、服飾、用具等的具體規定，便視為非禮、僭越。「樂」則是配合各貴族進行禮儀活動而制作的舞樂，舞樂的規模，必須與享受的級別保持一致。

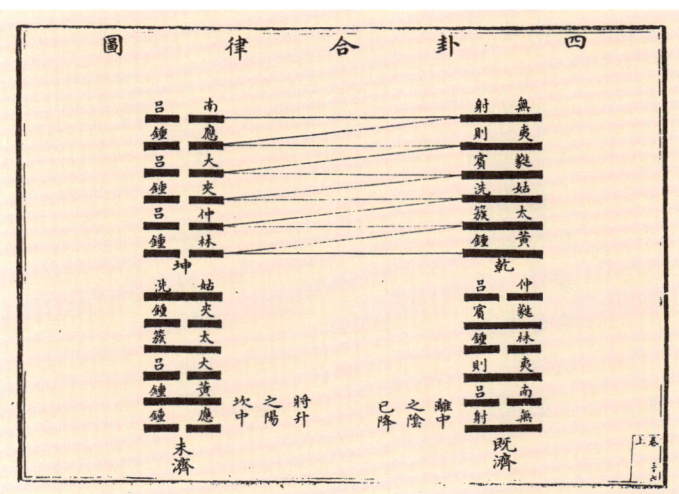

四卦合律圖

此圖是以乾卦、坤卦、既濟卦和未濟卦分配以六律六呂，展示了律呂中的陰陽變化。

周公制禮作樂期間，唯恐失去天下賢人。有時周公正在洗頭，卻有賢士來訪，周公便急忙停止洗髮，握著尚未梳理的溼髮接見客人；有時客人來訪時周公正在吃飯，周公便吐出口中食物，聆聽賢士的教誨。這就是成語「吐哺握髮」典故。

東都雒邑建成之後，周公召集天下諸侯舉行盛大慶典。在這裡正式冊封天下諸侯，並宣布各種典章制度，使禮樂制度成為天下諸侯共同遵守的行為典範。

八卦取象圖

周易的卦形是由陰陽兩種符號構成的，兩種符號三疊成八種不同形狀的三劃線條組合體，構成不同的卦形，有不同的命名，象徵不同事物。

爻辭的創作

文思出眾又精通易學的周公，自然能夠領悟出文王卦辭的諸多憂慮與苦心，所以，他便讓手下大將南宮适及一些卜師為文王的八卦加上爻辭。寫作的主要目的是以周興殷亡的歷史教訓告誡下一代官員，以保證新建立的周朝得以長治久安。因此，爻辭本質上是傳授周初聖王治國平天下的成功經驗做為政治教材，只是利用了占筮的框架做為設教的手段，所以爻辭中影射了滅殷興周的歷史。

爻辭的寫作風格大部分引用了古詩歌。一般是先引古歌，類似「比興」；再作占辭，加以判斷。如噬嗑九四：「『噬乾胏，得金矢。』利艱貞，吉。」賁六五：「『賁於丘園，束帛戔戔。』吝，終吉。」也有變體：或先占後引，如咸九四：「貞吉，悔亡。『憧憧往來，朋從爾思。』」或引占錯雜，如未濟上九：「有孚。『於飲酒。』無咎。『濡其首。』有孚失是。」或有引無占，如賁六四：「賁如皤如，白馬翰如，匪寇，婚媾。」或有占無引，如大有上九：「自天佑之，吉，無不利。」總之，《易經》爻辭的編撰體例為古歌與占辭相參。

古詩歌的引用使《易經》的文字富有文學意味，表達更加鮮明生動。如《中孚》「得敵，或鼓，或罷，或泣，或歌」，這條寫勝利歸來後的情景：有的擊鼓慶賀，有的因疲憊而休息，有的激動得落淚，有的歡樂、喝采，繪出一幅極其生動的畫面。

再如《大壯・上六》「羝羊觸藩，不能退，不能逐」，用羊入籬笆無法進退，比喻人在生活上由於莽撞而陷入進退兩難的窘境，適當地表達了所在爻位的吉凶寓意。

而爻辭的吉凶判斷，則嚴格根據卦象及爻位等辯證關係進行推理，有著極強的占卜功能。其中加入歷史典故及古詩歌（有些古詩本身便與上古時期的卦名有關），主要是為了更具體表達，並且使閱讀者不要忘記周興殷亡的歷史教訓。

如《旅》卦中的「喪牛於易」，是指殷先祖王亥親自趕著牛群，到河北的有易部落進行商業貿易活動，不幸被有易部落的首領綿臣所殺的歷史事件。《山海經·大荒東經》：「有困民國，勾姓而食，有人曰王亥，兩手操鳥，方食其頭。王亥托於有易，河伯僕牛，有易殺王亥，取僕牛。」郭璞《山海經》注引《竹書紀年》：「殷王子亥，賓於有易而淫焉。有易之君綿臣殺而放之，是故殷主甲微假師於河伯以伐有易，滅之，遂殺其君綿臣也。」

《易經》的主要用途不是占卜，而是忠告與訓誡

《家人》一卦似指周文王被囚於羑里，文王臣屬齊心協力積極營救，因此能夠使文王脫離困厄。與《家人》相對應的是《睽》卦，該卦似指殷紂王之事，殷紂王一味取悅妲己，唯婦人之言是聽。初九爻似指殷紂王性格乖戾，所以稱為「惡人」；九二爻指妲己入宮之初；六三爻指殷紂王缺乏人君應有的風度；九四爻孤立無援，似指殷紂王，其中的「元夫」似指周文王；六五爻指殷紂王荒淫無道；上九爻指殷紂王所作所為達到天怒人怨的地步。

透過以上敘述，可以看出《易經》爻辭的內涵非常豐富。可以想像周公及其所指定的編寫人員付出了多少心血！其爻辭不但與文王的八卦次序統一，而且也概括了滅殷興周的歷史，並且引經據典，用古詩歌的形式進行形象地表達吉凶，全經和諧統一，渾然一體，真是令人嘆服。

有卦畫、卦辭、爻辭的《易經》經過周公的努力，在西周初年終於誕生了。由於《易經》為周朝典籍，所以也稱為《易經》。由此我們可以看出，《易經》的主要用途不是占卜，而是忠告與訓誡。古時候，人們是極其喜歡占卜以問吉凶，以《易經》為依據進行占卜，得到的是卦辭與爻辭中飽含哲理訓誡與忠告，實際上，這已經屬於從哲學的角度指導、規範人的行為了。

《易傳》早在西周初年便已存在

我們必須明白的是，《易經》只是在伏羲先天八卦系統與文王後天八卦系統延伸出的一個小小支脈，它甚至比文王後天八卦的內涵要少許多。不過，如果是高水準的老師講解這部小小的《易經》，就可以引申出所有先後天易學知識；如果中等

紅顏之禍

清代 人物玻璃畫 毛祖德藏

　　妲己嬌美的姿色使商紂王十分沉迷，使他愈來愈縱情聲色，而且為取悅美人犯下了許多駭人的罪行。其中有些被文王和周公寫進了《易經》。

　　水準的老師講解這部《易經》，也可以使弟子領悟全部後天八卦之學；劣等的老師講解《易經》，則只能照讀經文，因不明易理，解經時只能牽強附會。總之，這些老師講解《易經》的言語或文字，皆屬於「易傳」，而且這種「易傳」在西周初年便已經存在，我們可以稱其為早期《易傳》。

　　為什麼說早期《易傳》在西周初年便已經存在呢？因為，周公制禮作樂期間加爻辭而整理出的《易經》，並非是一本不被他人知曉的易學秘籍，而是將其作為思想宣傳工具，使上層貴族在占卜中得到忠告與訓誡，一言一行都不會越出規矩。為了使貴族們更好地理解《易經》中的忠告與訓誡，自然需要老師講解及《易傳》一類的輔助讀物。所以，周公除了參與並指派人員進行爻辭的編寫之外，也應該參與了對《易經》文獻的解說，即與現在我們所見到的《易傳》相似的內容。

周朝的《易經》教育

周朝對貴族的教育是相當完善的，每一位貴族八歲開始，便要進入國家學校學習六藝。六藝即：五禮、六樂、五射、五馭、六書、九數，簡稱禮、樂、射、御、書、數。五禮，包含政治、道德、愛國主義、行為習慣等內容；六樂，包含音樂、舞蹈、詩歌等內容；五射，是射箭技術的訓練；五馭，是駕馭戰車的技術的培養；六書，是識字教育；九數，包含數學等自然科學知識及宗教知識的傳授。

按現在的話說，這是屬於德、智、體全面發展型的教育。只是經過春秋戰國之亂，與六藝有關的書籍早已亡佚，雖有後人注解殘存《周禮》的隻言片語，卻已難窺其全貌。比如九數，東漢的鄭玄在他的《周禮注疏·地官司徒·保氏》中引鄭司農（鄭眾）所言：「九數：方田、粟米、差分、少廣、商功、均輸、方程、贏不足、

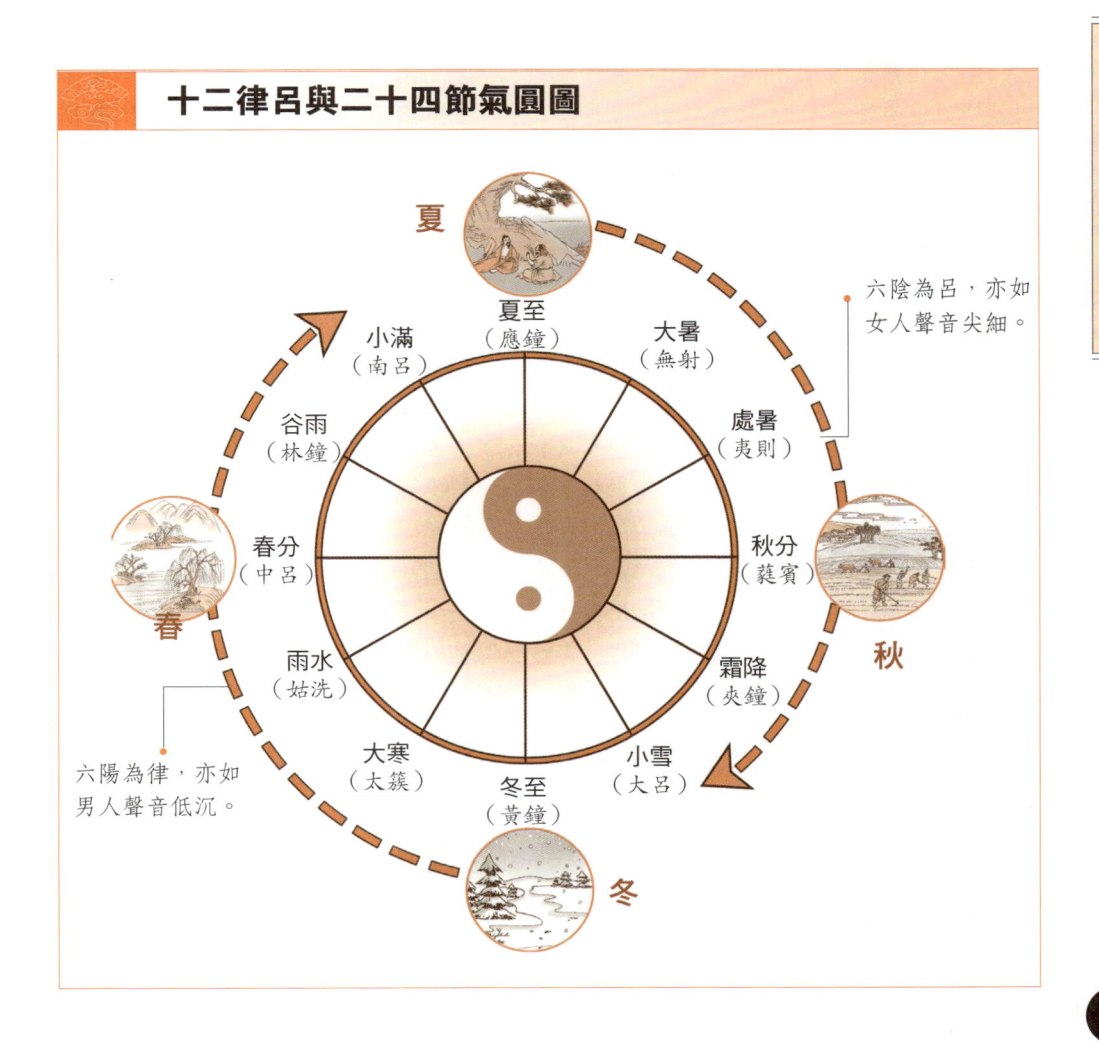

十二律呂與二十四節氣圓圖

六陰為呂，亦如女人聲音尖細。

夏至（應鐘）
大暑（無射）
小滿（南呂）
處暑（夷則）
谷雨（林鐘）
秋分（蕤賓）
春分（中呂）
霜降（夾鐘）
雨水（姑洗）
小雪（大呂）
大寒（太簇）
冬至（黃鐘）

春 夏 秋 冬

六陽為律，亦如男人聲音低沉。

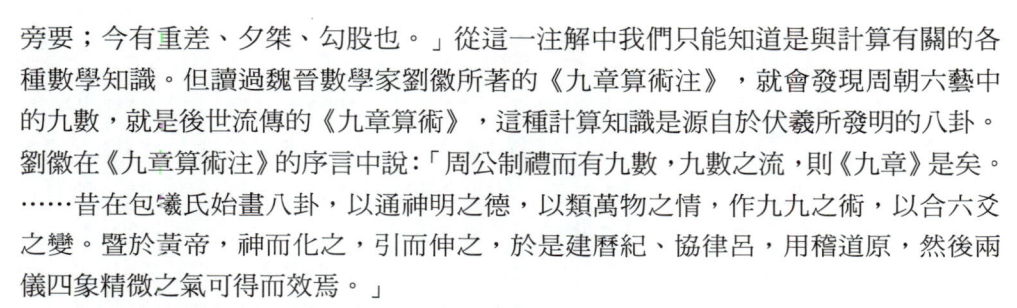

旁要；今有重差、夕桀、勾股也。」從這一注解中我們只能知道是與計算有關的各種數學知識。但讀過魏晉數學家劉徽所著的《九章算術注》，就會發現周朝六藝中的九數，就是後世流傳的《九章算術》，這種計算知識是源自於伏羲所發明的八卦。劉徽在《九章算術注》的序言中說：「周公制禮而有九數，九數之流，則《九章》是矣。……昔在包犧氏始畫八卦，以通神明之德，以類萬物之情，作九九之術，以合六爻之變。暨於黃帝，神而化之，引而伸之，於是建曆紀、協律呂，用稽道原，然後兩儀四象精微之氣可得而效焉。」

如今，許多學者透過劉徽的這幾句話，認為《九章算術》與《易經》有關，但卻又從《易經》的字裡行間找不出與《九章》的關係；也有學者認為劉徽之言，純屬牽強附會之說。其實，這主要是不明易理，又讀不懂《易經》造成的。其實劉徽所說的「伏羲始畫八卦」之意，指的是河圖、洛書中隱含的數學知識。河圖為加減之元，洛書為乘除、乘方、勾股之元，沒有數學計算知識，自然推算不出四時八節之日期，自然製不出十二律呂，更製不出準確的曆法以察知陰陽二氣的消息變化，這就是劉徽要表達的意思。如果這些學者能夠遇到明師講解《易經》，引申出各種先後天八卦知識，自然不會產生這樣的疑惑了。

可是，周朝六藝中的其他五藝，就沒有九數這麼幸運了，其全貌梗概到底是什麼樣子，已經無從得知。六藝中，禮、樂、射、御為「大藝」，相當於大學教育；書、數為「小藝」，相當於小學教育。周朝只有貴族，才有資格系統完整地學習大小藝之學；比貴族低一等的文士級別，只能學習小藝的知識。而八歲入學的學生，都是先從六書、九數學起。小學數學教育已含有四則運算、方程、勾股等諸多深奧內容，周朝教學的先進，於此可略見一斑。

《易經》與《易傳》是否屬於六藝中的一科；如果屬於，該歸於哪一藝？如今已無法知曉。但可以肯定的是，《易經》與《易傳》必然是周朝貴族必讀的典籍，並且其傳播範圍並不廣泛。因為，《易經》裡面的知識，重點是對統治者的勸誡與忠告。按現在的話來講，它只屬於管理階層必讀的知識。

然而，周公的一片苦心，卻被周朝的後世君王所辜負。西元前841年，周厲王「衛巫監謗」的殘暴統治，導致聲勢浩大的國人暴動。從此，西周國事日衰，雖然「共和行政」後出現過曇花一現的「宣王中興」，但周宣王的兒子周幽王卻在製造了「千金一笑」、「烽火戲諸侯」等典故後，於西元前771年為西周王朝畫上了一個悲慘的句號。翌年，為避開犬戎的侵擾，周幽王的兒子周平王遷都雒邑，使歷史進入了禮崩樂壞的春秋時期。兩百多年以後，就在周公的禮樂制度已鮮為人知的時候，魯國出現了一位以畢生宣揚周禮為己任的孔子孔聖人。晚而喜易的孔子搜集各種講解《易經》的文獻進行研讀、整理，並傳授給弟子。

第 4 節

孔子與《十翼》
述而不作，信而好古

「述而不著，信而好古」並非是孔子的自謙，而是孔子求知、教學的方式與態度。所以，相傳為孔子所作《十翼》，並非屬於原創性質，而是對失散文獻的整理。

孔子的身世

孔子出生於春秋末期，是一個強奴欺主、禮崩樂壞的亂世，這個時代需要能征善戰的武士，需要冶煉鐵器的爐火家，需要開墾荒地的農家，而孔子卻不合時宜地畢生以宣揚周禮為己任，這是為什麼呢？

對此，只能從孔子的身世與經歷中去尋找答案。正所謂「去聖乃得真孔子」，只有還原出一個真實的孔子，才能對孔子的一生做出公正的評價，才能深入地理解孔子與《十翼》的關係。

孔子的先世出自王家。商紂王的哥哥微子（箕子、微子、比干被稱為殷末「三仁」）即是孔子的遠祖。微子被封於宋，微子嫡傳後代世世為宋侯，其支脈則世世為大夫。微子後代的一支傳到孔父嘉的時候，孔父嘉（為大司馬之職）的政敵太宰看上了孔父嘉的妻子。與之相遇於途，「目逆而送之，曰：美麗豔」（《左傳》桓公二年）。於是太宰利用一次政變殺了孔父嘉，占有了孔父嘉的妻子。孔父嘉的兒子木金父逃難於魯，卜居於曲阜東昌平鄉之陬邑。子孫襲姓孔氏，遂為魯人。心有餘悸的孔氏子孫隱姓埋名，從此淪為游士階層。

孔子像

馬遠 宋代 孔子像 絹本淡設色 北京故宮博物院藏

孔子出生於春秋末期，這個時代需要能征善戰的武士，需要冶煉鐵器的爐火家，需要開墾荒地的農家，而孔子卻不合時宜地畢生以宣揚周禮為己任，這是為什麼呢？孔子崇拜周公，而且經常期盼能夢到他。這雖是一件小小的軼事，但我們或許可以就此推測孔子的易學思想深受周公的啟發。

淪為游士階層的孔子

孔子的先世本來出自王家，後來淪為游士階層。游士階層，處於貴族中的最低階層。此圖為位於山東曲阜孔廟內的「魯壁」。傳說孔子九代孫為躲避秦始皇焚書坑儒，將孔子詩書藏在故宅夾壁中而得以保存。後人修此垛紀念，取名「魯壁」。

游士階層，是周室衰微的產物，是春秋戰國時代的特殊階層。在西周奴隸主貴族的階級制度中，士代表的是知識分子階層，他們處於貴族中的最低階層。他們不是一般的文弱書生，而是受過系統教育，通曉禮、樂、射、御、書、數等「六藝」。打仗的時候，可以任下級軍官；和平的時候可以做卿大夫等高級貴族在政治上的助手。他們的職守是世襲的。在貴族階級制度中，他們有固定的地位、固定的生活和固定的工作。

東周的游士階層

而到了春秋戰國時代，這個階層的地位發生了變化。隨著奴隸主貴族階級制度的崩壞，士失去了原來的地位和職守，只得自謀生活。在當時各路諸侯互相兼並奪權的鬥爭中，還有許多原來高於士的貴族，甚至是原來的國君，也失去了他們原來的地位，流亡到各地。這些大小貴族們，過去憑世襲的身分，過著衣食無憂的生活。而現在，他們只能靠他們所掌握的知識自謀生路了。他們在各地到處遊走，尋找可以依附的主子，因此也被稱為「游士」，而一些以武功或力大著稱的游士，則稱為「游俠」。其中擅長禮、樂、卜、巫、祝、占，熟悉古代典籍的人，可以成為私學的老師，或在別人家有紅白喜事的時候，幫人家指點怎樣行禮來謀取生活出路。「游俠」們則以充當貴族的武士為生。

北京孔廟
始建於元朝　木結構　北京市

廟內的祭孔禮樂器均照原樣陳列，可以想見當年鐘鼓齊鳴，莊嚴肅穆的祭孔樂舞。目前學術界大多認為《易傳》為孔子以後的作品，大概成書於戰國期間，是後人託名孔子之作。

孔子的父親

　　孔子父親孔紇孔叔梁（叔梁乃字，紇是其名，「叔梁紇」為尊稱），是魯國貴族孟獻子手下的一名武士，腰圓體壯，臂力過人，以勇武聞名於諸侯。由於在諸侯間的戰爭中有勇有謀，立下不少戰功，於是被封為陬邑大夫，成為當時的貴族。邑字在古代指國家的意思，也通稱諸侯的封地、大夫的采地；大夫為古代官名。西周以後的諸侯國中，國君下有卿、大夫十三級，「大夫」世襲，且有封地。可見到了孔子父親的一代，又轉為世襲的貴族了。而且他的封地在魯國的「陬」這個地方。

　　叔梁雖然事業有成，但卻一直沒有兒子。他娶施氏為妻，連生九子，都是千金；又娶一妾，生下一子，只是這個孩子腳有殘疾。叔梁為使先人香火有後，於是在六十餘歲時向顏氏求婚，將顏氏年齡最小的三女兒徵在娶了過來。叔梁與徵在生下一子，便是孔子。關於孔子的出生，還有一種說法是在春天的社祭中，叔梁與徵在野合而生下了孔子（古時有在春社祭及秋社祭時男女野外群交的風俗）。故《史記》中說：「紇與徵在野合而生孔子。」

　　叔梁在孔子三歲時去世。為了避免在叔梁多子女、多妻妾的家庭的各種矛盾，

第一章　《易傳》概說

39

徵在離開了孔家，帶著小仲尼僑居曲阜城內。有可能是回到娘家附近居住。正因為如此，孔子的童年便沒有享受到貴族的生活，而是與母親相依為命，過著布衣生活。這種生活在《史記‧孔子世家》中被描述為「孔子貧且賤」。

孔子的母親

孔子十七歲時母親便去世了。但母親並沒有向孔子透露過孔子的身世。在極其注重孝道的魯國，按照「生同室、死同穴」的規矩，該如何將母親與父親埋在一起呢？這使孔子有些犯難了。這時，一個與顏氏為鄰的挽車夫的母親向孔子透露了關於其生父及顯赫家世的背景，並告訴他孔氏一族遷魯之後的家族公共墓地的所在地。至此孔子才知道自己是世襲大夫的貴族後代。《史記》中說「孔子為兒嬉戲，常陳俎豆，設禮容」，並且他鄰居的職業是「挽車夫」，可以看出孔子的母親的家族便是以給人舉行喪禮或祭祀之禮儀為職業的。因為按照周制，城邑的居民以職業及社會身分地位之別而分類居住。世居世業，不能改變身分。孔子從小便經常看見大人們舉行喪禮及祭禮的儀式，所以他小時候便以模仿這些儀式來玩遊戲。受環境的影響，禮樂便在孔子的心中扎下了根。孔子說自己「十五而有志於學」，其實當時學的不過是一些喪禮祭祀之術，好能夠勝任代代相傳的職業。而這些，卻也正是周禮中的一部分。

孔子知道自己的身分後，便不再安於現實的窮困生活了。因為大夫是世襲制的，他於是做了一件極其大膽的事，即找到並挖開叔梁的墳墓，將自己的母親與父親合葬在一起。這一行動向世人證明了自己是世襲大夫的貴族後代。

成為貴族的孔子

孔子葬母得到了貴族的稱號，可是並沒有因此而得到世襲的土地與權利。可能孔子的父親去世後家道衰落，其所封的土地已被其他貴族所占有（戰火頻繁的春秋末期，這種情況應該是常見的事）。當時季氏家「饗士」，孔子便腰裡繫著一根麻繩前往，不料卻被拒之門外。饗士，是古代大貴族招待游士的飲宴，貴族藉此「優賢禮士」之機聯絡感情，籠絡士心。年輕的孔子也許認為自己也有資格不花錢吃一頓好飯菜，結果卻被季氏的家臣陽貨損了一頓：「季氏宴請的是游士，哪敢請您這樣的人啊！」因為孔子是世襲貴族之後，比游士階級還要高，當然不應當參加這個宴會了。

為了成為一個真正的貴族，孔子開始自學貴族們必須掌握的「六藝」。他以頑強的毅力進行自學，並且四處拜訪名師。由於他刻苦學習，不但精通了六藝，而且精讀六經，學識淵博。孔子並非一個文弱書生，他身高兩米多，力大可舉城門，並

全家福圖
清代 傳統彩印年畫 王樹村藏
　　周公在《易經》中設有家人卦，孔子因此特別重視家庭，主張「持家」。因為每一人之仁心仁性，其最直接的發源地為家庭。類似全家福這樣的年畫更是表達了每一個普通中國家庭盡享天倫之樂的美好願望。

且長得一表人才，於是才貌雙全的他逐漸在貴族間有了些名氣。孔子二十歲結婚，二十一歲生子，魯昭公送他一對鯉魚表示祝賀，孔子因此給兒子起名孔鯉。可見此時的孔子名氣已不小了。孔子後來被魯國的大貴族季氏家族任用。季氏（季平子）委任孔子做其私家的小家臣，做過「委吏」和「乘田」。委吏，是司庫房的小職官；乘田是管牲畜的小牧官。據說孔子二十七歲開始開辦私人學校，像社會上的游士一樣開始廣收門徒，宣揚自己的禮制仁義思想。但其身分依然是季氏的小家臣。春秋末期，政治權力下移，多數邦國內出現了政在大夫的局面。魯國的孟孫氏、叔孫氏

和季孫氏三家瓜分了魯國的公室。他們專權行事，僭越禮制，如季孫氏祭祖竟用了天子禮儀——八佾之舞。孔子雖然看不慣這些，但是為了成為貴族階層，就必須得投靠季氏。

孔子的偉大抱負

孔子正想透過季氏的提拔得到魯昭公的重用，沒想到接下來魯國便發生了著名的「鬥雞之變」。季平子與郈昭伯以鬥雞方式進行賭博。賽前兩家都弄虛作假，季氏在雞翅上塗了芥末，以便在鬥雞時造成對方視力模糊；郈氏則在雞爪上裝了鐵爪，以便能夠抓傷對方。結果季氏賭輸了，並且發現對方的雞爪有問題。於是雙方由爭吵轉為爭戰，季平子領兵占領了郈昭伯的卦地。郈昭伯向魯國國君昭公狀告季平子，魯昭公正想借此機會削弱季孫氏家族的勢力，所以便出兵攻打季孫氏。可是，季孫氏卻與叔孫氏、孟孫氏聯合起來，大敗魯昭公，逼得魯昭公逃亡到了齊國。孔子本指望季氏在魯昭公面前提拔自己，見魯昭公都跑了，也只得離開季氏家族到了齊國。然而齊國國君並沒有重用孔子的意圖，孔子只得又回到魯國。此時魯國大權完全掌握在季氏家族的手裡，所以孔子也沒心思在朝中求取功名了。當時孔子年已四十歲，「四十而不惑」指的就是這個涵義，他已經不再盲目地追求功名了。不過，此時的孔子以收徒授書為業，幾千門徒的他從經濟上來說也確實不必太著急找個官做。

三教圖

丁雲鵬 明代 紙本 設色 故宮博物院藏

孔子開創了中國的儒家文化，在許多根本的哲學問題上與道教和佛教一致。例如孔子解釋的《易經》的不易，就相當於道教講「道」，佛家所說的「佛」、「真如」、「實相」。此圖將佛、道、儒三教的創始人釋迦牟尼、老子、孔子畫在一起，看上去三人正在談經論道，表現了中國人「三教合一」寬容博大的文化胸襟。

魯昭公客死異鄉後，季氏家族立昭公的弟弟為王，即魯定公。就在孔子五十歲時，也就是孔子開始讀懂易經的時候，季孫氏的另一個家臣弗擾在費邑宣布獨立了，他託人請孔子去。此時「知天命」的孔子還真動了心。只因性情率直的子路反對，才沒有去成。

孔子講學圖

儒家學派的創始人孔子身處日趨混亂的春秋時代，他試圖進行社會與倫理的改革，並開創中國有教無類的私塾教育之風。這幅中國古代的繪畫描繪孔子正在為學生授課。

孔子雖然精通《易經》，但是得到他的易學真傳的學生並不多。據《史記》記載，孔子把全部的易學傳給他的魯國學生商瞿，商瞿這一系易學流派是中國最正統的易學流派。

無名氏　　水墨畫　　約十五世紀

商瞿，字子木，春秋末年魯國人。好學《易》。據《史記·仲尼弟子列傳》載，「孔子傳《易》於瞿，瞿傳楚人馯臂子弘」，《易》由此傳於後世。唐開元二十七年（西元739年）追封「蒙伯」。宋大中祥符二年（西元1009元）加封「須昌侯」。明嘉靖九年（西元1530年）改稱「先賢商子」。

西元前501年，魯定公起用孔子整頓魯國秩序。孔子做了魯國的中都宰（縣邑長官）。經過魯定公的幾次提拔，最後孔子官至大司寇，成為魯國的最高司法長官，此時孔子五十二歲，當時的國家大權仍然落在季氏家族手中。西元前498年，孔子向魯定公提出削弱「三桓」勢力的主張，最後以失敗告終。

　　第二年，齊國向魯定公獻八十名美女，二十四輛四匹馬拉著的華麗馬車。季桓子慫恿魯定公接受齊國的饋贈，於是君臣沉湎於聲色，三日不理朝政。接著，魯國舉行郊祭，季桓子又不分祭肉給孔子。這一切，無疑在暗示孔子已不受重視，孔子只好離開魯國。於是「斥乎齊，逐乎宋、衛，困於陳蔡之間」，四處碰壁。流浪十四年後，六十八歲的孔子在弟子子冉（子冉在魯國當了官並立下戰功）的幫助下才重新回到了魯國。

不適時宜，一生挫折

　　縱觀孔子一生，便會發現孔子之所以要強調禮制仁義，其一是他早年最先接觸了禮教，從小便受禮教薰陶，可以長袖善舞；其二是封建禮教的世襲制度使孔子由一個貧民變成貴族，他是封建禮教的受益者，所以他認為禮教是好的；其三是他成為貴族後並沒有因此而得到應得的利益，所以他深刻認識到，必需健全封建禮制，他認為自己是不健全禮制的受害者；其四是他想透過健全禮教來鞏固自己的貴族地位，建功立業，輔佐朝政。可是他的理論不適合當時的形勢，所以一生挫折。

　　孔子的思想經歷了三個階段，第一階段是他「十五而有志於學」階段，他學禮不過是繼承母親家族的職業，為了能夠勝任自己的工作；第二階段是他擁有貴族名位後努力求取功名階段，此時他把人生目標提高了，開始學習更多的東西；第三階段是他東遊十四年後歸魯階段，此時，魯國仍然沒有重用他，他於是總結自己的學問，使自己的思想成為一種學術。

　　縱觀孔子的一生，不過是一位一心宣揚周禮的私塾先生，正所謂「師者，傳道授業解惑也」。孔子自二十七歲至去世，真實的身分只是一名老師，如果將孔子一生的言論都歸為孔子思想，則

孔山西平遙古城城牆

城牆上有七十二個觀敵樓，牆頂外側有垛口三千個，傳說它是孔子三千弟子、七十二賢人的象徵。

未免言過其實。如果孔子真的有自己的獨立思想並且一生都在傳播自己的思想，而並非是古人的嘉言惠行，那麼根本不會有那麼多人相信他的學說，又怎麼可能成為「三千徒中立，七十二賢人」的大教育家？

其實，正是由於孔子每言必有出處，行事也有古禮所依，才會有更多的人相信他的學識，願意拜他為師。自然，「述而不著，信而好古」並非是孔子的自謙，而只是孔子求知、教學的方式與態度。所以，相傳為孔子所作《十翼》，並非屬於原創性質，而是對失散文獻的整理。

晚而喜《易》，韋編三絕

《史記‧孔子世家》說「孔子晚而喜《易》」，以至於讀《易》「韋編三絕」，連竹簡上的牛皮繩子都斷了三次；帛書《易傳‧要》對孔子晚年研《易》描述得更為細緻：「夫子老而好《易》，居則在席，行則在囊。」可見，孔子晚年確實完全沉迷於易理的海洋中。

孔子晚年，一般是指孔子六十八歲重回魯國後，直到七十三歲去世的五、六年間。這充分說明博大精深的易理確實是天地間的至真至理，所以才會使一位飽學的聖人最終唯獨沉醉於易學之中。

《論語‧述而》中說：「加我數年，五十以學《易》，可以無大過矣。」這句話據說就是孔子晚年時說的一句話。「五十以學《易》」屬於抄文之誤，朱熹認為應當是「卒以學《易》」，因為說這句語時孔子已年近七十。孔子此語的意思是：「如果上天再給我多幾年的時間，抓緊時間學習《易經》，便可以免除犯有重大過失了。」可見孔子晚年，已將易學作為最高學問。

然而，孔子其實很早便接觸《易經》了，只是，以前並沒有非常重視，或者沒有讀懂。如《莊子‧天運》中說：「孔子行年五十有一而不聞道，乃南之沛見老聃。老聃曰：『子來乎，吾聞子北方之賢者也！子亦得道乎？』孔子曰：『未得也。』老子說：『子惡乎求之哉？』曰：『吾求之於度數，五年而未得也。』老子曰：『子又惡乎求之哉？』曰：『吾求之於陰陽十有二年而未得也。』」由此可見孔子在三十八歲便接觸易學了，只是沒讀懂。透過和老子的接觸，五十一歲的孔子才有所啟發而對易有了新的理解，並且發現《易經》裡面也包含著「天尊地卑」等禮儀方面的哲理，於是便開始更加刻苦地攻讀易學，所以孔子說自己是「五十而知天命」。什麼是天命？天命就是易理，因為易學就是天文學，天道陰陽二氣的消息變化決定著一切生命的生老病死。不知易，自然不會知天命。

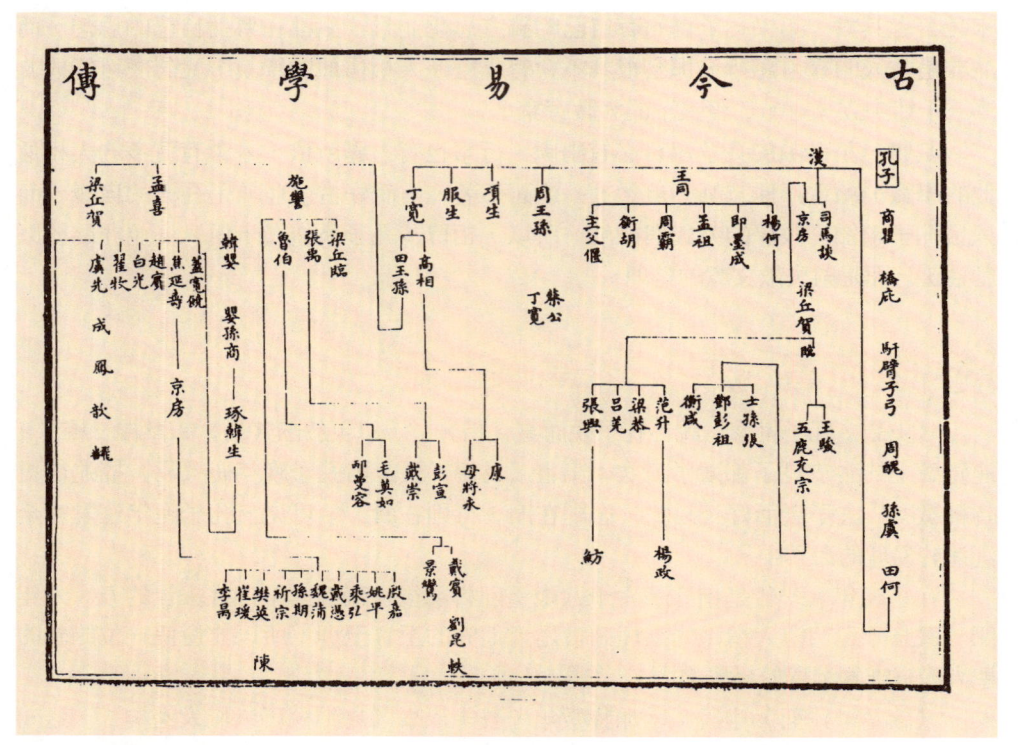

古今易學傳圖

以孔子為《易經》的源頭，易學耳傳心受，其傳承脈絡斑斑可考。由此圖可見，易學源清流濁，愈到後來，枝節愈繁茂，蔚為大觀，實為人類歷史上學問傳承的一大盛事。

孔子的易學成就

因此可以說，孔子三十八歲開始接觸《易經》，五十一歲始入門徑，六十八歲以後才有大的收穫而承認《易經》具有至高無上的地位。也可以說，孔子至少從五十一歲開始，便著手收集失散的易學文獻，孔子正是在這些文獻的基礎上，最終步入易學之殿堂。孔子根據文獻研讀《易經》並傳授弟子，後來儒家弟子將孔子講述的易學知識整理成冊，於是便有了孔子編《十翼》之說。然而《十翼》的內容，卻既非儒家創造的專有理論，也不是講解《易經》的全部古文獻。其實，所謂的儒家六經，也屬於這種情況。顧炎武說「六經皆史」。

六經，即《詩》、《書》、《禮》、《樂》、《易》、《春秋》。相傳中國上古時期遺留下的文誥有三千餘篇，孔子選取其中唐虞至秦穆公時的文獻數十篇，加以排列整理，這就是《書》，又稱《書經》或《尚書》。《詩》也是如此，據傳孔子從三千多首古詩中，刪重去複，去粗取精，得三百零五篇，稱「詩三百」，並配

樂弦歌。《禮》，古時禮節繁縟，不統一，有「經禮三百，曲禮三千」（《禮記‧禮器》）。今傳禮儀遠沒有這樣多，也為孔子選編刪取所致。《樂》是上古及中古音樂方面的文獻資料，其文本今已失傳，所以沒辦法了解孔子將《樂》刪訂成了什麼樣子。對於《春秋》，孔子則根據自己的是非標準，「筆則筆之，削則削之」，其是非標準主要是「君君、臣臣、父父、子子」的階級名分和與之相應的禮制，凡有違背，皆在譏貶之列。《春秋》的寫作方法是「一字褒貶」、「微言大義」。吳楚之君實稱王，而《春秋》貶之曰「子」，踐土之會實召天子，而《春秋》書曰「天子狩於河陽」，變被動受召的恥辱為主動巡視的威風。一字一句，都寄寓了孔子滿腔的仁義禮樂用心，所以說《春秋》已不是簡單的史書，而是孔子倫理思想和政治思想的藍本，已非史實。孔子對《易》的貢獻在於「贊」。贊，即輔助、輔佐之意。孔子整理了《易經》的輔助讀物，使人們能理解聖賢闡發於《易經》中的哲理。孔子當時或付之口說，或書之簡端，後來弟子集腋成裘，遂組合成十篇《易傳》，即後世所稱之「十翼」。所以《易傳》既存有孔子之前的舊說，又雜有孔子的相關言論。

《史記》中說：「孔子之時，周室微而禮樂廢，《詩》、《書》缺。（孔子）追跡三代之禮，序《書》傳，上紀唐虞之際，下至秦穆，編次其事。……故《書》傳、《禮》記自孔氏。」可見如果沒有孔子，由於周朝衰落，戰事頻繁，恐怕古代的歷史文獻早就失傳了。正是孔子廣收門徒，才使六經得以流傳至今。

今天我們讀《易傳》，已經很難分清哪些是孔子所說，哪些是古文獻所載了，因為那個時代寫文章引用古經文或古賢人之語，是從來不用註明的。比如，今本《繫辭傳》中有一段文字為：「知者觀其《彖辭》，則思過半矣。二與四同功而異位，其善不同。二多譽，四多懼，近也。柔之為道，不利遠者。其要無咎，其用柔中也。三與五同功而異位。三多凶，五多功，貴賤之等也。」

而帛書《易之義》則記載為：「子曰：『知者觀其《緣辭》，而說過半矣。』易曰：『二與四同功而異位，其善不同，二多譽，四多瞿，近也。』近也者，謙之謂也。易曰：『柔之為道，不利遠者。其要無咎，其用柔若中也。』易曰：『三與五同功而異立……，三多凶，五多功，貴賤之等也。』」

兩相比較，似乎帛書《易之義》將孔子之言與古文獻分得較清楚，但這種情況，仍難以排除孔子所言也是引用古人之語的可能。因為即使記載孔子言論《論語》，也有諸多名為「子曰」，實為引用古語的例子。如《論語‧顏淵》載，顏淵問仁，子曰：「克己復禮為仁。」可《左傳》昭公十二年卻記載，仲尼曰：「古也有志：『克己復禮，仁也。』」這說明「克己復禮，仁也」乃孔子所引古語。

所以，我們今天學習《易傳》，要明白這些理論源自於孔子之前就有的古文獻，並非是孔子所創。但我們也不能否認孔子所做的功績，因為如果沒有孔子，我們今天也看不到《易傳》上的內容。

第5節

如何讀懂《易傳》
開啟易學之門的鑰匙

> 如何才能讀懂《易傳》？這可能是每個喜歡易學的讀者都會關心的問題，因為《易傳》正是一把打開易學之門的鑰匙。可是，近來世上流傳的《易傳》有關書籍，大多不是別講，便是發揮，這樣是無法打開易學之門的。所以，在此筆者談談自己的一點淺見。

不妄解經文，臆測原意

首先，我們必須要懂得一些易學的基礎知識，本書上冊經部所錄的知識，應當掌握。只有懂得這些基礎知識，我們在讀《易傳》時才不會妄解經文，臆測原意。

不陷於學派之爭

其次，不要陷於學派之爭，應明白易學早於任何學派思想，是古天文學理論的結晶。古人就是在先認識天道規律的基礎上，才衍生出效法天地、天人相感、天人合一的思想。

不是開啟易學之門的唯一鑰匙

第三，不要把《易傳》作為開啟易學之門的唯一鑰匙。《易傳》只是講解《易經》的古文獻中的一部分，並非全部，它只是一把拼湊起來不完整的鑰匙。

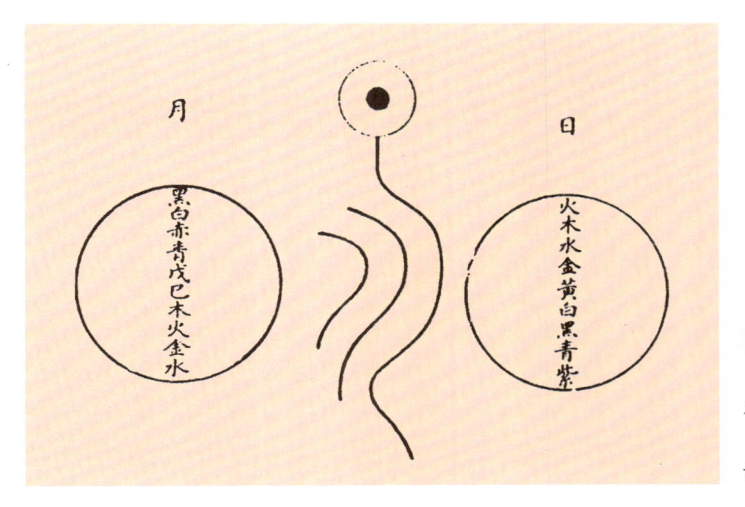

日月為易

取日月二字交配而成，如篆文日下從月，是「日往月來」之義，所以說：「陰陽之義配日月」。

🦁 不要像讀唐宋八大家的散文一樣讀《易傳》

第四，不要像讀唐宋八大家的散文一樣讀《易傳》，《易傳》行文不會擁有這種完美。儘管《易傳》中的詞語、句子與《易經》經文一樣廣被後世引用並奉為至理名言，但其像大雜燴一樣的內容，使其難以行文流暢並且脈絡分明。

🦁 《易經》只是文王後天八卦理論的一小部分

第五，要明白《易經》只是文王後天八卦理論的一小部分，不要認為易理已全部囊括於此書中；而講解《易經》的《易傳》也會由《易經》引申出更多易學理論，包括所有先後天易學理論。這一點，朱熹在《周易本義》中已有論述，讀者也需切記：「有天地自然之易，有伏羲之易，有文王、周公之易，有孔子之易。自伏羲以上皆無文字，只有圖畫最宜深玩，可見作易本原精微之意。文王以下，方有文字，即今之《易經》，然讀者也宜各就本文消息，不可便以孔子之說為文王之說也。」朱熹所說的天地自然之易，即指河圖洛書；伏羲之易，則指先天易學系統；文王、周公之易，則指《易經》，實際上文王之易指的也應該是後天八卦系統，其內涵遠遠大於《易經》；孔子之易，則特指《十翼》中的諸多「子曰」。

《易傳》中即有天地自然之易的內容，又有伏羲之易、文王周公之易和孔子之易的內容，對此，我們不可不識，不可不辨。

第一章 《易傳》概說

第二章

《繫辭傳·上篇》的智慧

　　《繫辭傳》是《易傳》之一，又名《大傳》。「繫辭」本來是指「繫」在卦、爻後面的卦辭、爻辭，在這裡則是指繫在《易經》整體後面的「辭」。《繫辭傳》是《易經》的整體概論，主要闡釋《易經》的哲學思想，將原僅用於卜筮的《易經》提升到哲學的高度，是說明《易經》思想內容的重要論著。由此可見，《繫辭傳》和《易經》並不相同。至於《繫辭傳》的成書問題，現代普遍認為是由孔門傳易的學者著手所成，非孔子一人所作，也非成於一時。《繫辭傳》上篇中解釋了卦爻辭的意義及卦象爻位，所用的方法有取義說、取象說、爻位說；論述了揲蓍求卦的過程，用數學方法解釋了《周易》筮法和卦畫的產生和形成，認為《易經》是一部講聖人之道的典籍，它有四種聖人之道：一是察言，二是觀變，三是制器，四是卜占。

第二章 《繫辭傳・上篇》的智慧

本章內容摘要

天尊地卑：乾道與坤道

設卦觀象：君子怎樣讀《易經》

辭也者，各指其所之：小大與險易

《易》與天地準：不違背天地之道

一陰一陽之謂道：日用而不知

易道之廣大：無所不包

易其至矣乎：乾為道之門，坤為義之門

聖人以《易》解天下之玄妙：言應千里

天地之數與大衍之數：《易經》中的數學

《易》有聖人之道四焉：《易》有「四道」

開物成物，冒天下之道：把握天下之道

自天佑之，吉無不利：履行誠信，順應天道

第 1 節

天尊地卑
乾道與坤道

天高高在上顯得尊貴，地位於天的下面顯得卑順，於是乾坤兩卦便根據天與地的關係確定了不同的屬性。根據高低不同的排列，便可以分出尊貴與卑賤的地位。

【原文】

　　天尊地卑，乾坤定矣。卑高以陳，貴賤位矣。動靜有常，剛柔斷矣。方以類聚，物以群分[1]，吉凶生矣。在天成象，在地成形，變化見矣。

　　是故，剛柔相摩[2]，八卦相盪。鼓之以雷霆，潤之以風雨。日月運行，一寒一暑。乾道成男，坤道成女。乾知大始，坤作成物。乾以易知，坤以簡能。易則易知，簡則易從。易知則有親，易從則有功。有親則可久，有功則可大。可久則賢人之德，可大則賢人之業。易簡，而天下之理得矣；天下之理得，而成位乎其中矣。

【注解】

[1]方以類聚，物以群分：屬性相同的事物會聚於相同的方位，不同的群體會各自分開。
[2]摩：通「磨」，指像推磨一樣旋轉。

【釋義】

　　天高高在上顯得尊貴，地位於天的下面顯得卑順，於是乾坤兩卦便根據天與地的關係確定了不同的屬性。根據高低不同的排列，便可以分出尊貴與卑賤的地位。

動與靜是天與地的常規，剛與柔也是天與地的不同屬性。萬物按照方位的五行屬性聚集，人與物都根據不同的類別組成不同的群體，於是吉祥與凶險便在不同的方位與群體中體現出來。日月星辰在天上組成不同的天象，在地上萬物都隨天體的變化而化育成形，陰陽二氣的變化從天象與地上萬物的變化上便可以顯露出來。所以陰消陽長循環往復，可用八卦的變化表示出來。天上電閃雷鳴，地上就會降下風雨。日月周而復始地運行，一寒一暑形成了一年。乾卦代表男性，坤卦代表女性。乾的作用是主管萬物的創始，坤的作用是使萬物生長。乾以人們容易看到的方式發揮作用，坤以簡單隱藏的方式發揮作用。容易看見就容易使人了解，簡單則使人容易跟從效法。容易了解便會有人來親近，容易跟從就會成就功業。有人親近才可以長久，有功業才可以壯大。長久的就是賢人的道德，壯大的便是賢人的事業。懂得了簡易便是得到了天下的道理。得到天下的道理，就能在天下之中找到屬於自己的位置。

天尊地卑圖

自一至十，天尊於上，地卑於下。尊者乾之位，故乾為君，為父，為夫；卑者坤之位，故坤為臣，為母，為婦，皆出於天尊地卑之義也。所以說：「天尊地卑，乾坤定矣。」

宇宙物理的形成

天尊地卑，乾坤定矣。卑高以陳，貴賤位矣。

1. 尊卑貴賤的法則

《繫辭傳》開篇第一句便是「天尊地卑，乾坤定矣」，這是告訴人們，從天地剛形成的那一刻起，便有了尊卑之別，便有了階級之分。為了強調這一點，作者接下來說「卑高以陳，貴賤位矣」，意思是說：高低如此明顯地陳列在那裡，所表示的正是貴與賤兩種不同的位置。

一般認為，這便是孔子讀《易》最大的心得體會。因為孔子研讀《易經》多年之後，終於發現《易經》原來不是一本占卜的書，而是隱含著禮教思想的智慧寶典。於是孔子晚年更全心地投入易學研究中，並以自己的所學傳授弟子。但是，孔子一直到七十三歲去世，真的讀懂了《易經》嗎？朱熹告誡我們「不可便以孔子之說為文王之說也」，當然朱熹並不認為孔子之說有多麼權威。朱熹所說的「孔子之說」，指的便是《十翼》。而《十翼》雖為孔子所傳，但並非皆為孔子的言論。所以，《繫

第二章 《繫辭傳·上篇》的智慧

53

「天尊地卑，乾坤定矣」

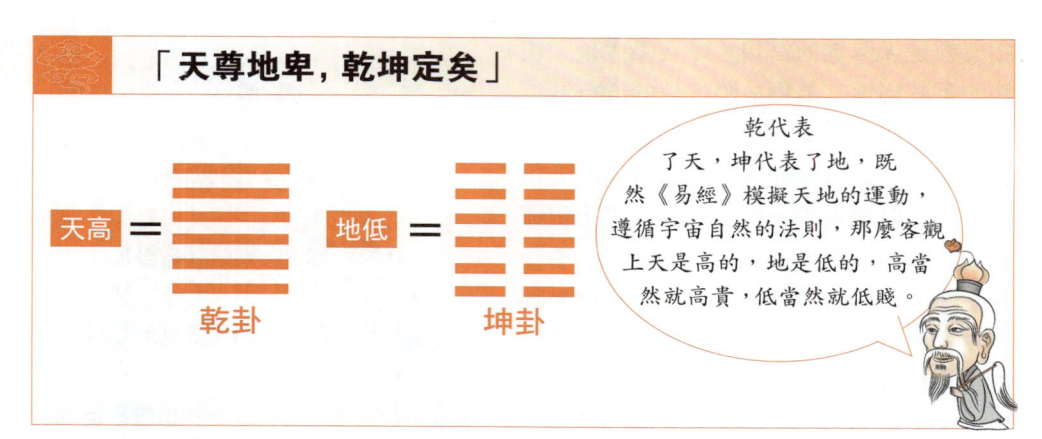

天高 ＝ ☰ 乾卦　　地低 ＝ ☷ 坤卦

乾代表了天，坤代表了地，既然《易經》模擬天地的運動，遵循宇宙自然的法則，那麼客觀上天是高的，地是低的，高當然就高貴，低當然就低賤。

辭傳》開篇幾句也可能並非是孔子所說，而是周公制禮作樂時的句子，其用意是從易理中引申出尊卑貴賤的概念並加以強調，讓人們明白：尊卑貴賤的法則與天地同存；只要天地不滅，就存在階級，就存在尊卑與貴賤的差別。

南懷瑾居士在《易經繫傳別講》中說：「如果認為天高高在上是很尊貴的，地在下便很卑賤，很下賤，這種看法又是胡說，該打三百大板。天尊是尊貴、尊遠。我們仰頭一看這個太空，天在上面；到了太空，我們的頭頂上還有太空，永遠的虛空，無量無邊的虛空。在我們上面永遠很高遠，很尊貴的，這就叫做天。地很卑近，卑者近也。尤其是我們人類的文化，就是大土地的文化。人離不開土地，這個地球、土地對我們很卑近。換句話說，卑就是很淺近，很淺，很近。」這種對易理的發揮非常有說服力。

「天尊地卑，乾坤定矣」，是從天地形象與先天八卦方位圖引出來的尊卑概念。古人認為天地初分時，是清純之氣上升形成了天，濁雜之氣下降而形成了地。天高高在上，需仰視才可看到，所以天的位置是尊貴的；大地延伸於腳下，需俯視才可細察，所以地的位置是卑賤的。尊卑，本義皆為酒器。但尊是酒壺，卑則是酒杯；酒壺與酒杯，是國與家的關係，是大與小的關係，是重與輕的關係。「乾坤定矣」，是說伏羲創造的八卦方位圖，也要完全遵從天尊地卑的法則，將乾卦列於上方，將坤卦列於下方。「乾坤定矣」的意思，與《說卦傳》的「天地定位」是同一意思，皆是說明先天八卦方位圖中乾坤兩卦的位置。

2. 富而不貴，貧而不賤

「卑高以陳，貴賤位矣」，則是由高低兩種位置，引出貴與賤的兩種社會地位。意即讓人們抬頭看看天，那就是尊貴的位置；低頭看看地，那就是卑賤的位置。正由於貴賤的概念源自於尊卑，源自於天地，所以後來形成了尊貴、高貴，卑賤、下賤等複合詞，還延伸出富貴、貧賤等詞語（注：富與貴、貧與賤並非同義詞，所以古代有的人富而不貴，有的人貧而不賤）。並且，還由此形成了三綱五常的倫理道

德觀。三綱,即君為臣綱、父為子綱、夫為妻綱;五常,即仁、義、禮、智、信。三綱中的君、父、夫,即為天、為尊、為貴;臣、子、妻,即為地、為卑、為賤。

古人之所以要強調君君、臣臣、父父、子子等不同的社會地位,主要便是為了使社會擁有良好的秩序。因為自黃帝以來,進入父系社會的人類階級日益明顯,尊貴階級與卑賤階級該如何相處?矛盾激化,就會形成動亂;只有和諧共處,才能真正長治久安。而古時的三綱五常,正是有效維護封建階級制度的一劑良方。溯根求源,其實這種制度在黃帝時代便已經有了。黃帝「垂衣裳而治」,便是強化階級的一種制服式管理。不同階級的人,穿著不同顏色、圖案的衣服,大街上一看,人們的身分階級一目了然。

如此公開身分就可以使天下得到大治嗎?其關鍵是有一個天理、公理存在,也就是後來演變出的周禮。例如:一個身著華衣的貴族出現在大街上,如果他的言行不仁、不義,極為卑劣,那麼周圍的人便會鄙視他,不理睬他,躲開他,甚至難抑怒火的人還要揍他。這件事一傳十,十傳百,傳到黃帝那裡,黃帝便會取消這個人的貴族資格。如果一個賤民靠偷盜手段一夜暴富,那他穿上貴族衣服,吃上貴族飯菜,享受貴族生活,不但不會引起人們的羨慕,反而會為自己招來大麻煩。因為他的做法是違背天理、公理的,大家會鄙視他,不理睬他,躲開他,甚至難抑怒火的人還要揍他。此事一傳十,十傳百,還沒傳到黃帝那裡,地方官員便開始查他的財產來源,最終查出盜竊事件,只能接受刑罰。而那些靠正當手段致富的人,真正對國家、對部族有貢獻的人,則會受到眾人的擁護而被提升為貴族。所以那個時代,黃帝以制服式管理,便可使天下得到大治。這種治理手段被後世君王繼承,最終在周朝形成內容豐富的禮樂制度。

3. 禮崩樂壞的春秋時代

到了紛亂的春秋時期,鐵器的應用使更多的荒地被開墾,於是日益強大的諸侯國,棄尊卑禮法於不顧,在爭霸賽中挾周天子以令諸侯,盡情爭奪權力,擴張領土。具有諷刺意味的是,這些醉心於霸權的諸侯君王,後來也被不顧尊

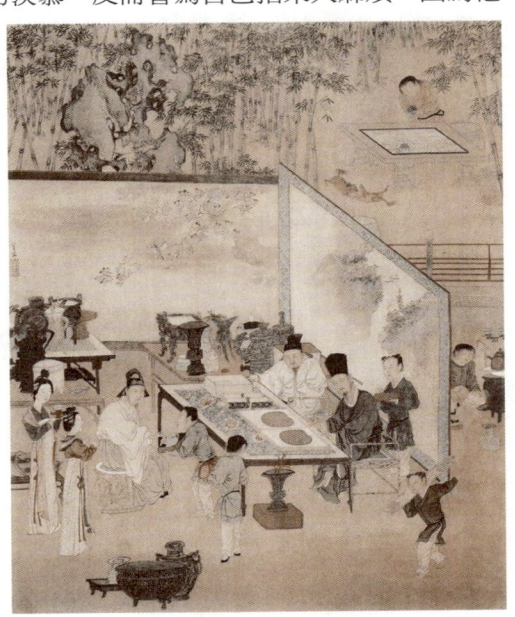

竹院品古圖
仇英(明) 絹本 設色 故宮博物院藏

在中國古代人物畫中,我們可以很輕易地發現人物之間的階級與相互關係的親疏。那一道道圍欄和臺階,很清楚地幫我們把君臣、官民、尊卑、上下區分開來。

卑禮法的家臣奪去了權力，於是形成了上至君王下至財主皆處於強奴欺主的狀態中。春秋末期的孔子，在這種禮崩樂壞的大紛亂中宣揚禮制，但在越演越烈的爭霸賽中，誰又肯停下來接受禮樂思想呢？當戰事更加頻繁的戰國時代來臨時，雖然諸子百家皆提出自己的政治主張，但真正能左右歷史的，還是武力。當秦始皇終於統一六國時，已不得不以重刑治亂世，但他以法家理論治國，仍然維護尊卑階級制度，只是在郡縣制的中央集權統治下，六國以前靠封土建國的世襲貴族們已不再擁有尊貴的身分。而自漢及清的統治階級，基本上是以儒家思想治國，而儒家思想仍然強調尊卑禮教。

4. 三綱與五常的關係

因此可以說，尊卑禮教對於維護社會良好秩序的作用，是經歷自黃帝時代到明清漫長歲月的考驗。然而，諸多古代君王由於太過強調三綱的尊卑觀念，而無視於仁、義、禮、智、信五常的作用，致使孔孟之道成為壓迫女性、壓迫百姓的工具。當然，尊者不對卑者講仁、講義、講禮、講智、講信，卑者也不對尊者講仁、講義、講禮、講智、講信，實際上是一個尊者不自尊，卑者不自卑，沒有尊卑觀念的社會。這種社會，尊者與卑者生活都不會幸福。試想，如果尊者不以五常保持自己的尊位，而是對卑者進行無情的壓迫與欺詐；卑者也不以五常對待尊者，而是時刻欺騙尊者，時刻準備推翻尊者，這樣的社會，誰又能生活得好呢？

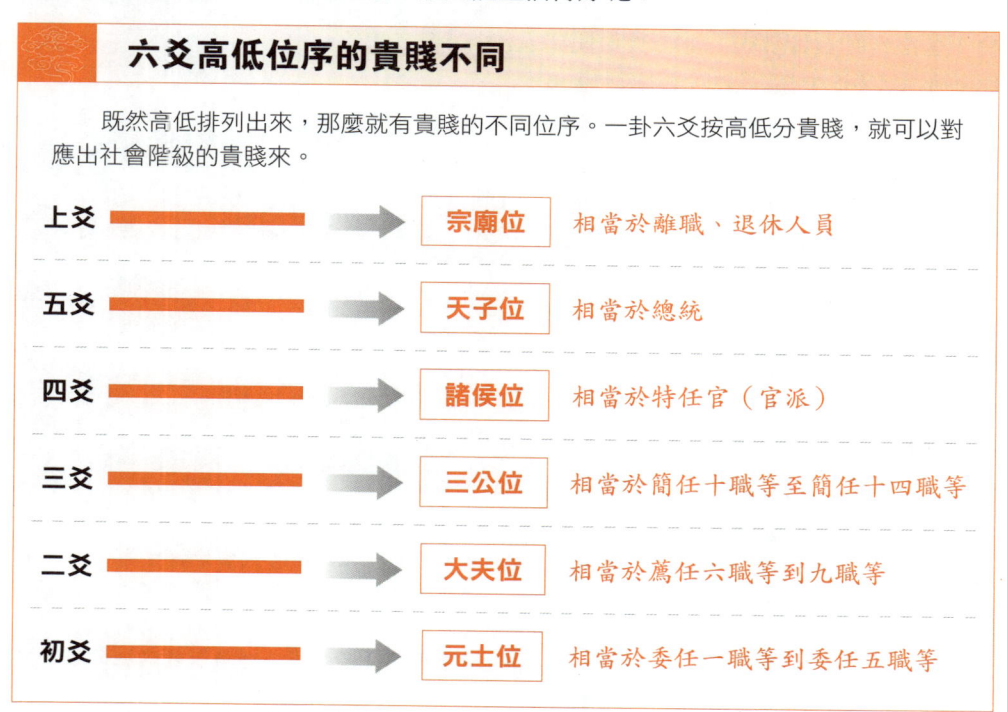

六爻高低位序的貴賤不同

既然高低排列出來，那麼就有貴賤的不同位序。一卦六爻按高低分貴賤，就可以對應出社會階級的貴賤來。

上爻	→	宗廟位	相當於離職、退休人員
五爻	→	天子位	相當於總統
四爻	→	諸侯位	相當於特任官（官派）
三爻	→	三公位	相當於簡任十職等至簡任十四職等
二爻	→	大夫位	相當於薦任六職等到九職等
初爻	→	元士位	相當於委任一職等到委任五職等

其實，這種尊卑觀念在今天依然有著一定的現實意義。比如，在軍隊中，如果沒有較強的階級觀念，那麼將會造成軍令不能好好地執行，怎麼可能打勝仗呢？所以美國西點軍校非常重視培養軍官沒有任何藉口地服從命令，並將其視為軍人的天職，軍人只可以拒絕具有嚴重錯誤的命令。在企業管理中，如果沒有較強的階級觀念，也不會擁有良好的執行力。

六爻\人事	初爻	二爻	三爻	四爻	五爻	上爻
社會	元士	大夫	三公	諸侯	天子	宗廟
醫藥	針藥	酸藥	甘藥	苦藥	辛藥	醫師
尋人	足	身	行李	道路	人家	人身
漁獵	漁獵	龜鱉	魚蝦	兔豬	豺狼	虎豹
田禾	耕	種	田段	秧苗	早禾	大禾
音信	飛信	口信	書信	僕信	喜信	吉信
逃亡	鄉	市	鎮	縣	州	外道

六爻配置表

總之，只要階級依然存在，我們便要正確看待尊與卑的關係，只有每個人都在正確的位子上，社會才能真正和諧。

5. 六爻的象徵意義

至於尊卑觀念是否正如《繫辭傳》所認為的那樣，可以天長地久地存在，這還需要大家做進一步地思考。但在《易經》裡面，確實處處皆含有這種尊卑秩序理念。比如，《易經》卦序將乾卦放到第一位，坤卦放到第二位，這也是天尊地卑理念的體現。再者，八卦六爻從初爻至上爻，由低至高體現著尊卑的秩序。分封制的西周社會，統治階層由上至下共分六個級別，即：宗廟、天子、諸侯、三公、大夫與士人，這種秩序與六爻一一對應，則是初爻為元士，二爻為大夫，三爻為三公，四爻為諸侯，五爻為天子，六爻為宗廟。如果換成現在的公務員階級，則初爻為委任一職等到委任五職等，二爻為薦任六職等到九職等，三爻為簡任十職等至簡任十四職等，四爻為特任官（官派），五爻為總統，六爻為離職、退休人員。當然，這只是對占卜官位階級而言，依此類推，還可以從不同角度上分出尊卑來。

此外，爻位的得中、得奇、得偶等狀況，也體現了尊卑秩序的理念。總而論之，爻位，相當於社會地位；沒有尊卑，則不成秩序。

尊卑地位的轉化

動靜有常，剛柔斷矣。

既然尊卑貴賤與天地同存，那麼是否尊者就永遠尊貴，卑者就永遠卑賤呢？雖然老財主常會這麼認為，但《繫辭傳》卻不這麼認為，所以《繫辭傳》講過天尊地

卑之後，緊接著說「動靜有常，剛柔斷矣」。

「動靜有常，剛柔斷矣」是什麼意思呢？為了讓大家更清楚地理解這句話，首先要向大家講解一下「常」與「斷」這兩個字。

1.「常」字的本義

常從巾，尚聲，本義指旗幟。用旗子般的布塊將身體圍起來，就成了一種裙子，所以「常」含有裙子的意思。古文中的「裳」字與「常」字同音，而且也是指古人穿的一種裙子，所以有人認為「常」字源於「裳」，認為「古代人穿一件裙子，是很平常的、很普通的事」，所以「裳」字便演變為經常的「常」。這種說法含有太多主觀臆測，因為「裳」與「常」表示的根本就不是一種裙子，而且清代文字訓詁學家朱駿聲在《說文通訓定聲》中便言明：「常裳二字，經傳截然分開，並不通借。」其實，裳所指的裙子，是指有衣領的長裙，古人不分男女都穿這種裙子，上身外面還要披一件外衣，所以古代有衣遮上體，裳遮下體的說法；常所指的裙子，則是簡單圍腰的筒裙。裳字下面的「衣」字，甲骨文的字形是上面像領口，兩旁像袖子，底下像兩襟左右相覆，正是一件古式上衣的形狀；「衣」放在「尚」下，是說明將上衣下擺延長至足成為裙子。常字下面的「巾」字，甲骨文的字形是布巾下垂之形，所以這種裙子是用方形的布圍成，沒有衣領。

2.「常」的其他字義

那麼，為什麼「常」還有「一般」、「普通」、「平常」的意思呢？這主要是由於這種裙子是一種做工簡單、較為樸素的裙子，是大眾化服飾；其次，則與古代的旗子有關。旗子本源於測日影的天干（即圭表），這個杆子高八尺，相當於當時成年男子的身高，母系社會身高八尺的男子，便有了求偶權；後來到了父系社會的初期，由於實行的是野蠻的搶婚制，身高八尺的男子，才有足夠的能力去搶奪女人和保護自己的女人不被他人搶走，所以八尺男兒也稱為「丈夫」，八尺這個長度則稱為一丈。古時成年男子將兩臂左右伸直的距離稱為一尋，由於人兩臂伸直的距離與身高相等，所以一尋也等於一丈。所以那時的女人織布，一般只織一尋（即一丈）長的布，然後便用刀子從織布機上割下來，所以這布長一尋，也稱為一仞。為什麼只織一丈長的布呢？因為這塊布給一般的成年男子做衣服已經夠用了。由於做衣服是前面一塊，後面一塊，由兩塊一丈長的布剪裁後縫起來的，所以做這件衣服實際需要兩丈長的布，這兩丈長的布裁制得沒有領子的簡陋裙子，就叫「常」，於是兩丈的長度便稱為一常。這樣，一個身高一丈長的男子，穿著兩丈長的布裁制的衣服，就組成了「尋常」一詞。也許你會說，都身高一丈了，還能稱為「尋常」嗎？原來，上古時期一尺的長度比較短，其八尺身高，相當於秦漢時期的「七尺男兒」，相當於今天的「五尺男兒」，相當於現在166公分。這樣身高「一丈」的男子，身穿「兩

丈」布裁成的簡陋衣服，是不是就是一個平常、普通的人呢？那不就是普通身材，打扮一般的人嗎？這就是「常」字含有「一般」、「普通」、「平常」意思的第二個原因。而且，經常、恆久不變、曾經（常通「嘗」）等意也由此處引申而出。

由於「常」的本義為旗子，旗子源於圭表，圭表測日影可得知四時八節的更替規律與陰陽二氣的運轉規律，而且旗子也可測知季風風向的規律，所以「常」字還有規則、規律的意思。《繫辭傳》「動靜有常」的「常」字，便是這個意思，意即動與靜是天與地的常規。也許你會說，繞了這麼大一圈，怎麼現在才講到與經文相關的內容？其實，之所以對「常」字講這麼多，主要是目前有些講解《繫辭傳》的書籍在講解這部分內容時，對「常」字解釋的錯誤太多；其次便是這些知識不是查查字典就可以得到的知識，並且又是學習傳統文化不可不知的知識。

倍尋為常

「尋常」中的「常」字本意為兩倍，即「倍尋為常」。遠古時期，女人要以「一常」的布給自己的丈夫做衣服，所以一常雖然等於兩丈，但「尋常」一詞在形容人的身高時，指的只是身高一丈的普通身材。

「剛柔斷矣」的「斷」是什麼意思呢？甲骨文的「斷」字，是一個紡錘下面連著三條絲線，表示紡錘上的線斷了，本義為截斷、截開。其又有攔截、攔劫、判斷、裁決、劃分、禁止、戒掉等諸多引申義。「剛柔斷矣」的「斷」，即分開而可區分的意思，即剛健與柔順這兩種屬性因分開而可以輕易區分開來。

3. 動與靜的規律

「動靜有常，剛柔斷矣」這一句話，意思是說透過天地的運動與靜止的規律，可以區分出剛健與柔順這兩種屬性。其動靜規律可概括如下：

從基本特性來說，或者相對而言：天是動的，地是靜的；天因常動而具有剛健的特性，地因常靜而具有柔順的特性。比如，天地初分時，清純之氣上升而形成天，這不斷上升的清純之氣，便是一種動，一種剛健的陽性；濁雜之氣下降，最終塵埃落定形成大地，這不斷下降的濁雜之氣，便是一種靜，一種柔順的陰性。再以運動而言，天體日夜不停地由東向西旋轉，年年歲歲，這天體便是剛健的陽性，所以乾卦卦德便是「天行健」，人效法天則要「君子以自強不息」；大地靜止不動，隨天體變化而四季更替，這大地便是柔順的陰性，所以坤卦卦德為地勢坤（即大地有柔

陽中陰圖　　　　　　　陰中陽圖

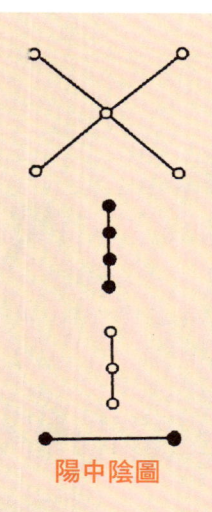

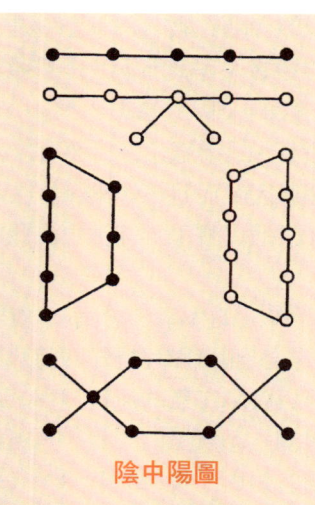

《易經》曰：「一陰一陽之謂道」。且夫一陰一陽者，獨陰、獨陽之謂也。天一與地六合而生水，地二與天七合而生火，天三與地八合而生木，地四與天九合而生金，天五與地十合而生土，此則五行之質，各稟一陰一陽之氣耳。至於動植物，又合五行之氣而生也。

順之德），人效法地則要「君子予以厚德載物」。因乾為純陽，坤為純陰，所以因此也可得出結論為：陽動陰靜，陽剛陰柔。這樣，我們透過動與靜便可輕易辨別出何為陽物何為陰物。

從變化特性來說，或者絕對而言：天地都是動的，天動極而靜，地靜極而動，也即陽極而轉陰，陰極而轉陽。天是運動的，但它也會靜止，所以說「夫乾，其動也直，其靜也專」；地是靜止的，但它也會運動，所以說：「夫坤，其靜也翕，其動也闢」（見《繫辭傳》原文第二章，詳解見後）。例如：雲行雨施便是一種陽極轉陰的現象。地上的水氣向上蒸騰，在天上聚成雲，是一種陽性運動；聚雲成雨降下大地，則是一種陰性運動。相對節氣而言，則夏至一陰生屬於陽極而轉陰，冬至一陽生屬於陰極而轉陽。在十二消息卦中，由姤至坤，正是乾陽向坤陰轉化的過程；由復至乾，正是坤陰向乾陽的轉化過程。此外，陰陽相吸、相合、相消、相息、相推、相磨、相感、相應等，也隱含著陰陽運動、轉化的規律。

4. 尊卑、貴賤的轉化

雖然天尊地卑，陽貴陰賤，但由於陰可轉陽，陽可轉陰，所以尊卑之地位不是一成不變的，而是互相轉化。例如：古時有才能的，或以忠孝聞名的賤士，因被統治者任用而成為貴族；寒窗苦讀十年的窮秀才，因考中狀元而被招為駙馬；飢寒交迫的賤民揭竿而起，因推翻了舊統治建立起新政權而成為統治者……這些，都屬於

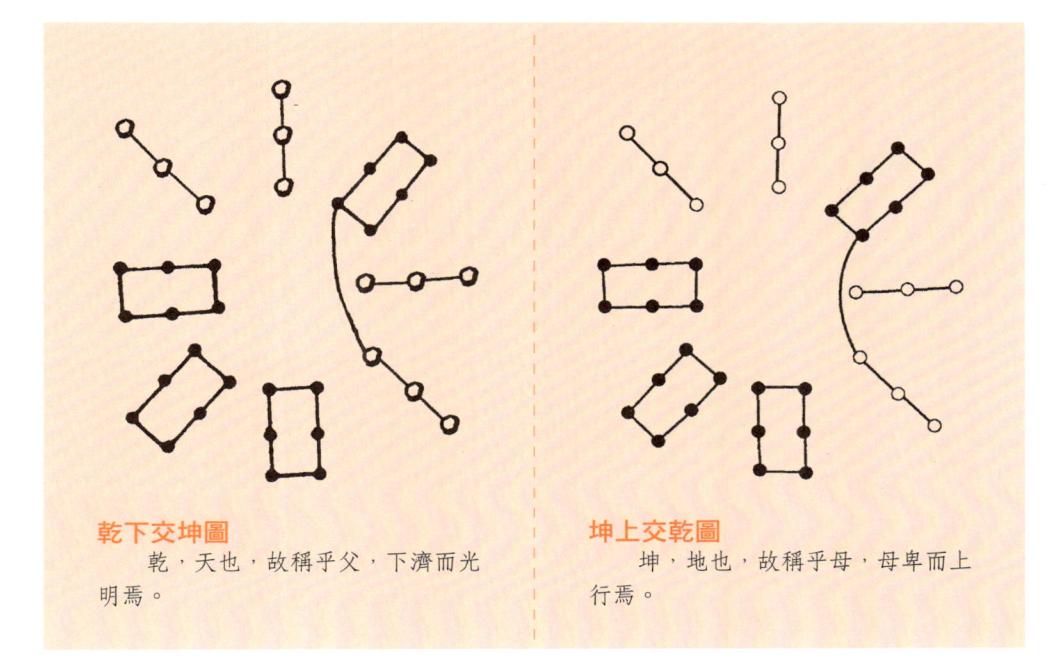

乾下交坤圖
　　乾，天也，故稱乎父，下濟而光明焉。

坤上交乾圖
　　坤，地也，故稱乎母，母卑而上行焉。

　　由陰轉陽，由卑賤轉為尊貴的例子。而位高權重的王侯將相，也會因貪贓枉法而被剝奪貴族地位；年高體衰的君王，會把位子傳給太子退居二線；繼位太子荒淫無度，治國無方，也會使朝綱顛覆而淪為階下囚……這些，都屬於由陽轉陰，由尊貴轉卑賤的例子。

　　總之，這些尊卑互相轉化的例子，可分為兩類。一類是符合道義的尊卑轉化，一類是因失道所致的尊卑轉化。我們必須明白的是，符合道義的轉化，即使是由尊位轉到卑位，也會吉祥；因失道所致的尊卑轉化，即使是由卑位轉到尊位，也會凶險。符合道義，指的便是居尊位則要剛健之德，自強不息；居卑位則要有柔順之德，厚德載物。

　　以現代社會而言，身為管理者便要有剛健之德，勤於政事，精心管理，施令明確果斷，並以身作則，以德服眾。如果身為管理者而沒有剛健之德反具柔弱之性，那麼便不會在管理上擁有良好的執行力；如果身為管理者而不自強不息，不以身作則，則不會服眾；如果身為管理者而沒有道德仁義，那麼就會遠君子近小人而終為小人所害。身為員工，則要有柔順之德，安於崗位而兢兢業業，服從上級聽從指揮，擁有業績自會受到眾人尊重，並且受到上級提拔而晉升尊位；如果身為員工而不安於本位，投機取巧，四處鑽營，即使得到尊位也會凶險。比如，一些靠投機而致富的商人，一些靠關係賄賂而一路晉升的主管，最終因難改小人之秉性越來越無法無天，最終會受到法律的制裁。

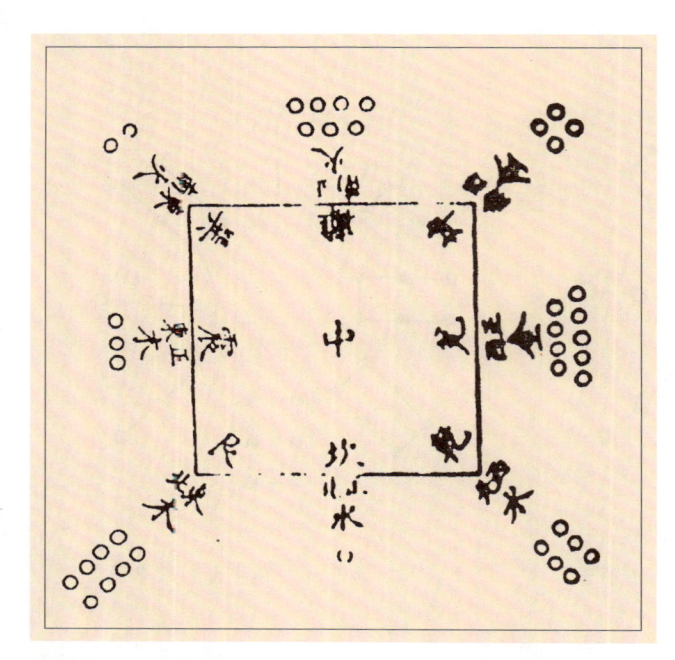

方以類聚圖

坎代表北方，乾以水之成數類聚於西北；震代表東方，艮以木之成數類聚於東北；離代表正南，巽以火之生數類聚於東南；兌代表正西，坤以金之生數類聚於西南。所以八卦各以其方而類聚。

方位與合聚之中有吉凶

方以類聚，物以群分，吉凶生矣。

1. 巴西龜的入侵

現在，有許多來自美國密西西比的巴西龜來到臺灣，許多小朋友都喜歡養這種小烏龜作為寵物。可是，這種既漂亮又可愛的小烏龜生長迅速，最大可以長到27公分，並且長得越大龜甲越不鮮亮。當寵物飼養的人由於家中沒有這麼大的養龜容器卻又不忍心殺掉，只能送人、賣掉或放生。再加上一些善男信女專門購買這種烏龜放生，造成臺灣諸多水域都是巴西龜。

這種原生於美國密西西比的龜種，因個體大，食性廣，適應力強，生長繁殖快，產量高，抗病能力強等諸多優勢，對臺灣原生龜種造成生態浩劫。因為巴西龜不但侵奪了臺灣原生龜的食物資源，還可能以臺灣原生龜的幼龜為食。所以臺灣不得不像世界上許多其他國家一樣，將這個世界公認的生態殺手列為危險外來入侵物種，並廣泛宣傳不要將其放生。可是，把巴西龜當寵物飼養的人，又怎麼忍心將其殺死吃掉呢？所以臺灣原生龜種是否會因此而遭受滅種之災，很令人擔憂。

如果政府強制管理巴西龜的飼養與放生，那麼巴西龜在臺灣只有死路一條；如果政府寬容巴西龜的飼養與放生，那麼臺灣原生的龜種便要面臨滅頂之災。

這種情況，就是因為「方以類聚」而導致的凶險。各種生物，都有各自特有的生存空間，這就是「方以類聚」的涵義。一旦這個生存空間被其他物種入侵，那麼

這個空間的生物便要面臨凶險；而一旦某一生物離開自己特有的空間，也要面臨凶險。

2. 渡渡鳥滅絕帶來的啟示

再如，以前在非洲的模里西斯島，生活著一種體大肉多的鳥，名叫渡渡鳥（dodo 在葡萄牙語中是愚笨的意思）。渡渡鳥身體肥胖，重達 23 公斤，走路蹣跚，左右搖擺，由於翅膀短小，所以牠不會飛，遇到危險便把頭扎到灌木叢中，而肥胖的身體卻往往露在外面。然而，如此蠢笨的渡渡鳥，卻一直在這一方土地繁延了兩千萬年。為什麼呢？因為，在這裡牠們一直沒有遇到致命的天敵，而當地土著的有限捕殺，也根本不會造成渡渡鳥的數量減少。可是到了十六世紀後期，帶著來福槍和獵犬的歐洲人來到了模里西斯，使渡渡鳥成為他們的主要食物來源。剛開始，歐洲人每天可以捕殺到幾千隻到上萬隻的渡渡鳥，可是由於過度捕殺，後來每天只能捕到幾隻。西元 1681 年，最後一隻渡渡鳥被殘忍地殺害了，從此地球上再也沒有這種鳥類。

渡渡鳥的災難，便是來自於自己的生存空間被人類打破了，無法繼續「方以類聚」地生存了。所以，「方以類聚」是普遍生物的生存法則，可以「方以類聚」則會生存，則會吉祥；無法「方以類聚」則會滅亡，則會凶險。如南方的綠孔雀不能到寒冷的北方生存，北方的家雞也不宜到炎熱的南方生存；山中的老虎無法到沙漠裡稱王，沙漠中的獅子也無法到山林中與老虎爭王。

3. 放逐刑法的廢除

有句老話叫「一方水土養一方人」，不同地域上的人，由於環境不同，生存方式各異，地理氣候有差異，人文歷史相隔，一旦一個人離開故土去異地生活，就會

深土鎮八卦堡

俗語說「一方水土養一方人」，不同地域上的人，由於生態環境的不同，地理氣候的差異，導致生存方式各異，人文歷史相隔。八卦堡其實不是一座單獨的土樓，而是一個五環式的八卦形民居的俗稱。由此樓可以知道《易經》文化對中國民風民俗影響之深遠。

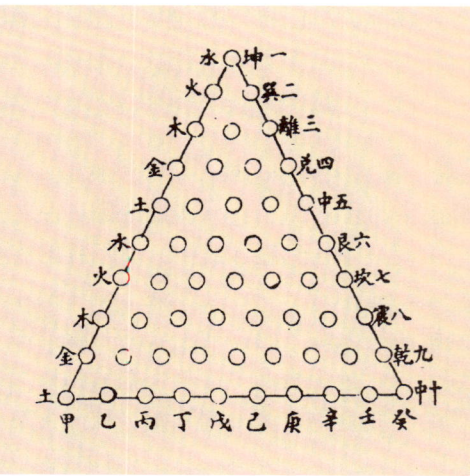

河圖含八卦五行天干圖

河圖之數，正應八卦五行天干，水為一，火為二，木為三，金為四，土為五。天干分五行，甲乙為木，丙丁為火，戊己為土，庚辛為金，壬癸為水。「方以類聚」的「方」除了地域概念之外，還有方位的涵義。易學的方位概念是東木、南火、西金、北水、中央土。由於易學的五方與五行緊密結合，所以這方位中，便會有因不同狀況而有吉有凶。

面臨很多困難。所以，在世界上所有人類的古老律法中，都存有放逐這一條酷刑。在那個古老年代，若是被本部落驅逐出故土，基本上生存的希望很小。一般不是被野獸吃掉，就是被其他部落抓住。當然，「禍兮福所倚，福兮禍所伏」，吉凶互變，不會存在永遠的吉祥或凶險。有些被放逐的人，也會在經歷一番磨難後，最終找到一塊更適宜生存的土地，或在異族站穩了腳跟，可以幸福地生存下來。這主要取決於這個人，是否具有極強的生活能力。但隨著社會越來越進步，自然條件對人類的威脅越來越少，人類生存越來越容易，這條古老的放逐懲罰，已不屬於最嚴厲的懲罰，甚至已不構成任何威脅。比如中國古代還有將一些犯人流放到窮苦邊境的刑罰，但是如今，如果把犯法的貪官驅逐出境，那正好達成了這些貪官的願望。因為他們早把錢存到了外國銀行，正找機會加入外國國籍呢。

難道，這些貪官真的可以打破「方以類聚」的生存法則嗎？並非如此。這主要是由於，隨著人類的進步，人類的生存空間越來越大，已經超出一國一境的範圍，而每個人的生存能力差距也越來越大。對於有的人，其「方以類聚」的「方」是整個地球，而對於有的人，則其「方以類聚」的「方」只限於家庭或公司——被配偶拋棄或被公司開除，便無法正常生存下去。

在古老的部落式生存年代，一個小部落生存的空間，便是「方以類聚」的「方」。隨著人類進攻能力越來越強，這一「方」水土必須以河、水、山、沙漠等為界，以發揮防禦作用，使這個生存地域與空間不會輕易被入侵者打破。自然界的生物，也是在天塹及氣候所形成的界限中各自生存。然而，隨著人類越來越強大，只能以更高的大山脈、無邊的海洋、更廣大的沙漠等來做為一「方」水土的界限，而隨著航空與航海科技的發展，任何天塹也無法發揮阻隔人類的作用，整個地球將會成為養育人類的「一方水土」——人類也將會形成全球統一。所以，我們必須要明白「方以類聚」的「方」，是一個相對的地域概念。

邵子卦氣圖
錢澄之 清代 《田間易學》

「邵子卦氣圖」主張六日七分法，也是京房的氣節分法。不過此圖採用「先天圖」六十四卦以分布氣候，除掉了乾、坤、坎、離四正卦。「方以類聚」的「方」，還有一個涵義，代表時空。看一下卦氣圖就會明白，各種生物的生活規律都要受氣候影響。

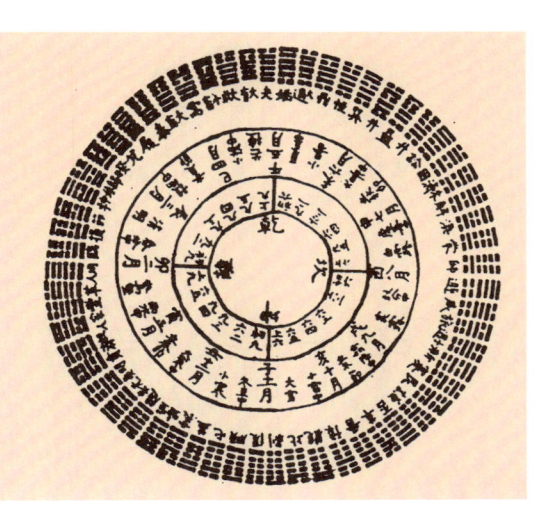

　　「方以類聚」的「方」除了地域概念之外，還有方位的涵義。易學的方位概念是東木、南火、西金、北水、中央土。由於易學的五方與五行緊密結合，所以這方位中，便會有因不同狀況而有吉有凶。比如，古代命學家認為木命虛弱的人，適宜到出生地的東方或北方生活；木命過強的人適宜到出生地的南方或西方生存；火命虛弱者適宜到南方或東方生存，火命過強的人適宜在故土或北方生存；土命虛弱者適宜到南方或本土生存，土命過強者適宜到東方或西方生存；金命虛弱者適宜到西方或本土生存，過強者適宜到南方或北方生存；水命虛弱者適宜到西方或北方生存，過強者適宜到東方或本土生存。

　　此外古人遷徙，也往往以五行方位的生剋為依據。一般而言，遷徙往往向旺己、生己之方移居。而古代戰爭，則往往向己方所剋之方位進攻，即從西方往東方進攻，從北方往南方進攻。這種戰爭原則，並非是一種迷信，因為西方、北方兵源好，更加善戰，並且中國地勢西、北方偏高，向東、向南攻打則屬於順勢而下。

　　「方以類聚」的「方」，還有一個涵義，代表時空。我們看一下卦氣七十二候圖就會明白，各種生物的生活規律都要受氣候影響。中國古人將五日定為一候，三候定為一氣，六氣定為一時（即一個季節），四時定為一歲（即一年）。一年約為三百六十天，一共七十二候。而每一候的五天，正好是五行的一個循環週期，這五天所產生的一個物候，就是一「方」時空。這些物候是否準確與節氣相應，則是吉凶與否的依據。比如大雁是否適時遷徙，蚯蚓是否按時出現，半夏是否按時而生，都反映了氣候變化是否正常。而七十二候中的植物與動物，則代表著與其陰陽屬性相同的一類動植物的生長規律，如果這些動植物的生長規律不符合節氣，則會導致凶險。比如芒種以後帶芒刺的植物種子即使種下，也不會開花結籽；冬天大地表皮的植物過早發芽，就會被凍死等。

4. 群居與獨居

「物以群分」的意思比較好理解，就是同類的生物各自形成自己的群體，各自在自己的群體內生存。也就是，馬群是馬生活的群體，狼群是狼生活的群體，羊群是羊生活的群體，獅群是獅子生活的群體，各種動物生存在自己的群裡，就會安全，就會吉祥。為什麼這樣說呢？因為群體生活的動物，當遇到天敵時，對方不會把整個群體滅掉，而只是吃掉跑得最慢的幾隻。所以許多勵志與管理的書上，都很常講一個獅子與羚羊的故事。獅子的奔跑速度並不需要太快，但只要能追上跑得最慢的羚羊，就有飯吃；羚羊想要保住性命也容易，只

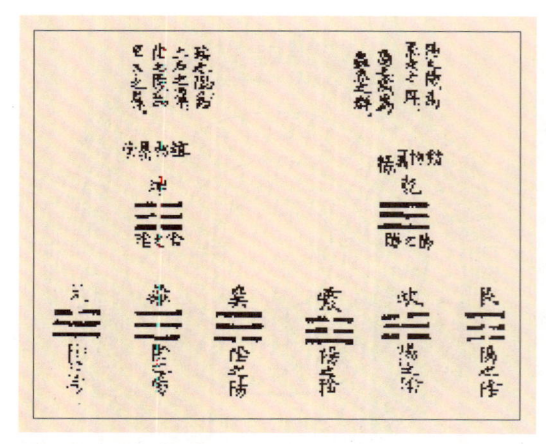

物以群分圖

天下運動的物體不能靜止，偏於陽的一面；天下靜止的物體不能運動，偏於陰的一面。陰陽之物，因此而群分。唯有人既能在運動中靜止，又能在靜止中運動，所以兼有陰陽之全。「物以群分」最重要的一點是告誡君子不可與小人為伍。

要不是跑得最慢的那隻就行。這樣，既符合優勝劣汰的自然法則，獅子與羚羊也不必整天練習跑步速度，大家都生存得相對容易些。可是如果離開自己的群體，或者所有生獸都不以群分，那就凶險了。陸地上的動物，食物鏈最高級便是老虎和獅子，可是單一隻獅子或老虎遇上狼群，也會因好漢難敵四手而被狼群吃掉；單一隻羚羊，在跑累了的時候，突然遇到了獅群，還能活嗎？或者，狼和綿羊生活在一個群裡，獅子和羚羊生活在一個群裡，那綿羊和羚羊還會有好的結果嗎？而對於張嘴即可得到美食的獅子和狼，也不是一件好事情。因為，這樣使獅子和狼的捕食技能因容易獲取食物而退化，最終只能成為其他猛獸的口中餐。

5. 擇群和擇友的重要

人類一直是社會型動物，一直過群居生活。遠古時代的人類，單獨離開自己的本群，也是一件凶險的事情，更不要說與獅子、老虎生活在一個群裡了。後來，隨著人類的強大，及最終的統一與融合，人類生活的群體越來越大，所以只要是和平法制年代，一個人離開故鄉到異鄉生存，不會有任何危險。而且，人類馴服了動物後，似乎與動物生活在一起也沒什麼。然而實際上，人類永遠不會脫離「物以群分」的生存法則。如今，人們已將全世界的人類視為一個大群體，所以單獨一人離開本村、本鄉、本縣市，甚至本國，仍然可以好好地生存。但是，同鄉、同學、民族、國家等小群體觀念依然存在，所以一個人進入這種不屬於自己的小群體生活時，仍然會存在小小凶險。例如：你剛進入一個公司，可是這個公司裡許多員工都是同鄉或者

與你不是一個民族，在競爭激烈的環境中，這些人便會以同鄉或同民族的方式團結起來，形成一個小群體、小團體，如果你出色的業績威脅到這個群體某些人的利益時，你就會受排擠甚至陷害。

　　更重要的是，不能讓自己的心理脫離群體。因為人類需要群居生活，需要群體生活中的感情交流。如果一個人將內心關閉起來，不與他人交流，就會患有諸多心理疾病，最終導致生理致病。經常有報導會說，人飼養小鳥、小貓、小狗等寵物的人，心理會更健康、更長壽，更有愛心。似乎人與動物真的可以成為一個生活群體，而不必與動物「物以群分」。而事實上，寵物不過是解決人類精神空虛的替代品，真正可以治療人類心理疾病的，只能是人與人之間情感心靈的交流。

　　古代許多貴婦為了排遣生活的空虛寂寞，常常會養些小貓、小狗打發無聊的日子，丈夫不在身邊，便讓寵物睡在丈夫睡覺的位置上；為排解心中壓抑，還會將寵物當成傾訴對象。清代八旗子弟作為男人，也常常會把鷹獵看成最重要的事。往上追溯，在上古時代，人類便有戀獸癖的人；將野豬馴養成家豬後，人類便讓豬與自己一同睡在簡陋的茅草房裡；牧羊人在夜裡往往抱著羊羔睡在羊群中；在一些缺少女性的部落中，部落酋長會舉行很正規的儀式將一些小動物許配給地位卑微的男性……這些事情都發生在《易經》、《易傳》成書之前。《易經》、《易傳》成書之時，擁有更多文明與禮教的人類，基本上已經不會再發生這類事件。而且春秋時期衛懿公「玩物喪志」的典故，一直流傳至今，時刻警告我們人類不可把全部感情與精力花費到寵物身上。現代科學也證明，寵物身上往往帶有多種病原體，會將疾病傳染給人類。所以即使在高度文明的今天，我們仍然不能違背「物以群分」的生存法則。

　　「物以群分」最重要的一點是，告誡君子不可與小人為伍。昔時，有孟母三遷的典故；今日，也有政府官員擇友不慎而被拖下水成為貪官的教訓。所以，一個人所交往

孟母教子圖（立軸）
清代張興芝作，長 97 公分，寬 18 公分。
　　昔時，有孟母三遷的典故。《易經》中有「物以群分」的理論，其中最重要的一點是，告誡君子不可與小人為伍。

的朋友，往往也決定著人生的成敗與吉凶。

「方以類聚，物以群分，吉凶生焉」這句話便是告誡人們，擇方、擇地與擇物、擇友的重要性，因為這是關係到成敗吉凶的大事情。在八卦預測中，也以此為判斷吉凶的依據。

八卦中的爻位關係，也是一個小小的社會模型，不同的爻位、卦象之間，隱含著不同的五行生剋關係，及不同的社會地位與品性，占卜者仔細權衡卦中隱含的各種生剋關係，即可準確判斷出吉凶。

在天成象，在地成形

在天成象，在地成形，變化見矣。

二十八星宿

二十八星宿，把連續通過南中天的恆星分為二十八群，後又分成四組，稱之為四象。

北方玄武
由北方斗、牛、女、虛、危、室、壁七宿組成，用玄武代表，黑色，對應周易四象中的太陰。

西方白虎
由西方奎、婁、胃、昂、畢、觜、參七宿組成，用白虎代表，白色，對應周易四象中的少陰。

東方青龍
由東方角、亢、氐、房、心、尾、箕七宿組成，用青龍代表，青色，對應周易四象中的少陽。

南方朱雀
由南方井、鬼、柳、星、張、翼、軫七宿組成，用朱雀代表，紅色，對應周易四象中的太陽。

什麼是在天成象？是說天空出現了什麼圖案嗎？是天空的意象符號在傳達神秘的旨意？

什麼是在地成形？是說地上的生物都符合天上星座圖案嗎？皇帝們依天宮仿洛書建一個城，就叫在地成形嗎？

答案是否定的。因為古人所言的「在天成象，在地成形」是古天文學術語。

1. 古人的天文學知識

古老的河圖洛書，就是在天成象；天上二十八宿如輪流值班一樣依次出現，就是在天成象；北斗旋轉，斗柄所指之方位，就是在天成象；日月運行，所寄之宮宿及日月相合之位、相望之位，便是在天成象；日月五星之相沖、相合，及明、暗、留、逆等現象，便是天象……這些，都是比較專業的古天文知識，不懂天文學，如何懂得這些天象呢？

顧炎武在《日知錄》中說：「三代以上，人人皆知天文。『七月流火』，農夫之辭也；『三星在天』，婦人之語也；『月離於畢』，戍卒之作也；『龍尾伏辰』，兒童之謠也。後世文人學士，有問之而茫然不知者矣。」可見，在上古時期，天文學並非什麼深奧無比的專業學問，只是夏商周三代之後，能懂得天文的人已經不多，更不知天象為何物了。

在地成形，主要指的是大地上的季節更替，四季循環。這種季節變化源自於天上的星辰運轉，所以古人常以「日月穿梭，斗轉星移」來形容天象的運轉情況；以「寒來暑往，四時更替」來形容地形、地貌的變化情況。天象與地形的對應狀況，用一個成語來形容便是：星移物換。比如，天上北斗指東，大地上則天下皆春；北斗指南，則天下皆夏；北斗指西，則天下皆秋；北斗指北，則天下皆冬。這種天象變化與地上節氣的對應關係，就是「在天成象，在地成形」。春天來了，大地上則草木萌發，萬物復甦，這就是在地成形；夏天來了，大地上草木茂盛，萬物生長，這就是在地成形；秋天來了，大地上草木枯黃，萬物凋零，這就是在地成形；冬天來了，大地上千里冰封，萬物隱藏，這就是在地成形。當然，這只是一種概括的說法，如果細致分類，則以七十二候為代表，大地上的形象要五天起一次變化。而且，不同地區還會有不同的物候。

總之，天上的星象變化，主導著地上的季節變化。而地上是否會出現氣候異常，以及各種災變，這也是可以從星象上看出來的。因為，三代以上的人們，就是整天觀察著天象生活，一代一代傳下來，後世便會擁有相當豐富的知識與經驗。這種知識內容，其實便是天文學與人類生活的密切關係。所以，中國古人一直把天道視為至高無上的真理，做事做人，一定要符合天道，講究天人感應，講究天人合一，講究效法天道。其實，這種效法天道與後來迷信說法，是有區別的。後世文人學士，由於根本不懂得天文知識，統治階級又不准百姓學習天文知識，於是就有了天人感

八卦與天時

乾卦性質剛硬，所以雹、霰等事物就屬於乾卦。坤卦表示陰極，昏昏沉沉的天氣和朦朧不清的雲霧等都屬於坤卦。坎卦原來的意義是水，在天時氣象方面就表示雨雪、露水，又表示月亮。離卦原來的意義是火，在天時氣象方面就表示閃電、霓虹、霞光，又表示太陽。艮為山，表示山中的雲霧。兌卦屬金，在天時氣象方面表示新月、星辰。震卦仍然代表雷，巽卦仍然表示風。

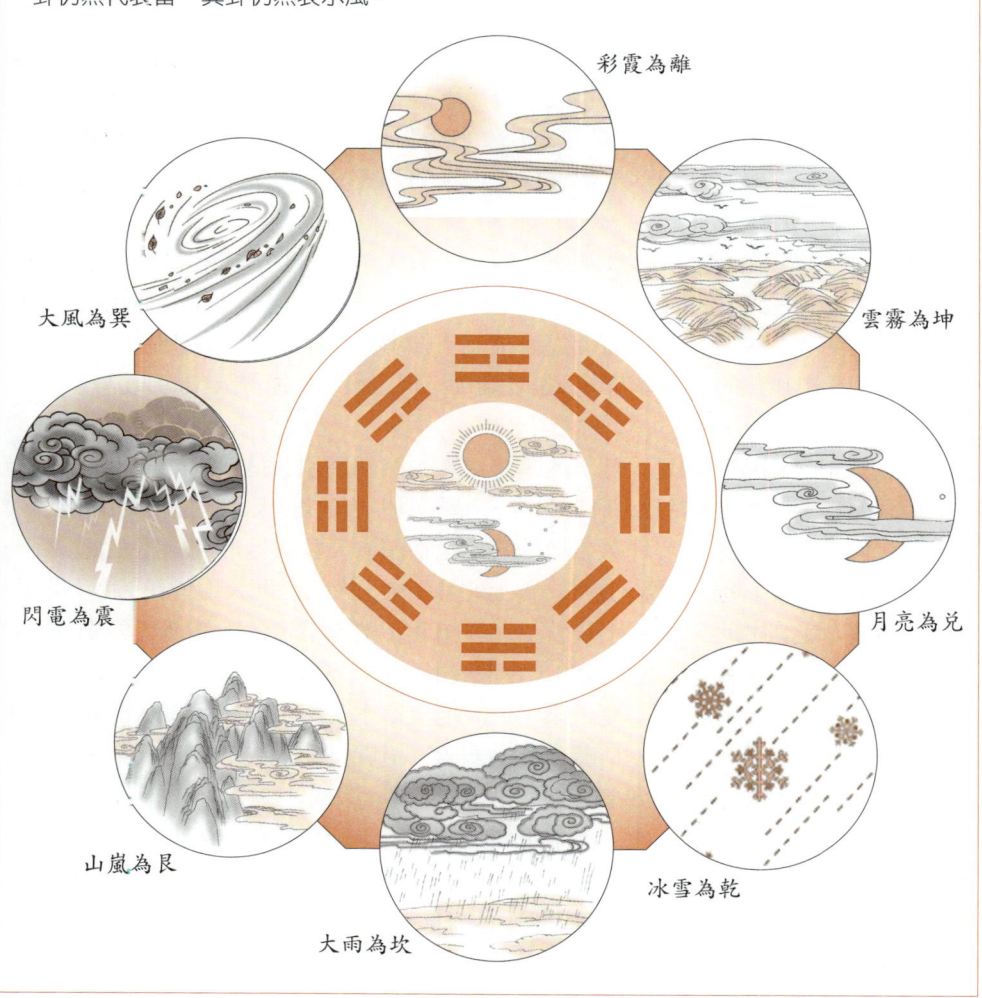

彩霞為離
大風為巽
雲霧為坤
閃電為震
月亮為兌
山嵐為艮
大雨為坎
冰雪為乾

應的神鬼學說。這種學說，由於是讀書人在不懂天文學的情況下，臆測理解古書而牽強整理出的理論，所以裡面便混入了過多的迷信成分。而《易傳》的內容，是忠實於古賢言論的孔子傳授給弟子的知識，所以裡面自然保留了許多最原始的知識內容，並沒有過多的臆測修改。這也正是後世學易者必讀《易傳》的主要原因。

八卦與地理

　　乾卦表示京都、大的城市、形勝之地，高亢之所。坤為地，表示野外、鄉里、平地。震具有生發性、五行屬木，所以表示森林、竹林、草木茂盛之所，又表示鬧市。巽也是屬木，所以表示草原，草木繁茂之所、花園、果園、菜園。坎五行屬水，所以表示大江大河、湖泊沼澤、泉水溪澗、溝瀆池沼等與水有關的場所。離為火，表示乾燥之地、窯竈、冶煉場所。艮為山，所以表示山脈高原、丘陵、山路等與山有關的地方。兌卦表示河邊，山崩地裂之地。

旱地為離
原野為坤
湖邊為兌
城中為乾
湖泊為坎
山中為艮
鬧市為震
森林為巽

2. 天象與地形的關係

　　「在天成象，在地成形」，不但可以解釋星象運轉與四季變化的對應關係，而且還可以解說地球的演變歷程。因為宇宙大爆炸後地球剛形成，便無處不受天上星象的變化所影響。四十六億年前地球的高溫與火焰，繼而十一億年的雲行雨施及古

海洋的形成，至三十五億年前原始細胞的出現，以及生物三十五億年的進化直到今天，大地上的一切，皆與天上的星象有著密切關聯。地貌、山川、河流的形成，甚至是一個個石子的形狀與圖案，都與天象有關。因為天上的星象變化決定著地球的氣候溫度，以及地球與其他星體的引力變化。地球引力與地球溫度，則決定著地球上萬物的形態與變化。例如：地球初形成時，如果沒有來自宇宙的「雨水」，那麼便不會形成大陸漂移板塊的構造，也不會有生命；如果地球不吸收太陽的熱量，那麼地心便不會有高溫；如果地球內部沒有高溫，那麼地下100至150公里處的「液態區」，便不存在高溫與高壓；「液態區」沒有高溫、高壓，就不會形成火山爆發……再如，中國南方人，鼻子扁，鼻孔大，這是為了有利於散熱而改變的形貌，而中國北方寒冷地區的人們，則個個是高鼻梁，小鼻孔，這是為了適應寒冷地區而改變的形貌。

總之，「在天成象，在地成形」是中國上古先民研究天文總結出的寶貴經驗。雖然《易傳》成書於周朝之後，但這種理論卻在上古時代就有了，只是天上星象變化與大地、與人類的微妙關係，我們如今從古人那裡繼承得少之又少了。相信隨著現代天文學的發展，科學的進步，我們會探索出更多的內容，並把這些知識應用於生活。

陰陽消息的規律

是故，剛柔相摩，八卦相盪。鼓之以雷霆，潤之以風雨。日月運行，一寒一暑。

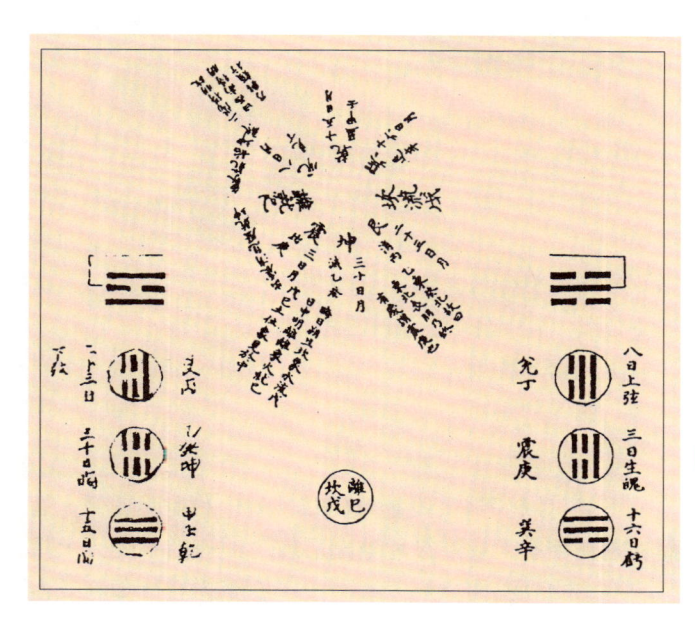

理解了上一小節「在天成象，在地成形」的道理，那麼這一小節的內容便容易理解了。因為本節所講的，正是在斗轉星移的變換下，大地上陰陽二氣的消息情況；正是「在天成象，在地成形，變化見矣」的一種變化。

剛柔相摩圖

乾坤二卦剛柔相摩，即乾陽居上，坤陰居下，乾自震而左行，坤自巽而右行。天左地右，所以說剛柔相摩。

1. 八卦相盪

「摩」，通「磨」。「剛柔相摩」的意思是陰陽二氣互相推動，像推磨一樣旋轉。我們看一下古太極圖的兩條陰陽魚，就會明白這種運轉方式。古太極圖的圓圈就好比一個磨盤，兩條陰陽魚皆向魚頭的方向運動。這樣，陰推著陽，陽推著陰，這就「相柔相摩」。而伏羲先天八卦圓圖、十二消息卦、伏羲六十四卦圓圖所表示的陰陽變化規律，皆屬於「剛柔相摩」。此外，天與地的運轉狀態，也屬於「剛柔相摩」。因為以相對而言，則天體自左向右旋轉；而絕對而言，則是天與地皆在旋轉，即：天旋地轉。總之，整個宇宙中的陰陽二氣，其運轉狀態皆是「剛柔相摩」的狀態，就八卦中的陰爻與陽爻的轉變來說，也屬於「剛柔相摩」。

八卦相盪圖

所謂「八卦相盪」即八卦相互往來，重重推盪。震盪艮，兌盪坤，離盪巽，坎盪乾。京房說：「盪陰入陽，盪陽入陰。」

「八卦相盪」是什麼意思呢？一般認為，「盪」是推盪的意思；「八卦相盪」的意思是八卦中的十二消息卦和先天六十四卦圓圖也是像推磨一樣旋轉。南懷瑾先生認為文王八卦方位圖中的八個卦像秋千一樣盪來盪去，上面的離卦盪到了下面的坎卦底下，於是形成了水火既濟卦，就這樣盪呀盪的，盪出了八八六十四卦，這種說法十分具象。古文的「盪」字是一個會意字。從皿，從湯，本義是「洗滌」的意思。洗滌器皿時，要先注入水，水與器皿裡殘留物形成了湯狀液體。然後，或者用手指洗或者用刷子刷，或者震動幾下，最後把湯一倒，就算是洗滌完畢了。所以，「盪」的本義是洗滌的意思，而引申義，則有動、震動和顛倒、傾覆的意思。所以，「八卦相盪」的意思便是指八卦在「剛柔相摩」的運行規律下運動、顛倒。

2. 霆為雷之餘

那麼，八卦在「剛柔相摩」的規律下運動，顛倒出一個怎樣的結果呢？得到的結果就是一個演示宇宙陰陽二氣運轉規律的一個模型——先天八卦方位圓圖。

首先，代表天地的乾坤兩卦「剛柔相摩」而形成了天與地。在靜止的先天八卦方位圖中，乾在上方，坤在下方，但這個圖演示的是陰陽二氣運轉規律，也是順時針運轉的，就像天旋地轉一樣。

在天旋地轉中，日夜輪迴。白天為陽為剛，黑夜為陰為柔，所以日夜交替也是一種「剛柔相推」的現象；大地清純之氣不斷上升（我們將其理解為水氣蒸發，雖然並非只此一種物質），形成雲，雲層積聚，然後又轉化為雨降下大地，這種升為

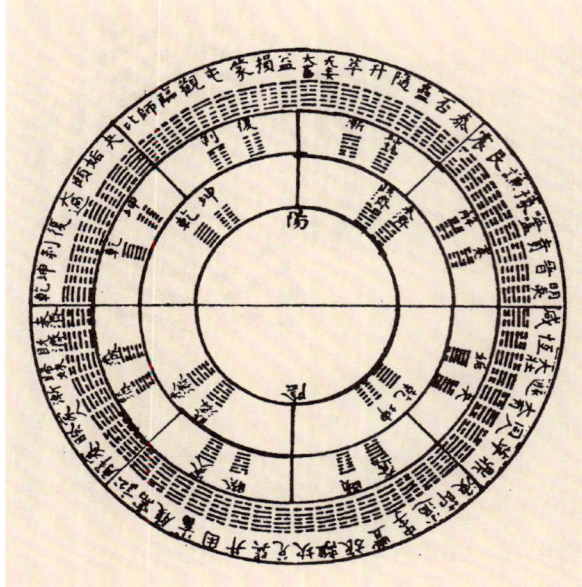

互卦圓圖
清代 李光地《周易折中》

　　此圖以乾坤為體，以既濟、未濟為用，所以以乾坤始之，以既濟、未濟終之。圖之外層為六十四卦，次內一層為所互之十六卦，次內層為十六卦所互之四卦。

　　雲與降為雨的運動，就是一種「剛柔相推」的現象。其雲為陽為剛，其雨為陰為柔，這就叫雲行雨施。

　　下雨之前，要先打雷，這就是「鼓之以雷霆」。震為雷，所以乾坤兩卦「剛柔相摩」後，就出現了一個代表雷的震卦。《說文》中說：「霆，雷餘聲也。」既然雷以震卦代表，那麼雷的餘聲以什麼卦表示呢？由於「八卦相盪」，所以將代表雷的震卦☳轉動180度，顛倒，就得到了代表霆的卦象──艮☶。雷始為震，雷終為霆，始終是兩種截然不同的概念，所以用以表示卦象也截然相反。這個雷霆，是對生物非常重要的東西，因為天地剛形成之初，正是這閃電雷鳴將無機物變為有機物，從而最終使古海洋中有了最初的生命。現在據科學家研究，每打一次雷，就會產生大約1～2萬噸的二氧化氮，隨著雨水溶解降到地面上，變成硝酸鈦氮，就如同給大地撒了1～2萬噸的氮肥。可見這雷霆對地上所有生命皆有益處，不容忽視。「鼓之」一詞，則形象表示雷聲如鼓，而鼓的發明，其實正是受到雷的啟發。

3. 陽光總在風雨後

　　伴隨雷聲，則會颳風下雨，這就是「潤之以風雨」。巽為風，所以伴隨著雷聲，又出現了一個代表風的巽卦☴；雨落地成澤，兌為澤，所以隨著降雨，又出現了一個代表澤的兌卦☱。俗話說，風是雨的頭，所以風和雨也是本末、始終的關係，代表颳風的巽卦與代表降雨的兌卦，卦象也是截然相反，這依然是「八卦相盪」運動顛倒出來的兩卦。

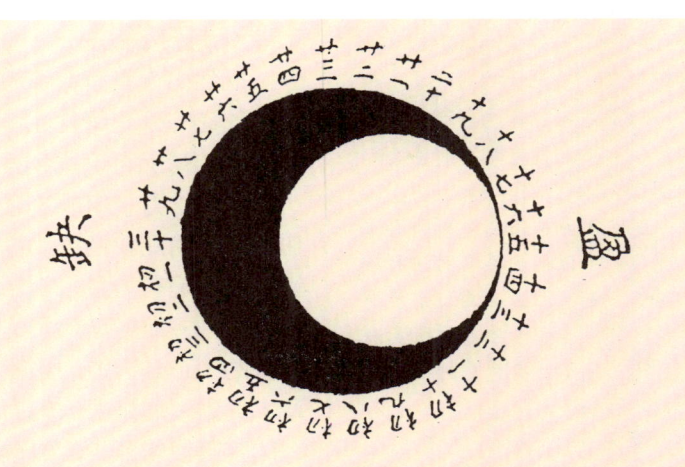

天上月輪圖

　　天地陰陽之氣，如同人的呼吸之氣，四時通是一樣，但到冬月寒冷至極的時候，氣之內就生一點溫厚起來，所謂息也。溫厚漸漸至四月，發散充滿，所謂盈也。到五月熱之極，氣之內就生一點嚴凝起來，所謂息也。嚴凝漸漸至十月，僉聚充滿，所謂盈也。陰陽之氣，如同一個環，動靜無端，陰陽無始，未曾斷絕。

　　雨過後，總要晴天出太陽，但如果是夜裡停的雨，則會出現月亮。所以風雨過後，又能看到日月了，這就是「日月運行」。於是，雨停之後，便出現了一個代表太陽的離卦☲，和一個代表月亮的坎卦☵。太陽怎樣旋轉，都不會改變其形象，月亮也是這樣，所以這兩個卦象的變化規律是陰爻變陽爻，陽爻變陰爻，陰陽互換。這也體現了「八卦相盪」的「盪」字，即陰爻動而變陽，陽爻動而變陰。

　　日月穿梭，一個小週期是一日一夜，一個中週期是一月，一個大週期是一年。一年正好是代表熱的陽氣與代表涼的陰氣完整循環週期，所以說「一寒一暑」。

　　在「在天成象，在地成形」的對應關係下，「陰陽相摩，八卦相盪」，最終演繹出雷霆、風雨與日月，並且乾坤之六子卦：震、艮、巽、兌、離、坎。所以說，天地為萬物之父母，乾坤為眾卦之父母。

乾道與坤道

　　乾道成男，坤道成女。乾知大始，坤作成物。

　　何為「乾道成男，坤道成女」？簡單來說，就是乾卦代表男性，坤卦代表女性，也就是男人具有乾陽的特性，女人具有坤陰的特性。廣義而言，則男可代表所有雄性（陽性）的事物，女可代表所有雌性（陰性）的事物。但結合下文來看，此處正是由天道轉入人道的轉折處，所以男女指的是男人和女人。

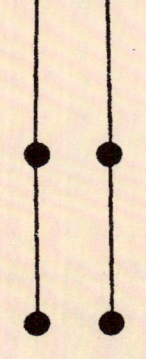

1. 乾陽的特性

既然男人具有乾陽的特性，那麼男人具有乾道的哪些特性呢？我們從「男」字的造字結構上可以找到答案。「男」字由「田」和「力」組成，意即用力在田間耕作的人。由此我們可以得到男人的三大特性，其一是有力量，其二是耕地播種，其三是主外。而乾所代表的天道，也是最有力量的，正是天道的光能與熱能使大地上草木萌動，這是多大的力量！再者天道的電閃雷鳴使空氣中的無機物化成有機物，最終創造出生命，所以天道也是創造並播種種子者。天道之熱能與光能來自於地球之外，所以天道也主外，這就是易理中外陽內陰、表陽裡陰、上陽下陰的原理。

2. 坤陰的特性

同樣，從「女」字的造字結構上，我們也可以找到女人與坤道的共通性。甲骨文的「女」字是一個象形字，像一個斂手跪著的人形。斂手跪著，說明女人的特性是柔順地服從，這正好與地道的柔順之德相同。斂手跪著，是在接受體罰嗎？當然不是這樣，而是在孕育生命，孕育男人播下的生命種子，這正好與大地孕育萬物一樣。女人不用下田勞動，是因為女性力弱，其主要任務是生育後代，自然不適宜從事過重的體力活，這與大地靜止而育萬物的特性相同。

將乾道、男道的特性歸總起來則是：力量、種子、播種、主外；將坤道、女道的特性歸總起來則是：柔順、土地、孕育、主內。如果用精簡的語句表達，則是「乾知大始，坤作成物」。試想，如果沒有天，哪來的地？因為在地球未形成之前，天就已經存在了。而且，天地形成之後，如果沒有天道的閃電雷鳴，地球上哪會出現有機物和生命？所以說「乾知大始」。可是，如果沒有大地，電閃雷鳴創造出的有機物到哪裡演化為生命呢？天空撒落的種子到哪裡生根發芽，生長成熟呢？只有落到大地上，才能使生命得到孕育和成長，大地是一切生命不可缺少的空間，是一切生命繁衍的基礎，所以說「坤作成物」。

乾獨陽圖

《易經》曰：「一陰一陽之謂道」。男人具有乾陽的特性，「男」字由「田」和「力」組成，意即用力在田間耕作的人。由此我們可以得到男人的三大特性，其一是有力量，其二是耕地播種，其三是主外。而乾所代表的天道，也是最有力量的。

坤獨陰圖

女人具有坤陰的特性。從「女」字的造字結構上，我們也可以找到女人與坤道的共通性。甲骨文的「女」字是一個象形字，像一個斂手跪著的人形。斂手跪著，說明女人的特性是柔順地服從，這正好與地道的柔順之德相同。

當然，效法天地之人道，也要完全遵循這一規則。所以男人為天，為種子，為播種者；女人為地，為接收種子之土壤，為孕育者。

易知與簡能

　　乾以易知，坤以簡能。易則易知，簡則易從。易知則有親，易從則有功。有親則可久，有功則可大。可久則賢人之德，可大則賢人之業。易簡，而天下之理得矣；天下之理得，而成位乎其中矣。

　　此小節，繼續以乾坤喻人世，以說明易知和簡能的重要作用。什麼是易知和簡能呢？其實，動物交配期，一般皆是雄性動物先發出求偶的信號。如孔雀開屏，便是雄性的綠孔雀向雌性的綠孔雀發出求偶信號，孔雀一邊開屏一邊追逐雌孔雀，這個信號可以讓雌孔雀輕易明白其內涵，這就是易知。雌孔雀呢？如果同意雄孔雀的求偶行為，便會停止逃跑，等待並配合雄孔雀的求偶行為，這就是簡能。

乾坤成列圖
張理 元代《易象圖說內篇》
　　此圖陽儀生奇，為太陽；生偶，為少陰。陰儀生奇，為少陽；生偶，為太陰。陽儀下一奇一偶，為陰陽；陰儀上一奇一偶，為剛柔。四象環轉，循環不窮。

1. 綢繆束薪，三星在天

　　因乾坤兩卦代表天地，而天地是我們可以見到最顯著的雌雄之象，所以，古人認為動物界的求偶行為便是效法天地。大地靜靜地接受天上的光能與熱能，這便是乾的易知與坤的簡能在發揮作用；天上積雲成雨，大地默默承受，這便是乾的易知與坤的簡能在發揮作用；冬至時節，大地上千里冰封，而大地的腹中已經一陽初生，這便是乾的易知與坤的簡能在發揮作用；春分時節，天氣溫暖，大地春意盎然，這便是乾的易知與坤的簡能在發揮作用。顧炎武《日知錄》中說「三星在天，婦人之語也。」這「三星在天」描述的，正是仲春時節，此時草木開花，動物們也效法天地交配孕育，上古人類此時也效法天地於春社日野合，所以那時候的婦人都懂得看星星推算出這一重要時刻。正如《詩經・唐風・綢繆》所云：「綢繆束薪，三星在天。今夕何夕？見此良人。」

　　雄性動物發出簡單易懂的求偶信號，可以讓異性百分百地明白，這就是「易則易知」；雌性動物以簡單的信號回應，如果表示接受，就停下、等待、配合，這樣雄性動物才能追上來完成交配，這就是「簡則易從」。

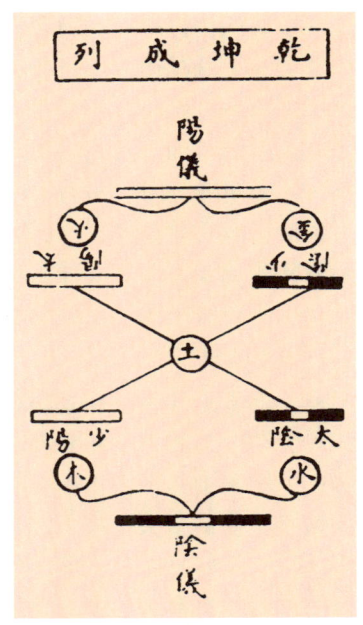

2. 易知則有親，易從則有功

可是，本小節的主要意圖，是要以易知與簡能比喻夫婦之道嗎？不是。本小節的意圖是要以易知與簡能的道理，表明執政的原則。所以接下來會說「易知則有親，易從則有功。有親則可久，有功則可大。可久則賢人之德，可大則賢人之業。」

「易知則有親，易從則有功」是說，雄性動物的求偶信號簡單易懂，雌性動物才會明白雄性動物要與其相親相愛，才會給予配合，雌雄配合才會完成孕育的任務；而為政之道，君王之政令，也應當這樣，政令簡單明了，並且充滿仁愛，百姓一看就懂，一聽就明白了，自然就會全部按照政令辦事，使執行力大大得到提高，工作得到圓滿完成。

「有親則可久，有功則可大」是說，雌雄動物之間相親相愛，那麼這種異性關係才會相處長久；交配順利，才會使後代繁衍壯大。而君王執政，也應當明白這一道理，應當夫婦相親相愛一樣關心百姓，那麼自己與百姓之間的統治與被統治地位才會長久保持下去，江山才會穩固；百姓明白了君王對自己的恩澤與仁愛，自然會聽從政令而努力工作，創造出更大的業績。

「可久則賢人之德」是說，君王能夠長久地以簡單易懂的政令治理天下，並且政令中充滿仁愛，那麼這位君王便算是擁有賢人的品德。即恆久不變地保持仁愛，正是賢者的高尚品德。

「可大則賢人之業」是說，調動百姓的積極性，君王與百姓共同努力而使國家更強盛，百姓更富足，就是賢人一生要成就的事業。

3. 治大國若烹小鮮

《繫辭傳》在這裡只透過動物求偶效法天地的簡單事例，便把君王治國的大原則說得如此簡單明瞭：治理好一個國家，就這麼簡單，就是求偶與配合的關係，只要充分發揮易知與簡能的作用，天下就可得到大治。所以《繫辭傳》接下來說：「易簡而天下之理得矣！天下之理得，而成位乎其中矣。」就是說，只要充分發揮易知與簡能的作用，便是懂得治理天下的道理。懂得治理天下的道理，並以此道執政，尊者與卑者自然各歸其位而努力工作，社會秩序自然得到極好的維護了。這是多麼精闢的見解啊！

這與《老子》「治大國若烹小鮮」的道理一樣，政令繁多，並且翻來覆去地變換政策，百姓既從政策中體會不出仁愛之心，又無法明白該按哪條政令行事，而且古時宣傳工具又不發達，這樣政令根本無法有效執行，國家法律如同虛設。所以，治大國要像烹煮小魚、小蝦般，別總是翻動牠，一翻動，小魚、小蝦就碎了、亂了。老子的見地，與《繫辭傳》易知、簡能的比喻，可謂有異曲同工之妙。

第 2 節

設卦觀象
君子怎樣讀《易經》

> 聖人擺下八卦觀察它的卦象，根據卦象寫出繫辭（即卦辭與爻辭）來說明吉祥與凶險，透過剛爻與柔爻的推移而表明卦變的過程。所以說吉祥與凶險便是卦中的爻得與失的形象。

【原文】

聖人設卦觀象，繫辭[1]焉而明吉凶，剛柔相推而生變化。是故，吉凶者，失得之象也。悔吝者，憂虞[2]之象也。變化者，進退之象也。剛柔者，晝夜之象也。六爻之動，三極[3]之道也。是故，君子所居而安者，《易》之序也。所樂而玩者，爻之辭也。是故，君子居則觀其象，而玩其辭；動則觀其變，而玩其占。是以自天佑之，吉無不利。

【注解】

[1] 繫辭：指卦辭與爻辭。
[2] 憂虞：憂，憂慮，憂愁；虞，安穩，喜悅。
[3] 三極：即天、地、人三才。

【釋義】

聖人擺下八卦觀察它的卦象，根據卦象寫出繫辭（即卦辭與爻辭）來說明吉祥與凶險，透過剛爻與柔爻的推移而表明卦變的過程。所以說吉祥與凶險便是卦中的爻得與失的形象。繫辭中的悔與吝，便是憂與喜的形象。變化是進退的形象。剛與

柔是白天與黑夜的形象。六爻的運動，便是天、地、人三極的運動之道。所以說，君子安居其位所憑藉的是《易經》中的六爻次序，做為娛樂而玩味是六爻的爻辭。所以君子安居時便觀察卦象玩味繫辭，行動時便察看六爻的變化進行占卜判斷吉凶，因此才能「得到上天的保佑，吉祥沒有不利的」。

卦辭的用意

聖人設卦觀象，繫辭焉而明吉凶，剛柔相推而生變化。

距今一萬年前的伏羲，便仰觀天象、俯察地理而發明了八卦，可是過了七千多年後，距今三千年的周文王才為六十四卦寫上了卦辭，接著周公又作了爻辭。

《易經》這本書，經歷了七千餘年才完成，為什麼需要那麼長的時間？莫非撰寫這樣一部書真的是很艱巨的任務？

1. 模擬天地運動的模型

其實，伏羲發明的八卦，是模擬天地運動的模型，聖人發明八卦的目的，便是要說明宇宙運動的規律，而天下之全部道理及吉凶禍福之斷，也全部包含其中。只是那個時代，還屬於符號記事的時代，並沒有完整而系統的文字。八卦符號，已經算是當時最系統而完整的文字工具了。所以古人歷來把八卦算作文字之始，而象形、

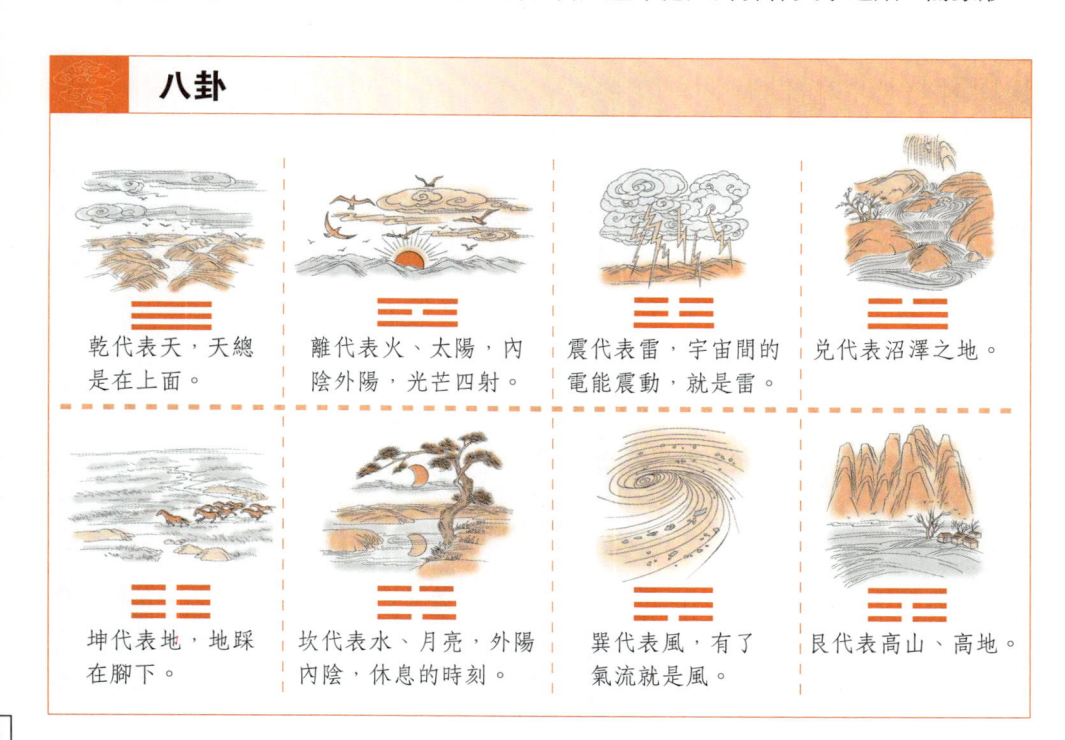

八卦

乾代表天，天總是在上面。	離代表火、太陽，內陰外陽，光芒四射。	震代表雷，宇宙間的電能震動，就是雷。	兌代表沼澤之地。
坤代表地，地踩在腳下。	坎代表水、月亮，外陽內陰，休息的時刻。	巽代表風，有了氣流就是風。	艮代表高山、高地。

會意、轉注、指事、假借、形聲六種造字之法，也完全體現於卦畫之中。當然，由於八卦就是早期文字，當時自然不需要另一種文字來解說它了。但隨著黃帝時代創造了新的文字工具後，伏羲的八卦顯然已成為表象的符號了。隨著文字系統越來越成熟，到了周朝，八卦系統的文字工具，無異於一部無字天書。我們今天也稱八卦為無字天書，為什麼說是無字天書呢？因為這是一本闡述天文理論沒有文字只有符號的書。由於周朝的人們已不像三代以上那樣「人人皆識天文」所以，這本天書在西周初年，沒有幾個人可以讀懂它——畢竟這是七千年前的文字啊！

2. 繫辭焉而明吉凶

一萬年前的八卦符號是什麼樣子，是數字卦，還是直線的連與斷，或是圈和點，或是其他形狀的符號？我們今天已無從得知。但可喜的是，這些符號在西周初年，還是有那麼一些人可以讀懂的，所以這一寶貴的知識才得以傳承並發揚光大，成為中國傳統文化的根。周文王是黃帝的後代，黃帝又是伏羲的後代，這種家族式的知識傳授，往往是父傳子、子傳孫的真學問，不會帶有任何欺騙性。所以當年被囚於羑里的周文王，潛心研究祖傳之易學，在重重顧慮與憂患下，不但發明了後天八卦系統，還為六十四卦寫了卦辭，以警示自己的後代在執政中的種種失誤。當然，還有一種說法是，先後天八卦在文王之前便已存在，文王只是寫了六十四卦的卦辭，到周公制禮樂的時候，有卦畫有卦辭有爻辭的《易經》終於誕生了。然而這本書並非包含所有易學知識，而是一本以憂患之辭勸誡統治者如何執政的著作。

「聖人設卦觀象」，說的便是囚於羑里的周文王擺八卦圖研究卦象的典故。這裡的「聖人」，有人認為指的是發明八卦的伏羲。設，是擺設、陳列的意思，並非創造發明。象，也並非天上星象，而是指卦象。周文王在羑里，將蓍草折成一段一段，以兩根短的代表陰爻，以一根長的代表陽爻，然後在地上擺下各種樣式的八卦圖，演繹八卦，仔細研究每卦卦象的內涵。

由於八卦是上古時代的文字符號，卦畫的形象中隱含著許多豐富內涵，所以周文王從卦象上領悟出諸多執政的道理。他結合前人占卜得出的占辭，於每卦卦畫的後面寫出卦辭，說明不同形勢下君王執政的得失吉凶。這就是「繫辭焉而明吉凶」。繫辭，即繫於卦畫後的卦辭；自周公作爻辭後，繫辭也包括爻辭。我們現在講的《繫辭傳》，就是講解《易經》繫辭（卦辭、爻辭）的古文獻。

3. 得意可忘象

由於周文王是從卦象上引申出治國之道，所以《易經》這本書重點在於卦象。比如《易經》中卦辭的吉凶依據，主要從主卦、變卦（之卦）、互卦之間的卦象關係，及爻位、爻象與卦象的關係推算出來的。所以，我們理解卦辭，切不可脫離卦象而臆斷。一般來說，如果真正明白了卦辭的本義，則可以不把卦象看得過於重要，這

後天八卦與節氣

離為夏至
夏日的太陽像火一樣，這是一年中最熱的時期。

坤為立秋
秋季是豐收的季節，但也是大地趨向平靜的開始。

兌為秋分
兌代表澤，屬陰性但未到至陰，是至陰之象的前兆。

巽為立夏
初夏的風吹著，蚯蚓開始活動。

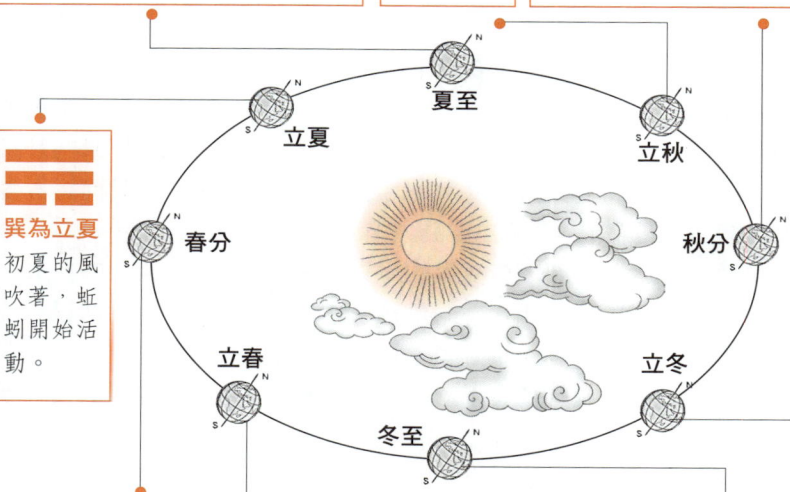

乾為立冬
乾五行屬金，象徵肅殺，正如立冬時凜冽的寒風。

震為春分
雷電漸漸喚醒了冬眠的小動物，燕子飛回來了。

艮為立春
天氣漸漸轉暖，大地復甦，新的一年又開始。

坎為冬至
坎象徵水，其特點是溼冷，是至陰之象，正如天寒地凍的冬至。

就叫得意可忘象；對於不能真正理解的卦辭，我們必須反覆研究它的卦象，因為卦辭必然以卦象為依據，卦象是我們解開卦辭的唯一鑰匙。此外，爻辭的吉凶，除以上因素外，還與該爻與他爻的關係，與變卦之爻的關係，以及動爻數量有關。並且，爻辭的吉凶，實際上是該爻為動爻，或由陰爻轉陽爻，或由陽爻轉陰爻而形成的吉凶。「剛柔相推而生變化」，指的便是卦中陰爻與陽爻的變化，這種變化既包含動爻的陰陽互變，又包括卦變而形成的陰爻與陽爻的變化。由於《彖辭傳》便是以卦變之說解釋《易經》卦辭的，所以在《易經》中還是有一定地位的。下面便談談《周易本義》中的《卦變圖》。

4. 《卦變圖》的變化規律

凡一陰一陽之卦各六，皆自復、姤而來。（五陰、五陽卦圖同，但卦變不同。）即，由復卦依次變出師、謙、豫、比、剝五卦；由姤卦依次變出同人、履、小畜、大有、五卦。

凡二陰二陽之卦各十五，皆自臨、遯而來。（四陰、四陽卦圖同，但卦變不同。）即，臨卦依次變出明夷、震、屯、頤四卦；臨卦還依次變出升、解、坎、蒙四卦；臨卦還依次變出小過、蹇、艮三卦；臨卦還依次變出萃、晉兩卦；臨卦還單獨變出觀卦。遯卦依次變出訟、巽、鼎、大過四卦；遯卦還依次變出無妄、家人、離、革四卦；遯卦還依次變出中孚、睽、兌三卦；遯卦還依次變出大畜、需兩卦；遯卦還單獨變出大壯卦。

凡三陰三陽之卦各二十，皆自泰、否而來。即，泰卦依次變出歸妹、節、損三卦；泰卦還依次變出豐、既濟、賁三卦；泰卦還依次變出隨、噬嗑兩卦；泰卦還單獨變出益卦；泰卦還依次變出恆、井、蠱三卦；泰卦還依次變出困、未濟兩卦；泰卦還單獨變出渙卦；泰卦還依次變出咸、旅兩卦；泰卦還單獨變出漸卦；泰卦還單獨變出否卦。否卦依次變出漸、旅、咸三卦；否卦還依次變出渙、未濟、困三卦；否卦還依變出蠱、井兩卦；否卦還單獨變出恆卦；否卦還依次變出益、噬嗑、隨三卦；否卦還依次變出賁、既濟兩卦；否卦還單獨變出豐卦；否卦還依次變出損、節兩卦；否卦還單獨變出歸妹卦；否卦還單獨變出泰卦。

凡四陰四陽之卦各十五，皆自大壯、觀而來。（二陰、二陽卦圖同，但卦變不同。）即，大壯卦依次變出需、大畜兩卦；大壯卦還依次變出兌、睽兩卦；大壯卦還單獨變出中孚卦；大壯卦還依次變出革、離兩卦；大壯卦還單獨變出家人卦；大壯卦還單獨變出無妄卦；大壯卦還依次變出大過、鼎兩卦；大壯卦還單獨變出巽卦；大壯卦還單獨變出訟卦；大壯卦還單獨變出遯卦。觀卦依次變出晉、萃兩卦；觀卦還依次變出艮、蹇兩卦；觀卦還單獨變出小過卦；觀卦還依次變出蒙、坎兩卦；觀卦還單獨變出解卦；觀卦還單獨變出升卦；觀卦還依次變出頤、屯兩卦；觀卦還單獨變出震卦；觀卦還依次變出臨、明夷兩卦。

卦變圖

《彖傳》或以卦變為說，今作此圖以明之，蓋《易》中之一義，非畫卦作《易》之本指也。

凡一陰一陽之卦各六，皆自復姤而來。

凡二陰二陽之卦各十有五，皆自臨遯而來。

凡三陰三陽之卦各二十，皆自泰否而來。

凡四陰四陽之卦各十有五，皆自大壯觀而來。

卦變圖

此圖是朱熹在《周易本義》中提出來的，用來說明《易傳》中的卦變之說。方法是「以此卦生彼卦」、「以此爻生彼爻」。

凡五陰、五陽之卦各六，皆自夬、剝而來。（一陰、一陽卦圖同，但卦變不同。）即，夬卦依次、分別變出大有、小畜、履、同人、姤五卦；剝卦依次、分別變出比、豫、謙、師、復五卦。

以上，便是《周易本義》中《卦變圖》表示的內容。但是，易家在以卦變說講解《彖辭傳》時，並不完全按照這種變化規律，而是各自略有發揮。而且朱熹在此圖之前也註明曰：「《彖傳》或以卦變為說，今示此圖以明之，蓋易中之一義，非畫卦作易之本旨也。」意在強調卦變之說主要應用於《彖辭傳》（朱熹認為《易傳》十篇皆屬孔子之易），不能代表伏羲易與文王易，只能算作易學的一個學說。

吉凶、悔吝與剛柔

是故，吉凶者，失得之象也。悔吝者，憂虞之象也。變化者，進退之象也。剛柔者，晝夜之象也。

1. 卦爻中的得失之象

「是故，吉凶者，失得之象也」，在說人事之得與失的現象導致結局的吉凶嗎？不是。這裡的「象」字，指的是卦象。因為此句前面，已闡明了聖人（周文王）擺開八卦圖，研究卦象而有所獲，於是為寫出卦辭而說明每卦之吉凶，以及剛柔之變。所以，接下來便舉例說明以卦象斷吉凶的方法。「是故，吉凶者，失得之象也」的意思是：所以卦辭與爻辭所說的吉祥與凶險，便是取法於卦中爻的得與失之形象。

具體而言，「失得之象」的「得象」，指的便是卦中某爻得位、得中、得合；「失象」，則是指卦中某爻失位、失中、失合。

人生只有吉凶兩個原則

吉是對顯示出能得到之象的判斷。

凶是對顯示出要失去之象的判斷。

得位，指的是陽爻居奇位，陰爻居偶位。即陽爻居初爻、三爻、五爻，陰爻居二爻、四爻、上爻，皆屬於得位，也稱當位。

失位，指的是陽爻未居奇位，陰爻未居偶位。即陽爻居二爻、四爻、上爻，陰爻居初爻、三爻、五爻，皆為失位，也稱不當位。

得中，指二、五爻。因二、五爻分別居於上下卦之中，所以稱為得中。其他爻位，皆為失中、不得中。

得合，即兩爻陰陽相合。具體一般有三種情況：①比位得合。即相臨兩爻分別為陰陽之爻，因陰陽相合，所以稱為比位得合。②承乘得合。即某爻的下爻為異性爻時，為承爻得合，有得手下幫助之意；某爻的上爻為異性爻時，為乘爻得合，有得上司幫助之意。③應爻得合。即具有相互感應關係的一與四爻、二與五爻、三與六爻，正好是陰陽相合之爻。

失合，即兩爻皆為同性爻，不具有陰陽相合的關係。其與得合相對應，分別指比位失合、承乘失合與應爻失合。

卦象有「得象」，自然吉祥，有「失象」則凶險，所以說「吉凶者，失得之象也」。

2. 悔吝與憂虞之象

「悔吝者，憂虞之象也」是什麼意思呢？是說，卦辭、爻辭所說的悔恨與顧惜，便是取法於卦中爻位的憂與喜。爻位的憂與喜，與卦象的得與失同理。

比如，乾卦上九爻辭為「亢龍有悔」，為什麼「悔」呢？細看卦象，上九爻陽爻居偶位，為失位，又不得中。並且上九為最上爻，有窮途末路之象，其位正如九五之尊將皇位讓給了太子自己成了無權的太上皇，所以這種境地自然會心懷悔恨，

吉與凶，表現的是剛與柔相勝的常道

剛勝柔吉

柔勝剛則凶

吉凶悔吝有其機

凡事都有吉凶悔吝的差別，這些差別在日常生活中經常能反映出來。

「男妝女飾皆整齊」，是門風嚴謹的表現，長此以往，一定會使門庭興旺起來。

「門前牆壁如有缺」，是對住宅的主人不利的信息，及時彌補則可以改變命運。

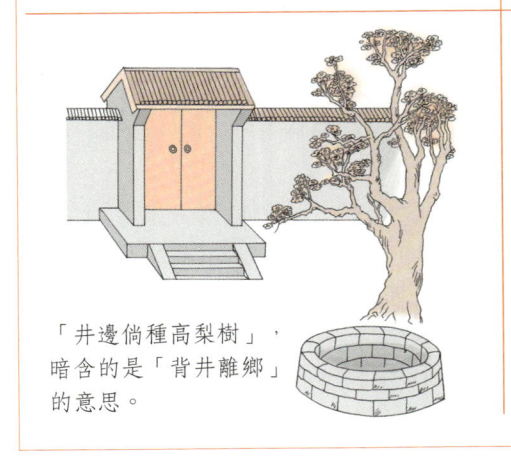

「井邊倘種高梨樹」，暗含的是「背井離鄉」的意思。

「若還宅氣如春意」，表示家人十分和睦，日子會漸漸好起來。

滿腹憂慮。這就是卦辭、爻辭為「悔」時，則該卦或該爻必然有憂慮、憂患的形象。

再如，蒙卦六四爻辭為「困蒙，吝」。細看卦象，蒙卦上面為山，下面為水，水為險，所以蒙卦有山下有險的形象。可是六四爻，卻是艮山的最下爻，其與坎相接，正處在危險的邊緣，從這個卦象上看六四爻肯定面臨著危險。可是，六四爻既與初位之應爻失應失合，又與承位之爻失合，還與乘位之爻失合，可以說是四處無援，上下受排擠，似乎難逃凶險。然而，六四爻卻陰爻居偶位，為得位；並且六四爻為上卦坤卦的中爻，不但有柔順之德，而且得中。所以，六四爻不會有大的災難，只有點小損失而已。

吉、凶、悔、吝，是卦爻辭中四個最基本的斷語。《易經》卦爻辭斷語由吉至

凶可分為九級，即：①元吉；②大吉；③吉；④無咎；⑤悔；⑥吝；⑦厲；⑧咎；⑨凶。單就吉、凶、悔、吝而言，其吉凶等級正如朱熹《語錄》所言：「吉凶是兩頭，悔吝在中間。悔自凶而趨吉，吝自吉而趨凶。」之所以說「悔自凶而趨吉，吝自吉而趨凶」，則是因為悔是有過失而能悔改，所以趨吉；吝是顧惜、捨不得，所以會因不悔改、不接受教訓而趨凶。

3. 進退之象與畫夜之象

「變化者，進退之象也」的意思，則是指某爻是屬於向前推進還是向後消退的形象，可推斷出陰陽爻的變化情況。其原理即上一小節所講的「剛柔相推而變化」。其即包括動爻陰陽之變所造成的進退形象，又包括《卦變圖》中的變化所形成的某一爻位的進退形象。

「剛柔者，畫夜之象也」，是說《易經》中的剛柔概念，是取法於卦象所表示的白天與黑夜的形象。那麼，是哪些卦象具有白天黑夜的形象呢？廣而言之，則六十四卦皆含有白天與黑夜的形象；簡而言之，則是十二消息卦；精而言之，則是乾坤兩卦。

上古初創八卦，最主要的用途便是推陰陽之變數，察四時八節之更替。正如《焦氏易林》所言，依序卦序一卦值一日，而將坎、離、震、兌值冬至、夏至、春分、秋分，餘六十卦每卦代表一日，循環六次共三百六十日，約為一年之數。此種卦曆，則是將每卦之外卦代表晝，將每卦之內卦代表夜。

此外，《周易參同契》中，將乾坤、坎離代表天地與日月，不計爻象，而餘六十卦序《易經》卦序排列，則朝屯暮蒙，朝需暮訟……。六十卦共表示一月三十天，每日兩卦，一卦代表白晝，一卦代表黑夜。

以上，只是六十四卦皆含有白天與黑夜形象的兩個例子，其實所有以六十四卦為曆法的，皆是這種情況。

4. 十二消息卦的畫夜之象

十二消息卦所代表的畫夜之象，則是由復卦一陽初生至乾卦六爻純陽代表白天，由姤卦一陰初生至坤卦六爻純陰代表黑夜。

精而言之，則十二消息卦皆為乾

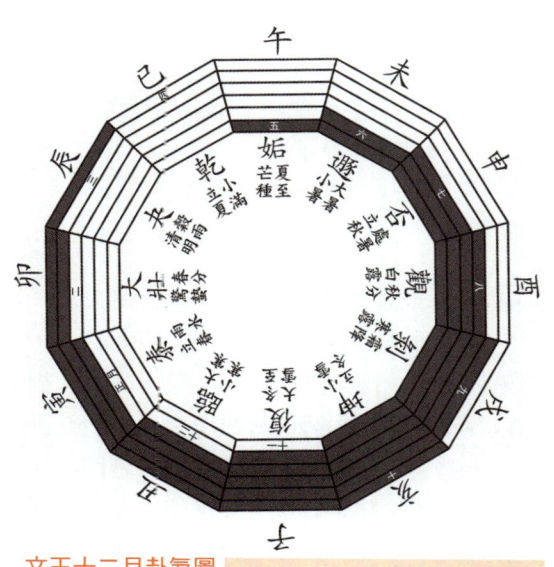

文王十二月卦氣圖

此圖以四時的節氣配本方之位，陰陽盛衰消長如環無端，實在妙不可言。

坤兩卦變化而來。乾坤兩卦一共十二爻，每爻代表一個時辰。十二消息的復卦，則相當於乾卦初爻值事；十二消息卦的臨卦，則相當於乾卦的二爻值事；十二消息卦的泰卦，相當於乾卦的三爻值事；十二消息卦的大壯卦，則相當於乾卦的四爻值事；十二消息卦的夬卦，則相當於乾卦的五爻值事；十二消息卦的乾卦，則相當於乾卦的上爻值事。十二消息卦的姤卦，則相當於坤卦的初爻值事；十二消息卦的遯卦，則相當於坤卦的二爻值事；十二消息卦的否卦，則相當於坤卦的三爻值事；十二消息卦的觀卦，則相當於坤卦的四爻值事；十二消息卦的剝卦，則相當於坤卦的五爻值事；十二消息卦的坤卦，則相當於坤卦的上爻值事。

因此，既可以表示一年十二月，又可以表示一日十二時的十二消息，實質上就是乾坤二卦的變化形態。而所有六十四卦的變化，皆只是陰與陽的變化，皆不出十二消息卦的形態，皆不出陰陽相推如磨的循環之理。六十四卦的陰陽代表，便是乾坤二卦；六十四卦的晝夜代表，便是乾坤二卦。明白了這個道理，就可以明白「剛柔者，晝夜之象也」的深意。

然而，剛與柔，實際上並非只代表晝與夜，根據萬物類象之理，可以類推天地間所有事物。即剛代表天、陽性、白天、熱、春夏、外表、運動、領導、君子、上升……，柔代表地、陰性、黑夜、冷、秋冬、內裡、靜止、員工、小人、下降……歸類而推，推理演繹，化繁為簡，正是易學理論的微妙所在。

🦁 三極之道

六爻之動，三極之道也。

1. 天地變化與六爻之動

八卦六爻，每相臨兩爻為一組，由下至上可分為地、人、天三才，此三才，也可稱之為三極。極，即極端之意。天地之間，沒有比天再高的，所以上兩爻為天極；天地之間，沒有比地更低的，所以下兩爻為地極；天地之間的生物，沒有比人類更尊貴的，沒有比人類更聰明的，所以象徵頂天立地的中間兩爻為人極。

八卦六爻，並非是一個靜止的形象，而是一個運動的形象。這種運動便

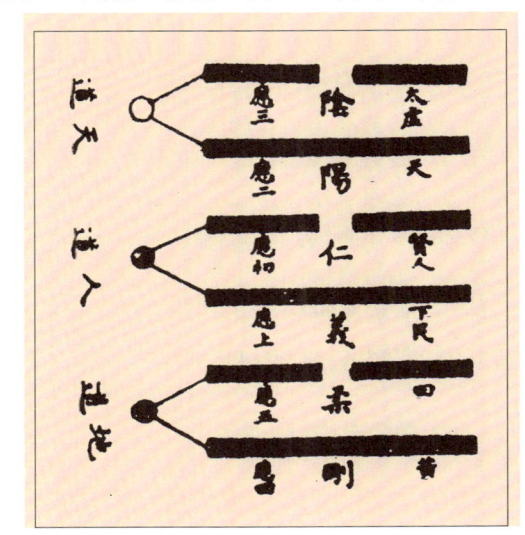

六爻三極圖

所謂：「六爻之動，三極之道也」。「六爻之動」，即陰陽之變。由於上古聖人創建的易理是對天文、地理及人世的總結，所以「六爻之動」不僅含有天道的內容，也包括地道、人道的內容，是對天、地、人三方面變化規律的總結。

是「剛柔相推而生變化」，即陰陽之變，剛柔之變。我們的世界，一切事物都是運動的，沒有絕對靜止的狀態。天地不停旋轉，永不會停歇；天空的塵埃、水氣，無時無刻不在做著清者上升，濁者下降的運動；一切物體，無時無刻在做吸收或者釋放熱量的運行；一切生命無時無刻不在進行著新陳代謝運動；我們人類，無論行、住、坐、臥，睡覺還是醒來，都不能停止呼吸，血脈也要無時無刻地不停流轉……在上古時代的易理中便已得到充分體現，這便是「六爻之動」。

「六爻之動」，即陰陽之變。由於上古聖人創建的易理是對天文、地理及人世的總結，所以「六爻之動」不僅含有天道的內容，也包括地道、人道的內容，是對天、地、人三方面變化規律的總結，所以說「六爻之動，三極之道也」。

2. 天、地、人之間的感應關係

「六爻之動，三極之道也」，並非是將天、地、人三者牽強地關聯起來，而是源自於古人的實際觀察、研究與推理。上古時代，古人之所以仰觀天象，是為了察四時八節之變化。也就是說，古人仰觀天象，不是夜裡無聊數星星玩，而是為了推

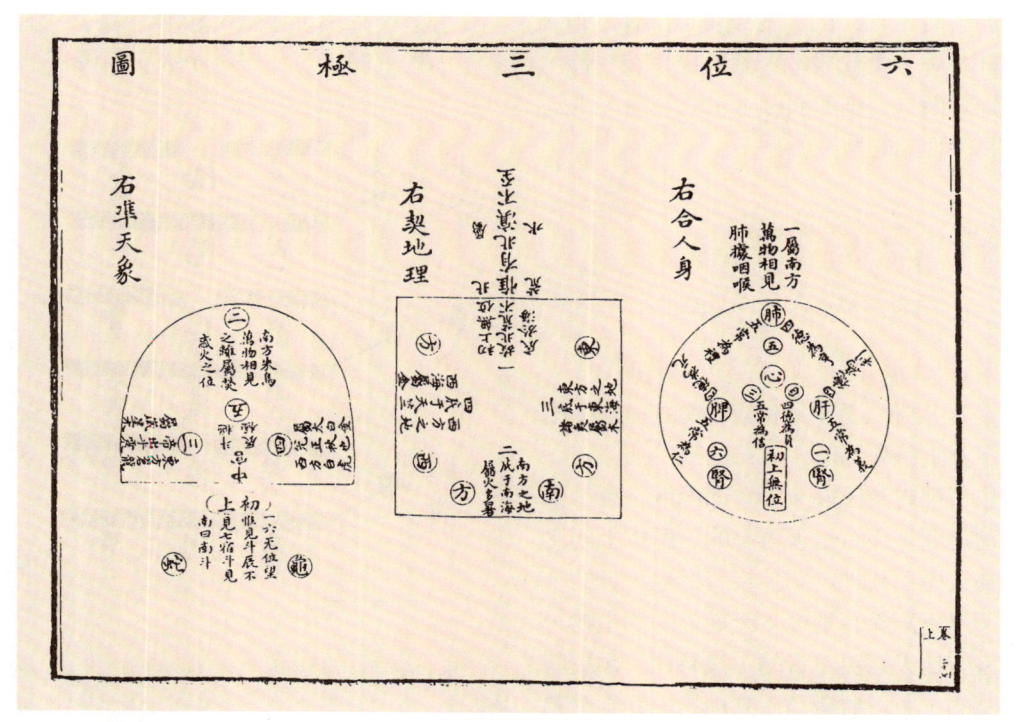

六位三極圖

　　此圖以六爻配以天、地、人三才，並以數字配合說明三才各自內在的規律。「六爻之動，三極之變也」，並非是將天、地、人三者牽強地關聯起來，而是源自於古人的實際觀察、研究與推理。

算出大地上的節氣變化。因為只有掌握了節氣變化，才能掌握各種植物的生長規律及各種動物的生活習慣，什麼時間大地上會出現什麼樣的植物及動物，一年四季哪一時節可以獲取哪些食物。所以上古人類的天文學，是與大地氣候變化及地上的眾生物緊密結合在一起的。這樣，古人由天道之動，可察知地道之相應而動；由地道之動，可察知大地上所有生物之動。只有掌握了天、地、人三者之間的變化規律，人類才可以真正地效法天地。

比如，古人看到北斗斗柄指向北方子位時，並以圭表測日影最短，從而得知冬至的到來。此時八卦曆顯示的天時為一陽初生之復卦，北斗指向北方虛危之位，是天根初起之處；此時地下的蚯蚓，感此一陽之生，不再屈首向下，而開始回首向上，成屈曲而結；而人體也感應此陽氣而有陽生而舉之兆。所以，古人從冬至開始，保養身體以養陽為主。由於此時到夏至，大地上動植物增多，人類正可順天而養。再加上調攝精神，應時導引，自可祛病延年。夏至一陰生時，斗柄指向南方午位月窟之處。此時大地上陽性的鹿因感陰氣初生而雙角脫落，接下來陰性的蟬開始在樹上高歌。人在此時也因陰氣之生而陽氣頓減，身體為之疲勞。所以，古人從夏至開始，保養身體以養陰為主。由於此時到冬至，大地上陰性動植物增多，人類也可順天而養，再加上調攝精神，應時導引，自可祛病延年。此外，古人種植、收獲、打獵等

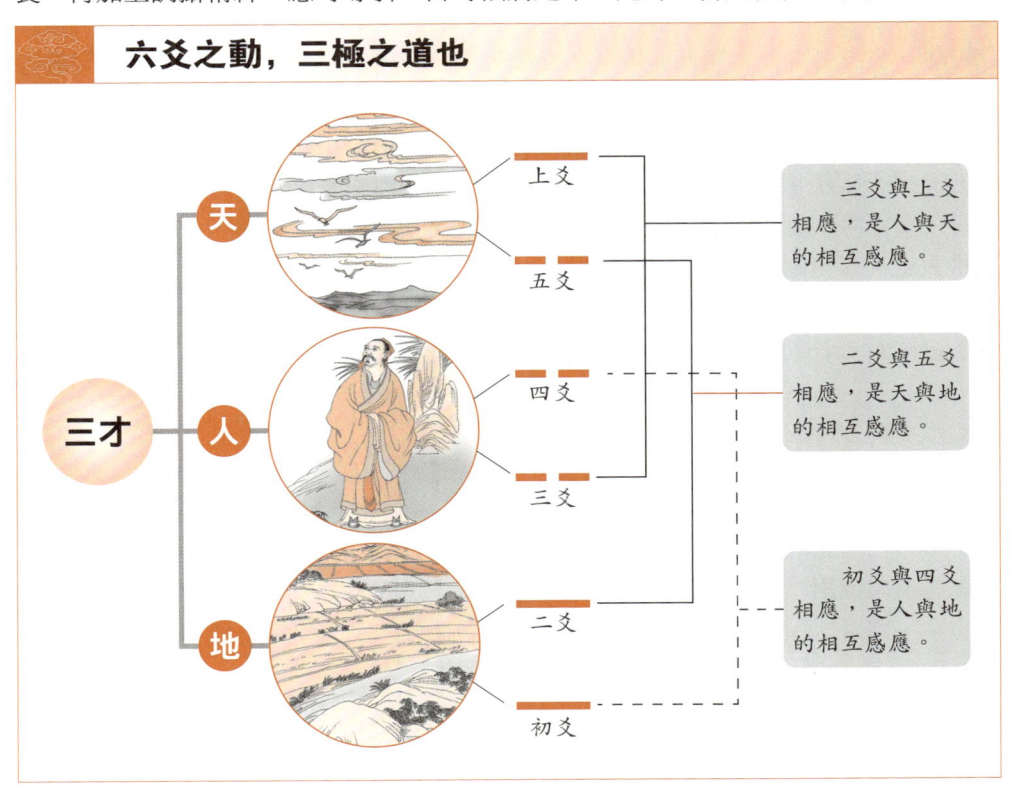

六爻之動，三極之道也

三才
- 天 —— 上爻／五爻
- 人 —— 四爻／三爻
- 地 —— 二爻／初爻

三爻與上爻相應，是人與天的相互感應。

二爻與五爻相應，是天與地的相互感應。

初爻與四爻相應，是人與地的相互感應。

各種生活，無一不受天道指導。上古為政之君王，也必須效法天地治國，使人民健康富足，最終才可使天下大治。所以說，只有懂得「三極之道」，才可以真正效法天地，才可以真正地修身、齊家、治國、平天下。

當然，關於天、地、人「三極之道」的內容是極其繁多的，即使是「人從皆識天文」的三代以上，能全部掌握此三道的人也不多。因為精通此三道者，必為聖人。自漢以降，統治者以役民為政，雖然打著效法天地的幌子，實際上已脫離效法天地以逸民為宗的本義。

由於篇幅有限，本處對三極之道也只簡述至此。對這部分內容感興趣的讀者，可多閱讀些卦氣易學、農家書籍以及《黃帝內經》等古書，自可得到更多有益的知識。

3. 判斷吉凶的準則

而本小節「六爻之動，三極之道也」的主要用意，還在於卦象上。即占卜所得的爻動之象，表現的是天、地、人三極之道的變化規律。所以易與天地準，不是有神鬼在幫忙，而是因為天、地、人之間有互相關聯、感應的變化規律，所以根據凝結著天、地、人變化規律的八卦六爻的變動情況，便可推算出下一步的變化勢態。這種勢態變化是否符合正常的三極之道，則正是判斷吉凶的準則。總之天時、地利、人和三者皆得，則必吉；天時、地利、人和三者皆失，則必凶。比如，占卜時某卦初爻動，世爻為二爻，則此卦內外卦之象表明當時所處之勢態，上下互卦表明勢態發展之過程，變卦表示最終勢態，變卦之上下互卦表明最終的結果。再細看世爻與他爻關係，則世爻與動爻相比得合還是失合，五行是否相生，此為地利之察；世爻與五爻是否相應相合，五爻是否因承爻、乘爻相助而勢強，此為天時之察；世爻是否得三爻相合相助，四爻對動爻的生、合或剋、沖是否對世爻有利，此為人和之察。細推天地人三極關係，配八卦納甲納支，則不但吉凶可測，而且所應之期也無誤。若占得某卦無動爻，則詳推世應關係，仍然不離天、地、人三極之道。這才是八卦占卜之精髓。單憑動爻之卦辭，怎麼可以洞曉三極之理呢？

君子如何讀《易經》

是故，君子所居而安者，《易》之序也；所樂而玩者，爻之辭也。

君子，是對統治者和貴族男子的通稱。由於《易經》是寫給統治階級的一本書，所以該書處處對「君子」階層提出種種忠告。「是故，君子所居而安者，《易》之序也」，則是告誡：統治者能夠安居其統治的地位，所憑藉的正是《易經》中的卦爻之秩序。

1.「《易》之象」還是「《易》之序」？

需要說明的是，有的《易經》版本，將「《易》之序也」改為「《易》之象也」。從上下文承接來說，改為「《易》之象也」似乎更符合原文本義，因為原文此章主要講的便是卦象與卦辭，其開篇也為「聖人設卦觀象，繫辭焉而明吉凶」。可是，由於卦象的表現形式，是陰陽爻位有序組合而形成的。如前面講的「吉凶者，失得之象也。悔吝者，憂虞之象也。變化者，進退之象也。剛柔者，晝夜之象也」，這些象皆是源於卦、爻之次序的變化，是從卦、爻的次序變化上來判斷吉凶的，所以《周易本義》的「《易》之序也」與其他版本的「《易》之象也」並無實質性的區別。相對來講，前者則更精確些，可以避免人們誤以為「君子所居而安者」，就是八經卦的卦象或六十四卦的《大象》。如果有此誤會，則會使人遇山而想到艮之止，遇風而想到巽之入，非易理之真意。而只有真正懂得《易》中各卦、各爻之陰陽變化規律，懂得先後天八卦系統各種易圖的變化原理，才能懂得陰陽進退、剛柔相推之理，才能真正做到得不過喜、失不過悲。貧不移志而顯貴，富不貪淫而懷仁，威武不屈而重義，寵辱不驚，才能真正達到「所居而安」的境界。這與世道人心最常見的「恨人有，欺人無」的言行是截然相反的一種處世態度，因而為君子所珍重。

當然，「所居而安」並非是讓人不求進取，而是讓人們正確認識自己的客觀條件，時刻明白自己的處境與地位，安心進取，隨機而動。身為潛龍之位，則暗中積蓄力量，因為機會只屬於有準備的人，只有潛龍時的積蓄，才能在身為見龍在田之位時脫穎而出，並因「終日乾乾」而「或躍在淵」，最終一躍而成為「飛龍在天」。

2. 玉不琢，不成器

「所樂而玩者，爻之辭也」是說，君子所樂於玩味的，則是反覆琢磨、玩味爻辭。此句之「玩」字，最有深意。有人說，這就是要懷著一種玩的心態來學習爻辭，不要太執著，否則便會太枯燥了；對人生、事業也應抱著這種玩的心態。其實，懷著一種玩樂心情，是任何事也做不好的。《繫辭傳》此處的「玩」字，並非是這種簡單的內涵。

玩，是一個形聲字；從玉，元聲。本義是指以手玩弄玉器。玉器為什麼要用手玩弄呢？原來，玉不琢，不成器，山裡的玉石很多，只有雕琢成器物，才有價值。比如，雕琢成玉碗、玉杯、玉環，甚至玉璧，就有價值了。可是，要讓這個玉器更加精美，還需要一道工序──磨。玉器經過琢磨，就更加精美了。可是，這件玉器如果再經人的肌膚不斷摩擦，久之則更加溫潤而晶瑩。所以，古人經常用手把玩玉器，一般經過三代人的把玩之後，此玉則更加名貴。透過手的玩弄，使玉更華美、更名貴，這就是「玩」字的真正內涵。所以，「玩」可不是一種玩樂，而是一種需要極高專業知識、技能的娛樂。

自天佑之，吉無不利

是故，君子居則觀其象，而玩其辭；動則觀其變，而玩其占。是以自天佑之，吉無不利。

1. 《易經》能避邪嗎？

此小節的經文，用現代的話來表述則是：所以君子在安居無事的太平日子裡，就要認真觀察卦爻象表現出來的易理，仔細琢磨卦爻辭的真正內涵；當有重大事情要做，或者有重大事情出現時，便以八卦占卜來推演事態變化趨向，並結合實際情況參考爻辭作出吉凶判斷，因此君子就能得到上天的保佑，吉祥而沒有任何不利的。

光憑一本《易經》，讀一讀，占占卜，就能得到上天的保佑，莫非這是一本神書？有些研究易學的人確實這麼認為。有人說，《易經》可是一本神書，放到家裡可以避邪。還有人說，《易經》是魔鬼都害怕的神書，所以夜裡不能讀，會把鬼嚇得嗷嗷大哭。還有人說，夜裡不讀《易經》，不是怕鬼哭，而是怕自己熬夜體力吃不消。因為夜裡研究《易經》，雖然時間很晚了，但還有一點點沒弄清楚，便想繼續研究一會兒，結果弄懂之後，忽然又發現了一個道理，於是又進入另一種境況，精神又來了，最後不知不覺天亮了。所以古人也詩云「閒坐小窗讀《易經》，不知春去已多時。」

其實，《易經》這本書，既沒有嚇鬼避邪的功能，也不是應當整夜鑽研的書籍。因為《易經》只是一本由古天文知識引申出來且融占卜、修身治國平天下理論為一體的哲學著作，沒有任何神祕之處，如果不懂古天文學，只知其為「天書」，卻不知其之所以為「天書」，所以才會認為是與神鬼有關的神書。而且，那些痴迷於《易經》竟然不知春光逝去者，往往是讀《易》不得要領，沒有真正理解而誤入歧途所致，所以皓首窮經，最終一無所獲。試想，如果西周天子如此痴迷地醉心讀《易》，那麼哪裡還有精力治理國家？如果真是那樣，恐怕《易經》比紅顏禍水對政權的穩固更有害，比千金一笑、烽火戲諸侯的褒姒更能促使西周的滅亡。如此，讀《易》的君子，還怎麼「自天佑之，吉無不利」呢？

2. 無為而治的政治思想

「是故，君子居則觀其象，而玩其辭」，難道是說君王應當在太平無事的年代，把大好時光浪費在研讀《易經》上嗎？不是。君王之所以要在太平無事的年代「觀其象而玩其辭」，是君王要依照《易經》中六十四卦的卦、爻象中隱含的天、地、人三極之道理論修身、治國、平天下，使自己的統治長治久安，永保太平。這種治國之術，其實便是上古時期的政治理論，也是後世黃老道家之逸民安民養民、清靜自定、無為而治的政治主張。

老子的「無為而治」思想

尹喜迎老子圖

　　無為而治的思想首先是由老子提出來的。老子認為天地萬物都是由道化生的，而且天地萬物的運動變化也遵循道的規律。道的最根本規律就是自然，對待事物應順其自然，無為而治，讓事物按照自身的必然性自由發展，使其處於符合道的自然狀態，不對它橫加干涉，不以有為去影響事物的自然進程。也只有這樣，事物才能正常存在，健康發展。所以在道家看來，為人處事，修心煉性，都應以自然無為為本，避免有為妄作。

　　正是這種道家理論，成就了中國第一個盛世——漢初的文景之治。漢初以劉邦為首的統治階層，大部分來自社會下層，皆「鼓刀屠狗販繒之屬，少文而多質，甚至鄙陋粗俗」，然而社會卻得到了較好治理，其根源便是漢初以黃老之學治天下。

　　西漢初期，百姓剛經過秦朝苛政之苦及秦漢之間的戰亂之災，所以漢初政治務在安民休息，而主張「清靜自定」的黃老思想正是適應這一歷史條件的學術思想。於是形成了漢初質樸務實、不喜高華、不慕弘遠、輕賤孔孟之道的政治風格。劉邦去世後，呂后專政。呂家勢力被撲滅後，文帝劉恆被擁戴登基，漢朝帝業，才算真正穩定。文帝在位二十三年，傳位於兒子劉啟，是為景帝，在位十六年。從西元前179年到西元前141年這三十九年間，由於文帝與景帝採用黃老之學治國，使漢朝的政局開始穩定。政治穩定使經濟生產得到顯著發展，「倉廩豐實，府庫饒財，移風易俗，黎民淳厚」，人民真正過上了富足的生活，成為中國統一以來第一個空前盛世（文景之治），因而被以後的歷史學家所稱羨。

3. 黃老思想與貞觀之治

　　無獨有偶，黃老道家理論後來成就了中國第二個盛世——唐初李氏天下的貞觀

之治。自唐太宗李世民自認為是老子李耳之後以後，信奉老子和道教開始盛行，最終達到歷史的最高峰。在這種背景下，道家逸民安民養民、清靜自定、無為而治、民富才可國強的政治主張得以實現，並使唐初出現了貞觀之治的盛世。

上古易學中的三極之道，其實並不複雜，只要明白天道斗轉星移之變，懂得大地應天時而變四時八節，則人極之道自蘊含於天地之間，則人自可因效法天地、遵循三極之道而「自天佑之，吉無不利」。此保佑人類吉祥的「天」，並非是一位天神，而是天道。

「動則觀其變而玩其占」，並非遇到大事發生了，便以玩的心態占上一卦，然後按照占辭的吉凶行事。古時，遇到如邊境入侵、天象異變、災變突生、朝政更替及四時祭祀等大事，皆要極其虔誠、嚴肅、認真地進行占卜，不敢有一絲一毫玩的心態。因為，這正是統治階級給百姓作表率的時候。天子虔誠占卜可以使百姓看到天子如何虔誠地敬仰待上天，這種以身作則可以使百姓也效法君王，虔誠地敬仰百姓的天——統治者。再者，國家大事，又豈能不慎呢？其實古代的占卜並非只以占辭為準，而是要結合實際情況進行推斷的。

4. 占卜與實際情況的判斷

例如：《左傳》中記載了襄公九年（西元前689年）穆姜的一段精彩占卜。穆姜是魯成公的親生母親，可是她與大夫僑通奸後，兩人便合謀想廢掉魯成公。結果陰謀失敗，穆姜被打入冷宮。在冷宮中，穆姜想知道自己的命運吉凶，便用《易經》算了一卦。得到的卦是艮之隨。因結果看變卦（之卦），所以卜官說：「隨的卦辭是『無咎』，您趕快逃走吧，一定會沒事。」可是穆氏卻說：「隨卦的卦辭是，『元亨利貞，無咎』。我一個婦人，不夠元亨利貞四德，做事害身，自取其惡，亂國害民，怎會無災，怎麼逃得出去，必然死於此。」結果正如穆氏所料。由此可見，古人占卜，是卦辭理論與實際情況相結合來判斷吉凶的，並非只認占辭。此外，由於這段事出現於西元前689年，比孔子出生要早一百多年，而「元亨利貞」為四德的說法也見於《文言》，所以這一占例又是說明孔子之前便已存在解釋《易經》文獻的一個證據。

第 3 節

辭也者，各指其所之
小大與險易

卦有大小的區別，卦辭與爻辭有凶險與變化。卦辭與爻辭所說的，分別指示不同類別的變化趨勢。

【原文】

　　彖者，言乎象者也。爻者，言乎變者也。吉凶者，言乎其失得也。悔吝者，言乎其小疵[1]也。無咎者，善補過也。是故，列貴賤者存乎位，齊小大者，存乎卦，辨吉凶者，存乎辭，憂悔吝者，存乎介。震[2]無咎者，存乎悔。是故，卦有小大，辭有險易。辭也者，各指其所之。

【注解】

[1] 小疵：小毛病。
[2] 震：此處為驚懼之意。

【釋義】

　　彖辭，是說明卦象的。六爻，是說明陰陽變化的。吉凶的詞句，是說明得與失。悔吝的詞句，是說有小的過失。無咎，是說善於補救過失的人才沒有災難。所以貴與賤的排列在於爻位次序，大與小的排列在於卦序，明辨吉與凶需要參考卦辭與爻辭，擔心悔與吝是在吉凶之間，驚懼而無咎是因為有所悔悟。所以卦有大小的區別，卦辭與爻辭有凶險與變化。卦辭與爻辭所說的，分別指示不同的類別變化趨勢。

占辭吉凶等級

象者，言乎象者也。爻者，言乎變者也。吉凶者，言乎其失得也。悔吝者；言乎其小疵也。无咎者，善補過也。

1. 彖者，斷也

彖，是一種可以咬斷金屬的獸，其引申義便是裁斷的意思。這裡的「彖者」，指的便是周文王所作的卦辭。象，本義為大象，由於大象身體龐大極容易看到，所以其引申義則是人人可以看到的形象、現象。前面我們已經講過周文王「設卦觀象」而寫出卦辭的事情，此處「象者，言乎象者也」，則也是在說卦辭的斷語取法於八卦的卦象。

需要說明的是，有人把此處的「彖者」理解為《易經》經文中「彖曰」的文字內容。其實「彖曰」的文字內容屬於《彖辭傳》，是專門解釋卦辭的傳。周朝以前，甲骨占卜之辭叫繫辭，即繫於卜兆之後的斷辭。《易經》出現後，則稱寫於卦畫之後的卦辭為彖辭。我們現在講的《繫辭傳》也是講解卦、爻辭的古文獻，其「繫辭」二字則源於周朝之前的說法。

爻者，指的便是爻辭。由於八卦占卜要參看動爻之爻辭，所以爻辭反應的內容，不是主卦該爻象的吉凶信息，而是陰陽互變之後的吉凶信息，所以說「爻者，言乎變者也」。

甲骨占卜之辭
商代 全形卜甲

這是一塊非常完整的卜甲，商代時用龜甲占卜，多選用腹甲，但偶爾也會用到背甲。周朝以前，甲骨占卜之辭叫繫辭，即繫於卜兆之後的斷辭。《易經》出現後，則稱寫於卦畫之後的卦辭為彖辭。

天壇

　　北京天壇是諸祭壇中規模最大、建築最為講究的祭壇，始建於明朝永樂十八年。天壇由圜丘和祈年殿兩組主要的祭祀建築組成。祈年殿是皇帝祈求豐年的主殿，其三層的結構正好象徵乾卦三個陽爻，代表天；祈年殿周圍的三層階梯結構正好象徵坤卦的三個陰爻，代表地。如此一來，祈年殿的形象則正好形成了天地否。否為天地不交之象，象徵否極泰來之意。

　　卦辭與爻辭的斷語，因卦象及爻位等諸因素而形成不同的吉凶等級，此小節重點講述的，便是形成吉凶等級的原因。雖然前面講過，《易經》占辭的吉凶等級可細分為九類，但大體而言，則可分為三類。其一便是吉凶最高級，在吉凶的直線上分別位於兩個極端；其二是悔吝，悔趨於吉方，而吝則趨於凶方；其三便是無咎，居於吉凶直線的中間。

2. 楚莊王失弓

　　「吉凶者，言乎其失得也」，是說吉凶的斷語，是取法於卦象中的得失之象。《易經》中所講的吉凶概念並非是一個絕對概念，而是吉凶也存在互換，得與失其實都沒什麼了不起。例如：楚莊王丟了一張弓，大臣們驚慌失措地去找，可是楚莊王卻說：「不用找了。我丟一張弓，他得一張弓，不是不得不失嗎？都是楚國的人，我用跟他用有什麼區別？」當然，楚莊王如果丟弓後進行八卦占卜，其斷辭未必是凶，極可能是吉。又如，北京天壇的祈年殿，其三層的結構正好象徵乾卦三個陽爻，代表天；祈年殿周圍的三層階梯結構正好象徵坤卦的三個陰爻，代表地。如此一來，

第二章 《繫辭傳・上篇》的智慧

祈年殿的形象則正好形成了天地否。否為天地不交之象，象徵否極泰來之意。

「悔吝者，言乎其小疵也」，是說悔吝的斷辭之所以凶險不大，是因為卦象顯示的只是小毛病，必有絕處逢生之象、或得合得位之變，所以卦象不是很凶險。

「無咎者，善補過也」，是說無咎的斷辭之所以沒有過失，則在於卦象之中有動爻擬補凶險之象。以人事而言，雖然有錯誤，但有過改之，大家原諒了他，這個人自然就沒什麼過錯可言了。所以「善補過也」的忠告，對大家的人生極有益處。古代俗語云：「浪子回頭金不換。」這些所說，皆與「無咎者，善補過也」同意思。

大家要明白的是，八卦占卜所得出的所有凶險，都是可以透過「善補過」而趨吉避凶。而我們的人生，更要記住這個道理，不斷補過，不斷完善自己，最終才可能成就完美的人生。

卦有大小，辭有險易

是故，列貴賤者存乎位，齊小大者，存乎卦。辨吉凶者，存乎辭。憂悔吝者，存乎介。震無咎者，存乎悔。是故，卦有小大，辭有險易。辭也者，各指其所之。

1. 六爻所象徵的等級

八卦六爻從初爻至上爻，正好形成地位階級由賤及貴、依次而上的六個臺階，所以說「列貴賤者，存乎位」。這種上貴下賤的排列方式，是天尊地卑的具體體現。所以初爻與四爻雖然皆為經卦的下位，但外卦的下爻（四爻）則要比內卦的下爻（初爻）尊貴，以官職比喻，則初爻為最底層的階級，四爻則為僅次於中央級的地方級。同理，二爻與五爻雖同為上下卦之中，但五爻為尊，二爻為卑；三爻與上爻，雖同為上下卦之上爻，但上爻為尊，三爻為卑。六爻之中的最上爻，雖然沒有實權，如同太上皇，但其地位是最高級別。這就是《易經》的地位階級觀。

「齊小大者，存乎卦」，指的是陰陽二者，陽為大，陰為小；陽為尊，陰為卑。這種理論便存在於卦序的排列次序中。《易經》以乾坤兩卦作為開頭，並且先乾而後坤，正是這種理論的典型代表。

「辯吉凶者，存乎辭」，是說分辨占斷之吉凶，則需要參考卦辭與爻辭的含意。辯，即分辨之意。卦、爻的吉凶之意不是寫得很清楚了嗎？為什麼還要分辨呢？分辨，實際上指的是對卦象的分析，即要弄清楚吉凶形成的原因。因為古人占卜不是只為了知道結果，更主要的目的是想要提前預防和補救，從而化險為夷。所以，這個吉凶是來自於失位，還是來自於失合，凶險是大還是小等，都要仔細分析。只有這樣，最終才能找出一個可以化險為夷的解決方案。

2. 及早防範，趨吉避凶

「憂悔吝者，存乎介」，是說擔心悔與吝者屬於吉凶兩端的中間，雖然只是小毛病、小錯誤，但也不容忽視。因為只要有憂患意識，發現凶險及早防範，及早悔過，則會由凶趨吉。反之，則會由吉轉凶。

「震無咎者，存乎悔」，是說驚懼而無咎是因為有所悔悟，有所悔改。由此可見，改與不改，雖只是一念之差，但其結果卻是吉凶兩分。所以說，卦象所代表的事物有大小之分，而占辭有危險與平安兩種結果。《易經》中的卦爻辭正是根據不同卦象表現出的大小、貴賤、吉凶等概念，進而形成說明各種特定形式下的不同吉凶結果。這就是「是故，卦有小大，辭有險易。辭也者，各指其所之」的意思。

第 4 節

《易》與天地準
不違背天地之道

《易》以天地的變化規律為準繩,所以能夠與天地之道相一致,不會違背天地之道。

【原文】

《易》與天地準,故能彌綸[1]天地之道。仰以觀於天文,俯以察於地理,是故知幽明之故。原始反終,故知死生之說。精氣為物,遊魂為變[2],是故知鬼神之情狀。與天地相似,故不違。知周乎萬物,而道濟天下,故不過。旁行而不流,樂天知命,故不憂。安土敦乎仁,故能愛。範圍天地之化而不過,曲成萬物而不遺,通乎晝夜之道而知,故神無方而易無體。

【注解】

[1] 彌綸:瀰漫,包容,籠蓋。
[2] 精氣為物,遊魂為變:古人認為萬物都是精氣凝聚而成。相對而言,陽為氣,陰為精;陽為精,陰為血;陽為魂,陰為魄。人身上的魂魄失去後便成為死人,可是魂魄依然存在。回到陽氣狀態的魂為神,回到陰氣狀態的魄為鬼。神與鬼回到元氣狀態中,陰陽重新組合成萬物。

【釋義】

《易》以天地的變化規律為準繩,所以能包含天地運行之道。仰觀天文的運行變化,俯察地理的形態變化,所以能知道黑暗與光明的原因。推原本始,反究終末,

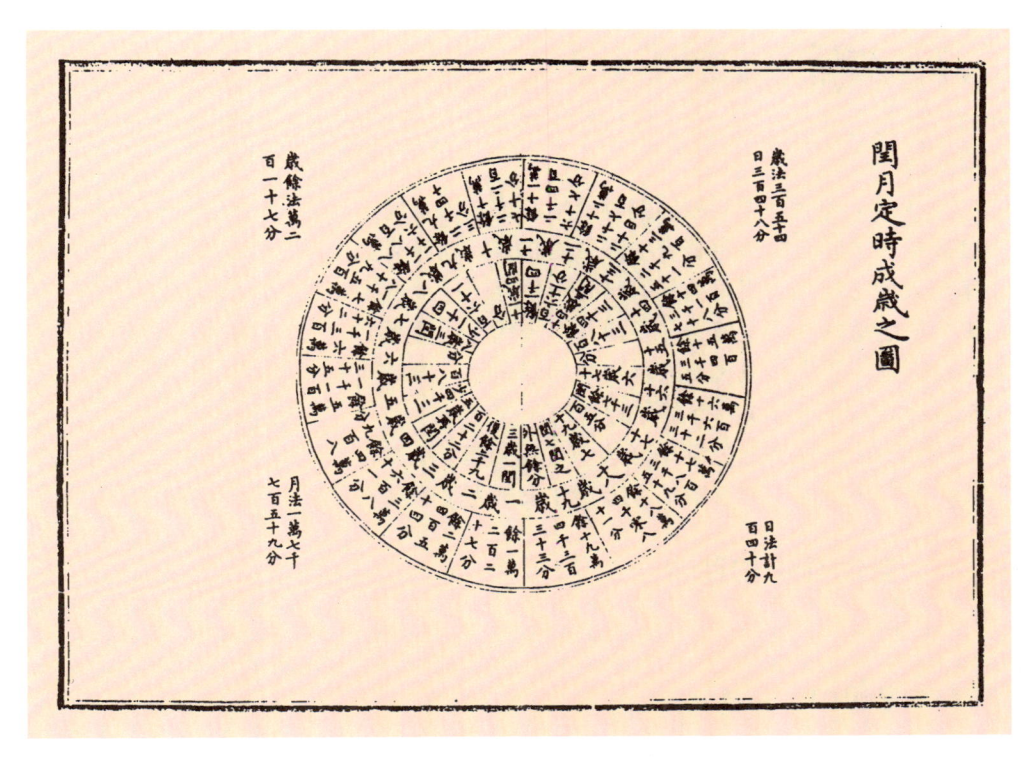

閏月定時成歲之圖

　　古代律曆記載，太陽繞地球一周天（實為地球繞太陽一周）為地球上十二月，但不是整數，所以用閏月定四時，三歲一閏，五歲再閏。《易》以天地的變化規律為準繩，所以能包含天地運行之道。此圖反映了古人對這種自然規律的深刻認識。

所以知道生與死的哲理。天地中的精氣凝聚成生物，遊盪的靈魂是生物的變化，所以知道鬼神的性情與狀況。易道與天地的變化相似，所以能夠與天地之道相一致。知道萬物周而復始的道理，並且以這種道理濟助天下民眾，所以不會有過失。廣泛運行而不會流於放縱，喜樂於天道而知道命運的變化規律，所以不憂愁。安於所處的地位，敦厚地發揚仁義，所以能夠博愛。效法天地運行的變化而沒有過失，陰陽二氣合成萬物而不會有遺漏，懂得了乾坤之道便會無所不知，所以神福澤萬物沒有一定的方法，《易》的變化沒有固定的形體。

《易》源於古天文學

　　《易》與天地準，故能彌綸天地之道。仰以觀於天文，俯以察於地理，是故知幽明之故。

我們知道，《易經》這本書的理論，來自於古天文學。伏羲發明八卦的主要目的，是在掌握天道運行規律的情況下創制一套可以推算四時八節的太陽八卦曆法，使人類可以順應時節更好地生活。所以從伏羲發明八卦時，易理便已囊括天地間的一切規律與法則。

「《易》與天地準，故能彌綸天地之道」，正是《易經》源於古天文學理論的高度概括。由於天象決定著大地節氣變化，大地節氣變化決定著人類生存方式，所以掌握天地之規律，與天地相適應而求生存，是上古人類所必須具備的知識與生存法則。於是這種知識父傳子，子傳孫，一代一代傳承，一代代改進，最終形成了一套效法天地、天人相感、天人合一的易學理論，這種理論成為中華民族所有古文化的根源，成為中華民族所有古文化的準則。

如果用一句更恰當的話來形容「《易》與天地準」，就是「經典中的經典，學問中的學問，哲學中的哲學」。因為如果不先讀懂《易經》，那麼將永遠無法真正

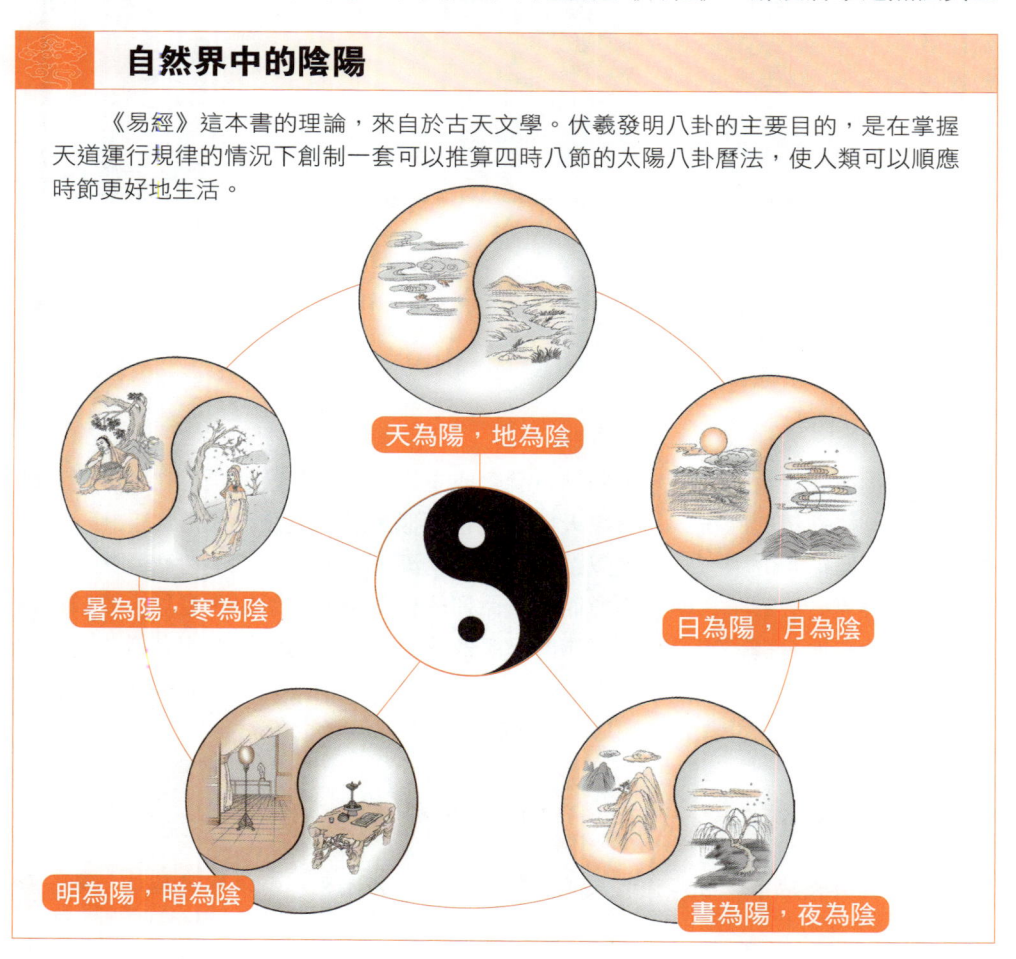

自然界中的陰陽

《易經》這本書的理論，來自於古天文學。伏羲發明八卦的主要目的，是在掌握天道運行規律的情況下創制一套可以推算四時八節的太陽八卦曆法，使人類可以順應時節更好地生活。

- 天為陽，地為陰
- 日為陽，月為陰
- 晝為陽，夜為陰
- 明為陽，暗為陰
- 暑為陽，寒為陰

領悟中華民族所有傳統文化的真正內涵。中國古代，不論人事、物理，一切的一切，都以此為法則。換句話說，中國古代的政治、軍事、經濟、文學、藝術等學問，及諸子百家各種學說，皆源於博大精深的易學。因此，只要天地不廢，《易經》中的理論就永遠具有時代意義，永遠可以使讀者開卷有益。

「仰以觀於天文，俯以察於地理，是故知幽明之故」，則進一步說明《易經》的根源是以古天文學及地理學為依據的，證明「《易》與天地準」的說法絕非毫無根據的虛說。「知幽明之故」，是說明白晝與黑夜的變化之理，即陰陽相推的轉化規律。此外，「幽明」二字，還有表象與原理的涵義。明，即天地間可以看到的各種形象、現象。山川、河流、丘壑、風霜雨雪，以及各種植物與動物，都屬於肉眼可見之現象、形象。而這些現象出現的原理是什麼？這些形象起源於何處、何時？則是看不見、摸不著的理論。古人以陰陽二氣作為天地萬物之母，此陰陽二氣也是看不見、摸不著的物質，這就是「幽」的內涵。掌握陰陽二氣的變化規律，即可明白天地萬物生化之理。其天與地的形象，即為「明」；其天地所代表的陰陽二氣，即「陰」。所以，天地相交而生萬物的本質，是陰陽二氣相交而化生萬物，明白此理，也算是「知幽明之故」。

生死之說

原始反終，故知死生之說。

1. 生命的輪迴之道

「原始反終」，有的版本寫的是「原始及終」，兩種說法其實都是相同意思，即明白事物之原始之本初，也明白事物發展之終結。原始之本初，即事物初生之時；發展之終結，即死亡之期。所以說，懂得「原始反終」，就會明白「死生之說」。

舉例而言，則男女媾精之時，為人類生命之原始之初，為生命之始；人降生後，由幼而壯，由壯而衰，衰老而死之時，為人的生命之終，為死。易學認為精神不滅，一切皆為陰陽二氣所化生，所以死而後生，生終至死，生死循環，也如寒暑往來，周而復始，生生不息，這就是「死生之說」。由於，陽主動，主生；陰主靜，主死，所以「死生之說」與「幽明之故」皆離不開陰陽二字，皆屬於陰陽相推產生的變化。

由於天尊地插進，天為始生之處，地為終死之所。所以，古人按照尊理論形成了一種「報本反始」的封建禮教。而這一禮教，也是古人效法天地的體現。子女要對父母報答養育之恩，百姓要對君王報答再生之恩；君王也代百姓要對養育萬物的大地報答養育之恩；也要報答「乾知大始」的蒼天對萬物的始生之恩。如《禮記》中記載秋社之時，君王要到郊外舉行郊祭，便是一種「報本反始」的禮制。儀式中要用新穀釀成的美酒、新摘下的水果等給大地獻上供奉。如今，「第一杯先敬天地」

社稷壇

明代 磚結構 祭祀地 北京市

北京的社稷壇建於明永樂十九年（西元 1421 年），遵照「社為陰」的原則，遵天南地北之制，由北向南設祭，整體布局由北向南展開。社稷壇的方壇分三層，四周以漢白玉石圍繞，壇面鋪黃、藍、白、紅、黑五色土壤，其中黃土居中，而東藍、西白、南紅、北黑，以陰陽五行學說象徵「普天之下，莫非王土」。

的酒文化，也是古人「報本反始」的延續。

2.「報本反始」的禮制習俗

目前有些少數民族，生活中仍然帶有許多「報本反始」的禮制習俗。如果子成熟了，全部採摘後，要在果樹下留一半，不能全部拿回家裡；留下的那些果子回報給大地，讓大地送給大地其他的兒女──野獸吃。用剛剛收成的稻穀、麥子，做成的第一碗米飯、第一碗麵食或饅頭，敬獻給天地。這種習俗，表現了質樸的古人對大自然的有限索取，和對大自然的回報。這種質樸的傳統，比起現代人只知向大自然瘋狂索取，從來不知回報，為一己之私利而破壞自然環境，破壞人類生存空間的行為而言，更加顯得無比高尚而美好。

當然，古人欲要「報本反始」，則必須要知道萬物、萬事之始終、死生，而古人洞曉萬物萬事之始終、生死的方法，則完全來自於易學。把萬物之始終之禮講得極為清晰的，則莫過於「太極生兩儀，兩儀生四象，四象產八卦」的八卦生成之理。再有，則是陳摶的無極圖與周敦頤的太極圖。

八卦生成模式，即萬物生成規律，其太極生兩儀，則代表天地初生的宇宙模式；兩儀生四象，則是天地旋轉，遂有四季及五行及五方的概念；四象生八卦，則代表四時變八節；八卦相重而成六十四卦，則代表大地四時八節之變，隨生育萬物。

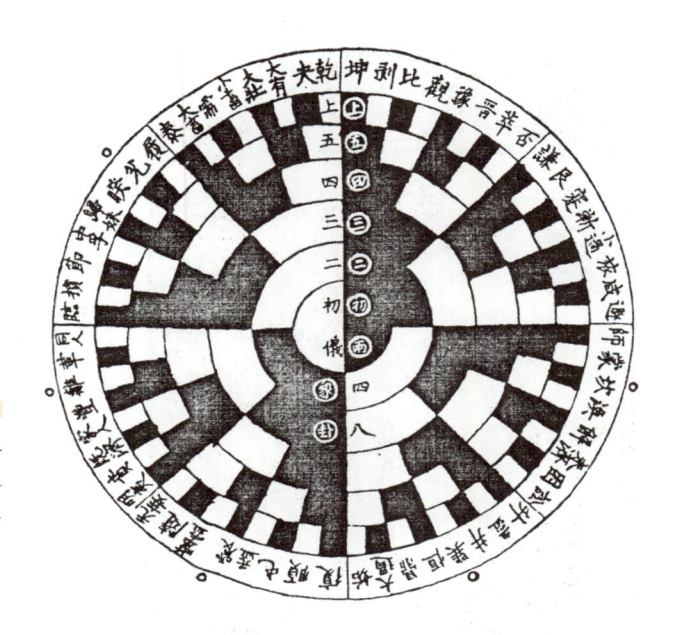

六十四卦生自兩儀圖

六十四卦來自八卦，八卦來自太極。孔子在繫辭傳上說：「是故易有太極，是生兩儀，兩儀生四象，四象生八卦。」

3. 無極生太極

由於《易經》中沒有「無極」這個詞，所以有些人認為《易經》的萬物之始，即是太極，太極就相當於《老子》「萬物生於有，有生於無」的「無」。而陳摶所傳的無極圖，則逆推萬物之本源是無極。受陳摶無極圖影響，作《太極圖說》說明萬物生成之理為：「無極而太極。太極動而生陽，動極而靜，靜而生陰，靜極復動。一動一靜，互為其根。分陰分陽，兩儀立焉。陽變陰合，而生水火木金土。五氣順布，四時行焉……」陳摶與周敦頤的理論，與《老子》「萬物生於有，有生於無」的宇宙生成觀統一和諧，以「無極」對應《老子》之「無」，以「太極」對應《老子》之「有」，可以說是解說萬物始終最精確的表達。

陳摶的無極圖與周敦頤的太極圖皆源自於道家「順則成人，逆則成仙」的修仙理論，其代表作品便是東漢末年魏伯陽所著的《周易參同契》。而《參同契》中的理論，並非魏伯陽所發揮創造，而是源自於上古時代的易學理論。但《繫辭傳》中雖有「原始反終，故知生死之說」的觀點，但後世儒家對這種觀點的真正內涵，顯然並沒有理解和繼承，若不是北宋初期道界名流陳摶傳出了無極圖及其他重要的古易圖，恐怕至今萬物生成之理的學說，仍然僅限於丹鼎派道教中流傳。

鬼神之情狀

精氣為物，遊魂為變，是故知鬼神之情狀。

第二章 《繫辭傳‧上篇》的智慧

1.「聰明正直，死而為神」

明易理，即可知道鬼神的性情與狀況嗎？《繫辭傳》此小節明確指出：可以透過精氣、遊魂等方面，來察知鬼神的性情與狀況。那麼什麼是鬼神呢？既然《十翼》相傳為孔子所撰，我們便來看看孔子的觀點。

在《禮記·祭儀篇》中有一段，是宰我提問孔子回答，專門論述鬼神的內容：「宰我曰：『吾聞鬼神之名，不知其所謂。』子曰：『氣也者，神之盛也。魄也者，鬼之盛也。合鬼與神，教之至也。眾生必死，死必歸土，此之謂鬼。骨肉斃於下，陰為野土，其之發揚於上，為昭明。焄蒿悽愴，此百物之精也，神之著也。因物之精，制為之極，明命鬼神，以為黔首則，百眾以畏，萬民以服。』」

2. 孔子的鬼神觀

宰我與孔子的問答，以現在的話來說，則是：「孔子的學生宰我說：『我常聽人們提起鬼神，但不知人們為什麼稱其為鬼神。』孔子說：『人身上的氣，就是旺盛的神；人身上的魄，就是旺盛的鬼。人活著氣與魄合在一起，鬼神都旺。人一衰死，鬼神就分開了。前人把鬼神合在一起進行祭祀，是為了設立教化而把它們聚合起來。人生最終皆會走向死亡，死後歸於大地，即是魄化成的鬼。屍骨埋於地下，依蔭於土壤中，它的清純精氣則向上蒸騰，成為太陽的光芒。大地上蒸發的各種香臭氣味，使人產生淒愴之情，這正是百物的精氣，是最顯著的神。聖人根據不同精氣的特點，分別給予極高的敬仰，並命名出各種鬼神的名稱，作為百姓祭祀的法則，使眾人有所畏懼，萬民有所信服。』」

孔子的回答，認為神就是精氣，鬼就是魄；並且又說「因物之精……明命鬼神」。孔子在《繫辭傳》中又說：「精氣為物，遊魂為變」。由此也可說明《繫辭傳》並非孔子原創作品。

其實，孔子一生所學皆靠刻苦自學所得，其所受的教育及知識水準，與文王、周公及老子等人，根本不在一個等級上。以現在的教育體制而言，文王、周公及老

善事鬼神的周公

太歲 木版印紙馬 清 高金龍藏

從古籍中不難看到一些蛛絲馬跡，周公不僅有著深沉的智慧，同時也是一位多才多藝的人。正如他自己在一次禱文中所說：「旦巧能多才多藝，能事鬼神。」他所具備的多種才華，甚至可以使鬼神都能感到滿意。

子等人，屬於國立名牌大學的高材生，而孔子卻連自學進修高等教育學力鑑定考試都沒有通過。後世所稱為孔子思想理論的內容及精彩的名言，大多為孔子之前便已有之的嘉言惠句、聖賢格言。只是孔子高舉的是恢復周禮的金字招牌，並且三千名弟子也造成不小的影響，再加上自漢武帝後統治階級皆以儒取仕，而且儒家不教而教的組織形式又增強了儒家的幫派勢力，於是孔子的形象便被一代一代地放大，最終成為萬世師表而失去了本來面目。正所謂去聖乃得真孔子，把孔子塑造成一個高、大、全的形象，不利於我們認識真正的孔子，反而會令人們覺得孔子既虛偽又做作而產生厭煩心理。博大精深的中華上古、中古文化，光靠孔子一生刻苦自學，是不可能全部掌握的。而種種跡象表示，孔子一生，並沒有完全領悟易學之奧妙。

例如：《列子‧湯問》中有個《兩小兒辯日》的故事，說的是孔子東遊，途中見兩個小孩在爭論，便問在爭論什麼。兩個小孩於是說出原委。原來，一個小孩認為太陽早晨距離人近，中午距離人遠，因為早晨太陽顯得大，中午太陽顯得小。另一個小孩卻認為早晨太陽距離人遠，中午距離人近，因為早晨氣溫涼，中午氣溫熱。孔子聽後卻無法決斷兩小兒誰是誰非，於是得到兩個小孩的嘲笑：「孰為汝多知乎？」

這個故事一直出現在中學課本裡，現在有些國文老師也不能解決這兩個小孩的問題，於是出現種種說法。其實，兩個小孩爭論的，只是一個簡單的天文知識，三代以上，就連牧童都能回答這個問題。因為古人以圭表測日影即可得知太陽距離的遠近。以一日而言，則午時日影最短，所以午時太陽距離人近；以一年而言，則夏至日影最短，夏至太陽距離人最近。用一根木杆子測日影長短，以得知太陽距離地球之遠近，以定四時八節，是一件非常古老的事情。孔子不能回答這個問題，則說明孔子天文知識欠缺。而易學皆源於古天文學，不懂天文學，是無法讀懂易學的，而且也不會懂天道與地道的相互關係，如此，又怎樣真正做到效法天地呢？

因此可以斷定，本小節「精氣為物，遊魂為變，是故知鬼神之情狀」的理論，並非孔子之說，而且孔子也不明白此中道理。

3. 精氣為物，遊魂為變

那麼，什麼是「精氣為物，遊魂為變」呢？其實，精、氣、魂，即是道家丹道養生理論中的人體三寶：精、氣、神。人體五臟各有所藏，肝藏魂，肺藏魄，心藏神，腎藏精，脾藏意。由於肺金生腎水，所以肺金歸為一家，可將其概括為「精」的系統；由於肝木生心火，所以肺心一家，可歸為「神」的系統。又由於心藏之神代表五臟所有功能之總和，也即心腦系統功能；腎藏之精主五臟所有精微之液，所以古時丹家只以清靜沖虛之法，調節心腎之功能，即可達到極強的養生效果，這就是所謂的「調攝精神」。由此，我們可以看出，精為物質，為陰性；神為功能，為陽性。那麼，氣是什麼呢？其實，氣即人體之元氣，代表的是精的能量。所以，精與氣是物質與能量的關係。所以，精足則氣足，裕精則保氣。所以，相對精與氣而言，則精為陰，

氣為陽；相對精、氣、神三者而言，則精氣為物質，為陰；神為功能，為陽。所以說「精氣為物」。

4. 肝藏三魂，肺藏七魄

那麼，為什麼說「遊魂為變」，而不說「神為變」呢？這是因為，肝心可歸一家，神、魂可以互相代指。而「遊魂」一詞，則有兩說。一種是應洛書左三右七之理，人與天道相應則肝藏三魂，肺藏七魄。其三魂分別為天魂、人魂、地魂，天魂與地魂不在人體內，遇驚則散，故稱遊魂。另一種是，特指人死亡後的靈魂。人活著的時候，心神與腎精相交，肝魂與肺魄相拘，人則健康。人死後，肝中靈魂脫離人體而不散，故稱遊魂；而此遊魂的真正本質，則是精、氣、神三者相合為一而成混沌太極之狀，即可稱其為精（先天真一之元精，先天真一之元氣），還可稱其為神（先天元神）。所以人的精、氣、神存於體內則生，精、氣、神散則亡。而此精、氣、神脫離人體後相合為一，永遠不消散，可以轉世投胎成為新的生命，也可以脫離輪迴之苦，成為永久之神。

而魄與魂不同，其必須依附有形之物才可存在。所以，人死後，則魂飛魄散：魂飛上天空仍然存在；魄則隨形體的死亡而消失。而魄散之際，如附在其他生命形體上，仍然可以存在，這個依附其他生命存在的魄，就是鬼。

總之，精氣為陰，遊魂為陽；神為陽，鬼為陰。明白易理陰陽之性情與陰陽之變，自然就可以明白鬼神之情狀，所以說「是故知鬼神之情狀」。例如：神為陽，神有光的屬性，有熱的屬性，喜歡白天活動，可以飛升，可以變化……鬼為陰，那麼則鬼有暗的屬性，有涼的屬性，喜歡黑夜活動……這樣神鬼的情況就可以琢磨出來了。其實，前面所言之「是故知幽明之故」、「故知死生之說」，皆是在言明陰陽之理。

古人認為，天地萬物不過是陰陽二氣變化所生。陰陽二氣相合歸一，即成為先天真一之元氣而成太極，自太極返無極，則歸回萬物之本源——元。陰陽二氣交合繁衍，則會產生四象五行，然後乾道成男，坤道成女而生成萬物。所以易學，其重點便在於陰陽二字。而以易學陰陽二氣推導出來的神鬼之說，則主要目的是使民眾有所畏懼，有所信服。其與同樣由易學陰陽二氣推導出來的魂魄養生說，還是有區別的。總之，古代所有理論，皆是從易學推導出來，以體現效法天地之宗旨。

不可違背天地之道

與天地相似，故不違。知周乎萬物，而道濟天下，故不過。旁行而不流，樂天知命，故不憂。安土敦乎仁，故能愛。

五臟與魂魄

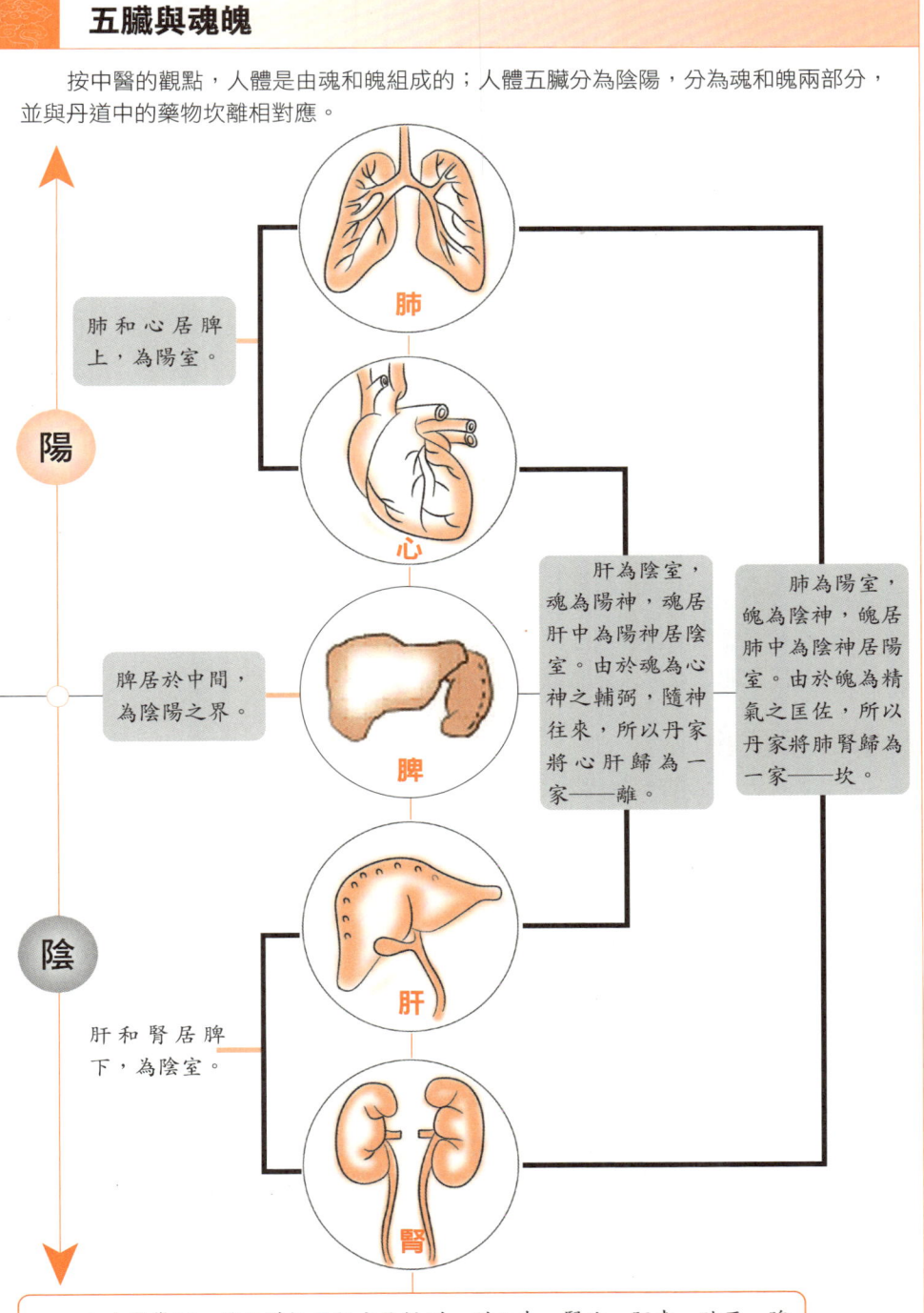

按中醫的觀點，人體是由魂和魄組成的；人體五臟分為陰陽，分為魂和魄兩部分，並與丹道中的藥物坎離相對應。

陽

肺

肺和心居脾上，為陽室。

心

脾居於中間，為陰陽之界。

脾

肝為陰室，魂為陽神，魂居肝中為陽神居陰室。由於魂為心神之輔弼，隨神往來，所以丹家將心肝歸為一家——離。

肺為陽室，魄為陰神，魄居肺中為陰神居陽室。由於魄為精氣之匡佐，所以丹家將肺腎歸為一家——坎。

陰

肝

肝和腎居脾下，為陰室。

腎

在古醫學裡，將五臟按五行方位排列，則心南、腎北、肝東、肺西、脾中；按上下排列，則自上而下的順序是肺、心、脾、肝、腎。

第二章 《繫辭傳·上篇》的智慧

1. 隨天時而變

「與天地相似，故不違」，與前面講過的「易與天地準」意思基本相同。意思是說，《易經》中的學問與天地的變化相似，所以能夠與天地之道一致，不會違背天地之道。

易學本交就是天文學，而依易理而作的《易經》，自然其一字一句中包含的道理，皆與天地之道相似，所以不會違背天地之道。為什麼不可違背天地之道呢？不效法天地不行嗎？這主要是因為，只有順應天地之道，符合天地運行規律，人才可以好好地生存下來。所以，這天地之道不可違背。例如：太陽運行到黃道的那個階段，則地球上的氣候便會跟著發生相應的變化。大地從來不會違背天道，也根本違背不了。太陽運行到春分點，大地上則畫夜平分，天氣溫暖，百花開放，百獸求偶，生機一片。太陽運行到了夏至點，則大地上氣候炎熱，草木茂盛……大地上的一切變化，皆要隨天時而變。

而人類，也是在地球上生活的一種動物。大地的一切變化，都在影響著我們的生活。大地上氣溫較高的夏天，我們必須穿單衣以順應火熱的節氣，而不能穿上厚厚棉衣違背大地上的生存法則。驚蟄一過，萬物復甦，人類也得活動筋骨，拿著犁頭去耕地；大地上播種的時節到了，人類也必須及時在田野撒上種子；大地上秋收時節來臨，人類要急忙去收割莊稼；如果不這樣做，則人類就要因歉收而遭受飢餓。所以說，違背天地之道，人類將無法好好地生存下去。

2. 智周乎萬物

老子說：「人法地，地法天，天法道，道法自然。」可以說是對效法天地更細緻的描述。道，指的便是自然界的生存規律，生存準則。這些規律、準則，是遠古人類與自然界接觸中一步一步摸索出來的，所以說「道法自然」。而總結、掌握這些生存規律與法則，自然離不開豐富的知識。儒家一直有「一事不知，儒者之恥」的說法，但四體不勤，五穀不分，只讀聖賢之書，一心想著學而優則仕的儒家，也只能喊喊口號而已。依經典之浩繁，涉獵之廣泛而言，倒是佛道兩家能做到萬事皆知，能做到「知周乎萬物，而道濟天下」。

「知周乎萬物，而道濟天下，故不過」的「知」，與「智」字通假，是智慧的意思。就是說，以智慧周遍萬物，洞悉萬物之理，最終才能掌握道，才能以道濟天下民眾。若只掌握一點知識，是做不到這點的。而易學知識，則正是「知周乎萬物」而總結出的理論，所以懂了《易經》，就可以擁有洞曉萬物、萬事的能力，就可以以易道濟天下而不會出現過失。因為易卦這個模型蘊含著聖人正確效法天地的智慧，所以它像天地之道一樣周遍萬事、萬物，而不會有過激、偏執等過失。

四象與四季

易學所指的四象，可以代表地球上四季的形成，即少陽是春季，太陽是夏季，少陰是秋季，太陰是冬季。

春季
春天時，陰消陽長，所以是四象中的少陽。

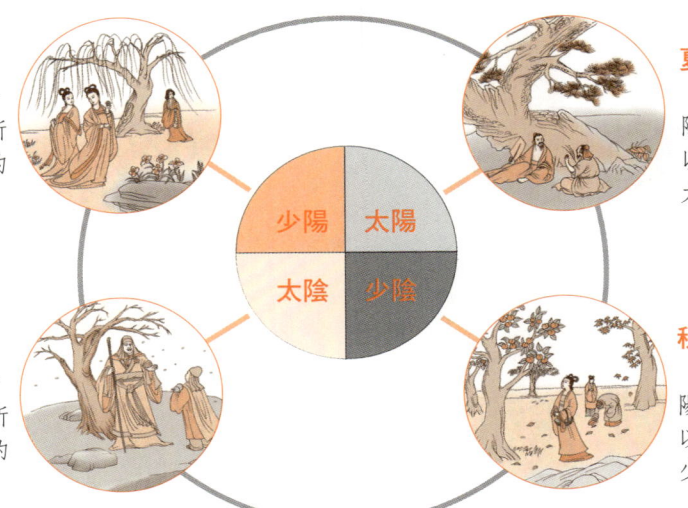

夏季
夏天時，陽極陰無，所以是四象中的太陽。

冬季
冬天時，陰極陽無，所以是四象中的太陰。

秋季
秋天時，陽消陰長，所以是四象中的少陰。

3. 樂天知命，安土敦乎仁

「旁行而不流，樂天知命，故不憂」是說，人的一生，就像河中的水流一樣，有時也會溢出河床流向別處，不能一直按照自己的途徑與目標走完人生之路，但即使人生如溢出之河水，也不可放縱自己任其流淌至氾濫，而應當符合道義地有所收斂和自我約束。樂天，就是無論上天安排什麼樣的命運，自己都應當以樂觀的心情對待、接受；知命，就是知道、掌握自己的命運，不做非分之想，不做杞人憂天之事，明白陰陽互換之理，懂得窮通之變。能夠懷著這種心境生活，自然就不會陷於患得患失的重重憂慮之中，所以說「故不憂」。

「安土敦乎仁，故能愛」的「安土」，是隨遇而安、安守本分的意思。就是說，無論在什麼樣的處所都能安下心來，擁有像土地一樣深厚的仁慈之心，所以能夠博愛。佛教的苦行僧，往往有不能在一棵樹下打坐超過三天的戒律，到了第四天，無論這個地方多麼美好，苦行僧也得離開，以免對那裡產生留戀之情。而每到一個新的打坐處所，苦行僧都能安下心來修行，從不會因為環境不好而影響心的安寧，影響靜心苦修。其實，這也屬於「安土敦乎仁」，屬於能夠做到博愛。我們無論在什麼工作崗位上，是當領導者還是員工，條件艱苦還是條件優越，都能夠愛崗敬業，安心做好本職工作，這其實也算是「安土敦乎仁」。

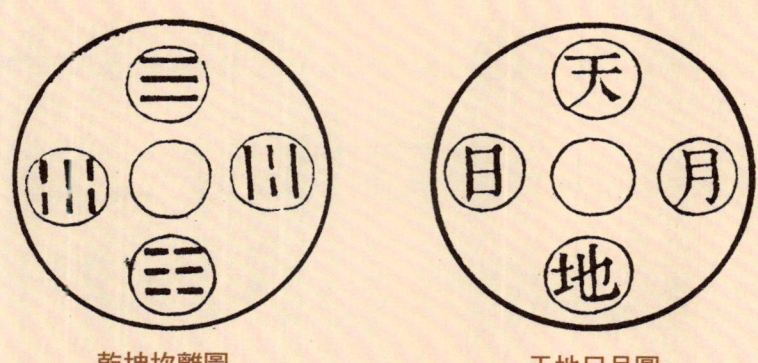

乾坤坎離圖　　　　　　天地日月圖

《易》曰：「乾為天，坤為地，離為日，坎為月。」懂了《易經》，就可以擁有洞曉萬物、萬事的能力，就可以以易道濟天下而不會出現過失。因為易卦蘊含著聖人正確效法天地的智慧，所以它像天地之道一樣周遍萬事、萬物，而不會有過激、偏執等過失。

神無方而易無體

範圍天地之化而不過，曲成萬物而不遺，通乎晝夜之道而知，故神無方而易無體。

1. 一花一世界，一葉一菩提

「範圍天地之化而不過」則是告訴我們，宇宙間的所有學問，所有規律，所有法則，皆不會超越於易理之外。

「範圍」，是動詞，是包括起來的意思。「範圍天地」，則是將天地包括起來，這樣就形成了一個空間範圍。化，是指天地的運化，四季變化，時序流轉，這樣便形成了一個時間概念。「範圍天地之化」，則正是空間與時間的組合，所代表的則是宇宙。《淮南子》中說：「上下左右謂之宇，古往今來謂之宙。」可見宇宙表現的是一個時空概念。而《易經》的學問不但含有空間的各種理論知識，而且還含有時間的各種理論知識，所以《易經》囊括宇宙間的一切學問，沒有任何知識理論可以超越《易經》這個範圍。這也說明易理與天地之道完全吻合。

正所謂「一花一世界，一葉一菩提」，宇宙的概念大之可以代表天體無限延伸直到無極，小之又可只代表銀河系、太陽系、甚至地球大氣層內的一方時空，更小之，則我們的身體、一棵樹、一朵花、一葉草，甚至是一個肉眼看不到的細胞，都是一個個的小宇宙。而這所有宇宙中的全部學問與道理，皆蘊藏於易理之中。易理中的學問，可以毫無遺漏地以曲折間接的形式成就無數宇宙的一切。這就是《易經》又

一重點——曲成萬物而不遺。因為無論是多麼細小之處，易理與天地之道完全吻合。

2. 通乎晝夜之道而知

「通乎晝夜之道而知」是說，《易經》的學問貫通晝夜之道而智慧無窮。晝夜之道，即剛柔之道，陰陽之道，這正是易學最核心的問題。所以日月相合而組成了「易」字，意即一月一日，即代表一陰一陽，代表一柔一剛，代表一晝一夜，這兩種截然相反的屬性，可以概括易學所有內容。例如：白晝與黑夜的對立統一，相互轉化，至極而反、周而復始、均衡推移等，正是易學之變易、簡易、不易的充分體現。所以，能真正領悟出晝夜之道的奧妙，便算是領悟出了道法自然的「道」，便算是掌握了自然界的所有規律。

「故神無方而易無體」是說，正是由於易理既囊括宇宙所有道理，又細小處也無微不至，且貫通晝夜之道而智慧無窮，所以，代表易道之陰陽不測之功能在導致天地之道的各種神秘運化，而沒有固定的方式；而演示天地運化的易道，自然也沒有固定的體式。它們都是唯變所適，隨事物的不同而變化。

安土敦乎仁，故能愛
武侯高臥圖　朱瞻基（明）　紙本　墨筆
故宮博物院藏

當中國人面對強勢自知不敵的時候，總會採取一種順而不從的妥協姿態，以期息事寧人。此圖表現的是一種隨遇而安的處世態度。「安土敦乎仁，故能愛」的「安土」，就是隨遇而安、安守本分的意思。易理啟示我們，無論在什麼樣的處所都要安下心來，擁有像土地一樣深厚的仁慈之心。

第5節

一陰一陽之謂道
日用而不知

　　一陰一陽就是道，道的繼續便是善，道的生成是本性。仁慈的人把它稱作仁，智慧的人把它稱為智，百姓每天都在使用它卻不知道它，所以君子之道就很少有人知道了。

【原文】

　　一陰一陽之謂道[1]，繼[2]之者善也，成[3]之者性也。仁者見之謂之仁，知[4]者見之謂之知，百姓日用而不知，故君子之道鮮矣。顯諸仁，藏諸用，鼓萬物而不與聖人同憂，盛德大業至矣哉！富有之謂大業，日新之謂盛德。生生之謂易，成象之謂乾，效法之謂坤，極數知來之謂占，通變之謂事，陰陽不測之謂神。

【注解】

[1] 道：即指氣的運化及極運化規律。
[2] 繼：繼承。
[3] 成：鑄成、凝成。
[4] 知：通「智」。

【釋義】

　　一陰一陽就是道，道的繼續便是善，道的生成是本性。仁慈的人把它稱作仁，智慧的人把它稱為智，百姓每天都在使用它卻不知道它，所以君子之道就很少有人知道了。它顯現在各種仁慈上，隱藏於各類日用中，鼓動萬物生生不息而不與聖人

一同憂慮，盛大的道德功業太偉大了。富有就是大業，每日有新的收獲就叫盛德。生生不息就是易，它的形象就是乾，效法的稱為坤，知道用極數進行了解未來就是占，通達於變化就是事，陰陽不能測度就是神。

道可道，非常道

一陰一陽之謂道，繼之者善也，成之者性也。仁者見之謂之仁，知者見之謂之知，百姓日用而不知，故君子之道鮮矣！

1. 孤陽不生，孤陰不長

老子在《道德經》的開篇說：「道可道，非常道」，這三個「道」字意思各不相同，所以中國古代最難解釋的字，就是這個「道」字。

春秋戰國的諸子百家，都把自己的理論稱之為道，佛教初入中國，也將菩提稱之為道，直到南北朝時期，這個「道」字才總算歸了道教，沒人再爭了。那麼，「道可道」的第一個「道」字，諸子百家都爭著想要的那個「道」字，最終歸了道教的「道」字，是什麼意思呢？要說起來，這個道字還真是很難準確解釋清楚的一個概念。其可以稱之為真理、方法、自然規律、方向、道理、途徑等，總之似乎都不是很恰當。

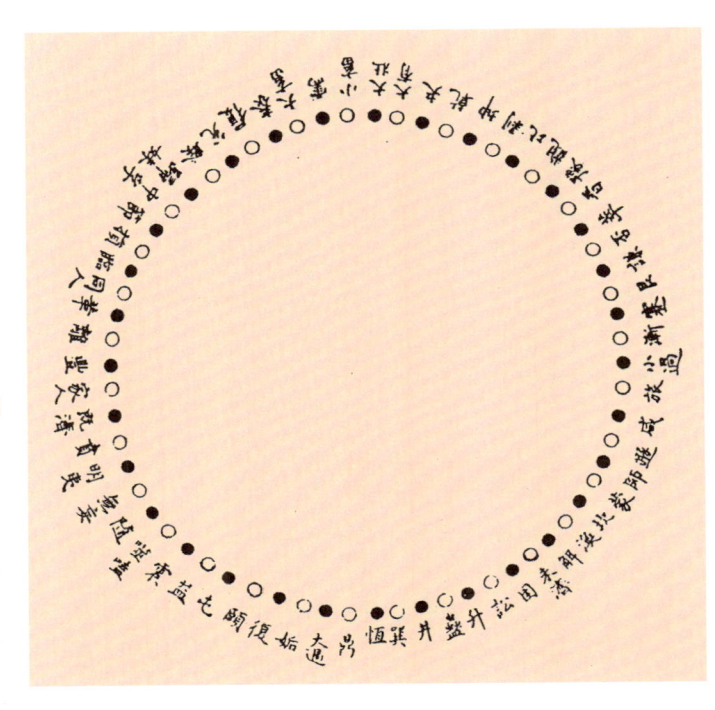

一陰一陽圖

六十四卦，一陰一陽，始終乾坤。先自乾、坤一陰、一陽，排六十四；次自乾二陽、二陰，次四陽、四陰，次十六陽、十六陰，次三十二陽、三十二陰，即成六十四卦也。所以說，一陰一陽之謂道。

但《繫辭傳》的回答則是：一陰一陽之謂道，繼之者善也，成之者性也。

「一陰一陽之謂道」，回答得很簡單。按字面上理解，一個男人和一個女人，這就是道。《黃帝內經》中說：「孤陽不生，孤陰不長。」由此也可引出陰陽和合，不孤不寡，陽生陰長，生生不息，循環系統，周而復始，就是道。

宇宙之間任何事物，皆是一陰一陽，陰陽相配。例如：有天就有地，天陽地陰，天地相合而生萬物，這就是一陰一陽之謂道。天上一日一月，日陽月陰，一陰一陽周而復始，一晝一夜輪迴更替，這就是一陰一陽之謂道。山陽水陰，有山有水，山剛水柔，這也是一陰一陽之謂道。自然界動物，雄施雌受，生育繁衍，這也是一陰一陽之謂道。總之，有一個正面，就有一個反面。宇宙間萬事萬物不可能只有正面而沒有反面。這種陰陽匹配，陰陽感應，陰陽相合，陰陽消長等的變化規律，就可以稱之為道。

2. 百姓日用而不知

什麼是「繼之者善也」呢？是說，這種一陰一陽之道恆久地堅持下去，就是善。因為陰陽運化可以廣生萬物，普利眾生，這自然是最大的善事。

什麼是「成之者性也」呢？是說成就陰陽運化的，並非由誰安排，而是陰陽各自的本性導致的。陰陽感應，陰陽相吸，是陰陽各自特有的屬性決定的，這是自然規律，是生物本能。比如，春天動物求偶，每個動物都知道怎麼去做，這就是「成之者性也」。

正是由於陰陽運化有生育之德，所以仁慈的人會從中感悟出道的仁慈，而將道稱之為仁；正是由於陰陽運化蘊含著天地間無窮的智慧，所以智慧的人會從中悟出道的大智，而將道稱之為智。所以說「仁者見之謂之仁，知者見之謂之知」。這種將道稱為仁或稱為智的人，其實並沒有全面了解道的真正內涵。那麼普通百姓則更不知「道」為何物了。所以，他們雖然白天工作晚上休息就是道的體現，雖然丈夫主外，妻子主內便是道的體現，雖然生兒育女過日子就是道的體現，老百姓雖然天天都離不開道，但卻仍然不懂得什麼是道。所以，能像君子那樣真正懂得道，並且還按照道的原則去做的人，就太少了。所以《繫辭傳》說「百姓日用而不知，故君子之道鮮矣」。

至高無上的道

顯諸仁，藏諸用，鼓萬物而不與聖人同憂，盛德大業至矣哉！富有之謂大業，日新之謂盛德。生生之謂易，成象之謂乾，效法之謂坤，極數知來之謂占，通變之謂事，陰陽不測之謂神。

1. 顯諸仁，藏諸用

　　道法自然，由於自然界的主題便是生，所以道呈現的便是予生之仁慈，而自然界的衰老病死現象，及秋罰冬藏，並非是好殺之惡，而是以刑罰之德張顯道義。所以道永遠呈現著仁慈的光輝，使萬物陰陽相合繁衍，絕無半點惡意。而道沒有具體的形象，雖然一陰一陽之謂道，但這個道是日月，是一個男人和一個女人，還是公牛和母牛，山和水？根本無法具體指出其具體的形象，因為道體是看不見的，我們所能看見的只是道的功用，比如春天草木萌生，這萌生的草木，並不是道體，而是道體的功用所致；公牛母牛交配而產下了小牛，交配及小牛都不是道體，只是道的功用所致，所以說這看不見的道體，便隱藏在道的功用之中，所以百姓雖然每天都離不開道，但卻仍然不知道為何物。所以，《繫辭傳》說「顯諸仁，藏諸用」。

2. 鼓萬物而不與聖人同憂

　　「鼓萬物而不與聖人同憂，盛德大業至矣哉！」意為，道鼓動、催動萬物進行陰陽運化但卻不與聖人同憂，真是盛德大業無與倫比啊！聖人所憂慮的，往往只限於人類的前途命運，而道則廣利萬物，視眾生皆為平等。天地生萬物，合道者則昌，逆道者則亡，道廣施生育之仁慈，也廣行刑罰之道義，不必有什麼煩惱、憂慮，一切皆自然法則，優勝劣汰，適者則生存。所以，道的盛德、道的大業遠遠高於聖人，是至高無上、無與倫比的。

　　什麼是大業？什麼是盛德？《繫辭傳》說「富有之謂大業，日新之謂盛德」。想想看，有誰比擁有天下萬物的道更富有呢？一區之長，一國之君，即使是全世界統一的國君，也沒有道更富有，所以道的偉大功業獨一無二，沒有能比得上。在道的運化下，天地一天一個樣子，每天都和昨天不一樣，都有新的氣象、新的事物出現，道的運化使天地日日翻新，除了道，誰還有這個能力？沒有任何人。所以說，道的盛德也是無與倫比，獨一無二的。

3. 生生之謂易，成象之謂乾

　　「生生之謂易」是說，生而又生，生生不已，陰陽相推，推陳出新，便是易。意即，易就是天地生生不已的運化。「成象之謂乾」是說，道以卦象來表示，便是六爻純陽的乾卦。因為乾卦具有「天行健，君子予以自強不息」的形象，這正是道陰陽相推、運化萬物永不停息的形象。「效法之謂坤」是說，效法道的運化之功的便是坤。由於「地法天，天法道，道法自然」，所以坤效法天，即相當於效法道。

　　「極數知來之謂占」是說，根據物極必反、陰極陽生、陽極陰生、陽消則陰息、陰息則陽消的變化規律，以現狀推知未來吉凶的，便是占卜。其表現在六十四卦上，則是六爻皆以九、六標示，以明爻動則陰陽互變之理。其實以此類推，則太陽為陰，太陰為陽。因為太陽為老陽之九數，太陰為老陰之六數，正是至極而變、陰陽互換

的狀態。所以，道家丹鼎派典籍，以代表太陰之坎卦為陽，為男；以代表太陽之離卦為陰，為女。此處變通，也不可不知。

4. 通變之謂事，陰陽不測之謂神

「通變之謂事」是說，窮則變，變則通，明白窮通之理並依此理而行，才是人們該做的事情。

「陰陽不測之謂神」是說，神是陰陽運化而常人不能測度的功能。然而常人不能測度，聖人卻可以測度，精通易學的人也能測度出這個神來。此神，並非迷信中的神仙，指的是陰陽二氣神秘莫測的功能。對人體而言，是指人潛意識中的元神；相對於天道，指的是陰陽相合為一的混沌太極。無極是世界萬物之本源，「無中生有」，即無極變化出太極，此太極是非常神秘的一種物質狀態。為什麼呢？因為它陰陽未分，陰與陽相合為一，混混沌沌，正如天地未開的樣子。可是更神秘的是，其是由無到有的橋梁。此太極即可逆行而歸於世界本源之無極，又可順行而生兩儀、產四象而成萬物。所以，這個太極確實是個難以測度的狀態。正是在這一理論下，道家養生注重精氣神的相合為一，因為這樣就可以修煉成神仙之體，從而達到長生久視的目的。

此太極與無極、陰陽，其實皆可稱之為道。所以在道教的神仙譜裡，最高級的三個神，就是無極、太極與陰陽的化身。由此我們也可以看出，道教神明，並非是迷信中的神鬼，而是以人格化演示宇宙的模型。

第6節

易道之廣大
無所不包

天邊有多遠，則易道就有多遠。可是天到底有多遠，至今我們也無法知曉，所以只能以沒有止境來形容。

【原文】

夫《易》廣矣大矣，以言乎遠，則不禦[1]；以言乎邇[2]，則靜而正；以言乎天地之間，則備矣。夫乾，其靜也專，其動也直，是以大生焉。夫坤，其靜也翕[3]，其動也闢[4]，是以廣生焉。廣大配天地，變通配四時，陰陽之義配日月，易簡之善配至德。

【注解】

[1] 禦：被阻擋。
[2] 邇：近。
[3] 翕：音ㄒㄧˋ，閉合，收攏。
[4] 闢：開闢。

【釋義】

《易》中的道理是如此的廣大！它能說明遠處的事物無所不包沒有邊際，它又能說明近處的事物細小精微而正確，它廣大悉備包容著天地人三極的所有道理。乾的靜止純正專一，它的運動剛強正直，所以能給萬物賦予生命。坤的靜止閉合隱藏，它的運動開放而符合法度，所以能夠使萬物得以生長。乾的廣闊無邊與坤的博大無垠與天地相配，乾坤的變化變通與四季相配，陰陽的意義與日月相配，簡易的美善

（即乾的健與坤的順）與天地的美德相配。

易道無所不包

夫《易》廣矣大矣，以言乎遠，則不禦；以言乎邇，則靜而正；以言乎天地之間，則備矣。

易道真是太廣大了！其廣大到什麼程度？《繫辭傳》在這裡從三個方面來說明易道的廣大。

其一是「以言乎遠，則不禦」。是說以易道說明極遠的事物可以遠到沒有止境。天邊有多遠，則易道就有多遠。可是天到底有多遠，至今我們也無法知曉，所以只能以沒有止境來形容。禦，是擋住使其不能向前；不禦，是說易道就像一個圓圈一樣無限向外、向遠處延伸、擴大，誰也阻擋、控制不住。

其二是「以言乎邇，則靜而正」。是說以易道說明極近的事情，則是「靜而正」。用白話來講，就是易道遠在天邊，近在眼前。並且近得讓你眼睛都看不到，需要閉目垂簾，靜心感受它的存在。在至靜至正的狀態中感受易道，你甚至發現它就在你的體內。研究《易經》，就需要一個至靜至正的頭腦與心態，否則是研究不出個所以然的。就好比進入清靜無比的氣功狀態，才可以感受到易道無限之遠與無限之近的形態。

其三是「以言乎天地之間，則備矣」。這是以立體空間來形容易道之廣大。意即易道與天地同等大小，所以在說明天地間所有事物、所有道理時，才會詳備而無任何遺漏。

總而言之，由於易道模擬天地陰陽之道，所以它與陰陽之道同樣廣大無邊。也就是說，易道包涵天地間一切學問，不管是宗教的、科學的、哲學的、藝術的、醫學的、軍事的……都在它的範圍裡。所以，讀《易》，便可以洞曉天地間的所有學問。

乾坤之動靜

夫乾，其靜也專，其動也直，是以大生焉。夫坤，其靜也翕，其動也闢，是以廣生焉。廣大配天地。變通配四時，陰陽之義配日月，易簡之善配至德。

1. 靜極必動，動極必靜

雖說天尊地卑，陽動陰靜，但這只是大體而言。事實上，陰陽相推時刻不停，陰陽消息從不間斷。陽消則陰息，陽越消則運動屬性越弱而逐漸向陰靜屬性轉化；陰消則陽息，陰越消則靜止屬性越弱而逐漸向陽動屬性轉化。

比如十二消息卦便可以很好地說明這種轉化關係：十二消息卦中，陽爻越多的卦，則運動的屬性越強，至六爻純陽的乾卦，已經處於運動的極致狀態，絕無半點

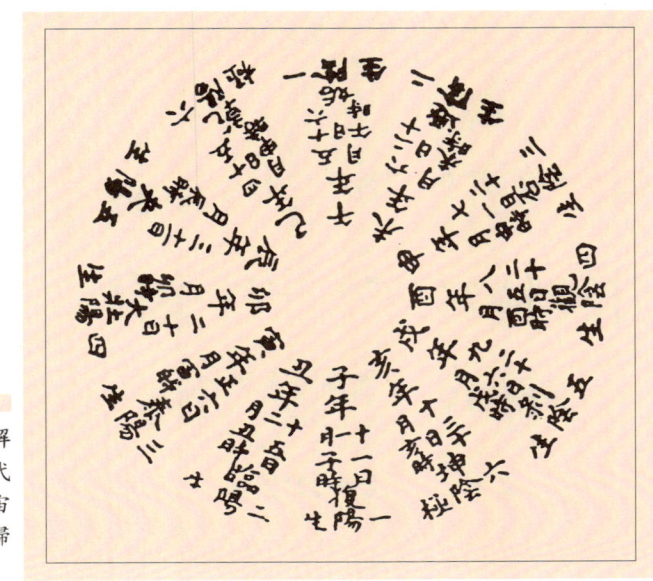

十二卦氣圖

明代 來知德 《易經》來注圖解

　　十二辟卦，就是中國古代對於天文的歸納方法，對於宇宙法則、每年四季的現象和變化歸納成十二個卦。

靜止屬性。但是由於物極必反，動極必靜，所以繼乾卦之後是一陰初生的姤卦，勢態開始逐漸向陰息陽消的方向發展，至坤卦六爻純陰，已經處於靜止的極致狀態，絕無半點運動屬性。但是由於物極必反，靜極必動，所以繼坤卦之後，是一陽初生的復卦。

　　《繫辭傳》在本小節，主要說明了乾卦的動靜狀況與坤卦的動靜狀況。這裡說的乾坤動靜，可從三個方面去理解，其一便是十二消息卦的變化。十二消息卦雖然一共有十二個卦，但其實質只是乾坤兩卦十二爻的陰陽消息變化情況。

2. 其靜也專，其動也直

　　「夫乾，其靜也專，其動也直，是以大生焉」，闡述了乾卦的靜與動的兩種狀況。「夫坤，其靜也翕，其動也闢，是以廣生焉」，闡述了坤卦的靜與動的兩種狀況。

　　「其靜也專」，是乾在靜止的狀態下能夠達到純粹專一的境界。十二消息卦中，乾卦由一陰初生，變至六爻皆陰的坤卦，即乾卦變成坤卦後，乾卦的運動屬性便轉換為靜的屬性了。以一日而言，則乾變坤後為夜間，夜間天空的靜與涼，而且不會出現日光，便是乾卦「其靜也專」的體現；以一年而言，乾變坤代表亥月小雪節，此時天閉地塞，萬物不生，其「天閉」則天寒而陽氣不降人間，便是乾卦「其靜也專」的體現。當乾卦「其靜也專」的時候，正是坤卦「其靜也翕」的時候，古人認為此時正是天地交媾，孕育萬物之時。其孕育出的結果，便是復卦的一陽初生。乾卦「其動也直」則指的是陽氣及陽光，陽氣、陽光剛健，所以為直；太陽的光永遠是直線放射，正是陽氣的特性。陰氣的特性為柔，所以為曲，坤卦的「其靜也翕，其動也闢」描寫大地如大門一樣靜則關閉，動則打開，門的開合正是一種曲線運動。天地

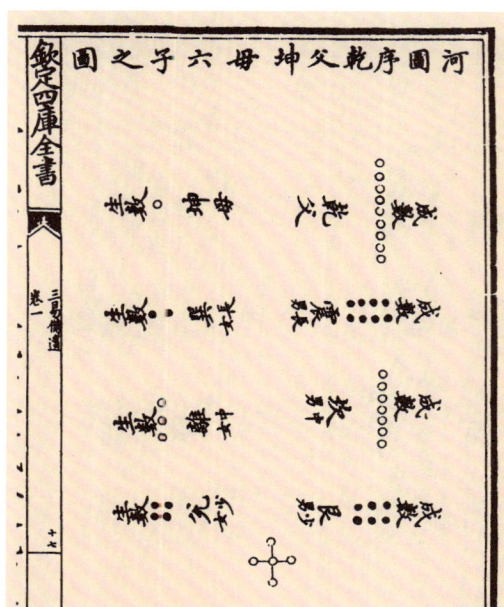

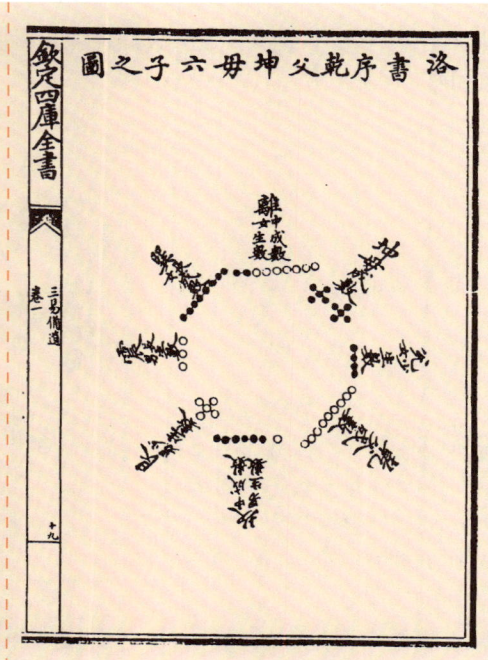

河圖序乾父坤母六子之圖

乾坤代表天地，天地交合化生萬物，所以稱乾父坤母。乾所生三子為：震為長男，坎為中男，艮為少男。坤所生三女為：巽為長女，離為中女，兌為少女。

洛書序乾父坤母六子之圖

河圖把坤母所生巽、離、兌三女置於生數的一、二、三、四上，把乾父所生三男震、坎、艮置於成數的九、八、七、六上面。

交媾而萬物生，所以乾道「是以大生焉」，坤道「是以廣生焉」。

從第二個方面理解乾坤之動靜，則是指天地之心。天心，即北極星的附近。北極星並非真正的天心，而是天心最近的一顆恆星。天心處什麼都沒有，卻專靜之極，如車軸之心永不偏移，這就是乾卦「其靜也專」的體現。專，本義為紡錘，因紡錘紡線時永遠保持垂直向下的狀態，所以其引申義為專一、專心。天體旋轉，正如紡錘一樣，但天心與紡錘中心，皆不會左右偏移，所以說乾「其靜也專」。所以古代養生家效法天地，虛其心而實其腹，讓身心置於虛無之無極狀態中，使身體在沒有個人意志支配的狀態下自然運轉，這也就是《老子》中所說的：「致虛極，守靜篤」。乾卦的「其動也直」，則是指陽氣的剛健屬性。乾道以天心為軸，不停旋轉，光熱直射向大地，給大地撒下生命的種子，所以說「是以大生焉」。坤卦「其靜也翕」，是指地心受天心指導，接受天心發送的光熱，使大地閉合孕育生命的狀態；坤卦「其動也闢」，則是指地心在天心光能與熱能的作用下，使大地之門打開，生命種子破土而出，開始生長，因萬物皆為大地所育養，所以說「是以廣生焉」。

從第三個方面理解乾坤之動靜，則是丹道中的說法。清靜丹法以心（心腦系統，

思維）為乾，以腹為坤。使心境進入虛無清靜狀態，便是乾卦「其靜也專」的表現；心靜極而使腎動，出現陽舉現象，即為乾卦「其動也直」。呼吸勻緩，直入腹中，腹如密閉以防洩漏，便是坤卦「其靜也翕」的表現；腹中真氣積蓄漸多，衝開尾閭延督脈上長，或進入胎息狀態，全身毛孔頓時打開，即為坤卦「其動也闢」的表現。此外，陰陽丹法及古代房中術理論中，則以乾卦「其靜也專，其動也直」描寫男性生殖器的變化情況，以坤卦「其靜也翕，其動也闢」描寫女性生殖器的變化情況，男女交則繁衍後代，所以說「以大生焉」、「以廣生焉」。

3. 廣大配天地，變通配四時

「廣大配天地，變通配四時，陰陽之義配日月，易簡之善配至德」是說，乾坤的廣大與天地相配，乾坤的消息變化與四季相配，乾坤的陰陽與日月相配，乾的易知與坤的簡能這種大善與至高無上的道德相配。

這是告訴我們，乾與天同大，想要理解乾道的廣大，看看天有多大就明白了；坤與地一樣大，想要理解坤道的廣大，看看大地有多大就明白了。乾坤之消息變化，此消則彼息，此息則彼消，強弱之變換形態，看看一年四季的循環變化情況就明白了。乾坤的陰陽屬性，看看日月就會明白。乾卦易知，坤卦簡能，這樣乾坤才得以正常相合交媾而孕育萬物，這種最大的善意與吉祥，看看那些至高無上的道德理論在講些什麼，就明白了。上古、中古聖人，往往把男女之事作為一件最重要的事情。比如《詩經》第一篇，便是描寫男女愛情的《關關雎鳩》，黃帝時代及伏羲時代，都把制定男女婚配制度視為首件大事，古時君王初登君位，也要舉行乾坤交合之類的各種儀式。所以說，古時最高尚的道德裡面，主要講的就是乾的易知與坤的簡能，明白易知與簡能的道理，則自可修身、齊家、治國平天下。

乾坤司八節之圖
（準河圖方位）

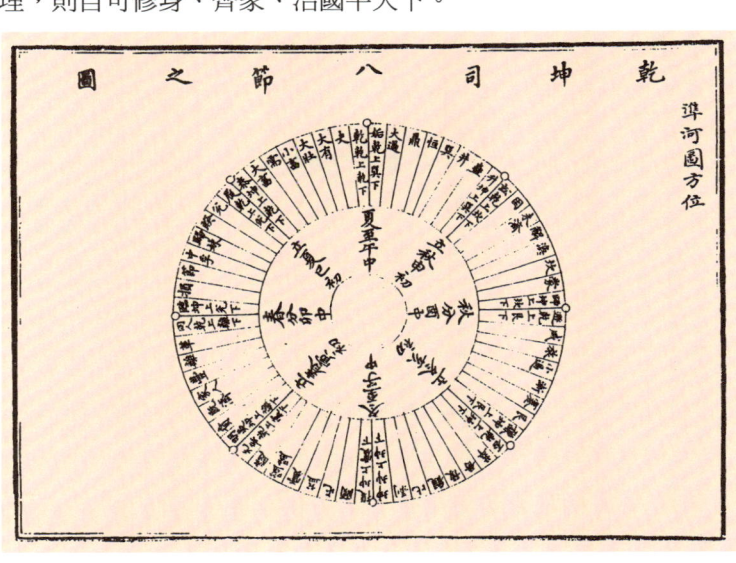

此圖表現了一年的四季八節與太極圖陰陽平衡的關係，卯中是春分，酉中是秋分、卯中、酉中都處於陰陽平衡狀態，其餘的時間陰陽均不平衡。

第 7 節

易其至矣乎
乾為道之門，坤為義之門

> 人效法天地的本性並逐漸把它積累起來，這就是道義的門（乾為道之門，坤為義之門）。

【原文】

子曰：「《易》其至[1]矣乎！夫《易》，聖人所以崇[2]德而廣[3]業也。知崇禮卑，崇效天，卑法地，天地設位，而《易》行乎其中矣。成性存存，道義之門。」

【注解】

[1] 至：極致，頂點。
[2] 崇：尊崇，推崇，高大。此處為使動用法，即「使德崇」的意思。
[3] 廣：使動用法，即「使業廣」的意思。

【釋義】

孔子說：「《易》中的哲理已達到了極致吧！聖人以《易》中的道理宣揚道德從而擴建自己的功業。智慧崇高禮節謙遜，崇高效法天，謙遜效法地，天與地的位置確定了尊卑的法則，而《易》的行為準則便是天地的準則。人效法天地的本性並逐漸把它積累起來，這就是道義的門（乾為道之門，坤為義之門）。

人生的最高哲學

子曰：「《易》其至矣乎！夫《易》，聖人所以崇德而廣業也。知崇禮卑，崇效天，卑法地，天地設位，而《易》行乎其中矣。」

1. 聖人崇德廣業的學問

孔子說：「《易》其至矣乎！」這應該是孔子在晚年研讀《易經》後發出的感嘆，他最終發現易學真是人生的最高學問。這種學問，達到了頂點，沒有任何學問可以超過它。

「夫《易》，聖人所以崇德而廣業也」，孔子接著感嘆：「《易經》中的學問，正是所有聖人推崇道德而發展偉大事業的憑藉與依靠啊！」

《易經》是一本什麼樣的書呢？裡面包含哪些學問呢？其最精闢的解釋便是「聖人所以崇德而廣業也」。聖人為什麼推崇道德？因為《易經》的理論告訴我們，沒有尊卑禮教等道德觀念，便沒有秩序，天下只能是一盤散沙。聖人憑什麼成就偉大事業？就是易理。所以，如果你也想成就一番大事業，就得讀《易經》。

從哲學方面來講，我們的祖先，上古、中古聖人，拿易學中的象、數、理的哲學，指導我們人生的境界，推崇你的人生，崇高你偉大的德業，發展你偉大的德業，這個業並不是升官發財，而是道德的事業，使我們懂得人生偉大的價值，那就是「知崇禮卑」四個字。

2. 知崇禮卑

「知崇禮卑，崇效天，卑法地，天地設位，而《易》行乎其中矣」是說，智慧崇高禮節謙遜，崇高效法天，謙遜效法地，天與地的位置確定了尊卑的法則，而易理就包含在天地之間，廣應萬物，無所不及。

「知崇」，則是告訴我們智慧要高瞻遠矚，要有個最高的人生目標。「禮」者履也，履就是走路，去實踐，邁出第一步時要從最平凡的地方開始。「卑」就是卑下。目標要高遠，但是開始的時候卻要腳踏實地，從最平凡處做起。如果能這樣，你的人生一定會有成就。否則，如果只有高遠的理想，卻不懂得從最平凡、最踏實的第一步開始，那麼便永遠停留在幻想跟夢想中，不會有任何結果。比如說，你要開創一番事業，理想儘管很高，但著手處的第一步，要用你的智慧，踏得很低、很卑的地方，不要踏得很高。想一步登天那就完了！最後一定會跌下來。

所以聖人的名言「知崇禮卑」，不單是教我們懂得高低貴賤之分，還要我們有高遠的人生目標，並且一步一腳印地去實踐。這些，都屬於一種禮教的內容。而一個懂得禮教的人，不但會懂得尊敬尊長，也會懂得低處起步，踏實做人。

3. 崇效天，卑法地

「崇效天」，則是讓我們應當像仰視蒼天一樣懂得崇高，就應當像效法乾卦一樣懂得尊崇。明白天的崇高，則會明白自己所處之卑微而心懷謙卑；明白天的崇高，則會樹立一個高遠的理想，並在實現理想中使自己的人生更加充實而有價值。

「卑法地」，就是讓我們應當像俯視大地一樣懂得謙卑，就應當像效法坤卦一樣懂得柔順。大地，擔負了萬物生命的一切，好的壞的它都包容、都擔負。所以無論員工與領導者，都要特別注意這點，要能「卑法地」——容納一切，有能夠擔負一切的精神。所以孔子研究《易經》，極其看重乾坤兩卦的內涵。

「天地設位，而《易》行乎其中矣」，天尊地卑的法則就像天與地一樣永恆存在，尊插進變易之道就隱藏在這天地之間。所以，我們研究《易經》，首先要把乾坤兩卦研究透徹。懂了乾坤兩卦就懂了天地，了解了宇宙。天地代表了空間和時間，我們抬頭就是天，腳踏就是地，不管我們在太空或飛機中都是一樣，天永遠在上面，在虛空那邊；地就是實在的大地。

整個《易經》的道理，就包含在乾坤兩卦之中。所以在懂了乾坤兩卦之後，便可以真正打開易學之門，真正理解並掌握《易經》生生不已、陰陽變換的所有奧義了。

道義之門

成性存存，道義之門。

1. 莊周夢蝶，達摩面壁

「成性存存」，即效法天地，助成天性並把它積存起來。常言道「山河易改，本性難移」，難道人的本性也可以改嗎？其實，不是改變本性，確切地說，是還歸自己真正的本性，人源於天地，所以人的始初本性，便是天與地的本性，可是人類染身於物慾橫流的世俗中，這種本性隨著歷世的老成而迷失了，被許多惡習所取代

達摩面壁圖
紙本設色 〔明〕 旅順博物館藏

圖中達摩一襲紅衣，只露出臉來，雖面對石壁，但目光依然深邃、空靈。這正是《易經》中的「成性存存」和佛法中「如如不動」的超妙境界。

夢蝶圖

劉貫道繪 絹本 水墨設色 元代

　　此圖取材於「莊周夢蝶」典故，炎炎夏日的綠樹蔭下，莊子坦胸仰臥於石床之上，酣然入睡。睡夢之中的莊子，迷迷糊糊夢見自己變成了蝴蝶，悠閒自在地飛舞在花叢中，忘記了自己原來是莊周。忽然夢醒，卻不知是莊周夢見了蝴蝶，還是蝴蝶夢見了莊周。上方繪有一對翩翩飛舞的蝴蝶，正好點明畫題，體現了莊子思想中物我合一，自在逍遙的境界。

了。所以，效法天地，可以把人類初始的真正本性一點點找回來，漸漸積存起來，漸漸改掉惡習，這就是「成性存存」。

　　殷老師認為，「存存」兩個「存」字連在一起就是一種貫性了，也就是禪宗講的綿綿密密，而不是偶爾的，斷斷續續的。這種說法有一定的道理。而南懷瑾在《易經繫辭別講》中講述此節，則認為「成性存存」就是佛家的「如如不動」。可見，「成性存存」是逐漸積蓄（返還）自己的先天本性。本性返還回來了，自己的先天本性全有了，才達到了「明心見性」的境界，才會有「如如不動」的結果。

2. 身心的相互影響

　　北極天心，什麼都沒有，是一個虛空，這就是天的本性，即乾的「其靜也專」。人類效法天道，將心性歸還於天心的至靜至空之中，則先天元氣自可培固而充實，元氣充足則自會衝開經脈周流運轉，修補身體殘缺，所以只懷一顆精靜之心，便可達到極好的養生效法。清靜之心與身體健康是互相依存並互相影響的：心不清靜則會導致身體患病，心中清靜則身體健康；身體有病也會引起心境煩亂，身體健康才會擁有心境清靜。所以，最終的目的，便是「明心見性」，使自己的心神有如天心一樣「其靜也專」，這時便可擁有「如如不動」的結果了，才能山崩不驚，地裂不懼，既可由空見色，也可由色見空。

3. 得道的聖人孔子

其實佛道兩家之修養原理，都是這麼一個內容。儘管佛經無數，道典浩繁，但其最終皆是讓人擁有一顆「其靜也專」的心。當人們能做「成性存存」，綿綿密密、連續不斷地返還先天本性時，便算是找對了途徑，找到了道的大門，所以孔子說「成性存存，道義之門」。

南懷瑾老師認為，孔子能說出「成性存存，道義之門」這麼精闢的話，說明孔子是得道了。確實，能認識到這一點的人，皆是找到了道的門徑，既然找到了門徑，那自然接下來就可以得道了。義，是「儀」的古字，是狀貌的意思；道義，則是道的狀貌、內涵、原理、內容的意思。什麼是道？《繫辭傳》說「一陰一陽之謂道」，而此處又說「成性存存，道義之門」，則是告訴我們：只有「成性存存」，才算找對了道的門徑，才算真正理解了「一陰一陽之謂道」的深刻內涵。

中國道家、道教養生理論，莫不與「成性存存」有關，莫非是孔子一句「成性存存，道義之門」而啟發、成就了中國道家養家理論？肯定不是這種情況。因為易理在《易經》沒成書之前便已經存在，易理不屬於任何學派，它只是中國古文化的根。這句「成性存存，道義之門」，同樣只是易理的一部分。但我們要感謝孔子對古文獻的辛勤整理，感謝孔子使我們今天能夠讀到這些大智大慧的理論，至於孔子是否真的得道了，我們可以不做深入探討。

性命雙修方式

中國道家養生，有由命了性和由性了命兩種養生法。前者是先煉形體使身體健康，然後再修清靜之心；後者是先修清靜之心，隨著心境清靜的境界增高，則身體自會越加健康。

第8節

聖人以《易》解天下之玄妙
言應千里

> 聖人發現天下雜亂無章法，於是參照萬物的形象與容貌，根據天象與地理的物象，整理了八卦的卦象，所以稱之為卦象。聖人發現了天下萬物的運動規律，將這些規律進行綜合整理，使之成為人們的行為準則，並且附上繫辭使人們能明白吉凶災福，所以稱為爻。

【原文】

聖人有以見天下之賾[1]，而擬諸其形容，象其物宜[2]，是故謂之象。聖人有以見天下之動，而觀其會通[3]，以行其典禮。繫辭焉，以斷其吉凶，是故謂之爻。言天下之至賾，而不可惡也，言天下之至動而不可亂也。擬之而後言，議之而後動，擬議以成其變化。

「鶴鳴在陰，其子和之；我有好爵，吾與爾靡之。」子曰：「君子居其室，出其言善，則千里之外應之，況其邇者乎？居其室，出其言不善，則千里之外違之，況其邇者乎？言出乎身，加乎民，行發乎邇，見乎遠。言行，君子之樞機。樞機之發，榮辱之主也。言行，君子之所以動天地也，可不慎乎？」

「同人，先號咷而後笑。」子曰：「君子之道，或出或處，或默或語。二人同心，其利斷金；同心之言，其臭如蘭。」

「初六，藉用白茅，無咎。」子曰：「苟錯諸地而可矣，藉之用茅，何咎之有？慎之至也。夫茅之為物薄，而用可重也。慎斯術也以往，其無所失矣。」

「勞謙君子，有終吉。」子曰：「勞而不伐，有功而不德，厚之至也。語以其功下人者也。德言盛，禮言恭。謙也者，致恭以存其位者也。」

「亢龍有悔。」子曰：「貴而無位，高而無民，賢人在下位而無輔，是以動而有悔也。」

「不出戶庭，無咎。」子曰：「亂之所生也，則言語以為階。君不密，則失臣；臣不密，則失身；幾事不密，則害成。是以君子慎密而不出也。」

子曰：「作《易》者其知盜乎？易曰：『負且乘，致寇至。』負也者，小人之事也。乘也者，君子之器也。小人而乘君子之器，盜思奪之矣。上慢下暴，盜思伐之矣。慢藏誨盜，冶容誨淫。《易》曰：『負且乘，致寇至。』盜之招也。」

【注解】

[1] 賾：音ㄗㄜˊ，雜亂。
[2] 物宜：與事物本身最吻合的狀態。
[3] 會通：會，會合處、焦點；通，相通、通用處。

【釋義】

聖人發現天下雜亂無章法，於是參照萬物的形象與容貌，根據天象與地理的物象，整理了八卦的卦象，所以稱之為卦象。聖人發現了天下萬物的運動規律，將這些規律進行綜合整理，使之成為人們的行為準則，並且附上繫辭使人們能明白吉凶災福，所以稱為爻（即從爻中可以看出萬物的變化規律）。說明天下最大的奧秘不能破壞，說明天下最大的運動不能混亂。我們在說話前要對所表達的意思進行擬定，當確定自己的想法正確並且理清了表達順序後才可以把它說出來；在行動之前要與大家進行商議討論，確認行為正確並且布置周密後才可以行動；擬定與商議才能成就變化如神的大事業。

中孚九二的爻辭說：「鶴在樹蔭下鳴叫，小鶴在旁邊跟著鳴叫；我有上好的美酒，與你共同分享。」孔子說：「君子居住在家裡，說出的話誠信而善美，千里之外的人也會表示贊同而應合，何況是與君子相距較近的人呢？如果說出的話不誠實而善美，那麼千里之外的人也會違背他，何況是與他相距較近的人？話從自己嘴裡說出來，能影響百姓的心理變化；人的行為雖然只能在你做事的附近發揮作用，但是由於言論的傳播，遠處的人也知道你做了些什麼。謹言慎行，是君子做人的關鍵所在。這個關鍵主宰著人的光榮與羞辱。言語與行為，正是君子感動天地的所在，能不謹慎小心嗎？」

同人九五的爻辭說：「與人同心同德，先號啕大哭，後放聲大笑。」孔子說：「君子之道，該出來執政就出來執政，該退隱就歸隱保全，該說的就說，不該說就保持沉默。兩個人一條心，其鋒利足以切斷堅硬的金屬。同心的話語，其氣味就如同蘭花一樣芳香。」

大過初六的爻辭說：「獻上祭品時用白茅草墊在下面，沒有災難。」孔子說：「祭祀品本來放在地上就可以了，而又墊上了白茅草，怎麼會有災難呢？這是謹慎

採薇圖（局部）
李唐 南宋 絹本

孔子十分推崇殷朝遺民伯夷與叔齊的德行。這兩人是一對兄弟，為王位的繼承權而互相謙讓，離開了故土。當他們聽說武王即將伐紂時，便前來勸阻，受拒之後，便躲入首陽山，以野菜為生。他們在歌中哀嘆道：「為什麼要用暴力去制止暴力呢？神農、虞舜、夏禹那樣崇高的德行是再也見不到了！」

到極點了呀。茅草本來很縴薄不貴重，而墊在祭祀品下面，那麼它的用處就很大了。人如果能用這種謹慎的方法做事，肯定不會有過失的。」

謙卦九三的爻辭說：「有功勞又謙虛的君子，最後結果會吉祥。」孔子說：「有苦勞而不炫耀，有功績而不自以為恩德，是敦厚到極點了。這是說有功勞的人要能夠謙居於人下呀。道德要盛大，禮教要恭敬，謙虛就是以極其恭敬的態度來保住自己的職位。」

乾卦的上九其爻辭說：「龍向上飛得太高了，便會有後悔的事情發生。」孔子說：「尊貴卻沒有職位權柄，身分高卻沒有臣民，下面有賢人卻無法來到上面給予輔佐，所以此爻為動爻便會有後悔的事發生。」

節卦初九的爻辭說：「不走出家門，沒有災難。」孔子說：「禍從口出。君王不保密，就會失去臣子。臣子不保密，就會失去性命。機密的事情如果不能保密，

就會造成失敗。所以君子要謹慎保密而不輕易說出口。」

孔子說：「《易》的作者，大概知道賊寇的起因吧？《易經》解卦六三的爻辭說：『本來是背負東西的窮人卻乘坐在豪華的馬車上，所以招來賊寇。』背著東西走路是小人做的事情，乘車而行，是君子的交通工具。如果小人乘坐君子才可以用的馬車，賊寇就會因看不慣而想辦法把車奪走。君王在上位傲慢，臣子居下位暴斂，大盜就該想辦法把國家奪過來了。不把財物趕快藏起來，就是教唆賊寇前來偷盜；女人打扮得容貌妖冶，就是教唆壞人前來淫辱。《易經》中的『負且乘，致寇至』，說的便是自己招致寇盜來犯呀。」

萬物類象與爻辭

聖人有以見天下之賾，而擬諸其形容，象其物宜，是故謂之象。聖人有以見天下之動，而觀其會通，以行其典禮，繫辭焉，以斷其吉凶，是故謂之爻。

1.《繫辭傳》並非出自一家之言

《繫辭傳》的內容就像大雜燴，顯然並非出自一家之言、一人之手筆。此小節的內容，似乎與前面所講過的內容有些重複，並且見解也不一統。

比如前面已講過「聖人設卦觀象，繫辭焉而明吉凶」「彖者，言乎象者也；爻者，言乎變者也」、「《易》與天地準，……仰以觀於天文，俯以察於地理，是故知幽明之故」等內容，而此處似乎又在講文王「設卦觀象」與「繫辭焉」的事，可是並非是文王「觀象」之「象」，也並非文王「繫辭焉」之「辭」；此處前一個「聖人」似乎指的是伏羲創卦的事，可又沒有創卦之意；此處後一個「聖人」，指的肯定是爻辭作者。

既然現在我們知道爻辭的作者是周公，那麼此小節所說的第一個聖人是誰呢？宋刊《監本易經》於此小節第一句後的注解是：「賾，雜亂也；象，卦之象，如《說卦》所列者。」再一看《說卦傳》所列的卦象，就會發現其重點闡述的八經卦的卦象，並且每一個八經卦有十多種說法，如，乾為天、為圜、為君、為父、為玉、為金、為寒、為冰、為大赤、為良馬、為瘠馬、為駁馬、為木果……坤為地、為母、為布、為釜、為吝嗇、為均、為子母牛、為大輿、為文、為眾……《監本易經》為朱熹所注，具有相當的權威性。

2. 周公捉筆《說卦傳》

如果按照朱熹的注解去推理，那麼本小節所講的兩個「聖人」，都應當是周公。因為自伏羲創八卦以後，隨著不同地區、不同人物的不斷增補，八經卦的卦象內涵有了越來越多的說法，但一直處於比較混亂的狀態，並沒有人去系統整理這些卦象，所以周公制禮作樂期間，不但與大臣一起整理編寫了《易經》，而且還整理了從上

古流傳下來的八經卦卦象。按照這推理，則《說卦傳》必然也是周公制禮作樂期間的作品。

經過如此一推理，我們在解這一小節經文的時候，自然就又有了新的說法。以前人們解經時往往認為此小節第一句指的是伏羲創卦的事，而根據筆者這麼一推，則變成了周公整理卦象的事了。由於《繫辭傳》第八章主要內容是舉例解說了八句爻辭，所以筆者認為這種推理應當是正確的。那麼，我們現在就用這種新的觀點來講解這一小節。

「聖人有以見天下之賾，而擬諸其形容，象其物宜，是故謂之象」，說的正是周公整理卦象的事情。賾，是雜亂的意思。周公攝政初期，似乎一切都是雜亂的：天下初定，西周政權尚不堅固，初登基的成王又比較年幼，殷商殘餘勢力依然比較龐大，禮教混亂而不健全，諸侯也未完全歸附……東征之後，周公卜洛而建東都，握髮吐哺而制禮作樂，為的便是天下歸一，統一思想，使天下諸侯皆在禮教的約束下尊卑有序，從而實現天下大治。這種情況與「聖人有以見天下之賾」的說法完全一樣，並且符合史實。

周公制禮作樂期間，做了許多事情，包括對政權的改良、對政策的改進、對古文化與禮樂制度的整理，他還與大臣一起編寫整理了《易經》這本書。自然，對於易經八經卦的卦象，也進行了整理，這應當就是《說卦傳》。不過，可能當時周公整理的《說卦傳》並非是我們現在見到的樣子，可能比現在的內容多，也可能比現在的內容少，總之經漫長的春秋戰國之亂世，再加上秦火焚書，如今已難以考證了。

周公怎樣整理卦象呢？即「擬諸其形容，象其物宜」。也就是說，根據八卦代表的形狀、大小等特徵，把各事物都歸為與其相像、相適宜的八卦中分類。例如：父、金、玉、君王、天等，皆歸為乾卦；母、布、土、地、眾等，皆歸為坤卦。總之，世界各種事物，皆可歸為八經卦的八類。因為歸類與形狀、大小相像、相似等有聯繫，所以稱為「象」。今天，

忙於政務而廢寢忘食的周公
進食圖　磚畫　魏晉

周公勤於政事，將一切打理得井井有條，為此他付出了極大的精力與心血，幾乎連飯都很少能好好地吃上一頓。周公制禮作樂期間，做了許多事情，包括對政權的改良、對政策的改進、對古文化的整理、對禮樂制度的整理，他還與大臣一起編寫整理了《易經》這本書。當然，對於易經八經卦的卦象，也進行了整理，這就是《說卦傳》。

我們稱這種象為「萬物類象」。當然，周公既然整理了卦象，那麼肯定撰寫了《象辭傳》。那麼，「是故謂之象」的「象」則是「象辭」的簡稱。並且《易經・象辭》內容並未標明「象辭」二字，而只是在文字前標注「象曰」。

3. 猜謎的遊戲

把萬物、萬事歸成這八大類有什麼用嗎？這可有大用啊！有了萬物類象，則占卜就更加準確而神奇了。例如：古代有猜謎的遊戲，這個遊戲難度太高了，不是現在的謎語。而是君王手裡拿一個小物件，或者把一個東西放到某個箱子裡，然後就讓你猜：這裡面有什麼？

這怎麼能猜對啊？可在古代，大臣們就能猜出來，因為是用八卦占卜猜出來的。起卦時不用蓍草，也不用什麼神秘的儀式，而是以時間加方位、人物等各種突現的徵兆起卦。這種方法後世稱為「梅花易數」，相傳為宋朝邵雍發明的。其實這種占卜法比《易經》成書都早，是非常古老的起卦法。「卦」字，左邊的「圭」字，即指的是圭表，右邊的「卜」字，代表龜甲燒過後出現的裂紋形，即徵兆。這個「卦」字，就很好地解釋了古時的占卜法：圭表代表時間，龜甲裂紋代表徵兆；所以時間加徵兆，這就是卦，就是起卦。

所以古時精通八卦的大臣，用這種時間加徵兆的占卜法，瞬間便可起出一卦，然後根據卦象中的各種信息，再結合當時的實際情況，很快便能猜出君王手裡的東西是核桃還是李子，箱子裡的東西是一隻貓還是一條絲巾。這就是萬物類象的奧妙之處，也是八卦占卜的高明之處。

4.「爻」字的起源

「聖人有以見天下之動，而觀其會通，以行其典禮，繫辭焉，以斷其吉凶，是故謂之爻。」周公制禮作樂初期的雜亂現狀，處處充滿了「動」的情形，「聖人有以見天下之動」，正符合這個歷史事實。所以，周公對「動」做了極深的思考。他結合易理，觀察天下各種事物的運動之規律，最終大有收穫，頓明運動的吉凶之變。他於是與精通易學的大臣們一起商榷，然後寫出了爻辭，以說明運動之吉凶，並作為人們行為的典禮（典，即常，指普遍適用的法則；禮，即節，指要控制、要注意的地方）。這樣一本由伏羲卦畫、文王卦辭、周公爻辭組成的《易經》，就正式誕生了。這就是「而觀其會通，以行其典禮，繫辭焉以斷地其吉凶」。由於周公是依照運動的吉凶之變而「繫辭焉」，而這種繫於剛、柔卦畫之後的文字，也是在說明不同運動的吉與凶，所以這種文字稱為爻辭，即「是故謂之爻」。

當然，也可能周公作《易經》之前，八卦的陰陽卦畫不叫爻，而稱為剛柔，自周公作爻辭之後才稱其為爻，這樣也可以解釋「是故謂之爻」的含意。因為「爻」字本身便是隨《易經》一起出現的，其本義便是交錯和變動的意思。

形形色色的占卜法

民間流傳著許多更為隨意、靈活的占卜方法,如看手相、相面術、解夢術、抽籤法、算八字、扶乩術等。但是,無論占卜的具體方法是什麼,其基本原理都沒有脫離《易經》中的八卦、六十四卦和五行理論。

看手相
《易經》與中醫理論結合的產物,中醫認為人各個器官的情況都可以從手掌上反映出來,進而可以推測人的吉凶。

相面術
與手相類似,它透過觀察人的面貌而推測人的命運。

解夢術
相傳是周公發明的,是透過夢境進行預測的方法。

抽籤法
最常見的占卜法之一,事先在籤上寫下預測吉凶的話讓人隨機抽取。

算八字
根據生辰八字預測一生命運的方法,也是最流行的方法之一。

扶乩術
拿一支筆無意識地畫一些符號或圖畫,以此占算命運。

當今也非常流行根據星座歸屬確定人的性格和命運的方法。

那是利用西方天文學中的黃道十二宮來進行預測的,與《易經》理論關係不大。

第二章 《繫辭傳·上篇》的智慧

爻

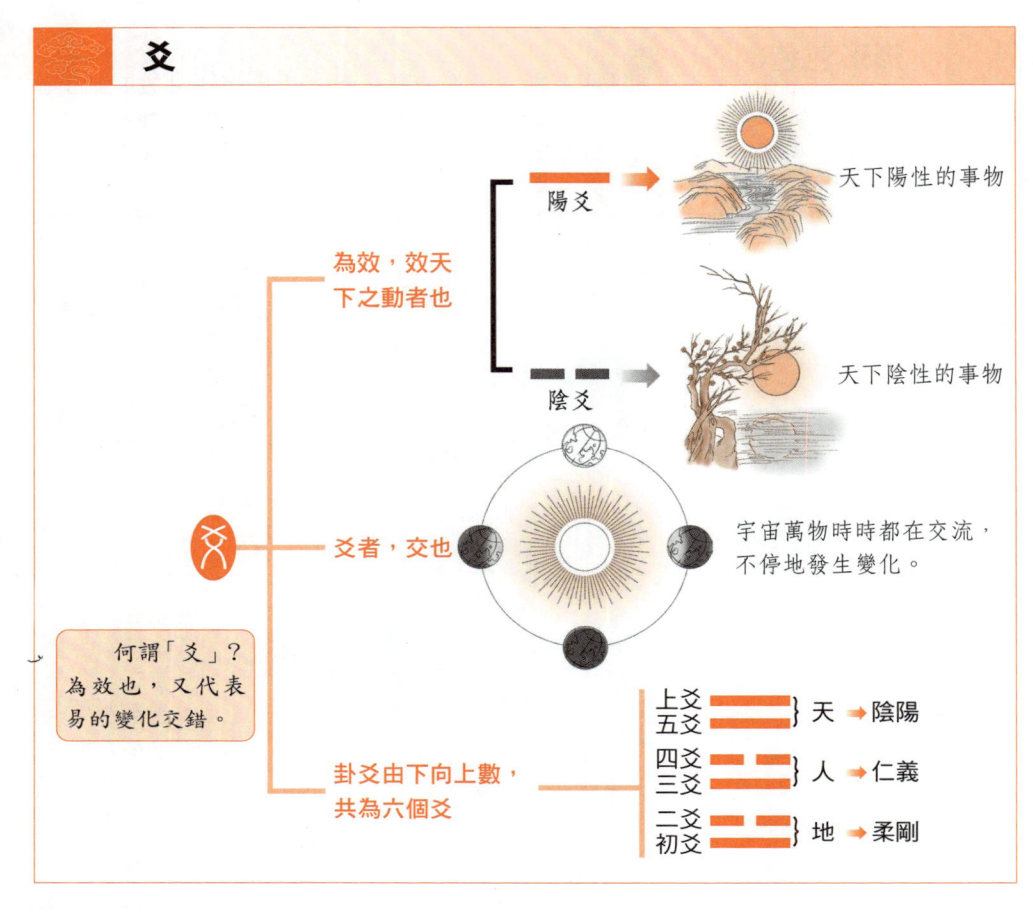

陽爻 → 天下陽性的事物

陰爻 → 天下陰性的事物

為效，效天下之動者也

爻者，交也

宇宙萬物時時都在交流，不停地發生變化。

何謂「爻」？為效也，又代表易的變化交錯。

卦爻由下向上數，共為六個爻

上爻
五爻　}　天 → 陰陽
四爻
三爻　}　人 → 仁義
二爻
初爻　}　地 → 柔剛

　　不過現在已考古出一萬多年前的「五」這個字符，其形象是「乂」字上下加橫。而《說文》則認為：「爻，交也。」並且認為「乂」為古文的「五」，二五為天地之數，即「爻」字。

　　此外，民間占卜世家一直流傳下來的占卜習慣是，占卜時依次由下往上記卦畫時，陽爻畫一點或一橫，陰爻畫兩點或一圓；每逢動爻，則在該動爻旁邊打一個「乂」字。這種記卦法極為古老，可能就是「爻」的造字之源。

擬議以成其變化

　　言天下之至賾，而不可惡也，言天下之至動，而不可亂也。擬之而後言，議之而後動，擬議以成其變化。

1. 大亂為大治之始

「言天下之至賾，而不可惡也」是說，爻辭告訴人們，天下之雜亂發展到了極點，並不是一件令人厭惡的事情。為什麼這麼說呢？其實很簡單，易理的變化規律，是動極而靜，靜極而動，陽極轉陰，陰極轉陽。所以，天下亂到了極點，正是天下大治的起點，為什麼要厭惡「至賾」呢？

這個道理，看看史書就會明白。春秋亂了，起初不過周天子衰敗，出現了齊桓公一個霸主，可是這不過是個亂的開頭。接下來，春秋相繼出現了五個霸主。這五個霸主，還是沒有亂到極致，於是又出現了戰國七雄，這七雄最後總算爭出一個真英雄——大秦帝國出現了。

大秦帝國在歷史上只起了一個過渡，接著大漢帝國終於得到天下大治。可是大治久了，又開始向大亂轉變。變出了一個三國，又變出了個南北朝，但這還不算亂，又變出了個五胡十六國，最後終於亂極而定，出現了大隋帝國。大隋帝國匆匆過渡一下，終於迎來了大唐朝的天下大治。

唐朝又是大治之極而出現了大亂，繼而出來了五代十國。五代十國亂到了頂點，趙匡胤穿了龍袍便把北周的江山換代。一直隱居修道的陳摶聽到了這個消息，騎在驢背上拍掌大笑，竟然笑得從驢背上跌到了地上。陳摶笑什麼呢，這麼高興？就是因為亂極而治，陳摶坐在地上拍著手說：「好啊，天下終於太平了！」

2. 處亂世而心不亂

「言天下之至動，而不可亂也」的意思是，爻辭告訴人們天下之運動發展到了極點，並不是一件令人煩亂的事情。其原理與「言天下之至賾，而不可惡也」差不多，皆屬於陰陽交變之理。

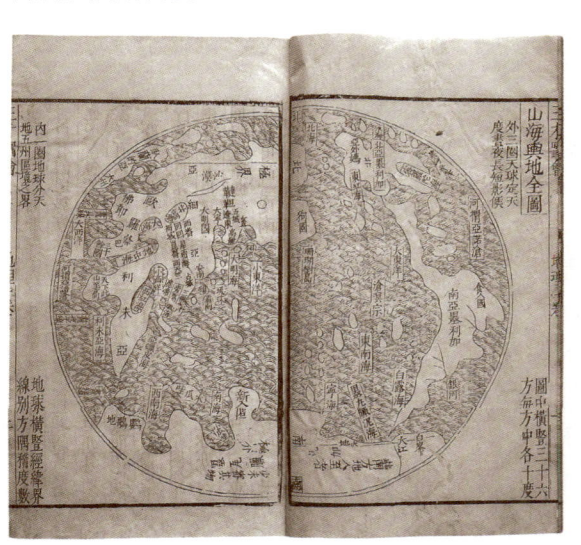

例如：古代統治階級，為了政治需要有過很多政治運動，如求孝廉，立貞節牌坊。雖然轟轟

山海輿地全圖
明代 出自《三才圖會》

中國自秦始皇以來，除了短暫的混亂時期，一直處於統一的狀態，但它所創造的輝煌、持久的文明卻使得湯恩比等西方學者認為未來世界的統一，也許就要仰仗源自中國的思想與文化。華夏民族的持久統一，《易經》在凝聚民族個性、保合太和等方面發揮了巨大的作用。

烈烈的，但只要別跟著起哄，弄得心亂如麻靜不下心來。打天下離不開武將，治天下離不開文官。所以如果你生活在那個年代，靜下心來該習武就習武，該讀書就讀書，雖說孝子感天，但朝中光靠孝子也治不了天下；雖說貞節可敬，但一個牌坊能值多少錢？可以保家衛國嗎？所以別跟著這些運動起哄，運動到了極致，自然轉入安靜。

《繫辭傳》在以「至賾」、「至動」說明了陰陽交變之理後，接著說「擬之而後言，議之而後動，擬議以成其變化」，這是告訴我們《易經》的爻辭與象辭，是透過精通易學的學者擬定後，又經過大家一起商議，最終才以內涵豐富的爻辭、象辭表達了《易經》六十四卦三百八十四爻的變化之理。

而這種先擬後言，先議後動的做事與做學問的方法，也同樣值得我們學習與效仿。

「擬之而後言」，用白話來說，就是發言前要打好草稿。這個草稿，可以是寫在紙上的，也可以是腹稿──在心裡先琢磨好，什麼是該說的，什麼是不該說的，該如何表達，按照怎樣的順序去說。人的一生，把草稿寫到紙上的次數不多，但說話的次數多。所以每個人都要養成說話前打腹稿的習慣，俗話說「言多必失」、「維好一人難，傷人一句話」，所以說話前打好腹稿很重要。

3. 擬議以成其變化

「議之而後動」，用白話來說，就是眾人拾柴火焰高，做事要與大家多商量。這種情況在公司管理層出現得比較普遍。當公司制定新的決策時，往往要徵求大家的意見，開個會，最後再作出決定。當然，即使我們不在公司任職，平時做事，也應該和家裡人或朋友商量一下，多徵求意見做參考，可以有效減少出錯。

「擬議以成其變化」，則是告訴我們做大事離不開擬與議：先擬定好計畫，再與眾人商議，按大家達成一致的意見去做事，才能使大事得以成就。為什麼說是大事呢？因為小事情就沒必要這麼隆重，喝杯水、上個廁所，是沒必要開個會研究一下的。什麼是大事？大事就是帶有轉折意義的事情，即《繫辭傳》所說的「變化」。想離職、想結束單身生活而結婚了、制定公司戰略性決策、選擇學校、選擇工作等，都是需要「擬」和「議」來解決。

當然，《繫辭傳》第八章重點是講卦象與爻辭，現在言歸正傳，繼續講《繫辭》。本章講過周公研究卦象、整理卦象而作爻辭的事情之後，接下來，便以七個爻辭為例，講解如何理解周公的這些爻辭，即告訴人們該如何「觀其象，而玩其辭」，體會作《易》者之苦心，得到有益的教誨。這部分是本章的主體內容，明白這七個爻辭的內涵後，即可觸類旁通地讀懂《易經》所有的爻辭了。下面便分節進行一一講解。

鶴鳴在陰，其子和之

「鶴鳴在陰，其子和之；我有好爵，吾與爾靡之。」

子曰：「君子居其室，出其言善，則千里之外應之，況其邇者乎，居其室，出其言不善，則千里之外違之，況其邇者乎？言出乎身，加乎民，行發乎邇，見乎遠。言行，君子之樞機。樞機之發，榮辱之主也。言行，君子之所以動天地也，可不慎乎？」

1. 大鶴與小鶴的母子情深

「鶴鳴在陰，其子和之；我有好爵，吾與爾靡之。」這是中孚九二爻的爻辭。卦象為上巽下兌，即風澤中孚。表現的是風吹澤上，水波漣漣的情景。風吹則水動，風水之間表達了一種誠信的內涵。

此外，巽為木，兌為金，有金刻木之象。金刻木表達了什麼含意呢？表達了一個符契的概念。古人訂立契約時，用刀把竹板切成兩半，定契約的兩人各拿一半。當需要證實這份契約時，兩人便把兩塊竹板一對，能嚴絲合縫地對上，這就是兩個人立契約的憑證。中孚卦中間兩陰爻，表現的便是竹板斷裂處的形象，所以這中孚卦還有符契的卦象，也是表達了誠信的內涵。

可是中孚九二爻的爻辭講的卻是聲音，是否有些爻辭不對卦象呢？其實不是這樣。中孚下互卦為震，九二爻正是下互卦的下爻，《說卦傳》中，震有雷、長子等許多卦象含意，其中有一個是「善鳴」，鶴是一種非常善於鳴叫的鳥類，正如《詩經》上有一首詩說「鶴鳴九皋，聲聞於天」，所以此九二爻以鶴鳴闡明爻意，是非常恰當的。

「鶴鳴在陰，其子和之」，是說大鶴藏在暗處鳴叫，小鶴聽到媽媽的叫聲，馬上不亂跑亂飛了，與大鶴之鳴叫聲相和。這個情景就像我們人類母親找孩子一樣，媽媽喊：「兒子，你在哪？不要亂跑啊！」兒子聽到後，便馬上回應媽媽：「媽媽，我在這裡，我這就到您身邊去。」兒子很聽母親的話，母親很關心兒子的安危問題。大鶴與小鶴，

大鶴叫小鶴和

「鶴鳴在陰，其子和之」是說，大鶴藏在暗處鳴叫，小鶴聽到媽媽的叫聲，馬上與大鶴之鳴叫聲相和。這個故事說的是誠信。大鶴關心小鶴，愛護小鶴，所以大鶴對小鶴是有誠信的；小鶴知道媽媽對自己的愛與關心，所以，聽媽媽的話，小鶴對大鶴也是有誠信的。

第二章 《繫辭傳・上篇》的智慧

141

也是這種情況。這隻小鶴，是哪一爻呢？我們看，九二爻只與六三爻相臨而合，與其他爻便沒有這種關係了，所以六三爻便是那隻小鶴，小鶴沒跑多遠，聽到母親的召喚便一邊停下腳步，不往外面跑了，一邊與母親應和著，一邊來到母親身邊。為什麼說小鶴停下了腳步呢？因為六三爻是上互卦艮卦的最下爻，艮有止的意思，所以小鶴停止了腳步，不往外面跑了。那麼，小鶴剛開始為什麼離開母親呢？我們看中孚下卦，為兌，兌有喜悅的意思，所以他很高興就跑出去了。他為什麼高興？上互卦的艮有果蓏的涵義，原來，他是看到了食物，高高興興跑出去吃果蓏了。正吃在興頭上，大鶴不放心了，便叫孩子回來。

　　透過卦象就可以看出這麼一個完整的小故事來，這卦象多神奇啊！可是，這個「鶴鳴在陰，其子和之」的小故事說明了什麼呢？其實，說的便是誠信。大鶴關心小鶴，愛護小鶴，所以大鶴對小鶴是有誠信的；小鶴知道媽媽對自己的愛與關心，所以，聽媽媽的話，小鶴對大鶴也是有誠信的。可見這爻辭一點都沒脫離卦象的本義。而且，中孚下卦兌有口的涵義，上卦從上往下看，還是一個兌字。兩口相對，也是相唱和的形象。可見，透過萬物類象，可以好好地解釋卦爻辭的涵義。因為卦、爻辭就是根據這些形象寫出來的。由此我們也可以推斷出，《易傳》中《象辭傳》、《說卦傳》、《繫辭傳》等這些內容，在《易經》沒成書時便已經存在；《易經》成書後，這些解釋《易經》的知識也很快便編輯整理成文字。

2. 有福同享的朋友

　　「我有好爵，吾與爾靡之」不是在說大鶴和小鶴的事情了，而是將這種相和、相應的親情，延伸到人事上。即一個有錢人對朋友說：「哎，我這裡有非常好的美酒啊，我與你一同享用它吧。」那他這位朋友，是否像小鶴一樣一邊應和著，一邊跑到他的身邊呢？酒是好酒，心是誠信之心，您說，那個朋友能不像小鶴一樣嗎？其結果還用得著說嗎？《易經》的爻辭畢竟是西周大文豪的手筆啊，就是這麼簡潔、凝練、生動！

　　孔子怎麼向他的弟子講解這爻辭呢？孔子說：「君子居其室，出其言善，則千里之外應之，況其邇者乎，居其室，出其言不善，則千里之外違之，況其邇者乎？言出乎身，加乎民，行發乎邇，見乎遠。言行，君子之樞機。樞機之發，榮辱之主也。言行，君子之所以動天地也，可不慎乎？」

　　孔子的話是什麼意思呢？孔子是從執政的角度來講這句爻辭的。而事實上，《易經》的每句爻辭，都能闡明各種事物的道理，例如：養生、醫學、軍事、人倫、農業、氣候等。只要明白卦爻象與卦爻辭的關係，則可以輕而易舉地把其中隱含的道理應用於各種事物，因為「易與天地準」，永遠不會有錯誤。並且只要以卦爻象去解卦爻辭，肯定不會偏離太遠。

3. 讀書志在聖賢

但儒家學習的目的是要「學而優則仕」的，但其最大的人生目標是要為國家和民族謀福利，為聖為賢去實現天下大同的政治抱負，正所謂朱柏廬先生所說：「讀書志在聖賢，非徒科第；為官心存君國，豈計身家。」

「君子居其室，出其言善，則千里之外應之，況其邇者乎？居其室，出其言不善，則千里之外違之，況其邇者乎？」是說，統治者說出的話誠信而善美，千里之外的人也會表示贊同而應合，何況是與君王相距較近的人呢？如果說出的話不誠實而善美，那麼千里之外的人也會違背他，何況是與他相距較近的人？

謹言慎行

光榮與羞辱，與言行的好壞緊密相連。因此，謹言慎行，是君子做人的關鍵所在。謹言慎行，誠信而善美，是人人都應當擁有的良好品質與習慣。

4.「慎獨」的儒家心學

接下來，孔子說明君王取信於人的方法，關鍵就在言行二字之上。「言出乎身，加乎民，行發乎邇，見乎遠。言行，君子之樞機。樞機之發，榮辱之主也。言行，君子之所以動天地也，可不慎乎？」就是說，君王話從自己的嘴裡說出來，能影響百姓的心理變化；即使是在與離自己很近的人說，但這些話卻能傳播到千里之外，讓千里之外的人也知道你做了些什麼。所以，謹言慎行，是君子做人的關鍵所在。這個關鍵主宰著人的光榮與羞辱。言語與行為，正是君子感動天地的所在，能不謹慎小心嗎？

謹言慎行，誠信而善美，是人人都應當擁有的良好品質與習慣。對於領導者，則更為重要。哪怕是部隊裡的班長，或者帶領工人的領班，都應該特別注意自己的言行，要說得到做得到，做到了再說。這些都非常重要。因為一言一行，正是決定管理者的水準與威信的關鍵。光榮與羞辱，與言行的好壞緊密相連。

同人，先號咷而後笑

「同人，先號咷而後笑。」

子曰：「君子之道，或出或處，或默或語。二人同心，其利斷金；同心之言，其臭如蘭。」

第二章 《繫辭傳・上篇》的智慧

1. 一女統五夫之象

「同人，先號咷而後笑」是同人卦九五爻的爻辭。九五之位即是君王之位，身為九五之尊，卻是先哭後笑的，似乎有失尊嚴，但哭笑之間，也是易理物極必反的體現。那麼，這位君王為什麼哭了，又為什麼笑了？我們還是從卦象上去分析一下吧。

同人卦上卦為天，下卦為火，形成天火同人的總體卦象。大家聚在一個藍天下，吃燒烤，就是同人的總體卦象。細看諸爻，則只有六二爻為陰，餘皆陽爻，是一女統五夫之象，所以這個同人是一個女人把五個男人團結起來的形象，自然卦中最主要的人物，便是六二爻。六二爻居偶得中，所以既有權位又有中正之德，深受眾人愛戴。可九五為什麼哭了呢？同人卦的下互卦為巽，巽為號，有號咷大哭的意思。而九五爻正是下互卦的最上爻，所以這位君王哭得最厲害。這就是九五爻會哭的原因。而是九五爻怎麼又笑了呢？原來九五居奇而得中，並且與六二爻相應相合。全卦唯一的一個陰爻，只與九五陽爻的關係是最好的，九五又怎麼能不笑呢？結局又怎麼能不好呢？

2. 先哭後笑的故事

這個哭笑，就好比一個《伊索寓言》中的小故事。故事裡說的是一個財主在自己臨終時，兒子不在身邊，不能繼承自己的財產，他便把自己的財產全部送給了自己的一個奴隸，並讓這個奴隸見到自己的兒子時，讓兒子必須從財產中挑走一樣東西。財主死了，奴隸趕緊找財主的兒子，好讓他從財產中挑走一樣東西。可是，奴隸見到財主的兒子後，得知父親死了，還把財產全給了奴隸，於是號咷大哭，這時奴隸告訴他必須從這些財產中挑一件東西拿走。財主的兒子不哭了，他說：「我，就要你！」這個奴隸沒辦法，只好讓財主的兒子做自己的新主人，那些財產自然也全歸了新主人。財主的兒子得了全部財產，於是笑了。這就是先號咷後笑的例子。

如今有個說法，叫男人可以去征服世界，女人則可以征服這個征服世界的男人而征服世界。這個「女人」就和九五的情況差不多。不過這個卦畫發明於母系社會，當時男人與女人的情況正好與此相反，也未可知。總之，同人卦九五先哭後笑，就是這樣的道理。

3. 二人同心，其利斷金

孔子是怎麼向弟子講解這一卦的呢？孔子說：「君子之道，或出或處，或默或語。」孔子強調君子之道即出、處、默、語，四個字。什麼意思呢？就是說君王所奉行的道，該出來執政就執政——出，不該出來執政就退忍——處，不該說話就別說——默，該說話就好好大膽地說——語。這四個字，就是針對同人卦九五之尊的處境而說的。仔細領悟，孔子應該是理解了此卦的內涵。

接下來，孔子補充說「二人同心，其利斷金。同心之言，其臭如蘭」，意思是：兩個人只要一條心，其鋒利之勢可以切斷金屬；兩個人心同氣合的言語，其氣味就如同蘭花一樣芳香。其強調的是：同人之妙，關鍵在於同心；九五與六二同心，才可擁有斷金之利，才可擁有如蘭之言。

藉用白茅，無咎

「初六，藉用白茅，無咎。」子曰：「苟錯諸地而可矣，藉之用茅，何咎之有？慎之至也。夫茅之為物薄，而用可重也。慎斯術也以往，其無所失矣。」

二人同心

《周易・繫辭上》：「二人同心，其利斷金；同心之言，其臭如蘭。」、「一個巴掌拍不響，一根筷子易折斷，眾人划槳開大船」，這些俗諺表現出的就是團結互助的力量。

1.「澤滅木」的大過卦

「初六，藉用白茅，無咎」是大過卦初爻的爻辭。大過卦上卦為澤，下卦為巽風，所以大過卦的組合形式是澤風大過。上面是沼澤，下面颳大風，這個形象有悖常理，自然界沒這個形象。所以，古人取巽為木之意，使這個卦的總體形象是澤滅木。即，樹木陷於沼澤之下，被沼澤所淹滅。

樹木被沼澤所淹滅，含有滅頂之災的意思。然而，樹木的生命完結，會以木頭的形式存在。木頭，是東方古人類最重要的建築材料，而蓋房子最重要的一根木頭，就是棟。棟，是屋頂最高處的水平木梁，俗稱正梁。古人蓋房前，往往要先下工夫選一根上好的木材做為正梁用。這種作正梁用的木材不是很好找的，首先，這根木料要足夠長，足夠粗，其次這根木料兩頭的粗細應該差不多，不能一頭沉一頭輕。當找到一棵符合做正梁的大樹後，要把它砍倒並沉到沼澤中，使樹的周身沾滿泥巴。樹沉入沼澤，可殺死樹中生存的小蟲子。此時的形象，就是澤滅木大過卦的形象。

2. 正梁的取材

待樹皮在沼澤中腐爛後，便要將大樹從沼澤中拉出來，然後砍掉旁枝，刮去腐爛的樹皮，並把主幹最直的一段砍出來，這段主幹就是將來用作正梁的材料。這段木料，要比將來正梁的尺寸長一些，因為將來做正梁時還需要砍去兩頭，並做更細緻的加工。這段做正梁的木料做完上面的加工後，是不能馬上使用的。因為裡面含有很多水分，當正梁使用，不久就會彎曲變形，若一彎曲變形，那麼房頂就有塌下

來的危險。所以，加工好後，還要把木料的兩頭，及砍削過的地方塗上溼泥巴，然後放到陰涼處風乾。將溼泥比作沼澤，此時的這塊木料，仍然是一個澤滅木的大過卦形象。

那麼，這個用做正梁的木料，什麼時候才可以用呢？一般來講，時間越長越好。一般有錢的人家，往往會到處挑選這種木料，加工以後，就放在一個適當的地方風乾。等到這個木料在受潮的情況下也不易變形時，才可以當作正梁用。在保存過程中，如果出現變形的情況，那麼這根木料就不能用做正梁了，只能削直了當下梁用，或做別的用途。由此可見，真可以說是「一棟難求」啊！

由於古人非常重視正梁的木料選擇，所以那時候的風水師，站在高處往一個村落看，單任屋脊的情形即可判斷出一家的地位與財富。因為在有條件的情況下，沒人不把選正梁作為頭等大事，因為正梁選不好會導致房頂塌下來，危及生命。家底不厚實的人家，或者建房時不富有的人家，或者只為遮風避雨而倉促建房的人家，皆無法擁有一個合格的正梁。但是，沒有合格的正梁建造出的房屋，是一種投資的浪費，因為這種房屋維持不了多久，就會因變形而不得不重建。所以風水學把看房脊作為相陽宅的重要內容之一。

3. 不屈不折的國家棟梁

既然無論百姓還是官府建房時都把正梁看得很重，於是，古人把國家比喻為一座房子，把具有治國安邦能力的人才，稱為棟梁之材。所以，看一個國家是否強盛，只要看這些棟梁之位的人才是否真的是名符其實，便可以得知了，其原理就跟風水看房脊是一個道理。以現在來說，想看一個國家的文化建設是否優秀，那麼就看文化部長的文化水準；想看一個國家的農業發展好壞，那麼就看農業部長的水準；想看一個國家的軍事力量，那就看總司令以上的官員能力……總之，國家棟梁之位，是一個國家最重要的地方。

理解以上這些內容，就明白大過卦的意思了。大過卦的卦象，實際上就是正梁這個木料的形象，把大過卦的卦畫橫過來看，既是一根兩頭塗著泥巴的木料，又是兩頭鑿了卯榫的棟梁。其兩頭的陰爻，就代表泥巴，就代表棟梁的卯榫；中間四個陽爻，則代表結實的棟梁之身。大過卦要表示的，便是房子的正梁彎曲，必須要更換的情形；以此喻政事，則是該更換國家棟梁之材。這於家於國，都是一件大事，所以此卦命名為「大過」，即大的過渡。家庭更換房屋塌陷的正梁，國家更換棟梁之材，本身就是一件大好事，所以不要以為這一卦有多麼不好。

4. 做生意賠本的大過卦

有人說：「大過卦是一個很不好的卦，假使卜卦卜到大過，這可是很糟糕的啊！做生意如果卜得這個卦，是一定會賠本的。這是個倒霉卦，倒霉得很。」不過，在

白茅草

白茅草在古代具有重要的作用。舉行祭祀的時候，為了使祭品潔淨，要把祭品放到白茅草上；敬給天地或神的酒，便要在儀式中灑到這白茅草上，因為部分酒被白茅草所吸收而有所減少，所以這一儀式也稱為「苞茅縮酒」，以表示神已享用過所祭之酒。

占卜上，六十四卦沒有固定的好壞之分，關鍵在於占卜的時間。想要明白易學占卜的奧妙，得去學《京氏易傳》，或邵雍的《梅花易術》，或劉伯溫的《黃金策》。《易經》這本書，是透過卦象給君子講治國之道的哲學書。家裡房脊塌陷了，換個正梁；國家棟梁之位的人才不合格，換合格的棟梁之材，有什麼不好的？這正是大好事，大過渡，向好的方向發展的轉折點！

理解了大過卦的意義，那麼我們再來談大過卦的初六爻。爻辭說：「藉用白茅，無咎」，怎麼換棟梁的事情，卻說到白茅草了呢？原來，這個白茅草在古代可是有重要作用的。有什麼作用呢？就是舉行祭祀的時候，為了使祭品潔淨，要把祭品放到白茅草上，敬給天地或神祇的酒，便要在儀式中灑到白茅草上，因為部分酒被白茅草所吸收而有所減少，所以這一儀式也稱為「苞茅縮酒」，以表示神祇已享用過所祭之酒。白茅草盛產於楚國，所以西周時，白茅草是楚國向周天子年年進貢的主要項目之一。當年管仲為成就齊桓公的「霸道」，就曾以楚國君王不向周天進貢白茅草為名，揮師伐楚，迫使楚國君檢討錯誤並承認了齊桓公的霸主地位。

5. 慎重可保無過

古人逢大事都要舉行祭祀儀式，如蓋房子、修房子、動土、婚喪、出兵打仗、國家重要官員變動等，皆要舉行祭祀並占卜。此卦的主要意思是換房梁，自然開工之前需要祭祀，所以初爻爻辭說到了白茅草。此外，大過卦下卦為巽，巽有草木、白色、柔韌的意思，柔韌的白色草木之代表，便是白茅草，所以初爻爻辭會談到白茅草。又由於初六陰爻在下，有托著兩個陽爻之形象，正如祭品下面墊著的白茅草，所以爻辭說：「藉用白茅，無咎」。意思是說：「獻上祭品時用白茅草墊在下面，沒有災難。」藉，本義便是指作襯墊的東西。

孔子是如何向弟子講解這一爻辭的涵義呢？孔子說：「苟錯諸地而可矣，藉之用茅，何咎之有？慎之至也。夫茅之為物薄，而用可重也。慎斯術也以往，其無所失矣。」

孔子周遊六國

孔子在禮崩樂壞之世，想推行王道，實行仁政，自然四處碰壁，然而孔子依然弦歌不絕，這種樂觀與他對《易經》的研習有關。

意思是：「祭祀品本來放在地上就可以了，又墊上白茅草，怎麼會有災難呢？這是謹慎到極點了呀。茅草本來很緣薄不貴重，而墊在祭祀品下面，那麼它的用處就很大了。人如果能用這種謹慎的方法做事，肯定不會有過失的。」

孔子說了這麼多，其主要強調的一點便是謹慎二字。孔子晚年才學易而有所獲，所以孔子這番話也當是晚年所說。其實，孔子當年就曾經因給魯國換「棟梁之材」沒換好，才不得不周遊列國，過上流浪的生活。所以晚年的孔子，才會深刻體會謹慎二字的重要性。

6.「政出於大夫」的東周

東周時期，在君君、臣臣、父父、子子的禮樂制度下，禮樂征伐皆是周天子才有的權力，所以這時的政治屬於「政出於天子」。到了東周時期，齊桓公在管仲的幫助下成就了第一個挾天子以令諸侯的「霸道」，使政治轉變為「政出於諸侯」。到了孔子出生後，東周列國已處於「政出於大夫」、「陪臣執國命」的政治格局。當時，魯國的大權主要掌握在孟孫氏、叔孫氏、季孫氏三家手中，因此三家皆為魯桓公的後代，所以被稱為「三桓」。這種政治格局，屬於「政出於大夫」。「三桓」之中，季氏家族的勢力最大，孔子當年就是季氏家的一個小家臣。後來魯昭公本想藉著「鬥雞之爭」除掉季家勢力，結果卻被季家聯合孟家與叔家，把魯昭公趕出了魯國。後來魯定公繼位，孔子在季恆子的提拔下，漸漸為魯定公重用。魯定公九年，五十一歲的孔子被任命為中都宰，接著又被升為小司空、大司寇，行使宰相之職。

在孔子五十四歲這年，魯國已得到大治。接下來，孔子便開始為魯國換「棟梁」了——墮「三都」，削「三桓」。即，拆毀「三桓」所建的城邑，削弱「三桓」勢力，還政於魯國國君。此舉風險很大，因為「三桓」都有雄厚的軍事力量，如果「換梁」

不成,那又是一場「鬥雞之變」,魯國國君讓政於「三桓」,已有一百六七十年,哪個魯國國君不想把權力拿回來呢?只是都沒有這個能力。那麼孔子是怎麼去做的呢?

7.「家臣執國命」的魯國

原來,「三桓」雖然都把各自的封邑建成了堅固的城郭,其城牆的高度已大大超出了大夫采邑的高度而違背了周禮,但「三桓」卻不住在這些城邑裡,而是與魯國國君一起住在曲阜都城。這樣守在城邑的家臣則擁有著實際的軍權,當魯國國君不聽話時,「三桓」便會讓家臣帶兵來教訓他,魯國國君聽話了,再讓家臣帶兵回城邑。可是後來,這些家臣由於重權在握,便不再聽「三桓」的擺布了,而開始控制「三桓」,成為魯國實際的掌權者。這就是春秋時期典型的「家臣執國命」。一談起「家臣執國命」,就不得不談到大名鼎鼎、智勇雙全的季氏家臣陽虎。陽虎比孔子年長,並且兩人長得極為相像,穿上相同的衣服,常常令人分不清誰是誰,所以也有史家認為陽虎就是孔子真正的父親。但孔子對陽虎一直沒有好感,極其討厭他。魯定公五年,陽虎在季平子死後趕走了自己的政敵,並強迫季桓子在魯國的城南門稷門與他盟誓,控制了季氏家族的權力,並因此而操縱了魯國的政權。陽虎一直對孔子很器重,所以得了權勢後,便兩次請孔子出來做官,共同完成「張公室」的大業,還政於魯定公。可是,按照周禮,家臣參與政事是大逆不道的事情,孔子

山東曲阜孔廟大成殿
孔廟的古木森森見證了歲月的滄桑,正如周易所揭示的:變易,簡易,不易。

不但斷然拒絕了陽虎的請求，反而更加討厭他了。陽虎於是自己單打獨鬥，於魯定公八年十月，利用為魯僖公祭掃的機會，抓獲季桓子，計畫秘密處決，然後再依次滅掉另外「二桓」，不料看守季桓子的車夫被季桓子以種種利害說到動心了，而放走了季桓子，於是引出「三桓」派大軍鎮壓陽虎。陽虎兵敗以後，棄甲直奔魯君內宮，取出寶玉大弓並率領徒眾從容而出，占據了讙（今山東寧陽縣北）和陽關（今山東泰安市東南），準備東山再起。由此可見，陽虎等人欲除三桓未能成功，失敗後依然走得那樣灑脫，毫無懼怕之色。魯定公九年夏，已無望消滅「三桓」的陽虎，把寶玉大弓歸還給了魯公室。接著，「三桓」大部隊進攻陽關。混戰之中，陽虎幾乎要舉劍自裁，卻被守門人救下，並放他出城。陽虎出城，仍不忘反手被守門人刺了一劍。直到守門人在「三桓」追究放走陽虎的責任中，因受傷而得到獎賞時，才明白陽虎的用意。陽虎之智慧，常如此。所以當陽虎一個人背著黑鍋奔齊反遭被囚，越獄後逃到中原，卻因「惡名」所累無人敢收留，最終至晉被趙簡子重用以後，魯國那些心懷滅「三桓」而「張公室」的家臣，一直沒有受到絲毫牽連，反而在暗中不斷積聚著勢力。所以，「三桓」家族一直生活得很不安心。正是在這種背景下，五十四歲的孔子在魯定公十二年，打著解除「三桓」隱患，墮除家臣勢力的城邑，並得到「三桓」的支持；而他暗中對魯定公則明確表態：這最終目的便是要消滅「三桓」勢力，達到「臣無藏甲，大夫毋百雉之城」的周禮規範，還政於魯國國君。

8.「墮三都、削三桓」

於是在魯定公及「三桓」的大力支持下，「墮三都」轟轟烈烈地開始了。孔子先派子路率兵去墮毀郈邑（山東東平），但叔孫家的家臣侯犯卻在郈邑造反了，但在齊國的幫助下，魯國好不容易平定了這場叛亂，也乘機墮毀了郈邑。接著季氏家費邑（山東費縣）城主公孫不狃又發難，這位極其崇拜陽虎的家臣率部下進攻曲阜，以阻止費邑被墮毀。文武雙全、力大可舉城門的孔子主持了守城還擊，最終打敗公孫軍，費邑也成功墮毀。可是，當進一步要墮毀孟氏家的郕邑（山東寧陽）時，孟氏家族的態度卻忽然改變了。並且，就連已拆墮毀郈、費二邑的叔、季「二桓」也忽然警覺起來，發現孔子的真正意圖，明白墮毀私邑雖然可以消滅家臣勢力，卻也毀滅了自己對抗國君的所有資本。失去「三桓」的支持，孔子便請魯定公率軍親自討伐，結果卻大敗而歸，只好眼睜睜地看著「二桓」把已墮毀的城邑又建了起來。

「墮三都、削三桓」的計畫，就這樣以失敗告終。這是孔子企圖恢復傳統秩序所受到的最大挫折。第二年，齊國送八十名美女到魯國，季桓氏接受了女樂，君臣迷戀歌舞，多日不理朝政，孔子非常失望，不久魯國舉行郊祭，祭祀後按慣例送祭肉給大夫們時並沒有送給孔子，這表明季氏不想再任用他了，孔子在不得已的情況下離開魯國，到外國去尋找出路，開始了周遊列國的旅程，這一年，孔子五十五歲。

9.「換大梁」得來的經驗

接下來孔子「斥乎齊，逐乎宋、衛，困於陳蔡之間」，四處碰壁。流浪十四年後，六十八歲的孔子在弟子子冉（子冉在魯國當了官並立下戰功）的幫助下才重新回到了魯國。此時的魯國，仍然是季氏家族執掌國政。當晚而喜《易》的孔子讀到大過卦的初爻爻辭，領悟到周公的用心良苦後，再回想自己當年「換大梁」的失敗，心中自然是感慨萬千啊！但目前仍然季氏當政，往事之痛無法言明，只好對弟子感嘆：「慎斯術也以往，其無所夫矣！」是啊，「換大梁」的時候，做到處處謹慎才會成功啊！

從古至今，成功「換大梁」的例子其實舉不勝舉，比如秦始皇趁自己舉行冠禮之機除掉嫪毐，並繼而解除呂不韋的相位；漢武帝打著「獨尊儒術」的幌子把朝政換上自己的人馬；康熙利用自己的小伙伴除掉顧命大臣鰲拜；嘉慶帝為乾隆辦喪事巧滅和珅等，都是「換大梁」的成功例子。古人有句話叫「以史為鑑」，其實只有結合歷史，才能更好地理解《易經》這本書。因為《易經》不是占卜書，而是告訴統治者如何執政的智慧寶典。

勞謙，君子有終，吉

「勞謙君子，有終吉。」子曰：「勞而不伐，有功而不德，厚之至也。語以其功下人者也。德言盛，禮言恭，謙也者，致恭以存其位者也。」

1. 謙卦六爻皆吉

「勞謙君子，有終吉」是謙卦九三爻的爻辭。謙卦上卦為坤為地，下卦為艮為山，所以地中有山，就是謙卦的總體卦象。也就是說把大山一樣明顯的功勞隱於像大地一樣的卑順外表之下，這就是謙虛。

九三爻是謙卦唯一的陽爻，由於《易經》以陽爻代表君子，陰爻代表小人，所以，此陽爻便是統御其他五陰爻的君子。九三爻是謙卦下卦艮的最上爻，其隱

謙卦六爻皆吉

易經說：「天道虧盈而益謙。地道變盈而流謙。鬼神害盈而福謙。人道惡盈而好謙。謙謙君子，卑以自牧。」所在謙卦的每一爻都很吉利。

第二章 《繫辭傳・上篇》的智慧

於坤之下，有謙虛的形象，所以爻辭會出現「謙」字；而且《說卦傳》說：「終萬物始萬物者，莫盛乎艮。」由於艮還有「終」的含意，所以爻辭會出現「有終」二字。九三爻又是下互卦坎的中爻，《說卦傳》中說：「帝勞乎坎。」由於坎有「勞」的含意，所以爻辭中會出現「勞」字。九三爻有功勞而謙遜，以一陽剛統御五陰柔，是謙卦最好的一爻，所以斷辭為吉。故此，九三爻完整爻辭是「勞謙君子，有終吉」。意思是：「有功勞又謙虛的君子，最後結果會吉祥。」

　　謙虛，一直是中華民族傳統的美德；謙虛的人，在中國這塊土地上永遠會得到受益，而不會有任何危險。所以，《易經》六十四卦的卦爻辭，只有謙卦的卦爻辭的斷語皆為吉祥。所以我們透過學習此卦，要懂得謙虛做人，做事。

2. 勞而不伐，有功而不德

　　那麼，孔子是怎樣向弟子們講述謙卦的呢？孔子說：「勞而不伐，有功而不德，厚之至也。語以其功下人者也。德言盛，禮言恭。謙也者，致恭以存其位者也。」意思是說：「有苦勞而不炫耀，有功績而不自以為恩德，是敦厚到了極點。這是說有功勞的人要能夠謙居於人下呀。道德要盛大，禮教要恭敬，謙虛就是以極其恭敬的態度來保住自己的職位。」

　　在中國歷史上，周公就是這樣一位勞謙君子。周公姓姬名旦，也稱周公旦，是周文王的第四子，武王的同母弟；是西周時期偉大的政治家、軍事家、思想家、教育家，被尊為「元聖」，儒學先驅。

　　周公在周滅商之戰中，「常佐翼武王，用事居多」。滅商兩年後，武王病逝，其子成王年幼，臨危之際，周公稱王，代成王攝政。周公攝政初期取得了姜子牙及召公奭的信任，表明自己攝政的本義。他說：「我所以不顧個人得失而承擔攝政重任，是怕天下不穩。如果江山變亂，生靈塗炭，我怎麼對得起列祖列宗，和武王對我

備受重視的禮樂
蔡侯申甬鐘　春秋　樂器　安徽省壽縣蔡侯墓出土
　　中國自古以來就是禮樂之邦。到了春秋時代，莊嚴優雅的音樂和文雅的禮節更是一個有高度修養成的君子所不可缺的。他們參與的大型典禮上，都會有甬鐘、編鐘、磬等樂器的出現。有學者考證中區的音樂和《易經》同源，並且易理對音樂的發展有極大的影響。

的重託呢？」周公赤誠的語言，打動了他的兄弟召公奭和成王的外祖父姜子牙，使這兩位大賢鼎力支持周公攝政。接下來，周公一舉平定了「三監」之亂，繼而大舉東征，滅掉了奄（今山東曲阜）等五十多個國家，把飛廉趕到海邊殺掉，徹底掃清了殷商殘餘勢力，使周朝版圖東至海，南至淮河流域，北至遼東，成為真正的泱泱大國。東征結束後，周公營建成周（雒邑），作為東都，防範殷人東山再起。此外，周公還制禮作樂，完成了周朝禮樂尊卑制度，並於雒邑盟會天下諸侯，進行大分封，魯、衛、齊、晉，都是在周公攝政時封的。

可以說，周人的天下是在周公的手裡才真正鞏固的，周朝的典章制度也是由周公制定完成的。由於周公的這些豐功偉績，使他成為與堯、舜、禹、湯、文、武並稱的聖人，而成王反倒暗淡失色。但周公卻一直懷有勞謙之德，不敢有絲毫傲慢之心。接待來訪的賢才，握髮吐哺；對於朝政，不敢有半點私心。周公旦還對將要到魯國封地居住的兒子伯禽說：「我是文王之子、武王之弟、成王之叔父，論身分地位，在國中是很高的了。但是我時刻注意勤奮儉樸，謙誠待士，唯恐失去天下的賢人。你到魯國去，千萬不要驕狂無忌。」

3. 周公的謙德

周公攝政七年，當成王已經長大，他便還政於成王，面北就臣位。在還政前，周公作《無逸》，以殷商的滅亡為前車之鑑，告誡成王要先知「稼穡之艱難」，不要縱情於聲色、安逸、遊玩和田獵。然後「還政成王，北面就臣位」。

周公還政不久，成王身邊有人說周公的壞話，說周公有謀反之嫌。成王聽信了讒言，派兵捉拿周公。周公知道此事後，便急忙逃到了楚國。成王派人搜查周公的住處，卻在周公的書房找到了周公祈禱上天讓自己替成王生病的卜辭，成王感動得熱淚盈眶，趕忙派人召回周公，從此對周公不再有半點懷疑。傳說成王派兵捉拿周公時，突然電閃雷鳴，風雨大作，把大樹連根拔起，成片的莊稼倒伏不起；等成王於郊外迎周公回朝時，雨勢頓轉綿綿，風向也忽然轉

還政於成王

大盂鼎 西周 炊器 陝西省縣出土

在武王逝世之後，周公以莫大的勇氣和堅韌的意志承擔了挽救國家命運的重任。他不畏辛勞、嘔心瀝血地整整工作了七年，清除了一切已有或潛在的危機，而一旦成王能夠獨自執政的時候，他便立即將如鼎一般沉重的權力交還給成王。還有什麼能夠比他的這種行為更能說明周公高貴無私的品德呢？

第二章 《繫辭傳・上篇》的智慧

153

向，把倒伏的莊稼又扶了起來。

　　周公旦歸國後，主要精力用於制禮作樂，繼續完善各種典章法規。周公臨死前說：「我死之後一定葬在成周，示意給天要臣服於成王。」周公死後，成王將他安葬於文王墓地旁，以示成王「不敢以周公為臣」。為了表彰周公對周朝的貢獻，成王特許魯國享有「天子之禮」；周公次子，世襲「周公」之位，為世卿。

　　周公的一世勞謙，不但免除了誤解與災難，而且成就了之後西周「成康之治」的鼎盛局面。如此勞謙之人，從古至今確實為數不多，所以周公是孔子最崇敬的古代聖人，孔子一生的目標，便是要恢復周公創建的周禮。

亢龍有悔

　　「亢龍有悔。」子曰：「貴而無位，高而無民，賢人在下位而無輔，是以動而有悔也。」

1. 功成身退天之道

　　「亢龍有悔」是乾卦上九爻的爻辭。乾卦六爻純陽，是兩個三爻的乾卦相重而成，代表剛健而自強不息的天道。其由初至高的六個陽爻，依次代表事物由低至高的發展次序。將其比喻人生，即：潛伏時期→初露頭角→勤學苦練→掌握時機→理想實現→功成身退。人的一生就是在這六個階段中不斷循環。

　　關於「亢龍有悔」，《易經》中有多種解釋。如《象辭傳》的解釋是：「亢龍有悔，盈不可久也。」而《文言》則除了與《繫辭傳》此處的文義相同外，還有三種解釋是：「亢龍有悔，窮之災也」；「亢龍有悔，與時偕極」；「亢之為言也，知進而不知退，知存而不知亡，知得而不知喪。其惟聖人乎？知進退存亡而不失其正者，其惟聖人乎！」

　　「亢龍有悔，盈不可久也」是說，亢龍有悔是因為盈滿就不能持久。這就是滿招損，謙受益的道理。例如：月亮到了十五，就開始向虧損發展；太陽過了午時，熱度便要漸漸減少。

　　「亢龍有悔，窮之災也」是說，亢龍有悔是因為發展到了極致而造成的災難。

　　「亢龍有悔，與時偕極」與上句意思差不多，只是強調的是因為隨著時勢發展到了窮極而導致的災難。強調了「時勢」二字。

2. 范蠡攜得美人歸

　　「亢之為言也，知進而不知退，知存而不知亡，知得而不知喪。其唯聖人乎？知進退存亡而不失其正者，其唯聖人乎！」此句解釋，其實對人教益最深。古語說「飛鳥盡，良弓藏；狡兔死，走狗烹」，很多不知進退存亡道理的人，結果都遭受「亢龍有悔」的災難。例如：范蠡在扶助越王勾踐滅掉吳國後，便攜西施放舟江湖，悄

盧鴻草堂十志圖　王原祁

「亢龍有悔」的現實啟示

《易經》告誡人們，不明功成身退、進退存亡道理的人，皆會弄到「亢龍有悔」的地步。所以，學易就要謹記這一教訓。隱士是中國的一個特殊階層，他們一般都遵循功成、名遂、身退的天之道。盧鴻是唐代隱士，曾作過《草堂十志圖》，描寫其隱居之處的山林景物。

然退隱。臨走前，他寫信給越國宰相文種，告訴他「飛鳥盡，良弓藏；狡兔死，走狗烹」的道理，並說明勾踐頸長而鷹吻，這種人只可共患難而不可同享樂，勸文種盡快離開他。可是文種不以為然，結果勾踐卻給文種送來了吳國宰相伍子胥自殺的那把劍，並質問文種說：「你有七個滅人國家的計謀，我只用了三個就把吳王滅掉了，還剩下四個，你準備用來對付誰呢？」無奈的文種，只好拿起伍子胥自殺的那把劍，選擇自殺。西漢初建後，韓信也是只貪功名，而忘卻了功成身退的法則，結果在臨刑之前才醒悟，發出「狡兔盡，走狗烹；飛鳥盡，良弓藏；敵國破，謀臣亡」的哀嘆。

趙匡胤杯酒釋兵權，則屬於極富仁慈地免除了功臣們的「亢龍有悔」；朱元璋火燒慶功樓，則又屬於不得不狠下心腸讓陪自己打天下的功臣們去「亢龍有悔」……由此可見，不明功成身退、進退存亡道理的人，皆會弄到「亢龍有悔」的地步。所以，我們學易就要謹記這一教訓。

3. 孔子痛心疾首的歷史

可是，孔子在《繫辭傳》中為什麼只談了「亢龍有悔」的一種解釋呢？只說「貴而無位，高而無民，賢人在下位而無輔，是以動而有悔也」呢？其實，這還是與孔子的一生經歷有關。孔子晚年才一心研讀《易經》，自然這句話也是孔子晚年所說。人到了晚年，總是會回憶以前的事情。孔子回憶自己的一生，最心痛的，仍然莫過於魯國「政出於大夫」、「陪臣執國命」的政治格局，而且晚年孔子又仍然生活在這種現狀中。

「貴而無位，高而無民，賢人在下位而無輔」，其實正是春秋末年大多數國君的真實寫照，那個年代許多國君的政權都被大夫、家臣掌握著，國君就是處於「貴而無位，高而無民，賢人在下位而無輔」的狀態。當時不單魯國的魯定公受制於「三桓」，如衛國的政權受控於陪臣冉子謐手中；晉國的六卿到四卿最後到韓、魏、趙三家，也就是「三卿」專權；齊國也是大夫擁有過高權力，最終導致田氏代齊。總之，「貴而無位，高而無民，賢人在下位而無輔」幾乎說的是春秋末至戰國時期的君王通病。孔子對這種現象的評價是：「天下有道，則禮樂征伐自天子出；天下無道，則禮樂征伐自諸侯出。自諸侯出，蓋十世希不失矣；自大夫出，五世希不失矣；陪臣執國命，三世希不失矣。天下有道，則政不在大夫。天下有道，則庶人不議。」

孔子所說的「陪臣執國命，三世希不失矣」，是指魯昭公、魯定公和魯哀公三代，這三代家臣執國命，是天下最無道的時期。在這種大背景下，君王是空有國君之貴而無國君之權位，君王之政令根本沒人聽；位高而百姓卻非其所屬，百姓都是給有實權的大夫、家臣在創造財富，君王能得到的份額極少；許多賢人雖然有報國之心，但卻只能幫大夫、家臣打工，才能為仕。這就是孔子所說的「亢龍有悔」。

4. 晚景悽涼的太上皇

一個君王失去權力是非常悲慘的，所以古今的皇帝最怕失去權力，即使傳位太子而退居二線當太上皇，也仍牢牢抓住不放。例如：清朝「難得糊塗」的鄭板橋，就寫過一首這樣的詩：

南內悽清西內荒，淡雲秋樹滿宮牆。
由來百代名天子，不肯將身作上皇。

鄭板橋是見證了康乾盛世的人，他十九歲於康熙年間中秀才，四十歲於雍正年間中舉人，四十四歲於乾隆年間中進士，雖然才華蓋世，但五十歲才做了個七品芝麻官，後來因不滿朝政腐敗，鄭板橋辭官回家，「一肩明月，兩袖清風」，惟攜黃

貴而無位，高而無民

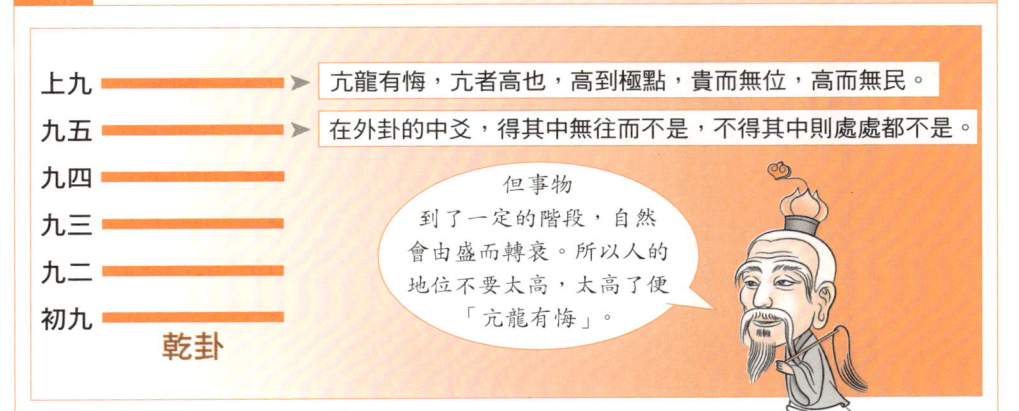

上九 ▬▬▬▬▬ ▶ 亢龍有悔，亢者高也，高到極點，貴而無位，高而無民。
九五 ▬▬▬▬▬ ▶ 在外卦的中爻，得其中無往而不是，不得其中則處處都不是。
九四 ▬▬▬▬▬
九三 ▬▬▬▬▬
九二 ▬▬▬▬▬
初九 ▬▬▬▬▬
乾卦

但事物到了一定的階段，自然會由盛而轉衰。所以人的地位不要太高，太高了便「亢龍有悔」。

上九這一爻表示的狀態，在外是指貴而無位，高而無民，也就是雖然有權利但是脫離了群眾的基礎。

在內是指過於自負，失去了別人的支持。「知進而不知退，知存而不知亡，知得而不知喪」。

龍飛升到九天之後，無法再往高處飛升，只剩下兩種可能，一是原地不動，另一種是下落。第一種非常難做到，所以往往是第二種，離開顯赫而崇高的位置，悔亦晚矣。

第二章 《繫辭傳·上篇》的智慧

157

狗一條，蘭花一盆。「南內悽清西內荒，淡雲秋樹滿官牆」，以景寓情，喻示太上皇退居二線後的悽涼晚景。雖然皇帝還是自己的兒子，但是權位交了以後，想吃口熊掌，親兒子也會說熊掌難熟，您先喝藥酒吧。兒子都這樣對老子，那底下當差的更是人走茶涼，狗眼看人低了。所以太上皇一失去了權力，晚景是很悲慘的。

　　鄭板橋接著筆鋒一轉，寫道：「由來百代名天子，不肯將身作上皇」，則是對乾隆做太上皇的一種感嘆。鄭板橋感嘆什麼？是心痛乾隆晚景悽涼嗎？不是。他的真實意思是，乾隆執政到六十年了，不想超越康熙的執政年數，所以不得不退位，但乾隆表面上退到二線成了太上皇，可是卻害怕晚景悽涼，所以遲遲不肯交出手中的權力。嘉慶倒是成了新皇帝，但是一點權力也沒有，乾隆臺上大笑，嘉慶就在一旁假笑；乾隆一發怒，嘉慶就發抖。嘉慶早就想懲治大貪官和珅了，可是有乾隆護著，他還得對和珅滿臉笑容、低首摧眉。和珅這個大貪官，大清當朝誰不知道？可是因乾隆護著，誰也不敢碰他。為什麼嘉慶當了皇帝後，還是碰不了他呢？因為「由來百代名天子，不肯將身作上皇」，乾隆一日不死，一日不交權，所以嘉慶雖然恨死了和珅這個大貪官，那也得乾隆死了才能懲治他。可是，到最後乾隆終於死了，但是大清國庫也空了。

5.「亢龍有悔」的現實啟示

　　這種現象，不單體現在國君那裡，在很多大富翁那裡也是一樣。一輩子賺了很多錢，看兒女孝順，就覺得與這些錢有關，所以遲遲不想把自己的公司交給後代管理。甚至對子女總是看不順眼，總覺得很不肖，處處不如自己。例如：美國汽車大王亨利的晚年就是這樣。他把自己的公司交給自己的兒子後，又把權位要了回來，處處覺得兒子不稱心、無能，經常當眾侮罵他，結果把自己的兒子逼死了。這也是一種亢龍有悔。

　　如今，在生活中，很多父母對孩子太過關心，處處不放心，處處都要干涉，孩子選擇學校要干涉，選擇工作要干涉，對孩子婚事也要干涉，其實正是這種嚴厲管教，使孩子們最終遠走高飛，不願在父母身邊。其實，孩子們長大了，做父母的就應該功成身退了，過於干涉孩子自由，反而會導致「亢龍有悔」。因為，現在的孩子們都讀書識字，他們的學識與眼界要比父母開闊得多，父母過多的干涉只會導致不好的結果。所以現在的父母也要吸取「亢龍有悔」的教益，做到該放手時就放手。

不出戶庭，無咎

　　「不出戶庭，無咎。」子曰：「亂之所生也，則言語以為階。君不密，則失臣；臣不密，則失身；幾事不密，則害成。是以君子慎密而不出也。」

1. 最易犯的口業

「不出戶庭，無咎」是節卦初九爻的爻辭，意思是：「不走出家門，所以不會有災難。」節卦上卦為坎為水，下卦為兌為澤，澤上有水即是節卦的總體卦象。也就是說，水溢旁流，最後在低窪的沼澤處積聚下來，就是節卦的形象。所以，節卦有閉塞不通之象。

節卦上互卦為艮，艮為門闕，所以位於其下面的兩個陽爻（初九與九二）有止於門闕之內的形象。由於初九地位最低，所以其院落大門為單扇的戶；九二爻地位較高，所以其院落大門為雙扇的門。門戶的古字為象形，分別代表兩種大門：戶為單扇，門為雙扇。由於節卦下互卦為震，有動的意思，所以初九爻躲在家中，即可免去動亂之害而無咎；九二爻由於是下互卦震的最下爻，所以即使在家避難，也難逃其凶。由於節卦下卦之兌也有口舌之意，上卦之坎也有險境之意，所以節卦也有禍從口出、閉口免災之象，孔子解釋節卦初九爻爻辭，即取象於此。

孔子說：「亂之所生也，則言語以為階。君不密則失臣，臣不密則失身，幾事不密則害成。是以君子慎密而不出也。」意思是：「禍從口出。君王不保密，就會失去臣子。臣子不保密，就會失去性命。機密的事情如果不能保密，就會造成失敗。所以君子要謹慎保密而不輕易說出口。」

2. 魯君、三桓、家臣之間的較量

孔子此番言論，無疑飽含著自己歷世的極深感觸。春秋末期，風雲動盪，君王時刻想重新恢復自己手中的權力，大夫卻也時刻防範君王把自己手中的權力奪回去。在這場君臣之間的權力爭奪賽中，家臣處於一個極其微妙的位置。以魯國為例，魯國君王也想利用家臣的勢力消滅「三桓」，而「三桓」也是依助家臣勢力威脅君王。所以這場「家臣執國命」的遊戲中，真正的兩個玩家正是魯國國君與「三桓」。而這場遊戲的最大規則，就是不能言語，一切全憑意會。「三桓」如果言明自己在用家臣這顆棋子將國君的軍，那麼必會因過於違背禮教而失天下之眾，所以「三桓」不會太暴露，嘴上不說，卻暗中只提拔那些忠實自己而輕視魯君的人為家臣，故意「八佾舞於庭」，以天子才能享用的大型舞蹈向眾人暗示誰才是真正的國君；魯國國君呢？雖然受制於「三桓」很無奈，很不舒服，但臉上也不敢表示出來；雖一心想除掉這三個眼中釘、肉中刺，但臉上卻裝得跟小綿羊似的。而暗中，魯國國君也在想盡辦法提拔忠於自己的人才，提拔敢跟「三桓」對抗的人，去做「三桓」的家臣。並且也會盡量裝出一副可憐的模樣，好激起一幫忠烈義士站出來為自己說話。

3.「張公室」的陽虎

於是，這場因無語而靜默的遊戲中，終於跳出來一個虎虎生氣的棋子——季氏

的家臣陽虎打著「張公室」的大旗造反了。而為了維護默默無語的遊戲規則，陽虎的造反也來得悄然無聲，極盡詭秘。魯定公五年，季平子死了，陽虎卻用國君才能有資格佩戴的美玉「璵璠」來收殮其主人的屍體。從表面上看，陽虎對季氏家族多忠心啊！這種做法引起季氏家另一個家臣仲梁懷的不滿，毅然站出來反對這種違背禮法的行為。陽虎勃然怒了：敢跟我對抗，我非得把你趕出季家不可！

為了趕走仲梁懷，陽虎暗中聯合季氏的另一個家臣費邑宰公山不狃，竟然把季桓子和他的從父昆弟公父文伯監禁起來。仲梁懷被驅趕走了。而陽虎卻因控制了季桓子而操縱了魯國的政治大權。此時，季桓子雖然受制，但也只是認為：我這個家臣只是性子烈了點，但還是我的棋子。魯定公那裡，則更是暗中竊笑：陽虎做得好，行動再快點，把「三桓」都給我滅了。

陽虎出身不高，只是季氏家的一個家臣，但他執政後，卻給文質彬彬的魯國帶來了虎虎生氣：一改忍耐退縮的國策，不但收回了被齊國占領的國土，甚至北上進攻齊國。在攻打齊國的危急關頭，魯軍眼看要失敗，陽虎想出辦法，假裝沒看見冉猛，故意說：「要是冉猛在，必敗齊人。」冉猛聽了，猛撲敵陣。後世曹阿瞞之風，可能源於此。

攻打齊國的結局，雖然猶如貓去攻擊狗，但陽虎之意，卻是欲藉齊師之手除掉「三桓」中的二桓——季桓子與孟懿子。結果這個計畫卻被孟氏的家臣公斂處父給識破了，並告訴季氏的家臣苫夷。明白唇亡齒寒之理的苫夷對主子極其忠誠，他警告陽虎：「孟、季二位主子要是被齊軍殺死了，我一定會宰了你！」半路跳出這麼一隻忠於主人的家犬，陽虎只好就此住手了。

4. 陽虎請孔子出山

陽虎雖然遺憾自己的出身卑微，但卻對自己的智勇充滿信心，一直相信自己會把魯國建設得更好。所以，他必須要除掉「三桓」這個魯國發展的絆腳石，以便獨攬大權，並如他所宣稱的，還政於魯定公。

古刻本的《左傳》

《左傳》中提到古代君王有疑問時都要占卜。不過《左傳》中的占卜方式和《易經》有點不一樣。

孔子與六藝

孔子晚年，開始致力於整理前朝遺留下來的文化典籍，編修了六藝，成為後世儒家的主要經典。

孔子修書圖

《詩》：即《詩經》，原有三千多篇，孔子把其中重複的去掉，選用合於禮義教化的，集成三百零五篇。

《書》：即《尚書》，記述了虞、夏、商、周各代典、謨、訓、誥、誓、命等文獻。

《禮》：即《儀禮》，相傳是孔子參合周朝禮儀而定。

《樂》：即《樂經》，相傳是孔子根據音樂文獻編的音樂教材，後失傳。

《易》：即《易傳》，孔子晚年喜讀《易經》，並作十翼，闡述了《象辭》、《繫辭》、《彖辭》、《說卦》、《文言》等。

《春秋》：記述了從魯隱公元年（西元前722年）到魯哀公十四年（西元前481年）的歷史，是中國第一部編年史。

這一點，他和孔子想法一致，甚至他還請孔子出山幫忙。但是，按照周禮，家臣是不能過問、討論政事的，更別說執政了。孔子自然不屑與陽虎為伍。所以，陽虎雖然找了孔子兩次，但孔子最終只是口頭承諾「出仕」，卻沒有真的行動。

陽虎於是自己單打獨鬥，他先把「三桓」中的季桓子偷偷押往刑場執行處決，然後再一一擊破另二桓。但是在押赴刑場的路上，車夫被季桓子以種種利害說動了心而成功逃走。結果，引來了「三桓」大軍的鎮壓。這樣，在魯定公八年的冬天，魯定公與「三桓」的靜默遊戲達到了高潮，魯國大地刀兵相接，血流成河。

勝負很快便有了結果。「陽虎幫」寡不敵眾，只得由交戰轉為後退。但陽虎卻臨危而不懼，退得灑脫，退得漂亮，他脫下盔甲順手一扔，然後進入魯君內宮，取走了魯君的寶玉大弓。但由於大勢所趨，這張暗示「替天行道，以張公室」的大弓，並沒有給陽虎招來更多的忠烈義士。敗勢已定的陽虎，只好於魯定公九年夏將大弓還給了魯君，自己背著滿身惡名逃離了魯國。當其四處投靠不果，最終被趙簡子所收留後，孔子說：「看，這老趙家又要出亂子了。」但事實卻是，陽虎因極忠實於

趙簡子，提拔人才從不拉幫結派，而以國事為重，幾乎助成就了趙氏的霸業。

陽虎是否曾經是魯定公的一顆棋子？這一直是個無法解開的謎題。因為即使是，魯定公也不能說破，「君不密則失臣」，出賣了臣子，以後誰來幫助自己？而且，此事一說破，魯定公也會性命不保。而逃離了魯國的陽虎，對此事也不能說破，「臣不密則失身」，出賣了主子，必遭殺身之禍；而且，如果心無城府，口無遮攔，以後誰還敢再用你？

所以，陽虎在歷史上一直背著惡名。司馬遷在《史記》中罵陽虎為「賊」。班固在《漢書》中罵陽虎為「盜」，並將陽虎列為三類九等人物之末。司馬光在《資治通鑑》中罵陽虎為「禍根」。凡此等，不一而足。直到郭沫若為陽虎翻案後，今天人們才開始以一種公正的眼光來看待陽虎。在陽虎留下不多的言語中，「為富不仁矣，為仁不富矣」已經成為時下的千古名言；「主賢明則悉心以事之，不肖則飾奸而試之」則被郭沫若所推崇並在《十批判書》中稱陽虎為「革命黨人」。其實春秋戰國期間，正是無數個陽虎推翻了先秦的封建世襲制度，從而迎來了三十六郡縣中央集權制的大秦帝國，推動了歷史的進步。

5. 魯君、孔子和三桓的博弈

魯國繼陽虎之後，「三桓」急需解決家臣勢力對自己的威脅，魯定公也仍然在尋找著可以消滅「三桓」的義士。最終，魯定公與「三桓」的對弈中，雙方抱持著這種目的都選中了同一顆棋子——孔子。所以，孔子五十一歲以後官職一路飆升，最終擁有了魯國宰相的權力。但孔子「墮三都，削三桓」也遭到了徹底的失敗。

失敗的孔子只能悄然離開魯國，對於此中原委，孔子也不能說，魯定公也不能說。一個靜默的遊戲，一盤無語的對弈，就這樣悄悄進行著，直到魯國滅亡。而孔子「君不密則失臣，臣不密則失身，幾事不密則害成。是以君子慎密而不出也」的格言，一直成為中國官場上最重要的遊戲規則，誰違背了這個規則，都不會有好的結局。例如：三國時賣弄聰明的楊修，便是因破壞了這一規則而惹來殺身之禍。

如今，孔子的這句話，同樣適用於企業的管理。公司管理階層如何了解一個公司的整體情況？最簡單的辦法便是多聽取他人的匯報。這個匯報單憑會議上的發言，是不行的，必須要經過私下的密談，才能了解真實的情況。這些情況有真有假，但領導只能心領神會，仔細判別，卻不可以對他人言講。因為「君不密則失臣」，把告密者的話講出去，以後誰也不會對你講真話，只能成睜眼瞎子。而初階主管對高階主管的密談之言，同樣要心知肚明而不可隨意對外人言講，如果口無遮攔，把事情洩漏出去，一傳十，十傳百，傳到高階主管那裡，哪怕是一件微不足道的小事情，自己肯定也會被撤職，而且以後也沒有主管敢信任你。

如今，任何一個辦公室的規章制度中，都有不得洩漏機密這一條規定，因此可以說，說話做事機密，正是身為管理階層所必備的素質之一。例如：某個公司剛要

推出一款前景看好的新產品，但由於管理階層沒有保守機密，甚至連產品配方都洩露出去，造成別的公司不但按配方大量生產，而且提前註冊了這款產品，那麼就會對本公司造成巨大的損失。再如，司法部門正要調查一個貪汙案子，如果辦案人員洩露了司法部門掌握的情資，那麼貪汙犯就會提前銷毀證據，並且提前串供，導致根本無法順利破案。所以說，身為官員必須要做到「慎密而不出也」。

負且乘，致寇至

子曰：「作《易》者其知盜乎？易曰：『負且乘，致寇至。』負也者，小人之事也。乘也者，君子之器也。小人而乘君子之器，盜思奪之矣。上慢下暴，盜思伐之矣。慢藏誨盜，冶容誨淫。《易》曰：『負且乘，致寇至。』盜之招也。」

1. 春秋亂世的起因

晚而喜《易》的孔子，對《易經》這本書可以說是越讀越入迷，越讀越佩服《易經》的作者。正當憤恨又無奈於家臣、「三桓」這些竊國大盜時，忽然從《易經》爻辭中讀出了導致賊盜出現的原因，於是發出驚呼：「莫非《易經》的作者早就懂得招致賊盜的道理嗎？」

引起孔子驚嘆的這句爻辭，就是「負且乘，致寇至」，意思是：「本來是背負東西的窮人卻乘坐在豪華的馬車上，所以會招來賊寇。」孔子認為這句爻辭真是說得太好了，因為他認為春秋亂世的起因，就是人們不按照周禮約束自己，諸侯篡奪

負且乘，致寇至

該爻辭的意思是本來是背負東西的窮人卻乘坐在豪華的馬車上，所以會招來賊寇。孔子認為這句爻辭真是說得太好了，因為他認為春秋亂世的起因，就是人們不按照周禮約束自己，諸侯篡奪天子的權位，導致大夫也篡奪諸侯的權位；由於上行下效，所以家臣也篡奪大夫的權位，家臣手下也可篡奪家臣的權位。如此下去，則亂世永遠不會清明下來。

天子的權位，導致大夫也篡奪諸侯的權位；由於上行下效，所以家臣也篡奪大夫的權位，家臣手下也可篡奪家臣的權位。如此下去，則亂世永遠不會清明下來。

那麼「負且乘，致寇至」是哪一卦的爻辭呢？翻開《易經》，我們發現，原來是解卦六三的爻辭。解卦上卦為震為雷，下卦為坎為雨，雷雨大作，是解卦的形象，即天上堆積之烏雲得到化解。解卦是由小過卦變化而來，小過卦六二爻與九三爻互換位置，就形成了解卦，所以解卦的六三陰爻有凌乘於九二陽爻之上的形象。又由於解卦下卦坎為多眚，而六三爻為坎的最上爻，有乘車之象，所以爻辭說「負且乘」。小過變解卦，二三爻互換之後，使小過下卦的艮卦變成了坎卦，坎又有寇盜之意，所以爻辭說「致寇至」。

孔子對這一爻辭的解釋，也是完全符合這種卦變原意的。「負也者，小人之事也；乘也者，君子之器也。小人而乘君子之器，盜思奪之矣。」是說，背負、聽命是小人應該做的事情；車馬，是統治階層的君子所乘的交通工具。本應當背著東西走路的窮人，卻坐乘君王才有資格坐的豪華馬車，其他沒資格的人便也想把馬車奪過來自己坐，所以就把賊盜招來了。這種為盜心理，多少有點如阿Q名言：「和尚摸得，我摸不得？」

2. 盜奪天地，逆運造化

南懷瑾老師在《易經繫辭別講》中講解此句爻辭則說：「孔子研究到這一節，他提出來一個意見：他說周文王、注解《易經》的人知道盜心了，為什麼呢？聖人就是大盜，大盜也等於聖人。他說作《易經》的人，他們知道大盜嗎？知道盜心嗎？本來道家的說法是：道者盜也，是把天地之精神吸收到自己身上來，所以說『道者盜也』。因此《陰符經》就說：『天地萬物之盜，萬物人之盜，人萬物之盜。』彼此都在偷，都在搶，做生意更是如此，做官也是如此，所以釋迦牟尼佛把『王賊並稱』。莊子也是這個道理：成功了就叫王，叫帝王；不成功就叫偷。其實大家都是一樣，都在搶。一個是明搶，一個是暗搶。所以修道人常說『道者盜也』，盜就是盜機……」

道家對於生命的看法，則是認為自己完全可以掌握，所謂「我命在我不由天」、「盜奪天地，逆運造化」、「改形免世厄，號之為真人」。學道者只要自覺運用「盜」之道，不斷汲取天地萬物之精華就能長生。對於生命，這是一種積極的、英勇的、樂觀的看法。

3.「上慢下暴」為起盜之因

孔子接著說「上慢下暴，盜思伐之矣」，則是從另一角度來闡釋「負者乘」的道理。「上慢」，就是說居於上層的統治者傲慢無禮；「下暴」是說居於下層的民眾暴亂反抗。「上慢」與「下暴」是一種因果關係。君王「上慢」，即會引起「下暴」。

因為，君王一「上慢」，就沒有做君王的資格了，古人君王應當效法天道上，施以仁道，如果你沒這樣做，非常傲慢無禮，那麼你就沒資格做君王了，你就屬於「負者」了。所以「上慢下暴」，也屬於「負者乘，致寇至」。所以孔子說「盜思伐之矣」，盜寇見君王不夠資格，屬於「負者」，所以就會來攻打他。

例如：現在教育界都有一種感觸，覺得現在的老師不好當了，因為孩子越來越難管了，又不能體罰，一體罰就犯法；不體罰，孩子根本不聽老師的話，甚至還會發生打老師、砍死教授的現象。如果站在學生的角度去想，這種現象其實與老師的「負者乘」也有一定的關係。例如：有些老師、教授，根本不能傳授學生真正的知識，大學四年畢業，領了畢業證書，肚子裡卻沒有多少真知識，找不到工作。時間一長，一代又一代的這種大學生走向社會，上學的孩子也能看明白這其中的緣故，老師的威信自然就會下降。可是如果有些教授在道德上再「上慢」，甚至做出比較出格的事情，那有些大學生也容易做出「下暴」的事情來。如果老師真的做到「學高為師，身正為範」，這種現象是不會發生的。

當然，對於公司高層來說，也應當吸取「上慢下暴，盜思伐之矣」的教訓，處處為員工著想，體貼關愛員工，是增加公司凝聚力的最好辦法，也是使企業更具競爭力的有效方法。

4. 慢藏誨盜，冶容誨淫

接著孔子又說：「慢藏誨盜，冶容誨淫。《易》曰：『負且乘，致寇至。』盜之招也。」這一條，適合我們每個人學習。「慢藏誨盜」是說，故意顯露自己的金銀財寶，就是教唆、引誘賊寇前來偷你、盜你、搶你、劫你。比如，很多被搶劫的案子，都是因受害者在公開場合暴露錢財，而引起罪犯注意而受害。所以，我們明白「慢藏誨盜」的道理後，就不要經常自我誇耀財富了，把財寶趕緊藏起來，別讓人發現，如果天天拿著大把的鈔票招搖過市，那就太危險了。

「冶容誨淫」是說，女人把自己打扮得容貌妖冶，就是教唆壞人前來打你的主意。在中國古代有句話叫「女為悅己者容」，就是說女人會為喜歡自己的人打扮得很漂亮。在古代，女人出門不會把自己打扮得漂漂亮亮，特別吸引異性的，因為這樣會給自己帶來危險。而有些天生麗質的女子，不打扮也往往會給自己帶來災難。例如：孔子的先祖孔父嘉的太太出門，卻被他的政敵看上了，口中連稱「美麗豔」，眼睛看著孔太太就是不想離開，最終導致孔父嘉一家人被害。所以古代女子打扮，都是在晚上約會或在丈夫跟前才「為悅己者容」的。其他時間，打扮是不符合禮法的。當然，現在服務業要求員工上班時化妝，不屬於此例。因為這種化妝表現的是一種禮貌，一種漂亮、整潔的工作態度，與那種極盡性感，非常吸引異性的「冶容」是有區別的。

第9節

天地之數與大衍之數
《易經》中的數學

> 天數為1、3、5、7、9，地數為2、4、6、8、10。它們可以與東、南、西、北、中五個方位配合。五個天數相加得二十五，五個地數相加得三十，天數與地數加起來一共是五十五，這些數字就是易道成就變化，推算神妙的源泉。

【原文】

天一地二[1]，天三地四，天五地六，天七地八，天九地十。（本在第十章之首，程頤認為應放於此）

天數五，地數五，五位相得而各有合。天數二十有五，地數三十。凡天地之數五十有五，此所以成變化，而行鬼神也。

大衍之數[2]五十，其用四十有九。分而為二以象兩，掛一以象三，揲之以四以象四時，歸奇於扐[3]以象閏。五歲再閏，故再扐而後掛。

《乾》之策，二百一十有六，《坤》之策，百四十有四，凡三百有六十，當期之日。二篇之策，萬有一千五百二十，當萬物之數也。是故，四營而成《易》，十有八變而成卦，八卦而小成。引而伸之，觸類而長之，天下之能事畢矣。顯道神德行，是故可與酬酢[4]，可與佑神矣。子曰：「知變化之道者，其知神之所為乎！」

【注解】

[1] 天一地二：即天代表陽，陽數為奇數；地代表陰，陰數為偶數。
[2] 大衍之數：有人認為大衍之數即天地之數，這是不正確的。天地之數起源於河圖

天數圖

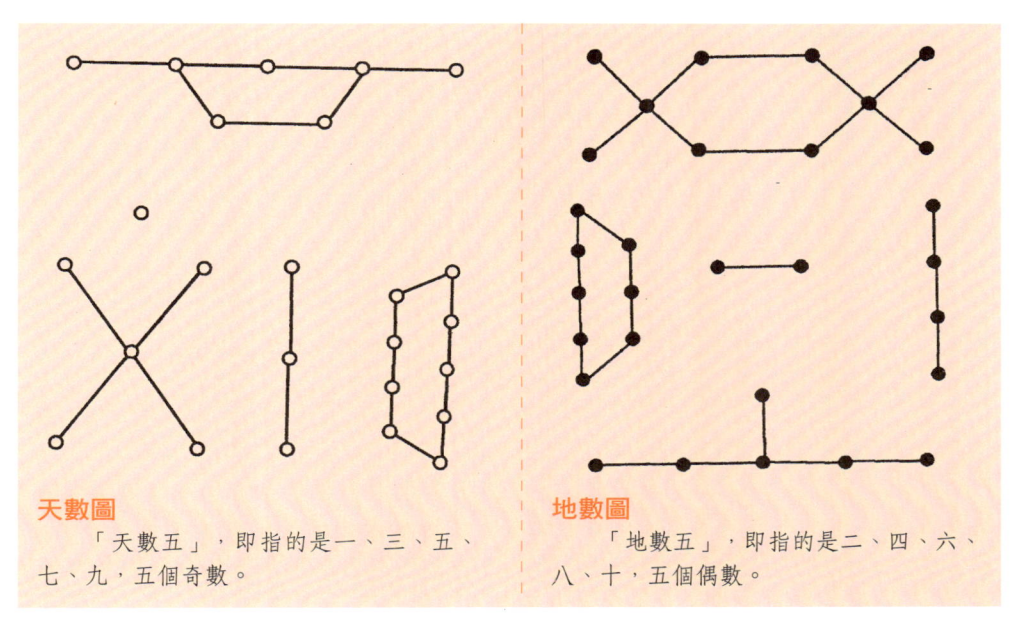

「天數五」，即指的是一、三、五、七、九，五個奇數。

地數圖

「地數五」，即指的是二、四、六、八、十，五個偶數。

洛書，而大衍之數則是占卜時演算天地變化之數。正如京房所說：「五十者，謂十日、十二生辰、二十八星宿也。凡五十，其一不用者，天之生氣，將欲以虛實，故用四十九。」《周易本義》則認為：「大衍之數五十，蓋以河圖中宮天五乘地十而得之。」

[3] 扐：音ㄌㄜˋ，古代用蓍草占卜，將零數夾在手指中間稱「扐」。

[4] 酬酢：應對，對答。

【釋義】

天數為一、三、五、七、九，地數為二、四、六、八、十。

天數（即奇數）一共有五個，地數（即偶數）一共有五個，它們可以與東、南、西、北、中五個方位配合。五個天數相加得二十五，五個地數相加得三十，天數與地數加起來一共是五十五，這些數字就是易道所以成就變化，而推算的神妙莫測如鬼神的原因。

進行演算的籌策數共有五十根，只使用四十九根（抽出一根不用，象徵太極）；將四九根任意分為二把，象徵兩儀；從右手中取一根掛於左手小指無名指間，象三才；然後以四根為一組數手中的籌策，以象四季的運行。將剩下的餘數分別夾在兩手的指縫處，象徵閏月，五年之中要有兩次閏月，所以還得再次重新演算。

乾為陽，陽數九，以四時乘之為三十六，再以六爻乘之為二百一十六。坤為陰，陰數六，以四時乘之為二十四，再以六爻乘之為一百四十四。二策相加共三百六十，相當於一年的日數。《易經》上下兩篇共有六十四卦，共有三百八十四爻，陰陽各

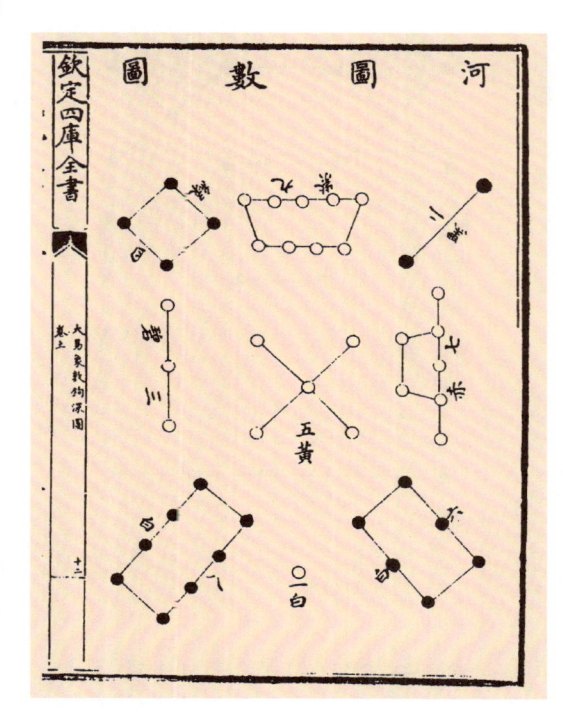

河圖數圖

此圖上頂九下踩一，左攬三右抱七，二四為肩，六八為足，五為腹心，總共四十五。縱橫之數皆為十五。

一百九十二，以陽數三十六，陰數二十四，各乘以一百九十二，然後加在一起總計一萬一千五百二十，相當於萬物的數字。所以演算一次需要四個步驟，三次演算才能算出一爻，卦有六爻，即十八次演算才能算出一卦。八卦本來只能代表有限的事物，屬於小成。可是將其引申擴展，按感觸到的事類推廣擴大，可以代表天下所有的事物。顯現天地之道，神通而符合德行，所以《易》可以應對人們的各種需要，可以趨吉避凶得到神的保佑。孔子說：「懂得《易》中變化道理的人，不就可以知道神的所作所為了！」

河圖之數

天一地二，天三地四，天五地六，天七地八，天九地十。（本在第十章之首，程頤認為應放於此）

1. 朱熹與《監本易經》

這一小節的內容，古代一般版本皆放於第十章之首，程頤認為應放於此，朱熹的《周易本義》也遵照程頤之說。朱熹把《大學》、《中庸》、《論語》、《孟子》稱為四書，把《易》、《詩》、《書》、《禮記》、《春秋》稱為五經，並分別作了集注。以後，朱熹所注的《四書》、《五經》便一直成為明清兩代的官方教科書

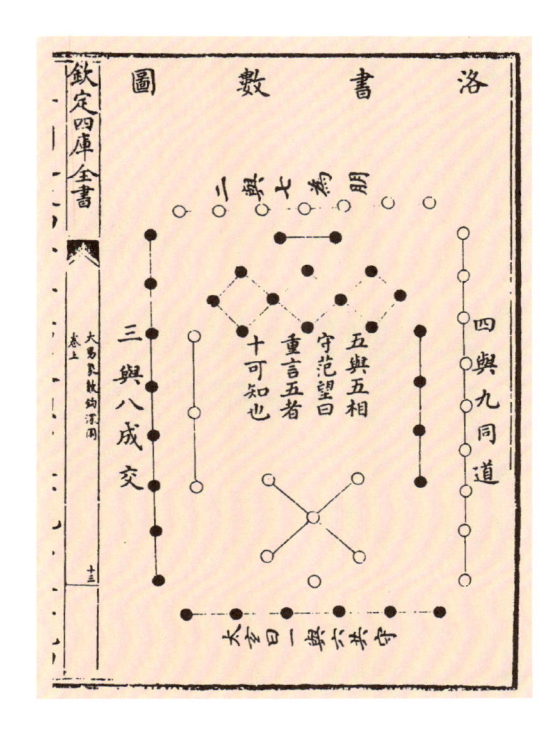

洛書數圖

河圖之數四十有五，這是聖人減損了天一、地二、天三、地四等十數，只有天五居中而為主。

及科舉考試的題庫。朱熹所注的《易經》，便是後世所稱的《監本易經》。

有人認為：「明朝之所以捧朱熹，等於唐太宗捧道教，因為老子姓李，唐太宗也姓李。明朝的皇帝姓朱，所以也找出一個姓朱的人來捧。明朝永樂皇帝以後，硬性規定，考功名時，四書五經必定要用朱注的，所以我們幾百年來的文化思想，受這個規定的禍害很大，他們都是用儒家四書五經的思想來講《易經》的理。」當然，程、朱二人在中國學術界是有很高的地位與學術內容，程門立雪，絕非現代式的商業炒作；朱熹「大儒」之稱號，不一定是浪得虛名。

2. 程門立雪的典故

什麼是程門立雪呢？這是關於程頤的一個典故。北宋年間，出現了兩位大學問家，他們便是河南洛陽的程顥、程頤兄弟二人，世稱「二程」，他們都是當時的名儒周敦頤（注：周敦頤根據陳摶無極圖作《太極圖說》對後世易學貢獻很大。）的弟子。二人因與王安石政見不和，不受重用，所以一心潛心於學術；並慨然有出世之志，所以研讀了諸多道、釋典籍。因此，二程的學問融合了道、儒、釋三家理論之精髓，二人授徒講學而共創「洛學」，並為理學奠定了基礎，眾多學士皆慕名前來求授。當時，有進士楊時，為了豐富自己的學問，毅然放棄了高官厚祿，跑到河南穎昌拜程顥為師，虛心求教。由於程顥五十三歲就去世了，當時四十餘歲的楊時便又跑到洛陽去拜程頤為師。這一天，楊時與朋友游酢（音ㄗㄨㄛˋ）一起到程家

白鹿洞書院

始建於唐代　木與磚石結構　江西九江

　　白鹿洞書院有「海內書院第一」和「天下書院之首」的美譽。書院傍山而建，樓閣庭院掩映在參天古木之中。其中朱子祠正是為紀念朱熹而建立的。

　　去拜見程頤，卻遇上程老先生坐著假寐。這時候，外面開始下雪。這兩人求師心切，便恭恭敬敬侍立一旁，不言不動，如此等了大半天，程頤才慢慢睜開眼睛，見楊時、游酢站在面前，吃了一驚，說道：「啊，啊！他們兩位還在這沒走？」這時候，門外的雪已經積了一尺多了，而楊時和游酢並沒有一絲疲倦和不耐煩的神情。後人將此事稱為「程門立雪」。當時學士對二程之慕仰，於此可略見一斑。

　　二程將易學的發展提高到一個新的水準，為後世留下《伊川易傳》和《程氏易傳》兩部重要易學著作。二程教學主張讀書要思考，認為「不深思則不能造其學」，注重致知、格物、窮理，並且主張教育目的在於培養聖人。不負所望的是，他們的學術，後來真的培養出了一位聖人，他就是一代大儒朱熹。

3. 學問集大成者朱熹

　　朱熹早年出入佛、道，十八歲參加鄉貢，據說就是以佛學禪宗的學說被錄取的。朱熹三十一歲正式拜程頤的三傳弟子李侗為師，專心儒學，成為程顥、程頤之後儒

學的重要人物。

　　一代大儒朱熹毫無疑問是中國的名人，是孔子、孟子以來最傑出的弘揚儒學的大師。人們用這樣的話來讚美他：「為天地立心，為生民立命，為往聖繼絕學，為萬世開太平」，確實是當之無愧的。他的思想在十五世紀影響朝鮮，十六世紀影響日本，十七世紀引起歐洲的注意，西元1714年在歐洲翻譯出版了《朱子全書》。在西方漢學家看來，他的方法論基本上是經驗主義的唯理論，他對儒教世界的影響，可與聖多瑪斯‧阿奎納對基督教世界的影響相比。

　　朱熹所創立的南宋理學不單在日本有著深遠影響，也為美國、韓國、馬來西亞等國推崇。至今國外學者在精心研讀《朱子語類》時，仍然完全採用漢代「章句之學」的方法，從文字訓詁入手，句讀、注釋、翻譯，再詮釋它的精義。那種崇拜和嚴謹的態度，決不遜色於任何一位中國學者。

　　朱熹除了注解《四書》、《五經》之外，還為後世留下了《四書章句集注》、《四書或問》、《太極圖說解》、《通書解》、《西銘解》、《周易本義》、《易學啟蒙》、《周易參同契考異》、《朱子語類》等經典巨著。

　　朱熹的學識，絕非虛名，因為他是中國古文化的真正集大成者。朱熹對《易經》的注解及排文方式，雖然也一直有學者存在不同意見，但錦書《易》的出土，卻證實了朱熹所注的《監本易經》的排文次序，是完全正確的。可是儘管這樣，至今仍然有許多作者撰寫的《易經》類書籍並不按照《監本易經》的排序，甚至想當然地隨意打亂章節，這確實很令人費解；如果你想找一些易學古籍讀物，那就應當首選朱熹的《周易本義》和《易學啟蒙》，或者朱熹所注的《監本經易》。

4. 朱熹易學的淵源

　　下面言歸正傳，此小節「天一地二，天三地四，天五地六，天七地八，天九地十」說的是什麼呢？其實，說的正是河圖。河圖洛書孔子根本沒見過，北宋以前的儒家也沒見過，可東漢鄭玄在《易經注》卻說：「天一生水於北，地二生火於南，天三生木於東，地四生金於西，天五生土於中。陽無耦，陰無配，未得相成。地六成水於北，與天一並；天七成火於南，與地二並；地八成木於東，與天三並；天九成金於西，與地四並；地十成土於中，與天五並也。」按照鄭玄的解釋，並用圖示表示出來，則正好是一六在下，二七在上，三八在左，四九在右，五十在中央，這個圖示竟然和北宋初期傳出的河圖完全一樣，這多麼奇怪啊！

　　其實朱熹、程頤之易學，正是源於鄭玄的易學。所以《監本易經》中對此小節的注解，也是採用河圖「言天地之數，陽奇陰偶，即所謂河圖者也。其位一六居下，二七居上，三八居左，四九居右，五十居中，就此章而言之，則中五為衍母，次十為衍子，次一二三四為四象之位，次六七八九為四象之成數。二老位於西北，二少位於東南。其數則各以其類，交錯於外也。」意思是說：「此小節所說的天地

之數，天數為陽為奇數，地數為陰為偶數，就是河圖上所表示的數字。河圖數字排列位置是一和六居於下，二和七居於上，三和八居於左，四和九居於右，五和十居於中央，這就是本章所說的『天一地二，天三地四……』的意思。而中央的天五，為萬物生成之母（即萬物皆陽陽和而變五行然後始生之意），中央的地十，則是萬物生成之子（即五行又分陰陽，而成十數，此五行陰陽相交合，才有萬物之意），其一二三四代表少陰、少陽、老陽、老陰四象的方位，六七八九代表四象的成數（即老陰為六，少陽為七，少陰為八，老陽為九），河圖中老陽與老陰居於西方和北方，少陰與少陽居於東方和南方，所以四象的成數在河圖中按照這種方位排列並居於生數之外，並陰陽交錯。」

此外，漢朝《尚書大傳‧五行傳》云：「天一生水，地二生火，天三生木，地四生金。地六成水，天七成火，地八成木，天九成金，天五生土。」由此我們可以看出，河圖之說絕非宋人杜撰，而是古已有之，只是知道的人極少。

天數與地數

天數五，地數五，五位相得而各有合。天數二十有五，地數三十。凡天地之數五十有五，此所以成變化，而行鬼神也。

「天數五」，即指的是一、三、五、七、九，五個奇數；「地數五」，指的是二、四、六、八、十，五個偶數。

「五位相得」，指的是一與二、三與四、五與六、七與八、九與十依次奇偶相得、陰陽相得。天地之數與十天干相配，則甲一、乙二、丙三、丁四、戊五、己六、庚七、辛八、壬九、癸十；其甲乙為一陽一陰，陰陽相得；丙丁也一陽一陰，陰陽相得……依此類推。中國古代命名學的五格數理，根據姓名筆畫預測吉凶，即源自於此。

「而各有合」，則是指一與六合，二與七合，三與八合，四與九合，五與十合。即十天干的甲與己合，乙與庚合，丙與辛合，丁與壬合，戊與癸合。

「天數二十有五」，是說五個奇數相加的總和為二十五；「地數三十」，是說五個偶數相加的總和為三十。奇數之和與偶數之和相加，一共是五十五，為天地之數的總和，所以說「天地之數五十有五」。由此我們可以看出，易學中隱含著豐富的數學知識，而河圖是比伏羲還要古老的古星圖，這無異告訴我們萬年以前，我們的祖先已經懂得了奇數與偶數的區別，並且能夠做較為複雜的四則運算了。河圖是加減法之源；洛書是乘除法之源。古人使用這些數學知識，主要用於計算曆法，透過天象變化來推知四時八節。這也印證了人類數學源於天文學的說法。

「此所以成變化而行鬼神也」，指的是一變生水而六化成之，即天地初生的是水，如晨時有露，而露水降臨大地，六面物體皆可承受露水；二化生火而七變成之，

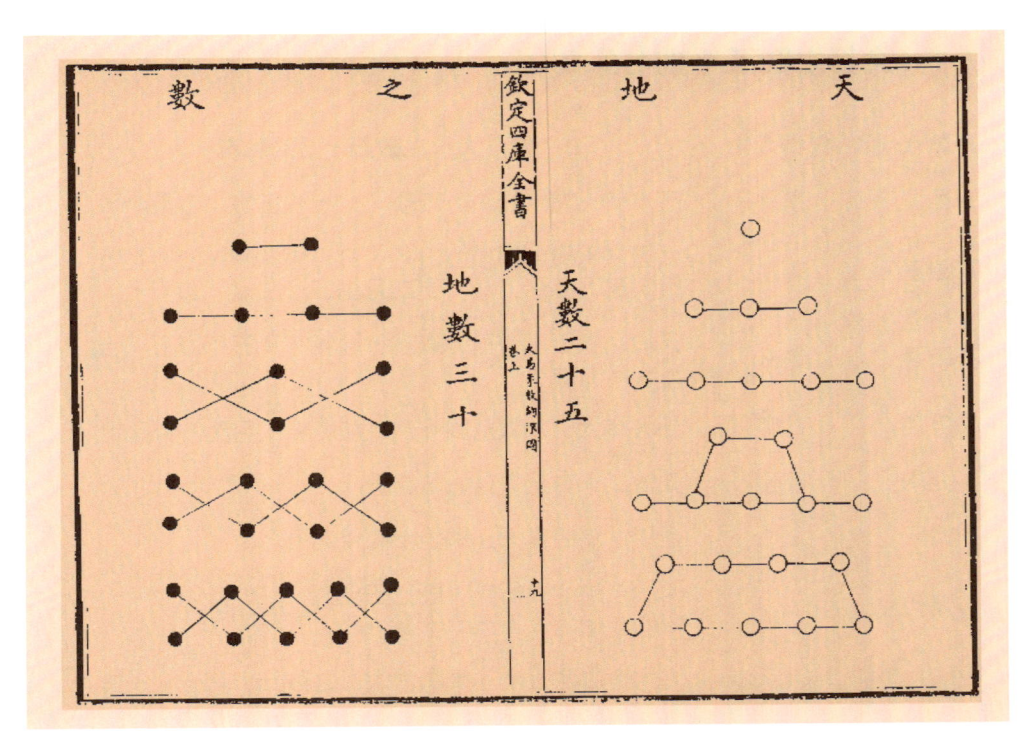

天地之數圖

　　天數（即奇數）一共有五個，地數（即偶數）一共有五個，它們可以與東、南、西、北、中五個方位配合。五個天數相加得二十五，五個地數相加得三十，天數與地數加起來一共是五十五，這些數字就是易道所以成就變化，而推算的神妙莫測如鬼神的原因。

即第二出現的是火，如晨曦帶來溫暖陽光，而陽光呈現七色；三變生木而八化成之，即第三出現的是草木，露水隨陽光出現而蒸發，草木之籽可以隨風飄向八方種植；四化生金而九變成之，即第四出現的是為陽光所煉之金屬塵屑，隨陽氣蒸騰直上九天；五變生土而十化成之，即天空五氣下降堆積而成土，土中五行又分陰陽，陰陽交媾而生萬物。這種變化，反應的是先天變後天，由生到死、由死到生的循環規律。所以，古時皇帝坐明堂、及太乙遊九宮等次序，皆本於此。另外，中國醫學經絡學說的經脈循行次序，也完全依照河圖這種變化次序，所以不明河圖，則難懂經絡循行之理。所以說「此所以成變化而行鬼神也」。由此我們也可以看出，早期易學，重點在數，而不在象，所以《易經》以象釋義，已屬於哲學範疇。

大衍之數五十

　　大衍之數五十，其用四十有九。分而為二以象兩，掛一以象三，揲之以四以象

大衍之數五十的名家解釋

朝代	代表人物	對「大衍之數五十」的解釋
西漢	京房	五十者，謂十日、十二辰、二十八宿也，合五十。
東漢	馬融	太極生兩儀，兩儀生日月，日月生四時，四時生五行，五行生十二月，十二月生二十四氣，合五十。
東漢	鄭玄	天地之數五十有五，以五行通氣，凡五行減五，合五十。
東漢	荀爽	卦各有六爻，六八四十八，加乾坤二用爻，合五十。
北宋	邵雍	天數二十有五之倍數，合五十。
南宋	朱熹	蓋以河圖中宮天五乘地十而得之。
清代	杭辛齋	勾股自乘合大衍數，既三三見九，四四一十六，五五二十五，巧合五十。
當代	金景芳	「大衍之數五十」應為「大衍之數五十有五」，古書可能脫「有五」二字。

四時，歸奇於扐以象閏。五歲再閏，故再扐而後掛。

1.「大衍之數五十」的各家解釋

衍，是推衍的意思；大衍，則是指萬物推衍循環週期數字，此處認為是五十。我們知道，中國代表五行的五、代表天干的十、代表地支的十二、代表氣候變化的二十四節氣，還有六十花甲子，都屬於萬物循環週期的數字系統，但此處為什麼說「大衍之數五十」，而不是別的數字呢？就因為這個問題，引出了「大衍之數五十」的不同說法。

西漢京房說：「五十者，謂十日、十二辰、二十八宿也，合五十。」東漢馬融說：「太極生兩儀，兩儀生日月，日月生四時，四時生五行，五行生十二月，十二月生二十四氣，合五十。」東漢鄭玄說：「天地之數五十有五，以五行通氣，凡五行減五，合五十。」東漢荀爽說：「卦各有六爻，六八四十八，加乾坤二用爻，合五十。」北宋邵雍說：「天數二十有五之倍數，合五十。」南宋朱熹說：「蓋以河圖中宮天五乘地十而得之。」清杭辛齋說：「勾股自乘合大衍數，既三三見九，四四一十六，五五二十五，巧合五十。」當代金景芳說，「大衍之數五十」應為「大衍之數五十有五」，古書可能脫「有五」二字。

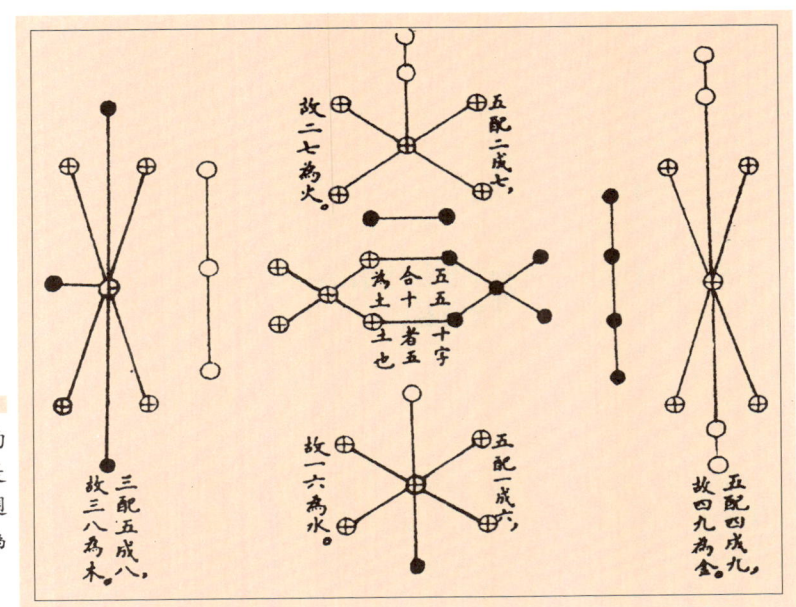

大衍數圖

衍，是推衍的意思；大衍，則是指萬物推衍循環週期數字，此處認為是五十。

諸多說法，誰的正確呢？筆者認為，還是應當以朱熹所說為準。為什麼呢？因為中國有句話叫「跳出三界外，不在五行中」，所以只在被五行所包容，具有五行屬性的事物，就會有吉凶。所以，推衍吉凶的最大數字，就是代表五行的天五與地十的乘積數。只有理解了這一點，才能看懂丹道經典。道教最高神三清，分別代表的是無極、太極與陰陽，此三種狀態，是含五行內容的，所以可以得到長生並且脫離吉凶之驗。從陳摶無極圖與周敦頤太極圖我們就會發現：太極是無與有的界限，五行則是先後天的界限；五行往下，則乾道成男，坤道成女，順人道而生；五行往上，則坎離匡廓，太極至無極，屬於逆人道成仙道。由於朱熹精於道教理論，又做過《周易參同契考異》，所以明白此中原委。一般儒家，自然難明其中奧理。

明白這個「大衍之數五十」，也就明白為什麼古代中醫把脈講究「五十動」了，即把脈時，必須測到五十次脈動的時間，然後才能看出病在何臟。如「五十動一止」則說明病在腎。古醫理，即是把人體看成為天體一樣的小宇宙，依照古天文的理論來研究人體。如洛書戴九履一，則人心有九竅，下有一命門；洛書左三右七，則人左肝藏三魂，右肺藏七魄。

2. 蓍筮的基本程序

「其用四十有九」是什麼意思呢？是說，雖然占卜時一共有五十根蓍草，但實際上只用四十九根，要把一根抽出來放到一邊不用。為什麼呢？因為這一根象徵的是先天自然，即太極之真一，此非人的智力所能損益、左右、預測的，所以這一根蓍草得抽出來，不能使用。

蓍筮程序是，先排除雜念，專心默想所占之事，然後將五十根蓍草抽出一根，放到一旁不用，只用剩下的四十九根進行占卜，所以說「其用四十有九」。傳統觀點認為，蓍草是一種多年生草本植物，每年生一莖，百年之後百莖叢生，才可用為占卜用的算策，據說這樣具有閱歷才能靈驗。其實關於蓍草神奇的種種傳說，皆與相傳文王以蓍草演八卦的故事有關，而蓍草本身，並非真有如此之神奇靈性。因為依易理而言，萬物皆有吉凶之感、吉凶之驗、吉凶之兆、吉凶之應，並非只有蓍草才具備這種靈性，否則，就不會有梅花易術這種占卜了。所以，以竹棍、木棍代替蓍草未嘗不可，比如寺廟裡抽籤算命的籤，一般皆為竹製，照樣有不少善男信女說靈驗。所以有興趣的讀者，可以用火柴棒代替蓍草演示下面示範的占卜步驟：

　　第一步，隨意把四十九根蓍草用左右手分成兩份，放在卜者面前，以象徵太極分兩儀之天地形成，即「分而為二以象兩」。

　　第二步，從右手分出的那部分蓍草中抽出一根，放在左手小指與無名指的中間夾住，即「掛一以象三」。三，就是天、地、人三才。即，現在四十九根蓍草被分成了三份，與天、地、人三才相應。

　　第三步，把左手分出的那部分蓍草四根四根地數出來放到一邊，之所以要每四根為一組，便是以四這個數字來象徵四季，即「揲之以四以象四時」。最終剩下的蓍草數量，則最多為四根，最少為一根，這幾根蓍草要夾在左手無名指與中指之間，這就叫「歸奇於扐以象閏」，即這個餘數象徵閏月。接著，把右手分出的那一部分蓍草也四根四根地數出來，並將最後的餘數夾在左手中指與食指之間，這就叫「歸奇於扐以象閏，五歲再閏」。即左右手蓍草「歸奇」於左手指間，左右手蓍草餘數象徵兩個閏月（即兩個閏年），左手五指象徵五年，表示五年中設置兩個閏年。

　　第四步，由於左右手分出的兩堆蓍草一共是四十八根，所以是可以被四整除的。這樣，「揲之以四以象四時」之後，左手無名指、中指之間的蓍數與中指、食指之間的蓍數之合，則必然不是四就是八，再加上小指與無名指之間的一根象徵地的蓍草，則左手一共的蓍草數，不是五即是九。將左手所有指間夾的蓍草歸到一起，放置一邊，不用。接下來，便可以用剩餘的蓍草再重複第一步到第三步的步驟（總蓍數已並非四十九根）；然後再將左手指間蓍棄置不用，再重複第一步到第三步的步驟（總蓍數已並非四十九根），這次再將左手指間的蓍草棄置不用，然後數一數四十九蓍草減去三次棄置不用的蓍草後剩餘的蓍數，此時蓍草的數量只會出現四種情況，即或者三十六，或者是三十二，或者是二十八，或者是二十四；將其除以四，則結果或者為九（老陽），或者為八（少陰），或者為七（少陽），或者為六（老陰），正好是四象之成數，這樣就可以得出初爻的陰陽狀況了。由於八卦有六爻，所以再重複以上步驟六次，才能占卜出一個完整卦畫來。

　　以上第一步到第三步的步驟，算作「一易」，其中包含分二、掛一、揲四和歸奇四個小步驟，這四個小步驟稱為「四營」。所謂「四營成易」，即是四營完成了

著筮的基本程序

在《易經》占筮方法中，最古老的就是揲蓍布卦法，「蓍」是指蓍草，占卜時用其莖揲蓍，就是數蓍草的數目，把它分成幾份，進行演算以來占卦，進而得出卦象。《繫辭》中說：「極數知來之謂占。」講的就是透過揲蓍的方法，盡天地大衍之數的演算，以推知事物。

1 先排除雜念，專心默想所占之事，然後將五十根蓍草抽出一根，放到一旁不用，只用剩下的四十九根進行占卜，所以說「其用四十有九」。

2 隨意把四十九根蓍草用左右手分成兩份，放在卜者面前，以象徵太極分兩儀之天地形成，即「分而為二以象兩」。

3 從右手分出的那部分蓍草中抽出一根，放在左手小指與無名指的中間夾住，即「掛一以象三」。三，就是天、地、人三才。即，現在四十九根蓍草被分成了三份，與天、地、人三才相應。

4 用剩餘的蓍草重複第一步到第三步的步驟；然後再將左手指間蓍棄置不用，再重複第一步到第三步的步驟，這次再將左手指間的蓍草棄置不用，然後數一數四十九根蓍草減去三次棄置不用的蓍草後剩餘的數，此時蓍草的數量只會出現四種情況，即或者三十六，或者是三十二，或者是二十八，或者是二十四；將其除以四，則結果或者為九（老陽），或者為八（少陰），或者為七（少陽），或者為六（老陰），正好是四象之成數，這樣就可以得出初爻的陰陽狀況了。由於八卦有六爻，所以再重複以上步驟六次，才能占卜出一個完整卦畫來。

第二章 《繫辭傳・上篇》的智慧

一易。一易又叫一變，由於要經過三次第一步到第三步的步驟才能求出一爻，所以三易（三變）才能得出一爻。八卦有六個爻，所以十八變才能得出一卦，所以說「十有八變而成卦」。

由此我們可以看出，蓍筮原理依據便是古天文學與古曆法知識，這裡面的各種數字，皆與天文曆法有關，這說明易學確實源於古天文學，並且也說明中國古人很早便有了完整的數學理論體系。

「十有八變而成卦」的占卜法，是古代君王在制定重大決策時的占卜儀式上用的，並非人人家中占卜皆用此法。這種占卜儀式比較正規而莊重，具有讓百姓感覺到君王「授命於天」的真實感，並且也可以讓百姓切實感受到君王對天的虔誠，感化百姓效法君事天之誠以事君王。自唐孔穎達之後，一般占卜則以三個銅錢代替五十根蓍草，擲出銅錢以兩背一面為陰爻，兩面一背為陽爻，三個背面為老陽，三個陰面為老陰，程序簡單了許多。

乾坤之策數

《乾》之策，二百一十有六，《坤》之策，百四十有四，凡三百有六十，當期之日。二篇之策，萬有一千五百二十，當萬物之數也。是故，四營而成《易》，十有八變而成卦，八卦而小成。引而伸之，觸類而長之，天下之能事畢矣。

「策」就是蓍，「一策」就是一根蓍草。《乾》之策，即蓍筮得乾卦所需之蓍草數。在乾卦六爻皆為動爻的情況下，蓍筮中三變得一老陽爻用三十六根蓍草，十八變得六爻乾卦，36×6＝216，一共二百一十六根蓍草，所以說「乾之策，二百一十有六」。

在坤卦六爻皆為動爻的情況下，蓍筮中三變得一老陰爻用二十四根蓍草，十八變得六爻坤卦，24×6＝144，一共一百四十四根蓍草，所以說「坤之策，百四十有四」。

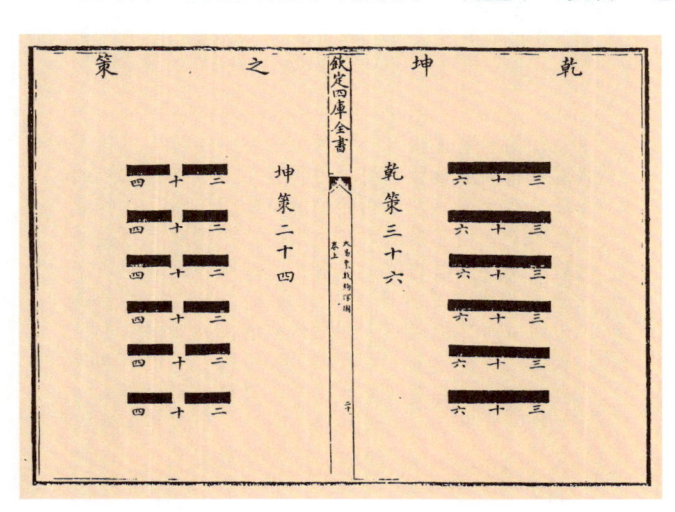

為什麼乾坤之策數，皆取動爻呢？這是因為，

乾坤之策圖

古人以筮法占卜時，五十根蓍草而用其四十九根，三變而成一爻，計算三變所得掛扐與過揲之策，便知所得何爻。

乾卦六爻皆動則轉變為坤，坤卦六爻皆動則轉變為乾。乾坤之變，正是易學卦變的總綱。單以乾坤兩卦而言，則乾為白天、為春夏、為暑，坤為黑夜、為秋冬、為寒，乾坤之變則是畫夜更替、寒暑往來的天道運行體現。而乾坤之策數之合，216＋144＝360，一共三百六十，正是寒來暑往一年三百六十天的體現，所以說「凡三百有六十，當期之日」。

所以說，透過四營才得一易（即一變），三變才得一爻，十八卦才得出的這一個六爻八卦，只能算是八卦小成，只是起到占卜一事、一物的作用。而以乾坤之變化延伸下去，觸類旁通，卻可以說明天下所有的事物。

例如：乾坤互變稍加延伸，只需要其變化細節稍加描述，便可演變出十二消息卦。將此十二消息「引而伸之，觸類而長之」，既可表示一天十二時辰陰陽消息情況，又可表示一年十二月、十二氣、十二律呂、十二次的陰陽消息情況，還可表示一運十二世、一元十二會，推演天地開闢之大運，則一會為一萬零八百年，天開於子，地開於丑，每以萬年之隔演繹著天地萬事、萬物的變化進程。如果再將乾坤互變的規律再描述得仔細一些，則形成了伏羲六十四卦方圓圖。圓圖中，乾坤坎離不計爻位，則一爻一日，共計三百六十日，正應一年之數。而乾之間，則為道家養生理論所言之月窟，卦氣理論所言之地戶，陰氣自此而出，而漸長，漸盛；坤復之間，則為道家養生理論所言之天根，卦氣理論所言之天門。依《皇極經世》所言，又可仔細描述天地開闢大運之細節。

而《易經》上篇三十卦，下篇三十四卦，一共三百八十四爻，與一個閏年三百八十四日相對應。其陰爻與陽爻各一百九十二，再依蓍筮老陽用三十六根蓍草，老陰用二十四根蓍草，則《易經》六十四卦的所有陽爻共有六千九百一十二根蓍草（36×192＝6912），所有陰爻共有四千六百零八根蓍草（24×192＝4608），陰陽爻一共是一萬一千五百二十根蓍草（6912＋4608＝11520），這就是「二篇之策，萬有一千五百二十，當萬物之數也」。由於《易經》六十四卦變化皆出自於乾坤之父母、之門戶，所以我們由此可以得出結論：蓍筮十八卦所得一卦，不過屬於小成，只占卜一事或一物，但如果依乾坤變換之理「引而伸之，觸類而長之」，則可說明萬事、萬物之理、之數；天下之各種事物之理、之數，皆盡在其中。

顯道、神、德、行

顯道神德行，是故可與酬酢，可與佑神矣。子曰：「知變化之道者，其知神之所為乎！」

1. 顯道、顯神、顯德、顯行

正因為八卦之變化可以說明天下所有事物之理數，所以透過八卦占卜，即可顯

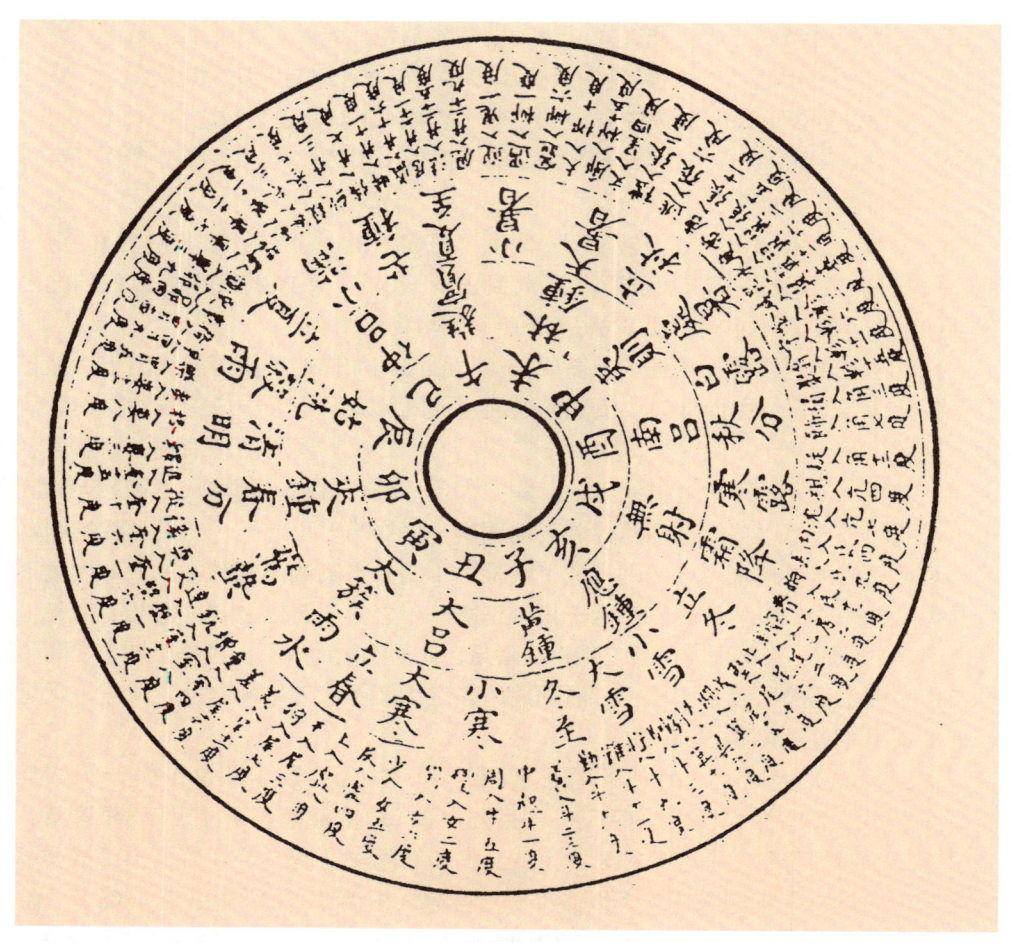

太玄準易卦氣圖

右律曆之元，始於冬至，卦氣起於中孚。節氣變換，是有著陽消陰息，陰息陽消的變化規律的。天氣總是以一種漸進的方式在變換，與黃道二十四個節氣點一一對應。地上的一切變化，皆可透過天象預測出來；地上的各種物候，也與天上的星象相對應。而人與天地相感應，所以透過占卜，可以掌握三極之道的變化情況，而預測出吉凶。

示出道、神、德、行四者的變化情況，而得到吉與凶的結果。

顯道，即顯示出天道、地道、人道之三極之道的轉化規律；顯神，即顯示出神鬼變化之情狀；顯德，即顯示出品德優劣情況；顯行，即顯示出言行的好壞情況。

為什麼這四者皆可透過八卦占卜顯示出來呢？原因很簡單，因為這些事物皆離不開陰陽之變、剛柔之變，皆是陰陽之變、剛柔之變的產生。按照道家理論，萬物皆是由陰陽交合所生，懂得陰陽，則天下一切事物皆懂。

例如：節氣變換，是有著陽消陰息，陰息陽消的變化規律的，不會這個月冷寒徹骨，下個月馬上烈日炎炎，今天剛下完雨，明天馬上就下大雪，天氣不會這麼沒有規律的，天氣總是以一種漸進的方式在變換，與黃道二十四個節氣點一一對應。地上一切變化，皆可透過天象預測出來；地上的各種物候，也與天上的星象相對應。而人與天地相感應，所以透過占卜，可以掌握三極之道的變化情況，而預測出吉凶。

　　神鬼二物，也不過陰陽二氣所化，明白「精氣為物，遊魂為變」的原理，則神鬼之情況可察。此外，顯神之「神」，還有未知秘密、神秘的意思。如今人類未探索出的宇宙奧秘、人體奧秘、地球奧秘等，皆屬於這種「神」。為什麼八卦可以顯示出這些未知的秘密呢？因為八卦易理不是歸納法，也不是經驗之談，而是中國祖先幾十萬年對自然萬物研究、經驗積累、歸納總結出的一套推演法理論。有人認為《易經》中只有歸納法而沒有推演法，是由於根本不懂《易經》所造成，因為《易經》占卜便是根據易理中的公式、定理推演出吉凶結果的。另外，古人根據易理制定曆法、推理未知事物、推理天地形成之後的發展變化、推理朝代更替的結果等，這些屬於推演法。

2. 神奇的八卦占卜

　　透過八卦可以預測一個人的品格，這似乎有些神奇。不過歷代許多易學家皆可以透過人的出生日期起卦，從而判斷出一個人的品德、性情及人生命運好壞。透過易理去評斷一個人的品格，還是較客觀準確的。比如，依天尊地卑之理，我們可以判斷一個不尊敬長輩、不尊敬老人的孩子，在品格上存在缺陷；我們根據一個人的五行體形，可以大致判斷一個人的性情及缺點，這些理論還是有醫學根據的。比如木形人身高膚白，多愁善感，喜溫惡寒，易患肝膽、脾胃之病；火形人體形瘦小，肌膚薄弱，面色紅潤，精神旺盛，行動敏捷，急躁易怒，易患心病及肺病；金形人體形瘦小而方正，四肢清瘦，膚白易汗，語少而驚人，做事嚴謹，易患呼吸系統、及肝病；水形人則體胖膚黑，沉默寡言，善用心計，多疑狡詐，易患腎病與心病；土形人則體格健壯，肌肉豐滿，忠厚篤誠，易患脾胃與腎病等。

　　透過八卦預測一個人的言行，主要是以虛實之變上去看，透過爻象的陽虛陰實進行辯證。而一個言行不一的人，也如天道與地道不合，一般從一人之言可斷其行，從其行可斷其言。種種假象皆可洞穿。如天有雷聲大雨點小的現象，則人也與天相應，越注重口頭表達，說大話的人，其行動越是微小，也就是「語言的巨人」，往往皆是「行動的矮子」。再如天象與節氣相應為天道正常，人的言行一致則為一個人品德過關。所以說懂易理，可洞人心，察人言行之善惡。

　　而顯道、顯神、顯德、顯行四者，也是依次相推的關係。即，明道者必知神，明神者必知德，明德者必知行。其中，道是根基，是最基本的法則。

酬酢

古代酒文化中的一種禮節。在酒席之上，主人先向賓客敬酒為「獻」，賓客回敬主人為「酢」；主人再回敬來賓，就是「酬」。所以，酬酢也有一往一來，互相交流、問答的意思。古人占卜，則正是一種與天交流、問答的方式。古代天子，就是透過占卜方式，與「天父」交流並得到吉凶的答案。

3. 以易理可知鬼神的作為

「是故可與酬酢，可與佑神矣」是說，由於懂得易學之人可以顯道、顯神、顯德、顯行，所以這種人自然可以與天地自然交流問答（即從自然之理中得到規律），可以得到神的保佑了。

酬酢，是古代酒文化中的一種禮節。即在酒席之上，主人先向賓客敬酒為「獻」；接著賓客回敬主人為「酢」；主人再回敬來賓，就是「酬」。所以，酬酢也有一往一來，互相交流、問答的意思。古人占卜，正是一種與天交流、問答的方式。古代天子，就是透過占卜方式，與「天父」交流並得到吉凶的答案。當然，如果不懂易學，不能顯道、顯神、顯德、顯行，也就無法準確占卜，無法與「天父」進行交流、酬酢了。所以孔子說：「知變化之道者，其知神之所為乎！」意思是：「懂得《易》中變化道理的人，不就可以知道神的所作所為了嗎！」孔子所說的「神」，即天子的父親──「天父」，實際仍然是天道之規律、準則。

第 10 節

《易》有聖人之道四焉
《易》有「四道」

> 所謂的「聖人之道」，就是聖人喜愛做並且可以成就其為聖人的事物。《易經》中包含有四種聖人之道，即：辭、變、象、占。

【原文】

《易》有聖人之道四焉：以言者尚其辭，以動者尚其變，以制器者尚其象，以卜筮者尚其占。是以君子將以有為也，將有行也。問焉而以言，其受命也如響。無有遠近幽深，遂知來物。非天下之至精，其孰能與於此？參[1]伍以變，錯綜其數。通其變，遂成天下之文；極其數，遂定天下之象。非天下之至變，其孰能與於此？《易》無思也，無為也，寂然不動，感而遂通天下之故。非天下之至神，其孰能與於此。

夫《易》，聖人之所以極深而研幾也。唯深也，故能通天下之志；唯幾也，故能成天下之務；唯神也，故不疾而速，不行而至。子曰：「《易》有聖人之道四焉者，此之謂也。」

【注解】

[1] 參：通「叁」，即「三」。

【釋義】

《易》中包含著四種（即辭、變、象、占）聖人之道：言談中喜愛引經據典的人崇尚其中的繫辭；喜歡行動的人則喜歡其中的變化；製造器具的人則喜歡其中的

卦象；以占卜為生的人喜歡其中的占斷，所以君子將要有所作為。有所行動時，向《易》徵詢得失與吉凶，《易》便會以其六十四卦中的繫辭對徵詢者作出應答。無論遠近幽深，都會得知將來事物的變化狀況。如果說《易》不是天下最精深的哲理，誰又能做到這些呢？三才五行或陰陽之數參合五位的變化，錯綜其數字的推演，通達它的變化，終於成就陰陽之數的神妙，而《易》中陰陽卦爻的文辭也由此可以推知了。極盡數字的變化，於是確定天下的物象，如果說《易》不是天下最神奇的變化，誰又能做到這些呢？《易》本身不會思考問題，也不會做什麼。寂靜不動，受到感應能貫通天下的道理，如果說《易》不是天下最奇妙的東西，誰又能做到這些呢？

《易》，是聖人極盡幽深，研究神機莫測的一門大學問。正因為它幽深，所以才能通達天下人的心志；正因為它神機莫測，所以才能成就天下的各種事務；正因為它神妙，所以不忙卻迅速，不見其行，卻能到達。孔子說：「《易》有聖人之道四焉。」指的就是這些。

四種聖人之道

《易》有聖人之道四焉：以言者尚其辭，以動者尚其變，以制器者尚其象，以卜筮者尚其占。

1. 辭、變、象、占

《易經》裡面包含四種聖人之道，所謂的「聖人之道」，就是聖人喜歡做並且可以成就其為聖人的事物。這四種就是：辭、變、象、占。即：①聖人所說的話，往往喜歡引用《易經》中的卦辭、爻辭，以及《易傳》的詞語；②聖人行動做事情，喜歡依照《易經》中的卦變原理；③聖人製作器具，往往喜歡依照卦象的形象；④聖人想要預知未來，則喜歡用《易經》占卜。這四條，都是聖人喜歡做的事。

為什麼聖人說話喜歡引用《易經》的語句呢？主要是因為《易經》中的語句飽含哲理，而表達簡潔。這裡所說的言語，也包括文字、書畫。總之，中國古代所有學術思想，都是在易學體系下建立起來的，所以我們如今不讀《易經》，也無法真正領會中國古代聖哲的思想。

2. 文化斷層的殘酷現實

我們把古代諸子百家的書都當做文學書籍來讀，即使探求一下諸子思想，也往往理解錯了。為什麼呢？因為我們沒有仔細閱讀《易經》，也很少有人能讀懂《易經》。欣賞古字畫，我們更是難以理解其中蘊藏的易理，所以，想要讀懂古代聖賢書，我們必須先讀懂《易經》。此外，今天的考古工作者，更要認真閱讀《易經》，因為出現在考古古董中的線紋、符號、圖畫，往往是以易理在表達著某種內涵，如

果不懂《易經》，那麼這些東西往往就會被忽視掉，而不能挖掘出更有價值的訊息。可以說，《易經》中的每個文字，都在繼承著先古傳統，都在影響著後世文明。即使今天的諸多常用詞語，也往往出自於《易經》，只是由於我們沒有很好地繼承古代文化遺產，造成我們今天這些詞語甚至已經與曾經的字、詞成了反義詞。如性命、性情、變動、變化、言辭、有為、錯綜複雜、天下、變通等，皆是《易經》中的字詞，而如今這些詞語已與原意相差甚遠。比如《易經》中的詞往往是一字一詞一意。性命一詞，如今我們已經把古時的「命」理解成「性」，而把古時的「性」理解成「命」，正好相反；「變化」一詞，《易經》認為春夏為「變」，秋冬為「化」，變化反應的陰陽消息轉換狀況，與今天詞區別很大。但我們由此也可以看出，《易經》自從出現以後，就一直在影響著人們的語言、文字的表達習慣，所以這裡的字句至今仍然存在。

3. 易學的廣泛使用

為什麼聖人行動做事情，喜歡依照《易經》中的卦變原理呢？因為《易經》中的卦變順序，體現著天下萬物的變動規律，如陰陽消息規律，君子之道與小人之道的更替規律，窮則通、通則變的規律，不同處境、地位的行為準則等，聖人按著這些規律做事情，才會與天地準，才不會犯錯誤，才會趨吉避凶，所以說善易者不卜，平時自己的言行與天地準，什麼時候都會吉祥。

為什麼聖人製作器具，也喜歡依照卦象的形象呢？這是因為卦象中，也充滿了哲學，也會對聖人有源源不斷的啟發。比如，伏羲發明網罟，便是根據離卦的卦象。離卦中間空，正是網眼。黃帝垂衣裳而天下治，正是取象於乾坤兩卦而製作出尊卑階級分明的官服。關於這些，在《繫辭傳·下》有專門的論述，在此就不多講了。

為什麼聖人想要預知未來，喜歡用《易經》占卜呢？這個大家應該更清楚些，因為易與天地準啊！三極之道，天、地、人之間存在微妙的感應關係，所以以八卦占卜，就可以預測出許多事情。

所以聖人之所以為聖人，所憑藉的就是這四條。

遠近幽深，遂知來物

是以君子將以有為也，將有行也。問焉而以言，其受命也如響。無有遠近幽深，遂知來物。非天下之至精，其孰能與於此？

1.《易經》有問必答

由於古代聖賢君子皆精通易道，所以他們將要有所作為，有所行動的時候，便向《易經》徵詢得失與吉凶，《易經》便會以其六十四卦中的繫辭對徵詢者做出應答。

以《易經》占卜，無論是多遠、多近、多幽、多深的事物，皆可以預測將來事物的變化狀況，並準確作出吉凶的判斷。這就是「遠近幽深，遂知來物」的意思。正由於《易經》占卜如此神奇，如此準確，所以《繫辭傳》的作者在這裡讚嘆說：「如果說《易經》不是天下最精深的哲理，誰又能做到這些呢？」

由此看出，此小節內容，只是對《易經》的讚美之詞，並無過多深意。不過，《易經》占卜真的有如此準確嗎？《易經》是用怎樣的方法占卜呢？《易經》占卜的準確程度，在古代易學著作中，有過許多案例，確是極其神奇，但其使用的方法，應當絕對不是只憑看卦辭和爻辭。因為《繫辭傳》中也多處言明「辭」與「占」是兩個不同的概念。比如上一小節所講的四個聖人之道，「以言者尚其辭」，顯然指的是卦爻辭而言；「以卜筮者尚其占」，顯然是一種有別於看卦爻辭的占卜術。如果我們以卦象、卦爻辭來占卜，其準確率不是很高，因為卦象、卦爻辭所說明的事物畢竟有限，其表達精確度也有限。是無法做到「遠近幽深，遂知來物」的，事物發展的過程雖然卦象中可以看出，但發展的時間、結果的時間，吉凶之時刻，皆無法從卦象、卦爻辭中得知。

2. 周文王占卜的境界

周文王像

《易經》又稱《周易》，也就是周文王整理的《易經》。《史記》記載「文王拘而演周易」，是指他開創了有別於伏羲先天八卦的後天八卦系統。

既然周文王為《易經》寫了卦辭，那麼我們還是看看傳說中當年囚於羑里的文王是怎樣占卜的吧？

周文王因一聲嘆息而被紂王關進殷商的國家監獄羑里後，便與外界失去了任何聯繫，所以他一邊以蓍草推演八卦，一邊以八卦來占卜，以了解天下大事及自己親人的吉凶狀況。

後來，周文王在羑里每天用蓍草推演八卦的事，被殷紂王知道了。紂王開始並不在意，心想：「你這麼大的歲數能算出什麼來，不見得比我朝中的大仙們更高明吧？」可是時間一長，紂王也有些不放心了。心想：「這姬昌每天都研究八卦，不會已達到最高境界了吧？」紂王也是極其相信算命的，他每日必卜，自然不想讓能招會算的周文王活在世上。為了試探周文王是否預算準確，於是紂王採取了

典型的紂王式考察辦法──將姬昌的長子伯邑考殺死，並做成肉羹送給文王吃。

不過這件事並非紂王一人的主意，紂王的殘暴往往與他的愛妃妲己有關。這位妲己據說是崇侯虎的女兒，《封神榜》中說是一隻九尾狐狸精進入了崇侯虎女兒的體內。結果這位妲己與紂王很契合，既喜歡淫亂的生活又精通巫術，所以深得紂王的寵愛。姬昌的長子來朝歌求見紂王，要求探望自己的父親。結果被妲己看上了，便對他進行挑逗。雖說在殷商時代還遺存著母系社會的習俗，人們的性生活還較為開放，但面對紂王的妃子，我想伯邑考還是有些顧忌。結果，被伯邑考拒絕的妲己便獻給紂王一條毒計──用伯邑考做肉羹給文王吃。

而因於羑里的文王，早已用八卦推算出長子遇難的事情，見到紂王送來的人肉羹，雖然知道是自己孩子的肉做成的，但因為一聲嘆息而被囚於羑里的文王，此時做事已更加謹慎，並且多年的八卦研究也使文王深明韜光養晦之理，所以他裝作什麼也不知道，把肉羹吃了。等看守不注意的時候，文王便悄悄找個沒人的地方，把肉吐了出來。而文王吐出的肉，竟然全變成兔子跑了。

這個傳說就流行於羑里一帶，如今在羑里城的西北角，距周文王演易處不遠，有一個不太顯眼的墳冢，即伯邑考之墓，也叫「吐兒冢」，據說就是周文王吐肉羹的地方。而至今羑里這個地方，民間一直不打兔子──因為牠是文王的長子變的。可見當地百姓一直很相信這個傳說。

這個傳說中，文王想要預測出送來的人肉羹是自己兒子的肉，那麼他的八卦占卜術中必然要含有時間訊息。因為周王在羑里已經失去與外界的任何聯繫，沒有時間信息，那麼即使算出兒子有難，也不會算出什麼時間遇害；如果算不出什麼時間遇害，那麼就算不出是否已經遇害，更不會推算出這碗肉就是兒子的肉做的。所以說，文王占卜，使用的方法絕非是看看卦辭，看看爻象。

3. 爻辭中的時間訊息

如果世上真的沒有這種可以準確預測出時間的八卦占卜法，則在此沒必要引用這個傳說。因為畢竟是一個傳說，其真實性還是有限的。但關鍵是，世上流傳的大部分八卦占卜，皆是可以推測出時間訊息的，再加上文王精通八卦占卜已屬史實，那麼這個傳說就不能完全不信了。世上流傳的八卦占卜法，如西漢《京氏易傳》、五代《火珠林》、宋代《梅花易術》、明《黃金策》等，皆是以納甲納支法為主，可以做到準確預測出時間訊息的，所以，可以推測文王所使用的占卜法，正是這種占卜法。近些年，有些易學研究者，透過對爻辭的仔細研究，發現很多爻辭中便隱含著納甲納支信息。

如，屯卦六二爻爻辭：「屯如邅如，乘馬班如，匪寇婚媾，女子貞不字，十年乃字。」按照歷代普遍解釋，則其意思是：「初創多麼艱難，回復彷徨不前，乘馬的人紛紛而來，但他們不是強盜而是求婚者；女子守持正固不急於出嫁，久待十年

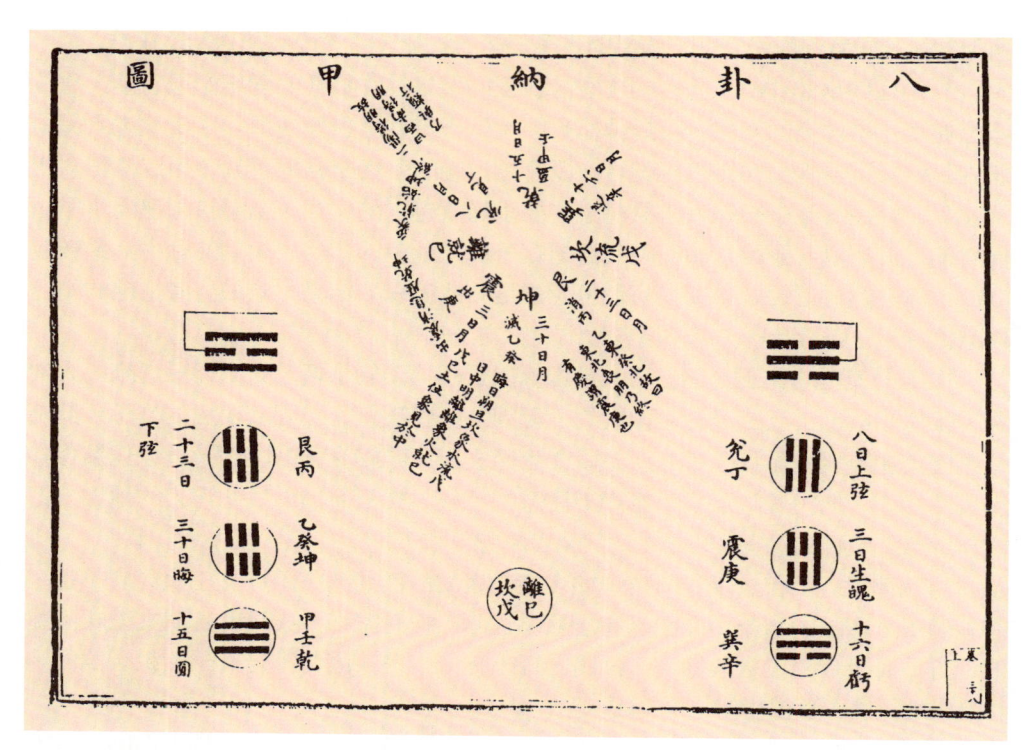

八卦納甲圖

此圖用八個經卦配以天干地支，其歌訣為：「分天地乾坤之象，益之以甲壬癸。震巽之象配庚辛，坎離之象配戊己，艮兌之象配丙丁。」

才締結良緣。」可是，從納甲納支方面去研究爻辭，則可做如下結論：

「女子」指本爻六二，應爻九五為求婚者，依納甲，六二納寅，九五納戌，寅為陽木，戌為陽土，兩陽相斥，五行相克，而寅之丈夫（正官）陰金酉沒上卦，故女子貞不字。酉為十，十即酉，十年正官出乃嫁，故曰十年乃字。（女以正官為夫，正官者，剋「我」之物且陰陽相反也）

再如，需卦上六爻爻辭：「需於穴，有不速之客三人來，敬之，終吉。」按照歷代普遍解釋，則其意思是：「落於陷穴，有不召而至的三位客人來訪，恭敬相待，終將獲得吉祥。」可是如果從納甲納支方面去研究爻辭，則可做如下結論：

上六之「不速之客」，應當來自其應爻九三。九三納辰，乾納甲，故九三納甲辰，寅空亡，即子寅辰午申戌中，寅不在位，到上六去做「不速之客」了，寅為三，故曰有不速之客三人來。

雖然《易經》三百八十四爻並非爻爻皆可以納甲納支法解釋通暢，但由於有很多爻辭皆存在暗合納甲納支原理，所以筆者認為還是可以說明，《京氏易傳》中的

占卜法,並非京房所創,而是在文王時期便已經存在了。否則,爻辭與納甲納支法是不會有這麼多巧合的。所以我們學習易學,不要把「玩其辭」作為正確的占卜法,應當明白「玩其辭」只是透過卦象闡明哲理,其重點並不在於占卜上。

參伍以變,錯綜其數

參伍以變,錯綜其數。通其變,遂成天下之文;極其數,遂定天下之象。非天下之至變,其孰能與於此?

1.「參伍以變」的不同解釋

「參伍以變」的「參」,有多種讀音、多種解釋、多種說法。參謀的參也是它,一二三的三也是它。我們後人寫參的時候,把參字下面的三撇寫作三橫,變成「叁」的樣子。實際上這個字有念參、有念三,在這裡是念三,不過也可以把它當成參。參伍以變,即三五以變。

什麼是三五呢?老子說:「道生一,一生二,二生三,三生萬物。」根據老子觀點,三是萬化之使,其繼兩儀之後,為兩儀所生。由於兩儀生四象、五行,所以,相對於陳摶無極圖與周敦頤太極圖而言,此三五應當指的便是四象、五行這一階段。

對「三五以變」的不同解釋

觀點	對「三五以變」的不同解釋
說法 1	三是萬化之使,其繼兩儀之後,為兩儀所生。由於兩儀生四象、五行。
說法 2	三代表天,天三主化;五代表地,地五主變。
說法 3	三代表天極、三才;五代表五行。
說法 4	三即三爻,五即五爻。
說法 5	三五即三五一十五,十五為陰陽相合之數,如河圖中少陰與少陽相合為十五,老陽與老陰相合為十五。
說法 6	三五即十五,與二十八宿有關,即房六、昴七、張二,共為十五數。
說法 7	子午數合三,戊己號稱五,即河圖中北方水一加南方火二為三,中宮為五。
說法 8	東方木三加南方火二為一個五,北方水一加西方金四為一個五,戊己中央一個五,一共三個五,即是「三五」。

參同契納甲圖

漢上納甲圖

新定月體納甲圖
此圖用八個經卦配以天干地支，其歌訣為「分天地乾坤之象，益之以甲壬癸。震巽之象配庚辛，坎離之象配戊己，艮兌之象配丙丁。」

也有的說法認為，三代表天，天三主化；五代表地，地五主變。化即運化，變即運化之結果。

也有說法認為，三代表天極、三才；五代表五行。

還有說法認為，三即三爻，五即五爻。此說牽強過甚。

《周易參同契》中，對「三五」之說則有四種說法：①三五即三五一十五，十五為陰陽相合之數，如河圖中少陰與少陽相合為十五，老陽與老陰相合為十五；②三五即十五，與二十八宿有關，即房六、昴七、張二，共為十五數；③子午數合三，戊己號稱五，即河圖中北方水一加南方火二為三，中宮為五；④東方木三加南方火二為一個五，北方水一加西方金四為一個五，戊己中央一個五，一共三個五，即是「三五」。

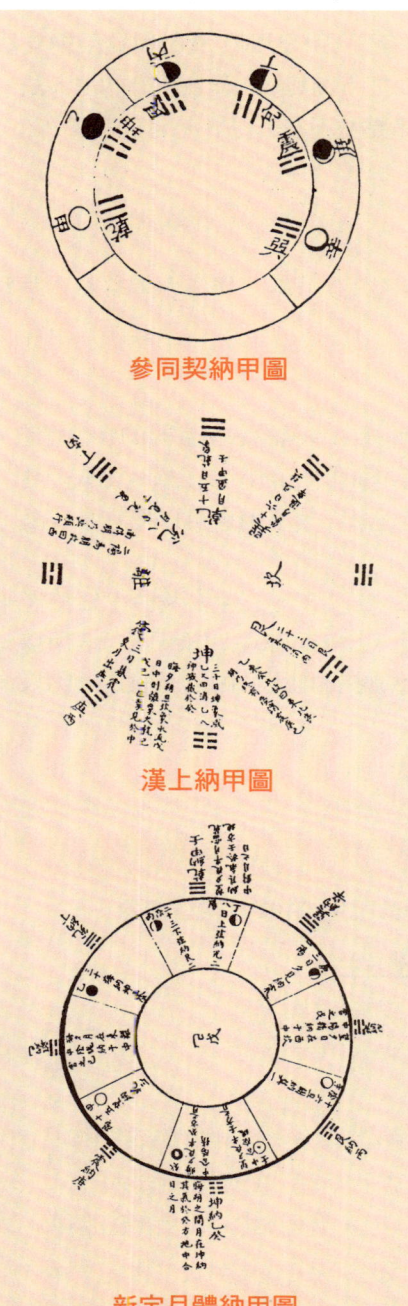

如此眾多的說法，哪一個正確呢？筆者認為，《繫辭傳》此處所說之「三五」，應當是一個組合概念，並非單指三極、三才或水火、中宮，但其肯定與河圖有關，即《周易參同契》所言較為可信。

河圖變洛書，即為「通其變，遂成天下之文」，因為河圖洛書是早於伏羲八卦的古星圖，伏羲所發明的八卦其已具有文字符號的作用，且伏羲依河洛而作八卦，所以與「通其變，遂成天下之文」的情況較為吻合。如果說三五為三極、五行，則其變化不足以成文。

2. 極其數，遂定天下之象

「極其數，遂定天下之象」，則是指河圖數字從一至十，其十為極數，正是此十數組成了最早的天文星象圖，所以說「極其圖，遂定天下之象」。天下之什麼象？一者，是

星象、天象；再者，即少陰、少陽、老陽、老陰四象。所有易學，皆源於河洛二圖，而河洛二圖作者為誰，已無從考，傳說只是河出圖、洛出書，自然神明所賜，後世之《易經》，也是從此脈傳承而來。所以說「非天下之至變，其孰能與於此？」意即：「如果說《易經》不是天下最神奇的變化，誰又能做到這些呢？」這即是告訴我們，《易經》中含有河洛之理數、之變化，不是完全精通河洛自然之易、伏羲先天之易及文王後天之易者，自然寫不出《易經》這本書。

《易》無思無為

《易》無思也，無為也，寂然不動，感而遂通天下之故。非天下之至神，其孰能與於此。

1. 寂然不動，感而遂通

根據《易經》中的原理，以蓍草或者銅錢或者按《梅花易術》的方式占卜，難道就可以與「神」進行交流嗎？這個「神」便很智慧地思考一下，然後就告訴卜者吉凶的答案了嗎？或者，這個「神」便很智慧地做了些事情，便化解了卜者的災了嗎？不是這樣的，《易經》中的原理，體現的是天地陰陽二氣的變化之理，斗轉星移，日月如梭，四季更替，寒來暑往，是沒有思維的，也沒有按照一定的思維而去有所作為的能力，所以說「《易》無思也，無為也」。

天地之心寂然不動，是自然狀態下最靜的部分，然而其卻在寂然不動中感應天下萬物的道理。《易經》之理論，正是體現了天地之道的這種特性，所以《易》也「寂然不動，感而遂通天下之故」。

無思、無為、寂然不動、感而遂通，此四者是天地萬物之間相互交流的基礎，也是人類獲得三極之道的法門。卜者占卜時，要清除雜念，此即無思；不能從事各種凡俗之事，一邊打麻將一邊占卜，那是不行的，這就是無為；讓身心處於寂然不動之中，這樣最終得出的卦畫，才能具有與天地萬物相感應的效果，具有這種感應效果，才能與天下萬物進行溝通，這就是「寂然不動，感而遂通天下之故」。這就是地球的南極與北極，其無思而無為，但在寂然不動中，卻無時無刻不在進行著感應、進行著溝通。《易經》裡面，便早已揭示出這種神秘的原理，所以說「非天下之至神，其孰能與於此」，意即，如果說《易》不是天下最神奇、奧妙的東西，誰又能做到這些呢？

其實道家養生修煉所體現的，正是此處所言的四者：無思、無為、寂然不動、感而遂通。道家所言的「清靜無為」便是此處的「無思也，無為也」；老子說：「道之為物，惟恍惟惚。惚兮恍兮，其中有象；恍兮惚兮，其中有物。窈兮冥兮，其中有精；其精甚真，其中有信。」這就是「感而遂通」。

2.「道」是最古老的源頭

也許有人會說：原來道家思想是根據《周易‧繫辭傳》的這句話而延伸出來的啊！這種說法肯定是大錯特錯。因為中國最古老的文化，就是道。道是伏羲時代便已存在的文化，黃帝文化同樣屬於道的範疇，總之，中國上古所有文化，皆可歸為一個字──道。這些文化的最終源頭，則是天道──即古天文學。在古天文學的基礎上，古人類研究出天、地、人三者的微妙關係，總結出人該如何順應天地而生存、養生、生活、發展的各種規律與方法，這些知識都屬於道。所以春秋戰國時期的諸子百家大爭鳴時，才會皆稱自己的學問為道，但實際上這些諸子學問，皆為上古道文化延伸發展出的個個支脈。而百家中的道家文化，則是繼承上古道文化最多的一個學術門派。

道家養生的法門，便是清靜無為。置身心於無思無為的清靜中，讓元神與元精（元氣）相守為一，歸於大定，則可在內視中見到處處物象，而身體功能在這種至靜至虛之中，自可以正常運轉，補虧泄盈，使機體處於最佳平衡狀態，百脈通暢。這就是「寂然不動，感而遂通」的原理。有些功力很高的氣功師，可以在氣功狀態下預測各種事物，這也是「寂然不動，感而遂通」的原理。

《易》，唯深，唯幾，唯神

夫《易》，聖人之所以極深而研幾也。唯深也，故能通天下之志；唯幾也，故能成天下之務；唯神也，故不疾而速，不行而至。子曰：「『《易》有聖人之道四焉』者，此之謂也。」

1. 有關生命真諦的學問

《易經》，是聖人用來極盡幽深，研究幾微的一門大學問。也就是說《易經》裡面的學問，是我們老祖宗、得道的聖人們，追究生命真諦、宇宙萬物到最根源、最深的那個根而產生的。也可以說，它是我們老祖宗對人類宇宙萬物、生命真諦挖根的學問，其極盡幽深，無所不包。

《易經》這本書雖然成書於西周初年，但裡面的知識，卻可以上溯至萬年以前的古老文化。因為易學之根源是河圖與洛書，而河圖洛書比萬年前的伏羲更為古老；河圖洛書源於天文星象，而天文學卻是人類一誕生便已存在的古老文化。所以《易經》裡面的知識並非《易經》成書才存在，而是很早就有了。

「夫《易》，聖人之所以極深而研幾也」換句話來說，就是「聖人之所以極深而研幾，夫《易》也」。就是說，從古至今歷代聖人憑藉什麼方法得到最深奧的學問，研究最幾微、細小的事物呢？就是《易經》裡的學問。幾，即細微、隱微的意思。如《說文》：「幾，微也，殆也。」《繫辭傳‧下》第五章：「幾者，動之微，

吉之先見者也。」

　　當然，也許《繫辭傳》作者在此有意誇大《易經》的作用，也許《繫辭傳》本章原文所說的「易」，並非《易經》，而指的是易學。但從「易有聖人之道四焉」的起句及下文銜接來看，《繫辭傳》作者此處所言的「易」，應當指的就是《易經》。但我們要清楚的是，我們如今看到的這本《易經》，沒有這麼大的作用；只有比《易經》範圍更廣泛的所有易學、所有易理才有這麼大的作用。古代聖人窮天地造化之理，所憑藉的是河洛自然之易、伏羲易、文王易，而並非一本《易經》，所以今天我們學易，也不可單單拘泥於《易經》一本書。

能通天下之志

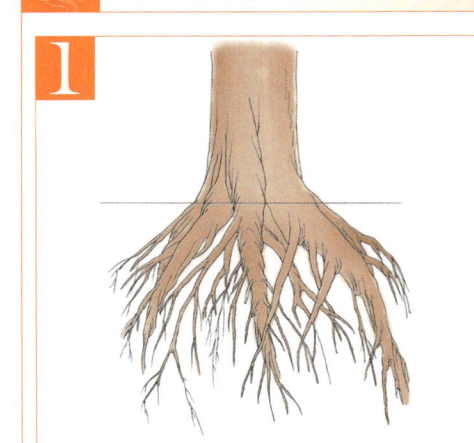

1
孔子說，《易經》這門學問，是追究生命真諦、宇宙萬物到最根源、最深的那個根而產生的。

2
然後「而研幾也」，研判事機的微妙，探知宇宙萬物的根本。

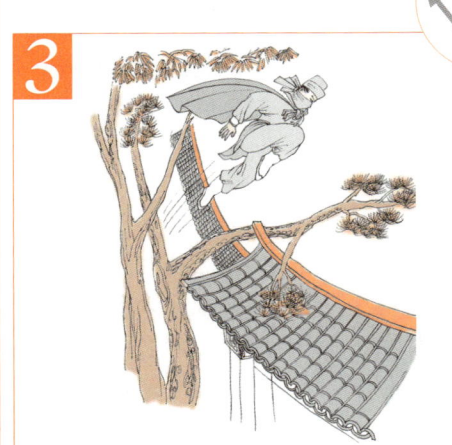

3
了解了天地間一切思想、一切文化，就可以通神「不疾而速，不行而至」，這是《易經》的目標。

第二章　《繫辭傳・上篇》的智慧

2. 能通天下之志

「唯深也,故能通天下之志」是說,只有掌握了易學最幽深的知識,才通曉天下人的心志。志,意思是心之所向,即未表露出來的意願、打算。例如:有的人想擁有很多錢,有的人想擁有很高的地位,有的人想擁有很多學識,有的人想找個漂亮的異性為伴侶,有的人想把自己打扮得漂亮些等等,這些都屬於「志」。也許你會說,不對啊,「志」應當指遠大的理想與抱負吧?其實,這只是後人的說法,我們不能以後人之說去解釋古人之意。「志」和「念頭」這個詞的意思差不多。道家說,玄關在哪裡?念頭開啟處就是;中醫說,腎藏精與志。仔細領悟出道家與醫家這兩種說法的共同處,您就得道了,也就明白易學最深的學問而「通天下之志」了。

那麼,「天下之志」是什麼呢?其實非常簡單,就一個字——生。太陽為地球帶來溫暖,於是地球上有了生命,這就是「乾知大始,坤作成物」。河圖中,天一生水,是不會有生命的,還必須要有適宜的溫度,所以地二生火之後,水火既濟,才能繁衍出生命。地上萬物,皆是在求生的目標下不斷完成進化;進化的意義,就是為了更好地生存。所以明白易理,就明白天下之人心所向了——人都想更好地生存。所以古代君王執政時明白這個道理後,便會處處為人民的生計著想,於是人民就會處處擁護他,愛戴他了。

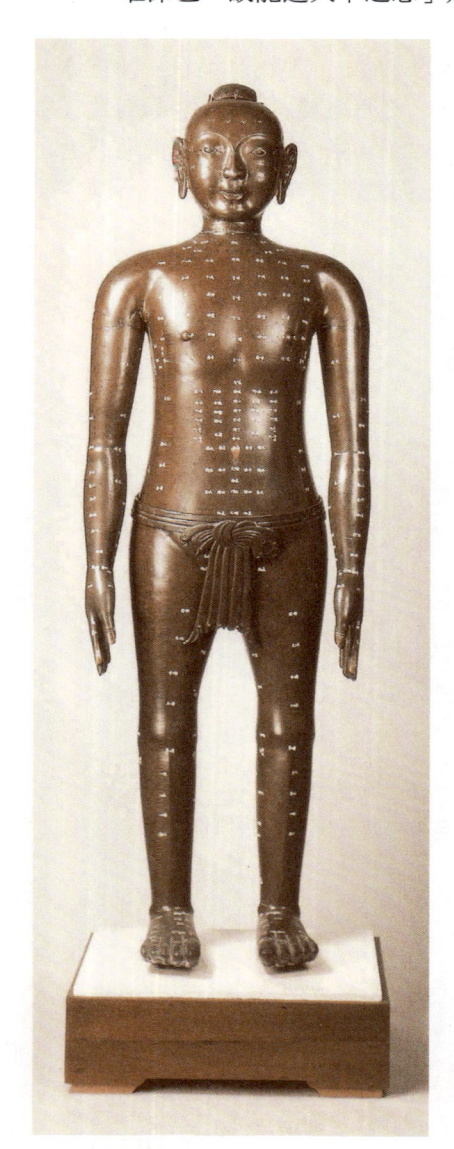

中醫針灸用的小銅人
明仿宋鑄制 針灸銅人模型 高213公分

中醫是《易經》哲理發展的一個支流。有學者稱,《易經》是中國古人的科學理論,中醫是這門科學理論成功實踐的表現。

3. 能成天下之務

「唯幾也,故能成天下之務」是說,只有無微不至、明察秋毫,才能成就天下所有的事物。務,是事物,是一件件的事情;一件件的事情辦成了就是「業」,就是事業。什麼學問能讓你連最細小的事物原理也懂得呢?就是易

理。一粒種子是怎樣發芽的？莊稼怎麼結籽的？各種動物的生活習性等等，易學裡都有。比如中國古代的針灸學就很神奇，拿一根石針、骨針或金屬針，既可以給人看病，又可以給馬看病。可是這個經絡，本來是看不到摸不到的。人研究自己，能透過神經傳導來感受到經脈循行規律，可是人是怎麼感受到動物的經脈循行規律的呢？怎麼拿一根針為動物看病？其實，這便是易學的奧妙。因為易學包含天下各種事物的原理，易學的八卦圖，不單可以應用於天體運行，還可以應用於大地的結構與四時變化，還可以應用於人體小宇宙，還可以應用於各種動物，所以古人拿著一根針，什麼生物的病都可以治。甚至可以拿一根針插到地上，給大地治病——改風水。比如古代的許多塔式建築、佛宙及道觀等，往往具有這個作用，其原理是什麼？這還有待精通易學的科學家做進一步破解了。

4. 道家出陽神的境界

「唯神也，故不疾而速，不行而至」是說，只有神通，才能做到不疾而速，不見其行卻能到達。這個「神」不一定是鬼神的神，神就是那個不可知、不可說的。古時的聖人，也可以依八卦之象而製作出交通工具，而達到「唯神也」的境界。再如，天地陰陽二氣，人們見不到也摸不著，可立春一過，天氣馬上就轉暖了，這就是「不疾而速」；朱自清「盼望著，盼望著」推門一看，呵——「春天來了」，這就是「不行而至」。誰也沒看到春天的腳步，可推門往外一看，它來了，這也是「唯神也」。

關於這個「唯神也」，道教也有個小故事。說兩位道友，已達到陽神出竅的境界。這一日兩人坐在屋裡比道行深淺，比賽的方式便是神遊西湖。兩位道友就像放鴿子一樣把陽神放出來，讓陽神到西湖遊過之後，再收回來。然後，兩人便說說神遊西湖的感受。第一位說，我在西湖看到了諸多美景，荷花開得非常好啊。第二位道友卻不說話，只從袖子裡拿出了一枝荷花。於是，這場比賽就決出勝負了。第一位道友說：「這就是我在西湖看的那枝荷花啊，我帶不回來，你卻能千里取物，你比我道行深。」

這個故事不知是真是假，反正古代道友們多相信清靜沖虛的最高境界，就能有這個神通。此外，釋家子弟對此舉也是很相信的。總之，這個故事所說的境界，就屬於「故不疾而速，不行而至」的「唯神也」。

「子曰：『《易》有聖人之道四焉』者，此之謂也」意思是說，孔子說「聖人之道有四焉」，指的就是這些緣故。這是對本章的總結。

此章《繫辭傳》的作者先以「《易》有聖人之道四焉」做為開篇，接著說出這「四焉」便是辭、變、象、占。文章中間部分，則說明《易》之博大精深，意在回答為什麼聖人要在言、動、制、卜上要完全依據《易》之辭、變、象、占。文章最後進行總結並點題，首尾呼應，使此章文字渾然一體。

第11節

開物成物，冒天下之道
把握天下之道

聖人用《易》來貫通天下人的心志，奠定天下的大業，並且用它決斷天下所有的疑問。八卦的變化可以確定吉凶，人們透過八卦進行趨吉避凶便能成就偉大的事業。

【原文】

子曰：「夫《易》何為者也？夫《易》開物成務[1]，冒天下之道，如斯而已者也。」

是故，聖人以通天下之志，以定天下之業，以斷天下之疑。

是故，蓍之德，圓而神；卦之德，方以知；六爻之義，易以貢。

聖人以此洗心，退藏於密，吉凶與民同患。神以知來，知以藏往，其孰能與於此哉！古之聰明睿知[2]神武而不殺者夫！

是以，明於天之道，而察於民之故，是興神物以前民用。聖人以此齋戒，以神明其德夫！

是故，闔戶[3]謂之坤，闢戶[4]謂之乾。一闔一闢謂之變；往來不窮謂之通。見乃謂之象。形乃謂之器，制而用之，謂之法；利用出入、民咸用之，謂之神。

是故，《易》有太極，是生兩儀，兩儀生四象，四象生八卦，八卦定吉凶，吉凶生大業。

是故，法象莫大乎天地，變通莫大乎四時；懸象著明莫大乎日月，崇高莫大乎富貴；備物致用，立成器以為天下利，莫大乎聖人；探賾索隱，鉤深致遠，以定天下之吉凶，成天下之亹亹[5]者，莫大乎蓍龜。

是故，天生神物，聖人則之；天地變化，聖人效之。天垂象，見吉凶，聖人象之，

河出圖，洛出書，聖人則之。《易》有四象，所以示也。繫辭焉，所以告也。定之以吉凶，所以斷也。

【注解】

[1] 開物成務：開物，開闢事物；成務，成就事務。
[2] 睿知：即睿智。
[3] 闔戶：關閉門戶。闔，音ㄏㄜˊ，本義為門扇，此處為關閉的意思。
[4] 闢戶：打開門戶。闢，開闢，打開。
[5] 亹：勤勉不倦的樣子。亹，音ㄨㄟˇ。

【釋義】

孔子說：「《易》是做什麼用的呀？《易》就是開創萬物成就事務，代表天下一切道理，就是這樣的一門學問呀。」

所以，聖人用《易》來貫通天下人的心志，奠定天下的大業，並且用它決斷天下所有的疑問。所以蓍草的功德圓滿而神通，六十四卦的德性是方正而有睿智，每卦六爻的意義變易而直觀。

聖人用《易》來洗滌心靈，退藏於隱蔽之中，吉凶與民眾一同憂患。《易》的神奇可以預知未來，其智慧儲藏著以前全部的知識經驗。誰能做到這些呢？只有古代的聰明睿智、神武而不殺人的人才能做到吧！

所以明白天的道理，而且又能觀察百姓的民情，這才創制出神奇的《易》，作為人們行動之前趨吉避凶的指導。聖人以此齋戒其心，應驗如神地彰顯它的道德啊！

所以，關上屋門就是坤，打開屋門就是乾。一關一開，相續不窮，這就叫做變；出入往來，未有窮盡，這就叫做通；顯現於外面，有物象可觀，這就叫做象；有形體，有尺度，合於規矩方圓的形狀，就叫做器；制定出來，有法度可尋，這就叫做法；利用它來出出入入，

蓍草

蓍草開白色小花，莖直，據說只在羑里城裡生長，移栽不活。周文王發明八卦時被關在羑里時即以此草演繹八卦。

大家都使用它而不知，就叫做神。

所以，《易》有陰陽未分的太極，太極變化而分出天地兩儀。兩儀變化而產生四季，就是四象。四象變化而生出八卦。八卦的變化可以確定吉凶，人們透過八卦進行趨吉避凶便能成就偉大的事業。

所以，可以使人取法的形象，沒有比天和地更大的了；能夠變通的，沒有比四時更大的了；高懸而顯現光明，照耀天下的，沒有比日月更大的了；崇高的事業，沒有比富貴更大的了；製備器物供人使用，設立現成的器物為天下人提供方便，沒有比聖人更偉大的；探求精微，索求幽隱的事理，鉤取幽深，預知未來，以此來確定天下的吉凶，促成天下人勤勉敬業的，沒有大過蓍草與龜甲的。

所以天生出蓍草與白龜這種神物，聖人就取用它以作卜筮之用。天地運行變化，聖人就效法它。天垂示物象，顯出吉凶的徵兆，聖人就取法它。黃河有龍馬負圖，洛水有神龜負書的祥瑞徵兆，聖人於是效法它而發明了八卦。《易》中有四象，可以啟示人們吉凶與得失。《易》中配以卦辭與爻辭，是明白地告訴人們吉凶的變化。確定了吉凶的繫辭，使人們方便占斷。

《易》為天下至道

子曰：「夫《易》何為者也？夫《易》開物成務，冒天下之道，如斯而已者也。」是故，聖人以通天下之志，以定天下之業，以斷天下之疑。

1. 開物成務，冒天下之道

孔子說，《易經》這本書是做什麼用的呢？《易經》的作用就是開發萬事萬物、成就萬事萬物，囊括天下一切道理，就是這樣一門學問。

關於《易經》是一部什麼樣的書，《繫辭傳》第四章已做過解答——「易與天地準，故能彌綸天地之道」。可是在本章，對於《易經》這門學問，又有另外的答案：「開物成務，冒天下之道，如斯而已者也！」孔子認為《易經》這本書的作用就是「開物成務，冒天下之道」。

開物，即開發事物。如開發資源、開發地球、開發宇宙、天文、地理、人事、看得見的光明面、看不見的陰

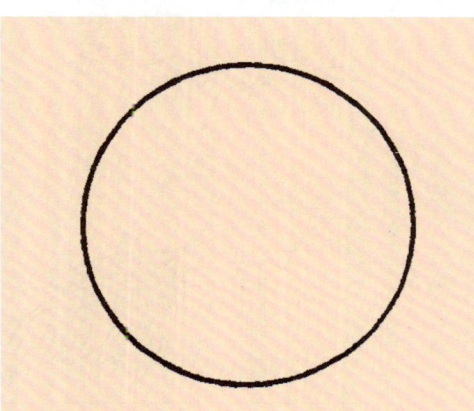

易有太極圖

太極者，萬化之本也。陰陽動靜之理，雖具於其中，而其肇形未形焉，故曰：「易有太極」。

暗面、看得見的陽世間、一切的一切等，這就是「開物」；成物，就是成就事物。開發萬事萬物，是否開發成功了？如果成功了，那就是「成物」。所以《易經》就是古人最高級的世界觀與方法論，最高級的哲學思想。《易經》中的學問不但可指導古人如何去做各種事，並且還能讓古人做任何事情必然會成功，而不會沒有結果。為什麼會這麼厲害呢？因為《易經》「冒天下之道」，囊括了天下所有事物的道理。文學、醫學、政治、天文等，無論是什麼，只要精通易學，就會擁有正確的方法，並且獲得成功。

需要說明的是，精通易學，並非是將《易經》這本書背得滾瓜爛熟。《易經》這本書中的學問，和其他書籍不太一樣，別的書多讀幾次，可能就會明白書中的意思，可是《易經》即使從小讀，一直讀到頭髮白了，也不見得真的能讀懂。因為與《易經》有關的各種基礎知識，並沒有寫在《易經》裡面，沒有這些基礎知識，就永遠進不了《易經》的大門，怎麼能弄懂裡面的學問呢？所以想要精通易學，就要先學習基礎知識，然後再仔細研究河圖洛書、先後天八卦理論及各種易圖，這樣才能真正掌握易學，才能掌握易學中囊括天下的所有道理。

2. 別把職業當事業

「是故，聖人以通天下之志，以定天下之業，以斷天下之疑。」本章以「是故」開頭的這些句子，一般認為是孔子的弟子對易學的理解。這句話的意思是說，因為古代聖人皆精通易學，所以才會「通天下之志」、「定天下之業」、「斷天下之疑」。

「通天下之志」，就是通曉天下所有人的心志。天下所有人的心志，總而言之，就是一個「生」字，細而分之，則林林總總，五花八門。各有各的想法，各有各的活法。而精通了易理，這些想法，就都能夠了解了。因為用易學理論可以正確分析各種事物，人的各種表情、言行，也可以分析出其真正的內涵。精通易理，就不會輕信表面上的言行，看人只注重外表了，所以「天下之志」都能夠了解。例如：中國相學，不但可以相人，還可以相動物，還可以相地理看風水，非常神秘而神通，但這些知識皆源於易學，或者說本身就是易學的一個部分。可見精易者可「通天下之志」並非虛言。

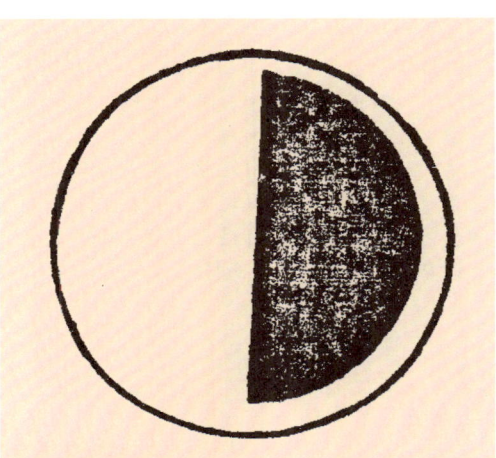

太極生兩儀圖

太極動而生陽，靜而生陰，分陰分陽，兩儀立焉，則奇偶之畫所自形也，故曰「太極生兩儀」。此太極一變而得之者也。

3. 小人求職業，君子求事業

「定天下之業」，就是奠定天下的大業。這是大的事業，並非找工作、結婚這種小事情。事業的定義，在《繫辭傳》裡講得很明白──「舉而措諸天下之民，謂之事業。」用白話來說就是，我們在活著的一生裡所做的事情，對世界人類永遠有功勞，永遠有利益，這個才叫事業，就是人生的價值。

例如：社會上的不同階級，下至乞丐上至皇帝，都不能算作事業，只能說是職業。當宰相也好、部長也好、大學教授也好、補習班老師也好……那都是職業，不是事業。找個工作賺錢吃飯，或打個知名度……那不叫事業。真正稱得上事業的，古往今來沒有幾個人。真正稱上是做「事業」、「大業」的人，也就是伏羲、神農、黃帝、堯、舜、禹、湯、文、武等，這些人做的事才算作「大業」、「事業」。他們的付出，他們的努力，他們的成就，就是事業。因此他們為萬世所崇拜，這才叫事業。其他的人，生意做得再好、賺錢再多，還是不能算作事業。按現在來講，那叫企業。當然，現在與企業相對的單位，叫事業，但這些事業單位，只有真正為老百姓做了貢獻，才屬於真正的事業單位。

「以斷天下之疑」，就是解答天下所有的疑問，換句話說就是無所不知，無所不曉，沒有事情可以難得倒他。當然，這種說法也未免有些絕對。只能說，古時候人們懂得易學就可以解釋各種事物，但在今天的科學面前，光用易學知識去解釋，顯然是不夠的。

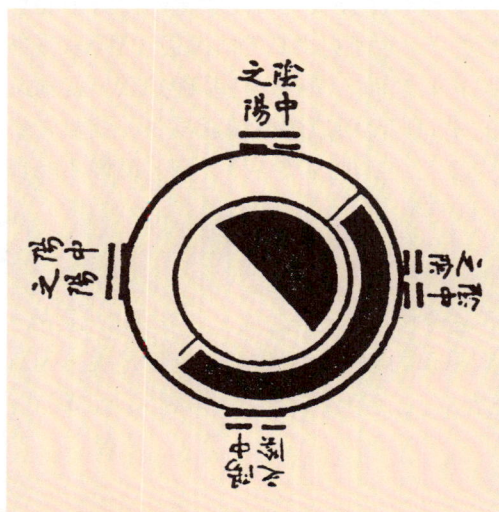

兩儀生四象圖

陽分而為陰陽，曰陽中之陽，陽中之陰；陰分而為陰陽，曰陰中之陰，陰中之陽。陽中之陽，陰中之陰，是為老陽、老陰。陽中之陰，陰中之陽，是為少陽、少陰。此四象之畫所自成也，故曰「兩儀生四象」，此太極再變而得之也。

圓神與方智

是故，蓍之德，圓而神；卦之德，方以知；六爻之義，易以貢。

聖人以此洗心，退藏於密，吉凶與民同患。神以知來，知以藏往，其孰能與於此哉！古之聰明睿知神武而不殺者夫！

是以，明於天之道，而察於民之故，是興神物以前民用。聖人以此齋戒，以神明其德夫！

1. 蓍草具圓明之德

前面講過聖人憑藉易學知識「以斷天下之疑」，解釋天下萬事萬理，而聖人還有一種「斷天下之疑」的方法，就是用蓍草占卜。古人一般選用生長百年的蓍草占卜，蓍草是一種多年生草本植物，一年生一莖，一百年正好生出一百莖，古人從中砍出五十根粗細均勻的蓍草，修整得一樣，放置陰乾之後，便可以用來占卜了。蓍草的莖外形呈圓柱體，非常規整，而且很硬，中間是空心的，和竹子差不多。由於占卜用的蓍草俯視圖是個圓形，所以蓍草法天而具有圓神之德，即《繫辭傳》所說的「蓍之德圓而神」。圓神之德，即變化無方的意思。例如：天體黃白道三百六十度，如環無缺，二十八宿組成四象，周而復始，星移物換；而蓍草也如天道之變化，四營成一變，三變成為爻，十八變成一卦，八卦成而示吉凶，就像天道運行主導大地節氣變化與災變發生一樣。

四象生八卦圖

四象之陰陽復分，而八卦成列，則三才之畫具矣。乾與坤對，離與坎對，兌與艮對，震與巽對，故曰「四象生八卦」，此太極三變而得之者也。

「卦之德方以知」是說，用蓍草演繹出來的八卦卦畫，六爻由下至上依次排列組成了一個方形，所以卦畫法地而具有方智之德。方智之德，就是事有定理而富於智慧的意思。大地有什麼智慧呢？大地的智慧便是能夠正確領會天意。例如：大地四季變換，與天道星斗動行完全一一對應，無半毫差錯，這種默契就體現了大地的智慧。此外，由於方智之德與圓神之德具有截然不同的概念內涵，所以與「智」對應的「神」也含有慈悲的意思。於是，陽性的特點是變化無方而大慈大悲，陰性的特點是事有定理而富於智慧。陽性的慈悲在於好生，陰性的智慧在於好育。這樣，慈悲與智慧的結合，正是生育萬物的根基。理解這一點，在讀藏密書籍時，也就明白了藏密典籍中的慈悲、智慧的陰陽屬性關係及其中蘊含的易理，並且還會明白做人的許多道理。

2. 諸葛亮的醜老婆

世俗男女結合，男性總是喜歡選擇美貌的女子為伴侶，女性總是喜歡選擇有錢帥氣的男子為伴侶，然而最終卻很難成就美滿的婚姻。為什麼呢？因為光具有美貌而不具有智慧的女子，不會為丈夫的事業帶來幫助，而且往往會毀掉丈夫的事業，

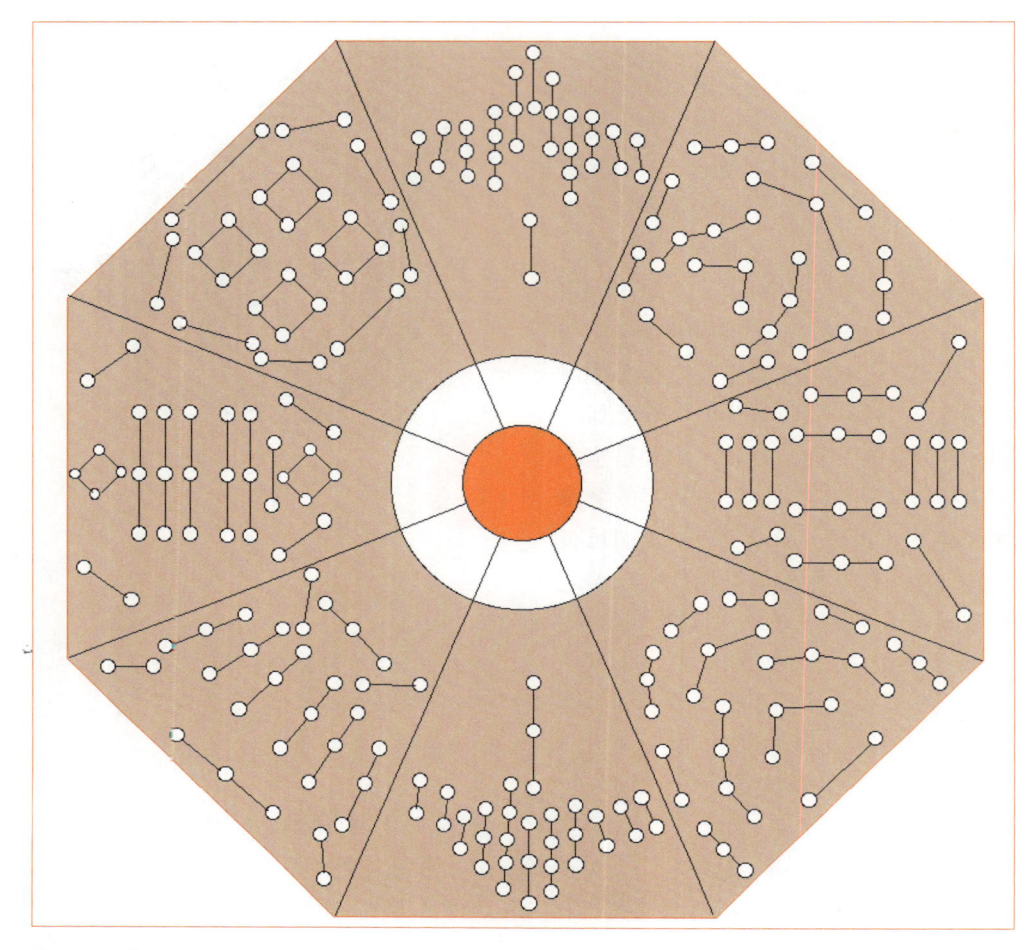

諸葛亮的無敵陣法

諸葛亮精研《易經》之法，對簡單的八陣圖加以推演，創造了殺傷力更大的八陣圖。

因為無論競爭激烈的商戰還是政敵之間的較量，這種女子都會成為對手最易擊破的缺口。商業機密、家族醜聞等往往都是從這個缺口開始的，所以男子擇偶應重在擇智。而女子擇偶如果只注重權錢與帥氣，一旦男方屬陰險惡毒之輩，那麼女子的將來必然絕無幸福可言，因為當愛情不再的時候，男方的陰險與惡毒不但會給女方帶來雙重的痛苦，並且還會危及生命。在這方面，諸葛亮與黃碩的婚姻很值得世人借鑑。

人人都知道才貌雙全的諸葛亮娶了個醜老婆，但也都知道諸葛亮的妻子黃碩是位大才女，不但與諸葛亮「才堪相配」，甚至有過而無不及。因為諸葛亮的八卦之學及發明之術，皆是黃氏所授。正因為這樣，夫妻二人一生舉案齊眉、心有靈犀、

美滿幸福。試想，如果當年河南名士黃承彥為愛女擇夫時，不注重人品只看重才學，把愛女嫁給一個品德不佳的人，這人日後又跟著視「兄弟如手足，妻子如衣服」的大哥打天下，當了宰相之後能不「棄婦如棄衣」嗎？反過來說，如果諸葛亮當年擇妻不看重才華而看重美貌，那麼諸葛亮與一幫鴻儒把酒談詩論天下的時候，諸葛夫人只會打扮得花枝招展地穿梭其間，像個陪酒女郎一樣，這種婚姻怎麼能幸福，怎麼能長久呢？

此外，企業提拔人才，其實也是這個道理，只注重才華與容貌，最終會給企業帶來災難。當然，關於陽慈陰智還有許多更深的內涵，由於並非所有的學問都適宜放到桌面上來講，所以這些還需要讀者自己去感悟。

「六爻之義易以貢」是說，六爻的意義透過陰陽變易而直觀地表達出來，就像獻祭的貢品一樣，非常直觀地展現在那裡。也就是說，以蓍草占卜並畫出卦畫來後，要透過六爻的陰陽變換等因素，推知吉凶結果。

3. 聖人洗心，退藏於密

「聖人以此洗心，退藏於密，吉凶與民同患。神以知來，知以藏往，其孰能與於此哉！古之聰明睿知神武而不殺者夫！」這幾句話的意思是，只有古時聰明睿智又神勇無比且又不好殺戮的大聖人，才能擁有蓍、卦、爻三者之德，洗盡凡心而無一塵之累，閒時心神寂然不動，所以人莫能窺其所想；有事之時則提前早已感知。將天下百姓之吉凶視為自己之吉凶，並竭力拯救民眾於水火。其神通不卜筮也可預知未來，其睿智包藏以往，可以知曉先古的各種事物。

漢代也有學者認為「聖人以此洗心」應為「聖人以此先心」，意即聖人因卜筮而具有「先知先覺」的能力。不過結合下文，善卜者雖然勉強可算作「聰明睿知」，但絕對談不上「神武」二字，所以這種說法並非正解。那麼，古聖人是如何洗心的呢？其實，古聖人的「洗心」法即道家的「煉心」術。其基本方法是：以人體而言，則頭圓法天法蓍草，足方法地法卦畫，腹（最下方）法人極法爻；以五臟而言，則心法天法蓍草，腎法地法卦畫，脾法人極法爻；以心腎相交於中宮脾土法天地交媾而產至精、法蓍草演卦而現爻動，長此修煉，則會使心神與腎相交如一，從而達到身心置於清靜虛無的狀態。上古聖人以此法修身養性，所以不但使情緒、身體皆屬於極健康的狀態，並且還會擁有未卜先知的種種神通，所以這些古聖人才會聰明睿智與神勇皆備，而且這些因效法天地生育之德，自然不會喜歡殺戮。

4. 孔子晚年的出世思想

根植於古天文學的易學，是中國所有學術的根，而易學本身便包含著養生、醫學、政治、人倫等諸多理論，春秋諸子皆從易學引經據典，所以難免會造成諸家理論皆存在相通之處。當然，有句俗語叫「不讀孔孟，世上無好人；不讀老莊，英雄

無退路」，也可能晚而喜易的孔子已傾向於道家理論，也未可知。但後世儒家自然不願提及這件事情，所以孔子晚年的出世思想並未被後世所知。但道教自魏晉南北朝有「三教合一」的思想後，一直便把老子、如來和孔子尊為三聖，之所以將孔子稱為三聖之一，其主要原因便是相傳為孔子所作的《易傳》與道家理論皆為一理。如東漢魏伯陽的《周易參同契》中，即以《易傳》中的許多語句闡明丹道理論，以後的道教典籍，也完全不偏離《易經》、《易傳》中的思想理論，只是其內涵要比《易經》、《易傳》的內容寬廣很多。這可能與孔子所作的《易經》並非西周全本《易經》，也可能是孔子的弟子傳承之間造成的散失。如，在兩漢文獻中，稱「《易》曰」而不見於今本《易經》、《易傳》的就很多。

5. 道家易、儒家易合璧共輝

《淮南子・繆稱訓》：「故《易》曰：『《剝》之不可以遂盡也，故受之以《復》。』」《漢書・司馬遷傳》：「故《易》曰：『差以毫釐，謬以千里。』」《漢書・東方朔傳》：「故《易》曰：『正其本，萬事理，失之毫釐，差以千里。』」（另外《禮記・經解》及《說苑・建本篇》也引此句，文字稍有不同）《說文》釋「相」字：「《易》曰：『地可觀者，莫可觀乎本。』」《說苑・敬慎篇》：「《易》曰：『有一道，大足以守天下，中足以守國家，小足以守其身，《謙》之謂也。』」又：「《易》曰：『不損而益之，故損；自損而終，故益。』」《鹽鐵論・遵道篇》：「文學引《易》曰：『小人處盛位，雖高必崩，不盈其道，不恆其德，而能以善終身，未之有也。是以初登於天，後入於地。』」

這些記載說明，我們今天看到的經傳合一的《易經》，並非是一個完整的版本。當然，即使是全本的《易經》，也只是易學的一小部分內容，所以我們想要學好易學，就不能忽略道家易。

6. 什麼是齋戒？

「是以，明於天之道，而察於民之故，是興神物以前民用。聖人以此齋戒，以神明其德夫！」這幾句是說，所以聖人明曉天道，又洞察民眾各種事情，這才發明了神奇的占卜法作為人們行動前的取用指導。聖人以卜筮來齋戒人心，應驗如神地彰顯天道的慈悲之德。前面已說過，真正的聖人是用不著蓍草占卜的，其清靜歸虛的「煉心術」即可感知諸事之吉凶，並且透過易理，也能判斷諸事之吉凶。而聖人之所以要創立蓍草占卜，則是讓沒達到這一聖人境界的賢者，透過占卜中的齋戒，能夠預測諸事之吉凶，由此可以看出，齋戒之法也是與占卜一同創立起來的。什麼是齋戒呢？朱熹說：「湛然純一之謂齋，肅然警惕之謂戒。」由此可見保持內心純清如一，警醒而尋找著感應，就是齋戒。後世又加入洗浴、食素等內容，不過是為了達到這種心境而添加的輔助形式。

齋戒，關鍵在於心的清靜。卜者占卦時，必須保持極致的專心與虔誠，才會準確占斷出吉凶。這就是「信則靈，不信則不靈」。表面上，這似乎屬於一種迷信，其實卻屬於一種心理學。人只有達到虔誠的境界，才能讓內心真正地安靜下來，即使是短暫的安靜，能給你帶來多少好處呢？首先，它可以激發你體內的潛能，進而做出最正確的判斷，這就是占卜必須心誠的原因；其次，它可以使你真正與天地萬物相感應，得到平時沒有的各種感受，這種感受也對占卜的準確有幫助；第三，它可以使你的身體趨於正常，即使是較短的時間，也可以對你的身體缺陷進行一定的修補。比如感冒初起時，只要靜下心來，把氣息調到最微，三分鐘即可激發體內免疫系統而治好感冒。所以明白齋戒之理，不單是算算卦的問題，而是可以讓你明白天道的大慈大悲。

7. 以齋戒之儀助誠敬之心

什麼是天的大慈大悲？天的大慈悲就是好生之德。自從三十五億年前有了原始細胞開始，生物便不斷繁衍進化，越來越多，這便是天的慈悲；其間，雖然出現了五六次物種大滅絕，但不屬於殺戮，而是仁中有義，獎中有罰，優勝劣汰，使生物得到更好的進化。當我們把心清靜下來的時候，體內機能正常了，七情六慾不會使我們得病了，身體健康了，自然我們便體會出天道的慈悲了。其實，道教、佛教和基督教，都是把清靜作為醫治人類疾病的有效藥方。道教是直接講清靜養生之理，並以種種法術使你的心清靜下來；基督教也明言「清心的人有福了，你們必得見神」、

齋戒

《莊子》中記載，顏回向孔子請教說：「我實在沒有更好的辦法來提升自己了，請老師再指點一下。」孔子說：「最好的辦法是齋戒清心。」顏回說：「我家境貧窮，好幾個月沒有飲酒吃葷菜了，像這樣，可以說是齋戒了吧？」孔子說：「這是『祭祀之齋』，不是我所說的『心齋』。」可見齋戒為儒道兩家所共同重視。

第二章 《繫辭傳·上篇》的智慧

「你們必因信而得到拯救」；佛教則既以《心經》、《金剛經》等典籍說明清靜之理，又以獻花、燒香等儀式使人擁有清靜之心。我有一位信佛的朋友曾對我說：「有哪個女人沒在佛前下跪過！信佛就是可以免災。」後來我對他說：「其實不是你想的那樣。佛教本來沒有下跪的說法，下跪屬於中國特色，是傳入中國後才有的。佛用你獻上一炷香、一束花的虔誠，還給你一顆清靜的心。所以佛實際上是一位大心理學家，讓世界所有虔誠獻香的人，擁有了清靜之心。之所以免災，其實是你的心清靜了，不是真有個神在保佑著你。」

所以，明白了齋戒的奧妙，也就明白了為什麼那些有信仰的人，雖然衣食簡樸卻臉上富有光彩。其根本原因就是──清靜的心。

如果不明齋戒之理，那可能會把占卜看得很重要而導致迂腐。比如，清朝的官員大多明修孔孟暗修老莊，其實這種做法沒有什麼不可。修老莊可使內心清靜不再偏執，更有利於公平執政。可是，由於沒有從原理上去理解老莊的真正內涵，反而把一些屬於心理學範疇的法術應用到戰爭上。八國聯軍帶著洋槍洋炮開始攻城了，防禦大臣還在拿著銅錢占卜，接著便用潑狗血、倒豬糞等法術對敵，結果為歷史留下不少笑話。

關門為坤，開門為乾

是故，闔戶謂之坤；闢戶謂之乾；一闔一闢謂之變；往來不窮謂之通。見乃謂之象。形乃謂之器；制而用之，謂之法；利用出入、民咸用之，謂之神。

1. 一闔一闢謂之變

明白了易理，就會明白關門就相當於坤，開門就相當於乾，所以說「是故，闔戶謂之坤；闢戶謂之乾」。以一扇門來比喻乾坤，使我們更易於理解乾坤的真正內涵。房間關上門，為了什麼？就是為了收藏、靜養；房間打開門，為了什麼？就是為了舒張、生長。

所以．卦一陰生，雖然來自於乾，但卻屬於坤，因為卦開始向收藏、育養階段發展；復卦一陽生，雖然來自於坤，但卻屬於乾，因為復卦開始向舒張、生長方向發展。由此我們可以看出，坤源自於乾，乾則源自於坤，乾坤即陰陽，陰靜極而生陽，陽動極而生陰，就像開門與關門一樣，有開門就會有關門，永遠不會處於一種狀態，這就是陰與陽的變化。所以說「一闔一闢謂之變；往來不窮謂之通」。

「見乃謂之象」是說，顯現於外面，有物象可觀，這就叫做象。比如我們看到的河流、高山、銀河、像勺子一樣的北斗等，凡是眼睛能看到的，都叫象。

2. 制而用之，謂之法

「形乃謂之器；制而用之，謂之法」是說，有形體，有尺度，合於規矩方圓的形狀，就叫做器；制定出來，有法度可尋，這就叫做法。比如、條形、線形、方形、圓形、球形、梯形、三角形、多角形等實體，並且還有尺寸可量的，就是器；山頂，是一個三角形，每條邊有多長，都可以量出來，那麼山這個「器」能種多少樹，或者能容納多少人，就可以算出來了；一個圓形的湖泊，一量直徑，再量深度，那麼湖泊這個「器」能容納多少水，也就可以量出來了。所以說，器，指的是可以根據形狀規律進行測量的實體，這些計算是對人類生活極其有用的。

「制而用之，謂之法」是說，制定出來，有法度可尋，這就叫做法。古人見天是圓形的，便依天的樣子製了一個小天——傘，這就是法天；古人因被草割破了手指，結果發現草的邊緣有鋸齒於是發明了鋸，這就是法草；伏羲根據離卦的形象發明了網罟，這就是法離。總之，依據、仿照某物而製出新物，就叫法。古人根據先人生活禁忌，整理成一條條的文字來作為大家的行為規範，這也叫法，即法律。

開門、關閉中，便隱含著乾、坤、變、通的學問，睜眼見象，尺量見形，製物有法，這些都是百姓生活中每天都接觸的事情，易理便隱藏在這裡，便隱藏在生活之中。可是，老百姓雖然每天都接觸，卻仍然不明白這就是「道」。所以說「一陰一陽之謂道」、「百姓日用而不知」。可是老百姓雖然不知其為道，卻相信這些皆是神奇的，是有神明的。可見，古時的聖人是懂科學的，但這些原理是很難給老百姓講明白的，所以聖人發現這個問題後，就創立了占卜，並告訴老百姓：「頭上三尺有神明，知道嗎？」結果，老百姓一下就全明白了。那個時代文化不普及，老百姓就認神。

3. 習俗與文化的區別

道家說：「你清靜一下吧，不然全身是病。」老百姓可不認這個，老百姓認金銀，認權力地位，爭啊搶啊，最終病了，運氣不好的一輩子也就這麼完了；運氣好的，碰個好醫生治好了，接著爭，接著搶。後來，佛來了，佛說：「信我吧，我就是神，燒點香，獻點花，保你沒病沒災。」老百姓一下就信了，不但燒香，而且磕頭，五體投地。至於佛是怎樣免去百姓的災難，原理是什麼，老百姓不管。

現在有些提倡繼承古文化的人提出了個口號，「我們的習俗，我們的文化」云云。其實，千萬別把中國的習俗與文化畫上等號，習俗是神化後的文化，它不能代表中國真正的古文化。比如張仲景當年，在冬天看到許多在戰亂中流離失所的難民面帶凍瘡，於是便把羊肉和一些驅寒中藥混合起來，用麵皮包成餃子送給難民吃，以療瘡驅寒。由於人太多，張仲景也沒那麼多錢，所以每人只給兩個放在一碗湯裡，吃完餃子喝完湯，病人全身暖烘烘的，便免去了嚴寒之苦。經過一段療程，這些難

民不但治好了凍瘡，並且保住了性命。以後，中國便出現了餃子這一傳統食品，並且有了冬至吃餃子不凍耳朵的說法。你說，這可能嗎？冬至這天吃完餃子，你不戴帽子到黑龍江走一遭，恐怕連鼻子都會凍掉了。其實，冬天以溫性食物進補本是中國養生文化的一部分，是科學的；可是一變為冬至吃餃子這種習俗，就不再是文化了，因為它不科學了，不管食物的生冷溫寒，什麼餡的餃子都吃，怎麼能發揮驅寒的效果呢？

所以，《易經》這本書要將君子與民眾劃為兩個概念，君子必須知道的「道」，對老百姓可以稱之為「神」。所以今天我們明白這個道理後，便不要過於迷信了，都是讀書人了，我們就應當學習君子應當掌握的「道」。

伏羲八卦次序圖

是故《易》有太極，是生兩儀，兩儀生四象，四象生八卦，八卦定吉凶；吉凶生大業。

1. 世界的起源

君子應當掌握的道是什麼呢？首先應該明白的，即：不是神創造了這個世界，這個世界的創生模式是「易有太極，是生兩儀，兩儀生四象，四象生八卦」，也就是說，世界起初是天地未分的太極狀態，此時天地相合為一，沒有光亮，一片混沌，是宇宙大爆炸後，才出現了太陽、地球與月亮；於是有了光，有了晝夜，有了寒暑，這就是「是生兩儀」。將「兩儀」再分，則夜有前夜與後夜之分，晝有上午下午之別；暑有春秋之分，寒有秋冬之別；這就是「兩儀生四象」。將「四象」再分，則春有立春、春分，夏有立夏、夏至，秋有立秋、秋分，冬有立冬、冬至，這就是四時八節，即「四象生八卦」。

這一模式以圖示表示，就是伏羲八卦次序圖，也稱先天八卦次序圖。該圖極其具體地演示了八經卦的創作原理。即「易有太極，是生兩儀，兩儀生四象，四象生八卦」。其規律明顯而工整有序。先天八卦的數字便由此而來。其乾一、兌二、離三、震四、巽五、坎六、艮七、坤八的數字規律經常運用於後天八卦的預測中。《梅花易數》中以數字起卦，便是根據這八個數字。

這個模式是君子要掌握的，並且也須仔細領悟的。但是，古代的君子就是君王等統治階級，他們還要懂得怎樣統治百姓，怎樣治理天下，所以也要明白「八卦定吉凶，吉凶生大業」的道理。

2. 八卦如何定吉凶？

八卦如何定吉凶？正如前面所言，以八卦進行占卜就可以確定吉凶，就可以指

導天下百姓趨吉避凶；百姓都沒災難好好生活，天下也就得到大治。因為你保護了百姓，百姓就會承認你是天子，也就擁護你做他們的王了。所以說「吉凶生大業」，這正確占卜、準確預測吉凶，正是實現天下大治的大事業，所以不能忽視。相對今天而言，則不能以占卜來「生大業」了，因為百姓都有知識，沒必要裝神弄鬼了，所以我們要破除迷信，以科學為手段，做好吉凶的預測工作，以便做到未雨綢繆，預防為主，做好防範。例如：對於一個企業而言，就要做好市場調查，掌握市場變化；了解競爭對手的實力；掌握本團隊凝聚力和優勢，對未來發展做好預測，提前部署戰略方案等，都屬於新時期、新形勢下的「八卦定吉凶，吉凶生大業」。

其實，古代君子「八卦定吉凶，吉凶生大業」，也不單靠著蓍草占卜，以八卦曆的物候來預知災變，以天上星象預測各種災變，都是「八卦定吉凶，吉凶生大業」的內容。所以，我們今天的「君子」明白古代君子並非非常依靠神鬼之助的事實，就更不應該迷信了，而應該以科學為手段。當然，八卦占卜也並非完全屬於迷信，其準確度確實值得現代科學關注與研究，如果能徹底破解八卦預測原理，進而發展為更為先進的預測學，那肯定也是一件利國利民的好事情。

🐪 什麼才是最大的？

是故法象莫大乎天地；變通莫大乎四時；懸象著明莫大乎日月；崇高莫大乎富貴；備物致用，立功成器以為天下利，莫大乎聖人；探賾索隱，鉤深致遠，以定天下之吉凶，成天下之亹亹者，莫大乎蓍龜。

1. 法象莫大乎天地

什麼才是最大？《繫辭傳》從六個方面給予回答。為什麼要回答這個問題呢？因為「吉凶生大業」，作為一位君王，必須知道何輕何重，何大何小，以便做到兩權相衡取其重，捨小以大，做好最重要的事情。

「法象莫大乎天地」是說，可以使人取法的形象，沒有比天和地更大的了。這是讓君王明白天尊地卑之理，無論任何社會，沒有尊卑則不成秩序。雖

法象莫大乎天地

「法象莫大乎天地」是說，可以使人取法的形象，沒有比天和地更大的了。這是讓君王明白天尊地卑之理，無論任何社會，沒有尊卑則不成秩序。古代君王把樹立尊卑觀點放到首位。這種尊卑並非是樹立尊者可以任意欺壓卑者，其重要的核心是「君君，臣臣，父父，子子」。

然現在我們講求人人平等，但這只是相對於在法律面前、制度面前而言。所以說，平等是相對的，尊卑才是絕對的。試想，如果傻子和智者同樣有權力參政；如果任何一名員工都有權力行使老闆的權力；如果百姓也擁有法官的權力；如果窮人不勞而獲即可擁有與富人同等的財富，那麼我們的社會將會是什麼樣子呢？只能是一個混亂的戰國時代。

所以，古代君王把樹立尊卑觀點放到首位。這種尊卑並非是樹立尊者可以任意欺壓卑者，其重要的核心是「君君，臣臣，父父，子子」，即尊者要有尊者之德，沒有尊者之德，便失去了尊者的資格；卑者應具備卑者之德，沒有卑者之德，便要失去自由與生命，而卑者也可透過自身的努力成為尊者，如在奴隸社會的周朝，有發明、有手藝的人，便可提升自己的社會地位，如果對國家貢獻巨大或有治國安邦之才，即可被提拔為貴族。所以，古代君王樹立天尊地卑之理的同時，也同樣要讓制度符合陰陽消息而互換的天道規則。

2. 變通莫大乎四時

「變通莫大乎四時」是說，能夠變通的，沒有比四時更大的了。前面已講過「一闔一闢謂之變；往來不窮謂之通」，所以變即陰陽轉換，通即循環往復。古代君王明白此理，不但可以制出陰陽互換的獎懲法律制度，可以在治理天下時勞民而不忘逸民，獎之以仁而罰之以義，並且還可增加自己修身養性的能力，做到處低谷而不懼，上高臺而不亂，寵辱不驚，隨機而動，隨勢而行。

「懸象著明莫大乎日月」是說，照耀天下的，沒有比日月更大的了。這是告誡君王要如日月長懸，以自己的一言一行感化教育民眾，給民眾帶來光明、溫暖和生機。古代從政講究「正大光明」，即是此意。如果百姓看不到國政的「光明正大」，那麼這個國家就處於沒有日月的黑暗狀態，這種國家的君王，便不能長久統治天下了。

「崇高莫大乎富貴」是說，崇高的事業，沒有比富貴更大的了。這是告誡君王富貴才是治國大事。人民富裕，國家才會強盛，這個國家的君王才會成為最為富貴的代表，在諸侯中擁有至高的地位，這就是民富則國強的道理。

「備物致用，立功成器以為天下利，莫大乎聖人」是說，製備器物供人使用，設立現成的器物為天下人提供方便，沒有比聖人更偉大的。這是告誡君王，想要成為名垂千秋的大聖人，那麼就要多發明創造，多做利國利民的大事情。這裡為什麼不說占卜成就了聖人呢？因為占卜不是統御百姓的手段，如伏羲、神農、黃帝、大禹、周文王等這些大聖人，都是以自己的發明創造來造福百姓的，這種貢獻可以使後世子孫永遠受益無窮，這才是真正的聖人之道。

3. 探賾索隱，鈎深致遠

「探賾索隱，鈎深致遠，以定天下之吉凶，成天下之亹亹者，莫大乎蓍龜」是說，探求精微，索求幽隱的事理，鈎取幽深，預知未來，以此來確定天下的吉凶，促成天下人勤勉敬業的，沒有大過蓍草與龜甲。這是告誡君王不要忽視占卜的作用，雖然君子應當懂得「道」，而不應當只懂得「神」，但百姓是無法理解那些深奧的大道理的，所以一定要把占卜當作一件重要的事情。要「探賾索隱，鈎深致遠」，以保證占卜的準確度。還有一點是，透過占卜，可以促成天下百姓勤勉敬業，努力工作。

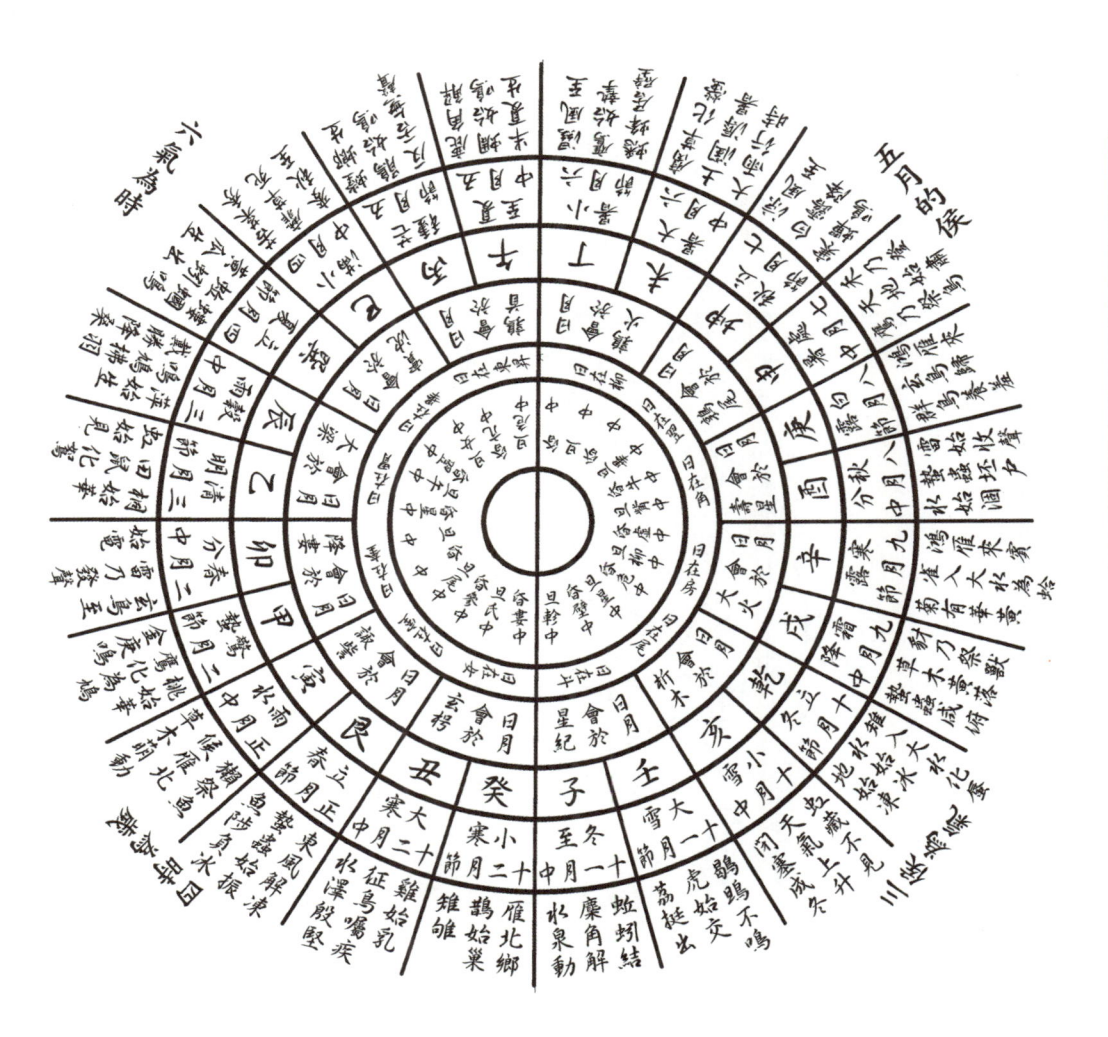

二十四節氣七十二候圓圖

二十四節氣是古曆法的精髓，其與七十二物候、二十八星宿、天干地支、十二月等有著密不可分的關係。透過此圖可以清楚看出二十四節氣與天文曆法等的對應關係。

🐲 河圖與洛書

是故，天生神物，聖人則之；天地變化，聖人效之；天垂象，見吉凶，聖人象之。河出圖，洛出書，聖人則之。《易》有四象，所以示也。繫辭焉，所以告也。定之以吉凶，所以斷也。

1. 天生神物，聖人則之

正是為了君王執政時不至於偏失，能夠做好應該做的各種大事，所以，古代聖人受神物的啟發，將天地變化規律總結為博大精深的易學，本小節所談的，就是聖人創制《易經》的依據與原理。

「是故，天生神物，聖人則之」所說的神物是什麼呢？就是河圖與洛書。此句與後面「河出圖，洛出書，聖人則之」是對應關係，說的都是一件事情，後者是對前者的解釋。相傳古時有道之君王，當天下大治時，天則降神物以示之，這個神物就是黃河中會有龍馬負圖而出，洛水中會有神龜獻書。龍馬負圖，指的身長八尺以

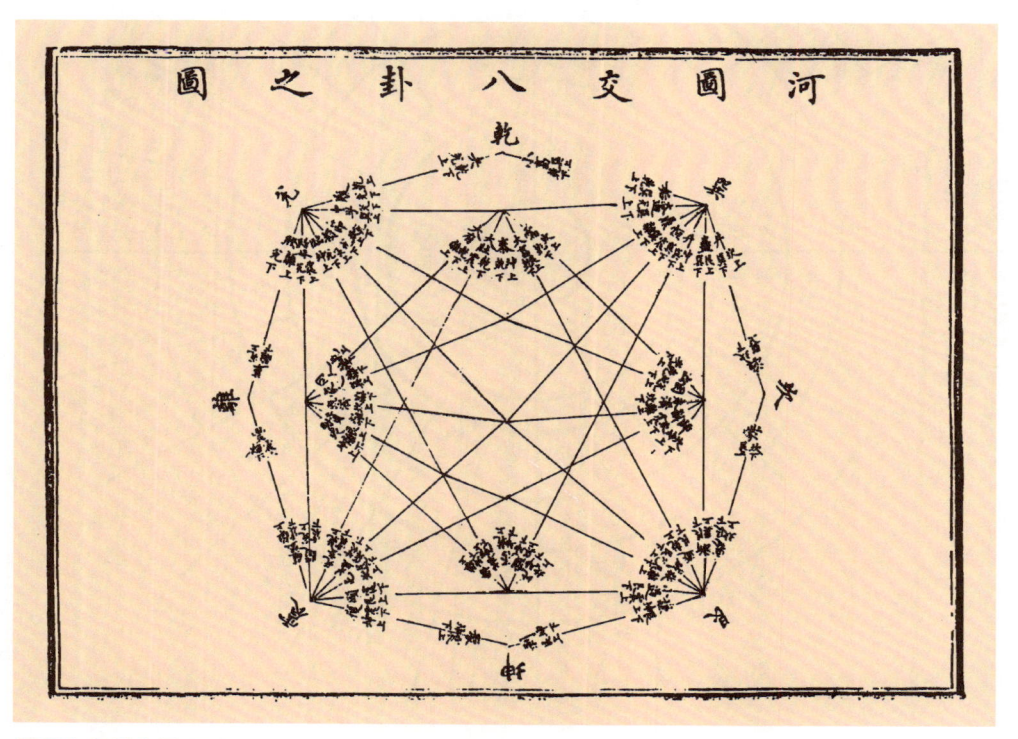

河圖交八卦之圖

相傳古時有道之君王，當天下大治時，天則降神物以示之，這個神物就是黃河中會有龍馬負圖而出，洛水中會有神龜獻書。相傳伏羲即依河圖與洛書發明了八卦，以後歷代有道君王，都能夠見到這兩個神物。

河圖

傳說歷史上黃河有龍馬背負河圖出現，伏羲據此畫出八卦。

上的大馬，其背上有旋毛組成的圖案，其圖即今世所見之河圖，也稱為龍圖。神龜獻書，指的是一種白色的大烏龜，其背部花紋所呈現的九宮式圖案，其圖即今世所見之洛書。相傳伏羲即依河圖與洛書發明了八卦，以後歷代有道君王，都能夠見到這兩個神物。相傳周文王也見過這兩個神物而發明了後天八卦，所以此小節所說的聖人指的是伏羲還是文王，難以確定。結合下文，似乎指的應是文王。

2. 龍馬與神龜

筆者認為，其實龍馬與神龜，只是神化式的說法，其本意仍然指的是天上的星象，所以才是「天生神物」，而不是地生神物。所謂的龍馬，指的是天，因為乾為馬且六爻皆為龍象；龍馬負圖，即天空所現之星象圖案。所謂的神龜，即指天空北方的玄武七宿一帶，因為玄武的龜蛇形象，實際上是將偏向中央的勾陳（蛇）與北方龜形星圖結合一起的形象，在這一片星空中，北斗斗柄的方向決定著大地上節氣與月分變化；神龜獻書，即天空北方出現像洛書一樣的星圖。天上的星象，往往與人間事物有微妙的對應關係。比如相傳天象五星連珠時，人間就會出現各種濟世之才。「河出圖，洛出書」也可能屬於這種情形，當人間有聖人出現時，天上會有河圖般的星圖或者天空北方會出現洛書一樣的星圖。當然，也可能「河出圖，洛出書」只是表明執政君王精通天文學的一種說法，因為只有君王精通天文學，才能真正做到效法天道，依天道之理而行人間之事，只有這種君王，才能成為真正的聖人。總

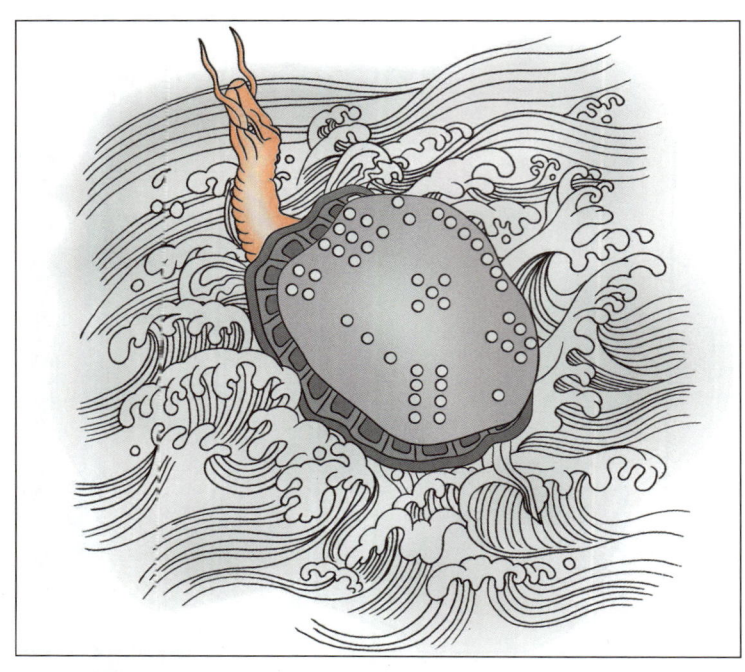

洛書

相傳歷史上洛水有神龜背負洛書出現，夏禹據此畫出《洪範》九疇。

之，「河出圖，洛出書，聖人則之」這句話，說明了易學八卦源於天文學，我們不能將其理解為易學八卦源於河裡的一種馬或水裡的一隻龜。

「天地變化，聖人效之」這句話的答案，就是後面的「《易》有四象，所以示也。」天空中有二十八宿，組成龍、雀、虎、龜四種形象周而復始，大地上則隨天象變化而有春、夏、秋、冬四季更替的現象，這就是「天地變化」。聖人效法天地，則在易理中創制了少陰、少陽、老陽、老陰四種形象與之對應，少陰、少陽、老陽、老陰，就是「《易》有四象」的四象。

「天垂象，見吉凶，聖人象之」的答案，就是後面的「繫辭焉，所以告也。定之以吉凶，所以斷也。」古人透過大量觀察實踐，發現了天上的星象與人間禍福的微妙關係，所以古代君王一直都把天文觀測做為一件重要的事情，並為後世留下了極其豐富的天文觀測資料。這些寶貴資料，成為今天我們研究古時的星象變化及氣候變化等的重要依據。從這兩句經文來看，《易經》卦辭、爻辭的吉凶斷語也與天文星象有關。只是由於後世精通天文學的研易之士較少，所以從星象上闡明《易經》吉凶之理的理論並不多見。

3. 河洛與八卦易學

《繫辭傳》此處雖然言明聖人則河圖洛書的事情，卻沒有詳細說明河洛與八卦易學的關係。故此，下面簡要說明一下。

◆河洛起源

關於河圖與洛書起源，古今說法不一。但透過這些說法，我們可以看出，河圖與洛書其實在不同時代都出現過。①伏羲受河圖，畫八卦。《尚書‧顧命》孔安國傳：「伏羲王天下，龍馬出河，遂則其以畫八卦，謂之河圖。」《禮含文嘉》：「伏羲德合天下，天應以鳥獸文章，地應以河圖洛書，乃則之以作《易》。」《漢書‧五行志》：「劉歆以為伏羲氏繼天而王，受河圖，則而圖之，八卦是也。」②黃帝受河圖，作《歸藏易》。《竹書紀年》：「黃帝五十年秋七月，庚申，鳳鳥至，帝祭於洛水。」注：「龍圖出河，龜書出洛，赤文篆字，以授軒轅。」《路史‧黃帝紀》：「黃帝有熊氏，河龍圖發，洛龜書成……乃重坤以為首，所謂《歸藏易》也。」③帝堯得龍馬圖。《宋書‧符瑞志》：「帝在位七十年，修壇於河、洛，新聞社舜等升首山遵河渚，乃省龍馬銜甲赤文，綠龜臨壇而止，吐甲圖而去。甲似龜，背廣九尺，其圖以白玉為檢，赤玉為字，泥以黃金，約以專繩。」④帝舜得黃龍負河圖。《宋書‧符瑞志》：「舜設壇於河，黃龍負圖，圖長三十三尺，廣九尺，出於壇畔，赤文綠錯。」⑤大禹受洛書。《竹書紀年》：「帝禹夏后氏。」陳注：「當堯之時，禹觀於河，有長人，白面魚身，出曰：吾河精也。呼禹曰：文命治水。言訖授禹河圖，言治水事……洛書龜書是為洪範。」《漢書‧五行志》：「劉歆以為，禹治洪水，賜洛書，法而陳之，九疇是也。」⑥成湯至洛得赤文。《宋書‧符瑞志》：「湯東至洛，觀堯壇，有黑龜，並赤文成字。」⑦文王受洛書、應河圖。《詩經‧大雅‧文王》篇原序中「文王受命作周也」一句後，前人疏云：「注云法地之瑞者，洛書也……然則河圖由天，洛書自地，讖緯注說皆言文王受洛書，而言天命者以河洛所出，當天地之陞，故托之天地以示法耳。其實皆是天命。故六藝淪云，河圖洛書皆天神言語，所以教告王者也。是圖書皆天所命，故文王雖受洛書，亦天命也。」⑧周公、成王觀河、洛，得龍圖、龜書。《宋書‧符瑞志》：「周公旦攝政七年，制體作樂，神鳥鳳凰見，蓂莢生。乃與成王觀於河、洛，沈璧。禮畢，王退俟，至於日昧，榮光並出幕河，青雲浮至，青龍臨壇，銜玄甲之圖，吐之而去。禮於洛，亦如之。玄龜青龍蒼兕止於壇，背甲刻書，赤文成字。周公援筆以世文寫之，書成文消，龜墮甲而去。其言自周公訖於秦、漢盛衰之符。」⑨河圖洛書源自於陳摶。宋以前，雖有關於河洛的種種記載，但世人並未見過河洛的圖式。真正將此二圖流傳於世的，則是北宋道界名人陳摶。所以有人認為此二圖原秘藏於道家，後經陳摶傳出；也有人認為河圖洛書即為陳摶所作。現在易學界則普遍認為，河圖洛書為早於八卦系統的古星圖，經陳摶傳出後才流行於世。

◆先天八卦與河圖

古人為說明先天八卦與河圖的關係，將二者合併在一起，成為先天八卦配河圖的圖式。而說明兩者關係的理論，則以南宋朱熹、蔡元定的《易學啟蒙》較為客觀：

「河圖之虛五與十者，太極也。奇數二十，偶數二十者，兩義也。以一二三四為六七八九者，四象也。析四方之合，以為乾、坤、離、坎，補四隅之空，以為兌、震、巽、艮者，八卦也」。河圖中生數一二三四，各加以中五為六七八九，即為四象老陽、少陰、少陽、老陰之數，為四象之數。四象生八卦，分北方一六之數為坤卦，分南方二七之數則為乾卦；分東方三八之數則為離卦；分西方四九之數則為坎卦。其餘各居四隅之位，則為兌、震、巽、艮四卦。艮卦之數由一六北方分出，兌卦之數由二七南方分出，震卦之數由三八東方分出，巽卦之數由四九西方分出。表明乾、坤、離、坎四正之位，左方為陽內陰外，陽長陰消，右方為陰內陽外，陰長陽消，像二氣之交運。

◆先天八卦與洛書

將先天八卦與洛書合在一起，便成了先天八卦配洛書的圖式。南宋朱熹、蔡元定《易學啟蒙》認為：「洛書而虛其中，則亦太極也。奇偶各居二十，則亦二儀也。一二三而含九八七六，縱橫十五而互為七八九六，則亦四象也。四方之正以為乾坤離坎，四隅之偏以為兌震巽艮，則亦八卦也」。洛書中一與九相對、二與八相對、三與七相對，四與六相對，其合數皆為十，故一含九，二含八，三含七，四含六，此為四象之數。四正之奇數生乾、坤、離、坎四正卦，四隅之偶數生兌、震、巽、艮四隅卦。所配方位為效法河圖所生之八卦方位。直到洛書九數，而虛其中五，以配八卦。陽上陰下，故九數為乾，一數為坤，因自九而逆數之，震八、坎七、艮六、

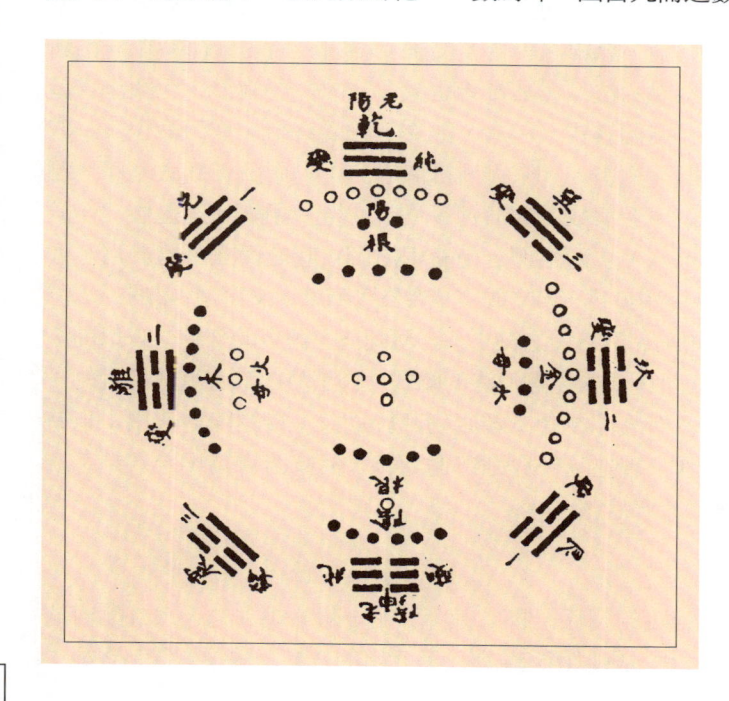

先天八卦配河圖圖

古人為說明先天八卦與河圖的關係，將二者合併在一起，成為先天八卦配河圖的圖式。

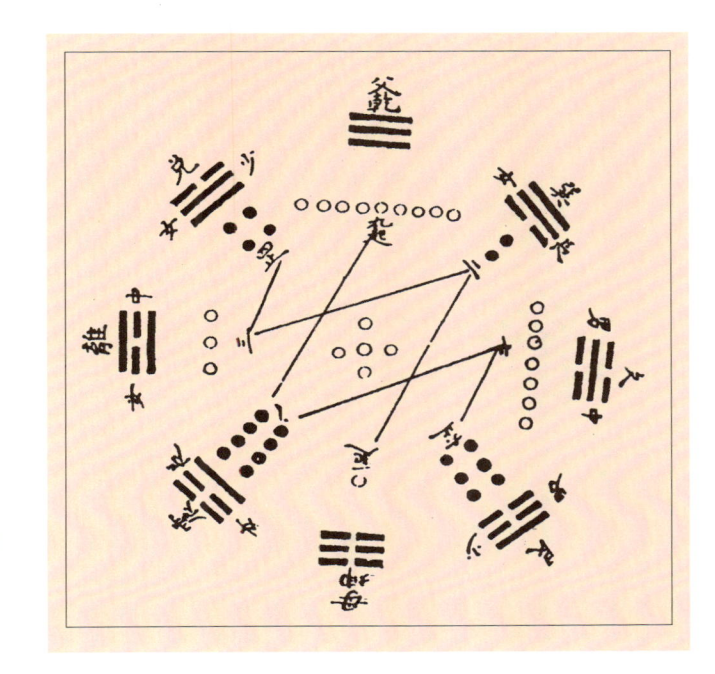

先天八卦配洛書圖

將先天八卦與洛書組合在一起，便成了先天八卦配洛書的圖式。

為乾生三陽，又自一而順數之，巽二、離三、兌四，為坤生三陰也。以八數與八卦相配，則與先天之位相合。

◆後天八卦與河圖

將後天八卦與河圖組合在一起，便成了後天八卦配河圖的圖式。該圖中，河圖二七配離卦，一六配坎卦，三八配震卦，四九配兌卦、乾卦，五十配坤卦、艮卦。即《啟蒙附論》所說的：「圖之一六為水，居北，即後天之坎位也。三八為木居東，即後天震、巽之位也。二七為火居南，即後天之離位也。四九為金居西，即後天兌、乾之位也。五十為土居中，即後天之坤、艮，周流四季，而偏旺於丑未之交也。蓋所以象五行之順布也」。

◆後天八卦與洛書

將後天八卦與洛書組合在一起，便成了後天八卦配洛書的圖式。該圖中，洛書九與離卦配，一與坎卦配，三與震卦配，七與兌卦配，二與坤卦配，四與巽卦配，六與乾卦配，八與艮卦配。火上水下，故九數為離，一數為坎。燥火生土，故八次九而為艮。燥土生金，故七、六次八而為兌、為乾。水生溼土，故二次一而為坤。溼土生木，故三、四次二而為震、為巽。以八數與八卦相配即符合後天之位。即《啟蒙附論》所說的：「後天圖之左方，坎、坤、震、巽；其右，離、兌、艮、乾，以艮、坤互而成後天也」。

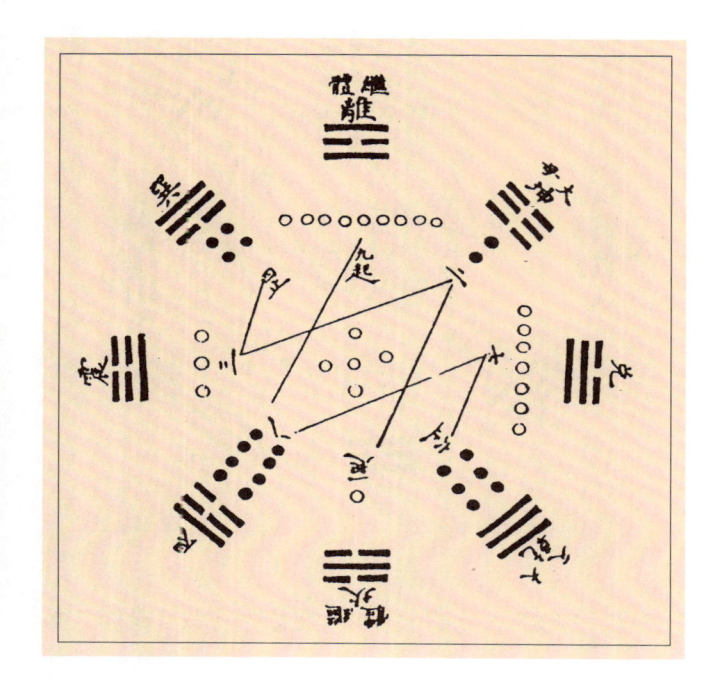

後天八卦配洛書圖

將後天八卦與洛書組合在一起，便成了後天八卦配洛書的圖式。該圖中，洛書九與離卦配，一與坎卦配，三與震卦配，七與兌卦配，二與坤卦配，四與巽卦配，六與乾卦配，八與艮卦配。

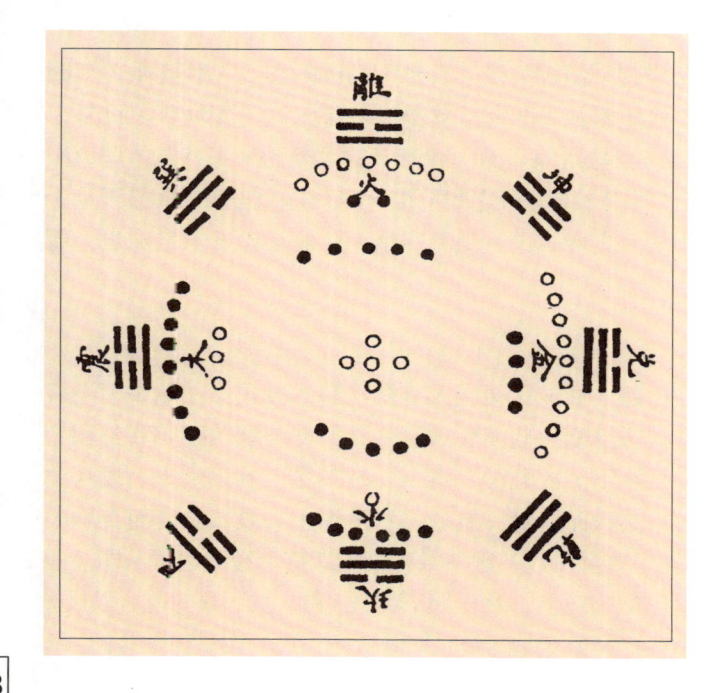

後天八卦配河圖圖

將後天八卦與河圖組合在一起，便成了後天八卦配河圖的圖式。該圖中，河圖二七配離卦，一六配坎卦，三八配震卦，四九配兌卦、乾卦，五十配坤卦，艮卦。

第12節

自天佑之，吉無不利

履行誠信，順應天道

> 上天所幫助的是能順應天道的人，人們所幫助的是有誠信的人。履行誠信，順應於天道，又能崇尚賢能，所以會得到上天的保佑。

【原文】

《易》曰：「自天佑[1]之，吉無不利。」子曰：「佑者，助也，天之所助者，順也；人之所助者，信也。履信思乎順，又以尚賢也。是以自天佑之，吉無不利也。」

子曰：「書不盡言，言不盡意。然則聖人之意，其不可見乎。」子曰：「聖人立象以盡意，設卦以盡情偽，繫辭焉以盡其言，變而通之以盡利，鼓之舞之以盡神。」

乾坤其易之縕邪？乾坤成列，而《易》立乎其中矣。乾坤毀，則無以見《易》。《易》不可見，則乾坤或幾乎息矣。

是故，形而上者謂之道，形而下者謂之器。化而裁之謂之變，推而行之謂之通，舉而措之天下之民，謂之事業。

是故，夫象，聖人有以見天下之賾，而擬諸其形容，象其物宜，是故謂之象。聖人有以見天下之動，而觀其會通，以行其典禮，繫辭焉，以斷其吉凶，是故謂之爻。

極天下之賾者，存乎卦；鼓天下之動者，存乎辭；化而裁之，存乎變；推而行之，存乎通；神而明之，存乎其人；默而成之，不言而信，存乎德行。

【注解】

[1] 佑：保佑，佑助。

【釋義】

《易經》大有卦上九的爻辭說：「自有天來保佑，吉祥沒有任何不利的。」孔子說：「佑是幫助的意思，上天所幫助的是能順應天道的人。人們所幫助的是有誠信的人。履行誠信，順應於天道，又能崇尚賢能，所以會得到上天的保佑，沒有任何不吉利的。」

孔子說：「書中的文字是不能把作者的話寫全的，言語也不能把我們的心意表達完整。」那麼聖人的意思，就不能完全了解了嗎？孔子說：「聖人樹立象數，以表達未能完全表達的意思，使人因象數以悟其心意；設置六十四卦以表達宇宙萬事萬物的性情；又配上文辭表達自己要說的話。透過變化流通全面表現它的利益，透過運轉、行動來表現它的神奇奧妙。」

乾坤就是《易經》的精蘊吧？乾坤既成列於上下，《易經》的道理也就在其中成立起來。如果乾坤毀滅的話，就無法見到《易經》中的道理了。《易經》的道理不被人了解的話，那麼乾坤之道也幾乎要熄滅了。

所以在具體的形體之上，就是道；在具體的形體以下就是器物；形而上的道與形而下的剛柔變化就叫做變；推行陰陽之道就叫做通；把陰陽之道應用於天下的百姓就叫做事業。

所以《易經》所謂的象，便是聖人發現了天下萬物的奧妙所在，於是參照萬物的形象與容貌，根據天象與地理的物象創建了八卦的形象，所以稱之為卦象。聖人發現了天下萬物的運動規律，將這些規律進行綜合整理，使之成為人們的行為準則，並且附上繫辭使人們能明白吉凶災福，所以稱為爻（即從爻中可以看出萬物的變化規律）。極盡天下萬物奧秘的，在於六十四卦；鼓動天下行動的，在於卦辭與爻辭；剛柔運轉在於變；推行陰陽之道在於通；明白這神奇奧妙之道，在於人對《易》的運用。默默地成就事業，不用語言表達人們也相信，則在於德行的深厚。

誠信並柔順，才會吉祥

《易》曰：「自天佑之，吉無不利。」子曰：「佑者，助也，天之所助者，順也；人之所助者，信也。履信思乎順，又以尚賢也。是以自天佑之，吉無不利也。」

1. 自天佑之，吉無不利

《易》曰：「自天佑之，吉無不利」，指的是大有卦上九爻的爻辭。一般來說，上九爻相當於太上皇的位置，爻辭斷語一般不會太好，比如乾卦上九爻便是「亢龍有悔」，可是，大有卦上九爻辭卻是「自天佑之，吉無不利」。為什麼乾卦上九爻沒有「自天佑之」呢？為什麼大有卦卻「吉無不利」？

其實，大有卦保佑上九爻的「天」，就是六五爻，六五爻陰爻居君位，為天，

其與上九爻陰陽相合，所以上九爻才會「自天佑之，吉無不利」。這就好比君王非常孝順，處處都聽太上皇的，處處都保護太上皇，這位太上皇自然是「自天佑之，吉無不利」了。

那麼，孔子是怎樣給弟子講解這一爻的呢？孔子說：「佑者，助也，天之所助者，順也。人之所助者，信也。履信思乎順，又以尚賢也。是以自天佑之，吉無不利也。」意思是說，佑是幫助的意思，上天所幫助的是能順應天道的人。人們所幫助的是有誠信的人。履行誠信，順應於天道，又能崇尚賢能，所以會得到上天的保佑，沒有任何不吉利的。所以孔子強調做人的兩點要求，第一是要柔順，懂得服從命令；第二則是要有誠信，說到做到。能做到這兩點，就會處處得到幫助，永遠吉祥了。

自天佑之，吉無不利

上爻	亢極 精進不休
五爻	飛躍在天
四爻	可試身手
三爻	謹慎培養實力
二爻	顯現
初爻	潛伏

乾卦

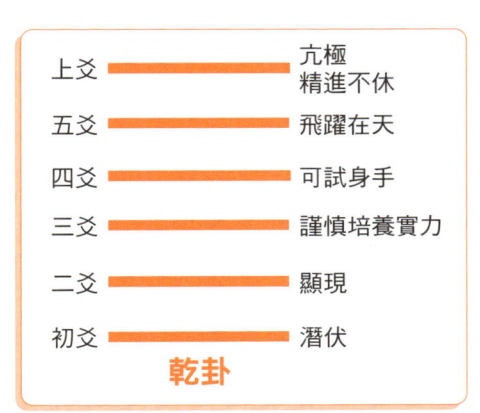

比如一個卦的位序，人處大化之中，位序是由天地陰陽的推移造成的，自己無法選擇。所以要安然而處。這裡的天，即是道（自然規律）在某一時刻的具體展現。

因為道理就是從天地運動中產生的。

但這並不是要人們不求進取，相反倒是讓人正確認識自己的客觀條件，擺正自己的地位，與時俱進，在條件成熟的情況下及時進取。既然是位序，那就如同是人生的臺階，在第一階上，自然可以邁向第二階，循序而上。循序正是安於《易》之序。

第二章 《繫辭傳·上篇》的智慧

例如：我們對主管的命令，要懂得柔順地服從，如果處處與主管唱反調，並且說話從來不算數，那肯定是要吃大虧的。另外，我們平時與人交往，也應該說話算話，堅持以誠信原則，並且不可有盛氣凌人的姿態，而應當有柔順卑謙之德，這樣才能更有人緣，進而得到更多的幫助。當然，孔子此處對爻辭的理解，確實稍微有些牽強，因為卦象中體現出的柔順，是六五爻，誠信則體現在上九爻，我們常說「大丈夫一言既出，駟馬難追」，便是體現出陽剛本質的誠信，而坤卦的柔順之德則正是陰爻的本質體現。上九與六五爻陰陽相合、剛柔相濟，一個講誠信，一個講順從，自然上九爻就「自天佑之，吉無不利」了。可是，孔子解經卻也體現了聖人之心，所以聽孔子的話，我們的人生也會得到不小的受益。

2. 神該幫助誰？

那麼，孔子所說「天之所助者」的「天」，指的是什麼呢？有人解釋為天上的神明、上帝、菩薩等。其實，假使天上真有神，也不會保佑人的。試想，每個人都燒香磕頭、拿著鮮花、水果等貢品獻給神，求發財，求改變地位，那麼神該幫誰呢？乾隆曾經說過：「車船店腳衙，無罪也該殺。」意思是車夫、船夫、開客店的、腳夫、衙役這些人，都在做著本不該收費的善行義務而賺取別人的錢財，所以有罪該殺。從這句話我們也應該明白一個道理，財富是從別人身上賺來的，沒有 80% 的窮人，就不會有 20% 的富人，這就是財富的八二法則。如果全世界人人手裡都有 200 萬美金，那誰是富人？誰都不是。所以人人求神保佑自己發財，那神就幫不了這個忙了。同理，人人都想當總統，求神幫助，神能讓全世界的人都變成總統嗎？人人是總統的社會，誰是領袖呢？等於群龍無首，一盤散沙。再如，兩個人打官司，原告也求神幫忙，被告也求神幫忙，神該幫助誰？這個神，也只能吃完原告吃被告，最後誰的忙也不幫了。從神的角度說明這個道理，大家都明白，可一到現實中，人們卻糊塗了。送禮攀關係、貪汙受賄這些腐敗現象，自從有了人類社會就一直出現，甚至社會型的動物，如大猩猩等，也有這種現象。其實這種做法，與求神拜佛的後果沒有區別。而且不要把《易經》中的「天」認為是神明，神這個概念，是君王講給知識水準不高的老百姓聽的，因為對老百姓一說神，百姓就全明白了，一講道理就糊塗，古代君王也沒辦法。

而古代君王自己更相信天道，春天別誤了播種，夏天別誤了生長，秋天別誤了收穫，冬天別誤了收藏；天暖減衣，天涼加衣，這就是順應天道。古代君王效法天道而管理人事，定尊卑規矩，百姓以柔順之德服從官員領導，員工服從老闆；君王以誠信原則對待百姓，一言九鼎，說到做到，老闆誠信於員工，這就是效法天道的君臨天下。這才是我們今天學易必須要明白的道理。

書不盡言，言不盡意

子曰：「書不盡言，言不盡意。然則聖人之意其不可見乎。」子曰：「聖人立象以盡意，設卦以盡情偽，繫辭焉以盡其言，變而通之以盡利，鼓之舞之以盡神。」

《易經》這本書的文字太少了，可裡面卻容納了太多的思想與道理，所以孔子才會說：「書不盡言，言不盡意。」意思是告訴我們，不要只看表面文章，應當深入理解其隱藏在文字下面的具體內涵，以便體現出原書作者真實的意圖。

那麼對於《易經》這本書，怎樣才能真正體會出聖人的全部意圖呢？孔子說：「聖人立象以盡意，設卦以盡情偽，繫辭焉以盡其言，變而通之以盡利，鼓之舞之以盡神。」意思是說，聖人樹立卦象，表達未能完全表達的意思，使人因象數以悟其心意；設置六十四卦以表達宇宙萬事萬物的性情真偽；又配上文辭表達自己要說的話。透過變化流通全面表現它的利益，透過運轉、行動來表現它的神奇奧妙。

這也就是告訴我們，讀《易經》除了讀那些文字之外，還在仔細研究卦象，用卦象與文字結合並對比，就能領悟聖人作《易》的真實意圖了。孔子之所以這樣說，是因為晚年的孔子，終於從《易經》讀出了修身、齊家、治國、平天下的道理。對於一本寫滿了吉、凶、悔、吝等斷語的占卜書籍，能讀懂它原來不是占卜著作，並非是一件容易的事情。同理，我們閱讀許多古代歷史典籍，也應該多動腦，要讀字面以外的涵義。例如：對於陽虎這個人，諸多史書皆定論其為賊、為盜、為大逆不道，可卻用諸多事例把陽虎這個人寫得光彩照人，仔細分析，就會明白所謂定論，不過特定政治背景下的產物，原作者本意，並非如此。

如今，我們上學學習的各門功課，老師往往要求按大綱理解，然後記住，會運用，能答題，就算及格，掌握知識。其實，這樣得到的知識，還不叫真學問。各種知識，只有經過自己消化理

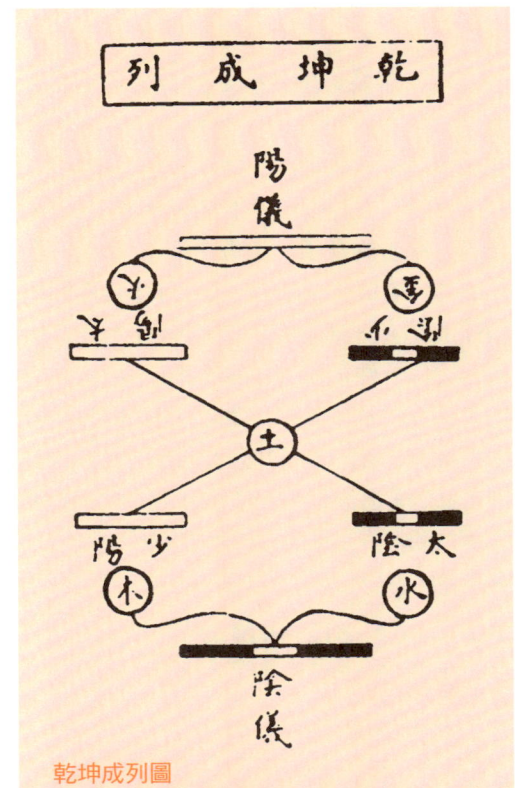

乾坤成列圖
張理 元代 《易象圖說內篇》
　　此圖陽儀生奇，為太陽；生偶，為少陰。陰儀生奇，為少陽；生偶，為太陰。陽儀下一奇一偶，為陰陽；陰儀上一奇一偶，為剛柔。四象環轉，循環不窮。

解，更仔細思考，最終經過自己的頭腦判斷出對錯後，才叫真正有用的知識。例如：發明大王愛迪生，一生懂得多少物理、化學知識，他的知識甚至比不上目前的普通大學生，但哪個大學生能像愛迪生那樣十五天就發明一樣東西呢？為什麼不能，因為你的學習沒有經過自己頭腦的判斷，只是像一個硬碟儲存資料，那有什麼用呢？所以今天懂得「書不盡言，言不盡意」的意思，以後我們就懂得怎樣讀書，怎樣學習知識了。

乾坤，其易之縕邪？

乾坤其易之縕邪？乾坤成列，而《易》立乎其中矣。乾坤毀，則無以見易。《易》不可見，則乾坤或幾乎息矣。

1.「縕」字的涵義

縕，本義是指新舊混合的棉絮，亂絮。古時窮人以亂麻為絮的冬衣，稱為縕袍、縕絮，所以，縕的引申義有包蘊、蘊含的意思。古文的「縕」與「蘊」為通假字，在表達以上這兩種意思時，是可以互換的。所以有的《易經》版本將「其易之縕邪」寫作「其易之蘊」，也不是錯。而古文「縕」一詞，義同「氤氳」，是指煙、雲、氣、光混合瀰漫的樣子。這個「縕」字是不能和「蘊」互換的。

本小節的「縕」字，則有棉絮與縕袍兩種涵義。所以「乾坤其易之縕邪」也有兩種解釋。一種是說：「乾坤兩卦，就是組成《易》這件衣服的棉絮吧？」這是將《易經》比作一件縕袍，而將乾坤兩卦比作組成縕袍的棉絮。這是因為乾卦代表《易經》六十四卦的所有陽爻，坤卦則代表《易經》六十四卦的所有陰爻。沒有乾坤兩卦，則不存在陰陽二爻的概念，所以說「乾坤，其易之縕邪？」另一種意思是，乾坤兩卦，就是《易經》的一件袍子吧？」這是將《易經》擬人化，將乾坤兩卦比喻為「人」穿著的袍子。這樣乾坤與《易經》則是包含與被包含的關係，即乾坤兩卦如天地包容萬物一樣，包含全部易卦內容。因為乾坤為眾卦之父母，其他卦皆為乾坤兩卦變化而來。

2. 乾坤成列

「乾坤成列，而《易》立乎其中矣」，則有四種解釋。其一是，乾坤兩卦，乾上坤下，天尊地卑，陰陽變化就發生在這天地之中，形成其他六十二卦。比如，伏羲八卦方位圖、伏羲六十四卦圓圖，體現的便是這種內涵。其二是，按照「太極分兩儀，兩儀生四象，四象生八卦」的方式分，正好是兩儀的五次方時，則形成完整的六十四卦大橫圖，此圖中由乾開始，至坤結束，也體現了「乾坤成列，而《易》立乎其中」的內涵。其三是，六十四卦陽爻皆為乾，陰爻皆為坤，每一卦陰陽爻排列形式，便是「乾坤成列」，而卦變、爻變也從陰陽爻的位置體現出來，這便是「而

易立乎其中矣」。其四是，乾坤為天地，日月相合為易，「乾坤成列」即天上地下形成一個空間，「而易立乎其中矣」則是指日月穿梭，運行於其中。

明白了「乾坤其易之縕邪？乾坤成列，而易立乎其中矣」的意思，則後面「乾坤毀，則無以見《易》。《易》不可見，則乾坤或幾乎息矣」的意思便很好理解了。總之，無論乾坤是「棉絮」還是「縕袍」，或者「乾坤成列」屬於四種中的哪一種，沒有乾坤，則不會有易；沒有易，也幾乎不會有乾坤。

此小節內容，重點是再次強調乾坤兩卦的重要性。《繫辭傳》多次強調乾坤兩卦的重要性，其目的便是讓人們深刻理解乾坤兩卦的內涵，因為乾坤兩卦是易學的總綱。

形而上與形而下

是故，形而上者謂之道，形而下者謂之器。化而裁之謂之變，推而行之謂之通，舉而措之天下之民，謂之事業。

1. 形而上者謂之道

《繫辭傳》前面講過「一陰一陽之謂道」，此處又說「形而上者謂之道」，兩者有什麼聯繫呢？其實，這一句是對「一陰一陽之謂道」的補充，告訴我們不要把一個陰爻和一個陽爻當成道，卦畫的陰陽爻，是有形之物，屬於器，是盛道的器皿。一陰一陽所體現出的道理、規律、原則，才是道。道是形而上的，道是在具有形體的萬物之上，是有形之萬物體現出的道理。

形而上，是看不見摸不著的，無形的，抽象的，理論性的；形而下，則可以看到的，有形的，具體的，屬於器。其實，我們看到的萬物，皆是器，皆是形而下的，這個器裡盛著什麼，盛著的就是道。比如，我們的身體，就是形而下的，就是一個器。我們身體裡盛著的道是什麼？也許你會說，心、肝、脾、肺、腎，還有水和大便等。而這些，也還是器，還是形而下的，不是道。那麼我們身體裡盛著的道究竟是什麼呢？就是我們身體從哪裡來，怎樣形成的，有哪些功能等，這才是我們身體這個器裡盛著的道。再如，一座山，一條河，都是形而下的器，這個器裡盛著的道是什麼呢？就是這山、這河從哪裡來，是怎樣形成的，有什麼功能等，就是山、河這個形而下的器裡盛著的道。老子說：「萬物生於有，有生於無」，這個「有」就是形而下，就是器；這個「無」就是道。

2. 世尊拈花微笑

佛教有個拈花微笑的故事，說的是當年釋迦牟尼在靈山大法會上端坐，正欲說法，此時有人送給他一束金波羅花。釋迦牟尼就拈花不語，既不講經也不說法了。滿座的人都大眼瞪小眼，不解其意。時間過了很久，大家都乾坐著，也都不敢離去，

世尊拈花微笑

在靈山大會上，佛祖手持一朵金波羅花以示眾弟子，眾人都疑惑不解，默不作聲。只有摩訶迦葉尊者微微一笑。佛祖說：「吾有正眼法藏，涅妙心，實相無相，微妙法門，不立文字，教外別傳，囑咐摩訶迦葉。」眾弟子沒有參悟透佛祖拈花的用意，只有迦葉明白，這是一種不可言說的境界，所以才得到了佛祖的囑咐。

只有迦葉尊者破顏一笑。這樣，一個拈花，一個微笑，這場法會就算是結束了，禪宗便是從這裡產生的。此處的拈花、微笑，皆屬於器；拈花這個器，盛著的就是道；迦葉尊者感悟出拈花中的道，所以他以微笑作答，自然，微笑這個器，便也盛著道了。此次法會，釋迦牟尼雖然一句話也沒說，但實際上卻該講的全講了，只是僅迦葉一人聽懂，明白了道。《金剛經》上說：「一切有為法，如夢幻泡影，如露又如電，應作如是觀。」是說一切有為的方法，如燒香、磕頭、獻花、誦經、吃齋、行善、念阿彌陀佛等，皆非真正的法，不屬於道，而只是器，是帶你找到道的方便法。因為真法是沒辦法說清楚，只有達到了清靜虛無的境界，才會理解。

如今，我們有一句話叫「理論結合實際」，這個「理論」，就是道；「實際」，就是器。而在《易經》裡面，陰陽爻組成的卦畫都是形而下的器，而其中隱含的易理，就是道。君子能夠以易理去理解卦爻變化與吉凶的意義，就是「化而裁之謂之變」；能夠永遠以易理指導自己去做事，就是「推而行之謂之通」；能夠將易理應於天下所有民眾就是事業，這就是「舉而措之天下之民，謂之事業」。

這一小節是以解釋概念的方法指導人們學習易理，並告誡君王要以易理治天下，才能成就大的事業。

卦就是象，辭就是爻

是故，夫象，聖人有以見天下之賾，而擬諸其形容，象其物宜，是故謂之象。聖人有以見天下之動，而觀其會通，以行其典禮，繫辭焉，以斷其吉凶，是故謂之爻。

極天下之賾者，存乎卦；鼓天下之動者，存乎辭；化而裁之，存乎變；推而行之，存乎通；神而明之，存乎其人；默而成之，不言而信，存乎德行。

「是故，夫象，聖人有以見天下之賾，而擬諸其形容，象其物宜，是故謂之象。聖人有以見天下之動，而觀其會通，以行其典禮，繫辭焉，以斷其吉凶，是故謂之爻。」這一段與《繫辭傳》原文第八章第一小節內容相同，所以在此就不多講了。

《繫辭傳》作者為什麼要在此重複原文第八章第一小節的內容呢？朱熹注解說：「重出以起下文。」可見，這不是錯簡所致，而是有用意的，是為了結合這些內容接著講述下面的道理。

1. 極天下之賾者，存乎卦

「極天下之賾者，存乎卦」這句話，就是相對於「是故，夫象，聖人有以見天下之賾，而擬諸其形容，象其物宜，是故謂之象」而言的。什麼意思呢？簡而言之，就是告訴你卦就是象。我們看《易經》六十四卦的卦畫，都是有形象的，有象徵意義的，所以說卦畫表現的就是形象。

「鼓天下之動者，存乎辭」這句話，則是相對於「聖人有以見天下之動，而觀其會通，以行其典禮，繫辭焉，以斷其吉凶，是故謂之爻」而言，簡而言之，辭就是爻。也就是說，後者所說的「爻」，就是爻辭的意思。

2. 化而裁之，存乎變

「化而裁之，存乎變」與上一小節「化而裁之，謂之變」意思差不多，但想要真正理解這句話，必須先要明白什麼是「化」，什麼是「變」。對季節而言，春夏為變，秋冬為化；對陰陽而言，在陽為變，在陰為化；對乾坤而言，乾變坤化，乾變即天象周流，坤化即化育萬物。總而言之，變，指的是陽性漸增，事物漸顯、漸壯，如孫悟空七十二變，一變比一變更高大，這就是變；化，指的是陰性漸增，事物漸隱、漸弱，如冰化為水，水蒸發化為氣。所以說，化屬有陰的屬性，變屬有陽的屬性。這樣「化而裁之存乎變」實際上指的便是陰爻變陽爻的情況，也就是說《易經》中陰爻的爻辭，反映的是其轉變為陽爻時的吉凶狀況。同理，陽爻的爻辭，反映的也是轉變為陰爻時的吉凶狀況，即「變而裁之，存乎化」。什麼是「裁之」呢？世界上陰陽相推變化是永遠不會停下來的，陰陽變換一次，就是一個循環過程，而這個過程是永遠循環下去的，永遠不會停止。而我們占卜時，則是截取了其中的一個循環過程，從這一個循環過程來判斷吉凶，這就是「裁之」。例如《淮南子》中有個塞翁失馬的故事，說的就是陰陽相推互變的易理。這個故事說邊塞上有個善於占卜

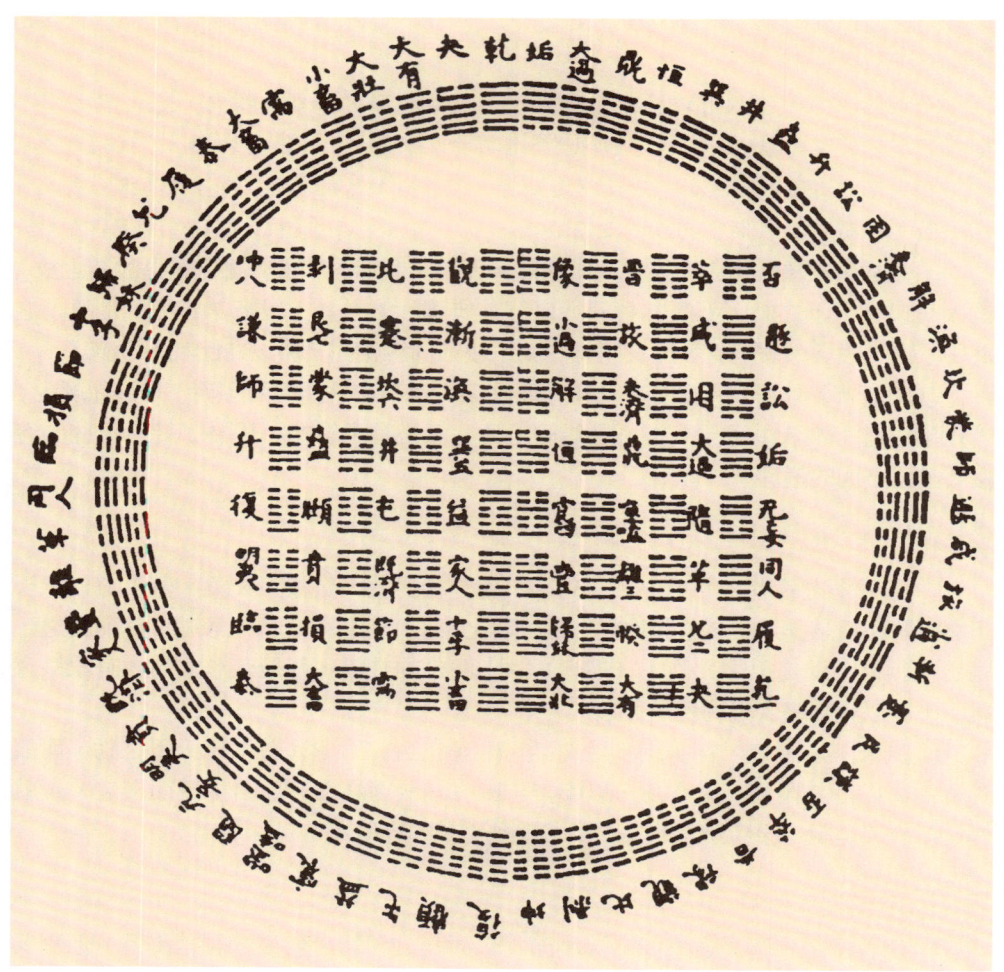

六十四卦方圓圖

六十四卦方圓圖也稱伏羲六十四卦方圓圖，簡稱方圓圖或先天圖。外面是圓圖，裡面是方圖，取外圓內方之義。圓圖為天為時間，方圖為地為空間。

的老人，他的馬無緣無故地跑到了北方胡人居住的地區。鄰里見老人丟失了馬，都替老人感到難過。但老人卻說：「這何嘗不是一件好事呢？」過了幾個月，果然應驗了老人的話，老人的馬不但回來了，還帶回來許多胡人的駿馬。鄰里知道這件事，都來祝賀，但老人卻說：「這何嘗不是一件壞事呢？」果然過了不久，老人的兒子因騎胡馬而摔斷了腿。鄰里紛紛前來慰問，可這位老人卻認為這是一件好事情。沒多久，匈奴南下入侵，村子裡的青壯年都被徵招入伍，最後戰死疆場，而老人的兒子卻因為斷腿而保住了性命。這個故事所說的，正是易理中的陰陽循環規律。吉凶禍福就如同晝夜更替一樣，永無止境地循環往復。明白這個道理，我們便也能像塞

翁一樣，善卜者不筮，輕鬆根據目前狀態推斷出下一步的吉凶，並及早做好防範了。

3. 推而行之，存乎通

「推而行之，存乎通」與上一節「推而行之，謂之通」相同意思。什麼叫「推而行之」呢？就陰陽相推而往復運行，比如寒來暑往、晝夜循環、吉凶變換、禍福相生等，都屬於陰陽相推而往復運行。所謂的「通」，即指陰盡而變陽，陽盡而化陰，循環往復，沒有窮盡。宋范仲淹的《岳陽樓記》有個詞「政通人和」，「政通」二字，也是「推而行之」的意思，簡稱即是「推行」。政府推出的政策，百姓能夠執行，這就是「推而行之」，就是「推行」，就是「政通」。再如「窮則變，變則通」的原理，也是源於易理的陰陽「推而行之」。

「神而明之，存乎其人」是說，卦爻所以變通而神奇地明示出吉凶，關鍵在於人；這個人應具有默默地依易理成就諸事，空口說白話而以行動取信於天下的德行，這就是「默而成之，不言而信，存乎德行」。

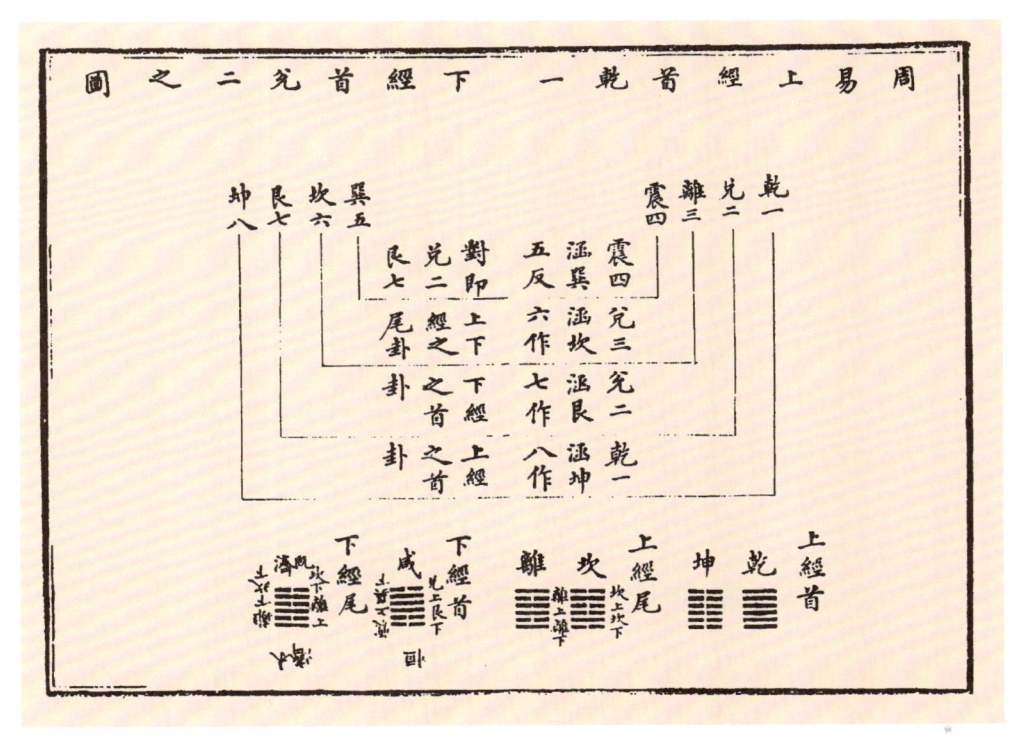

《易經》上經首乾一、下經首兌二之圖

此圖說明了《易經》上經首乾坤，上經尾坎離，下經首咸，下經尾濟。世界上陰陽相推變化是永遠不會停下來的，陰陽變換一次，就是一個循環過程，而這個過程是永遠循環下去的，永遠不會停止。

第三章

《繫辭傳・下篇》的智慧

《繫辭傳》是「十翼」中比較重要的篇章，分上、下篇，各十二章。上篇論述為什麼創立八卦易學系統，下篇論述如何掌握使用《易經》哲理並舉例說明。《繫辭傳》的內容可以分為四個部分。一是《易經》產生的情況及來源，《繫辭傳・上》中指出「聖人設卦」；二是《易經》與天地宇宙的關係；三是談及《易經》的具體不同卦象如何構成；四是談及《易經》的功能，指事事皆可。《繫辭傳・下》中認為《易經》是一部憂患之書，同時也是一部道德教訓之書，讀《易經》要於憂患中提高道德境界，以此作為化凶為吉的手段。

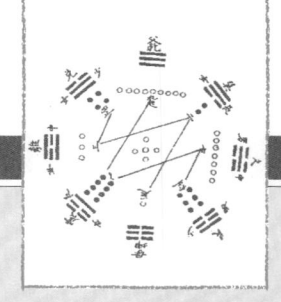

本章內容摘要

八卦成列：道從觀察中來
八卦與人類上古進化史：《易》的演變過程
易者，象也：《易》的象思維
陽卦多陰，陰卦多陽：君子之道與小人之道
憧憧往來，朋從爾思：殊途同歸
乾坤，其易之門邪：古而不老的易學
《易》之興也，其於中古乎：《易》的憂患思維
《易》之為書也，不可遠：經世致用的學問
《易》之為書也，原始要終：推衍萬事萬物的始終
《易》之為書也，廣大悉備：內容詳備，無所不包
《易》之興也：殷之末世，周之盛德
夫乾，天下之至健也：德行恆易以知險

第 1 節

八卦成列
道從觀察中來

　　八卦有規律地排列，卦象便在八卦中。八卦重疊組合，六爻的卦象便在其中。剛爻與柔爻相互推移，陰陽的變化便在其中。附上卦爻辭，行動的吉凶便在其中。天下萬物的運動都是歸於端正專一，精誠無欲，才能有成就。

【原文】

　　八卦成列，象在其中矣。因而重之，爻在其中矣。剛柔相推，變在其中矣。繫辭焉而命之，動在其中矣。

　　吉凶悔吝者，生乎動者也。剛柔者，立本者也。變通[1]者，趣時者也。吉凶者，貞勝者也。天地之道，貞觀者也。日月之道，貞明者也。天下之動，貞夫一者也。

　　夫乾，確然示人易矣。夫坤，隤然示人簡矣。爻也者，效此者也。象也者，像此者也。爻象動乎內，吉凶見乎外，功業見乎變，聖人之情見乎辭。

　　天地之大德曰生，聖人之大寶曰位。何以守位曰仁。何以聚人曰財。理財正辭，禁民為非曰義。

【注解】

[1]變通：變即變化，通即通順。變通之意便是「窮則變，變則通」，是指隨時勢而動，當受於困境時應懂得隨時勢而變通。

【釋義】

　　八卦有規律地排列，卦象便在八卦中。八卦重疊組合，六爻的卦象便在其中。剛爻與柔爻相互推移，陰陽的變化便在其中。附上卦爻辭，行動的吉凶便在其中。

　　卦辭與爻辭的吉、凶、悔、吝來自於陰爻陽爻的變化運動中。陰陽兩爻，是設立卦象以推演宇宙間萬事萬物的根本。變通是順應時勢的選擇。吉凶是以守正道者為勝。天地之道，便是正道的大觀。日月之道是守正道而放光明，普照萬物。天下萬物的運動都是歸於端正專一，精誠無欲，才能有成就。

　　乾道造化自然，很剛健地昭示眾人，是非常的平易而容易讓人知道呀。坤道是順應乾道，柔順地向人顯示簡單的道理。聖人製作卦爻，便是效法乾坤簡易的原則。卦象也是效法乾坤簡易的形跡而設立的。卦爻卦象隱含於卦畫中，依象釋理，吉凶的真象就表現出來了。成就功業就要懂得隨時而變，想要了解聖人的心情，則從卦辭與爻辭上可以看出來。

　　天地最大的道德，在於使萬物生生不息；聖人最大的法寶，在於有崇高地位。用什麼來守住地位呢？那就要靠仁愛了。如何使人聚集在自己周圍（即擁護自己）呢？那就要靠與人財物。給眾人分配好財物，端正自己的言行，禁止老百姓為非作歹，這就是義。

八卦成列，象在其中

　　八卦成列，象在其中矣。因而重之，爻在其中矣。剛柔相推，變在其中矣。繫辭焉而命之，動在其中矣。

1. 八卦成列，象在其中

　　「八卦成列，象在其中矣」是說，八卦有規律地排列，卦象便在八卦中。此處所說的八卦，指的便是八經卦；成列，則是「太極生兩儀，兩儀生四象，

八卦四象四卦先陽後陰圖

　　「八卦成列，象在其中矣」意思是說八卦有規律地排列，卦象便在八卦中。八卦生四象。乾卦、兌卦屬金，為陽，因而卦在前面，此所謂「陽為先」。坤卦、艮卦屬土，為明，此所謂「明在後」。

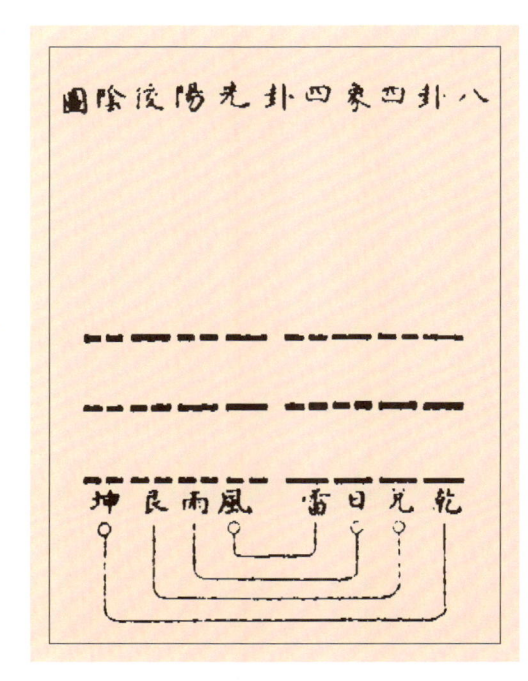

四象生八卦」而形成乾一、兌二、離三、震四、巽五、坎六、艮七、坤八的伏羲八卦次序圖，以及先、後天八卦方位圖、文王八卦次序圖等卦圖。象，則指的是卦象，如簡單的乾為天、兌為澤、離為火、震為龍、巽為風、坎為水、艮為山、坤為地等卦象，還有萬物類象的種種卦象，都是八經卦的卦象。

「因而重之，爻在其中矣」是說，將三爻的八個八經卦重疊組合，便形成了六十四個六爻八卦，這樣便使爻象包含於卦象之中。如各爻的位序、上下往來之動象、乘承比應等，皆屬於爻象。

2. 剛柔相推，變在其中

「剛柔相推，變在其中矣」是說，剛爻與柔爻相互推移，陰陽的變化便在其中。剛柔，是從天地的屬性上進行分類；陰陽，是從氣的屬性上進行分類。其實，剛柔即陰陽。所以自然界寒來暑往、晝夜更替等，皆屬於剛柔相推，陰陽轉換的循環規律的體現。反應到爻變上，則是陰爻與陽爻的互相推進、轉變。如十二消息卦、伏羲六十四卦圓圖、卦變圖等，皆反映了陰陽爻變的運行規律。而這種爻變規律，也正是推算事物吉凶的依據，所以《易經》將這種爻變規律用爻辭闡述出來，並加上吉凶斷語，這就是「繫辭焉而命之，動在其中矣」。命之，就是稱呼它，把它說出來；動在其中，則指的是爻變的運行規律就隱含在爻辭之中。

這一小節的內容，說明了卦爻模型在設計上的用意。明白這些道理，就可以從卦象、爻變與爻辭上去正確分析聖人作易的本意了，也就可以真正理解爻辭中判斷吉凶的依據了。

吉凶悔吝者，生乎動者也

吉凶悔吝者，生乎動者也。剛柔者，立本者也。變通者，趣時者也。吉凶者，貞勝者也。天地之道，貞觀者也。日月之道，貞明者也。天下之動，貞夫一者也。

1. 吉凶悔吝

「吉凶悔吝者，生乎動者也」的意思是，卦辭與爻辭的吉、凶、悔、吝來自於陰爻陽爻的變化運動中。卦爻陰陽之變，得位與不得位之變，相應與不應之變等，這些爻的不同運動，導致爻的處境是吉是凶。

吉、凶、悔、吝四種情況，如果按照由吉至凶的次序排列，則是吉、悔、吝、凶，這是四者構成了一個完整的吉凶循環週期，正如四季的春、夏、秋、冬。人事之吉凶，也如四季春夏秋冬循環往復一樣，吉、悔、吝、凶四者不斷循環，周而復始。正如四季可兩分為寒與暑，吉、悔、吝、凶四者也可兩分為吉凶。這樣，季節有寒來暑往之變化，人事則有凶來吉往之循環。正是這一吉凶循環規律，使失馬的塞翁

可以不筮不卜，便可掌握吉凶之變。因為福禍之間，也如吉凶一樣，有著此去彼來，不斷循環的規律性。以此類推，我們還可以推出「害以恩生」的理論來，明白此理，則對我們的人生也有莫大的益處。比如，歷史上眾多反叛者，往往反叛的對象正是對他最好的人：春秋時家臣執國命屬於這種情況，認唐明皇為乾爹的安祿山造反也屬於這種情況，寵臣叛君也屬於這種情況，歷代太子奪皇權同樣屬於這種情況……這些，都說明了「害以恩生」的道理。將此理應用於孩子教育上，則會讓我們明白溺愛對孩子的害處。年幼的孩子未經教育時，其性情與動物幾乎無異，如果沒有嚴加管教，那麼便不會自動形成良好的習性。而目前常常存在一流家庭末流教育的現象，則主要表現在雙親多為知識分子，但真正照顧孩子的卻是知識水準較低的保姆。一般而言，保姆出於自己所處的地位，是不敢嚴厲管教孩子的，再加上知識水準較低一些，那麼這個孩子便會像放羊一樣處於放養狀態，再加上保姆的遷就與溺愛，那麼這個孩子將來便不會有多大出息了。此外，當我們身處優越舒適的生活環境時，當我們被眾多讚美、恭維之詞所包圍時，就應當以「害以恩生」的道理警告自己，處處嚴格要求自己，以免自己由「恩」而「害」。有一句話叫「愛你的敵人」，其體現的正是「恩以害生」的道理，明白此理，我們就會以正常的心態看待那些對自己不利的事物，並且在克服困難的過程茁壯成長。

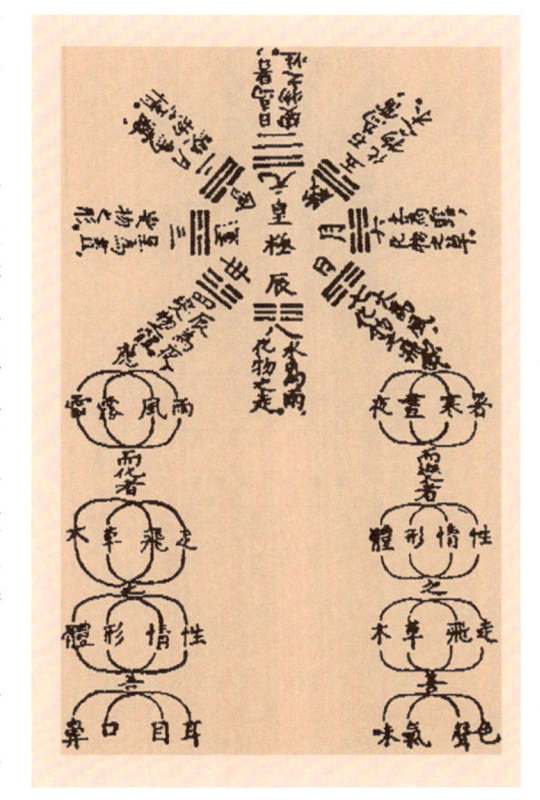

皇極經世先天數圖
宋代朱震《漢上易傳卦圖》

此圖為邵康節所傳。皇極之數來源於伏羲先天八卦：乾一、兌二、離三、震四、巽五、坎六、艮七、坤八。《皇極經世》中元、會、運、世各有卦象表示，每年也有卦象表示其天文、地理、人事發展變化。據說，只要調其玄機，用其生化之理，天地萬物之生命運程，皆了然於心，人類歷史，朝代興替，世界分合等皆可未卜先知。

2. 剛柔與變通

「剛柔者，立本者也。變通者，趣時者也」是說，陰陽兩爻，是設立卦象以推演宇宙間萬事萬物的根本。變通是順應時勢的選擇。這兩句話，實際包含了一切人

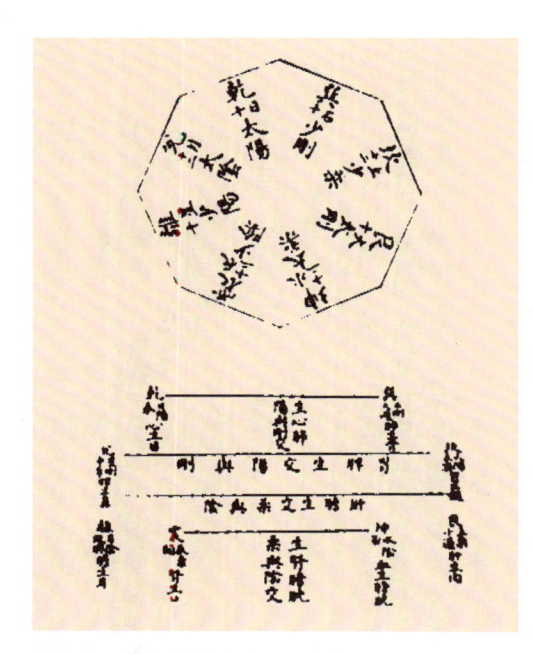

陰陽剛柔生人體器官圖

八卦之中乾為太陽，坤為太柔，艮為太剛，兌為太陰，離為少陽，坎為少柔，震為少陰，巽為少剛。人體臟器與陰陽剛柔關係為剛與陽相交而生脾胃，陰與柔相交而生肝膽，柔與陰相交而生腎與膀胱。

生的大道理。無論修身還是治國，皆不可不明此理。剛就是硬的，柔就是軟的；剛就是陽，柔就是陰。一個人既有陽剛之氣，又有陰柔之美，才算是完人。所以，作為領導者要懂得恩威並施的管理藝術；作為人父人夫，則要懂得「人前教子，背後嬌妻」的處事原則；做事謀劃，要精通明取暗謀的手段原則。此外，還要懂得變通之道。變通就是順應時勢，不要與時勢相違背。能做到這幾點，人生才會更容易成功。

朱熹說：「貞，正也，常也。物以其所正，為常者也。」意思是貞字既有正的意思，也有常的意思；萬物之正態即是萬物之常態，所以正常就貞。「吉凶者，貞勝者也。天地之道，貞觀者也。日月之道，貞明者也」的意思是：吉與凶，是以常道為勝；天地之道，就是常觀之道；日月之道，就是常明之道。簡明而言之，吉凶之間，不是吉勝過凶，就是凶勝過吉，非吉則凶，非凶則吉，這就是吉與凶的常道；天地之道，仰視為天，俯視為地，非仰則俯，非俯則仰，這一俯仰之間，便是天與地的常觀之道；日月之道，則是日升而月落，月落而日升，此升彼落，便是日月的常明之道。

「天下之動，貞夫一者也」的「一」，就是常道。此句的意思是說，無論天下有多麼紛繁複雜的運動及其形成的千變萬化，但要說可以守住不動搖的常道，就是歸於一的常道。一，就是太極，就是統一。看歷史發展，人類由最初的游牧部落，統一成若干個部落聯盟；後來，部落之間不斷合併而擴張，最終形成了國；諸侯國之間結成聯盟，全部服從於天子之國，後來諸國也不斷合併而成為更大的國家……這樣一直發展下去，我們可以推理出，未來就是全球的統一。所以「天下之動」的常道，就是統一。

夫乾，確然示人易矣

夫乾，確然示人易矣。夫坤，隤然示人簡矣。爻也者，效此者也。象也者，像

此者也。爻象動乎內，吉凶見乎外，功業見乎變，聖人之情見乎辭。

1.「確然」非「 然」

「確然」之「確」，與「隤」互文，一般易學家把「確」解釋為剛健，「隤」解釋為柔順，只是「隤」字並沒有柔順之意。《說文》在「崔」字下說：「崔，高至也。從隹上欲出門。《易》曰：夫乾崔然。」意即，崔是至高的意思；字形結構是鳥（隹）向上飛要衝出天穹（門）；例如《易經》中說：「夫乾確然」。

許慎所舉例的「《易》曰」，就是此小節的「夫乾，確然示人易矣」。由此可見，許慎當年所見到的孟喜本《易經》是「崔然」，並非後世《易經》之「確然」。因此，此小節的「確然」本應為「崔然」，是高高在上的意思；與「崔然」相對應的「隤然」，則是下墜而低的意思。這樣，「夫乾，確然示人易矣。夫坤，隤然示人簡矣」的意思就好懂了。其意思是說，乾，高高在上顯示出易知的本性；坤，在下低墜顯示出簡能的本性。易知與簡能的意思，在《繫辭傳‧上》原文第一章第七小節已講過，在此就不再重複了。

「爻也者，效此者也。象也者，像此者也」的意思是，爻就是效仿這種樣子，象就是以卦畫的形象比擬這種樣子。「這種樣子」是什麼的樣子？「此者」指的是誰？所說的，便是乾坤的樣子。也就是說，陰爻陽爻，就是效仿乾坤的樣子，一個小小的陽爻，便具有乾卦的全部內涵，一個小小的陰爻，便具有坤卦的全部內涵；卦象也是模擬乾坤的樣子，卦象中表現出的高低爻位、山、水、澤、風等形象，皆不出乾坤的陰陽內涵。其實，此處又在強調乾坤兩卦的重要性，以便讓人因乾坤兩卦的內涵而理解易理。

2. 爻象與吉凶

「爻象動乎內，吉凶見乎外」是說，卦爻卦象隱含於卦畫中，依象釋理，吉凶的真相就表現出來了。不懂易理的人看卦畫：不就六條有連有斷的短線，靜靜地排列在那裡嗎？其實，這六爻八卦表現的是一種運動的形態，是從陰陽相推的無限循環中截取的一段運動過程。爻動於卦畫之內，則表現在爻位的變化與陰陽的變化：透過卦變可以得知，某卦之動爻是從哪一卦的哪一爻變化而來，位置發生怎樣的變化，進而知道爻位的變化情況；占卜中的動爻陰陽互換，形成之卦，則反應爻的陰陽變化。象動於卦畫之內，則表現在爻動之前與爻動之後卦象所發生的變化：如，某卦初爻有初生之象，位卑之象，並且在卦變前與該卦的下卦、下互卦的卦象有關聯，卦變之後，則產生了新的下卦、下互卦的卦象，所以說，爻動就會導致象動，爻與象的變化，正是判斷吉凶的根據。《易經》中爻辭的吉凶斷語，便是根據爻、象的變化而推理出來的，因為「吉、凶、悔、吝生乎動者也」；根據爻、象變化推理出來吉凶結果，就叫「吉凶見乎外」。

「功業見乎變,聖人之情見乎辭」是說,成就功業表現在卦變上,想要了解聖人的感情,則可以從卦辭與爻辭上看出來。占卜得到的某卦,其動爻的陰陽轉換會衍生出一個之卦,這本卦和之卦所象徵的事物發展過程,即可得出占卜者所測之事的成功與否,所以說「功業見乎變」。所以相對於占卜來說,之卦的吉凶狀態,反映著事業的結果。你想要了解某件事是否能辦成,那麼就去看之卦。當然,從道理上講,我們也可以將「功業見乎變」理解為「想要成就功業,就必須一步步地進行變革,不斷創新。那麼,該如何去變革、創新呢?下一步該怎麼走?你所占卜的爻辭裡,便提示著這樣的訊息。爻辭是周公所作,是把卦畫中隱藏的道理闡明出來的文字,所以爻辭不但體現了周公這位大聖人的思想意圖與情感,還體現了文王、伏羲兩位的思想意圖與情感,又由於對易學有貢獻的古聖並非只有這麼三位,所以,也可以說爻辭是先古眾聖的思想意圖與情感的結晶,我們做人做事時,審時度勢,並以爻辭作為指導思想,就不會陷於凶險與失敗。

如何守住君王的位子

天地之大德曰生,聖人之大寶曰位。何以守位曰仁。何以聚人曰財。理財正辭,禁民為非曰義。

1. 天地之大德曰生

如今,人人皆知道「萬物生長靠太陽」的道理。其實早在上古時期,人類便已經有了太陽崇拜,就已經懂得了這個道理。太陽的光與熱,就是天道生萬物的體現,

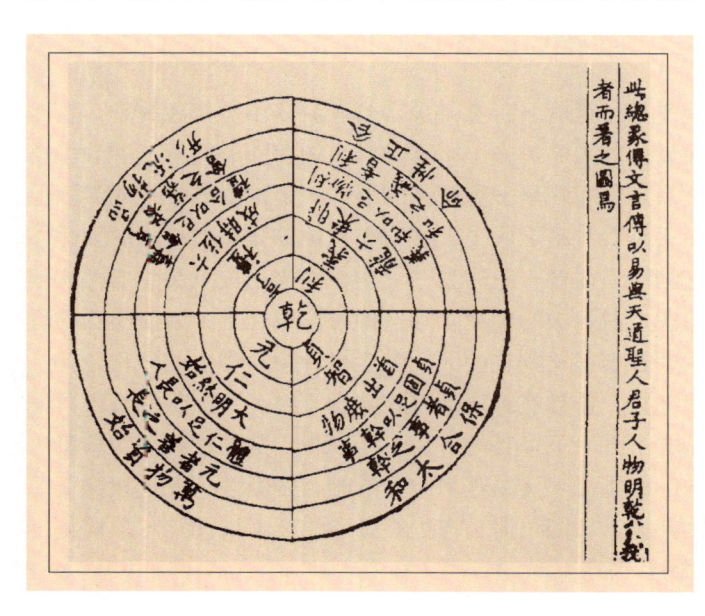

乾卦德行圖

此圖講的是《易經》中的乾卦與人的德行修養之間的關係。「天地之大德曰生」即是說,天地之間最大的恩德,就是「生」,就在於賦予萬物生命。而擁有如此大德者,正是天道。天道賦予生命,地道育養生命,天地相合生育萬物,這就是乾坤二卦的重要內涵。

就是陽氣的體現。「天地之大德曰生」即是說，天地之間最大的恩德，就是「生」，就在於賦予萬物生命。而擁如此大德者，正是天道。天道賦予生命，地道育養生命，天地相合生育萬物，這就是乾坤二卦的重要內涵。

天道，就是為君之道，所以《繫辭傳》接下來便講君王治國之理。「聖人之大寶曰位」是說，聖人最大的法寶，在於有像天般崇高的地位。有人講解此句經文時，認為此處所說的「位」不是地位、官位，而是指社會空間，並以老子、孔子兩位聖人作為例證。其實，這種觀點是錯誤的，因為中古以前的聖人，都是統治階級，都是君王級的人物；沒有權柄，威信再高，不能稱為聖人，聖人是賢明君王的同義詞。可是自孟子提出人人皆可為聖的觀點後，聖人的含意才變了。我們可以稱孔聖人，也可以稱老子為聖人，也可以稱你的某位鄰居為聖人，可以比較隨便地使用這個詞語了。可是《易經》成書的時代，是不能隨便用的。《易經》是寫給統治者的書，是教導君王如何執政的書，所以《易經》中的聖人，是君王追求的目標。

2. 聖人之大寶曰位

那麼，中古以前什麼樣的君王才叫做聖人呢？其實「聖」字的組成結構，便已經告訴我們了。「聖」字是一個形聲字，從耳，呈聲。甲骨文字形則是左邊是耳朵，右邊是口字。即善用耳，又會用口的人，就是聖人。在上古時代，國家尚未形成的時候，聖人指的便是部落酋長。部落之間發生衝突，就得找酋長解決。酋長用耳朵聽事情的來龍去脈之後，用口一說，就把部落之間的衝突解決了，這個酋長，就是聖人。後來國家出現了，諸侯國都要聽從總盟主，這個諸侯國的總盟主，就是天子之國的天子。諸侯國間有衝突，去找天子解決。天子用耳朵一聽，然後再用口一說，諸侯國之間的衝突就解決了，那麼這位天子，就是聖人。春秋時期，周天子雖有天子之名，卻無聖人之位。天下怎麼就亂起來了？周天子耳朵聽到這些訊息，想不明白，也找不出解決的辦法；周天子用口說話，諸侯國都不聽他的，還要

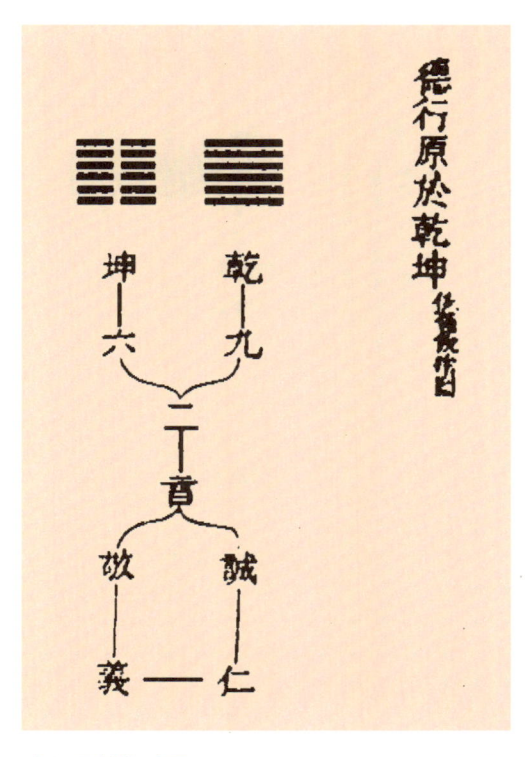

德行原於乾坤圖

此圖講的是乾坤兩卦是德行的來源。「志誠」、「仁義」源於乾卦；「敬業」、「忠義」源於坤卦。

欺負他，周天子也只好忍氣吞聲，閉口不言。所以，春秋戰國時期，便沒有聖人了。在這種背景下，孔子的學生子貢仗著財大氣粗，對孔子說：「老師，我立您為聖人吧！」知書達理的孔子自然知道什麼才叫聖人，知道自己沒資格做聖人，所以，雖然弟子三次提出這種要求，但孔子一直沒有答應。孔子成為聖人，是孔子死後，「聖人」一詞已失去原意了。但讀《易經》的時候，不能用後來的意思去理解「聖人」，而應該按照中古以前的意思去理解。所以，「聖人之大寶曰位」的「位」，就是地位，權位，權柄。春秋時期的周天子，只是有天子的名分，但卻沒有這個「位」了。因為，他沒有能力去行使「天子」的權柄，沒人聽他的，在諸侯心中，他已經沒有這個地位了，只剩一個沒用的名分。

3. 以「仁」守位

那麼，如何保住聖人的「位」呢？《繫辭傳》說：「何以守位？曰仁。」用什麼守住「位」，就一個字——仁。一般認為，君王要心懷慈悲心腸，對百姓有愛心，這就是仁。其實錯了。春秋時期的周天子再慈悲，再仁愛百姓，能把自己的地位守

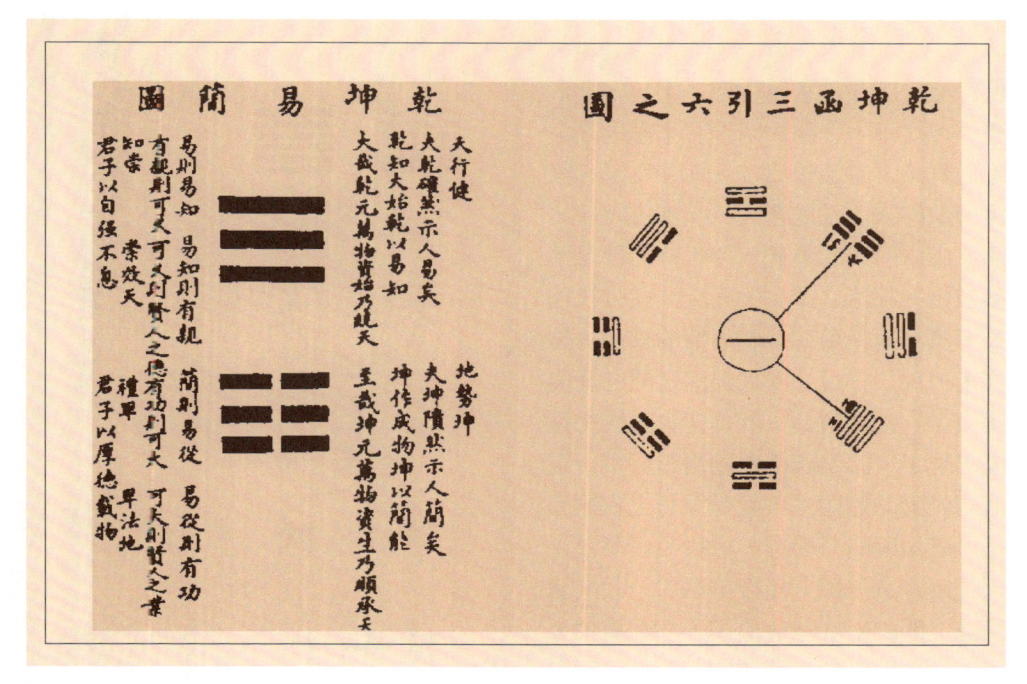

乾坤易簡圖

此圖說明的是「易簡」的道理。所謂「易簡」，就是容易，人們能輕鬆地理解並願意跟從。跟從的人多了，利於建立功業。那麼，如何利於君主建功立業呢？《繫辭傳》說：「何以守位曰仁。」「仁」的本義是人與人相互親愛。君主想要保住自己的權位，就要消除矛盾，讓天下人互相親愛。

住嗎？不能！後世儒家很注重仁，東郭先生連隻螞蟻都不敢踩死，連隻狼也要救，可是結果呢？如果不是農夫幫忙，連小命都得賠進去。所以，心懷慈悲、心懷愛心這種「仁」，是保不住聖人位子的。那麼，可以讓聖人保住位子的這個「仁」，是什麼意思呢？我們從「仁」的結構和本義上就可以找到答案。「仁」是一個會意字，從人，從二；本義是人與人相互親愛。所以說，聖人想要保住自己的權位，就要讓天下人互相親愛，而不是聖人去親、去愛天下人。天下人人相親相愛了，那麼，部落的衝突沒有了，諸侯國之間的衝突也沒有了，能有這個本事、這個能力並做到這一點的酋長、天子，才叫聖人；這樣的聖人，才能真正守住聖人的權位。這就是「何以守位，曰仁」的真正意思。理解這種內涵，才會理解老子所說的「天地不仁，以萬物為芻狗；聖人不仁，以百姓為芻狗」的真正意思，不會認為這句話與《繫辭傳》的觀點相反。高高在上的天，有感情嗎？沒有。正因為沒有感情，所以才會對天下萬物一視同仁，對一切生命都沒有愛憎、沒有喜歡誰不喜歡誰的問題；效法天道的聖人需要感情用事嗎？不需要。正因為不感情用事，所以才會公平對待所有百姓。所以說，聖人之仁，並非婦人之仁，而是讓天下所有人都相親相愛，聖人守住「位」的「仁」，就是世間最高明的統御手段。

4. 以「財」聚人

聖人光守住自己的「位」，還是不夠的，還要擴大自己的「位」，不斷提高自己的「位」。怎樣提高？就是「聚人」。比如，上古時代，一個酋長統治著十個部落，一直沒有減少，這就是守住了位子；如果後來統治的部落變成五個，這就叫沒守好位子；如果後來變成二十個部落，再後來又變成三十個，聖人統治的部落越來越多，不斷增加，這就是「聚人」。《繫辭傳》說：「何以聚人？曰財。」聖人用什麼方法來聚人，一個字——財。這個「財」字很好理解，就是財富，就是錢財。凡是投靠聖人的部落，都會比以前擁有更多的財富，那麼，自然就會有更多的部落前來投靠。但必須要明白的是，聖人必須永遠讓自己統治的部落得到財富，讓他們的財富不斷增長，這樣才能達到真正的「聚人」效果。如果像拉選票一樣，你投我一票我給你一百塊錢，那不叫「聚人」，只算是短暫的一次小交易。上古聖人，如果誰來投靠自己，就分給他們一塊土地，或者賞賜一些金錢，那麼隨著投靠自己的部落逐漸增多，聖人的錢和土地全賞出去了，自己沒錢又沒地，要怎麼統治諸部落？

那麼聖人該怎樣用「財」來「聚人」呢？只有一個辦法，就是發展經濟。凡是來投靠的部落，都在聖人的制度下生活得更富足，越來越富裕，這才是「聚人」的根本辦法。聖人創造的曆法，對耕種更有幫助；聖人發明的工具，可以有效地提高生產；聖人創制的禮法，可以使人更加親愛，日子過得更好……總之，聖人要源源不斷地提高民眾的經濟財富，讓民眾的財富無時無刻的增長，這才是真正的「聚人」。一旦停下來，財富不再增長，那麼便不能「聚人」了，就要出現「拆夥」的事情了。

所以作為聖人，就是要以不斷改革，不斷創新的方法，從而達到不斷增長財富的目的。一旦停滯不前，那就慘了。

5. 理財正辭，禁民為非

作為一位聖人，光做到以「仁」守「位」、以「財」聚人」，還是不夠的，還必須要做到「義」。這個「義」，包含理、正辭、禁民為非三項內容，也就是《繫辭傳》所說的「理財正辭，禁民為非曰義」。理財，用現在的話來說，就是管理自己的財富，使其不斷增長。而對於一位聖人來說，則不單要管理自己的財富，使其不斷增長，還要管理天下的財富，做好分配，並使各級別、各階層的財富依照合理的比例不斷增長。身為聖人，首先必須使自己的財富不斷增長，這一點非常重要。因為只有聖人的財富是永遠增長的，才可以有賞賜的資本，才可以不丟掉聖人的「位」。比如在諸侯國時期，天子應該永遠最富有，天子之國應該永遠地域最廣，天子之國應該永遠經濟力量最雄厚，天子之國的武器裝備應該永遠最先進，只有這樣，諸侯國才能服從這個天子的命令，這個天子才能不丟掉聖人之位。在理財方面，西周末年以後的周天子做得越來越糟糕。周天子之所以在春秋時期丟了天子之權位，只剩一個沒用的名分，就是因為財力不足造成的。當時由於鐵器在農業上的應用，

天地之道，貞觀者也

唐代《步輦圖》絹本設色　北京故宮博物院藏

唐太宗勵精圖治，與民休養生息，使社會逐漸安定下來，國勢空前強盛，開創了歷史上有名的「貞觀之治」。據說他的年號「貞觀」就來自《易經》：「天地之道，貞觀者也」。此圖描繪貞觀十五年唐太宗李世民接見來迎娶文成公主的吐蕃使者祿東贊的情景。

使農民不再把致富的手段侷限於井田的耕種上，而是以先進的鐵製農具大面積地開墾荒田。那個時代，諸侯國境外無邊的荒地，是沒有主人的，不屬於任何國君所有。所以許多諸侯國利用這些鐵製的農具在開墾荒田的同時，也擴大了國土。當然，這樣一些諸侯國的經濟實力就越來越強，大大超出了周天子的財富。有了財富，就可以發展軍事，成為民富國強的大國。這種大國，接下來就可以用武力兼併其他小國使自己更加民富國強，於是就形成春秋五霸爭雄的格局。而春秋時期的周天子，之所以丟掉天子的權柄，正是由於不精於理財造成的。所以《繫辭傳》的作品，在這裡告誡君王要懂得理財。以股票來比喻，天子必須擁有絕對控股權，是第一大股東，其他諸侯是小股東，這樣天子才不會喪失天子的權位；當某一諸侯成為第一大股東的時候，這位諸侯便會擁有天子的權位而成為霸主。

6. 名正言順

　　正辭，是「義」中包含的第二項內容。用現在的話來講，就是做好宣傳工作。諸侯國都在不斷擴充疆土，不斷發展經濟。那麼天子為了不丟掉自己的權位，也得這麼做。但是，擴充疆土，如果不兼併其他諸侯國或不發動戰爭，是不可能實現的。但打仗要有一個大家認可的理由，這就是正辭。例如：殷朝末年，天下三分之二的國土已經屬於周文王的了，很多諸侯都依附周文王。再進行擴充國土，只有滅掉紂王而成為真正天子了。所以周武王繼位後，便一直尋找機會滅殷，並散播紂王無道的種種消息。後來機會來了，殷朝大軍去境外討伐，武王於是乘勢率軍進攻殷都。為了名正言順，武王先後對將士發表四次談話，即三篇《泰誓》和一篇《牧誓》。以周公所作的《牧誓》尤為出名，用字不多卻慷慨激昂，屢陳紂王諸罪並激勵將士奮勇殺敵。牧野一戰，竟然使紂軍陣前倒戈，繼而武王率軍順利攻入殷都，成就滅殷之革命，這就是「正辭」的力量。歷史上真實的紂王，其實並非是位道德敗壞的昏君，反而是個欲力挽狂瀾的勇士，只是時勢造英雄。西周建國後的「正辭」宣傳，正是使紂王成為暴君代名詞的主要原因。所以，正如俗語所說「好馬出在腿上，好漢出在嘴上」，作為一位聖人，還得修煉自己的語言表達能力：要能夠以語言排解衝突，能夠以語言提高威望，能夠以語言激勵將士、安撫民心，能夠以語言表達出兵征伐的道理。如果聖人此方面才能欠缺，那就得有個好的宣傳幫手或部門，即提高新聞媒體人才的素質，加強新聞媒體部門的管理。

　　禁民為非，是「義」中包含的第三項內容。其主要手段就是輿論與律法相結合，防止民眾做違法的事情。最大的違法，莫過於造反與叛國，所以強化天尊地卑的思想教育，是使社會井然有序的良方。一旦出現了造反等叛逆事件，聖人就要有足夠的軍事力量可以平息暴亂。所以，法庭、軍隊、警察、監獄等機構，是「禁民為非」的重要工具。如果古時聖人講求仁義，卻不能做到仁賞義罰，那就不叫真正的聖人。

　　總之，本小節所言，即上一小節所謂的「聖人之情」。這是對欲成為聖人的君

皇史宬
明代木 與磚石結構 北京市

　　位於北京天安門東的皇史宬是中國明清兩代的皇家歷史檔案館,是中國保存最完整的皇家歷史檔案館,又稱表彰庫。明成祖時編纂的《永樂大典》副本曾珍藏在此。

《永樂大典》明萬曆十九年刻本（孤本）
《永樂大典》(三峽通志)傳世孤本

　　在明朝的《永樂大典》之中,最先部分編寫的正是和《易經》相關的典籍,由此可見古代易學的重要性。

王最精簡、最實用的忠告。即：要賦予民生,要守住權位,要講仁,要聚人,要積財,要講義。

　　這裡所說的仁義,有別於後世儒家所說的仁義。連螞蟻也不忍心踩死的仁義,不是中古以前聖人的仁義。儘管《易經》被列為儒家經典,但我們在讀《易》時卻不可拘泥於儒家之說。對於古代所有文獻,都應該打破門派觀點,認真探求古聖人的原始本意,去偽存真,捨糟粕取精華,才能學到真正的知識。

第 2 節

八卦與人類上古進化史
《易》的演變過程

上古時期伏羲氏治理天下，上則觀察天上日月星辰的現象，下則觀察大地高下卑顯種種的法則，又觀察鳥獸羽毛的文采，和山川水土的地利，近的就取象於人的一身，遠的則取象於宇宙萬物，於是創制出八卦，用來代表萬物的情狀。

【原文】

古者包犧氏之王[1]天下也。仰則觀象於天，俯則觀法於地，觀鳥獸之文，與地之宜，近取諸身，遠取諸物，於是始作八卦，以通神明之德，以類萬物之情。

作結繩而為網罟[2]，以佃[3]以漁，蓋取諸《離》。

包犧氏沒，神農氏作，斲木為耜，揉木為耒[4]，耒耨之利，以教天下，蓋取諸《益》。

日中為市，致天下之民，聚天下之貨，交易而退，各得其所，蓋取諸《噬嗑》。

神農氏沒，黃帝、堯、舜氏作，通其變，使民不倦，神而化之，使民宜之。《易》窮則變，變則通，通則久。是以自天佑之，吉無不利。黃帝、堯、舜垂衣裳而天下治，蓋取諸《乾》、《坤》。

刳木[5]為舟，剡木[6]為楫，舟楫之利，以濟不通，致遠以利天下，蓋取諸《渙》。

服[7]牛乘馬，引重致遠，以利天下，蓋取諸《隨》。

重門擊柝[8]，以待暴客，蓋取諸《豫》。

斷木為杵，掘地為臼，杵臼[9]之利，萬民以濟，蓋取諸《小過》。

弦木為弧，剡木為矢，弧矢之利，以威天下，蓋取諸《睽》。

上古穴居而野處，後世聖人易之以宮室，上棟下宇，以待風雨，蓋取諸《大壯》。

古之葬者，厚衣之以薪，葬之中野，不封不樹，喪期無數，後世聖人易之以棺槨，蓋取諸《大過》。

上古結繩而治，後世聖人易之以書契，百官以治，萬民以察，蓋取諸《夬》。

【注解】

[1] 王：治理。也有「旺」的涵義。
[2] 網罟：捕魚與捕禽獸的網。罟，音ㄍㄨˇ，網的總稱。
[3] 佃：指田獵，後來寫作「畋」。
[4] 斲木為耜，揉木為耒：砍木棍製成犁頭，彎曲木料做成犁柄。斲，音ㄓㄨㄛˊ，指用刀、斧等砍劈；耜，音ㄙˋ，耒耜的主要部件，即犁頭；耒，音ㄌㄟˇ，古代的一種翻土農具，形如木叉，上有曲柄，下面是犁頭，用以鬆土，可看做犁的前身。
[5] 刳木：挖鑿木頭。刳，音ㄎㄨ，挖鑿。
[6] 剡木：刮削木頭。剡，音ㄕㄢˋ。
[7] 服：馴服。
[8] 重門擊柝：設置多重的門戶，夜裡有人巡夜打梆子。柝，音ㄊㄨㄛˋ，巡夜打更用的梆子。
[9] 杵臼：杵，音ㄔㄨˇ，舂米的棒槌；臼，音ㄐㄧㄡˋ，中部下凹的舂米器具。

【釋義】

上古時期包犧氏治理天下，上則觀察天上日月星辰的現象，下則觀察大地高下卑顯種種的法則，又觀察鳥獸羽毛的文采，和山川水土的地利，近的就取象於人的一身，遠的則取象於宇宙萬物，於是創制出八卦，用來代表萬物的情狀。

包犧氏用繩子結成網，做為捕魚、捕鳥及捕捉走獸的工具，便是取象於離卦的卦象（離中虛，像孔眼，有網罟的象徵）。

包犧氏的部落衰落以後，神農氏興起。他砍削樹木做成犁頭，彎曲木料作為犁柄，以便耕種和除草，並將這種工具的使用方法傳授給天下百姓，耒耨的發明大概取法於益卦。

規定中午作為買賣時間，招致天下的民眾，將所有的貨物聚集在一起，互相交換所需要的物品後散去，各自得到自己所需的東西，大概取法於噬嗑。

神農氏的部落衰落後，黃帝、堯、舜等相繼興起，由於社會的演進，從前的典章制度已不適合時代的需要，所以黃帝、堯、舜等根據《易》中的哲理，匯通各種變化制定了新的社會制度，使百姓樂於勞作而不覺疲倦，適合民眾的生活需要。易學的道理是窮極則變，變則通，因為通達，所以能長久。因此得到上天的保佑，吉祥沒有任何不利的。黃帝、堯、舜等治理天下時，人們都穿上了衣服，上衣代表乾，

下著代表坤，以乾尊坤卑之道治理天下而不用費盡心思，所以他們的治世之道是取法於乾坤兩卦。

將木材鑿成舟船，砍削木頭做成楫，船楫的便利，可以航行到更遠的地方，給人們的交通帶來了方便，船楫的發明大概取法於渙卦。

馴服野牛，用牠來拉車；馴服野馬，用牠來當坐騎，人們可以用車拉著重物到遠方進行貿易，這些交通工具方便了天下百姓的相互溝通，這些交通工具的發明大概取法於隨卦。

設置多重的門戶，敲著梆子打更巡夜，用來防備盜賊的侵入，是取法於豫卦。

截斷木頭做成杵，在平地上挖個坑做成臼，用杵臼舂米，使百姓得到了加工食品的便利，這大概是取法於小過卦。

把樹枝彎曲用弦繃住做成弓，刮削小樹枝做成利箭，弓箭的好處是，可以增強人類的戰鬥力，弓箭的發明大概取法於睽卦。

上古的時候，人們冬天藏身於洞穴，夏天則在野外安身，後來聖人發明了房屋改變了以前的居住方式，上有棟梁，下有檐宇，可以防風避雨，房屋的發明大概是取法於大壯卦。

上古時期埋葬死人，用草木厚厚地堆在屍體上面，然後埋在荒野中，不修建墳墓，也不植樹，服喪也沒有一定的期限。

神農氏的功績

在民間傳說中，神農被尊崇為中華民族的祖先，他不僅開創了人類播種五穀的農業文明，而且是捨身為人嘗盡百草的藥理學發明家。神農創造的農業文明和他傳下的《易經》文化水乳交融，不可分割。

嘗百草

製五弦琴

立市場

播五穀

第三章 《繫辭傳‧下篇》的智慧

後代的聖人制定喪禮，用棺槨盛殮，這大概是取法於大過卦。

上古時期人們用結繩的方式記事，後來聖人便發明文書契據，並設立百官共同治理天下，萬民得以監察，這大概是取法於夬卦。

包犧氏之王天下也

古者包犧氏之王天下也。仰則觀象於天，俯則觀法於地，觀鳥獸之文，與地之宜，近取諸身，遠取諸物，於是始作八卦，以通神明之德，以類萬物之情。

作結繩而為網罟，以佃以漁，蓋取諸《離》。

1. 一畫開天，文明肇始

包犧氏，就是因發明八卦而「一畫開天，文明肇始」的伏羲。可能由於流傳中方言造成的差別，伏羲有好幾個名字：宓羲、庖犧、伏戲、包犧、伏羲和《史記》中所稱的伏犧，由於伏羲一畫開天，開創了中華文明的先河，所以後世也稱其為犧皇、皇羲、太昊帝。

伏羲是距今萬年前的人物，他是胥氏部落的酋長，與華氏部落的女媧結姻後，兩個部落融為一個部落，伏羲與女媧便一起統治著華胥氏部落，並且，還統治著周邊的眾多小部落。「古者包犧氏之王天下也」，指的便是伏羲與女媧結姻後成為諸部落的總盟主的這一時期。「王」字「士」上一橫，代表最高統治者。平聲讀ㄨㄤˊ，為名詞；四聲讀ㄨㄤˋ，為動詞，是成為王、統治的意思。前面已講過，由於使諸部落興旺發達的酋長才能成為聖人成為王，所以王也有興旺的意思。

伏羲故里在如今的甘肅省天水市秦安縣。秦安縣南面有卦台山，山上有座伏羲廟，相傳當年伏羲就出生在這裡，並且就是在這裡發明了八卦。伏羲是怎樣發明八卦的呢？《繫辭傳》說：「仰則觀象於天，俯則觀法於地，觀鳥獸之文，與地之宜，近取諸身，遠取諸物，

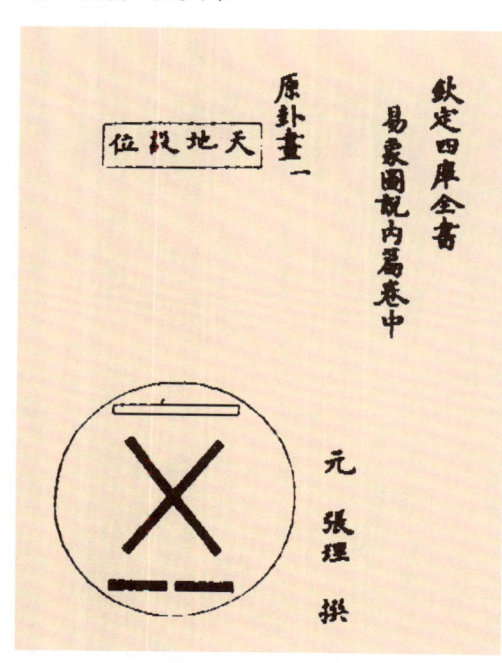

天地設位圖

伏羲仰觀天象，俯察地理，而作八卦。此圖中易有太極生兩儀之象，即「──」、「— —」。太極分辨出陰陽二氣，陽氣清上升為天，陰氣濁下降為地，天地由此而設。

於是始作八卦。」意思是說，伏羲上則觀察天上日月星辰的現象，下則觀察大地高下卑顯種種的法則，又觀察鳥獸羽毛的文采，和山川水土的地利，近的就取象於人的一身，遠的則取象於宇宙萬物，於是就發明了八卦。

2. 仰則觀象於天

「仰則觀象於天」，實際便是對天文星象的觀測。天空中的日月五星、二十八宿、北極星、北斗星等，都是伏羲觀測的對象。此外，雲、雷、風、雨等，也是伏羲觀測的對象。需要說明的是，在那個時代，每個人都要抬起頭觀察這些東西，因為觀察這些可以知道時序及天氣的變化情況。人們看到夜空出現淡黃色的小月芽，就知道現在是初三；夜空中出現上弦月，人們就知道是初八；夜空中沒有月亮了，人們就知道一個月已經過去，那個時候月亮就是人們的立體月曆。人們看到日上三竿時，就知道八九點了，草地上的露水沒了，就可以到林子裡摘果子或打獵去；太陽升到頭頂，人們就知道到中午，該吃午飯了；太陽快下山了，人們就知道是下午五六點，該回家休息了；到了夜裡看月亮的出沒方位及北斗斗柄的方位變化，又可以

天文圖

「仰則觀象於天」，是對天文星象的觀測。天空中的日月五星、二十八宿、北極星、北斗星，雲、雷、風、雨等，都是伏羲觀測的對象。在那個時代，每個人都要抬頭觀察這些東西，因為觀察這些可知道時序與天氣的變化情況。

知道夜裡的時間變化，所以那個時候日月與北斗就是人們計時的鐘表。夜幕降臨，人們一看北斗斗柄指南，就知道現在是夏天；如果指向南方巳位，現在就是夏季的第一個月分；依此類推，所以北斗不單可以讓人辨別方向，還是一個立體的年曆。古人看天象，除了可以知道時間的變化情況，還可以知道天氣的變化情況。我們現在也有這個習慣，出門看看天氣好不好，大晴天，就把被子拿出來晒；一看陰天下雨，出門就會帶把傘，不會完全依賴天氣預報。

3. 二進位機器碼

上古人類看天氣，比我們要內行多了。比如月亮有暈圈，人們就知道明天不是颱風就得下雨；天空出現鉤狀雲，人們就知道，大雨要來了；天空五星明暗及運行軌跡出現異常，人們就知道要有災變發生，及早做好預防；日月五星運行至二十八

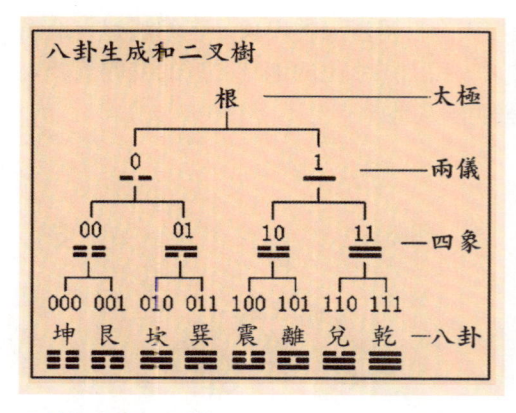

八卦生成與二叉樹

萊布尼茲發現中國八卦在數學中屬於八階矩陣，六十四卦正是從 0 到 63 這六十四個自然數的完整二進位數形。由此，萊布尼茲系統地提出了二進位運算法則，這對電腦這門現代科學有著決定性的貢獻。

宿的不同位置，北斗斗柄指向不同位置，大地便會處於不同節氣，大地上便出現與之相應的天氣與物候，氣候變化與人類生活密切相關，所以古人類要看天識氣候。在伏羲那個時代，人人都多少懂得一些這樣的知識，每個部落都有每個部落的經驗總結，但伏羲的「仰則觀象於天」，是超越這些人的。伏羲觀察各種天象，並總結前人的千萬條氣候經驗，最終推理出一個極為簡單的公式，這個公式是陰陽二氣的變化規律。

按現在的話說，就是二進制數學。我們知道 0 與 1 這兩數字，在電腦中就是斷電與來電兩個指令，透過無數次的斷電與來電，便可以編輯出各種複雜而龐大的程序，可以演繹世界萬物，無所不及。而伏羲當年，雖然沒有 CPU，沒有電路板與記憶體，但伏羲就是用陰與陽兩個數字推演萬事萬物的。伏羲將天氣、物候作深度總結，最終發明八卦，主要用途就是以八卦曆法代替了「仰觀天象」。人們不用再整夜仰著頭看天了，只要坐在屋子裡將八卦排列出來，什麼季節、什麼氣候全顯示出來了。這就是伏羲「仰觀天象」的收穫。

4. 俯則觀法於地

「俯則觀法於地」是說伏羲不單是觀天識氣候，還要仔細觀察地理，來驗證地法天的定理是否正確。天上的各種星象，是否與地上的氣候完全對應呢？大地是否處處皆在效法天道呢？這要仔細觀察，反覆研究才能得出結論。當春天來臨的時候，為什麼大地上有的地方還飄著雪？為什麼高山比平原還寒冷？大地上的山、河、湖、海、草木等與天象有著怎樣的對應關係？需要說明的是，關於地理知識，伏羲以前的人類便擁有了無數經驗知識，但伏羲對地理的研究，與其「仰觀天象」一樣，最終是將眾多的經驗知識推入陰與陽的公式中，最終並驗證了地法天的正確性，這就是伏羲的偉大之處。

「觀鳥獸之文與地之宜，近取諸身，遠取諸物，於是始作八卦。」這句話告訴我們，伏羲除了觀察天與地之外，還對飛禽走獸及我們人類本身做了系統的研究，進而最終發明了八卦。由於天地間飛禽走獸等一切生物，最優秀的就是人類，所以此處所說的，便是伏羲對人極之道的研究。也就是說，伏羲深入研究了天、地、人三極之道後，把三道歸一，最終才發明了八卦。八經卦的三個爻，代表的便是三極

之道;兩個八經卦相重的六爻卦,也同樣體現著三極之道,所以說,八卦是對三極之道總結,其中體現著天下萬物總規則、總規律。這個規律是什麼?就是陰陽相推,剛柔相濟,就是陰與陽的消息變化。所以學易,要先弄懂乾坤兩卦,因為這兩卦是對陰與陽的總結。

5. 觀鳥獸之文與地之宜

「觀鳥獸之文與地之宜」體現的正是「物以群分,方以類聚」的易學思想。我們看各種鳥獸的皮毛顏色,實際上都是一種保護色。不同季節,不同地域,就會有不同的皮毛顏色。生活在沙漠地區的動物,其皮毛便會與沙子土的顏色接近,如獅子、狼等,外表不會有豔麗的顏色;而生活在四季如春的山林裡的動物,則皮毛就會特別豔麗,如綠孔雀、鸚鵡。古人觀察這些有什麼用呢?就是可以根據這些「鳥獸之文」找到更適宜人類居住的地域。比如在中國、朝鮮和日本,人們常把仙鶴和挺拔蒼勁的古松畫在一起,作為益年長壽的象徵,並傳說仙鶴的壽齡可達到百年甚至千年。其實,仙鶴就是丹頂鶴,牠的壽命沒有這麼長。之所以人們認為鶴齡高壽,完全是沒見過仙鶴的人胡亂猜想出來的。古老的《易經》早已告誡過君子要懂得道,只有知識水準較低的百姓才只懂得神。鶴壽千年的傳說便是知識水準較低的老百姓傳出來的。那麼,從道的角度怎樣理解仙鶴與長壽的關係呢?其實伏羲「觀鳥獸之文與地之宜」時,人們還是懂得這個道理的,但三代以後人們就不懂了。因為人們不再「觀鳥獸之文與地之宜」了。

其實仙鶴並不生活在有松樹的寒冷地區,而是一種生活在沼澤或淺水地帶的大

觀鳥獸之文與地之宜

它體現的是「物以群分,方以類聚」的易學思想。古人觀察這些,就是可以根據這些「鳥獸之文」找到更適宜人類居住的地域。比如在中國、朝鮮和日本,人們常把仙鶴和挺拔蒼勁的古松畫在一起,作為益年長壽的象徵。仙鶴身披潔白羽毛,性情高雅,形態美麗,只選擇最潔淨、最適宜生存的地方居住,所以有仙鶴的地方,就是一方淨土之地。人類居住在這種地方,不但身體健康,長得漂亮,而且會長壽。

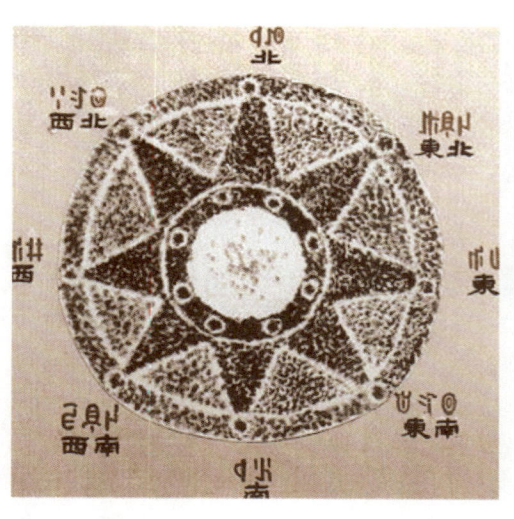

彝族方位圖標

彝族人使用酷似八卦形狀的方位圖標，並用天干、地支紀年，是伏羲文化的遺留。

型候鳥，主要以魚、蝦、貝類和植物根莖為食。其身披潔白羽毛，性情高雅，形態美麗，素以喙、頸、腿「三長」著稱，直立時可超過一公尺，因此被人冠以「溼地之神」的美稱。仙鶴有一個特點是非常喜歡潔淨，作為一種候鳥，牠們天南海北地來回飛，生存空間很大，但只選擇最潔淨、最適宜生存的地方居住，所以有仙鶴的地方，就是一方淨土之地。人類在這種地方居住，不但身體健康，長得漂亮，而且會長壽。人類想與仙鶴居住到一起，並不是什麼難事，因為仙鶴每年四月分求偶的鳴叫聲，可以傳到兩三千公尺以外，所以《詩經‧鶴鳴》中會有「鶴鳴於九皋，聲聞於野」的精彩描述。尋找新居址的人類，聽到這種鳴叫聲，順著聲音走，找到了那一片人類淨土，居住下來，就可以盡享地宜之樂了。仙鶴與長壽的關係，便是這麼一個道理。可是，目前全世界野生丹頂鶴的總數僅一千兩百隻左右，這說明我們的生態環境已經遭受到極大的破壞，能夠使健康長壽的淨土，越來越少了。

上古人類不單根據仙鶴去尋找更適宜人類的家園，孔雀、大象、野牛、鳳凰等，都是人類選擇新的生存環境的依據。上古鳳凰來儀的傳說，則是上古聖人治理天下注重環保的有力證據，但後來人們見不到鳳凰了，說明可以讓鳳凰生存的那種淨土已經不存在了，最適宜人類居住的那種淨土已經被人類自己毀壞了。目前，大象、孔雀在中國雲南還存在，那裡四季如春，特產豐盛，人人高鼻梁大眼睛，男子英俊瀟灑，女子嫵媚多姿，充分反映了地鐘靈毓秀、地靈人傑的自然法則規律。

「觀鳥獸之文與地之宜」還反映伏羲對人法地這一定理進行的驗證。大地上眾生物，無一不是因適宜大地變化規律而得以存在的，秋天來了，鳥獸就要換毛，給自己穿上暖和的「棉衣」；春天來了，鳥獸也要換毛，給自己換上涼爽的「單衣」，這也屬於「鳥獸之文與地這宜」。

6. 近取諸身，遠取諸物

「近取諸身，遠取諸物，於是始作八卦，以通神明之德，以類萬物之情。」則是最後總結概括，意思是近處就取法身邊鳥獸的變化形態，甚至是自己的身體變化，相傳伏羲發明了針灸使用的九種針，針灸經絡學說也屬於「近取諸身」的產生；遠處則取法天地各種事物，如天上的星象、地上的山脈河流等，總之是囊括三極之道，

最終發明了八卦。因此，八卦易學才是天地間最大的學問，所以學會了八卦，便可以掌握天地間的所有事物。

　　伏羲不單發明了八卦，他和女媧還一起發明了許多東西。如史書上記載說，他「造書契以代結繩之政」是中國漢字的萌芽；他制定了男婚女嫁的婚禮制，改變了原始群婚生活，使氏族之間轉為較為先進的對偶婚；他傳授人們種植穀物和人工飼養桑蠶；他教會人們如何馴養家畜、如何烹飪肉食；他與女媧合婚並且統領了其他氏族；他還與女媧一起發明了琴瑟，使人們擁有了美妙的音樂；他發明了漁獵生產工具網罟，大幅提升勞動生產力，使人類逐步脫離採集自然物的生活，進入漁獵時代。

　　但是，由於《繫辭傳》是講解《易經》的，所以《繫辭傳》在此除了講述了伏羲發明八卦的事情，還講了伏羲根據離卦之象發明網罟的事情，這就是「作結繩而為網罟，以佃以漁，蓋取諸《離》。」此處的「佃」字，即「畋」字的通假字，是畋獵、獵取禽獸意思。也就是說，伏羲效法「離中空」的形象，用繩子發明了各種各樣的網，使人們可以用這些網在水中捕魚和在陸地上畋獵各種鳥獸。需要說明的是，伏羲效法離卦的形象而製網罟，並非是三爻的離卦，而是六爻的離卦。六爻離卦下互卦為巽，巽為繩；上互卦為兌為反巽，也為繩；上下卦之離代表中空，所以六爻卦便含有用繩子編網的意思。由此可見《繫辭傳》的作者認為，六十四卦也是伏羲創造出來的。

龍圖騰
　　伏羲貢獻給人類的十大發明，其中一項是集中了人們喜愛的動物，如馬的頭、蛇的身、雞的爪等創造了龍的圖騰，並被後來的周公寫進《易經》的卦辭和爻辭。

包犧氏沒，神農氏作

包犧氏沒，神農氏作，斲木為耜，揉木為耒，耒耨之利，以教天下，蓋取諸《益》。

日中為市，致天下之民，聚天下之貨，交易而退，各得其所，蓋取諸《噬嗑》。

1. 神農時代的來臨

在《繫辭傳·下》第一章第四小節，我們已經講過了如何守住君子位子的內容，但理論上講起來容易，事實上沒有任何人能夠永遠做到這一點，所以伏羲時代最終退出了歷史，取而代之的是神農時代的來臨，這就是「包犧氏沒，神農氏作」。

據有關學者考證，中國西元前 7724 年至西元前 5008 年被稱為伏羲時期，這個時代既包括伏羲氏、女媧氏的母親系統氏族群體，又包括伏羲氏、女媧氏氏族群體及伏羲二世、伏羲三世等伏羲氏族的不同階段，所以大約前後延續了二千七百到三千年左右。而西元前 5008 年至西元前 3000 年前，則屬於神農時代。

歷史學上將西元前 6000 年至西元前 3000 年前定為母系氏族社會的繁榮時期。由此可以看出，神農氏之所以取代了伏羲政體，主要原因便是神農使人們更加富有，更加富裕。在這一時期，畜牧業和種植業的發展使人們的生活水準有了很大的提升。人們不再為解決溫飽問題而整日忙碌，而是有了更多的空閒時間。於是文化、藝術及自然科學開始迅速發展起來。

神農時代在考古學上對應的是仰韶文化與大汶口文化，其代表遺址包括陝西臨潼的姜寨遺址、西安的半坡遺址及山東的大墩子、劉林、大汶口遺址等。《莊子·盜跖》中說：「神農之世，臥則居居，起則於於，民知其母，不知其父，與麋鹿共處，耕而食，織而衣，無相害之心，以至德之隆也。」透過這些片斷記載，我們可以看出神農時代的生活方式。

在古代文獻中，神農與炎帝的關係問題，一直是眾說紛紜。《淮南子》云：「赤帝，炎帝，號為神農。」視神農氏、炎帝為同一人；羅泌《路史》則明確指出：「神農氏在前，屬於母系氏族社會；炎帝在後，屬於父系氏族社會……炎帝是神農的後裔。」筆者認為《路史》所述較為正確，因為只有這樣，才能很好地解釋神農的出生地一說為陝西姜水，一說為湖北隨縣的歷山。

神農氏對《易經》的發展有很大的影響。這幅遼代古畫非常有意思，畫中的神農女性特徵極為明顯，這讓我們不得不聯想到神農其實是母系氏族社會的一位女王。她背後的筐下有一根發揮支撐作用的木棍。這種背竹筐的方式，至今仍流傳於四川山民中。所以我們可以推測出畫中的這位神農，以前就生活在湖北四川一帶。

2. 神農氏的貢獻

古代文獻記載：「炎帝以火德王，以火名官，春官為大火（心宿二），夏官為鶉火（螢惑），秋官為西火（參觜），冬官為北火（辰），中官為中火（太一極星）為五正。有連山建木之典，有扶萊之樂，有豐年之詠，以荐萊，謝上天之賜，承伏羲建天竿，移於平曠壃，名柱。置危屋（高屋）華蓋，封壇設環，勾股曆算，日中為市，交易而退。至烈山氏畲耕，植禾植穀，植粟稷而有農正。」從這段文字中可以看出，神農時代人們的文化生活更加豐富。人們經常用詩歌與音樂表達自己的快樂心情；人們在平原地區建築較高大的房子；並且在「日中」的時候可以到指定的地點進行交易，以換取自己的所需。其「謝上天之賜，承伏羲建天竿，移於平曠塬壃，名柱」，說明神農時代所使用的曆法來自於伏羲，只是神農對此進行了一些改進。比如將測日的圭表移到了平原上，對二十四節氣進行了更準確的命名

神農採藥圖
佚名　遼代　立軸紙本設色
山西省雁北地區文物工作站藏

並與農時緊密結合起來等。神農時代的曆法、節氣理論、穀物種植方法等，其實伏羲時代就有了，不過神農使其更加完善，使穀物種植更加科學合理，使曆法與節氣理論更適於農耕，所以先進的神農時代便取代了相對落後的伏羲時代，而後世人們將神農列為「農皇」，以紀念神農氏對農業作出的貢獻。

神農也有許多發明，主要有四個方面。第一，他發明了犁等農業生產工具，使農業種植技術更先進；第二，開創了市場經濟，以「日中為市」，人們可以在集市上進行各種貿易活動；第三，神農嘗百草發明了中草藥，開闢了醫藥之先河；第四，他發明了建築風水易學，即後人所說的以「艮為始」的《連山易》。由於《繫辭傳》作者在此主要想闡明古聖人在生活中對卦象的應用，所以作者在此只列舉了神農氏效法離卦製作耒耜與效法噬嗑卦創立集市兩件事。

「斲木為耜，揉木為耒，耒耨之利，以教天下，蓋取諸《益》。」說的便是神農發明農具的事情。斲，本義是指斧子刃，此處是砍削的意思。耜（ㄙˋ）將木頭

《神農本草經》

中醫藥理論流淌著《易經》的「血液」。易學在醫學觀念、醫學理論和醫學方法等方面為中醫藥提供了重要的啟發。《神農本草經》就是這樣一部著作。

砍削而加工戎的一種農具，一頭尖銳，可以插入土中進行翻土，類似於現在的鐵鍬，可耜是純木頭製成的。揉，本義是使木彎曲或伸直，其加工方法是一邊用火烤，一邊用手把木條弄彎曲或弄直。耒（ㄌㄟˇ）也是古代的一種農具，形狀像木叉，上有曲柄，下面是犁頭，用以鬆土，可看作犁的前身。而耒下的犁頭，就是耜這樣的一個農具。所以，耒耜兩個字組合在一起，既可泛指一切古農具，又可單指木犁。「斲木為耜，揉木為耒」則描寫的是神農製木犁的經過。

耨（ㄋㄡˋ）就是犁插進土裡進行翻地。「耒耨之利，以教天下」是說，神農把木犁耕地的方法，傳授給了天下所有民眾。那時候不是所有土地都可以用來種莊稼的，一般要選擇地面平整、泥土鬆軟並且肥沃的土地用來耕種。在這種田地上，農民把木犁插入土中，然後推著彎曲的木柄往前走，就可以把地耕好了。這種方法在當時，是極其先進的農耕方式，因為在此之前人們還在用大貝殼作為翻土的工具。

但為什麼說神農發明木犁是效法益卦的形象呢？這就要從卦象上進行仔細分析了。益卦上卦為巽下卦為震，巽、震五行屬木，代表耒耜上面的曲柄與下面的犁頭皆為木製；而巽有入的涵義，震有動的涵義，上入下動，正是以犁耕地的情形，所以朱熹說：「二體皆木。上入下動，天下之益，莫大於此。」此外，益卦下互卦為坤，代表大地，益卦初九爻，則正是入土中之犁的形象；上互卦為艮為手，與上卦巽組合，正是手扶木柄之象。所以說神農發明耒耜，是取法於離卦卦象。

「日口為市，致天下之民，聚天下之貨，交易而退，各得其所，蓋取諸噬嗑。」是說，神農規定中午作為買賣時間，招致天下的民眾，將所有的貨物聚集在一起，互相交換所需要的物品後散去，各自得到自己所需的東西，大概取法於噬嗑卦。

神農為什麼要創立市場呢？因為當時社會分工更明顯了，有的人一生靠種地為生，有的人一生靠漁獵為生，種地的想吃到肉，就得用糧食和漁民或者獵戶交換；漁民或者獵戶要想吃糧食，也得拿肉去找農民交換。而且農民種的糧食也並非什麼

作物都種植,會因地域不同、部落不同而有所區別;漁民與獵戶也是同樣道理,並不是什麼魚、什麼鳥獸都能捕獲,所以,要透過貿易交換,進而得到自己需要的食物或者其他生活用品。

　　為什麼要「日中為市」呢?有人說,古人一天早晚吃兩頓飯,中午做買賣,所以得「日中為市」。其實不是這樣,「日中為市」是要體現出一種公平。日中卻午時,是白天的時間之中,有中正之意。此外,中午是一天光線最亮的時候,人們在這個時候挑選貨物,可以看得更仔細,更容易分辨出貨物的品質好壞。古時照明設備不太先進,只能用火把照明。如果不「日中為市」,而是辦夜市、鬼市,那麼難免會出現這個人拿著「陳年糧」換那個人的「過期肉」,那個人拿「過期肉」換這個人的「假牛奶」,這個人又拿著「假牛奶」換那個人的「臭雞蛋」等商業欺詐現象,這種欺詐現象一普遍,誰敢再來這個市場進行貿易呢?如果人們都不來這個市場進行貿易,那麼社會分工帶來的弊端就會日益明顯了:種田的人得不到鹽和肉,再新鮮的五穀也不好吃了,誰還會一生去從事種田這種職業?人們不再把種田當成主要的事情做,神農氏也就不「神」了,歷史會退回到伏羲時代,所以這個市場必須管理好,必須得「日中為市」。此外,還有一個原因是「日中為市」符合當時的勞作習慣。古人日升而作,日落而息。太陽一出來,收割的收割,打魚的打魚,狩獵的狩獵,到了中午,新鮮的水產、新鮮的穀物、新鮮的獵物等,正好進行貿易交換。而且古人有日中而食的習俗,換好貨物,該燒烤就燒烤,該蒸煮就蒸煮,正好不誤午餐;由於這種集市是「致天下之民,聚天下之貨,交易而退,各得其所」,那麼「日中為市」既可讓路途遠的人在中午可以趕到,也可以讓路途遠的人在日落前返家休息。

　　神農是怎樣效法噬嗑卦的卦象而創立集市的呢?首先,噬嗑卦上卦為離為日,下卦震為動,有太陽底下熙攘而動之象;太陽底下熙熙攘攘的在做什麼呢?我們看

神農發明的犁

　　神農發明的犁一直流傳到了現在,中國現在許多古老的地方還在使用古老的木犁進行農業耕作。當今有一個令人奇怪的規律,那就是有犁的地方就有古老的《易經》文化存留著。

原始人在獵獲大象

遠古人類的生存環境異常艱辛，在人與猛獸搏鬥的過程中，強烈的求生欲使人類渴望找到一種趨吉避凶的實用方法。華夏遠祖在摸索中找到用《易經》卜筮的方法，這比世界上其他任何民族的方法都高明。圖片中描繪的是原始人類在圍攻獵獲大象的場面。

噬嗑卦的整體形象，是一張嘴咬合在一起的形象，這就是說，太陽底下熙熙攘攘的人群聚在一起吃東西。由此我們可以得出結論，神農氏在以前人們聚在一起吃東西的生活習俗的基礎上創立集市。在神農以前的母系社會，大家日中而食，吃飯時都聚在一起，打獵的把獵物拿到火上燒烤，打魚的把魚也放到火上烤，採摘果物的把果物洗好用石盤石碗裝起來，最後女王給大家分配食物。可是神農時代的母系社會有了變化。先進的種植技術使農業成為經濟的主體，大家聚在一起吃飯，種田的人可以源源不斷地貢獻出各穀物，而打獵的也許今天運氣好能貢獻出兩頭野豬來，但明天運氣不好只打中兩隻兔子甚至什麼也沒打著，時間一長，大家可能就不願意聚在一起吃飯了。再者，由於各個部落的生存模式不同，有的主要靠打魚為生，有的部落主要靠打獵為生，有的部落靠種植為生，也造成了貿易貨物的需要。所以，神農氏便在原來大家聚在一起吃飯的這個地點，創立了集市。

這個集市都交換哪些貨物呢？我們從卦象上同樣可以看出來。噬嗑卦上卦的離，代表烏龜；下卦的震，代表草木類食物，如蔬菜、穀物等；上互卦的坎，代表水產類食物；下互卦的艮，代表山裡的堅果及獵物。這個熙熙攘攘的市場裡貨物相當豐富，山裡的、水裡的、田裡的，全都有。可是，這個集市裡，烏龜是做什麼用的呢？這

個烏龜在集市裡的作用，是最大的，因為牠代表的便是貨幣，用現在的話說，就是錢。全世界上古時代的許多部落，都曾經用龜殼當貨幣，這種貨幣也稱龜幣或龜貝。上古人類為什麼使用龜殼作為貨幣呢？主要是由於烏龜的數量較少並且生長緩慢決定的。我們知道，黃金之所以成為世界流通的貨幣，其主要原因便是每年的產量比較穩定，並且易於保存。在養殖業還不發達的上古時代，龜殼便具有黃金的這種特點。特別是龜齡在百年以上的大龜，數量很有限。所以這種大烏龜的龜殼便相當於後世的金銀元寶，小烏龜的龜殼就相當於後世的小銅錢。上古時期的龜幣以背甲與腹甲俱全的龜殼居多，據說這種龜幣的製作方法叫「脫殼烏龜」，就是先把大烏龜用東西壓起來，壓得緊緊的，然後用火燒牠的尾巴，當牠忍受不了時，就會一下子從龜殼裡竄出來，於是便得到了一個完整的龜殼。繼龜幣之後，上古人類還以玉為幣，於是龜玉合在一起，便成

山頂洞人在製造工具

工具的使用，激發了遠古人類的推理能力，再加上他們遠比現代人靈敏得多的直覺，使他們能用形象思維看出世間萬事萬象之間的奇妙聯繫，這就成為後來卜筮活動的起源。

為國家重器。由此可見，中國古人很早便明白這一道理：對於國家而言，最重要的便是經濟。

上古人類因為龜幣的重要作用，而對烏龜本身也產生了濃厚的興趣。透過仔細研究，確實發現了烏龜的諸多奧妙之處。比如人類效法龜息而發明了養生學中的胎息術；古人發現烏龜具有返還先天而不進化的長生特點，比如小烏龜在沙土中破卵而出後，自己就懂得向有水的地方爬行，「歸」於水中去生活，而發明了返還先天的丹道養生理論；古人根據龜具有「歸」的特性，並且北方恆星星座有龜的形象，而將這裡作為歸返先天宇宙之門。

當然，關於烏龜的諸多神奇，並非少量的話語可以講完。雖然目前已發現壽齡達三百多年的烏龜，但這種來到地球已經有兩億多年、比恐龍、鱷類歷史更悠久的爬行動物，其家族並不興旺，總共也只有兩百多種，所以，增強人類環保意識依然是一個很重要的議題。

神龜圖

金長卷 絹本 設色 長 26.5 公分寬 55.3 公分 北京故宮博物院藏

　　荒古時期惡劣的自然環境，不光誕生了大禹、后羿這類的神奇人物，還產生了許多奇異的神獸，龜就是其一。相傳女媧斬斷巨龜的四足作為擎天之柱；大禹治水時，神龜馱息壤幫助他平息滔天洪水；後來還有神龜負洛書、神龜馱東海三山、神龜馱碑等傳說。圖中，這隻祥瑞之獸在岸邊沙灘上倔強地昂著頭，似乎想以傳說中千年的壽命對抗永不停息的江水流逝。

　　既然神農時代已經出現了商業貿易和貨幣，那麼我們可以說，在母系社會的鼎盛時期，正是衍生商業經濟與私有制社會的時期，這就是易理中的陰極轉陽，陽極轉陰，陽自陰生，陰自陽生。由此可見，黃帝並非是用一場戰爭推翻了母系制度社會而建立了父系私有制社會，而是歷史發展的必然結果，因為在母系社會的鼎盛時期，已經開始了由公有制向私有制的轉變。所以，神農氏必然要像月亮一樣，最終降落下來；黃帝也必然要像太陽一樣，隨著月落而升起來。

神農氏沒，黃帝、堯、舜氏作

　　神農氏沒，黃帝、堯、舜氏作，通其變，使民不倦，神而化之，使民宜之。《易》窮則變，變則通，通則久。是以自天佑之，吉無不利。黃帝、堯、舜垂衣裳而天下治，蓋取諸《乾》、《坤》。

1. 黃帝時代

　　黃帝姓姬，一姓公孫，號軒轅氏，是有熊氏少典之子。黃帝的母親叫附寶，她的祖先就是神農母親的娘家有蟜氏。據說，有一天附寶看見大閃電之光繚繞於北斗樞星上，光照四野，於是她受到感應而懷有身孕。懷胎二十四個月後，在壽丘生下

了黃帝。

　　黃帝所處時代為原始社會末期，他起初只是一個部落的酋長，後來透過一系列戰爭，使自己成為眾多部落聯盟的領袖。司馬遷在《史記・五帝本紀》中說：「軒轅之時，神農世衰。諸侯相侵伐，暴虐百姓，而神農氏弗能征。於是軒轅乃習用干戈，以征不享，諸侯咸來賓從。而蚩尤最為暴，莫能伐。炎帝欲侵凌諸侯，諸侯咸歸軒轅。軒轅乃修德振兵，治五氣，藝五種，撫萬民，度四方，教熊、羆（ㄆ一ˊ）、貔（ㄆ一ˊ）貅（ㄒ一ㄡ）、貙（ㄔㄨ）、虎，以與炎帝戰於阪泉之野。三戰，然後得其志。」司馬遷這段話，概括地描繪了黃帝取代神農而稱帝的經過。

　　黃帝經「阪泉之戰」，戰勝了炎帝族；又經「涿鹿之戰」，戰勝了蚩尤族，進而一統天下。值得一提的是，炎黃時代是中國由母系氏族社會向父系氏族社會過渡的時期，從黃帝開始，中國上古時代進入了父系氏族社會。所以從黃帝之後，傳說

黃帝的傳奇

　　黃帝在位時，國勢強盛，中華文明在這一時期得到了長足的發展和進步，出現了許多發明和創作，如文字、音樂、曆數、宮室、車船、衣裳和指南車等。

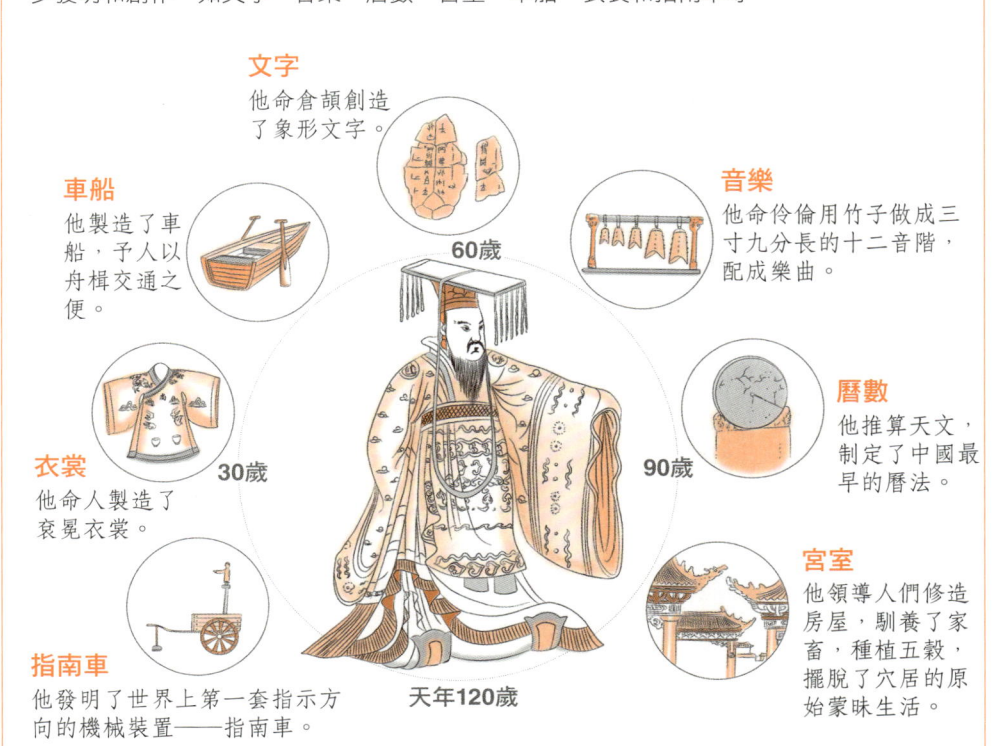

文字
他命倉頡創造了象形文字。

車船
他製造了車船，予人以舟楫交通之便。

音樂
他命伶倫用竹子做成三寸九分長的十二音階，配成樂曲。

60歲

衣裳
他命人製造了袞冕衣裳。

30歲

曆數
他推算天文，制定了中國最早的曆法。

90歲

宮室
他領導人們修造房屋，馴養了家畜，種植五穀，擺脫了穴居的原始蒙昧生活。

指南車
他發明了世界上第一套指示方向的機械裝置——指南車。

天年120歲

第三章　《繫辭傳・下篇》的智慧

261

中的歷史人物才有了父親的名分，而不再像從前那樣只知其母而不知其父了。傳說中五帝（黃帝、顓頊、帝嚳、堯、舜）時期經常發生的「九黎亂德」，有可能就是母系氏族與父系氏族的衝突，只不過由於歷史是父系社會的人寫的，所以認為「亂德」。而事實上，黃帝與其他部落的戰爭，極有可能是私有制父系社會取代公有制母系社會的鬥爭，是男人在生產活動中占有優勢後要使自己得到更多利益而採取的武力行動。甚至一次戰爭往往只是為了給本部落的一名男子搶來一個終身制的妻子。總之，黃帝發動的戰爭，是私有制與公有制的戰爭，是父系制度與母系制度的戰爭；黃帝的出現，使人類歷史又翻開了新的一頁——過渡到了父系氏族社會階段。

　　黃帝十一歲執政，在位一百年死去。他的兒子青陽代父而立，即少皞（ㄏㄠˋ），古字「皞」與「昊」通用，故也稱少昊。少昊名摯字青陽，由於自黃帝開始有父系血統，所以少昊也姓姬。少昊的母親叫女節。據說黃帝在位時，天上有斗大的一顆星下臨華渚，女節在夢中與星交接，心裡受到感應，而生下了少昊。

　　少昊在位八十四年死去。由黃帝的孫子昌意的兒子顓（ㄓㄨㄢ）頊（ㄒㄩˋ）高陽氏繼位。顓頊的母親叫昌僕，是蜀山氏的女兒，嫁給昌意做正妃，被稱為女樞。據說，某日天上瑤光星發出長虹的光芒射向月亮，女樞在幽房之宮感應而孕，後來在弱水生下了顓頊。顓頊在十歲時便輔佐少昊執政，在二十歲這年因少昊去世而繼承了君王之位。

　　顓頊在位七十八年死去。接著是少昊的孫子極的兒子帝嚳代立。帝嚳屬高辛氏，也姓姬。他從小沒見過自己的母親，生下來就有些神異，能叫出自己的名字。

2. 堯舜禹時代

　　帝嚳在位七十年死去。他的兒子帝摯繼位。帝摯在位九年便去世了，於是他的弟弟放勛代立。放勛，就是帝堯陶唐氏，姓伊祈。堯的母親叫慶都，是帝嚳的妃子。相傳一次去看黃河時遇到赤龍，隨著天昏地暗的一股陰風，慶都感而有孕，懷胎十四個月後，生下了堯。據說堯生下來便有神異，經常有黃色的雲彩環繞著。

　　帝堯在位九十八年死去。接著是帝舜代立。帝舜是顓頊的後代，其譜系是：顓頊生下窮蟬，窮蟬生敬康，敬康生句芒，句芒生蟜牛，蟜牛生瞽瞍，瞽瞍生帝舜。帝舜的母親叫握登，相傳她一日看到天上的大虹蜺，馬上心中有所感應而懷了孕，後來在姚墟生下舜，所以帝舜也姓姚。堯的國號為唐，舜的國號為虞，堯舜執政時期，發生過不少天災，但這兩位君王賢明而仁慈，治國有方，並沒有使百姓受到更多的苦難，所以後世將唐堯虞舜並稱，既將其視為賢明君王的典範，又將其視為理想國度的楷模。

　　舜攝位三十年，後受禪為天子，將天下分為十二州，以河道確定各州的邊界。舜在位四十八年而崩於南巡途中。接下來大禹代立。大禹名叫文命，他的父親是鯀（ㄍㄨㄣˇ），鯀的父親是顓頊帝。大禹曾經用九年時間治理洪水，成為天子後，改

國號為夏,並將天下分為九州。

大禹為伯侯二十年,被舜預薦為代理天子十七年,正式禪讓為天子後,在位八年而崩,所以《竹書紀年》中稱:「禹立四十五年。」大禹臨死時,雖然表面上將權力禪讓與伯益,然而暗中卻讓自己的兒子啟擁有實權並且攝政。禹死後,擁有實權的啟打敗了伯益以及其他反對自己的諸侯勢力,正式成為夏國國君。從此,封建世襲制代替了禪讓制,夏商周三代是典型的封建社會,自秦漢以後則基本上為中央集權制國家。

3. 上古時期的三個時代

「神農氏沒,黃帝、堯、舜氏作」是說,神農氏時代沒落之後,接下來的是黃帝、堯舜時代。為什麼《繫辭傳》的作者不說「神農氏沒,黃帝作;黃帝沒,唐舜作;唐堯沒,虞舜作」呢?古人將燧人氏、伏羲氏(女媧氏)、神農氏稱為三皇,將黃帝、顓頊、帝嚳、堯、舜稱為五帝。三皇時代,天下皆為母系社會,那時候是沒有具體國境的,是舉著火把、拿著弓箭走四方的時代;五帝時代,則有了具體國境,為什麼呢?因為有了兩種制度,有了敵人,父系制的國家要將殘餘母系制國家排除在外,並且還要不斷占領殘餘母系制國家的地盤。所以,古人不將三皇、五帝總稱為上古八個賢明君王,而要以三皇五帝的形式把他們區分開來。而《繫辭傳》的作者,則更富睿智地將上古時期分為三個時代:

第一個是伏羲時代。這是人類停下旅行的腳步,開始固定居住某一處所,形成管理制度的開始;伏羲正是發明八卦並以八卦理論治理天下的代表,所以作者第一個要談伏羲。

大禹

大禹名文命,父親是鯀(ㄍㄨㄣˇ),鯀的父親是顓頊帝。大禹曾經用九年時間治理洪水,成為天子後,改國號為夏,並將天下分為九州。

九天玄女

據古書記載，黃帝能打敗蚩尤全靠九天玄女下凡的幫助。九天玄女總是騎著鳳凰降臨人間，傳授上至兵書戰策，下至床第秘技等種種人間稀缺的智慧，這些智慧和八卦有著密切的聯繫。

第二個是神農時代。神農創立了集市並發明了貨幣，而貨幣的產生，使財富可以大量積累，進而出現貧富不同的階級。這個時代正是由平等社會至階級社會的轉折點；因為只要貨幣存在，階級便會存在。

第三個是黃帝至虞舜的時代。從黃帝至虞舜，是私有制父系社會的黃金階段，實行的是禪讓制政體。以現代社會來比喻那個時代，那個時代就相當於資本主義的黃金時代──自由競爭階段。而且，從黃帝至虞舜，和平的禪讓制一直發生在黃帝的子孫之間，所以自黃帝至虞舜皆屬於一個時代，皆可歸為黃帝時代。

為什麼《繫辭傳》作者沒有談到大禹？因為自大禹開始，就沒有和平的禪讓制，天下成了封建世襲制的家天下。以現代社會來比喻，就是進入壟斷的資本主義階段。《易經》作為一部向統治階級講述執政之道的著作，所以不會標榜夏禹與夏啟的行為。當勞苦功高的大禹得到普遍讚頌的時候，其實已是封建世襲制、中央集權制普遍被認可的時代。

4. 神而化之，使民宜之

「通其變，使民不倦，神而化之，使民宜之」是說，由於社會的演進，從前的典章制度已不適合時代的需要，所以黃帝、堯、舜等根據《易》中的哲理，匯通各種變化制定了新的社會制度，使百姓樂於勞作而不覺疲倦，適合民眾的生活需要。什麼叫「通其變，使民不倦」？舉例來說，古人日出而作，日落而息。而黃帝時代則不同了，天黑了，點個火把，點個油燈，是否就相當於太陽升起來了呢？是否可以接著工作了呢？這就叫「通其變，使民不倦」。再如，管仲幫助齊桓公治理天下的時候，一次率軍討伐西北方的山戎。在軍隊爬山的時候，管仲便作一首上山歌讓大家吟唱：「山嵬嵬兮路盤盤，木濯濯兮頑石如欄。雲薄薄兮日生寒，我驅車兮上山元。風伯為馭兮俞兒操竿，如飛鳥兮生羽翰，跋彼山巔兮不為難！」當下山時，又作一首下山歌讓大家吟唱：「上山難兮下山易，輪如環兮蹄如墜。聲轔轔兮人吐

氣，歷幾盤兮頃刻而平地。搗彼戎廬兮消烽燧，勒勛孤竹兮億萬世！」就這樣，軍士翻山越嶺，健步如飛，正所謂「五嶺逶迤騰細浪，烏蒙磅礡走泥丸」。這就是「通其變，使民不倦」。當然，人的身體如此不倦，肯定是要得病的。我們從《黃帝內經》上即可以看出這種現象。《黃帝內經・素問》開篇便是黃帝的驚問：「我聽說以前人們都能活到上百歲，而且老人的身體依然很健壯，如今人們怎麼才五十歲就衰老了？」他的軍師岐伯則給出了最標準的答案：「上古之人其知道者，法於陰陽，和於術數，食飲有節，起居有常，不妄作勞，故能形與神俱，而盡終其天年，度百歲乃去。

指南車
黃帝大戰蚩尤時遇到迷霧，風后為黃帝發明了以磁石的原理做成的指南車。從此指南針和易學產生密切關連，探風水要用的羅盤中就有它。

今時之人不然也，以酒為漿，以妄為常，醉以入房，以欲竭其精，以耗散其真，不知持滿，不時御神，務快其心，逆於生樂，起居無節，故半百而衰也。」酒、美女、金錢、地位等，都是統治者「通其變，使民不倦」的絕招。從岐伯的言語裡，其實我們隱約了解到黃帝時代「通其變，使民不倦」的種種方法。然而從《黃帝內經》裡面，我們還是可以看出黃帝這位私有制黃金時代的賢明君王，還是非常關心民眾身體素質。不過，由此我們也可以看出後世道家「逸民」思想與後世統治階級「役民」思想的淵源。

5. 窮則變，變則通，通則久

　　什麼是「神而化之，使民宜之」呢？這個道理前面已經講過，那個時代老百姓只認神，如果古聖人非要把天下的大道理向百姓講明白，那麼做一輩子教書匠，也不能教化天下百姓。所以只能以「神化」的方式統治百姓，這樣百姓才能聽懂。這就是「神而化之，使民宜之」。

　　「《易》窮則變，變則通，通則久。是以自天佑之，吉無不利。」這是易學最基本，也是最重要的一個理論。簡而言之，就是陰陽消息，剛柔相推之理，然而這卻是萬物的運行規律。比如晝夜交替，便是「窮則變，變則通，通則久」的剛柔相推之理；再如，貧窮了，便想辦法致富，富裕了就滋長腐敗，腐敗了就會沒落，沒落了就是貧窮，貧窮了就想致富，這也是「窮則變，變則通，通則久」的剛柔相推之理；再如，伏羲時代沒有國界，男女平等，人們可以舉著火把、拿著弓箭周遊世界，黃帝時代開始有國界了，開始男尊女卑了，隨著男尊越來越厲害，國界就越來越多，

黃帝之師

岐伯是黃帝的軍師，也是著名的醫學家。他的著述頗多，但大多失傳，僅留殘著，後人整理編輯成《黃帝內經》，流傳至今。因而，他也被後人稱為中華醫學的鼻祖。

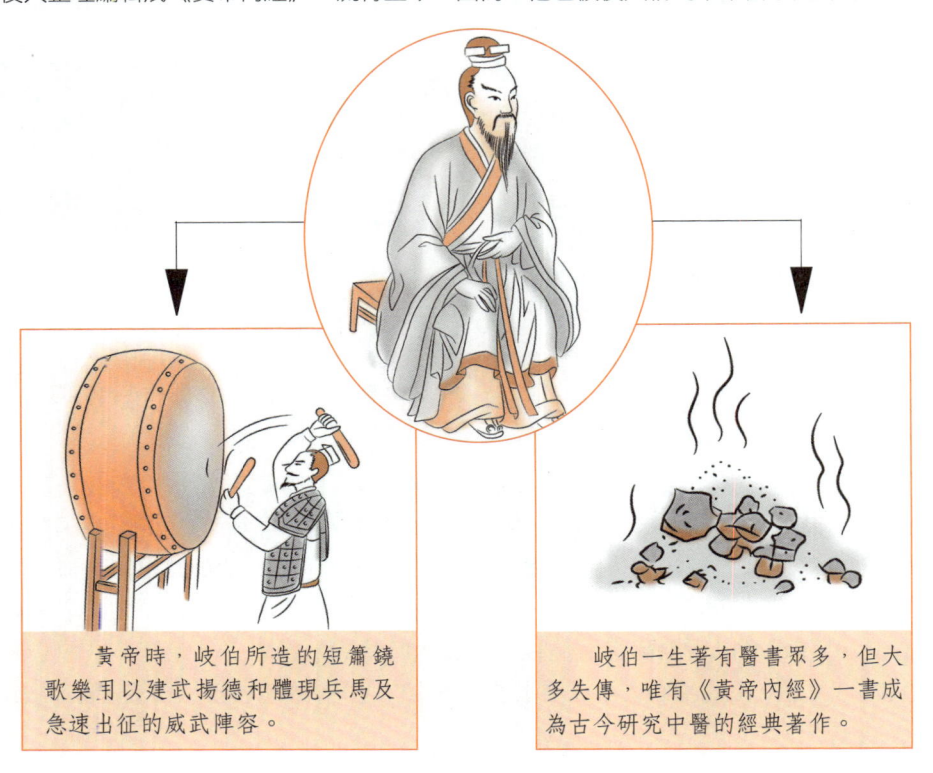

黃帝時，岐伯所造的短簫鐃歌樂用以建武揚德和體現兵馬及急速出征的威武陣容。

岐伯一生著有醫書眾多，但大多失傳，唯有《黃帝內經》一書成為古今研究中醫的經典著作。

從地圖上看，一片一片的，這就是戰國時代的樣子，但人類歷史的發展總是小部落逐漸合併為大部落，小國逐漸合併為大國，大國再合併為更大的國，如此發展，最終就會實現全球的統一，人們又可以像伏羲時代隨意周遊全世界了，不同的是，經濟更發達了，人類更文明了。這個大循環，也是「窮則變，變則通，通則久」的剛柔相推之理。

話說朱元璋統一天下的時候，曾經有個小國一直不想歸順大明朝。朱元璋以種種利益勸降無效，結果只能以戰爭來解決了。雙方死傷無數，最後滅掉這個小國，明朝也終於統一天下。可是，只因為這個小國的君王不想丟掉自己的君王地位，而致使這麼多人流血犧牲，所以朱元璋氣憤之餘，便以極刑殺死了那位國君，並且將他後背的皮割下來，做成了一面鼓。後世許多學者對這件事，都非常同情那個小國國君，但如果從另一個角度去思考，既然統一屬於大勢所趨，那個小國國君為什麼

就不順應時勢呢？為什麼要造成那麼多人的流血犧牲？之所以要引用這個故事，其目的便是要說「《易》窮則變，變則通，通則久。是以自天佑之，吉無不利」這句話在此小節，指的便是黃帝時期的禪讓制度。沒有任何君王喜歡因放棄權力而陷於「亢龍有悔」，但黃帝時期的歷代君王精通易理，所以懂得順應時勢。自己的執政能力不行了，自己統治的部落實力不再雄厚，受到更強勢力的威脅而不能勝任總盟主的位子了，即使發動戰爭，也無法戰勝對方，於是這些古聖人便以一種和平的方式解決權力的更替，這就是禪讓。這個「禪」字和佛教的禪意思不同，讀ㄕㄢˋ，是主動讓賢的意思。三國時期，許多被曹丕收買的漢室官員採用逼宮的方式，脅迫劉協將皇位禪讓給曹丕後，曹丕說了一句名言：「舜禹之事，朕知之矣！」意思是說，我明白舜禹之間的禪讓到底是怎麼一回事了。此後兩晉南北朝，依次上演了許多這種逼宮式的禪讓。很多人往往認為這種「禪讓」並非堯舜時期的禪讓，其實，本質都是一樣的，都屬於不流血的和平方式更替政權。如果略有不同，也就是主動與被動的區別。越是大智者，越能看清時局，認清形勢，當大勢已去時，越能及時主動地進行禪讓，因為這樣對自己及民眾的損害是最小的。

「黃帝、堯、舜垂衣裳而天下治，蓋取諸《乾》、《坤》」是說，五帝時期以服飾來區別每個人的階級，是取法於乾坤兩卦。乾坤兩卦是對陰陽二性的高度總結，而其天尊地卑的理念，正是治理階級社會的有效良方。俗話說得好「沒有規矩不成方圓」，同樣，沒有尊卑不成秩序。由於前面早已講過這些道理，在此就不再贅述。

太古三皇

漢朝的緯書中稱三皇為天皇、地皇、人皇，是三位天神。後來在道教中又將三皇分初、中、後三組：初三皇具人形；中三皇則人面蛇身或龍身；後三皇中的後天皇人首蛇身，即伏羲，後地皇人首蛇身，即女媧，後人皇牛首人身，即神農。

中國傳說中的三皇五帝圖
山東嘉祥·武梁祠 漢畫像 石

三皇五帝是中國古代傳說中的英雄和聖人，是中華民族的祖先。圖中間一排從右到左分別為：人類祖先伏羲和女媧，他們首尾相連；祝融，火的發明者；神農，農耕的始創者；黃帝，文明的建立者；顓頊；堯；舜；大禹，夏朝的建立者；最後一位是夏朝末代君主桀。其中，禹的兒子啟，後來成為夏朝君主，他頗具神性，歷史上有很多關於他的傳說。

接下來，《繫辭傳》作者不再言及夏商周三代時期的事情，只是談了諸多發明與卦象的關係。這些取法於卦象的發明，有的可能發生在五帝時期，有的可能比五帝時期要早，總之，作者想強調的是卦象的重要作用，所以我們在講解以下內容時，便不對發明時代做具體的考證了。

刳木為舟，剡木為楫

刳木為舟，剡木為楫，舟楫之利，以濟不通，致遠以利天下，蓋取諸《渙》。

刳（ㄎㄨ），是剖開、挖鑿的意思。「刳木為舟」就是把一棵大樹砍倒，然後截取主幹最直的一段，把這段大木頭一剖兩半，然後將木頭芯挖空，就製成一艘獨木舟。

剡（ㄕㄢˋ），是刮削的意思；楫（ㄐㄧˊ），為較短的船槳。「剡木為楫」就是將刮削木頭做成船槳。

有了船和槳，人類的活動空間便不再受水域的阻隔了。以前，要去一條大河的對岸，只有游泳技術較強的人才能做到。所以那時候一條大河，就是一個地域的封鎖線，人們只能在大河的這邊或者那邊生活。有了船和槳，大河就阻擋不住人類的腳步了。人們可以划著小船穿越任何水域，所以說「舟楫之利以濟不通」，就是說，舟楫給人們的交通帶來了便利，不再受水域的阻隔了。

「致遠以利天下」是說，有了船以後，人們可以通往天下的任何地方。依靠一艘獨木舟，就可以走遍天下嗎？其實，古人的這個獨木舟並非是我們在公園划的那種小船，這個獨木舟是很大的。古時候，自然環境沒有受到過多破壞，到處都可以見到非常大的大樹。這些大樹，往往好幾個人手臂相連也圍不起來。正是這種大樹製成的獨木舟，使遠古人類走遍天下。

那麼，古人是如何效法渙卦而發明的舟楫呢？這個還要從卦象上來分析。渙卦上卦為巽，為木，為風；下卦為坎，為水；下互卦為震為動，為行。這樣就組成木在水上漂，借風而行的形象。所以，渙卦卦辭說「利涉大川」，象辭說「乘木有功」，都是從木行水上的卦象做解釋。

服牛乘馬，引重致遠

服牛乘馬，引重致遠，以利天下，蓋取諸《隨》。

「服牛乘馬，引重致遠，以利天下」是說，中國古人馴服野牛，用牠來拉車；馴服了野馬，用牠來當坐騎，人們可以用車拉著重物到遠方進行貿易，這些交通工具方便了天下百姓的相互溝通。

一般史界認為，中國最早馴服野牛野馬的部落就是殷人的祖先。《易經》中大壯卦六五爻辭「喪羊於易」及旅卦上九爻辭的「喪牛於易」，便是指殷先祖王亥親自趕著牛群，到河北的有易部落進行商業貿易活動，不幸被有易部落的首領綿臣所殺的歷史事件。

郭沫若先生曾經在《中國史稿》中這樣寫道：「傳說相土作乘馬，王亥作服牛，就是馴養牛馬，作為運載的工具。還有記載說，商的祖先『立皁牢，服牛馬，以為民利』。『皁』是餵牛馬的槽，『牢』是養牛羊用的圈，說明他們很早就過渡到定居放牧的生活，服牛乘馬，以為專利了。這樣就形成農業生產的發展，形成農、牧結合的經濟，使這個部落很快興旺起來」、「農業的發展促進農業的畜牧業的分工，農業和手工業的分工也擴大了。因此，商人與其他部落之間的交換也是比較活躍的。因冥子王亥的時候，開始利用牛作為負重的工具，在各部落間進行貿易。有易氏奪取了王亥的牛，殺死王亥，雙方因此發生衝突。王亥子上甲微藉助河伯的武力，打敗有易氏，殺了有易氏國君綿臣，進一步擴大自己的勢力。王亥在甲骨卜辭中稱為高祖亥，上甲微也受到隆重的祭祀。」

陶船

東漢　明器　廣東省廣州市先烈路出土

陶船船首有碇，後有舵，船上塑有六個人物，分立各處作操作狀，甲板上還布置有六組矛和盾，是一艘有武裝保護的內河航船的模型。

　　所以，許多學者認為，中國歷史上第一位以物易物、經商貿易的「商人」源於商丘，始祖就是閼伯六世孫王亥。於是，殷人的先祖王亥就成為經商者的祖先。而實際上，以物易物、經商貿易在神農時代就有了；而馴服野馬野牛的時代，也應當早於王亥所處的時代。

　　「蓋取諸《隨》」是說，馴服牛馬作為交通工具的發明，取法於隨卦。之所以這樣認為，是因為隨卦自否卦變化而來，否卦上卦為乾，為馬；下卦為坤，為牛。變成隨卦後，則上卦成為兌，為悅；下卦為震，為足，為行；上互卦為巽，為股。這樣，就是人們馴服了牛馬，使其樂意成為人類交通工具的意思；人的屁股坐在牛馬背上，高高興興地周遊世界。

重門擊柝，以待暴客

　　重門擊柝，以待暴客，蓋取諸《豫》。

　　重門，即設置多重的門戶。院子一扇門，屋裡一扇門，有條件的還可以再加二重門、三重門……或者耳門和後門，設置這麼多門做什麼呢？因為天下不太平了，經常有搶劫事件發生，多幾個門，就等於多了幾道防護。例如：盜匪剛打開最外面的大門時，如果住在屋裡的主人就能夠及早發覺，於是做好抵抗或逃走的準備。如果盜匪進第一道門時沒發覺，主人睡著了，那麼當盜匪進入到第二道門時，屋裡的主人也應該可以發覺了。因為，能有這麼多門的主人，肯定是富人，那麼他的幾道門都有雜役人員看守，或在那裡睡覺。盜匪來了，這些雜役或者抵抗或者跑到後面向主人匯報，總之多幾重門，就多幾分安全。

擊柝，就是敲著梆子打更巡夜。柝（ㄊㄨㄛˋ），打更用的梆子。在古裝電視劇中經常會看到這種情景，在晚上，一個更夫一邊「咚！咚！咚！」地敲著梆子一邊喊，「鳴鑼通知，關好門窗，小心火燭！」咚！咚！咚！──「寒潮來臨，關燈關門！」咚！咚！咚！這就是打更。

在古代，梆子聲是有講究的。打落更（即晚上七點）時，一長聲一短聲，連打三次，聲音如「咚──，咚！」，「咚──，咚！」，「咚──，咚！」；打二更（晚上九點），兩短聲，連打多次，聲音如「咚！咚！」「咚！咚！」；打三更（晚上十一點）時，要一長兩短，聲音如「咚──，咚！咚！」；打四更（凌晨一點）時，要一長三短，聲音如「咚──，咚！咚！咚」；打五更（凌晨三點）時，一長四短，聲音如「咚──，咚！咚！咚！咚！」。夜裡如果發生火情或盜情，梆子聲就緊急連敲不停，更夫大喊：「某某失火了，大家快救火啊！」、「強盜來了，大家快跑呀！」等。如今這種梆子聲的學問，應用於生活中的各個領域。比如輪船、火車、汽車的汽笛聲，都是以長聲與短聲的不同組成以表達各種含意。

上古時期，更夫得懂一點天文學，因為確定時間全憑觀察星象，看北斗斗柄的方位或看三星的位置，隨便可以看看天空星象有沒有異常變化，以預測災變。中古以後的更夫，只是個夜班工作者，完全憑滴漏或燃香計算時間。

可見，建成深宅大院，安置一重重的大門，並且又派更夫巡夜打更，是社會不安全的產物。因為當初設置這些的目的，便是「以待暴客」。所以「重門擊柝」產

野牛

這頭氣吞山河、氣勢宏大的野牛，是史前人們最常見的動物。畫面上，一隻公牛正奮力揚蹄，狂暴地從奔跑的馬群旁跑過。

生的最早時代，不會早於黃帝時期。在天下為公的母系社會，不會有強盜。正是由於貨幣的出現，最終才實現了財富的巨大積累，進而造成人與人之間的貧富差距。這個差距，才是導致「暴客」出現的根本原因。可是，誰也無法阻擋歷史車輪的前進，誰也無法改變陰陽相推的循環規律，所以，既然私有制社會來臨了，那麼統治階級唯一應該做的，就是如何解決現有的矛盾，讓人民生活得更好。古聖人是怎麼解決的呢？其一便是樹立尊卑觀念；其二便是「重門擊柝，以待暴客」。

　　學《易經》的《繫辭傳》，明白「重門擊柝」是為了「以待暴客」，但在古代卻仍然有許多「君子」不明其理，而給「重門擊柝」披上了迷信的外衣。比如古代打更只打到五更，是因為身體健康的人，這時候便已經起床了，就連皇帝也在五更天便開始準備上朝了。但對於身體不好的人，五更後的時間則需要靜養，此時天地萬物都在寂靜中蘊養，以候東方最初的一縷陽氣，所以六更（凌晨五時）便不打更了，更夫也可以去休息了。可是古時人們卻認為，五更天鬼在串，此時不宜驚動他們，以免他們不可去陰間在陽間為禍。於是，這打更便引申出可以驅鬼的作用了。一直到清朝，人們還十分相信這個作用。如今，仍然有許多少數民族有打更驅鬼的習俗，

所謂「重門」，即設置多重的門戶。院子一扇門，屋裡一扇門，有條件的還可以再加二重門、三重門……或者耳門和後門，設置這麼多門做什麼呢？這是因為天下不太平了，經常有搶劫事件發生，多幾個門，就等於多幾道防護。

並且只有受人尊敬的巫師才有資格來打這個更。

那麼，「重門擊柝，以待暴客」是如何取法於豫卦發明出來的呢？首先，豫卦的卦名說明了該發明的背景。豫，本義就是曹沖稱象的大象，引申義為和樂、喜悅。在私有制度下，人們都不知疲倦地進行財富積累，當你富足得就像大象一樣，你就快樂了，開始盡情享樂了。可是有大象一樣的富人，就會有螞蟻一樣的窮人，這些窮人也想擁有「大象」一樣的快樂啊，也想像「大象」一樣享受生活啊！於是，他們想到用暴力去搶，成了「暴客」，比如現在的索馬利亞海盜，就是這種「暴客」。其次，我們從卦象的五個陰爻一個陽爻上，可以看出「重門」與梆子聲的形象。陰爻就是一個個的大門，九五陽爻就是主人，上六是主人逃跑用的後門；陰爻又代表梆子的一短聲，陽爻又代表梆子的一長聲。第三，我們更仔細地從卦象上分析。豫卦上卦為震，為木，為鳴，又為反艮；下卦為坤，為闔戶（關門）；上互卦為坎，為寇盜；下互卦為艮，為門。所以，這些卦象組成的涵義就是：把正門、後門全部關起來，敲著木梆子打更巡夜，以防止寇盜搶劫。

斷木為杵，掘地為臼

斷木為杵，掘地為臼，杵臼之利，萬民以濟，蓋取諸《小過》。

杵，本義是指舂米用的棒槌；臼，本義指中部下凹的舂米器具。這兩樣東西，如今我們生活中仍然經常用到。如造紙廠用來搗碎紙漿，民間油坊用來搗碎芝麻、花生或菜籽，中醫搗碎各種草藥等，都要使用不同規格的杵臼。而在廚房裡，搗蒜泥用的那個器具，就是杵和臼：小木棒為杵，小木碗一樣的器具為臼。

而杵和臼最早的發明者，相傳就是伏羲。那時候以砍削出一根木棒作為杵，然後拿杵在硬的地上不停地砸，就會在地上砸成一個小坑。五穀成熟了，收割到一塊平整而較硬的地上，在地面上砸出這種小坑後，把穀物放到坑裡，不斷地用杵往下搗，就可以把穀物的外皮去掉。這就是「斷木為杵，掘地為臼」。有了這個發明，人們不再連著皮吃穀了，所以說「萬民以濟」。意思是說，這項發明給天下所有的百姓帶來好處。

還有一種說法，認為杵臼是黃帝的大臣雍父製造的。應該說，黃帝時代的杵臼，已經不再是在地上挖坑了，而是石製或玉製的杵臼，並且已將杵臼的功能延伸到了各個領域，如搗藥材、搗麻線織布等。在古代，杵和臼有多種用途。例如：在「版築」這種中國傳統土木建築施工法中，透過把土搗實，來修築牆壁或打基礎。而杵就是把土搗實的工具。許多古代的城牆，多是採用「版築法」修建。所以，軍隊裡就有杵這種工具。久而久之，士兵們就把杵作為一種兵器使用。在《武經總要》中介紹了杵棒，這種杵型打擊兵器出自宋代。在重裝甲騎兵盛行的時代，杵棒作為一種能給披鎧戴盔敵兵以重創的有力武器而被廣為使用。

而此小節所講的杵臼發明，則單指的是伏羲時代舂米的工具。從卦象上看，小過卦上卦為震，為木，為動；下卦為艮，為止，為石。反覆運動木棒，木棒的運動受下面堅硬物的阻擋而產生擠壓力，這就是舂米的原理。此外，小過卦上下各有兩個陰爻，代表中被舂的穀物；小過卦中間的兩個陽爻，則代表舂米用的杵。所以說杵與臼的發明，是取法於小過卦，即「蓋取諸小過」。

弦木為弧，剡木為矢

弦木為弧，剡木為矢，弧矢之利，以威天下，蓋取諸《睽》。

本小節說的，是古人取法睽卦卦象發明弓箭的事情。弦，是一個會意字，左為「弓」，右為「絲」，指的便是綁在弓上的絲狀繩線。「弦木為弧」，就是用繩子將木棍的兩頭綁緊，使木棍呈一個弧形的弓。「剡木為矢」，就是刮削小木棍製成箭。

關於弓箭的發明，歷來有多種傳說。有些古籍中認為與黃帝有關，說黃帝得道成仙後，御神龍而白日飛升。大臣和百姓們捨不得他走，便紛紛抓住龍鬚，可龍鬚不結實，被抓斷了，掉在地上，就變成了弓。還有古籍記載，弓是黃帝的兒子少昊發明的，為了紀念他的功績，他的後代便改為張姓。也有說法認為，弓是顓頊執政時期，為了討伐共工，黃帝的孫子揮夜觀弧矢九星而發明的，揮及他的後代，便因而姓張。還有古籍認為弓是夏代后羿發明的。其實，這些所謂的發明者，不過是對弓箭進行改造，使其威力更加強大，而並非首創。透過考古，中國發現在距今約二萬八千年前的峙峪（今山西朔縣峙峪村）人活動的舊石器晚期遺址中，便已經有了加工較為精細的小石鏃。它們是用堅硬而容易劈裂出刃口的薄燧石片製成的，鏃的一端具有鋒利的尖頭，與尖端相對的

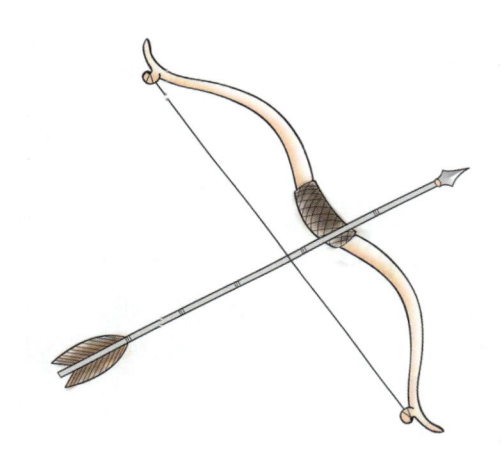

弦木為弧

石杵和石臼

畫面中的石杵和石臼是在伊拉克發現的，使用時間大約為西元前 7000 年～西元前 4000 年。這說明在中東，當時的人們已開始種植穀物，農民還學會使用石杵和石臼用來舂麥，使麥與麥之間相互摩擦碾去麥皮，水煮後食用。

底端兩側經過加工，形成鏃座，呈凹形，用以安裝箭桿。由於原始社會的弓和箭桿是用易於腐爛的竹、木製作的，難以保存下來，所以這些小石鏃便是中國和世界上已知的最早的弓箭實物。由此可見，弓箭的發明時代，比伏羲發明八卦的時代還要早兩萬多年。所以，本小節所說的弓箭發明，應該是黃帝時期改造弓箭的事情。

黃帝時代，私有制與公有制的矛盾激化，致使戰爭頻頻。正是在這一背景下，有人改造弓箭，使其更具殺傷力，用來對付不接受私有制的部落，所以《繫辭傳》在這裡說，發明弓箭的目的，便是「以威天下」，意思是以武力的強大樹立自己在天下的威望。這種情形，只有黃帝時代以後才會出現。在黃帝以前，是人人平等的公有制社會，聖人是以道德、貢獻樹立威望的，並且人與人之間、部落與部落之間，沒有你死我活的刻骨仇恨，那時候弓箭是用來射殺獵物的，並非用於人與人之間的戰爭。

那麼，《繫辭傳》作者為什麼說黃帝時代的弓箭發明，是取法於睽卦呢？原來，睽，就是矛盾、違背的意思。例如：男女兩人談戀愛的時候，你看著我，我看著你，四目相對，像磁石一樣被雙方吸引住，這不屬於「睽」的涵義；可是，當兩人產生大矛盾，由愛生恨，不再相愛，那麼兩個人就會你看這一邊，他看那一邊，兩個人目光總是對著相反的方向，這就是反目，反目為仇，水火不容，就是睽卦的意思。

陶舂米機
唐代 1971 年咸陽市禮泉縣張士貴墓出土 昭陵博物館藏

這是唐高宗顯慶二年時的一件陶製舂米機模型，舂杵安裝在長柄的一端，下置臼；長柄中間用架子支撐。利用槓桿原理，農人們可以較輕鬆地脫去糠米上的殼。

用杵舂米

從卦象上看，小過卦上卦為震，為木，為動；下卦為艮，為止，為石。反覆運動木棒，木棒的運動受下面堅硬物的阻擋而產生擠壓力，這就是舂米的原理。

黃帝時代，黃帝政體與先前的母系政權，就處於這種情況。一方，推崇母系制，想讓天下財物歸公，人人享有平等的對偶婚；另一方，推崇父系制，想讓天下財物轉為私有，男人可以終身擁有女人。所以那時候，父系政權將母系社會發明的弓箭進

石鏃

新石器時代製作，長2.9公分，寬1.5公分內 蒙古自治區博物館藏

該石鏃為半透明瑪瑙琢製而成，質地堅硬，做工精良。

玉鏃、骨鏃

新石器時代製作，長4.7公分左右

該組玉鏃、骨鏃共五件，是新石器時代最常見的箭矢。

鐵鏃、銅鏃、鳴鏑

西漢 兵器 1956年遼寧省西豐縣西岔溝出土

這是東胡族使用的遠射器，同時出土的還有細石鏃、骨鏃、銅鏃、鐵鏃，大致可分為翼式、稜式、扁平式和矛式。矢杆多用竹材，其中的「鳴鏑」為銅製球形，中空有孔，射出後風吹其孔，發出響聲，俗稱「響箭頭」，又稱「號箭」，其作用相當於現代的「信號彈」。

行改造，使其威力更加強大，用這種威力強大的弓箭殺死母系部落的男人，射傷母系部落的女人，像捕捉獵物一樣，把受傷的女人捉回家裡，使其與搶回來的財物放在一起，成為自己終身的私有物。這種搶奪女人的戰爭，後來成為搶婚的風俗，在《易經》屯卦上六爻爻辭中，以「乘馬班如，泣血漣如」描寫了這一悲慘畫面，也表現出爻辭作者對這種血腥婚俗的反感。

我們再細看睽卦卦象，同樣表達的是水火不容的血腥場面。睽卦上為離，為火；下卦為兌，為澤，是水火相衝之象。而上互卦為坎，為水，為弓；下互卦為離，為火，為矢。四個卦象所表示的，正是以弓箭作為解決水火相敵勢態的手段。

上古穴居而野處

上古穴居而野處，後世聖人易之以宮室，上棟下宇，以待風雨，蓋取諸《大壯》。

我們學過人類歷史後，就會知道人類是從猿人演化而來，猿人從樹上來到地上生活後，便開始居住在自然形成的山洞裡，學會自己蓋房子，已經是很晚的事情了。比如北京市周口店龍骨山的山頂洞人，雖然屬於距今兩三萬年前的晚期智人，但仍然居住在山洞中。在人類舉著火把周遊全世界的時候，找不到合適的山洞或者行進在草原，夜

裡就會點一把篝火露天而宿。這就是《繫辭傳》作者所說的「上古穴居而野處」。穴居，就是住在洞穴裡；野處，就是野外露宿。

「後世聖人易之以宮室」是說，後來聖人改變這種居住方式，建造適宜人類居住的宮室。這位聖人是誰？雖然《史記》中認為黃帝與他的大臣一起發明了宮室，但實際上，宮室在神農時代便已大量存在了。比如，距今7800至5000年的大地灣遺址，不僅有保存完好的新石器時代的房址、灰坑、墓葬、窯址和壕溝，而且還有精緻的地畫、彩陶和面積很大而構造複雜的房屋遺跡。目前已清理出的房址有二百四十座，有一座殿堂式的宏偉建築，分正室、側室、後室和門前附屬建築等四大部分，總面積達六百平方公尺。主室遺址保存完好，室內的頂梁柱，柱徑達五十公分，外敷防火草泥。前後各有八根直徑三十公分左右的附壁柱，都以大塊青石頭為柱基。特別值得注意的是，室內地面平整堅硬，像黑灰色的大理石一樣光滑，這說明這一時期的古人建造宮室的技術已經相當成熟了。

「上棟下宇，以待風雨，蓋取諸大壯」是說明這種宮室的結構，取法的是大壯卦卦象。上棟，則是用棟梁組成的「山」字形屋脊；其取法於大壯卦的上卦震，因為震為木，其兩陰一陽爻代表檁條。下宇，指的是宮室裡面的空間；其取法於大壯卦的下卦乾，乾旋轉軸90度，則代表宮室的柱子。此外，大壯卦上卦為震為木，下卦為乾為天為空間，木下自成一片天，木下自成一片空間，也含有宮室的含義。震木與乾天組成的新空間，不再受外面天地的風吹雨淋，這也是建房的目的，所以說「上棟下宇，以待風雨，蓋取諸大壯」。意思是，上有棟梁，下有檐宇，可防風避雨，房屋的發明大概就是取法於大壯卦。

古之葬者，厚衣之以薪，葬之中野

古之葬者，厚衣之以薪，葬之中野，不封不樹，喪期無數，後世聖人，易之以棺椁，蓋取諸《大過》。

「古之葬者，厚衣之以薪，葬之中野，不封不樹，喪期無數」，說的是很早以前人類的葬俗。那個時候安葬死者非常簡單，拿許多柴草把死者一包，然後扔到荒野裡就行了。厚衣，並不是穿許多衣服，「衣」在這裡是動詞，是包裹起來的意思；薪，就是柴火、柴草；葬之中野，不是掩埋到野地土裡的意思，而是放於露天野外。

為什麼要把死者用厚厚的柴草包起來，放到露天裡？這個問題，我們得從《列子‧湯問》中找找答案了。《湯問》中說：「楚之南有剡人之國，其親戚死，其肉而棄之，然後埋其骨，乃成為孝子。秦之西有儀渠之國者，其親戚死，聚柴積而焚之。燻則煙上，謂之登遐，然後成為孝子。」可見在遠古時，把死者的肉割下來丟到荒野，讓野獸來吃，也算是孝子應做的事情；把死者燒成灰，也算是孝子應做的事情。當然，我們從非洲食人族那裡，還可以了解到古時還有把死者吃掉的事情。由此我們可以

《繫辭傳》中所說的「上古穴居而野處」。穴居，就是住在洞穴裡；野處，就是野外露宿。從原始人的崖壁洞穴到現代人的高級別墅，住宅不僅提供了人類生存的保障，並且對提高人們的生活品質具有極其重要的意義。

「上棟下宇，以待風雨，蓋取諸大壯」是說明了宮室的結構，取法的是大壯卦卦象。

推斷，「厚衣之以薪，葬之中野」的古老葬俗，一種可能是放到荒野給野獸吃，以體現古人最終回報天地的思想；一種可能就是把死者燒成灰，以防止其腐爛或者被野獸吃掉，既體現死後歸天的思想又表達後人對死者的關懷。這種葬俗，自然也就「不封不樹」了，因為挖坑都不用，所以也就不存在把墓口封起來，再堆成一個墳丘的事情了；因為死者已魂歸天際，也沒有具體的墳墓，所以也就沒必要栽棵樹為標記，或樹個碑以示紀念了。而「喪其無數」，是說死者親人節哀順變，沒有固定的守喪日期。埋完死者，親人馬上載歌載舞也行，或者一兩年悶悶不樂也可以，完全視自己的心情而定。這種喪俗，正是人類最古樸的喪俗。而其古老的程度，大概是四五萬年前的樣子。明白這些古喪俗，也就理解了竹林七賢中的阮籍，當自己的母親死後，他卻一聲也沒哭。因為，竹林七賢主張：非湯武而薄周禮，越名教而任自然。他們非常反感儒家那套虛偽的禮教，他們追求的正是遠古時期人類的至真、至善、至美，其實這也是道家思想的核心內容。

而按照儒家禮法，父母死後子女要守孝三年。這三年裡不能行禮，不能聽音樂，不能夫妻同房，不能穿彩色衣服，不能吃美食，總之，只能懷著悲傷的心情緬懷死去的父母，什麼也不能做。這種禮法，確實是有點太虛偽了。所以在《論語》裡，便記載了宰我與孔子的不同觀點。宰我問孔子：「三年守孝期太長了，君子三年不行禮則禮必壞；三年不奏樂則樂必崩。陳穀吃完，新穀又長，鑽木取火的老

方法也該改一改了，守孝一年就夠了。」孔子則說：「三年內吃香飯，穿錦衣，你心安嗎？宰我說：「心安。」孔子便說：「你心安你就做吧。君子守孝，吃魚肉不香，聽音樂不樂，住豪宅不安，所以不做，現在你心安，那麼你就做吧。」宰我走後，孔子說：「宰我真不仁德，嬰兒三歲後才能離開父母的懷抱。三年的喪期，是天下通行的喪期。難道他沒得到父母三年的懷抱之愛嗎？」

其實，孔子所說的確實是很難讓人接受的。一般父母不會同時死亡，分別守孝三年，那就是六年，但人生又有幾個六年呢？以如今飛速發展的時代，六年什麼也不做，那麼將被一個時代所淘汰！所以，現在很多人都「喪期無數」、「節哀順變」了，這是一種進步，也是回歸人類本性的體現。

「後世聖人，易之以棺槨，蓋取諸大過」這是說，後來有一位聖人，終於改變了這種葬俗，而以棺槨來安葬死人，棺槨的發明就是取法於大過卦的卦象。這位聖人是誰呢？按照古籍記載，棺槨是黃帝發明的。如果從考古上進行推斷，則距今兩三萬年前的山頂洞人有墓穴而無棺材，而新石器時代中晚期之遼寧紅山文化墓地、半坡遺址（西元前4800年～西元前4300年）皆已有木造棺材，西安半坡M152號小孩墓，因墓坑四壁有木板痕跡和蓋板，被視為木棺之雛形。可見在黃帝的兩千年以前，已有木製棺材存在了。

棺槨，是兩個東西組合成的。棺，是指裝死人的棺材；為防止蟲咬水浸屍體，棺材的外面還要套上一個大棺，這個大棺就是槨。由此來看，也可能黃帝時代人們對棺材進行過這樣的改造。

至於為什麼要把死人用棺材裝起來安葬，倒是有這樣一個傳說。據說古時人死後都要分而食之，有一個孝子他不想讓人吃他母親，於是在他母親死之前就做好準備，把人家分給他吃的人肉用鹽醃起來，等到他母親死後，便把這些人肉謊稱是他母親的肉，並偷偷把他母親埋葬了。後來別人知道了也竟相仿之，再後來這種孝道

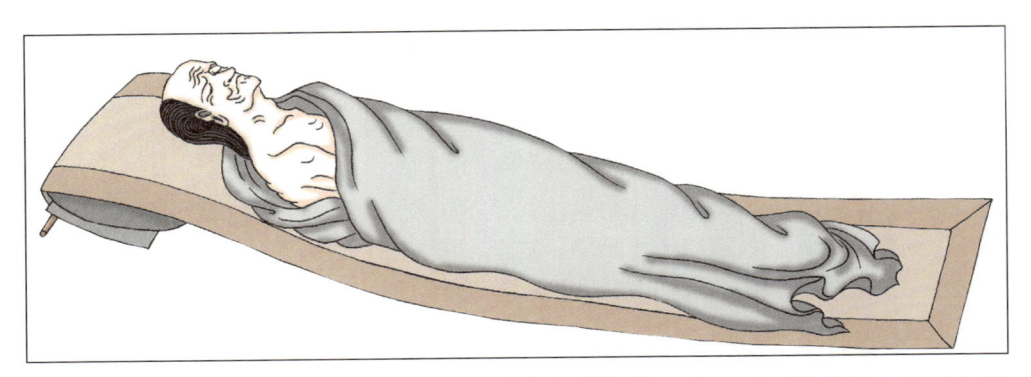

「厚衣之以薪，葬之中野」的古老葬俗

很早以前人類的葬俗非常簡單，拿許多柴草把死者包起來，然後扔到荒野裡就可以了。《易經》中「古之葬者，厚衣之以薪，葬之中野，不封不樹，喪期無數」說的就是這種風俗。

守孝三年的葬俗

按照儒家禮法，父母死後子女要守孝三年。這三年裡不能行禮，不能聽音樂，不能夫妻同房，不能穿彩色衣服，不能吃美食，總之，只能懷著悲傷的心情緬懷死去的父母，別的什麼也不能做。

不斷升級，便有人發明了棺材，並且喪葬品也日益豐富，禮法也越來越繁多。這種說法是較為可信，可能最初埋葬死人便是不想讓自己的親人被他人或野獸吃掉。這種自然而然的孝心不斷升級之後，最終成為天尊地卑思想的宣傳形式之一。因為相對一家而言，父母為天，子女為地。

發明棺槨是如何取法於大過卦的呢？我們看大過卦下卦為巽，為木；上卦為兌，為反巽（相當於反蓋在上面的木）；上下互卦為乾，代表人。這樣，四個卦象組合起來，就是棺材上下相合而人在其中的形象。

上古結繩而治，後世聖人易之以書契

上古結繩而治，後世聖人易之以書契，百官以治，萬民以察，蓋取諸《夬》。

遠古人類結繩記事，那是非常古老的事情。因為距今萬年之久的伏羲，就曾經「造書契以代結繩之政」。這說明結繩記事是一萬年以前的事情了，但開始於哪個時代，卻因年代太古老而無法考證了。在傳說中，中國發明結繩記事的人叫織女，第一位織女就是燧人氏時代弇茲部落的女王弇茲聖母，她於崑崙山初創八索準繩、圭表記曆，這應該是距今一萬五千至兩萬年前的事情了。

很多人會認為，所謂的結繩記事，就是遇到大事繫一個大結，遇到小事繫一個小結。其實，結繩記事遠非如此簡單。試想，隨著時間的積累，當記載各種大小事情的繩子掛在那裡就像一扇門簾的時候，誰還能夠認清哪個結代表的是哪件事呢？所以遠古時期的結繩記事，應該是一種用繩子編成的符號，可以表達各種含意。當記一件大事情時，由於需要表達的情節與事件較為複雜，所以用繩子編成的這個符號就會複雜些、大一些；如果需要表達的是一件小事情，那麼用繩子編成的這個符號就會簡單而較小。也許有人會說，現在有的少數民族就是將繩子繫一個大結代表

大事，繫一個小結代表小事。其實，這並不能說明「初創八索準繩、圭表記曆」的拿茲聖母也這麼結繩記事。因為在文字成熟的宋朝，同樣也有拿大碗蘸墨汁扣圈圈的方式「寫」春聯的事情。其實現在手工編織的中國結，就是遠古結繩記事的遺風。因此，最早的文字萌芽，其實就是結繩記事。西周時期的大篆體，便是上古結繩記事的衍生物。

如果只將書寫或刀刻於物體表面的符號算作文字的萌芽，人們可能都會將殷商時期的甲骨文算作中國最早的文字。其實，中國許多古文獻均記載大禹製九鼎並作《洪範九疇》的事情，並且對《洪範九疇》中的內容都記載得清清楚楚，怎麼能說中國最早的文字是殷商的甲骨文呢？而隨著二十世紀末中國對賈湖遺址挖掘，終於使人們對中國古文化的悠久歷史有了更深刻的認識。因為在這塊距今八、九千年的遺址中，不但挖出了世界上最早的七音骨笛（仙鶴脛骨所製）、世界上最早的酒、碳化稻米及石磨盤、磨棒、石鏟、石臼、人工馴養的豬、狗、羊等骨骸及龜、鶴等動物遺骸，還發現了刻在龜甲上的契刻符號。這些八、九千年前的契刻符號，可說是最早的文字。也有一小部分考古學家認為，賈湖遺址發現的甲骨文過於簡單，不能認為是一套完整的文字。

其實，是否屬於完整的一套文字，不能光看字數多少，應視當時需要而定。在母系社會，天下為公，人與人間不需要許多契約依據，自然就用不到那麼多文字。而到了黃帝時代，私有制使人與人之間、部落與部落之間，需要各種形式的書面契約，所以自黃帝後文字數量才會逐漸增多。

《繫辭傳》作者說「後世聖人易之以書契」，指的便是黃帝時代。其實本章自第三小節至第十一小節的諸多依卦象而作的發明，《繫辭傳》作者皆認為是產生於黃帝時期，而事實上，這些發明皆屬於在前人的基礎上所做的改進與完善。黃帝來了，私有制成為天下主流，人與人之間的貿易更豐富了，為了保護自己的財富不受侵犯，於是需要制定各式各樣的契據，於是文字便得到了空前發展。古代史書所說的黃帝命倉頡造字的事情，便是在這樣的背景下出來的。有的古書上說，倉頡創造出了文字以後，由於洩漏了天機，於是天空降下了小米，鬼神夜夜啼哭。其實，這並非是天降小米，而是統治階級憑著契據而得到無數小米；並非鬼神在哭，而是上交小米的黎民百姓在哭。

不過，百姓不會年年哭的，吃一塹長一志，以後定契約時小心一點，講誠信而遵守契約，一天一天地積累財富，日子就會越過越富裕。而統治者為了讓天下更加遵守契約，講誠信，便制定出各式各樣的契約規律與懲罰制度，文字就是這樣字數越來越多，功能越來越豐富。於是這些刻在龜甲、獸骨上的文字所記錄的條款與制度，成為百官治理天下的法律依據，並且也成為百姓行為的規範和監督百官的依據。這就是《繫辭傳》所說的「後世聖人易之以書契，百官以治，萬民以察」。

學習大篆的最佳範本——毛公鼎

毛公鼎 西周 臺北故宮博物院藏

毛公鼎上的銘文筆意渾厚，結字緊湊，布白疏朗而富於變化。

為什麼說書契文字是取法於夬卦呢？首先，夬卦上面一陰爻，下面五陽爻，是強陽驅逐弱陰的形象，這正是黃帝初期以父系制度取替母系制度的政治背景。其次，夬卦上卦為兌，為口，為語言；下卦為乾，為金，為玉；夬，是決斷的意思。所以，卦象上把語言刻於金玉之上，使人人說話算話，講求誠信，金口玉言的意思。因此，書契就是記錄語言，使說過的話如金玉一樣長久而不能隨意更改。其三，依毛奇齡的說法，夬卦五陽爻便是刻下數目字之象；而上面的陰爻，則代表契據斷開的缺口。因為古時定契據時，把內容寫在竹板上，然後將竹板一切兩半，定契約的雙方各拿一半。卦的形象，就是一個人手裡拿著的那個塊契據。

造字的倉頡

倉頡《歷代古人像贊》明弘治十一年刊本

倉頡是傳說中黃帝的史官，相傳他長著雙瞳四目，非常聰明，因此才能由鳥跡龜紋中領悟到造字的方法。他創造的字多模仿大自然中山川日月的形狀，可能就是象形字最早的起源。

第3節

易者，象也
《易》的象思維

> 《易經》的主要內容，便是卦象，卦象就是模擬萬事萬物的影像。《易經》中的象，就是裁斷一卦的吉凶的斷語。《易經》中的爻，是效法天下的運動變化。所以《易經》可以推算出吉凶與悔吝來。

【原文】

是故《易》者，象也。象也者，像也。彖者，材[1]也；爻也者，效天下之動者也。是故，吉凶生而悔吝著也。

【注解】

[1]材：通「裁」，即裁斷之意。

【釋義】

所以《易經》的主要內容，便是卦象，卦象就是模擬萬事萬物的影像。《易經》中的象，就是裁斷一卦吉凶的斷語。《易經》中的爻，是效法天下的運動變化。所以《易經》可以推算出吉凶與悔吝來。

🐫 運動形態看吉凶

《繫辭傳‧下》第二章講述了古聖人取法卦象製造器具的各種事例，其目的是要說明卦象的重要性。所以接下來的第三章則進行總結，說明《易經》最主要的是卦象，即「是故《易》者，象也」。

由於《易經》中的卦畫是以象來表達含意的，正如前面所說的「聖人立象以盡意」，所以卦畫其實是一種複雜的象形文字，不能光憑個人感覺去隨便附會，必須從象上入手去認識它，才能真正讀懂《易經》這本書的真正內涵。

　　象是什麼呢？象就是把事物的影像模擬出來，象就是事物的影子，影子離不開本體，它並不是難以辨識的東西，因為有本體的形象可依。所以說「象也者，像也」。

　　「彖者，材也」是說，卦辭是對一卦吉凶的總體裁斷。彖，相傳是古時一種很凶猛的野獸，其牙齒可以咬斷銅鐵，所以「彖」字也有裁斷的涵義。此處的「彖者」，不是指《彖辭傳》。《彖辭傳》是解釋彖辭的傳，即《易經》中稱為「彖曰」的文字；此處的「彖者」指的便是彖辭，彖辭就是卦辭。這是我們必要要搞清楚的事情。「材」字古通「裁」，即裁斷之意。文王所作的卦辭，有裁斷每卦之總體吉凶的功用，所以說「彖者，材也」。

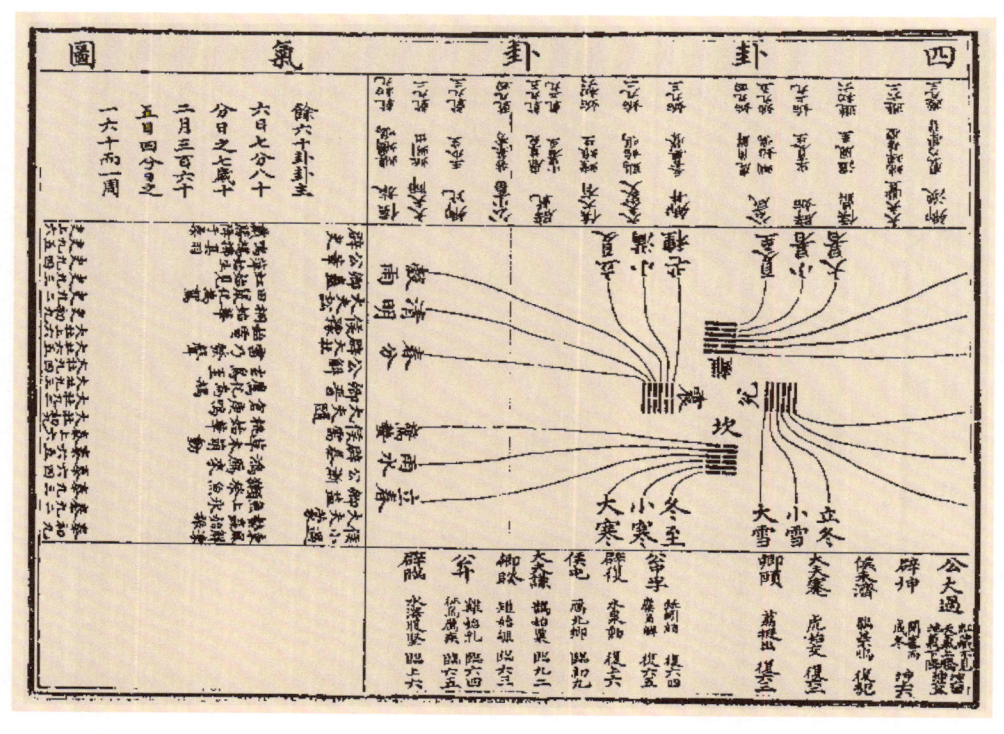

四卦卦氣圖

　　「爻也者，效天下之動者也」，意思是說卦中的各爻，是效法天下萬物的運動規律。此圖是以居四方的四正卦—震（居東方）、離（居南方）、兌（居西方）、坎（居北方）各主四時，每卦六爻，每爻主每年二十四氣中之一氣。

「爻也者，效天下之動者也」是說，卦中的各爻，則是效法天下萬物的運動規律。當然，說明每爻之吉凶的爻辭，也是透過分析卦象顯示的這種運動規律而判斷吉凶的。例如：不同的爻位及陰陽屬性等與上卦、下卦、上下互卦及支卦的關係，就是一個模擬的「效天下之動」，根據該爻與這些諸多因素利害關係，即可判斷出吉凶來了。所以說「是故，吉凶生而悔吝著也」，也就是說，因為卦辭依據卦象判斷吉凶、爻辭也透過卦象變化「效天下之動」判斷吉凶，所以，吉凶的結果可以準確產生，並且即使是小小的悔吝之事，也可以明顯地表現出來。

淺談易學與象思維

此小節說「易者，象也」，其實也是告訴我們易學屬於一種思考形象的學問，即王樹人教授所說的「象思維」。

王樹人教授在《「易之象」及其現代意義論綱》中說：「易這道，始於象，源於象。沒有象，就沒有易」，其實也是對「易者，象也」的最佳注解。王樹人教授還說：「象思維乃是人類共有的始源性的思維方式，即是最根本的思維方式。世界各民族，在其作為初民之時，都處於這種思維方式之中。」接著，王教授具體分析伏羲發明八卦時對象思維的應用，最後總結說：「可見，『易之象』作為『先天之象』，就是『本來如此』之象，亦可簡稱為『本象』。又可稱為『萬物之始源』，成萬象之『根本』。這種『易之象』就是『太極』或『道』。」

王教授的精闢論述，無疑蘊含著對易學的深層研究與理解。他認為中國的道，就是周易「無極而太極」的陰陽之道；就是儒家的仁義之道；就是道家「道法自然」的自然之道；就是禪宗的回歸自信心性之道。道是生成的，是動態的，生生不已的，是非實體性、非對象性、非現成性的。是本源的、原發創生的。他把這種思維方式稱之為「象思維」，「道」則是其最高理念。

王教授認為「象思維」大致可以分為三個層次：具象、意象、體悟之象。其中體悟之象最重要，是一種大象無形之象。周易中講「觀物取象、象以盡義」，這裡的「觀」是一種體悟，和老子中的「玄之又玄」中的「玄」具有異曲同工之妙，都側重於對事物整體的實質性的把握。象思維不是下定義、找概念、劃清界限，而是要超越二元對立，進入與宇宙天地相契合的境界。

王教授還認為思維方式的不同還可歸結為語言文字的不同。「象思維」的文化背景是中國的文字。漢字「六書」中的象形、指示、形聲、會意都與「象」的各個層次有著緊密的聯繫。而西方的「概念思維」則和有利於思辨的拼音文字是分不開的。

第4節

陽卦多陰，陰卦多陽
君子之道與小人之道

> 陽卦陰爻多，陰卦陽爻多。這是因為陽為奇數，震、坎、艮以一奇為主；陰卦為偶數，巽、離、兌以一偶為主。它們的卦德有什麼不同呢？陽卦是一君二民，這是君子之道。陰卦是二君一民，這是小人之道。

【原文】

陽卦多陰[1]，陰卦多陽[2]，其故何也？陽卦奇，陰卦偶。其德行何也？陽一君而二民，君子之道也。陰二君而一民，小人之道也。

【注解】

[1] 陽卦多陰：指震、坎、艮三陽卦中一陽爻兩陰爻。
[2] 陰卦多陽：指巽、離、兌三陰卦中一陰爻兩陽爻。

【釋義】

陽卦陰爻多，陰卦陽爻多，這是為什麼呢？這是因為陽為奇數，震、坎、艮以一奇為主；陰卦為偶數，巽、離、兌以一偶為主。它們的卦德有什麼不同呢？陽卦是一君二民，這是君子之道。陰卦是二君一民，這是小人之道。

八經卦的陰卦與陽卦

陽卦多陰，陰卦多陽，其故何也？陽卦奇，陰卦偶。

什麼是「陽卦多陰，陰卦多陽」呢？其實，這是相對文王後天八卦系統的八經卦而言。文王後天八卦次序圖中表現的是人倫，即乾父坤母下面，三男三女六子橫。

也就是說，乾為天，為父，所以為陽卦。其下面的震、坎、艮三卦依次代表長子、次子和三子，代表男性，所以皆為陽卦。而這三個陽卦，全是由一個陽爻兩陰爻組成的，陰爻的數量比陽爻多，所以說「陽卦多陰」。而坤卦為地，為母，所以為陰卦。其下面的巽、離、兌三卦則依次代表長女、次女與三女，代表女性，所以皆為陰卦。而這三個陰卦，全是由一個陰爻兩個陽爻組成的，陽爻的數量比陰爻的數量多，所以說「陰卦多陽」。這就好比某一地區，當男性多於女性時，女性就會顯得珍貴，所以女性處處受到照顧，處處顯示出對女性的體貼與關懷，這樣這一地區就顯得女性化了；反之，如果女性多於男性時，則會處處顯示出對男性的體貼與關懷，那麼這一地區就顯得男性化了。

《繫辭傳》解釋「陽卦多陰，陰卦

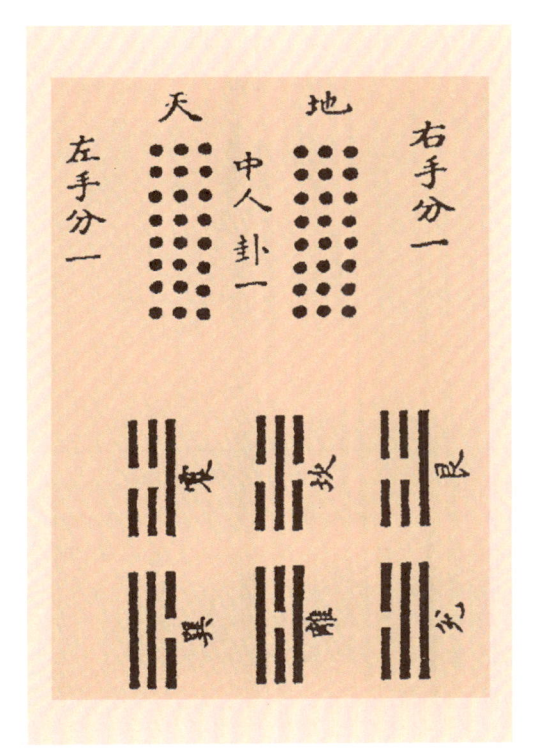

陰陽君民圖

陽卦以奇為君，故一陽而二陰，陽為君，陰為民也。陰卦以偶為君，故二陽而一陰，陰為君，陽為民也。陽一畫為君，二畫為民，其理順，故曰「君子之道」。陰二畫為君，一畫為民，其理逆，故曰「小人之道」。

多陽」的原理是「陽卦奇，陰卦偶」，意思是說，這是因為陽是奇數，陰是偶數。這也就是說，首先，陽爻為奇數，所以用一畫表示；陰爻為偶數，所以用兩畫表示。其次，陽卦中的三子卦皆為一陽二陰，其總畫數則是：1+2+2=5，也為奇數；乾卦為三陽，其畫數為：1+1+1=3，也是奇數，所以，四個陰多陽少的陽卦，皆為奇數卦。而陰卦中三女卦皆為一陰二陽，其總畫數則是：2+1+1=4，為偶數；坤卦為三陰，其畫數為：2+2+2=6，也是偶數，所以，四個陽多陰少的陽卦，皆為偶數卦。

也有的人以佛教雙掌「合十」來解釋此小節陰陽相合之理，不過由於不是很懂易學，所以解釋得錯誤百出。故此，下面便談一談佛教的「合十」。

佛教「合十」，就是「合適」。怎麼合適？就是陰陽相合。欲明此理，首先要明白十個手指的數字順序。古人以右方為上方，所以數由上自下數：右手大拇指為

1，食指為 2．中指為 3，無名指為 4，小指為 5；接下來左手大拇指則為 6，食指為 7，中指為 8，無名指為 9，小指為 10。這才是正確的十指數字順序。

那麼雙手合十的時候呢？則 1 與 6 合，2 與 7 合，3 與 8 合，4 與 9 合，5 與 10 合，這正是河圖中組合順序。其配置正好是奇偶之合，並且也完全符合「甲一與己六相合，乙二與庚七相合，丙三與辛八相合，丁四與壬九相合，戊五與癸十相合」的天干相合規律。此外，由於十指並攏，所以也表示 1 與 2 相合，2 與 3 相合，3 與 4 相合，4 與 5 相合……等陰陽相合之意，所以雙手只有這個姿勢可以完美表達陰陽相合的涵義，沒有比這個更合適的了，所以「合十」有「合適」之意。可是，雙手合十，只有 5 與 6 不能相合。這是因為，其代表

雙手合十手印

有的人以佛教雙掌「合十」來解釋此小節陰陽相合之理，不過由於不是很懂易學，所以解釋得錯誤百出。佛教「合十」，就是「合適」。怎麼合適？雙手合十手印就是陰陽相合。即陰陽平衡手印，意味著身體和心靈的合一、大自然和人類的合一。此手印可以增加人的專注能力。

5 的右手小指代表腎，其代表 6 的左手大拇指代表心。而心腎相合成坎離交媾不是普通人可以做到的，只有丹家可以修煉成這種境界而達到心神與腎精相合為一於戊（5）己（6）中宮，這是古人修仙的功夫，所以達到這一境界，還算是真正的「合適」。

君子之道與小人之道

其德行何也？陽一君而二民，君子之道也。陰二君而一民，小人之道也。

「其德行何也？」意思是說，陰卦與陽卦的德行有什麼區別呢？這樣，由陰卦與陽卦的卦象，又引申到治國的大道理來。其實，陰卦相當於一個女生領導兩個男生，陰卦相當於一個男生領導兩個女生，是不存在「二君而一民」的現象。只是，父系時代的聖人解釋易學，必須強調陽爻為君，陰爻為民，這樣，陰卦就成為「二君而一民」的性質。於是就分出小人之道與君子之道的差別。

「陽一君而二民，君子之道也」是說，陽卦一個陽爻為君王，兩個陰爻為臣民，這就是君子之道。這也就是說，真正的君臨天下，是天下只有君王一位領袖，天下百姓全服從一位君王的命令。一個君王如何有這麼大的能力呢？其實，這便是君子以仁義治天下的結果。君子以仁義治理天下，賢明而智慧，自然天下所有臣民都會聽從他。否則，憑一人之武力，如何能讓眾人屈服呢！此外，天下只有一位君王，

才能真正做到政令統一，百姓才能更好地執行君王的命令。所以說，君子之道，就是理想的、完美的執政之道。

「陰二君而一民，小人之道也」是說，陰卦兩個陽爻為君王，一個陰爻為臣民，這就是小人之道。這也就是說，天下出現兩個君王，會造成政令不統一，百姓今天聽這個的，明天聽那個的，忙了半天，不見得可以增加社會財富。例如：春秋時代就是這種情況，天子名存實亡，爭霸的諸侯都是君王，百姓今天歸這個諸侯管，明天歸那個諸侯管；這個諸侯搶了財物剛走，那個諸侯又過來收租，這種為政之道，就是小人之道。再如，公司開會做決策，而沒有一個真正決策者參加，那麼這個主任說一種方案，那個主任說一種方案，最終誰也不聽誰的，散會了也沒制定出決策，又好比按照六個人的意見去蓋房子，房子永遠蓋不起來一樣，也屬於小人之道。此外，小人之道還表現在官多兵少的政體格局。俗話說「龍多不治水」、「三個和尚沒水喝」，每個人都成為董事長了，那麼誰來做事情呢？所以，這種現象也屬於小人之道。第三，小人之道還體現在執政手段上。小人之道執政以武力使百姓屈服，

小人之道的本質

「陰二君而一民，小人之道也」是說，陰卦兩個陽爻為君王，一個陰爻為臣民，這就是小人之道。小人之道執政以武力使百姓屈服，但光憑一人之力，恐怕連一個人也對付不了，所以兩個人或幾個人組成小團體，打家劫舍，明奪明搶，這就是小人之道的本質。

君子之道的涵義

「陽一君而二民，君子之道也」就是說，陽卦一個陽爻為君王，兩個陰爻為臣民，這就是君子之道。這也就是說，真正的君臨天下，是天下只有君王一位領袖，天下百姓全服從一位君王的命令。

但光憑一人之力，恐怕連一個人也對付不了，所以兩個人或幾個人組成小團體，打家劫舍，明奪明搶，這就是小人之道的本質。相對君王而言，運用武力進行殘暴統治，就屬於小人之道。因為君王只要運用武力，那麼就得讓武將擁有兵權，這個擁有兵權的大將最終就會成為這個國家的第二個國君或者殺掉原來的君王自己執政。這種事情在戰火紛飛的南北朝出現較多，大臣出去打幾場勝仗，回來便開始逼宮讓君王禪讓。這些都是小人之道，小人之道最終不會有好的結局。所以《繫辭傳》的作者在此，從陰卦與陽卦的內涵引申出君王執政的道理，以告誡君王執政中不可施行小人之道。

第5節

憧憧往來，朋從爾思
殊途同歸

「憧憧往來，朋從爾思」是《易經》咸卦九四爻爻辭，意思是心神不定地來來往往，眾多朋友都與你的想法一樣。天下的人們都在朝同一個目標邁進，只是所走的途徑不同。都有一個美好的願望，卻有百種不同的思慮。

【原文】

《易》曰：「憧憧往來，朋從爾思。」子曰：「天下何思何慮？天下同歸而殊途，一致而百慮，天下何思何慮？日往則月來，月往則日來，日月相推而明生焉。寒往則暑來，暑往則寒來，寒暑相推而歲成焉。往者屈也，來者信也，屈信相感而利生焉。尺蠖[1]之屈，以求信也。龍蛇之蟄[2]，以存身也。精義入神，以致用也。利用安身，以崇德也。過此以往，未之或知也。窮神知化，德之盛也。」

《易》曰：「困於石，據於蒺藜，入於其宮，不見其妻，凶。」子曰：「非所困而困焉，名必辱。非所據而據焉，身必危。既辱且危，死期將至，妻其可得見邪？」

《易》曰：「公用射隼，於高墉之上，獲之無不利。」子曰：「隼者禽也。弓矢者器也。射之者，人也。君子藏器於身，待時而動，何不利之有？動而不括，是以出而有獲。語成器而動者也。」

子曰：「小人不恥不仁，不畏不義，不見利不勸，不威不懲。小懲而大誡，此小人之福也。《易》曰：『履校滅趾無咎，此之謂也』。」

「善不積，不足以成名，惡不積，不足以滅身。小人以小善為無益，而弗為也。

以小惡為無傷，而弗去也。故惡積而不可掩，罪大而不可解。《易》曰：『何校滅耳，凶。』」

子曰：「危者，安其位者也；亡者，保其存者也。亂者，有其治者也。是故，君子安而不忘危，存而不忘亡，治而不忘亂；是以身安而國家可保也。《易》曰：『其亡其亡，繫於苞桑。』」

子曰：「德薄而位尊，知小而謀大，力小而任重，鮮不及矣。《易》曰：『鼎折足，覆公餗，其形渥，凶。』言不勝其任也。」

子曰：「知幾其神乎？君子上交不諂，下交不瀆，其知幾乎？幾者動之微，吉凶之先見者也。君子見幾而作，不俟終日。《易》曰：『介於石，不終日，貞吉。』介如石焉，寧用終日，斷可識矣。君子知微知彰，知柔知剛，萬夫之望。」

子曰：「顏氏之子[3]，其殆庶幾乎？有不善未嘗不知，知之未嘗復行也。《易》曰：『不遠復，無祇悔，元吉。』」

天地絪縕[4]，萬物化醇。男女構精，萬物化生。《易》曰：「三人行，則損一人，一人行，則得其友。」言致一也。

子曰：「君子安其身而後動，易其心而後語，定其交而後求。君子修此三者，故全也。危以動，則民不與也。懼以語，則民不應也。無交而求，則民不與也。莫之與，則傷之者至矣。《易》曰：『莫益之，或擊之。立心勿恆，凶。』」

【注解】

[1] 尺蠖：尺蠖蛾的幼蟲，生長在樹上，顏色像樹皮色，行動時身體一屈一伸地前進。北方稱步曲，南方稱造橋蟲。

[2] 蟄：蟄伏。

[3] 顏氏之子：即孔子的弟子顏回。孔子的母親是顏徵在，顏回應當是與孔子母親同宗族的後代，所以孔子對顏回很關愛。

[4] 絪縕：中國哲學術語，指萬物由相互作用而變化生長。

【釋義】

咸卦九四的爻辭說：「心神不定地來往，朋友與你的想法一樣。」孔子說：「天下的事有什麼可憂慮的呢？天下的人們都在朝同一個目標邁進，只是所走的途徑不同。都有一個美好的願望，卻有百種不同的思慮。天下的事有什麼可憂慮的呢？太陽落下去月亮就會升起來，月亮落下去太陽就會升起來，日月循環往復使大地上擁有光明。冬天走了夏天就會來到，夏天走了冬天就會來到，寒暑交替往來形成年歲。已往的事情，已經屈縮，將來的事情，即將伸展，在屈縮與伸張中懂得因時勢而有所選擇就會得到好處。尺蠖這種小蟲子把身子屈起來，是為了下一步的伸展；龍蛇在冬天蟄伏，是為了保全自身。專心地研究精粹微妙的義理，到達神機妙算的境界，

是為了學以致用。利用易學所顯示的道理，使自己處於平安之中，可以提高自己的道德修養。明白了易理，那麼便可預知未來的事情。懂得易學中變化無窮的原理並加以運用，就是道德的盛大。」

困卦六三的爻辭說：「被困在亂石中間，依靠有刺的蒺藜爬出來，回到家中，看不到妻子，凶險。」孔子說：「在不是自己應該去的地方受困，必然會辱沒自己的名聲。占據不是自己應該占據的地方，身體必然會遭到危險。既辱沒名聲又有危險，死期就要來到，怎麼會見到自己的妻子呢？」

《易經》解卦上六的爻辭說：「王公在高牆上射大鷹，射中了，沒有不利的。」孔子說：「隼是飛禽，弓矢是打獵的武器，能用弓箭射中禽獸的是人。君子將武器帶在身上，等待時機來臨而有所行動，怎麼會有不利呢？行動自如，所以出動就會有收獲，這是告訴人們當自己透過學習已經成器時，才可以有所行動，有所作為。」

等待時機來臨而有所行動

《易經》解卦上六的爻辭說：「王公在高牆上射大鷹，射中了，沒有不利的。」孔子說：「隼是飛禽，弓矢是打獵的武器，能用弓箭射中禽獸的是人。君子將武器帶在身上，等待時機來臨而有所行動，怎麼會有不利呢？行動自如，所以出動就會有收獲，這是告訴人們當自己透過學習已經成器時，才可以有所行動，有所作為。」

孔子說：「小人不蒙受恥辱就不懂得仁愛，不有所畏懼就不會遵從道義，不見到利益就不會努力，不受到威懾就不知懲戒。給予小的懲罰而知道大的戒備，這可以說是小人的福氣。《易經》噬嗑卦初九爻辭上說：『帶上腳鐐，遮住了腳趾，沒有災難。』說的就是這個道理。

人不積善就不會成就美好的名聲，不積惡就不會導致性命不保。小人總是認為小的善行沒有益處而不去做，認為小的惡行不會造成大的傷害而不制止，最終造成罪惡越積越多無法掩飾，罪行越來越大無法解脫。所以《易經》噬嗑卦上九爻辭上說『帶著枷鎖，遮住了耳朵，凶險。』」

孔子說：「心存危難的顧慮，才能平安而不失其位，心存滅亡的顧慮，才能保障長久生存，心存防亂的顧慮，才能進行很好的治理。所以君子居安思危，存而思亡，治而思亂，這樣才能自己平安而國家太平。正如《易經》否卦九五爻辭所說，『要滅亡，要滅亡，繫在大桑樹上（即要常常戒慎警惕）。』」

孔子說：「道德淺薄而身居尊位，才智狹小而圖謀大事，力量小卻擔負重擔，很少有不因此而連累自己的。《易經》鼎卦九四爻辭說：『鼎足折斷，王公的粥灑了一地，顯得又髒又亂，凶險。』這就是說不能勝任的危險啊！」

孔子說：「能預先知道事情的幾微，應該是神算吧！君子與比自己地位高的人交往不諂媚奉承，與比自己地位低的人交往不褻瀆傲慢，可以算作是知道幾微了吧。幾是事情變化的細微，吉是先見之明。君子能把握時機的來臨而興起，不整天享樂。《易經》豫卦六二爻辭說，『正直如磐石，不整天享樂，堅守正道吉祥。』像磐石一樣，怎麼會整天享樂呢？肯定會有獨到的見識。君子從細小的地方能發現大問題，懂得剛柔之道，就會成為萬民景仰的對象。」

孔子說：「顏家的這位子弟（即顏回），應該算是一位知幾通達的君子了吧？有過失自己很快就能發現，發現錯了以後絕不再犯第二次。這正如《易經》復卦初九爻辭所說，『沒走多遠就返回，沒有大的悔恨，大吉。』」

天地陰陽二氣的纏綿交合，使萬物得以化育。世上的雌雄男女，形體交接，使萬物化生。《易經》損卦六三的爻辭說：「三人同行就會減少一人，一人獨行，則會認識新的朋友。」說的便是陰陽相合——對應，具有排他性。

孔子說：「君子謀劃好自身的安全後才會有所行動，先進行換位思考後才會與別人進行語言交流，先與對方交往認為對方可信才求對方辦事。君子有了這三項基本修養，才能與人和睦相處，無所偏失。對自身有危險的舉動，人們不會跟著去做；帶有恐嚇性的言語，人們不會有所響應；沒有交往過就讓人辦事，人們不會答應的；沒有幫助你的人，傷害你的人就會來到。所以《易經》益卦上九爻辭說，『沒有人增益它，有的人打擊它，樹立決心不夠堅定，凶險。』」

天下何思何慮

《易》曰：「憧憧往來，朋從爾思。」子曰：「天下何思何慮？天下同歸而殊途，一致而百慮，天下何思何慮？日往則月來，月往則日來，日月相推而明生焉。寒往則暑來，暑往則寒來，寒暑相推而歲成焉。往者屈也，來者信也，屈信相感而利生焉。尺蠖之屈，以求信也。龍蛇之蟄，以存身也。精義入神，以致用也。利用安身，以崇德也。過此以往，未之或知也。窮神知化，德之盛也。」

「憧憧往來，朋從爾思」是《易經》咸卦九四爻爻辭，意思是心神不定地來來往往，眾多朋友都與你的想法一樣。

咸卦上卦為兌，為少女；下卦為艮，為少男，有少男少女相互感應的涵義；而卦中三個陽爻與三個陰爻也互相感應相合，即初六與九四相感合，六二與九五相感合，九三與上六相感合。這種感應相合的狀態，蘊含著重要意義，即：「有天地然後有萬物，有萬物然後有男女，有男女然後有夫婦，有夫婦然後有父子，有父子然

後有君臣,有君臣然後有上下,有上下然後禮義有所錯。」所以,咸卦因有如此重要的意義而排列於《周易‧下經》之首。

占卜得到咸卦九四爻,則說明這個人心事重重而陷於左右為難的狀態,所以爻辭的忠告是「貞吉悔亡,憧憧往來,朋從爾思」。意思是告誡占卜的人要堅守正道才會吉祥而沒有悔恨的事情,並讓占卜者明白身邊的眾多朋友雖然階層不同、生活方式不同,但都與占卜者的想法一致:都為了更好地生存而選擇自己的生活方式。從卦象上看,九四爻的「朋友」就是其上面和下面的兩個陽爻,因同性相排斥,所以九四爻生活得很不快樂。是繼續頂風冒險地居於高位,還是與初六爻感合而歸隱?這就是九四爻重重思慮的根源。

處於這種境況該怎麼辦?南懷瑾老師在《易經繫傳別講》中引古人語指出了方向:「事到萬難須放膽,宜於兩可莫粗心。」這兩句話其實說古不古,正是清末民初的人們所推崇的生存原則。什麼是「人到萬難須放膽」呢?這是說,你的人生沒有一點活路可走的時候,就該放開膽子了。什麼是「宜於兩可莫粗心」呢?則是說,當有兩件好事讓你選擇的時候,可要謹慎小心地選擇。魚與熊掌,你要哪個?看似都不錯,而實際上只有一個更適合你。

那麼,孔子是如何解釋咸卦九四爻辭的呢?孔子說「天下的事有什麼可憂慮的呢?天下的人們都在朝同一個目標邁進,只是所走的途徑不同。都有一個美好的願望,卻有百種不同的思慮。天下的事有什麼可憂慮的呢?太陽落下去月亮就會升起來,月亮落下去太陽就會升起來,日月循環往復使大地上擁有光明。冬天走了夏天就會來到,夏天走了冬天就會來到,寒暑交替往來形成年歲。已往的事情,已經屈縮,將來的事情,即將伸展,在屈縮與伸張中懂得因時勢而有所選擇就會得到好處。尺蠖這種小蟲子把身子屈起來,是為了下一步的伸展;龍蛇在冬天蟄伏,是為了保全自身。專精地研究精粹微妙的義理,到達神機妙算的境界,是為了學以致用。利用易學所顯示的道理,使自己處於平安之中,可以提高自己的道德修養。明白了易理,那麼便可預知未來的事情。懂得易學中變化無窮的原理並加以運用,就是道德的盛大。」

首先,孔子回答了天下人所思慮的是什麼。「天下何思何慮?天下同歸而殊途,一致而百慮」這是告訴我們,天下人雖然各有各的思慮,家家有本難念的經,但其思慮最終目的都是相同的:就是生活得更好一點。

接下來,孔子再次發出感嘆:「天下何思何慮?」則是強調:天下人何必這樣整天思慮無窮呢?孔子晚年發出的這種感慨,可以說是道地的道家出世思想。因為道家講究清靜無為,反對百般思慮營生。接著孔子以日月、寒暑、尺蠖、龍蛇四個比喻,來說明人生進退屈伸之理,以證明人生並不需要過多的處心積慮。

太陽升起,月亮就該落下;月亮升起,太陽就得落下。人生也是這樣,不會永

人是靠思想才能活著

「憧憧往來，朋從爾思」是咸卦九四爻的爻辭，意思是心思不定地走來走去，只有少數的朋友順從你的想法。人是靠思想才能活著，凡是活人就有思想，為什麼人的思想「憧憧往來，朋從爾思」呢？這是因為思想專一了、寧靜了，這是東方哲學修養的境界。

- 這種修養的方法，是儒家、道家、佛家所走的路子，都保存在東方的哲學裡，也只有東方的宗教哲學，才有思想專一的修養功夫。

- 但思想是空的，沒有一個思想是真實的。人的思想都是妄想。思想是不會停留的，但那個能夠思想的，是不屬於思想的，我們能思想的那個東西，它是無思無想的。

- 這個能思想的雖然是空的，但判斷事物卻是靠你的思想得來，「天下同歸而殊途」道路不同，但其理只有一個，沒有兩個。

所以想要統一天下人的思想，這種想法是錯誤的，因為那是沒有思想的思想，有思想是人為的變化，而人的思想是多途的無法統一。

遠停留在「如日中天」的狀態。所以，看清時勢，該退則退，該進則進，該屈則屈，該伸則伸，並不需要整日憂心忡忡地過日子。因此，人們要明白「日往則月來，月往則日來，日月相推而明生焉」的道理。每天看到太陽或月亮，就要想到這個道理。

　　一年有四季，不會永遠是冬天，也不會永遠是夏天，因為地球不會靜止在黃道上不再公轉。而我們的人生，也同樣四季分明，而不會總處於一個狀態。日月往來，寒暑往來，即相當於咸卦九四爻「憧憧往來」的「往來」。往，就是勢衰而退，就是忍隱不動，委曲求全；來，就是勢壯而進，就是隨時而動，大展宏圖。所以說，往，就是屈；來，就是伸。所以孔子接著以尺蠖的行走與龍蛇的蟄伏來說明屈伸之理。尺蠖也叫造橋蟲，也就是毛毛蟲一類的動物。這種蟲子爬行時，先是把身體蜷縮起來，形成一個小橋的形狀，然後尾部固定不動，身體依次向前延伸，當身體伸直了的時候，小蟲子便前進了一大步。如此不斷重複，小蟲子便可以不斷向前爬行了。這種爬行，其實也是天下萬物陰陽相推的一種表現形式。而龍蛇一類的動物，則在天冷時自動轉入冬眠狀態，當天氣轉暖後再復甦。龍蛇這類動物冬眠與復甦的循環過程，也是天下萬物陰陽相推的一種表現形式。所以懂得陰陽相推，循環往復，無窮無盡的道理，便不會為人生的不同境地憂心忡忡了。因為人生的退與屈，便是為了進與伸；人生的進與伸，皆要返還到退與屈，大可不必因寵辱而大驚大懼。人生就是「上臺終有下臺時」，完全不必陷入「上臺容易下臺難」的煩惱中。

　　「精義入神，以致用也」則是告訴我們，精通易理達到出神入化的地步，便是為了學以致用。也就是說，既然我們懂得陰陽相推之理，那麼便可以把這種學問應用到自己的生活中，做到身心安靜，寵辱不驚了。而將易理應用於生活中，使自己處處安穩，這就是道德修養已提高到一定的境界，所以說「利用安身，以崇德也」。

　　「過此以往，未之或知也。」一般易學將此句理解為「超過這些易理所顯示的事情即使是聖人也不會知道的，也沒有必要知道」。其實「過此以往」，就是「從此往後」的意思，指的便是未來。「未之」就是未來的事情。「未之或知之」就是「未來的某些事也可以知道」的意思。學會易學，都可以推測出

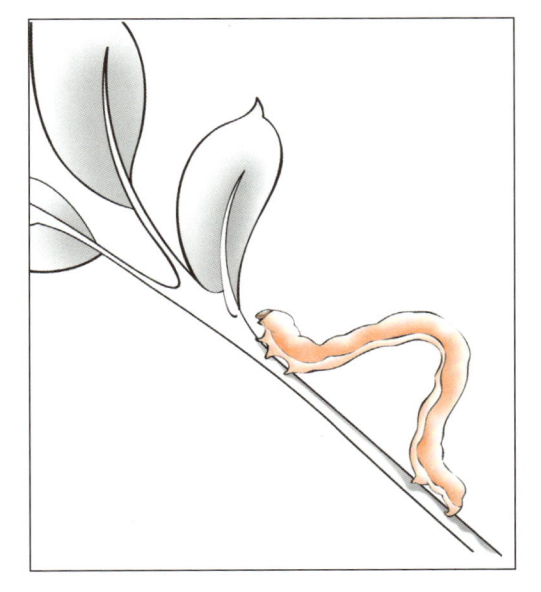

尺蠖之屈，以求信也

　　《易經》告訴我們天地是這個樣子，物理也是這個樣子，可是，這中間要能夠把握住這個機會的運用，就靠你的智慧了。

未來的事情；而懂得陰陽相推之理，則不用占卜也可知道未來的結果，這就是「過此以往，未之或知也」。所以《繫辭傳》的作者接下來說「窮神知化，德之盛也」，意思是透過易理洞曉各種神奇的變化之理，這就是最盛大的道德。此處的「道德」，即《老子》中的「道德」，即真正的「知道」與「得道」。德，就是得道。

困於石，據於蒺藜

《易》曰：「困於石，據於蒺藜，入於其宮，不見其妻，凶。」子曰：「非所困而困焉，名必辱。非所據而據焉，身必危。既辱且危，死期將至，妻其可得見邪？」

「困於石，據於蒺藜，入於其宮，不見其妻，凶」是困卦六三爻的爻辭，意思是說：「被困在亂石中間，依靠有刺的蒺藜爬出來，回到家中，看不到妻子，凶險。」

困卦上卦為兌，為澤；下卦為坎，為水。舉個例子來說，就是在太平洋裡弄一個養魚池，外面還是有水包圍著，這就是困。澤就是水池，水池在大水的中間，這樣子就叫困。意思是外面的力量太大了，裡面是小水，外面是大水重重包圍著，將小水困在其中。

一般而言，占卜得到這個爻，可是很糟糕的。這個人不但生意失敗，又犯了法，只有逃了。可是能逃到哪裡？他逃到荒郊野外的亂石堆裡，結果地上長的都是蒺藜，蒺藜籽上有刺，使他每走一步都要飽受針刺之苦。偷偷回到家裡，卻發現家裡的老婆早就不在了。這確實是一幅很悲慘的畫面，當年四面楚歌的項羽，就處在這種境地。

當年楚軍被漢軍圍困於垓下，人少食盡。漢軍四面唱起楚歌，項羽與虞姬對飲，慷慨悲歌。項羽唱了著名的《垓下歌》：「力拔山兮氣蓋世，時不利兮騅不逝。騅不逝兮可奈何，虞兮虞兮奈若何？」虞姬也以歌相和曰：「漢兵已略地，四面楚歌聲。

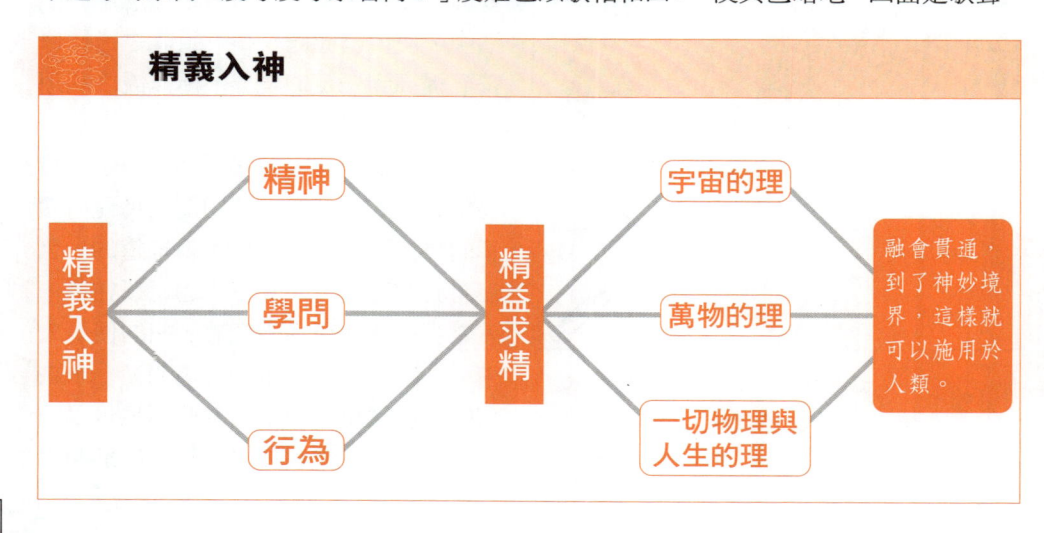

精義入神

精義入神 — 精神 / 學問 / 行為
精益求精 — 宇宙的理 / 萬物的理 / 一切物理與人生的理
融會貫通，到了神妙境界，這樣就可以施用於人類。

大王意氣盡，賤妾何聊生？」四面楚歌中，霸王別姬的慘劇以虞姬拔劍自刎而告終。隨即，項羽與從者八百餘騎突圍，至陰陵迷失道路，復至東城，從者僅剩二十八騎。漢將灌嬰率五千騎追及，項羽引兵東向，至烏江自刎而亡。

項羽陷於四面楚歌的困境而不能自拔，但實際上，項羽本不該受此困境。鴻門宴上，如果項羽聽從范增的計策，殺掉劉邦，怎麼會有垓下之圍？如果項羽處處相信自己的「亞父」范增，不受他人的挑撥離間，只相信自己的親戚，又怎麼會最終烏江自刎？所以，孔子說：「非所困而困焉，名必辱。」項羽的被困而死，實際上就屬於「非所困而困焉」。

孔子前面在解釋咸卦九四爻辭時，說明的是陰陽相推之理，人世屈伸之變。明白這個道理，人生就永遠不會受困。可是，有太多的人往往陷於困境而不能自拔。所以，孔子接下來講述困卦六三爻爻辭，以說明人們為什麼陷於困境。人本不該陷於困境而不能自拔的，但為什麼困卦六三爻卻處於這種境地呢？孔子說「非所困而困焉，名必辱」，意思是說，本不該受困結果受困了，本不該去的地方結果去了而受困，那必然會辱沒自己的名聲。比如項羽，本不該受垓下之圍，完全可以打敗劉邦的，可是由於做了不該做的事情，導致自己最終受困而死，並且有辱自己的英名；即使兵敗垓下，項羽也可以從烏江乘船逃回江東以待東山再起，可是項羽卻拔劍自殺了，這更是不明陰陽相推之理，不懂屈伸之變的結果。

有些人「非所困而困焉，名必辱」，必受侮辱。你要突破這個困難，不是沒辦法，是要用你的智慧。比如三國中的劉備，在這方面就很有智慧。他在自己勢單立孤的時候，便處處投靠別人。後來他投靠到了曹操那裡，並處處隱藏自己的雄心。一次，曹操請劉備一起煮酒談心，暢談天下誰是英雄。曹操說：「天下之中，只有咱們兩個人才是真英雄！」劉備聽了，嚇得把筷子都掉到地上了。這情形被曹操看到，剛好碰到打雷。劉備說：「我膽子小，怕打雷，一聲大雷把筷子都嚇掉了。」這幾句話騙了曹操。曹操認為劉備膽小，不能成大事，就把他放了。身在曹營的劉備，就這樣略施小計，化解了自己的受困之局。

「非所據而據焉，身必危」是說，占據不是自己應該占據的地方，身體必然會遭到危險。比如六三爻這個人，本應當站到安全的平地上，而他卻站到亂石堆裡的蒺藜中間，怎麼能站得穩呢？又怎麼能不被困呢？而聰明人，做事時往往不會讓自己陷於這種被動。例如：當年劉邦攻打下秦朝首都咸陽後，雖然按照先前與項羽的約定，誰先打下咸陽誰就可以為漢王，但劉邦並沒有那麼做。而是把咸陽宮中的財物全部留給項羽。結果項羽對劉邦失去戒心，最終為其所滅。

所以，孔子最後總結說：「既辱且危，死期將至，妻其可得見邪？」意思是說六三爻這個人，既辱沒名聲又身陷險境，死期就要來到，怎麼會見到自己的妻子呢？也就是說，六三爻被困的結果，必然是死路一條，並且連他的妻子都能看出來。這

困於石，據於蒺藜

前進時被石頭絆倒，攀登時遭蒺藜刺傷。退居自家卻看不到妻子，會陷入凶險。

是告誡我們，人不知陰陽相推之理而化解困境，最終只會死路一條。

那麼，身陷於困境，該如何化解呢？孔子在下一小節以解析說卦上六爻辭的形式，給予回答。

公用射隼，於高墉之上

《易》曰：「公用射隼，於高墉之上，獲之無不利。」子曰：「隼者禽也。弓矢者器也。射之者，人也。君子藏器於身，待時而動，何不利之有？動而不括，是以出而有獲。語成器而動者也。」

「公用射隼，於高墉之上，獲之無不利」是《易經》解卦上六爻的爻辭，意思是：「王公在高牆上射大鷹，射中了，沒有不利的。」解卦上雷下水，是打雷下雨，化解了天上的烏雲的意思。而解卦的上六爻，正是化解的最高級形式。如果占卜得到這一爻，則一般來說是很吉利的。因為射中了大鷹，狩獵有收獲，怎麼會不利呢？

孔子是怎樣來解釋的呢？孔子說：「隼者，禽也；弓矢者，器也；射之者，人也。君子藏器於身，待時而動，何不利之有？」飛禽之大鷹，其實就相當於人生的機會。人生的各種機會，就像天上的飛禽一樣會瞬間飛走，不再屬於我們。怎麼樣才能在機會出現時，就一把抓住它呢？就要有工具。這個工具，在解卦上六爻中是一把弓箭，而在我們人生，則是知識、能力、人際關係及其他基礎條件。如某公司在招聘一個你很喜歡的職位，那麼你的知識、能力就是這把弓箭；如果你帶兵打仗，那麼你的知識、能力，與你部下的知識能力及士兵的整體素質與凝聚力等，都是這把弓箭。

總之，只有這把「弓箭」時刻帶在身邊，才能做到老鷹出現在天空時，一箭把牠射下來。所以想要能夠把隨時出現的老鷹射下來，關鍵是在射鷹的人。也就是說，這個射鷹的人要時刻把弓箭帶在身邊，並且擁有很好的射箭技術，這樣才能隨時射下天空出現的飛禽。意思也就是說「機會永遠只屬於有準備的人」，按孔子的話說，則是「君子藏器於身，待時而動」，所以才會抓住每一次機會。君子退與屈時，則藏器於身，暗中積蓄，等待時機，做「勿用」的潛龍；進與伸時，則要亮劍而出，運籌帷幄，借勢興業，做「逢時」之利器。

比如董仲舒便是一位懂得進退之道的人。董仲舒出生於西元前179年，正是文帝剛執政的時候。他經歷了文景之治的繁榮盛世，可是他無心於繁華享樂，一直潛心研究學問。《史記》、《漢書》中說他專心學業，「蓋三年不窺園，其精如此」。王充《論衡‧儒增》也載：「儒書言董仲舒讀《春秋》，專精一思，

公用射隼，於高墉之上，獲之無不利

這是《易經》解卦上六爻的爻辭，意思是說王公在高牆上射大鷹，射中了，沒有不利的。飛禽之大鷹，其實就相當於人生的機會。怎麼樣才能在機會出現時，就一把抓住它呢？就要有工具。這個工具，在解卦上六爻中是一把弓箭，而在我們人生，則是知識、能力、人際關係及其他基礎條件。

志不在他，三年不窺園菜。」桓譚《新論‧本造》甚至說：「董仲舒專精述古，年至六十餘，不窺園中菜。」西漢當時六畜興旺，馬牛繁息，「眾庶街巷有馬，阡陌之間成群」，人們乘馬也非常講究，乘母馬者被人輕視。但董仲舒對此並不在意，「嘗乘馬不覺牝牡，志在經傳也。」他沉迷於書海中，簡直到了如痴如狂的地步！他不單鑽研儒家經典，還精讀其他諸子百家，並從中尋求治國之道。董仲舒的學說以儒家宗法思想為中心，將周代以來的宗教天道觀和陰陽、五行學說結合起來，吸收法家、道家、陰陽家思想，將神權、君權、父權、夫權貫串為一，建立了一個新的思想體系，成為漢代的官方統治哲學，對當時社會所提出的一系列哲學、政治、社會、歷史問題，給予較有系統的回答。當漢武帝令各郡國「舉孝廉，策賢良」時，董仲舒以「天人三策」獨占鰲頭而受到漢武帝的賞識。

再如成就貞觀之治的唐太宗李世民，就是一位藏器於身的人。唐太宗樣樣都行，談書法，唐太宗書法好；論武功，唐太宗武功好；論詩，唐太宗詩也比別人高明。

那真是天才兒童，樣樣都好。因為唐太宗行，才有那麼高明的部下，才有了賢明的政策，最終才有了初唐的盛世。

如果你沒有這個器，那就最好退隱一旁做潛龍吧。有一首唐詩說：「澤國江山入戰圖，生民何計樂樵蘇。勸君莫話封侯印，一將成名萬骨枯。」想想一個人就是成功了，那麼這個成功的金字塔也是由千千萬萬具骷髏疊成的，所以如果不是成器之材，那還是算了。何必要成為金字塔下的一具骷髏呢？

做生意也是這個道理。你在股票市場賺了一千萬，但你知道多少家都在哭呀！那也是一將成名萬骨枯啊！所以古人說「一家飽暖千家怨，半世功名百世愆」。一家人吃飽了肚子，多少家的人都在仇視你、忌恨你。你在股票市場賺了一億，說不定有人就因為賠錢，支票不能兌現了。這是個哲學問題，所以一家飽暖，一家發財，就有千百家破財。你一家吃得特別好，別人會妒忌。而半輩子的功名富貴，同樣是要與百世的罪過畫上等號。雖然這些都是消極的人生哲學，但大家在進退之間，卻不能忘記這個道理。失意時莫恨得意人，得意也須想到失意人，這就是持盈保泰的道理。

「動而不括，是以出而有獲」的「括」字，從字形來看，是用手把舌頭捂住，就好比一個人叫你不要說話時，用手把你的嘴捂住，所以「括」是阻塞不通的意思。「動而不括」則是你可以隨便說隨便動了，沒有任何阻塞不通的事件發生。也就是說「萬類霜天競自由」的時代來臨了，你有什麼本事可以儘管使出來了。如果你是有真本事的「藏器於身」的人，那麼你肯定「出而有獲」，就會像王公在高牆上射大鷹一樣了。

「語成器而動者也」則是對解卦上六爻辭的最終總結，意思是說爻辭是在告訴我們，要成器之後才可行動的道理。「成器」這個詞，我們今天還在使用。比如某個孩子不好好讀書，家長就會說這個孩子「不成器」；對於沒有本事、沒出息的人，人們也會稱其為「不成器」。還有成語「大器晚成」等，都是源於《繫辭傳》中孔子說的這句話。成器，是指時刻藏器於身的人，也就是真正有本事的人，所以儒家「學而優則

董仲舒像

董仲舒是中國古代的大思想家，同時也是漢代易學大成就者，他把《易經》的能量充分地釋放出來，使儒家的地位得到極大的鞏固。

仕」時，便屬於「成器」。朱元璋討飯為生卻磨練出一身大智大勇並結交了一幫好哥們，這也算是「藏器於身」的人，機會只屬於有準備的人，所以後來成了大明帝國的開國皇帝。據說，當年初登龍椅的朱元璋下朝回宮，大腿一蹺，跟馬皇后說：「當年當和尚，討飯都討不到，幾乎快自殺，想不到今天會當皇帝。」正所謂時勢造英雄，如果朱元璋不是「藏器於身」的人，又怎麼能從討飯的變成開國皇帝呢？

小人不恥不仁

子曰：「小人不恥不仁，不畏不義，不見利不勸，不威不懲。小懲而大誡，此小人之福也。《易》曰：『履校滅趾無咎，此之謂也』。」

小人是什麼樣子？恐怕沒有比孔子了解得更清楚的了。孔子說：「小人不恥不仁，不畏不義，不見利不勸，不威不懲。」這句話，並不是說小人不知羞恥不講仁慈，無畏懼而不講義氣，見利忘義，一點也不威武。而是說：「小人不蒙受恥辱就不懂得仁愛，不有所畏懼就不會遵從道義，不見到利益就不會努力，不受到威懾就不知懲戒。」孔子所說的小人，就是民眾；孔子在這裡講的，便是君王執政的管理之道。

如今，「小人」一詞是個貶義詞，指人格卑下的人。而在《易經》中，小人與君子皆為中性詞，是陰與陽的關係，是被統治者與統治者的關係，是臣民與君王的關係。在上古母系時代，部落領袖並非是靠武力得到統治權的，而是靠知識與技能。在知識與技能上，部落領袖就如同經驗豐富的家長，民眾則如同無知的小孩子。所以，部落領袖為大人，部落聯盟領袖為君子，最傑出的部落聯盟領袖為聖人；而被統治的民眾，皆為小人。如果準確定義小人與君子的區別，關鍵在是否「知道」、「得道」：能夠以君子之道治國的君王，才是真君子，否則即使有君王之位，也屬於小人。這個「道」，就是古天文學的天道，也就是源於古天文學的易理。

君子執政中如何治理天下臣民呢？孔子一共總結出四點。

其一便是「小人不恥不仁」，所以要讓小人懂得什麼是羞恥，從而使小人學會仁慈。比如，京劇《蘆花記》中，閔子騫的後母起初就是一個「不恥不仁」的小人。閔子騫是孔子的弟子，他非常孝敬父母，由於他的母親很早就去世了。他的父親閔員外便娶了李氏為妻，又生了兩個兒子。閔子騫上事父母，下順兄弟，使一家人相處得很和睦。而繼母卻只疼愛自己所生的兩個孩子。冬天，她以好棉花為自己的孩子做棉衣，給自己和閔員外用普通棉花做棉衣，而給閔子騫做的棉衣，卻是用不能禦寒的蘆花。這天，閔員外帶兒子去友人家赴宴，見子騫衣服甚厚卻畏冷，便用鞭子責打他。結果棉衣被打破而飛出了蘆花。閔員外這才恍然大悟，一怒之下便寫了休書要將妻子休掉。李氏擔心自己的親生骨肉日後也會受到繼母的虐待，不禁淚流滿面遲遲不忍離去。閔子騫此時在一旁苦苦勸說父親，請求父親不要把繼母趕走，最終以「母在一子寒，母去三子單」的道理把父親說動了心而收回休書。經此番羞

辱的李氏對閔子騫滿懷感激，並且終於悔悟，從此視子騫如己出，一家人開始真正和睦過日子。

李氏起初的做法，並非是出於人格卑劣與醜惡，只不過屬於普通人（小人）的正常心理。因蒙受休書之恥而改之，便說明了「小人不恥不仁」這一道理。在現代生活中，一些出生在偏遠山區的孩子初次來到城市生活時，也往往會有不講禮貌、沒大沒小和自私自利等毛病，因此而碰了釘子或被訓斥後，就會改掉這些壞毛病，很快與文明禮貌的城市生活相融合，這其實也是「小人不恥不仁」表現。

「小人不恥不仁」的現象，不單出現於下層百姓，有諸多君王也屬於這種情況。比如春秋時期的越王勾踐，為免遭滅國之災，不得不帶著妻子到吳國做人質，受盡吳王夫差的百般凌辱。經此磨礪，回國後的勾踐臥薪嘗膽，發憤圖強，並且懂得更加關愛百姓，經過「十年生聚，十年教訓」，使越之國力漸漸強大起來，最終乘機滅掉吳國。越王倘若不是身受吳王的百般凌辱，又如何能激發出善待百姓的仁慈呢？可見勾踐也是一位小人。

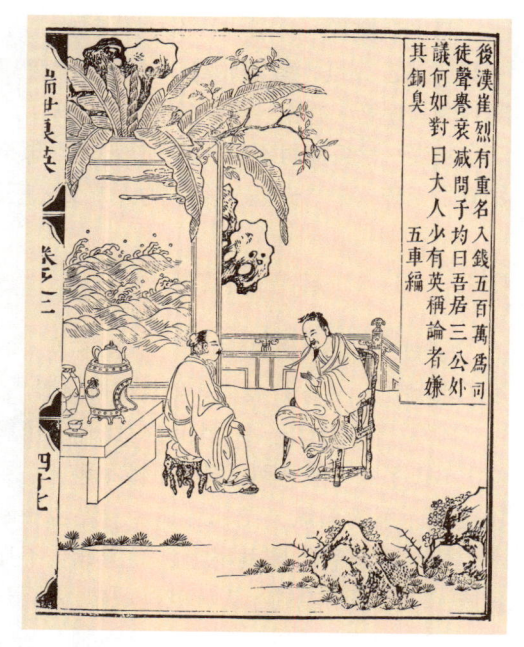

二儒生

明代繡像畫

就理論淵源而言，董仲舒的儒學，已融會先秦諸子的思想，如《易經》陰陽學、黃老刑名學、墨家思想、荀孟思想等學派。所以後世的儒家弟子大多附帶精通測字、卜卦等易學小術。

因此可以說，除了聖人之外，幾乎人人都是「不恥不仁」的小人。因此，統治階級管理臣民時，往往將增強臣民的榮辱觀放到首位。如古代統治階級強調的三綱五常，舉孝廉、策賢良，立貞節牌坊，為忠烈人士立碑立傳等，都是一種樹立臣民榮辱觀的手段。如今，社會上提倡的五講四美三熱愛、八榮八恥以及將「德」放到「德、智、體全面發展」的首位，都是為了提高人們的榮辱觀。任何社會，如果民眾已經恬不知恥，那麼這個國家就沒法治理了，很快便會倒臺。如果一個國家的民眾既不以忠君愛國為榮，也不以叛國投降為恥；既不以勤勞致富為榮，也不以明搶暗奪為恥；既不以遵守法律為榮，也不以殺人越貨為恥；既不以道德高尚為榮，也不以道德敗壞為恥……那麼，這個國家如何治理？這完全就是一個你爭我搶的戰國狀態！

君子為陽小人為陰

陰陽是《易經》的總體哲學思想，也是中國古代哲學的重要思想之一。如今，「小人」一詞是個貶義詞，指人格卑下的人。而在《易經》中，小人與君子皆為中性詞，是陰與陽的關係，是被統治者與統治者的關係，是臣民與君王的關係。

所以，孔子總結出的四條管理手段中，將讓小人懂得廉恥放於首位，因為「小人不恥不仁」。怎樣讓小人懂得廉恥呢？其一，便是加強思想教育；其二，則是當小人做出不仁之舉時，要給予一定的羞辱，在羞恥心的驅動下改正缺點。這正如南懷瑾所說：「『小人』是普通一般人，「恥」就是難堪，如果他沒有碰到釘子，你沒有給他難堪，他很難發現自己的缺點，也很難改正自己的過錯。你給他難堪，羞辱他或者使他見不得人，他才能夠改得過來。」

《中庸》中說：「知恥近乎勇。」可見當人有了強烈的廉恥心之後，才會變得勇敢，才會為捍衛榮譽而不惜丟掉性命。智、仁、勇，是歷來儒家完美道德的三個不可分割的部分。如果能讓臣民「知恥近乎勇」，那麼就算道德教育達到一定境界。

孔子提出的第二個管理手段是，小人「不畏不義」，所以要讓小人有所畏懼。對於普通民眾，光靠思想教育是遠遠不夠的。這就好比教育小孩子一樣，天天苦口婆心地說，但他就是聽不進去，只有加入一定的體罰讓其產生畏懼心理，才能進行有效的教育。再如大秦帝國建國後，為什麼要以法家思想來治國呢？因為經歷戰國的亂世以後，人們對什麼道德仁義已經聽不進去了，所以治亂世必須以重法，只能以法家治國。其實不單小人要有所畏懼，君子也要有所畏懼。孔子在《論語》中也提到君子有三畏：「畏天命、畏大人、畏聖人之言。」人要有個可怕的東西在心裡，在背後，才可以使他上進向善。宗教也是這個作用。有個上帝，有個菩薩管著你，你就會乖一點。如果沒有所畏，永遠不會做好人，不會做好事。所以如要一般普通人做好事，一定要有個促使他向善的力量在後面才可以。相對當前企業「胡蘿蔔與棍子」的管理方式而言，即是「棍子」絕對不能少。

孔子提出的第三個管理手段是，小人「不見利不勸」，所以要對小人誘之以利

益。這手段就相當於「胡蘿蔔與棍子」中的「胡蘿蔔」。勸，就是勸勉、勉勵的意思。在這方面，當年商鞅立木建信的做法值得我們學習。在秦孝公的支持下，商鞅變法的條令已經準備就緒，但為了讓天下百姓遵守他的新條令，他在公布新法之前，便先做了一件「立木取信」的事情。他在秦朝國都集市的南門豎起一根三丈高的木頭，木頭旁貼上告示：誰把這木頭搬到集市北門，賞銀十兩。因為這是一件極其簡單的事情，所以百姓都不相信，沒人過來搬這根木頭。於是，商鞅又換了一張告示：誰把這木頭搬到集市北門，賞銀五十兩。這時，有個人將信將疑地把木頭搬到北門，果然得到商鞅賞給他的五十兩銀子。集市的人們知道這件事，都認為商鞅是個說到做到的人。並且這件事一傳十，十傳百，全國都知道商鞅說話算數。這時候，商鞅才把新法的條文公布出來，由於得到天下百姓的支持，商鞅的變法終於獲得了成功。這個故事告訴我們，只有讓他人真正得到利益，才會使自己的言論更有威信。君王在管理臣民時，只有真正讓百姓得到真正的實惠，才能得到百姓的擁護。

孔子提出的第四個管理手段是，小人「不威不懲」，所以懲戒小人要有足夠的威懾力。小人往往欺軟怕硬，所以管理者如果態度不強硬，沒有威懾力，對小人是達不到懲戒的效果的。這就好比當大人訓斥、懲戒孩子的時候，如果嬉皮笑臉、心慈手軟，那麼根本就發揮不了任何效果。如果一位國君在懲戒小人時，不拿出威嚴來，而是優柔寡斷、唯唯諾諾、膽小怕事，那麼不但懲戒不了小人，還會反遭小人的欺負。企業管理，也是這個道理。所以，作為一名出色的管理者，要做到溫暖時如春風和面，威嚴時如秋風帶霜。要做到「知恥近乎勇」，要把失去威嚴視為恥辱，要為保持威嚴不惜失掉性命，這才是合格的領袖。

立木取信

商鞅在秦國首次變法之時，擔心百姓不相信自己，於是就在國都集市的南門豎起一根三丈高的木頭，詔令能把木頭搬到北門者賞十金，百姓對此感到奇怪，不敢去搬。後來又改賞五十金，有一個人搬了木頭，得到了五十金。等變法詔令頒布後，果然很快就實行了。

君子管理臣民的最終目的是什麼？孔子說：「小懲而大誡，此小人之福也。」也就是說，君子用上述四種手段管理臣民，其目的是要達到「小懲而大誡」的效果，這正是小人的福分。這就好比教育上，學生有時候被老師打兩下手心，罰個站，打幾下沒有什麼了不起。「小懲而大誡」，受一點小小的懲罰，他一輩子都記得該去做好人。這種懲戒，正是君子之仁政的體現。

　　孔子是根據什麼總結出這些道理來的呢？「《易》曰：『履校滅趾無咎，此之謂也』。」這也是說：「《易經》噬嗑卦初九爻爻辭：『帶上腳鐐，遮住了腳趾，沒有災難。說的就是這個道理』。」可見孔子的這番言論是受噬嗑卦初九爻的啟發。雖然因犯法而帶上了腳鐐，但如果悔改就會保住性命。腳趾受點傷不要緊，這只不過是個有益的教訓，關鍵是要悔改。所以說，君王執政的成功，就在於以小懲而達到大誡的效果；如果把犯人的頭砍下來，犯人也不知悔改，那就是執政的失敗。對於小人，因小懲而得到大誡，就算是最大的福分；如果總是不知悔改，那麼最終只能性命不保。

善不積，不足以成名

　　「善不積，不足以成名；惡不積，不足以滅身。小人以小善為無益，而弗為也。以小惡為無傷，而弗去也。故惡積而不可掩，罪大而不可解。《易》曰：『何校滅耳，凶。』」

　　前面，孔子以噬嗑卦初九爻說明小人「小懲而大誡」的福氣，接下來的這一小節，孔子以噬嗑卦上九爻說明小人不知懲戒必遭滅頂之災的道理。

　　噬嗑卦上九爻的爻辭是：「何校滅耳，凶。」意思是：「帶著枷鎖，遮住了耳朵，凶險。」枷鎖遮住了耳朵，既喻示有殺頭的危險，也喻示這種危險來自於堵住了耳朵而不聽勸誡。

　　噬嗑卦上九爻之所以最終導致滅頂之災，其主要原因便是屢教不改，最終積惡過多而無法得到法律的寬恕。所以孔子解釋這句爻辭時說：「善不積，不足以成名；惡不積，不足以滅身。小人以小善為無益，而弗為也。以小惡為無傷，而弗去也。故惡積而不可掩，罪大而不可解。」意思是：「人不積善，就不會成就美好的名聲；不積惡，就不會導致性命不保。小人總是認為小的善行沒有益處，而不去做；認為小的惡行不會造成大的傷害，而不制止。最終造成罪惡越積越多無法掩飾，罪行越來越大而無法解脫。」

　　《三國演義》中，劉備在白帝城託孤給諸葛亮時，勸告自己的兒子阿斗劉禪說：「莫以善小而不為，莫以惡小而為之。」這句名言，就是從《繫傳》這裡來的。大善，是無數小善積累起來，如果人不去做小的善事，本身就屬於在積惡。例如：見路上有塊石頭或香蕉皮，你馬上順手撿起來放到路邊或垃圾桶，這就是一個小的善

莫以善小而不為，莫以惡小而為之

噬嗑卦上九爻之所以最終導致滅頂之災，其主要原因便是屢教不改，最終積惡過多而無法得到法律的寬恕。因此，莫以善小而不為，莫以惡小而為之。大善，是無數小善而積累起來的，如果人不去做那些小的善事，本身就屬於在積惡。

行。可是你不做這個善行，結果有人踩到石頭或香蕉皮，摔倒了，那和你做了一件壞事是沒有區別的。並且還認為做些小偷小摸的事不算是大惡，出了事也就罰款而不會坐牢。如果你經常這樣，你心中的善念就會泯滅，惡念就會不斷增長，最終，你會做出驚天動地的大惡事來。我們在形容大惡人時，總是要說「惡貫滿盈」、「罄竹難書」，意思是這個人的罪惡，就像串起來的一滿貫銅錢，達到了極點；把他的罪惡刻寫在竹子，那麼天下的竹子都不夠用。人怎麼會有這麼多罪惡？就是不斷積累的結果。

所以說「善不積，不足以成名；惡不積，不足以滅身」，這積善與積惡之間，也存在因果報應。因果報應，並非只有佛家才有，我們的老祖宗其實早已發現了這一規律。在南懷瑾老師《易經繫傳別講》中，對此有段很精彩的論述，他說：「其實中國文化從我們老祖宗開始，第一就是講因果報應。……清朝孤兒寡婦帶四萬人入關，統治了四萬萬人的中國，結束的時候，也是孤兒寡婦挾一個小包袱回去了。朱元璋是當和尚的，結果當了皇帝，最後明朝結束了，連個女兒也出家當尼姑。當他去世以後，孫子也被逼著去當和尚，可見他是欠了和尚的，子孫還當和尚尼姑去還。天地間的事，怎麼來就怎麼去。這是歷史上的一個定律。趙匡胤這個皇帝，不算壞，很淳厚，冥冥中也給他留了一個後代。傳說元朝最後一個皇帝，不是蒙古人，而是趙匡胤的子孫，這也是因果報應。元朝的末代皇帝反而是中國人，它的出處在哪裡？有一本書叫《庚申外史》，記載元朝本身就是漢人，而且是趙家的後代。所以明朝的大元帥徐達把蒙古人趕出北京後，便不再向前打了。……當初趙匡胤不太

做人隨時在戒慎恐懼中

「百物不廢,懼以終始」,是《易經》最後所得的結論。所謂「百物不廢」,就是一切萬物之間互相都有一種關係存在。但人與天地萬物之間時時都要謹慎小心,這就叫做戒慎恐懼,做人要隨時在戒慎恐懼中。

戒、慎、恐、懼,並不是要我們終日生活在恐怖害怕中。如果那樣,日子便過不下去了。事實上,也不需要這樣。自己心中寂然不動,永遠是太平的,這才是《易經》要求我們的道理。

易者使傾

危者使平

「危者使平,易者使傾」使不平的能夠平,使要倒的國家社會不要倒。這個中間的道理、學問、方法,太太多了,這也是《易經》所要發揮的作用。

這就要處處做到沒有毛病,能夠做到沒有毛病,是「無咎」,這是《易經》裡最主要的道。

第三章 《繫辭傳・下篇》的智慧

309

欺侮周家孤兒寡婦，所以也就保全了他的後代。這是歷史的因果，尤其是中國的歷史，幾乎都是因果，誰也無法改變。」

為什麼會有這個因果報應呢？是頭上三尺有神明嗎？這個神明，也可以說有，也可以說沒有。說其沒有，因為我們頭上只有空虛的藍天；說其有，則是因為這個神明就是老百姓心中的那個秤子。老百姓雖然嘴上不說，但對做壞事的人心裡是有著斤兩數字的。日本作家栗良平寫過一部短篇小說，名叫《一碗清湯蕎麥麵》，這是一部任何人讀後都會淚流滿面的作品，這部作品裡面就可以告訴你什麼是真正的因果報應，什麼是頭上三尺的那個神明。

這篇小說透過母子三人在困難的處境中堅強奮鬥、互相激勵的故事，動人地表現了團結、向上、不屈的主題。其最感人之處，並非是母子三人在大年夜只能吃一碗麵的拮据；也並非是十四年後的大年夜，母子三人終於擺脫困境，可以風風光光地來吃三碗湯春麵的結局。其最感人之處，是母子三人點一碗麵時，麵館老板「抓了一人半份的麵下了鍋」，並從此給母子三人留了「預約席」的牌子；是後來母子三人點兩碗麵時，老闆卻「把三碗麵的分量放進鍋裡」；是十四年後的大年夜，母子三人終於點三碗麵來吃時，老闆夫婦流下的熱淚和「店裡，突然傳出一陣不約而同的歡呼聲和鼓掌聲！」這眼淚、歡呼聲與鼓掌聲，表達了善良的人們對團結向上、不屈奮鬥者，永遠的期盼、支持、關懷、幫助與祝福！這就是人人頭上三尺的神明，這就是因果報應的秘密。

其亡其亡，繫於苞桑

子曰：「危者，安其位者也；亡者，保其存者也。亂者，有其治者也。是故，君子安而不忘危，存而不忘亡，治而不忘亂；是以身安而國家可保也。《易》曰：『其亡其亡，繫於苞桑。』」

「其亡其亡，繫於苞桑」是《易經》否卦九五爻爻辭，意思是：「要滅亡啊，要滅亡，就像繫在大桑樹上的苞蘿。」苞，也叫苞蘿，也叫鳥蘿，江浙一帶叫鳥蘿。鳥蘿並不是鳥巢，而是一大團的草窠，上面只有一點點小藤吊著，風一吹，搖搖擺擺，非常危險。人類脆弱的生命就像這個草苞子吊在那裡，任何成功的事物也是隨時面臨失敗的危險。

可占卜遇到這一爻，卻很吉利。這是什麼呢？這就是居安思危的道理。正因為每天都擔心滅亡，擔心失敗，所以才會永遠安穩，永遠成功。所以，孔子借否卦九五爻辭，告訴人們居安思危的道理。

孔子說：「危者，安其位者也；亡者，保其存者也。亂者，有其治者也。是故，君子安而不忘危，存而不忘亡，治而不忘亂；是以身安而國家可保也。」意思是說：「心存危難的顧慮，才能平安而不失其位，心存滅亡的顧慮，才能保障長久生存，

心存防亂的顧慮，才能進行很好的治理。所以君子居安思危，存而思亡，治而思亂，這樣才能自己平安而國家太平。」

居安思危，不是孔子獨有的思想，而是古聖人早已有之的言論，因為否卦九五爻體現的便是這種思想，而後世一般將成語「居安思危」出自於《左傳》。《左傳》記載，春秋時期，有一次宋、齊、晉、衛等十二國聯合圍攻鄭國。鄭國忙向晉國求和，晉國表示同意，其餘十一國因為懼怕晉國，也就停止進攻。鄭國為了答謝晉國，贈送給晉國許多兵車、樂器、樂師和歌女。晉悼公十分高興，於是把歌女的一半分贈給他的功臣魏絳。然而，魏絳卻不肯接受，反而引用古書上「居安思危，思則有備，有備無患」的道理，勸晉悼公不要貪圖享樂。

歷史上，唐太宗便是一位懂得居安思危的君王。他開創貞觀之治的盛世局面後，曾對親近的大臣們說：「治國就像治病一樣，即使病好了，也應當休養護理，倘若馬上就放開縱欲，一旦舊病復發，就沒有辦法解救了。現在國家很幸運地得到和平安寧，四方的少數民族都服從，這真是自古以來所罕有的，但是朕一天比一天小心，只害怕這種情況不能維持很久，所以朕很希望多次聽到你們的進諫爭辯。」當時，善於進諫的魏徵很認同唐太宗的說法，他回答說：「國內國外得到治理安寧，臣不認為這是值得喜慶的，只對陛下居安思危感到喜悅。」

可是大清的康乾盛世期間，顯然沒有做到居安思危。居安思危，關鍵是要找出危險的所在。當時大清朝主要的危險，不是漢人的反抗，而是來自海外的歐洲列強。可是大清朝廷卻一直對歐洲列強退縮忍讓，對國內則是瘋狂壓搾。最終不但使中國扣上東亞病夫的帽子，而且末代皇帝為了保住皇位竟然屈膝向日本人稱臣，和明末崇禎以身殉國的骨氣比起來，真是天壤之別。

所以說，身為國君必須懂得「安而不忘危，存而不忘亡，治而不忘亂」的道理，並且要在安穩中找出危險所在，在生存中找出滅亡的隱患，在天下大治中要找出會引起紛亂的根源。正如南懷瑾老師所說：「所以大政治家們就是善於堵老鼠洞的人。老房子，一有老鼠洞就把它堵起來，一部機器一個小螺絲釘掉了，馬上把它補起來，這部機器就不會壞了。不然今天掉一個螺絲釘，明天又掉一個螺絲帽，不用多久，這部機器就報銷了。」

當然，對於我們平常人，懂得居安思危、存不忘亡、得寵思辱、進不忘退的道理，也會使我們的人生受益無窮。

鼎足折斷的凶險

子曰：「德薄而位尊，知小而謀大，力小而任重，鮮不及矣。《易》曰：『鼎折足，覆公餗，其形渥，凶。』言不勝其任也。」

「鼎折足，覆公餗，其形渥，凶。」這是《易經》鼎卦九四爻的爻辭，意思是說，鼎足折斷了，王公的粥灑了一地，顯得又髒又亂，凶險。

為什麼鼎足會折斷呢？孔子說「言不勝其任也」，即是說，這是因為不能勝任而招致的危險啊！鼎足怎麼會折斷了呢？因為這個鼎足不結實，不能承受鼎的重量，於是折斷了。所以，這個折斷的鼎足比喻的，便是那些不能勝任自己職位的人。

孔子說：「德薄而位尊，知小而謀大，力小而任重，鮮不及矣。」意思是說：「道德淺薄而身居尊位，才智狹小而圖謀大事，力量小卻擔負重擔，很少有不因此而連累自己的。」這是從德、智、力三方面來說明不能勝任所帶來的害處。德、智、力，和現代教育的德、智、體有些相似，但這個「德」字，古今意思是不一樣的。

道家及易學中所說的「德」，一般指的便是「得道」，即懂得、掌握古天文學的天道，可以效法之。儒家的「德」比較雜，有時指品德、品行，如《孟子・梁惠王上》：「德何如可以王矣？」《尚書・洪範》：「『六三德，正直、剛克、柔克也。』注：『至德，敏德，孝德也。』」有時指智、仁、勇，如《中庸》：「知、仁、勇，天下之達德也。」《論語・憲問》：「仁者不憂，知者不惑，勇者不懼。」此外，這個「德」還有「忍」的涵義，如《孟子・告子下》：「故天將降大任於斯人也，必先苦其心志，勞其筋骨，餓其體膚，空乏其身，行拂亂其所為，所以動心忍性，增益其所不能。」為什麼儒家對「德」的理解這麼雜？其實，這主要原因便是儒家是從《詩》、《書》、《禮》、《樂》開始的，孔子晚年才學的《易》。中國一切學問本來都是從易學這個主脈上延申下來的，可是不先從易理學起，屬於本末倒置的教學法，難免會因摸不到主脈而出現千頭萬緒的情況。當然，由於孔子教學忠實於先古聖人之言論，所以，孔子所傳下來的知識，與易理並沒有矛盾之處。

如果將「德薄而位尊」的「德」理解為忍，那麼唐代張公百忍的故事就很值得我們學習。唐朝有個張功藝，五代同堂，一百多口人家，鐘鳴鼎食，大鍋菜拿上來，大家添一碗就走，絕不能用小廚房，以示公平。皇帝唐世宗召見他，很感慨地問他，用什麼方法能夠把家

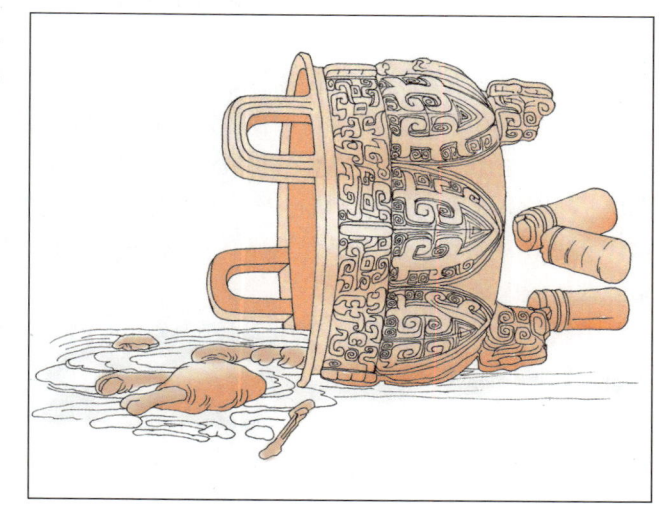

鼎足折斷的凶險

「九四」失正不中，行事不自量力，似鼎器折足，鼎中食物倒出，鼎身沾滿齷齪，凶。

張公百忍

如果將「德薄而位尊」的「德」理解為忍，那麼唐代張公百忍的故事就很值得我們學習。

庭事務處理得這樣好？張功藝寫了一百個忍字，所以後世就叫他「張公百忍」。據說，張公第九十九次忍，是因為家中的子女們成家後，都要分家。張公取出十支箭，一把捆起，叫十個兒子折：「折斷了，就分家；折不斷，就不分家。」十個兒子都來折，沒有一個能折斷。張公解開十支箭，一個人給一支，叫他們折，一下就折斷了。張公說：「這十支箭好比你們十兄弟，在一起力量大，拆開就沒力量了。」可是孩子們不聽張公的話，還是吵吵鬧鬧要分家。張公不再做聲，忍了——任憑子女們隨便分。分家後，張公家裡不再那麼熱鬧了，也不再那麼富有了。可接下來，張公就迎來了第一百次忍。話說，有一年二月花朝，張公為孫子娶媳婦辦喜事，全家人歡天喜地，張燈結彩，熱熱鬧鬧。正當孫子和新娘拜堂入洞房時，突然來了一個道人，他一不吃酒，二不受禮，他要入洞房和新娘子過新婚之夜。這種非禮的要求，全家人都不能接受，張公十分為難，他前思後想，一生中已忍了九十九次，這最後一次難道就不能忍嗎？於是，他勸孫子讓那個道人和新娘子入洞房……那道人一進洞房，一不揭新娘子的蓋頭巾，二不和新娘子上床睡覺。只見他手舞足蹈地唱道：「看得破，忍得過，心胸寬，樂呵呵……」這位道人就這樣唱到雞叫五更天，突然一頭栽倒不見了動靜，其身上還蓋著一條紅綢巾。巾上還有一首詩謎：「神仙戲張公，賞賜一道人。值錢不值錢，全在指一點。」當張公揭去綢巾，手指指向「道人」時，卻發現原來那是一個純金的老道塑像。從此，張公百忍得黃金的故事，便在民間流傳至今。由此可見，身為領導即使做不到百事百忍，那也應該懂得「沉默是金」的道理。

這樣胸中的奇謀偉略才不會被輕易洩漏出去。

自己沒有大智慧，卻總想著做大事業、大投資，這種人就屬於「知小而謀大」，遲早會因此吃大虧。比如當年紙上談兵的趙括，便是因此而身敗名裂。

趙括從小喜歡學習兵法和談論用兵打仗的事，認為天下沒有人能夠抵擋他。每次與父親趙奢談論兵事，趙奢總是被他駁倒。可是趙奢並不認為自己的兒子真的懂得用兵之學。他對妻子說：「戰場上用兵，以命相搏的生死較量，可趙括卻把它說得輕鬆容易。假使趙國不讓趙括做將軍也就算了，如果一定要他擔任將軍，那麼毀掉趙國軍隊的一定是趙括了。」後來趙國與秦國打仗，老將廉頗不能取勝，於是趙王任用趙括為將。結果趙括被秦將白起打敗，使趙國幾十萬兵士遭到活埋。雖然如今有人考證出趙括絕非紙上談兵之人，其與秦軍的戰鬥雖敗猶勝，但《史記》中的這個小故事，還是對我們有著教育意義的。

五斤的東西都拿不動，卻自以為是能舉千斤的大力士，總想拿最沉的東西，這就屬於「力小而任重」。這方面的害處，誰也明白──根本拿不起來，甚至還會傷筋動骨。

總之，此小節孔子主要告誡我們，人要有自知之明，不要從事自己的能力不能勝任的工作與職位。當年袁世凱在這方面做得就比較糟糕。袁世凱為了要當皇帝，便炮製出種種合適的理論與藉口。當時袁世凱的二兒子袁克文不贊成這件事，便寫了一首詩：「乍著吳棉強自勝，古台荒檻一憑陵。波飛太液心無住，雲起魔崖夢欲騰。偶向遠林聞冤笛，獨臨靈室轉明燈。剎憐高處多風雨，莫到瓊樓最上層。」可袁世凱見到兒子的詩，勃然大怒，立即就把他軟禁起來。袁世凱當上大總統後，他的二兒子再次寫詩勸導父親：「小院西風向晚晴，囂囂恩怨未分明。南回孤雁掩寒月，東去驕風動九城。駒隙去留爭一瞬，螢聲吹夢欲三更。山泉繞屋知深淺，微念滄波感不平。」意思就是人要有自知之明，欲望太多，不是好事。結果不聽勸告的袁世凱只當了八十三天皇帝，便下臺了。所以，後人每當稱袁世凱為「袁大頭」時，同時也會想起他有這麼一個好兒子。

白起

白起（？～前258年），戰國時期秦國人，被封為武安君，秦國眉（今陝西眉縣東）人，為戰國四大名將（白起，王翦，廉頗，李牧）中戰功最為卓越者。

君子知微知彰，知柔知剛

子曰：「知幾其神乎？君子上交不諂，下交不瀆，其知幾乎？幾者動之微，吉之先見者也。君子見幾而作，不俟終日。《易》曰：『介于石，不終日，貞吉。』介如石焉，寧用終日，斷可識矣。君子知微知彰，知柔知剛，萬夫之望。」

子曰：「知幾其神乎？君子上交不諂，下交不瀆，其知幾乎？」這是孔子因讀《易經》而引發的一句感嘆，意思是說：「能夠知道『幾』就是達到神的境界了吧？君子與比自己地位高的人交往不諂媚奉承，與比自己地位低的人交往不褻瀆傲慢，可以算作是知道『幾』了吧？」

看來，「幾」是非常神奇的東西。什麼是「幾」呢？孔子接下來解釋說：「幾者動之微，吉之先見者也。」這也就是說，「幾」就是事物運動變化的細微徵兆，是事物向吉方或向凶方發展的依據，可以讓我們準確預知未來。可見，這個「幾」指的便是事物發展過程中出現的微妙動向、趨勢、態勢，當這個動向、趨勢、態勢發展得極其明顯時，那麼便是人人皆可以看到的吉凶結果。這就好比太陽底下有一個草堆，草堆積熱達到一定程度後，就會產生自燃而發生火災。火災出現了，這就是人人皆可以看到的、明顯的吉凶結果；未發生火災之前，草堆在逐漸升溫的變化，便是一種「幾」。再如，一間房的房門打開，門口站一個人，這個人是出門還是進門呢？其結果可能是出門，也可能是進門。而此時這個人所站的位置及姿態等，便是一種「幾」，也就是說，我們可以透過這個人面朝的方向及腳步等姿態，判斷出這個人是要出門還是進門。各種事物的運動變化結果，皆可從最初的細小徵兆顯示出來；所以，從細小徵兆上預測最終的運動變化結果，就是「知幾」。幾，就是機會的「機」；知幾，就是懂得從細小徵兆中預知事物運動變化的最終結果，簡而言之，便是能夠發現機會並利用機會。

學過易學之後，我們便會知道萬事萬物皆是陰陽相推、循環往復地在不斷變化著，地位高的人、財富多的人，當達到一個極致後，便會向低谷處發展；地位低的人、財富少的人，當達到一個極致後，也會向高潮處發展。君子懂得這個道理，自然就能夠做到「上交不諂，下交不瀆」，做人、做事都能不卑不亢了。這也就是中國古語所說的「君子之交淡如水，小人之交甜如蜜」。君子待人接物，平常的時候態度如此，飛黃騰達的時候也是這樣。對有錢的人、沒有錢的人都是這樣。不能像是天氣一樣冷熱變化，要永遠長青，四季常青，這才是君子交友之道。這樣交友、做人，可以永遠留一步路讓別人走，也讓自己走。

所以，能夠做到「知幾」的君子，便能夠看清未來時局的發展狀況，積極積蓄力量，為未來做準備，而不會整天享樂。這就是孔子所說的「君子見幾而作，不俟終日」。

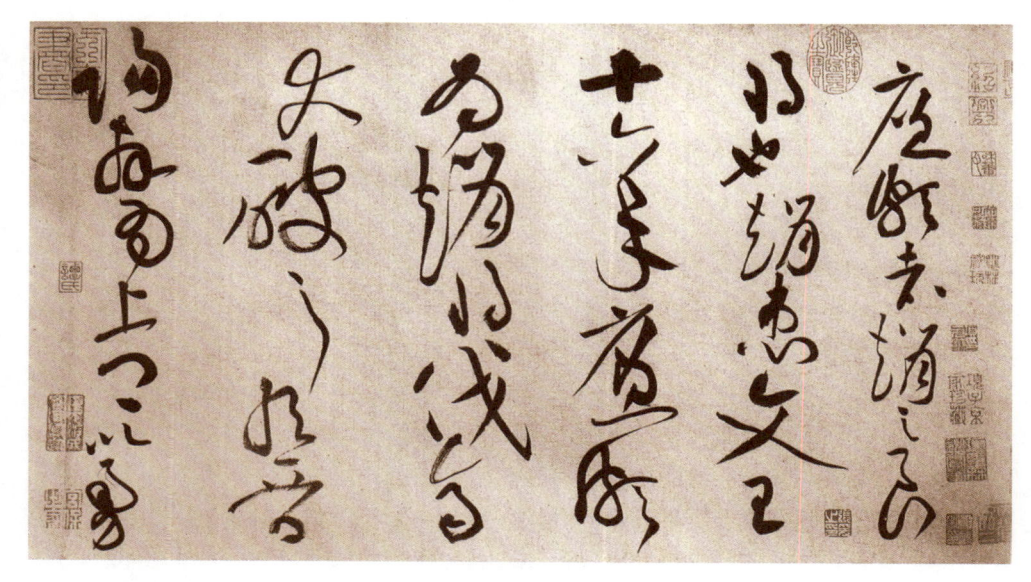

廉頗藺相如傳卷
《廉頗藺相如傳卷》宋代黃庭堅私人藏

　　孔子這番言論的依據是什麼呢？孔子的依據便是《易經》豫卦六二爻的爻辭：「介于石，不終日，貞吉。」介，甲骨文字形像人身上穿著鎧甲，中間是人，兩邊的四點像聯在一起的鎧甲片，所以其本義為「鎧甲」。人穿上鎧甲，便可以不再顧及外來的一些傷害了，對於一些惡意的小拳腳，完全可以不必理會，所以，「介」也有「特立獨行」、「堅守節操」的意思；豫卦六二爻辭的這個「介」字，便是這個意思。蔣介石的名字，便是取意於此。南懷瑾老師對「介」字的解釋也很獨到，他說：「『介』字是人字下面兩豎，『个』字是人字下面一豎，『个』字是『個』的簡體字。人字下面兩豎的意思，就像一個人站在那裡，頂天立地的樣子，像塊大石卓然獨立一樣的安穩，一樣的清白，乾乾淨淨，天壓下來也不怕。」、「介于石，不終日，貞吉」是說「堅貞如磐石，不整天享樂，堅守正道而吉祥。」

　　最後，孔子總結說：「介如石焉，寧用終日，斷可識矣。君子知微知彰，知柔知剛，萬夫之望。」意思是說，內心堅貞而不受周圍環境所左右就像磐石一樣，怎麼會終日等待而混日子呢？肯定會有獨到的見識。君子能夠懂得從細小的地方能發現大問題，懂得顯著的大事大物的根源，懂得剛柔之道，就會成為萬民景仰的對象。」其實，這些話簡單來說，就是君子要「知幾」，君子要懂得易理並懂得如何應用易理。

知小而謀大

自己沒有大智慧，卻總想著做大事業、大投資，這種人就屬於「知小而謀大」，遲早會因此吃大虧。比如當年紙上談兵的趙括，便是因此而身敗名裂。

不遠復，無祇悔

子曰：「顏氏之子，其殆庶幾乎？有不善未嘗不知，知之未嘗復行也。《易》曰：『不遠復，無祇悔，元吉。』」

上一小節孔子說明了「知幾」的重要作用，於此小節則因事論人，認為他的弟子顏回就可以算是一位「知幾」的人。他說：「顏氏之子，其殆庶幾乎？有不善，未嘗不知，知之，未嘗復行也。」也就是說，孔子認為顏回這個人，應該算是一位知幾通達的君子了吧？因為顏回有了過失自己很快就能發現，發現錯了以後絕不再犯第二次。

接下來，孔子又因人而論理，說顏回的這種品德，就是《易經》復卦初爻爻辭所說的「不遠復，無祇悔，元吉。」也就是說，顏回有錯能知，知錯能改，所以不會在錯誤的路上走得太遠，所以不會有悔恨的事情發生，會很吉祥。祇，是恭敬的意思。後世易家往往將其解釋為「疾」、「大」、「安」等意，但皆屬牽強附會之說，還是《經典釋文》中說得正確：「音支，辭也。」就是說「祇」是一個助詞，在此沒有實際意義。因為前一句「不遠復」是三個字，所以後面在「無悔」中間加一「祇」的襯字，以取得句式的工整。

這裡所說的顏回，字子淵，也稱顏淵，是孔子最喜歡的弟子。《論語‧雍也》中說他「一簞食，一瓢飲，在陋巷，人不堪其憂，回也不改其樂」，為人謙遜好學，「不遷怒，不貳過」，並且異常尊重老師，對孔子無事不從無言不悅。以德行著稱，孔子稱讚他「賢哉回也」。自漢代起，顏回被列為七十二賢之首，有時祭孔時獨以顏回配享。此後歷代統治者不斷追加諡號：唐太宗尊之為「先師」，唐玄宗尊之為「兗

公」，宋真宗加封為「兗國公」，元文宗又尊為「兗國復聖公」，明嘉靖九年改稱「復聖」，如今山東曲阜還有「復聖廟」。

不過，顏回雖然跟著孔子一起名聲廣播，但歷史上有關顏回的事蹟記載卻不多，而且顏回也沒留下什麼專著。到茫茫史海中去找尋顏回，你可能會發現煌煌的史籍經不起任何鉤沉索隱，隨意一鉤子就會引出無數敗絮來。所以只能以最簡單的方式介紹一下顏回這個人。

顏氏，是魯國當時的一個大家族，孔子的母親顏徵在，就是這個家族的一位女性。顏回與父親顏路，都是孔子的弟子，顏路比孔子小五歲，顏回也就和孔子的兒子是同個輩分。所以，顏回很聽孔子的話，是很自然的事情；而顏氏家族是孔子的娘家，也是承認孔子為貴族的主要力量，那麼孔子誇顏回，也便在情理之中了。

顏回「年十三，入孔子之門」時，孔子聚徒講學已達十三年之久。其聲望遠播於各諸侯國，其弟子子路、孟懿子、南宮敬叔等在魯國已小有名氣。

顏回在弟子中年齡最小，性格又內向，沉默寡言，才智較少外露，有人便覺得他有些愚。馬驌《繹史》引《沖波傳》曰：「子路、顏回浴於洙水，見五色鳥，顏回問，

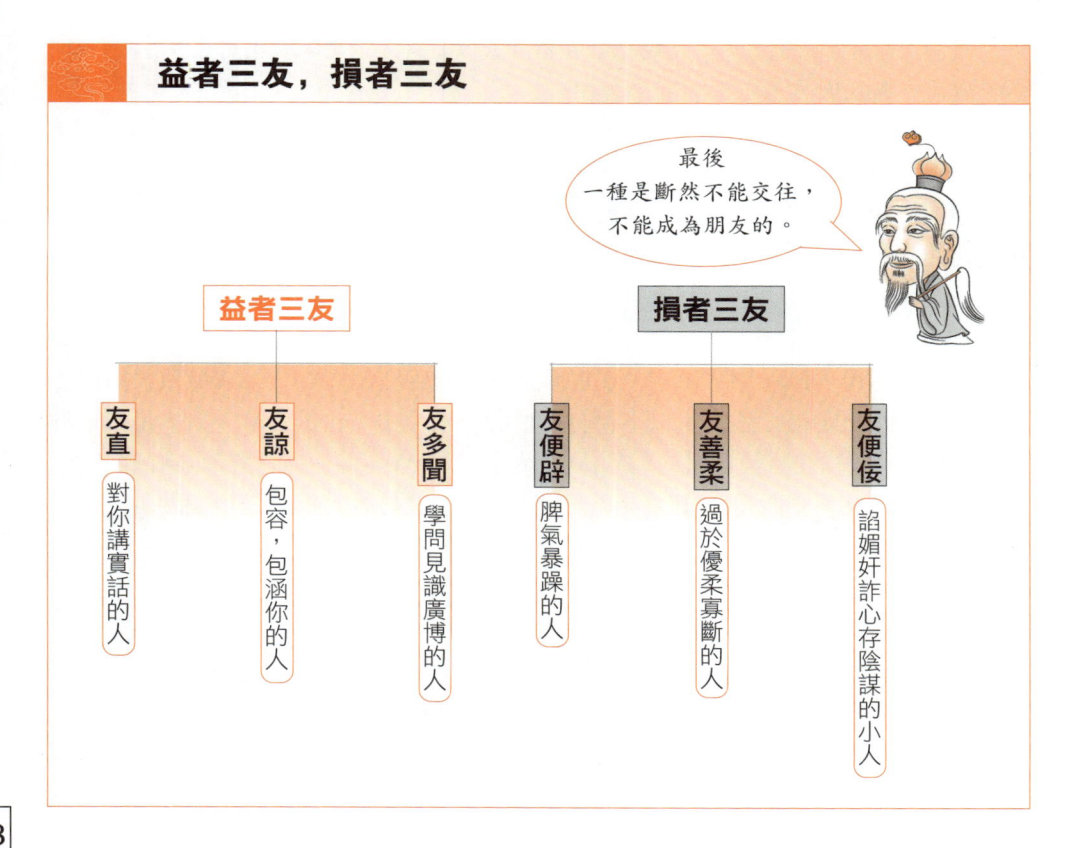

益者三友，損者三友

最後一種是斷然不能交往，不能成為朋友的。

益者三友
- 友直：對你講實話的人
- 友諒：包容，包涵你的人
- 友多聞：學問見識廣博的人

損者三友
- 友便辟：脾氣暴躁的人
- 友善柔：過於優柔寡斷的人
- 友便佞：諂媚奸詐心存陰謀的小人

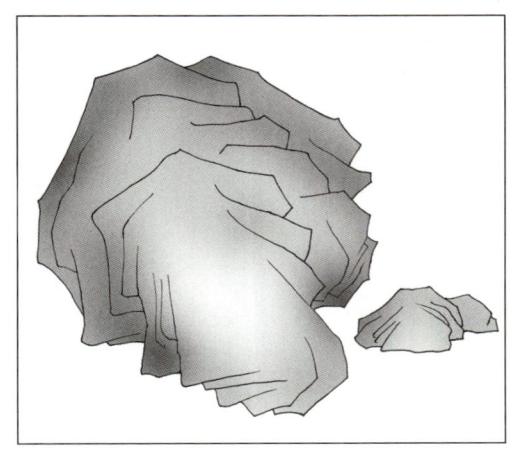

內心堅貞

《易經》豫卦六二爻辭中說「介于石，不終日，貞吉」。介，甲骨文字形像人身上穿著鎧甲，中間是人，兩邊的四點像連在一起的鎧甲片，所以其本義為「鎧甲」。人穿上鎧甲，便可以不再顧及外來的一些傷害了，對於一些惡意的小拳腳，完全可以不必理會，所以，「介」也有「特立獨行」、「堅守節操」的意思。

子路曰：『熒熒之鳥。』後日，顏回與子路又浴於泗水，更見前鳥，復問由：『識此鳥否？』子路曰：『同同之鳥。』顏回曰：『何一鳥而二名？』子路曰：『譬如絲綃，煮之則為帛，染之則為皂。一鳥二名，不亦宜乎？』」子路稱五色鳥為「同同之鳥」，是譏諷顏回之愚，而絲綃之喻，更是別具幽默。古今文人間，幽默之諷刺常如此。

可是孔子對顏回下的評語是：我們家顏回一點都不傻！如，《論語·為政》中孔子說：「吾與回言終日，不違，如愚。退而省其私，亦足以發，回也不愚。」意思是說，我給顏回講學時，他從來不提出疑問，像個愚人。等他退下之後，我觀察他私下的言論，發現他對我所講授的內容有所發揮，可見顏回其實並不愚。

孔子說話了，弟子就不再反駁了，於是連能言善辯的子貢也開始承認自己不如顏回聰明。如，《論語·公冶長》記載：「子謂子貢曰：『女與回也孰愈？』對曰：『賜也何敢望回？回也聞一以知十，賜也聞一以知二。』子曰：『弗如也；吾與女弗如也。』」這段話的意思是說，孔子問子貢：「你和顏回比，誰更好一些？」子貢說：「我哪比得了他啊！他能聞一知十，我只能聞一知二。」孔子接著說：「你是不如他，我們倆都不如他。」

孔子樹顏回，顏回也很捧孔子。如，《論語·子罕》記載了顏回喟然感嘆讚孔子說：「仰之彌高，鑽之彌堅。瞻之在前，忽焉在後。夫子循循然善誘人，博我以文，約我以禮，欲罷不能。既竭吾才，如有所立卓爾。雖欲從之，末由也已。」其大意是，「老師的道，越抬頭看，越覺得它高明，越用力鑽研，越覺得它深奧。看著它似乎在前面，等我們往前面尋找時，它又忽然出現在後面。老師的道雖然如此高深也不易捉摸，可是老師善於有步驟地誘導我們，用各種文獻知識來豐富我們，提升我們，又用一定的禮來約束我們，使我們想停止學習都不可能。我已經用盡我的才力，似乎已能夠獨立工作。想要再向前邁一步，又不知怎樣著手了。」顏回雖然把孔子的教學能力吹得很高，但又說離開孔子弟子們又什麼都做不好了。這種矛盾的吹捧，真是充分體現出顏回之智。

不過，顏回對孔子的忠心倒是經得起考驗的。當年魯國少正卯與孔子爭奪弟子時，使「孔子之門三盈三虛」，唯有顏回未離孔門半步。不明原委的後人也因此評價說：「顏淵獨知孔子聖也。」（《論衡・講瑞》）

之後，孔子周遊列國時，其首先投奔的國家，便是衛國。這主要是因為顏濁鄒是衛國的賢大夫，並且很有社會地位；顏濁鄒是顏回的本家，並且還曾是顏回娶宋國戴氏為妻的婚姻介紹人，子路則是顏濁鄒的妹夫，彼此一向有往來。還有一原因是，因賢德聞名諸侯的衛國三朝元老蘧（くㄩˊ）伯玉，也是孔子的弟子。於是，經顏濁鄒、蘧伯玉（孔子弟子）等人的推薦，衛靈公接見了孔子及顏回一行人，並按孔子在魯國所得年俸給粟六萬，於是他們便在衛國安頓下來。可是沒想到剛住了十個多月，有人向衛靈公打小報告，說孔子是魯國派來的奸細，結果衛靈公便派人暗中監視孔子師徒。孔子恐受其害，便匆忙離開衛國，準備到陳國去。不料途經匡地（今河南長垣縣境）時，被誤認作曾侵犯匡地的陽虎而被匡人圍困。

孔子等匆忙離開衛都帝丘時，顏回暫時留在顏濁鄒家，以便觀察衛國的動向。衛靈公查清楚孔子一行人不是奸細後，於是再次接受顏濁鄒、蘧伯玉等人的勸諫，請顏回傳話，懇請孔子回帝丘。

顏回至匡，見到了被圍困的孔子等人。孔子動情地說：「吾以女為死矣。」顏回恭敬地回答道：「子在，回何敢死。」（《論語・先進》）

孔子重返帝丘後，衛靈公仍給其豐厚的待遇，但不給孔子具體的事做。於是孔子在衛國待了一年多後，便又離開衛國。顏回隨孔子漂泊八年後，不得不又重回到衛國。在衛國又待了四年，最終在外漂泊十四年的孔子在弟子子冉（子冉在魯國當了官並立下戰功）的幫助下，才重新回到魯國。此時孔子六十八歲，顏回三十八歲。

君子要「知幾」

孔子說：「介于石焉，寧用終日，斷可識矣。君子知微知彰，知柔知剛，萬夫之望。」簡單來說，就是君子要「知幾」，君子要懂得易理並懂得如何應用易理。

顏回沒有做到「子在，回何敢死」，在四十一歲這年便離開了人世；顏回死後兩年，孔子也仙逝而去。

據說顏回歸魯後，除了講學，便是幫助孔子整理古代典籍。把周遊列國時所獲得的不同古籍互作參證，去偽存真。特別是《易經》，顏回是主要整理人之一。東晉李軌所注解的《法言・問神》中說：「顏淵弱冠，而與仲尼言《易》。」可見顏回二十歲時，便向孔子探討過《易經》方面的知識，不過，當時五十歲的孔子，對易學也只是剛剛入了些門道。

雖然封建帝王們將孔子與顏回吹捧得很高，但我們今天仍然可以從史籍及儒家典籍中還原出聖人的本來面目。這並非是古代文人在弄虛作假上欠些火候，而是因為古代文人在順應時勢的吹捧熱潮中，也不泯滅求真的本性，所以會將事情的真相巧妙地隱藏於字裡行間，以待後人細細品味，細細思索。其實，這就是一種「不遠復，無祗悔」的品德。

復七日圖

此圖是講復卦的演變過程。由乾卦經姤、遯、否、觀、剝、坤，經過「七日來復」，再變為復卦，開始了「剛決柔」的過程。

天地絪縕，萬物化醇

天地絪縕，萬物化醇。男女構精，萬物化生。《易》曰：「三人行，則損一人，一人行，則得其友。」言致一也。

絪縕，就是氤氳的古字。如果你去過彈棉花的地方，就很容易理解「絪縕」的意思了。被褥用久了，棉花擠壓在一起就不再蓬鬆了，這種被褥不保暖，而且用起來也不舒服。所以古人便將這種被褥裡面的棉絮拿出來，找彈棉花的人彈彈。彈棉花的工具便是一張竹製大弓，彈棉花的人拿起一團變硬的舊棉絮，反覆撞擊弓弦，隨著一陣「嘭嘭」的聲音，棉絮便被弓弦分解成一小團蓬鬆的棉花團了。而彈棉花的房間裡，細小的棉絮滿天飛，這個情景，就是「絪縕」。引而申之，則塵埃飛升的樣子，雲煙瀰漫、氣氛濃盛的景象等，皆可以「絪縕」二字形容。而古人透過對棉絮飛舞及塵埃飛升的觀察後，覺得看不見、摸不著的陰陽二氣，其互相接觸相合

的狀態就是這個樣子。於是，後來又衍生出了「氤氳」二字，這兩個字與「絪縕」在古代是通用的。

「天地絪縕」，是說天地陰陽二氣相結合的狀態，比如雲行雨施中大地上升騰的煙氣，就是天地陰陽二氣相合產生的結果；陽光下熱氣向上蒸騰的樣子，也是天地陰陽二氣相合產生的結果。古人認為天地就像男女交媾般相合，生育出萬物。所以「天地絪縕」即表示天與地的相交相合。

「萬物化醇」說明「天地交合」是如何使萬物生育的。也就是說，天與地相交相合的絪縕狀態，使天地間萬物的體內，湧動著生命的醇香美酒。醇，原義是指濃香的酒氣。而此處則喻指萬物勃發出的生命原始動力。從科學的角度來講，可以將其理解為雌、雄性激素。例如：春暖花開的時候，很多動物都產生求偶交配的願望，這就是「萬物化醇」的一種表現形式；再如，冬至一陽生的時候，深埋在地裡的植物種子，開始萌動而有了發芽的趨勢，這也是「萬物化醇」的一種表現形式。總之，天下萬物，皆受天地陰陽二氣相合的感應，而萌生出生命的原始動力，這就是「天地絪縕，萬物化醇」，這也就是天地間的萬物都是效法天地而生而滅。

「男女構精，萬物化生」則是對「萬物化醇」的進一步解釋。構，就是交媾；精，就是受精；化生，就是產生新的生命，就是繁衍。也就是說，天地萬物的雌雄交媾受精，才使萬物擁有可以往下繁衍的生命。

所以《繫辭傳》作者在此以「天地絪縕，萬物化醇。男女構精，萬物化生」說明陰陽相交、相合之理；也說明了男女相合的重要性。中國古代君王，往往將百姓婚配視為頭等大事，因為農耕社會人力是最大的生產力，人口多是國家強盛的基礎。比如《周禮·地官》中規律：「媒氏掌萬民之判。凡男女自成名以上皆書年、月、日，名焉，令男三十而娶，女二十而嫁。」意思是，媒人掌管天下萬民男女結合為夫婦的事，一般是在男孩或女孩滿三個月之後就登記在冊。如果男滿三十歲，女滿二十歲還沒婚配，則由官媒做主令其嫁、娶某人，個人與家長便失去了選擇的自由。到了春秋初期，齊桓公為爭霸天下，就曾把女子婚嫁的年齡降低了五歲。令「丈夫三十而室，女子十五而嫁」。後來越王勾踐為

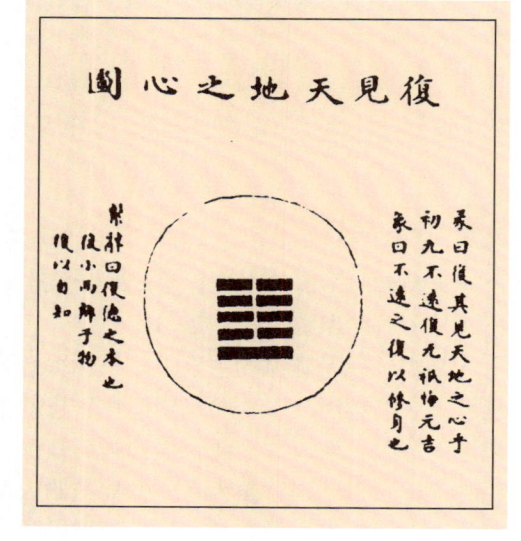

復見天地之心圖

剛爻返回來，順著軌道反覆運動，以七天為一個週期，來回復始，這是天的運行規則，因而說復卦是「見天地之心」。

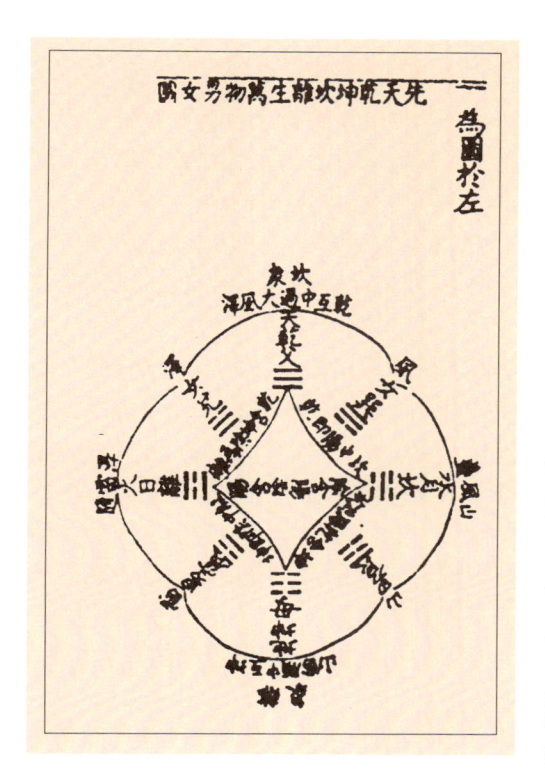

先天乾坤坎離生萬物男女圖

天下萬物，皆受天地陰陽二氣相合的感應，而萌生出生命的原始動力，這就是「天地絪縕，萬物化醇」，這就是天地間的萬物都是效法天地而生而滅。先天六十四卦，上經自乾坤開始，終於坎離。乾坤，是陰陽之本，萬物之源。

了復國報仇，增加兵源，曾下令：「凡男二十、女十七不婚者，罪及父母。」再後來，到了南北朝時期，婚齡曾被壓降到男十五，女十三。唐初婚齡曾經恢復提高到男二十，女十五；而唐代中後期又降至男十五，女十三的年齡。直到明、清兩代，最低的法定婚齡仍是男十六，女十四。古代如此規定婚齡，雖然主要是增加生產力或增加兵源的需要，同時也是效法天地「萬物化醇」的表現。因為花開就要結籽，花開而不結籽，古人認為是違反天道的事情。

《繫辭傳》作者此番言論，則是受《易經》損卦六三爻的爻辭啟發。所以作者最後引用六三爻辭而作總結說：「『三人行，則損一人，一人行，則得其友』。言致一也。」意思是說：「損卦六三的爻辭說『三人同行就會減少一人，一人獨行，則會認識新的朋友』，便是陰陽相合一一對應，具有排他性。」這個道理就好比下棋一樣，只能兩個人下，如果出現三個人，那就得有一個人在旁邊觀陣了。這又好比一公一母組成的一對偶件，如果出現了兩公一母或兩母一公的情況，那麼肯定有一個偶件派不上用場。這就是「三人行，則損一人」的道理。「一人行，則得其友」是說孤陽自動會尋找一陰，形成陰陽相合為一；而寡陰也自動會尋找一陽，形成陰陽相合為一。

天地之間的萬物，皆要透過陰陽相合為一而繁衍新生命。而「三人行，則損一人」，體現優勝劣汰的自然生存法則；「一人行，則得其友」，體現陰陽相互感應、相互吸引的萬物本質。所以，如今世界上各種企業高層決策者的人數，總要保持三、五、七、九等奇位數。因為在這種情況下，才能以少數服從多數的形式制定出最終的決策。如果是偶數，那麼就會出現贊成的人與反對的人數量一致，最終就無法制定出有效的各種決策。

君子安其身而後動

子曰：「君子安其身而後動，易其心而後語，定其交而後求。君子修此三者，故全也。危以動，則民不與也。懼以語，則民不應也。無交而求，則民不與也。莫之與，則傷之者至矣。《易》曰：『莫益之，或擊之。立心勿恆，凶。』」

這一小節，孔子告誡君子要加強三方面的基本修養：其一是「安其身而後動」，其二是「易其心而後語」，其三是「定其交而後求」。孔子認為君子擁有這三個修養，才能保全自己做到萬無一失。

「安其身而後動」的意思就是說，君子謀劃好自身的安全後才會有所行動，而不能在自我安危不保的情況下貿然做出各種行動。為什麼必須要做到這一點呢？孔子回答說「危以動，則民不與也」，意思是說，對自身有危險的舉動，人們不會跟著去做。打個比方來說，就像一些末代皇帝，本來已經失去民眾，連自己的位子都快保不住了，還想要號召民眾跟隨他去鎮壓叛亂，老百姓根本不會聽他的。比如明朝末代皇帝崇禎，就是一個很好的例子。據有關史學家考證，認為崇禎是中國最勤政的皇帝，平均每天睡眠時間不到兩小時。又據史書記載，他二十多歲頭髮已白，眼長魚尾紋，可以說是宵衣旰食，朝乾夕惕。然而，崇禎也是最具悲劇色彩的皇帝；「無力回天」四個字，可以概括崇禎的一生。

天啟七年八月丁巳，十六歲的崇禎即皇帝位，而此時明帝國因為小冰河期天氣異常寒冷，災荒頻繁和官吏腐敗、外敵頻繁入侵、內亂頻頻在風雨中飄搖。崇禎當年便雷厲風行地清除了魏忠賢和客氏的勢力，閹黨之禍逐漸消弭。然而，在誅滅魏忠賢勢力的同時，也促使明末龐大的文官勢力更加膨脹。這些文官勢力集團成為崇禎執政所面臨的最主要敵人，而北方崛起的清朝，四處揭竿而起的農民軍更使崇禎深陷於內憂外患之中。清朝編纂的《明史》依舊承認他兢兢業業，勤勉勤儉。崇禎下旨停江南織造，自己用的器物都是木頭鐵器。他把全部的內帑都用來充當軍餉，他寵愛的田妃墓葬裡的金銀器都是銅鐵，萬年燈只有上面兩寸是油，內府中的人參和器具都變賣了湊軍餉。他的勤政，《明史．本記第二十四》中云：「然在位十有七年，不邇聲色，憂勤惕厲，殫心治理。」然而這樣一位好皇帝，卻仍然無法挽回滅國的命運。當李自成大軍攻入北京城時，崇禎身邊沒有一位保護他的大臣，最終只能在景山一棵歪脖樹上自縊身亡。而他臨死前，卻仍然惦念著黎民百姓，不想讓無辜的百姓因戰事而死傷一人。他在遺書中寫道：「朕涼德藐躬，上干天咎，然皆諸臣誤朕。朕死無面目見祖宗，自去冠冕，以髮覆面。任賊分裂，無傷百姓一人。」

就連造反十幾年的李自成也對崇禎充滿了同情，他在《登極詔》中評價崇禎說：「君非甚暗，孤立而煬竈恆多；臣盡行私，比黨而公忠絕少。」一針見血地指出明朝滅亡的原因是「君非亡國之君，臣皆亡國之臣」。

崇禎這樣的好皇帝，怎麼落得這種下場呢？其原因便是沒有做到、也無法做到

乾坤交變十二卦循環升降圖

乾下坤上相交變否，坤上乾下相交變泰，為人體天地；泰左否右，為人體天地陰陽循環氣機的升降。「男女構精，萬物化生」意思是說，天地萬物的雌雄交媾受精，才使萬物擁有了可以往下繁衍的生命。

「安其身」。所以，我們今天學習《繫辭傳》明白了這個道理，以後就要珍視「安其身」的重要性。

「易其心而後語」是說，先進行換位思考後才會與別人進行語言交流。如今管理學及勵志書籍都談到這個換位思考的問題。想問題不能總考慮自己的利益，還要把自己想像成天下的百姓，多從百姓角度去思考問題，明白百姓所思所想的是什麼。孔子說：「懼以語，則民不應也。」意思是說，君王處處都為自己考慮，總以恐嚇威脅等暴政手段逼迫老百姓，老百姓雖然表面上很害怕，但內心不會與你相應，不會真的服從你的政令，你這種政令根本行不通。

「定其交而後求」是說，先與對方交往建立友誼，雙方達成信任後，才能求對方辦事情，才能有求必應。這個道理很簡單，按孔子的話說便是：「無交而求，則民不與也。」你在馬路上見到一個不認識的人，對他說：「借我兩千塊錢。」對方怎麼會理睬你呢？可是對方是你非常要好的朋友，在你拮据時，你還沒張口，朋友便已經伸出援救之手了。這就是「定其交而後求」的道理。可是對於一位君王來說，你拿什麼與百姓交往呢？天天找百姓談心交朋友，恐怕一輩子交不了幾個真朋友。所以君王與百姓的交往，就是你的政策要給百姓帶來好處，你的政策使百姓更富有，於是百姓也樂於交稅交租；君王給百姓好政策，百姓給君王納稅，這就是君王與百姓的一交一往。這種君王當遇到困境的時候，天下百姓才會全力幫助他。因為大家都明白，這位君王對百姓有恩，沒了這位君王，那麼百姓也就失去好日子了。

以上，就是孔子總結出的君子必須具備的三個修養。如果沒這三個修養，那麼這個君王就慘了。慘到什麼程度，就慘成《易經》益卦上九爻的樣子了：「莫益之，或擊之。立心勿恆，凶。」也就是說，沒有人幫助你，反而有人攻擊你，使你在左右為難中無法樹立堅定的決心，只能得到一個大凶的結局。也許你會說，沒有人幫我，那我挺著；有人攻擊我，那我忍著。可是光靠挺是挺不過去的，光靠忍也是忍不過去的。這就好比伸頭是一刀，縮頭也是一刀，怎麼也逃不了滅亡的命運。

景山公園

景山地處北京故宮北側，原是元、明、清三代帝王的禁苑。景山東麓「觀妙亭」下原有一棵歪脖槐樹，相傳是明崇禎皇帝自縊身死處。明永樂年間修建皇宮時根據青龍、白虎、朱雀、玄武四個星宿的說法，北面玄武的位置必須有山，便將挖掘紫禁城筒子河和太液池南海的泥土堆積此山，成為大內「鎮山」，取名萬歲山。清順治十二年（1655年）改稱景山。

| 益 ䷩ 三陽三陰之卦 屬巽 | 象 離 | 錯 恆 | 綜 損 正綜 | 中爻 二合坤錯乾 三合艮綜震 孔子繫辭 噬嗑 | 同體 否○困咸歸妹○旅未濟○恆井隨○噬嗑 | ○節既濟豐○賁損漸○泰十九卦同體 | 情性 情柔性剛 情入性動 | 六爻變 | 初爻變坤 錯乾 成觀 綜臨 中爻下坤 上艮 地位 | 二爻變兌 錯艮 成中孚 綜小過 中爻下兌 上艮 地位 | 三爻變離 錯坎 成家人 綜睽解 中爻下離 上巽 人位 | 四爻變乾 錯坤 成无妄 綜大畜 中爻下震 上巽 人位 | 五爻變艮 綜震 成頤 綜大過 中爻下震 上艮 天位 | 欽定四庫全書《周易集註》卷四十下 | 六爻變坎 錯離 成屯 綜蒙 中爻下坤 上艮 天位 |

益卦的錯綜及六爻變卦圖

益卦為三陽三陰之卦，屬巽。它與離卦相象，與艮卦相錯，與損卦相綜，中爻二四合為坤卦，三五合為艮卦。其六爻卦變為：初爻變坤位在地，二爻變兌位在地，三爻變離位在人，四爻變乾位在人，五爻變艮位在天，六爻變坎位在天。

第 6 節

乾坤，其易之門邪

古而不老的易學

> 乾坤兩卦是《易》的大門。乾為陽，坤為陰，陰陽的德性相合，穩中有各自具陽剛與陰柔的不同體質，以體現天地的生化，以通達神明的德性。

【原文】

子曰：「乾坤，其易之門邪？」乾，陽物也；坤，陰物也。陰陽合德，而剛柔有體，以體天地之撰[1]，以通神明之德。其稱名也，雜而不越。於稽[2]其類，其衰世之意邪？」

夫《易》，彰往而察來，而微顯闡幽。開而當名，辨物正言，斷辭則備矣。其稱名也小，其取類也大。其旨遠，其辭文，其言曲而中，其事肆而隱，因貳以濟民行，以明失得之報。

【注解】

[1] 撰：撰作，創造。
[2] 稽：考查。

【釋義】

孔子說：「乾坤兩卦是《易》的大門吧？」乾為陽，坤為陰，陰陽的德性相合，穩中有各自具陽剛與陰柔的不同體質，以體現天地的生化，以通達神明的德性。《易經》中各卦的卦名雖然繁雜，但六爻排列不超越事理。我們考察它表達的各類事物，大概是時代衰亂的產物吧。

《易經》可以彰明以往，察知未來，顯露細微，闡明幽深。每個卦爻有適當的名稱，明辨天下事物的形態，不至於混淆不清，正確地表明吉凶變化的道理，毫無偏差，完備無缺。《易經》文辭中所指物名，多似細小，但所代表的類別卻是極其廣大。它的旨意非常深遠，它的文辭富有文采，它的言辭婉轉而中肯，它所敘述的事物直率又隱晦，因陰陽二爻的變化來指導民眾的行為，表明吉凶得失的報應。」

乾，陽物也；坤，陰物也

子曰：「乾坤，其易之門邪？」乾，陽物也；坤，陰物也。陰陽合德，而剛柔有體，以體天地之撰，以通神明之德。其稱名也，雜而不越。於稽其類，其衰世之意邪？

「乾坤，其易之門邪？」這是說，乾坤兩卦是《易經》的大門吧？為什麼稱乾坤為《易經》的大門呢？其一，這是因為《易經》的前兩卦就是乾坤兩卦，看完這兩卦的內容，才能接著看下面的內容而了解整本《易經》的內容；其二，乾坤兩卦是通往易學的大門，你只有真正理解了乾坤兩卦的內涵，才能走進易學之門，進而掌握全部易學知識，如果你不懂乾坤兩卦的內涵，那只能永遠是門外漢；其三，乾坤是產生易學的大門，乾天坤地，沒有天與地，就沒《易》這門學問。

「乾，陽物也；坤，陰物也」是說，乾代表陽性的東西，坤代表陰性的東西。現在有些易學家非常反對把「陽物」說成男性生殖器，把陰物說成女性生殖器，彷彿一提起「生殖器」這三個字，就好像自己被玷汙似的，反感至極。其實，持這種觀點的人，正是易學的門外漢。乾坤兩卦就相當於男女生殖器，不過這「男女」二字，並非侷限於人類，而是天地萬物。《老子》中說：「玄牝之門，是謂天地之根。」這個玄牝之門，就是乾坤這個大門。這個大門，就是生命之門。天地萬物的繁衍，皆從此門出生，我們人類也不例外，易學知識也不例外。小至一個細菌，大至天地，皆從此生命之門出生，所以深刻理解這個生命的大門，才會走入道門，才會讀懂所有與易學有關知識。

乾坤分上下圖

乾坤二卦分上下各變出一卦象。乾在上，坤在下為否卦；坤在上，乾在下為泰卦。「天一生水」中的「水」指的是坎卦，此圖六卦中都有一個坎卦。乾坤之門就是生命之門，萬物皆有各自的乾坤之門，所以明白了乾坤之門的秘密，即可掌握萬物生死盛衰之規律，預測萬物之吉凶，如有神助。

正因為乾坤之門就是生命之門，萬物皆有各自的乾坤之門，所以天下萬物才皆有「陰陽合德」而具備「剛柔有體」，世界萬物皆效法天地相交合而生育繁衍，這就是「以體天地之撰」。撰，即纂集成整體。天地相合而生萬物，萬物皆效法天地相合而生育繁衍，這就是「以體天地之撰」。正由於乾坤之門隱含著天地萬物生滅之理，所以「以通神明之德」。也就是說，明白了乾坤之門的秘密，即可掌握萬物生死盛衰之規律，預測萬物之吉凶，如有神助。這個「神明之德」是什麼？就是陰陽相推，陰極而陽，陽極而陰，周而復始，生生不息。明白此理，則天下萬物萬事皆可預知，皆可推演而知始終變化。

「其稱名也，雜而不越。於稽其類，其衰世之意邪？」這一段開始，是講述《易經》的行文方法。「名」的意思，在這時可以說是「用字遣詞」。一個名詞、一個小掌故、或者講道理、理論，引證得很準確。「雜」是很廣泛，包羅很廣，能照顧全面；「不越」是不會過分，沒有超過範圍，沒有不得體、不離譜，等。「於稽其類」，則是指引用資料的正確性，說話要有根據，不能亂講，在寫同類的東西時，似是而非的關鍵之處，要能辨別，能剖析。

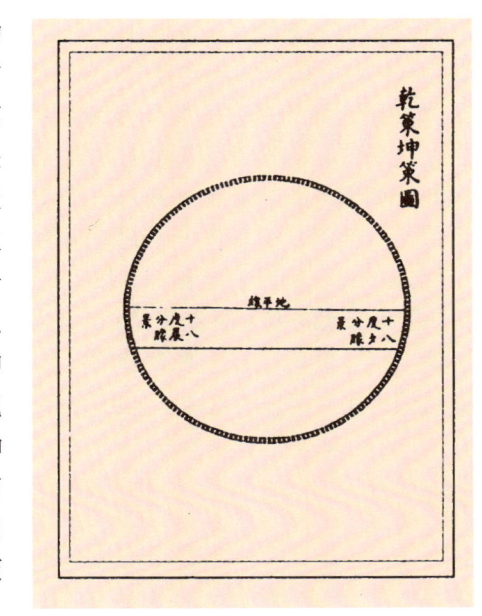

乾策坤策圖

此圖講的是《易經》的筮法。古人行筮法用蓍草，一根蓍草稱為「一策」。《繫辭》中說：「乾之策二百一十六，坤之策百四十有四，凡三百有六十，當期之日。」

這種寫作方法，其實就是我們今天對散文寫作要求的「形散而神不散」。《易經》的寫作風格，就是這樣。包羅萬象，無所不有，但其所要表達的主題卻永遠不變，這個主題就是：飽含患得患失的心情，告誡君王該如何執政。

《繫辭傳》的作者由於讀懂了《易經》的這個主題，所以他說：「其衰世之意邪？」意思是說：「或許流露出《易經》作者處在衰微之世的理念吧？」能夠從一本寫滿占卜斷語的卜書中讀出這個重要主題，說明這個人是真正讀懂了《易經》。這個人是誰？也許是周公時代的人，也許是孔子，也許是後來整理《易經》的儒家弟子，總之，我們可以說這位《繫辭傳》作者，肯定不是一位門外漢，他是真正讀懂了《易經》的人。其實，當年周文王與周公所處的時代，都是一個充滿憂患的衰世，但是正因為那是一個衰世，所以他們所作的卦辭、爻辭中才會流露出極強的憂患意識。正所謂「生於憂患，死於安樂」，所以這些飽含憂患的告誡，才會指導君王真正掌握執政之道，正如前面所講的「危者，安其位者也。亡者，保其存者也。亂者，

有其治者也。是故君子安而不忘危，存而不忘亡，治而不忘亂，是以身安而國家可保也。《易》曰：『其亡其亡，繫於苞桑。』」

如果這種憂患意識沒有代代相傳下去，那麼就會被「富不過三代」的定論所言中。《春秋》言三世，就是太平世、升平世、衰世。朝代三世經此一循環，家族也經此一循環。飽含憂患意識的一代人，總是以勤勉換來一個太平盛世，換來一個富足生活；但到了第二代，人們便開始貪圖享樂了，於是只能在前世的基礎上，擁有一個升平的小盛世，擁有一個較富足的生活；到了第三代，則會進入一個腐敗的衰世，這第三代的孩子便會「不做無益之事，何以敗此辛苦之家」了。所以古人相信「富不過三代」的說法是千真萬確的。其實，只要「其亡其亡，繫於苞桑」，便可以打破這個定論。可是，這卻不是每一代的人都能夠做到的。

夫《易》，彰往而察來

夫《易》，彰往而察來，而微顯闡幽。開而當名，辨物正言，斷辭則備矣。其稱名也小，其取類也大。其旨遠，其辭文，其言曲而中，其事肆而隱，因貳以濟民行，以明失得之報。

「夫易！彰往而察來，而微顯闡幽。」夫，是一個語氣助詞，就相當於我們今天一開口總愛說：「啊」、「呀」、「這個」……之所以要這麼說話，就是為了提示對方注意，有強調的作用。「夫《易》」，按今天的話說，就是「啊！《易經》這本書。」彰，就是彰顯，顯著；往，就是從前，過去；察，就是察看，洞察；來，就是未來，未發生的事物。「彰往而察來」就是說，《易經》這本書可以讓已經消失的事物更加顯著地呈現出來；可以讓人看到未來事物的變化狀態。套句俗語就是「上知五百年，下知五百年」，不過《易經》「彰往而察來」比這五百年要遠得多，是一個無極的概念，即上可知道萬物之始初，下可知道未來之終結。萬物始初什麼樣？那是一個看不見、摸不著的狀態，是難以形容的狀態，可是，你學了《易經》以後，這個無極的概念便成為一種清晰而易知的狀態了，這就好比放大鏡把它放大一樣，又好比最幽深的事物自動展現在你面前一樣，所以說《易經》具有「彰往而察來」的功能，可以讓你「微顯闡幽」，也就是說再細微的事物，也逃不過你的眼睛；再幽深的道理，也難不倒你了。朱熹注解說：「『而微顯』，恐當做『微顯而』。『開而』之『而』，亦疑有誤。」意思是說，「而微顯闡幽」應當是「微顯而闡幽」；後面「開而當名辨物」的「而」字，排列也可能有錯誤。朱熹的觀點，值得我們思考。

「開而當名，辨物正言，斷辭則備矣。」開，是解開、解釋的意思，占卜得出卦象，也稱為開卦；當名，是與名稱相當、相符；辨物，是辨別事物（看事物是否與名稱相符合）；正言，就是表達正確；斷辭，就是卦、爻辭中的吉凶斷語。此兩句的意思是說，占卜開卦所得卦象、卦名與所預測的事情相符，卦、爻辭表達準確，

吉凶斷語無誤，卦象、卦名、卦爻辭、吉凶斷語四者可完備顯示預測事物的吉凶狀況。

「其稱名也小，其取類也大。」這是說，它說的事物雖然是具體的、狹小的，但它概括的類別卻是抽象的、廣大的。比如，八經卦雖然代表天、地、風、雷、澤、山、日、月八種事物，但如果依萬物類象進行類推，可以代表天地任何事物；卦爻辭中所言及的各種具體事物，也是這個道理，引而申之，觸類旁通，也可代表世間萬物。所以，八卦預測，關鍵是要懂得觸類旁通和結合實際。

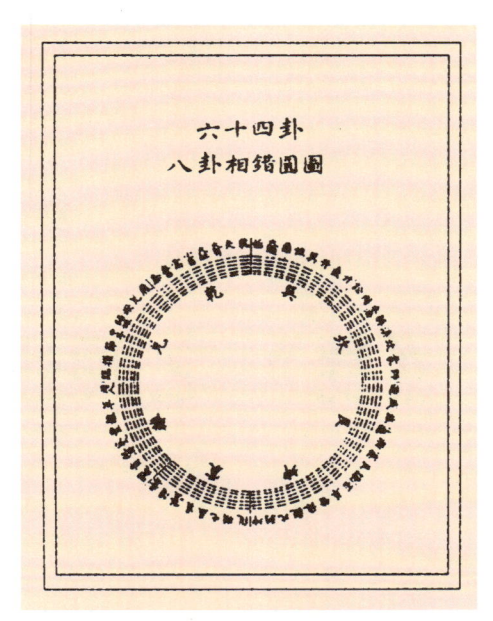

「其旨遠，其辭文」，說的是卦爻辭喻意深遠，表達富於文采。周文王所作的卦辭，大多引用古人占語，表達凝練而喻意深刻；周公所作的爻辭則引用很多古詩歌，一般是先引古詩，類似「比興」；再作占辭加以判斷。如《中孚》「得敵，或鼓，或罷，或泣，或歌」這條寫勝利歸來

六十四卦八卦相錯圓圖

乾南坤北，離東坎西，震東北，兌東南，巽西南，艮西北。自震至乾為順，自巽至坤為逆，故此八卦相交而成六十四卦。天地定位，山澤通氣，雷風相薄，水火不相射，八卦相錯。

後的情景，有的擊鼓慶賀，有的因疲憊而休息，有的激動得落淚，有的歡樂，喝采。文筆洗練而生動。所以說，單就卦爻辭，從哲學與藝術角度都值得玩味。

「其言曲而中，其事肆而隱」的意思是說，它的言辭婉轉細緻而中肯，它所敘述的事物張顯又隱晦。也就是說，卦爻辭表達方式非常細緻而中肯，每一字一句皆與卦象、卦變相合而有根有據，所以卦爻辭所表達的事物吉凶是非常明顯的，但它又很隱晦，因為不懂卦象的人根本看不出是什麼意思。曲，本義是彎曲、不直的意思，其引申義又有周遍、細緻入微的意思；此處字意為其引申義。肆，是張大、張揚、展露的意思。

「因貳以濟民行，以明失得之報。」此句的難點在於「貳」字，因為歷來易學家對其有不同解釋。有人認為「疑」的意思；有人認為是「吉與凶兩種可能」；有人認為是「陰陽二氣」；還有人認為是「佐助」的意思，因為古代正職為正官，副職為佐貳，副官是幫助正官辦事的，而此處則是指卦爻辭是佐助、闡明卦象的。不論哪種解釋，都不會影響你理解原意，因為這兩句話主要說明的是卦爻辭可以告訴人們吉凶之變及進退之理，並沒有過多深意，即使沒有「因貳以濟民行」這句話，文意仍然暢通。而且這也是《繫辭傳》多處已闡述過的內容。

第7節

《易》之興也，其於中古乎
《易》的憂患思維

中國文化對憂患意識的看法，簡而言之，就是「人無遠慮，必有近憂」，所以人生永遠都在憂患之中。而《易經》中濃厚的憂患意識，會感染給學習的人，所以學《易經》者都具有憂患意識，做到「先天下之憂而憂，後天下之樂而樂」，其實，這也正是君王持久執政的基礎。

【原文】

《易》之興也，其於中古乎？作《易》者，其有憂患乎？

是故，履，德之基也；謙，德之柄也；復，德之本也；恆，德之固也；損，德之脩也；益，德之裕也；困，德之辨也；井，德之地也；巽，德之制也。

履，和而至；謙，尊而光；復，小而辨於物；恆，雜而不厭；損，先難而後易；益，長裕而不設；困，窮而通；井，居其所而遷；巽，稱而隱。

履以和行，謙以制禮，復以自知，恆以一德，損以遠害，益以興利，困以寡怨，井以辨義，巽以行權。

【釋義】

《易經》的興起，大概是在中古時代吧？《易經》的作者，難道懷有很大的憂患嗎？所以，履卦向人們闡述道德的基礎。謙卦教人卑己尊人，虛心忍受，是道德當執持不失的把柄。復卦教導人們除去物欲，教人從善，是道德性的根本。恆卦教導人們要始終如一，持之以恆，它可以使道德穩固。損卦教導人們懲忿窒欲，為修德的工夫。益卦教導人們遷善改過，使道德日益廣大。困卦教導人們窮而不亂，堅

守正道，是道德的明辨。井卦教導人們德澤似井，取之不盡，用之不竭，是道德的源泉。巽卦教導人們因勢利導，是道德的制宜。履卦和諧完美。謙卦尊貴而光明。復卦微小的一陽位於群陰之下，能辨別萬事萬物的是非善惡。恆卦紛雜而不厭倦。損卦懲忿窒欲，所以先難後易。益卦進德修業，長久地增加自身的德行而無須設防。困卦身困而志通。井卦雖然固定於一方，但泉湧流不息，日月遷徙而彌長新。巽卦因勢利導，隱而不露。履卦和順行事。謙卦以禮自制，謙卑隨順。復卦修身反省，恢復本性。恆卦始終如一，堅定德行。損卦摒除私欲，修德遠害。益卦損上益下，興辦福利。困卦艱苦奮鬥，不怒不怨。井卦辨識義理，探本求源。巽卦順合時宜，行使權柄，當機立斷。

憂患意識

《易》之興也，其於中古乎？作《易》者，其有憂患乎？

「《易》之興也，其於中古乎？」這句話，應當是孔子或儒家弟子整理《易經》時的感嘆。因為如果此人為西周初期的人，就不會說：「《易經》的興起，大概是在中古時代吧？」他不會有這種疑問的。興，是興起、興盛的意思。意思是易學在中古時代，再度興起。

可是，從周公所處的西周初年至孔子所處的春秋末期，不過五百年左右的時間，為什麼五百年後的人已經對「《易》之興」的年代產生疑惑了呢？這只能說明，周公制禮作樂時撰寫的《易經》這本書，一直不是一門普及的學問，並不是任何人都有資格學習的學問。因為，《易經》這本書的讀者對象，基本上只限於君王這種統治階級。將範圍再擴大一些，只有較高層的貴族才有資格讀這本書。所以，春秋時期的文人，產生這種疑惑是可以理解的。

周公的封地在魯國，而孔子也是魯國貴族，所以按照古禮，孔子是有資格讀《易經》，也有資格講《易經》的。孔子的三千弟子中，有七十二人精通六藝，其他人

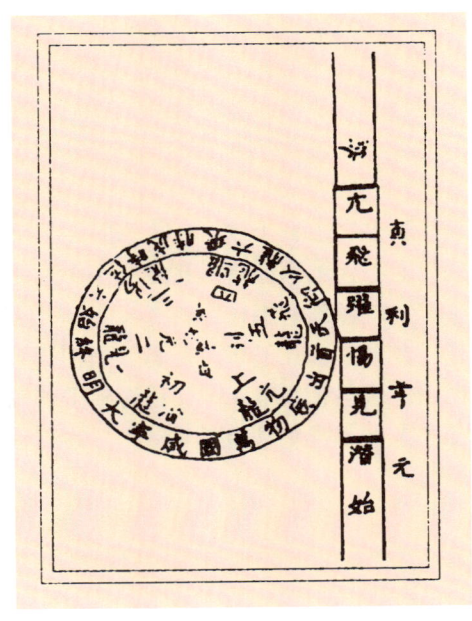

四德圖

乾有元、亨、利、貞四德。元之德為「萬物資始乃統天，道生一、一生二、二生三、三生萬物」，什麼事情都是從一開始演變，從一而生，「一即天下之大本」，為人也是大德。後來人們又從天、地、人三方面解釋四德，以天之元亨利貞為春夏秋冬；地之元亨利貞為木火金水；人之元亨利貞為仁義禮信，並且認為此四德有生、養、成、終之意。這樣所說的元亨利貞四德便開始突破了道德領域，具有當今世界觀的涵義。

只是精通四藝。六藝，即《詩》、《書》、《禮》、《樂》、《春秋》與《易經》；四藝，只有《詩》、《書》、《禮》、《樂》。可以說，精通六藝的七十二個人，應該皆有貴族的身分。比如「弱冠而與孔子言《易》」的顏回，雖然生活很拮据，只能簞食、瓢飲、居陋巷，但他的祖上卻是小邾國的國君，自顏友之後，小邾國成為魯國的附庸國，而他的後代一直到顏回皆是魯國大夫。顏回家境十分貧寒，但也有「郭外之田五十畝」，「郭內之田十畝」，有六十畝地還是窮人，春秋時期魯國國土並不大，那麼富人又能有多少地呢？所以有人說顏回出身平民，就是不懂歷史了。當時顏氏家族一共有九人成為孔子的門徒，這些有資格讀《易》的人們，在一起並非全部聽孔子一人言講，互相探討切磋的情況應當更多。而《易經》這本書，也正是這些顏氏貴族、其他貴族子弟與孔子共同整理出來的。只是，經二百多年的春秋亂世，這些貴族對《易經》的淵藪已經了解不多了，所以混雜的《繫辭傳》，裡面也因為多人整理而導致理論不統一，且有的內容重複。

「作《易》者，其有憂患乎？」發出如此感嘆的人，也是同樣的原因：他不能確定《易經》的作者是誰。只是從卦爻辭中，這個人體會出濃厚的憂患意識，強烈的危機感。所以才會說：「寫《易經》的這個人，大概是有憂患吧？」

今天我們知道《易經》的兩位作者是周文王與他的兒子周公。這兩個人作《易經》的初衷，都是看到了重重隱患而對後代作出種種告誡。周文王演八卦作卦辭時，正被紂王囚禁於羑里，不但個人安危難測，他的國家也前途未卜，所以文王卦辭飽含著深刻的憂患意識；周公執政之時，成王年幼，江山草創，西周的天子地位是否能一直保持下去？成王是否懷有疑心而殺掉周公？等，所以周公所撰的爻辭，也飽含著深刻的憂患意識。

中國文化對憂患意識的看法，簡而言之，就是「人無遠慮，必有近憂」，這就是憂患的道理。中國文化的人生哲學就是這兩句話。若沒有長遠深入的思考，便會有不虞之事發生，所以人生永遠都在憂患之中。而《易經》中濃厚的憂患意識，會感染給學習它的人，所以學《易經》者都會具有憂患意識，做到「先天下之憂而憂，後天下之樂而樂」，其實，這也正是君王持久執政的基礎。

九大憂患

是故，履，德之基也；謙，德之柄也；復，德之本也；恆，德之固也；損，德之修也；益，德之裕也；困，德之辨也；井，德之地也；巽，德之制也。

正因為《繫辭傳》作者看出了《易經》中隱含的憂患意識，所以接下來以履、謙、復、恆、損、益、困、井、巽這九個卦為例，來解說君王必須具備的九大憂患。

「履，德之基也。」履，就是走路，履行，禮儀。德，就是得道。《孟子·公孫丑下》中說：「得道者多助，失道者寡助。寡助之至，親戚畔之；多助之至，天

下順之。」這個得道，便是德，也可稱為現代漢語中的「道德」，但其內涵比其還廣，這是我們應該注意的。而這個得道，其實是掌握天道，效法天道。按今天來理解，是做事要以科學為依據，這樣才能做事有成，給百姓帶來更多益處，百姓才會擁護這個君王，這就是得道，這個君王就有德。「履，德之基也」是說，你的行為就是有德的基礎。作為一位君王，首先要有憂患意識，便是你是否說話算數？是否言行一致？是否做事符合天道？是否做事符合禮儀？等，這些就是「履」的內涵，君王做事首先要思考的便是這個問題。

「謙，德之柄也。」這是說謙遜是道德的把柄。也就是說，將這個「德」比喻為一個炒勺，那麼謙遜就如同這個炒勺把，所以，當你能做到謙遜時，便算是掌握了「德」，也就是說你「有德」了，得道了，有道德了。什麼叫謙遜呢？謙卦卦象是山在地中，意思是外表要像大地一樣柔順，而內心卻擁有高山一樣的學識；表面像大地一樣卑謙，而實際卻做出高山般的功績。比如周公就是這樣一位「謙謙君子」他的功勞比武王、成王還要高，可以說是西周真正的建國者，但是他卻特別謙遜，不敢居功自傲，接見賢臣「握髮吐哺」，這就是謙遜之美。所以一位君王第二個應當具有的憂患意識便是，時刻想到自己的言行是否符合謙遜的美德。

「復，德之本也。」復卦體現出的，便是道德的根本。為什麼這樣說呢？因為人無完人，誰都有缺點，但發現缺點及時改正，這才是擁有道德的根本方法。前面孔子表揚顏回「有不善，未嘗不知，知之，未嘗復行也」，便是「德之本」。所以，一位君王第三個應當具有的憂患意識，便是時刻要尋找自己的缺點錯誤，並不斷改正，不斷完善自己。

「恆，德之固也。」成就道德，不是三天打魚兩天晒網的事情，必須要做到持之以恆。沒有恆心，什麼事情都成就不了。所以，君王第四個憂患意識，便是時刻告誡自己做事要持之以恆。

「損，德之修也。」碰到挫折，碰到損害，碰到失敗並沒有什麼可怕，失敗了就要更加嚴格要求自己，使道德得到進步，所以是「德之修也」。所以君王面對困境與挫折，要充滿憂患地提高修養。

「益，德之裕也。」有什麼受益？這是因為你有德。無德之人，就會遭到「莫益之，或擊之」的下場，怎麼會得到益處呢？所以，君王受益多的時候，要明白這些益處來自於自己的道德高尚，所以此時更要提高道德水準。

「困，德之辨也。」碰到困難才會深思，才會思考，才能激勵上進，所以說是「德之辨也」，這時候，正是考驗君子的時候。比如「君子愛財，取之有道」這就是判斷君子之德的方法。在窮困時，在困難時，君子如何擺脫困境、擺脫窮困？這是君王要懷有的憂患意識。也就是說，君子擺脫困境、擺脫窮困，不可違背天道，違背道德。殺人放火搶劫，這不是君子應該做的事。

「井，德之地也。」井中有取之不盡，源源不斷的甘甜清水貢獻給民眾。所以

人生最高的道德標準

孔子說，「作易者，其有憂患乎？」是說人生在痛苦中才懂得《易經》的道理。於是孔子便提出了履、謙、復、恆、損、益、困、井、巽這九個卦來加以解說。

- **履** ➡ 履卦是道德的基礎。履卦講禮節，講禮是對自己身分地位的遵守。
- **謙** ➡ 謙卦講謙虛，人一驕傲自大道德就失去了，它是握住道德的把柄。
- **復** ➡ 復卦是及時回復到正道上，人不能改正錯誤就失去了道德修養的根本。
- **恆** ➡ 恆卦是講堅持操守，失去操守、二三其德，道德就無法鞏固了。
- **損** ➡ 損是講減損個人身上的缺點私欲，不減損缺點私欲就無法修養道德。
- **益** ➡ 益卦是道德的增進。向善而遷增加自己的優點，不遷善道德就不會增進。
- **困** ➡ 困卦是道德好壞的分辨。能否正確對待困難，道德好壞就分辨出來了。
- **井** ➡ 井卦是道德的立足之地，利人而不搬遷，搬遷則不能利人。
- **巽** ➡ 巽卦是道德的制宜。不能因時制宜、因地制宜，道德就成了教條主義。

這是講人生最高道德的完成，正因為人處在憂患之中，才明白這些易的道理。

君王要時刻考慮自己是否能像井一樣，給百姓帶來源源不斷的益處；自己的道德，是否會像井水一樣薰陶教化本國的民眾。

「巽，德之制也。」巽，就是風。有個成語叫「雷厲風行」，君王的政令是否能像風一樣深入百姓中間，得到普遍執行？這是君王要滿懷憂患之心考慮的第九個問題。只有政通人和，才是道德的統治，道德的制度。

九大益處

履，和而至；謙，尊而光；復，小而辨於物；恆，雜而不厭；損，先難而後易；益，長裕而不設；困，窮而通；井，居其所而遷；巽，稱而隱。

上面談君王必具的九大憂患，此處則說明九大憂患所帶來的九種益處。

「履，和而至。」這是說，君能擁有履卦這個「德之基」，那麼天下百姓就會和諧相處並歸順於君王。

「謙，尊而光。」這是說，君王能擁有謙遜之美德，就會處處受人尊敬並且前途光明。這一條其實對各個階層的人都適用，任何謙遜的人，都會得到更多的幫助與尊敬；而傲慢無禮之人，則不會有人願意跟他來往。古人，人們也以「謙尊而光」四字，稱讚那些德高望重、有學識又謙虛的人。

「復，小而辨於物。」復卦一陽初生，所以說「小」。但古人云「莫以善小而不為，莫以惡小而為之」，所以透過一件小事情，也可以判斷出一個人的道德品質。而君王及時發現自己的小過錯並進行改正，雖然只是件很不起眼的事情，但卻仍然可以讓百姓明白君王之賢明。

「恆，雜而不厭。」這是說，恆的美德可以使人在紛雜的環境裡守住常道。恆即持久，人有了持之以恆的習慣，便不會受環境干擾而生喜惡之情。一般人常常會對某種環境、某種人特別反感，其實這只會擾亂自己的心境，影響自己做事效率及身心健康，所以每個人都應常懷淡泊之心，不被各種環境所干擾。但能做到這一點的人，必須是有恆心的人。

「損，先難而後易。」挫折的好處，就是使人吃一塹，長一智；吃一次虧，學一次乖。也就是失敗是成功之母的道理。所以，每次的挫折、失敗，都會是以後順利發展的前因。當然，這是建立在吸取教訓的基礎上，對於不知悔改的人，則不會有這種因果關係。

「益，長裕而不設。」設，就是擺設，陳列。意思是說，懂得益卦的涵義，就會長久富裕而不會顯擺闊氣，胡亂開銷。因為「謙受益」，利益源於謙遜的美德，擁有謙遜美德的人，即使非常富裕了，又怎麼會鋪張浪費，到處顯擺闊氣呢？

「困，窮而通。」陰極轉陽，陽極轉陰，窮則變，變則通，所以窮困、困境之時，正是轉入富足、通順的起點。但是，君子的窮通，便是「潛龍勿用」，是在困境中暗暗積蓄力量、積蓄學識、積蓄道德，而不是窮極了去搶去偷。所以朱熹說君子「身困而道亨」，就是這個道理。你看那些大學生，一個月幾千元生活費，買本價格高些的書，就得吃一個星期吐司，但這種窮困時期，卻是「道亨」的時期，他們正在積蓄知識，以後成龍成虎，全憑這個時期的努力。

「井，居其所而遷。」這是說井的美德在於身不動而源源給百姓帶來益處。也就是「桃李無言，下自成蹊」的意思差不多。井，像桃李樹一樣不會來回走動，但清潔甘甜的井水卻使四面八方的人都來到這裡打水，這些人把水運到很遠的地方，這就是井的「而遷」。桃李也是這個道理，人們常常採摘果實，下面便會漸漸形成一條小路。井、果樹既可代表君王，也可代表老師；井水、果實，既可代表君王的美德、政策、恩澤等，又可代表老師的思想、學問、道德等。所以，此處說賢明的君王，就像一口井，讓自己的美德源源不斷地恩澤教化四方百姓，使天下百姓歸順朝拜，就如同人們到井邊打水一樣。

「巽，稱而隱。」巽，即是像風一樣遍及百姓的政令，君王的政令與時相稱並且深入人心，這就是「巽，稱而隱」。稱，就是實際情況相稱；隱，就是深入人心。

九大做為

九大憂患所帶來的九種益處

履 ➡	君能擁有履卦這個「德之基」，那麼天下百姓就會和諧相處並歸順於君王。
謙 ➡	君王能擁有謙遜之美德，就會處處受人尊敬並且前途光明。
復 ➡	君王及時發現自己的小過錯並改正，可以讓百姓明白君王之賢明。
恆 ➡	恆的美德可以使人在紛雜的環境裡守住常道。
損 ➡	每次的挫折、失敗，都是以後順利發展的前因。
益 ➡	懂得益卦的涵義，就會長久富裕而不會顯擺闊氣，胡亂開銷。
困 ➡	君子的窮通，是在困境中暗暗積蓄力量、學識與道德。
井 ➡	井的美德在於身不動而源源給百姓帶來益處。
巽 ➡	君王的政令與時相稱並且深入人心，這就是「巽，稱而隱」。

上一節談君王必具的九大憂患，此處則說明九大憂患所帶來的九種益處。

履以和行，謙以制禮，復以自知，恆以一德，損以遠害，益以興利，困以寡怨，井以辨義，巽以行權。

此處，《繫辭傳》作者仍以九卦為例，告訴君王應當如何有所作為。

「履以和行」是說，君王要以履卦為準則，使人與人之間和睦相處。履卦的準則，就是講信，講禮，君王以身作則，帶動百姓講禮而守信，那麼人與人之間自然就會和睦相處。所以君王，一定要起帶頭作用。

「謙以制禮」是說，要以謙卦的原則制定禮儀制度。也就是說，君王制定的禮儀，要鼓勵謙遜的美德，讓謙遜的人受益，鼓勵人們懂得謙遜。

「復以自知」是說，君王一定要有自知之明，不斷改正自己身上的小缺點。

「恆以一德」是說，君王執政，一定要堅持始終如一的原則。《老子》說「治大國若烹小鮮」，就是這個道理。如果君王今天一個政策，明天一個政策，那麼百姓就會無所適從，天下就會混亂。

「損以遠害」是說，君王要從挫折中接受教訓，遠離更大的傷害。正所謂「滿受損」，一切損害皆來自於自滿心理，總看不到缺點，就會導致受挫。如果受挫後馬上悔改，就會遠離更大的傷害了。

「益以興利」的意思很簡單，君王能給予百姓的最大益處，是讓百姓過上富裕的生活。所以，君王發展經濟，讓百姓富有，就是「益以興利」。如果君王總是想先讓自己富有，卻不想讓百姓富有，那麼這種政權是無法長久的。

「困以寡怨」是說，君王在困境中要使人們減少怨恨，正所謂同舟共濟才可共渡難關，所以國難當頭的時候，君王要增強民眾的凝聚力。再者，君子本身處於窮困時期，也不要對富裕的人不幫助自己而懷有怨恨情緒，按現在的話說，就是不要有仇富心理。因為這種困境中君子需要「潛龍勿用」，積蓄力量。而「一家飽暖千家怨」的心理，屬於小人之心，並非君子分內的事情。

「井以辨義」是說，君子應當像井那樣發展自己的道義。君子的道義是什麼？是靠自己的道德使天下歸心。這就如同井一樣，靠清潔甘甜的井水吸引百姓來到自己身邊。而不是靠武力威脅，靠暴力手段，讓民眾歸順自己。

「巽以行權」是說，君王頒布政令應當像風一樣靈活權變。風為什麼無孔不入，無所不在呢？就因為其靈活，能拐彎。像陽光是直線的，所以永遠有陰影存在。風則不是，遇到高山，它越過去；遇到大樹，它繞過去，風可以排除一切障礙而無所不在。所以君王頒布政令，也應當因地制宜，排除各種阻礙，從而使政令得到有效的執行。

此一章，《繫辭傳》作者「三陳九卦，以明處憂患之道」，所以我們想要做到「先天下之憂而憂」而深謀遠慮，那必須要仔細思考以上九卦的深刻內涵。

君王應當如何有所作為

履 ➡	君王要以履卦為準則，使人與人之間和睦相處。
謙 ➡	君王制定的禮儀，要鼓勵謙遜的美德，讓謙遜的人受益，鼓勵人們懂得謙遜。
復 ➡	君王一定要有自知之明，不斷改正自己身上的小缺點。
恆 ➡	君王執政，一定要堅持始終如一的原則。
損 ➡	君王要從挫折中接受教訓，遠離更大的傷害。
益 ➡	君王能給予百姓的最大益處，就是讓百姓過上富裕的生活。
困 ➡	國難當頭的時候，君王要增強民眾的凝聚力。
井 ➡	君子應當像井那樣發展自己的道義。
巽 ➡	君王頒布政令應當像風一樣靈活權變。

《繫辭傳》作者仍以九卦為例，告訴君王應當如何有所作為。

第8節

《易》之為書也，不可遠
經世致用的學問

《易經》是經世致用的學問，不可將它看成離我們的生活太遠的玄學。《易經》中的道理是隨時勢而經常變動的，只有觀其變化，才能明白《易經》中的哲理。

【原文】

《易》之為書也不可遠，為道也屢[1]遷。變動不居，周流六虛[2]，上下無常[3]，剛柔相易[4]。不可為典要，唯變所適。

其出入以度，外內使知懼。又明於憂患與故，無有師保，如臨父母。初率其辭，而揆[5]其方，既有典常。苟非其人，道不虛行。

【注解】

[1] 屢：多次，經常。
[2] 六虛：虛，同「墟」，指位置、地址、處所。「六虛」在外界指上下四方，在卦中表示六個爻位。
[3] 常：不變。
[4] 易：變化。
[5] 揆：揆度。

【釋義】

《易經》這本書，是經世致用的學問，不可將它看成離我們的生活太遠的玄學。

《易經》中的道理是隨時勢而經常變動的。變動而不會靜止，周流於六個爻位之間，從上位降至下位，由下位升向上位，變化沒有常規，陽剛與陰柔相互變易，不可將其看成典籍常規一樣固定不變，只有觀其變化，才能明白《易》中的哲理。

它的出入遵照嚴格的度數，內外往來使人知道戒懼。又能顯明憂患及原因，雖然沒有師保在旁，卻似守在父母身邊，不會導致過錯與損失。最初遵循辭義以揆度爻象和易理所在，就會得到一些經常的規則。如果沒有篤信易道的人，那麼易道也不會憑虛而行。

變易之道

《易》之為書也不可遠，為道也屢遷。變動不居，周流六虛，上下無常，剛柔相易，不可為典要，唯變所適。

「《易》之為書也不可遠」不是說《易經》這本書產生的年代不是很久，而是說《易經》這本書，我們不可把它看得與遠無關，因為這本書所講的並非是遠離我們的神鬼之事，而是我們生活中時刻在應用著的大道理。也就是說我們隨時隨地都離不開它的範圍，它一直都在你的旁邊就像宗教家講的「上帝與你同在」一樣，這就是「不可遠」。

「為道也屢遷」是說，《易經》中所講的道是不斷變化的，並非固定靜止的學問。也就是說，你如果用呆板的法則學《易經》，那就錯了。《易經》這一門學問是活的學問，不是死的學問，它是宇宙的法則。宇宙永遠處於運動狀態，所以它的法則不會永恆不變。所以懂了《易經》的道理，就懂得宇宙的法則隨時在變的道理。

一卦變六十四卦圖

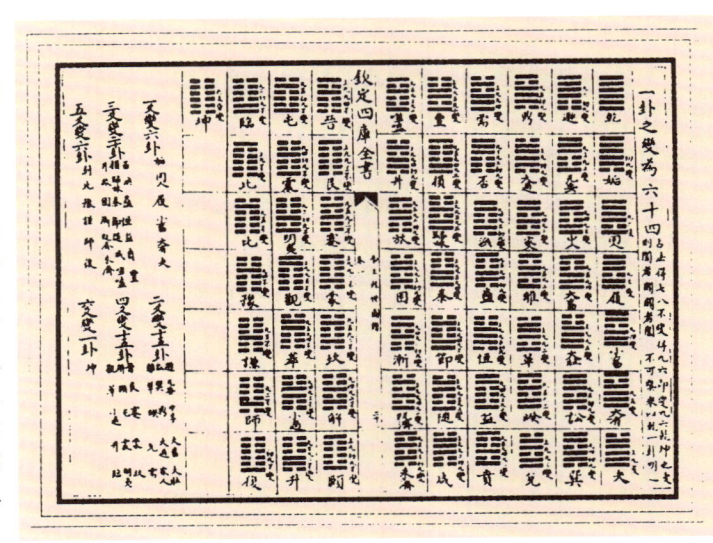

一爻變六卦，六爻變十五卦，三爻變二十卦，四爻變十五卦，五爻變六卦，六爻變一卦，共六十四卦。「不可為典要，唯變所適」意思是說，《易經》這本書不可作為教條性的典籍，只能把陰陽變化之理應用於生活。所以我們對易理要靈活運用，看清時勢向哪個方面變，然後再隨機而應變。

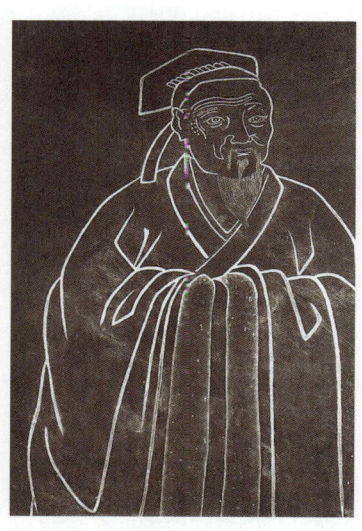

朱熹（1130～1200）

朱熹曾在「其出入以度，外內使知懼」後注解說：「此句未詳，疑有脫誤。」他的這種治學態度非常值得我們學習，身為一代大儒，勇於承認自己不能解的經句，這種謙虛而嚴謹的態度在當今社會太可貴了。

這也就是佛學所講的「無常」。而在易學中，則體現在一個「易」字。日月相合為易，易就是變化、變易的意思。易道，就是陰陽相推而生變化。

「變動不居，周流六虛，上下無常，剛柔相易」所說的都是易道的運動特點，也就是陰陽二氣的變化特點。「變動不居」是說陰陽二氣不停運動。相對一年而言，節氣變化總是周而復始，反復循環，不會總是夏天或者總是冬天；相對一日而言，則有晨昏午夜之變，不會永遠是白天或者永遠是黑夜。在卦畫上，則陰陽爻永遠不是靜止不動的，當我們占卜中得到動爻，實際上表現的是該爻轉換陰陽屬性後的吉凶狀態。比如當我們得到的動爻為陽爻時，那麼爻辭表現的是該陽爻變為陰爻後的吉凶狀況。「周流四虛」則是指陰陽二爻在六個爻位上反復循環。相對季節而言，則代表十二月之六合。如《淮南子・時則訓》中稱：「六合，孟春與孟秋為合，仲春與仲秋為合，季春與季秋為合，孟夏與孟冬為合，仲夏與仲冬為合，季夏與季冬為合。」而六合狀態，正好與日出日落的方位相應，這種情況用易數表示，就叫六爻，也稱為六虛。總之，八卦畫卦之所以只有六爻，則是有天文學上的依據。「上下無常」，是說陰陽二氣上可至九重天，下可達地心，永遠不會處於靜止狀態。而卦爻的爻位變化也是這樣，不會永遠停留在一個地方。「剛柔相易」是說陰氣與陽氣互相推動，互相轉換。

「不可為典要，唯變所適」是說，《易經》這本書不可作為教條性的典籍，只能把其陰陽變化之理應用於生活。所以我們學習《易經》要特別注意，對易理要靈活運用，卜卦算命的方法不能死搬硬套。所以學《易經》的要記住「唯變所適」這一句話。看清時勢向哪個方面變，然後再隨機而應變。懂了這個道理，如果你當個領導人，領導一個團體，第一天到職一看，就知道這個單位哪些地方非變不可。「唯變所適」，只有變革才能進步、發展；只有適宜變革才能更好地生存。

道不虛行

其出入以度，外內使知懼。又明於憂患與故，無有師保，如臨父母。初率其辭，而揆其方，既有典常。苟非其人，道不虛行。

「其出入以度」是說，易道雖然變動不居、上下無常，但是出入是有著精確尺度的。度，就是計量長短的標準，引申義則有法度、分寸等涵義。易道「出入以度」，其表現在天文學上，是說四季更替、二十四節氣的循環、日月運行規律、北斗斗柄方向、二十八宿值辰等，都有精確的數據依據；表面在八卦上，是說卦畫的組合、變化形成卦氣圖、八卦曆，以及《易經》六十四卦的卦變規則、占卜中爻位變化、陰陽變化等，都是與天文學理論相對應，有法度可依，並非毫無根據的亂變；其表現在人事上，是說易道可指導我們做人、做事有一個合適的「度」，這個度就是做人、做事的標準與範圍，我們不超越這個度，就可以趨吉避凶。這就好比烙餅一樣，過火不行，欠火也不行，做人做事也是這個道理。

「外內使知懼」這句話不太好理解。朱熹曾在「其出入以度，外內使知懼」後注解說：「此句未詳，疑有脫誤。」朱熹這種治學態度非常值得我們學習，身為一代大儒，勇於承認自己不能解的經句，這種謙虛而嚴謹的態度在當今社會太可貴了。現在許多易學家可不是這樣，往往是想當然地隨意發揮，簡直是沒有他不懂的，沒有他不知道的，但事實上，都是一些牽強附會的錯誤理論在誤導讀者。筆者認為這裡確實如朱熹所言，前後似乎缺少些文字。但從句式而言，此句是「『外內』使人

城南唱和詩卷
朱熹宋代紙本手卷

朱熹是易學史上發展有突出表現的人物。明代以來的《易經》讀本即為他作注。朱熹此詩卷是他為和張城南詩而作。

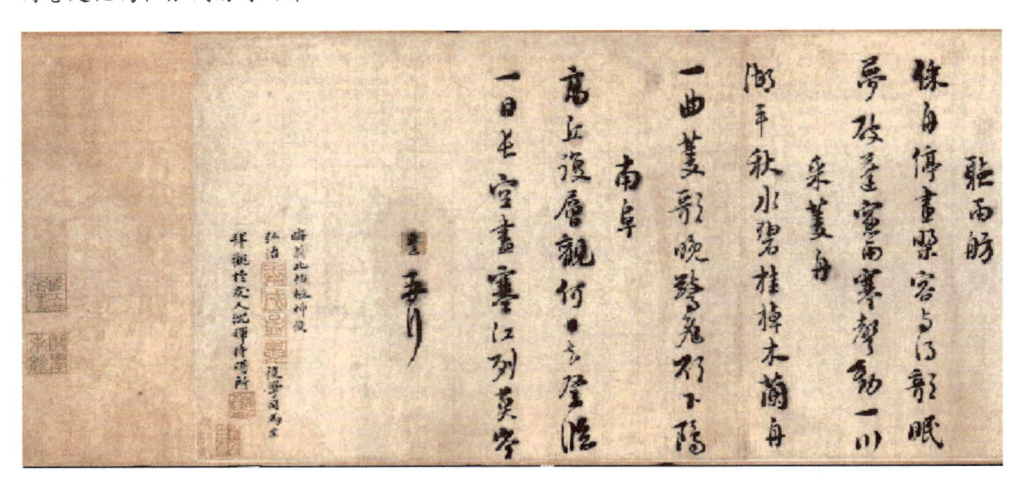

揲蓍成卦法與《易經》原理

揲蓍成卦法堪稱是最典型的《易經》占算法之一，這不僅僅因為它要從《易經》六十四卦中尋找依據，更因為在揲蓍成卦法的具體過程中處處體現了《易經》原理，太極、兩儀、四象、八卦，乃至三才、閏月原理都體現在成卦的具體步驟中。

在占算之前，要先取出一根蓍草，取出的一根象徵著太極。

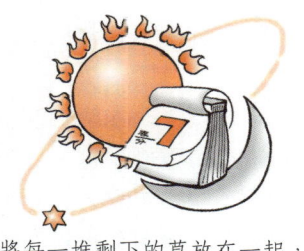

將每一堆剩下的草放在一起，象徵著積累餘日而得到閏月。

把剩下的四十九根蓍草隨意地分成兩堆，表示太極生出的兩儀。

將剩下的蓍草四個一組、四個一組地數，象徵著兩儀生出的四象，或者說是四時。

從其中一堆中取出一根夾在手指間，取出的這一根與剩下的兩堆形成了天、地、人「三才」之象。

揲蓍成卦法在《易傳・繫辭上》中有原文作為依據：「大衍之數五十，其用四十有九。分而為二以象兩，掛一以象三，揲之以四以象四時，歸奇於扐以象閏。」

知道戒懼」的意思。因此,這個「外內」必然指的是易卦,那麼這個「外內」應當有兩種解釋。一種是卦爻辭為外,卦象為內,也就是說占卜者透過卦爻辭的警示及卦象分析而懂得該戒懼哪些事物。「外內」的第二種意思,則可能指的是內外卦。根據內外卦的卦象及所屬五行之生剋確定吉凶,是易學占卜中一項最基本的重要內容。這種占卜法即體用生剋占卜法。什麼是一卦的體卦與用卦呢?在梅花易數占卜法中,由於每占只得一動爻,所以其以有動爻之經卦(也稱小成卦,即三爻的上卦或下卦)作為用卦,無動爻的經卦作為體卦。而以蓍草或銅錢占卜的結果,會出現上下卦皆有動爻或者六爻安靜的情況,這種情況下,就不能像梅花易數那樣的方法確定體用卦了。所以,以蓍草或銅錢占卜時,皆以內卦(下卦)為體,外卦(上卦)為用。體卦,就相當於自己,用卦則相當於他人。一般而言,體剋用則諸事吉,用剋體則諸事凶,體生用有損耗之患,用生體有進益之喜,體用比和則百事順。再根據《說卦傳》中諸卦所代有的事物及萬物類象類推,即可準確預測出吉凶事物是屬於飲食、男女、官場、天災等具體的內容。這種占卜法只需熟記八經卦之五行及萬物類象,即可準確占卜。當然,如果此處「外內」是指此而言,那麼肯定前後缺少一些關聯文字。當然,筆者的觀點也不見得是正確,希望有興趣的讀者能對此做進一步思索。如果你只是想從《繫辭傳》中學到一些哲學理論,那麼此句可以繞行。因為非要牽強附會往外引申出一個哲理來,是沒有任何意義的,反而有害。

「又明於憂患與故」是說,掌握了易學占卜方法後,從卦象及卦爻辭中便可明白應該憂慮什麼和應該憂慮的原因。我們知道《易經》是一本飽含憂患的書,前面《繫辭傳》作者所列舉的九大憂患只是該作者學易的體會,而《易經》中實際上卦卦有憂患,爻爻有憂患,這些飽含憂患的告誡,正是指導君王立於不敗之地的金玉良言。當然,我們讀懂了《易經》,這些金玉良言也可使我們受益無窮。

「無有師保,如臨父母」是說,你學會了《易經》這本書上的學問,即使你沒有老師、保姆,卻可以隨時得到父母的指導與教誨。師,就是太傅,老師;保,就是太保,保姆。古代天子小時候都由太傅、太保進行教育,而他的父母得每天操勞國政。可是相對而言,父母對孩子的教訓與教育,往往是最真最實用的,所以「如臨父母」是說懂了《易經》,裡面的知識就是你最好的父母,使你無時無刻得到幫助、指導與教誨。比如,你一個人無論走到哪裡,都可以因閱讀《易經》而得到無窮教誨;而一個人有疑難時,透過占卜便可以得到正確的指導,你目前該憂慮什麼,該怎樣做,《易經》都會告訴你。所以說,《易經》確實就像時刻不會離開你身邊的父母。

「初率其辭而揆其方,既有典常」是說,開始做事情之前按照卦爻辭的指示揣度它指出的方向,這樣就有了做事的常規法則。率,是遵循、按照的意思;揆,是揆度、揣摩的意思;方,就是方向;典常,就是常規法則。上一小節說「不可為典要」,

而此處又說「既有典常」。這是怎麼回事呢？這是說，《易經》這本書不可作為教條性的典籍，比如《禮記》中規範的各種禮節，是你必須要一一遵守的，這就是「典要」，可是《易經》這本書卻沒有這種性質，《易經》對你的指示是活的，根據不同情況，它這會兒要求你做「潛龍」，過一段日子它又要求你做「飛龍」；今天讓你「夕惕若厲」，明天又讓你「利見大人」……非常靈活，沒有常規，所以說「不可為典要」。可是，當你要做事的時候，透過占卜你得到的卦爻辭，就是你目前必須要遵守的常規法則，所以這個時候，你便要按照卦爻辭所告誡的去做人做事，所以說「既有常典」。

「苟非其人，道不虛行」是說，假如不是這樣去做的人，易道也就不會徒然地來指導他了。苟，就是假如；虛，是徒然；行，是指施行、被人應用。「道不虛行」也可以擬人化地理解為，易道這個傢伙不會無緣無故地來指導你。他不認識你，你也不認識他，你也沒有他的電話號碼，根本見不到面，說不上話，他怎麼來指導你，怎麼能被你運用呢？所以說，牽強附會地從易學裡面往外引申大道理，沒有任何意義，你必須真正懂易學，真正會應用易學，你才能「如臨父母」，時刻都能受到有益的教誨與指點。有些易學家可能認為，我隨意引申沒關係，只要我講的道理對大眾有益，這就算做善事了。其實不然，天下大道理太多了，哪個道理都很有道理，可是如果你把這些道理集中在一起，把那些名人嘉言收集在一起，一比對，你就會立刻暈倒。因為這些大道理放在一起，就會形成對立矛盾的兩種理論，一個理論說生命在於運動，一個說生命在於靜止，一個說人性本善，一個說人性本惡，一個說沒有熱情就損傷靈魂，一個說清靜無為才是道……林林總總，如果你對這些道理全信，那麼你就會陷於矛盾混亂中而不能自拔，所以有些哲學家本來就是瘋子，而易理與這些各派哲學不同，易學是人類近萬年的智慧結晶，其與後世所謂的哲學理論相比，就如同大象與螞蟻。而易理雖然包含各種道理，但卻是以「既有典常」的方式在指導你。所以永遠不會讓你混亂矛盾，永遠能夠為你指出明確的方向。所以，如果牽強附會地解釋易理，是不會有這個效果的，只會給你造成更多混亂。雖然易理可以解釋天地間任何事物，但必須要在對易理正確理解的基礎上進行延伸與旁通，否則，只能堆砌一些似是而非又矛盾混亂的大道理。所以，讀者若想進入易學之門，就必須選擇正確解讀易理的書籍來讀。

第 9 節

《易》之為書也,原始要終
推衍萬事萬物的始終

> 《易經》這本書,是推衍萬事萬物的始終,以此作為質體。六爻剛柔相雜不一,但只要觀察爻位,處在適當的時位,和象徵的事物,便可以決定吉凶了。

【原文】

《易》之為書也,原始要終,以為質也,六爻相雜,唯其時物也。

其初難知,其上易知,本末也。初辭擬之,卒成之終,若夫雜物撰德,辨是與非,則非其中爻不備。噫!亦要存亡吉凶,則居可知矣,知者觀其彖辭,則思過半矣。

二與四同功而異位[1],其善不同。二多譽,四多懼[2],近也。柔之為道,不利遠者,其要無咎,其用柔中也。三與五同功而異位,三多凶,五多功[3],貴賤之等也。其柔危,其剛勝邪?

【注解】

[1]二與四同功而異位:二與四爻都是陰位,功用相同,但所處的位置不同。二爻居中,四爻則不得中。

[2]二多譽,四多懼:二爻居中,所以卦辭多有贊譽;四爻位於九五之尊之下,正所謂伴君如伴虎,所以多恐懼。

[3]三與五同功而異位,三多凶,五多功:三爻與五爻都屬於陽位,功用相同,但位置卻不同,三爻位置低賤所以多凶險,五爻位置尊貴所以多功勞。

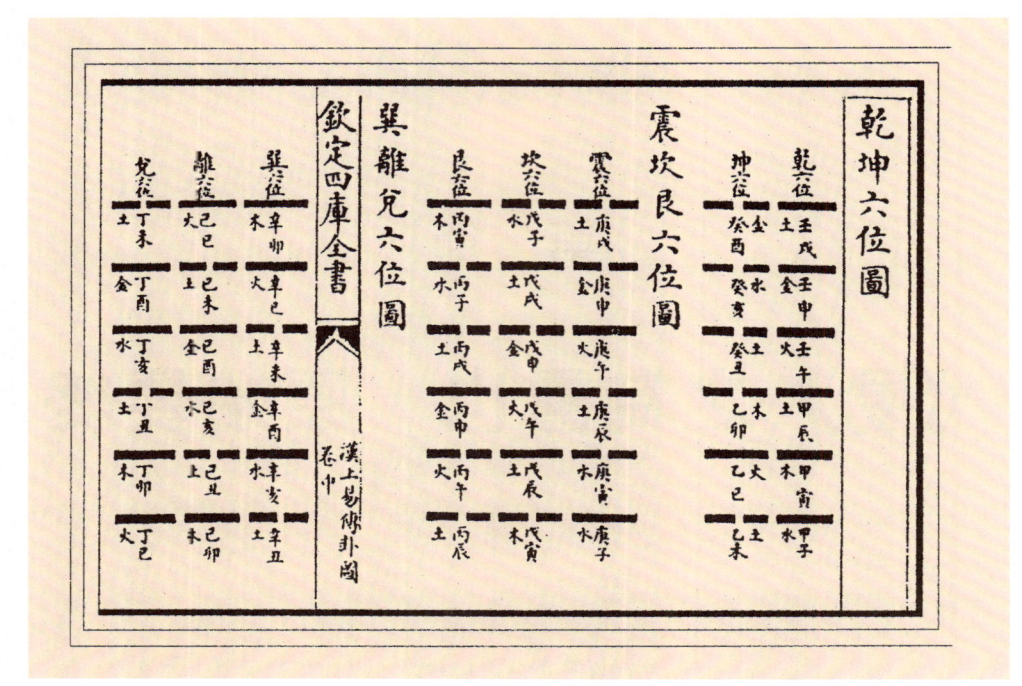

乾坤六位圖

「六位」是指上下四方六位。《乾卦》的彖辭中說：「大明終始，六位時成。」此處的「大明」指的是太陽。「終始」是指日出和日落。

【釋義】

《易經》這本書，是推衍萬事萬物的始終，以此作為質體。六爻剛柔相雜不一，但只要觀察爻位，處在適當的時位，和象徵的事物，便可以決定吉凶了。

初爻是很難了解它的涵義，而上爻為卦末，全卦形體已經具備了，涵義自然畢露，容易領會了。初爻的爻辭代表事物將來的發展情況，上爻是最後已成為事實的終結。至於陰陽錯雜，辨別是非，就必須從二、三、四、五爻中互相審度觀察，它的涵義才能完備而無遺。啊！要了解存亡吉凶，只要看爻居於什麼樣的位置便可以知道了。聰明賢達的人看過彖辭，則可以理解大部分的卦義了。

六爻中的第二爻與第四爻，同屬於陰柔的性質，它們的功用是相同的，而位置卻不同，因此他們時位的好壞也不同。二居下卦中位所以多榮譽。四居上卦之下，接近五爻的君位，所以常處在危機之中。柔順的人需依附於他人，所以不利於遠者。要想沒有咎害，就必須柔而居中。六爻中的第三爻與第五爻，同屬陽剛的性質，它們的功用是相同的，而位置卻不同。三居下卦之極，在臣下之位，所以多凶險。五居上卦之中，位於君王之位，所以多功勳。這是由於爻位有尊卑貴賤階級差異的關係。怎能說屬於柔爻的必定是危險，屬於陽剛的一定優勝呢？

原始要終，以為質也

《易》之為書也，原始要終，以為質也。六爻相雜，唯其時物也。

「《易》之為書也，原始要終，以為質也。」這句話的意思是，《易經》這本書，是推衍天下萬物之本始，歸納天下萬物之終末的理論，並在這種理論下形成了六爻八卦的卦體。原，就是推原的意思；始，就是始初，起始；要，就是歸納，約要；質，就是質體，即六爻卦畫之體。

《易經》這本書是怎樣推衍萬物本始和歸納萬物之終末的呢？首先，易道產生原理是「太極生兩儀，兩儀生四象，四象生八卦」，當分到兩儀的五次方時，便成六十四個六爻卦。六十四卦展示的，便是我們目前的世界萬物，我們透過每卦爻變可以預知未來，這就是歸納萬物之終末，萬物之終末的極點，便是死亡。而向上逆推，則每個六爻卦皆可上溯至太極，太極代表生，而太極再往上溯，則是不生不滅的無極。這個不生不滅的無極，便是萬物之本原、本始。這就是易學最根本、最基礎、最重要的始終理論。其次，一個六爻卦就是一個完整的始終過程，其初爻為始，上爻為終。其三，一陰一陽就代表一個完整的始終過程，陽極為陽之終、陰之始，陰極為陰之終、陽之始。其四，占卜所得之卦便隱藏著始與終的信息，所占之卦表現出的卦象吉凶，代表目前狀態，為始；根據動爻得出的支卦卦象吉凶，則代表未來結果，為終。當然，這只是相對一個小的循環過程而言的始終。如果再細察占卜所得卦的來源，則此卦前的卦變為前因，為始；占卜所得卦為中；之卦為結果，為終。

「六爻相雜，唯其時物也」是說，六爻在一個卦裡陰陽交錯，混雜排列，只是表示當時事物的一段循環過程裡的變化狀況。也就是說，天下萬事萬物都是陰陽相推而無限循環的，而占卜所得的六爻卦，所反映的只是一個時段裡的變化情況。這個時段，短則幾天，或則幾月；長則幾年，或則數十年。八卦占卜可占卜出一個人一生的命運情況，這種占卜法是以人的出生年月起卦，這種占卜法應當是預測時間較長的了。一般而言，八卦占卜的時間段最長不會超過十二年。短則占卜當時便可得到應期結果。

需要說明的是，有些學者考證說，《易經》沒有無極概念，沒有五行概念，其實，這些言論皆屬於門外漢的說法，沒有任何意義。如果我們學習這些學者的理論，既讀不懂《易經》，又不能掌握易理，更無法讀懂與易學有關的古醫學、道學、兵學、古天文學等，只能是浪費些時間。因為《繫辭傳》是一部殘缺的易學文獻，裡面缺少許多內容，所以，鑽研在字句的考證，是得不到真實結果的。

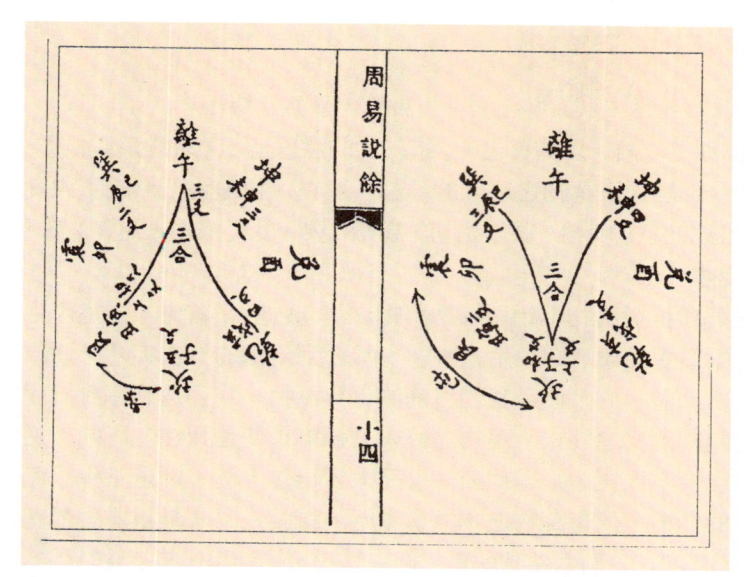

周易說餘圖

「《易》之為書也，原始要終，以為質也。」這句話的意思是說，《易經》這本書，是推衍天下萬物之本始，歸納天下萬物之終末的理論，並在這種理論下形成了六爻八卦的卦體。早在上古時代，人們就用八卦與天干、地支、節氣、星宿等相配。八卦具有「類萬物之情」的特點。此圖用乾卦、坤卦、坎卦、離卦配以地支，展現了古人對天文、曆法的認識。

初爻與上爻的不同

其初難知，其上易知，本末也。初辭擬之，卒成之終。

「其初難知，其上易知，本末也」是說，六爻卦的初爻往往吉凶不易判斷，而上爻則較易判斷吉凶。因為初爻代表本始，事物起初階段很難預測其將來的發展方向與狀態；上爻則代表終末，事物的結局可以明顯看出吉凶狀態。

「初辭擬之，卒成之終」是說，初爻爻辭是根據事物發展規律擬想出來的發展結果，而上爻的爻辭則是直接對事物結果所作的定論。擬，即擬定，擬想以後發展的狀態；卒，即事物發展的結局。這也就是說，因為初爻代表事物的起始階段，所以爻辭只能根據事物發展規律模擬、推演其將來的發展狀態是吉還是凶，爻辭的準確度難以做到精確；而上爻代表事物的最終結局，所以爻辭可以直接作出吉凶的定論，爻辭的準確度較為可靠。

此一小節重點談了一卦之終的始終情況，即初爻與上爻的特點。但這只是對初爻與上爻的一小部分理論，我們不可以把其初為《易經》中的「原始要終」指的便是初爻與上爻。而且，初爻與上爻的特點及吉凶判斷方法，還有得位、得應、得合等諸多說法，此處也沒有講出。

中間四爻的特點

若夫雜物撰德，辨是與非，則非其中爻不備。噫！亦要存亡吉凶，則居可知矣。知者觀其彖辭，則思過半矣。

二與四同功而異位,其善不同。二多譽,四多懼,近也。柔之為道,不利遠者,其要無咎,其用柔中也。三與五同功而異位,三多凶,五多功,貴賤之等也。其柔危,其剛勝邪?

「若夫雜物撰德,辨是與非,則非其中爻不備。」雜,是錯雜之意;雜物,指的是占卜各種事情,如占運氣、占天氣、占爭鬥、占婚姻等;撰,是撰述說明的意思,鄭玄本作「算」;撰德,則是指占卜得到的結果如何;中爻,即六爻中間四爻。全句意思是說,如果要得到各種占卜的結果,辨別其中的是是非非,那麼沒有中間的四爻則無法將吉凶結果解釋得完備。意思就是說,占卜僅有初爻與上爻不行,還得再加上中間四個爻才算完備;初上爻代表本末,中間四爻代表過程。

不過,中間四爻怎麼看吉凶呢?《繫辭傳》作者沒有說明,只是接著感嘆道:「噫!亦要存亡吉凶,則居可知矣。」也就是說:「啊!想要預測天下萬事萬物的存亡吉凶,那麼坐在家裡就可以知道了。」這句話只是感嘆《易經》占卜之神奇,具體分析卦爻的方法還是沒有講。只是感嘆「啊,真是秀才不出門,便知天下事啊」。

接下來則不再談及分析卦爻的事了,而說:「知者觀其彖辭,則思過半矣。」讓占卜者直接看卦辭,根本不談分析卦爻的事了。只是告訴你:「聰明的人只要看卦辭,就可以明白多半的意思了。」這麼混亂的語句表達,別說歐陽脩覺得《繫辭傳》並非孔子手筆,任何人也要問:「你會不會寫文章啊?」如果仔細分析這個原因,只有兩種可能,一個是《繫辭傳》有大量的文字遺失了,此處應當脫漏最多,因為有太多的占卜事項沒有談。另一種就是,《繫辭傳》作者有意寫成殘缺,而把諸多內容只用口耳相傳的形式傳承於師徒之間,以防他們學走占卜精髓。如果仔細分析,則上一小節講的是由初爻至上爻的漸升、漸進關係,應當不止講初上兩爻,還應當講中間四爻,即初爻為始,二爻為發展第一步,三爻為發展第二步,四爻為發展第三步,五爻為發展的高潮,上爻為衰敗的終結。並且可能還會講到如果占官事,則初爻為委任一到五職等,二爻為薦任六到九職等,三爻為簡任十到十四職等,四爻為特任官(官派),五爻為總統,六爻為離退人員;如果占醫藥,則初爻為針藥,二爻為酸藥,三爻為甘藥,四爻為苦藥,五爻為辛藥,六爻為醫師等。而此小節「若夫雜物……則思過半矣」,講的應當是中間四爻形成的上互卦(三、四、五爻組成的卦)與下互卦(二、三、四爻組成的卦),而上互卦與下卦的卦象及生剋情況,也是過程吉凶的依據,這些內容都應當要有。不過關於這些知識,在本書上冊基礎知識部分已經講過,所以在此就不多述了。仔細閱讀那些基礎知識,你會發現《繫辭傳》有太多遺漏的內容。

接下來,《繫辭傳》作者分析了二爻與四爻、三爻與五爻的同異,仍然有大量遺漏內容,總之,只憑這些知識,是無法真正去分析卦象得到的吉凶。

「二與四同功而異位,其善不同。二多譽,四多懼,近也。柔之為道,不利遠者,

其要無咎，其用柔中也。」這是說二爻與四爻皆屬於陰位但所處的爻位不同，所以其處境的好壞也不同。二爻多得美譽，四爻多恐懼，這是因為四爻離五爻君位太近，處於「伴君如伴虎」的境地。而二位比四位要遠，本來不利，如果要能夠沒有咎害，就一定要柔爻居中位。也就是說二爻居於下卦之中，這個爻最好是陰爻。

「三與五同功而異位，三多凶，五多功，貴賤之等也。其柔危，其剛勝邪？」這話是說，三爻與五爻都屬於陽位，但所處的爻位不同，一般三爻凶多，而五爻則功多。這是因為貴賤階級不同。這兩個爻位陰爻有危厲，陽爻則可以勝任。

總而言之，如果表達得完整些，這裡所講的內容應當是這樣：八卦六個爻位中，一、三、五三個奇數位為陽位，一般以陽爻為好；二、四、六三個偶數位為陰位，一般以陰爻為好；六個爻位中二、五爻因居中而吉祥；六個爻位由下至上依次等級越來越高，五爻相當於君位，二爻相當於民眾中的領導；三爻為臣而多凶，因為其遠離君位又凌駕於三爻之上；五爻多吉，因為五爻為君臨天下之位；二爻因居中而吉，四爻因伴君而凶。

當然，這樣補充一點內容，還不能把卦象分析方法全部講出來，建議大家還是看本書上冊基礎知識部分的內容。

互卦圖

所謂「互卦」，即取卦中的二、三、四爻及三、四、五爻，又可得經卦二爻。以六畫之卦為太極，上下二體為兩儀，合二互體為四象，又顛倒看二體及互體通為八卦。

第10節

《易》之為書也，廣大悉備
內容詳備，無所不包

> 《易經》這本書，廣大無邊，內容詳備。凡天道、人道、地道，無所不包。包含天地人三才而兩兩相重疊，所以每卦共有六個爻。六爻不是別的，就是三才之道。

【原文】

《易》之為書也，廣大悉備[1]，有天道焉，有人道焉，有地道焉。兼三才而兩之，故六六者，非它也，三才之道也。

道有變動，故曰爻。爻有等，故曰物。物相雜，故曰文。文不當，故吉凶生焉。

【注解】

[1] 廣大悉備：廣，寬廣；大，博大；悉，全、都；備，具備。

【釋義】

《易經》這本書，廣大無邊，內容詳備。凡天道、人道、地道，無所不包。包含天地人三才而兩兩相重疊，所以每卦共有六個爻。六爻不是別的，就是三才之道。

《易經》之道，變動不居，而周流於六位之間的陰陽兩畫，稱之為爻。爻有剛柔大小遠近貴賤的區別，好像物類的不齊，所以稱作物。陰陽兩物交相錯雜，所以稱作文。各卦各爻，陰陽摻雜，時有當與不當，於是就產生了吉凶之象。

三才之道

《易》之為書也，廣大悉備，有天道焉，有人道焉，有地道焉。兼三才而兩之，故六六者，非它也，三才之道也。

「《易》之為書也，廣大悉備，有天道焉，有人道焉，有地道焉。」這句話意思是說：「《易經》這本書，廣大無邊，內容詳備。凡天道、人道、地道，無所不包。」

「兼三才而兩之，故六六者，非它也，三才之道也。」這句話的意思是說：「八經卦的三個爻分別代表天、地、人三才，兩個八經卦組成六爻卦，則初爻、二爻代表地，三爻、四爻代表人，五爻、上爻代表天。六爻卦表現的不是別的，就是三才之道。」

估計讀者看到這小段內容也有點煩了，因為這些知識前面已經講過了。此三才之道，就是《繫辭傳‧上》原文第二章所講的三極之道。由此可見，《繫辭傳》確實很混雜沒有章法。這說明孔

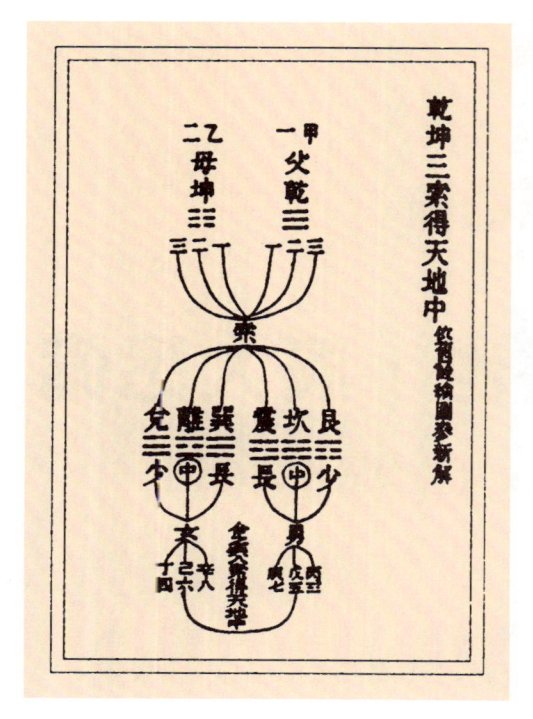

乾坤三索得天地中圖

乾坤相交而成萬物。初爻、二爻為地，三爻、四爻為人，五爻、六爻為天，是為「三才之象」，而人在其中。

子傳授易學時，存在眾多貴族一起切磋、探討的現象。周公制禮作樂期間所撰寫的相關文獻，到了春秋末期，可能每個貴族家裡只剩下幾片斷了線的竹簡，誰也沒有完整的《易經》助讀文獻。而眾人皆相信自己那兩片竹簡屬於真傳，於是切磋的結果，誰也沒有說服誰，無法形成統一觀點。最後有人把眾人之觀點拼湊起來，就成了我們現在看到的《易傳》。

又一個「吉凶生」

道有變動，故曰爻。爻有等，故曰物。物相雜，故曰文。文不當，故吉凶生焉。

此處，其實又存在一些重複內容，不過也有新的說法。「道有變動，故曰爻」與《繫辭傳‧下》第三章的「爻也者，效天下之動者也」意思基本相同，不過有人認為此處「道有變動」是指無論天道、人道，還是地道，道都有變動的意思，但還是與「效天下之動者」沒有大區別。

「爻有等，故曰物」意思與《繫辭傳‧上》第一章「天尊地卑」、「方以類聚，物以群分」差不多。「爻有等」即是說爻有遠近貴賤的差別，這種差別導致「物以群分」，所以不同爻位可代表不同事物。如初爻代表最低階層，五爻代表君王等統治階層；也可分為天類、人類及地類等。

「物相雜，故曰文」是說，代表不同事物的六爻剛柔之位相間，所以稱為「文」。也就是說，初爻、三爻、五爻為陽位、剛位、奇數位，二爻、四爻、六爻為陰位、柔位、偶數位，這種陰陽相錯、剛柔相間的爻位就叫「文」。文，就是交錯、雜錯的意思。

「文不當，故吉凶生焉。」這是說如果爻不當位，就產生了吉和凶。這句原文多少有點語病。想表達的意思是，如果陰爻居柔位、陽爻居剛位則吉。可是原文「文不當」只是講明「陰爻居剛位、陽爻居偶位則凶」這一狀態，所以不應當「故吉凶生焉」，而應當「故凶咎（或『吝』、『悔』等）生焉」。

第 11 節

《易》之興也
殷之末世,周之盛德

《易經》大約興起於周文王和紂王的時代,所以它的文辭皆含有警戒畏懼之意。警示人們常常居安思危,就能化險為夷,得到平安;安逸懈怠,必遭致傾覆。

【原文】

《易》之興也,其當殷之末世,周之盛德邪?當文王與紂之事邪?

是故其辭危。危者使平,易者使傾[1]。其道甚大,百物不廢。懼以終始,其要無咎,此之謂《易》之道也。

【注解】

[1] 傾:傾覆。

【釋義】

《易經》的興起,大概在商代的末期、周朝道德興盛的時期吧?應當是周文王和紂王時代的事情吧?所以它的文辭皆含有警戒畏懼之意。常常居安思危,就能化險為夷,得到平安。安逸懈怠,必遭致傾覆。易學道理是如此廣大,所有事物都不能違背此原則,時時戒懼,始終不懈,其主旨在於無咎,這就是易學的道理。

文王與紂王之事

《易》之興也,其當殷之末世,周之盛德邪?當文王與紂之事邪?

前面《繫辭傳》作者曾說過：「《易》之興也，其於中古乎？」此處又言：「《易》之興也，其當殷之末世，周之盛德邪？當文王與紂之事邪？」這可以說是對《易經》這本書的興起時間做了更精確的猜測。

「殷之末世」，即紂王時期，即周文王於羑里演八卦作卦辭時期；「周之盛德」，可能指的是周公制禮作樂期間，因為這時西周是最昌盛的。而周文王活著的時候，還沒滅殷建周，周文王雖然在諸侯中享有盛德美譽，但一直以來，只是商王朝的一位西伯，而「文王」這個稱謂，也是武王滅殷建周後封的。所以「其當殷之末世，周之盛德邪」是說，《易經》的興起，應當是殷末紂王時期至周公攝政時期的事情嗎？

「當文王與紂王之事邪？」這句又是另一個猜測，意思是說應當是文王與紂王那段歷史的事情吧？文王與紂王的事情，就是文王被紂王囚禁於羑里，演八卦作卦辭的事情。

這兩個猜測，一個是說滅殷興周之事，另一個是文王羑里演八卦作卦辭的事。二十世紀初出現的《易經》古史派學者，透過對卦爻辭的研究，發現《易經》中確實隱含著殷商時期的歷史事件。如有學者認為，《泰》、《歸妹》卦中的「帝乙歸妹」是指商王嫁女給周文王，《隨》、《升》卦中的「亨於西山」是指周文王在岐山宴亨，《震》卦「震驚百里」記文王開國情形，《既濟》卦中的「西鄰」是指西周，「東鄰」則指殷朝，以上均為卜官記文王之事。其他如《師》卦中的「大君」疑指周公，《蠱》卦中的「不事王侯，高尚其事」疑指伯夷叔齊之事，《屯》卦「利建侯」是指周初封建諸侯。卦爻辭所記史事皆在周初，最晚是《晉》卦中的康侯，因此卦爻辭應該作於西周成王之時。

由於《易經》古史派各家學說不一，所以關於《易經》如何隱藏殷周歷史，至今尚無統一的定論。但它們發掘《易經》中的一些歷史故事，給《繫辭傳》的幾個「《易》之興也」的猜測提供佐證，使《易經》和商周歷史的關係更加貼近。

文王演易
刻數字卜骨西周陝西省長安縣出土

商紂把姬昌從三公的高位上拉了下來，在羑里關押了近七年，其間姬昌就以研究他最喜愛的問卜技巧來打發時間。他將多年的研究記錄下來，成為《易經》的核心思想，被後世認為是中華文明中最珍貴的寶藏之一。圖為西周時期的一塊牛肩胛骨，背面有圓形鑿孔三個，有灼痕。正面有卜兆，卜兆附近記得有數字兩行，一行是六八一一五一，一行是五一一六八一，均為易卦的數字符號，前者為乾下震上的「大壯卦」，後者為震下乾上的「無妄卦」。

懼以終始，其要無咎

是故其辭危。危者使平，易者使傾。其道甚大，百物不廢。懼以終始，其要無咎，此之謂《易》之道也。

無論文王羑里演八卦作卦辭，還是周公攝政時期，都是一個充滿憂患的時期，所以「其辭危」。也就是說卦辭裡充滿危機、嚴厲的氣氛。

「危者使平，易者使傾」是說，正是充滿危機感且極其嚴厲的訓誡，才能使學習《易經》的君王擁有憂患意識使天下太平；而認識不到這種危險的君王，則會使國家傾覆。易，在這裡是平易，沒有危險的意思。

「其道甚大，百物不廢」是說，易道非常廣大，無所不包，各種事物都不會廢棄。也就是說，「與天地準」的易道可以成就天下各種事物。無論什麼事物，皆可以易道進行演繹而知吉凶；你無論做什麼事情，易道都會給你最正確的指導，讓你走向成功。

「懼以終始，其要無咎，此之謂《易》之道也。」這句話的意思是說，把戒懼的教導貫穿始終，關鍵是做到沒有過失，這就是《易經》的道。意思是說，《易經》的道，可以讓你始終受到戒懼而沒有過失。

需要說明的是，這裡的「始終」並非只是開頭和結尾的意思，前面已經講過，八卦六爻重點在中間四爻，因為中間四爻代表過程。所以此處的「始終」，是由始至終的意思，也就是說始、中、終都要懷有憂患意識地接受《易經》卦爻辭的告誡。

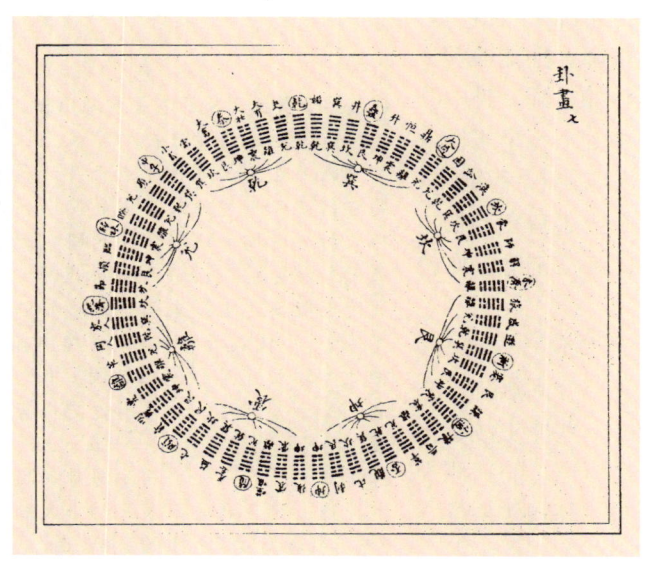

六十四卦循環之圖

六十四卦之陽極於乾，陽極陰生為姤，陰極於坤，陰極陽生而為復，陰陽迭運而生寒暑。卦氣相配，循環在六十四卦之間，天道左旋，則應各卦。「懼以終始，其要無咎，此之謂《易》之道也。」意思是說，《易經》的道，可以讓你始終受到戒懼而沒有過失。

第12節

夫乾，天下之至健也
德行恆易以知險

> 乾是天下最剛健的，德行恆久而容易，所以可以照出天下的危險。坤是最為柔順的，德行恆久而簡靜，所以可以明察天下困難險阻的原因。

【原文】

夫乾，天下之至健也，德行恆易以知險。夫坤，天下之至順也。德行恆簡以知阻。

能說諸心，能研諸侯之慮。定天下之吉凶，成天下之亹亹者。是故，變化云為，吉事有祥，象事知器，占事知來。

天地設位，聖人成能[1]，人謀鬼謀，百姓與能。

八卦以象告，爻象以情言，剛柔雜居，而吉凶可見矣。變動以利言，吉凶以情遷。是故愛惡相攻而吉凶生，遠近相取而悔吝生，情偽相感而利害生。凡《易》之情，近而不相得則凶，或害之，悔且吝。

將叛者其辭慚，中心疑者其辭枝，吉人之辭寡，躁人之辭多，誣[2]善之人其辭游，失其守者其辭屈。

【注解】

[1] 能：功能。
[2] 誣：誣陷，誣告。

【釋義】

乾是天下最剛健的，德行恆久而容易，所以可以照出天下的危險。坤是最為柔順的，德行恆久而簡靜，所以可以明察天下困難險阻的原因。

易學中的道理能洞曉他人心理，能精研人們的各種思慮。能斷定天下吉凶悔吝的事理，成就天下勤勉不息的事業。所以無論天地陰陽變化，還是人類的言行舉止，吉利的事情必有吉祥的徵兆。觀察它所象徵的事物，就可以知道形成的器具；尚未顯現的事機，可以透過占卜而知道未來吉凶。

天地設立了高低不同的位置，聖人成就它的功能。聖人在做事之前，先謀於賢士，同時又卜筮於鬼神，百姓也跟著參與這種功能。

八卦以爻象告訴人們吉凶，爻辭和象辭以情理而言。剛柔兩爻，互相錯雜周流於六位之間，吉凶之徵兆便可以顯現出來。剛柔兩爻的變動，是為了使事物趨於有利；吉凶的推斷，是按照情理而定的，處世合情合理，則得吉。反之，違背人情常理，則陷入凶險。所以，貪愛和憎惡兩種不同的情感互相攻擊就產生了吉凶，遠與近相攻擊就產生了悔吝，真情與虛偽相感就產生了利害衝突。易理中，近在一起不相容就是凶，或有傷害、悔恨與憂吝。

想要陰謀叛變的人，說話時定有慚愧的表情；心中有疑惑的人，說話就毫無系統，雜亂無章；有修養的吉利人，言辭真善而正直，話就說得少；浮躁的人，較為輕浮，話就說得多；陷害善良的人，心中不安，故言不由衷，說話浮游不定；失去操守的人，言辭多卑微。

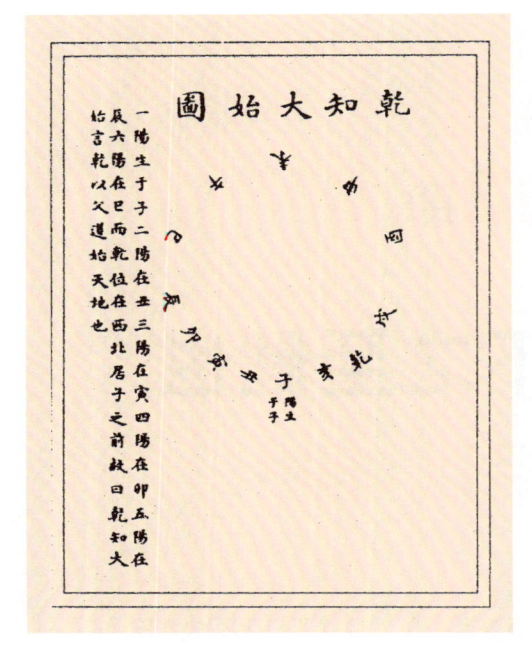

乾知大始圖

此圖講的是一陽在子，二陽在丑，三陽在寅，四陽在卯，五陽在辰，六陽在巳，而乾位在西北，在子之前，所以說「乾知大始」。乾是天下最剛健的，德行恆久而容易，所以可以照出天下的危險。

至健與至順

夫乾，天下之至健也，德行恆易以知險。夫坤，天下之至順也。德行恆簡以知阻。

《繫辭傳》雖然內容拼湊處較多，但其開頭與結尾，尚能做到首尾呼應。本章

是《繫辭傳》的最後一章，與《繫辭傳》開篇第一章一樣，講的是乾坤兩卦。足見乾坤兩卦在《易經》中的重要地位。

「夫乾，天下之至健也，德行恆易以知險。」乾是天下最剛建的，這個意思大家比較好理解，因為乾卦卦名象徵天，本身便含有剛建的意思。天體運行不息，這就是一種剛健的體現；乾卦又代表陽，陽本身便具有剛健的特性。《大象傳》也說：「天行健，君子以自強不息。」《周易集解》說「言天之體以健為用，運行不息，應化無窮，故聖人則之。欲使人法天之用，不法天之體，故名『乾』，不名天也」。所以說，「夫乾，天下之至健也」並不是困難點。而「德行恆易以知險」就不太好理解了。德行，就是道德行為；恆，則是指乾因運行不息而有恆之德；易，不要理解為簡易，古文中的「簡」和「易」是兩個意思，有一點小區別，「簡」就是一片竹簡，引申義為「簡單」、「單純」，傾向於「做事簡單」的意思，而「易」則是指「容易」、「不難」，傾向於「變化不難、不複雜」的意思，如《繫辭傳》第一章說：「乾以易知，坤以簡能。易則易知，簡則易從」中的「易」和「簡」便是這個意思。所以「德行恆易」就是說，乾具有恆、易之德行。

那麼恆易之德行，如何「以知險」呢？這是最難理解的部分。首先，我們到乾卦的卦爻辭去找答案。乾卦卦辭「元亨，利貞」，爻辭「潛龍勿用」、「見龍在田，利見大人」、「君子終日乾乾，夕惕若厲，無咎」、「或躍在淵，無咎」、「飛龍在天，利見大人」、「亢龍有悔」、「見群龍無首，吉」，這些，只是占卜用的斷辭嗎？不是。這些都是飽含憂患的告誡，是教導君王在不同時態下做人、做事的金玉良言！身為君王，要時刻聆聽這些告誡，時刻接受這些指導，這就是恆之德「以知險」而避險。並且，乾卦是所有陽爻的代表，所以《易經》六十四卦的陽爻爻辭，皆屬於這種恆之德。這種恆之德，就是時刻懷有憂患意識，就是時刻接受卦爻辭的指導。其次，我們從「易之德」上再去找答案。易，就是變化不難、不複雜的意思。我們看天體運行，非常的簡單，不過是順時針運轉，剛柔相推，陰極而陽，陽極而陰。這種天體運行規律的結晶，就是易理。而《易經》的「易」字有「變易」、「簡易」和「不易」三種涵義。也就是說易理的特點是變易，對於內行人來說它簡易，對於外行人來說它不易。所以說乾卦代表的天道「易則易知」，乾卦代表的陽道「易則易知」，所以諸卦陽爻（坤卦代表之陰爻同理）之吉凶可知，這就是易之德「以知險」而避險。而且，君王效法天道的「易之德」，政令簡潔明瞭、不難懂，且不做冒險犯難等沒把握的事情，也屬於以「易之德」、「知險」而避險。

理解了上面的內容，那麼接下來的「夫坤，天下之至順也。德行恆簡以知阻」就好理解了。「夫坤天下之至順也」是說坤是最柔順的，因為坤代表大地，坤卦《象辭傳》說：「地勢坤，君子以厚德載物。」坤卦卦辭說：「元亨，利牝馬之貞。」這都是說明坤具有柔順之美德。馬是一種父系社會形的動物，一個馬群中，只有一

匹公馬為群主，其餘的母馬則為公馬的妻妾。母馬，就叫牝馬。牝馬任公馬撕咬而不會反抗，而且絕對不會與本群之外的公馬發生性關係，而只為本馬群的「群主」生育後代，所以牝馬這種柔順的品德，就是坤的「至順」之德。

「德行恆簡以知阻」與前面「德行恆易以知險」原理相同。坤的「恆之德」也是說坤卦卦爻的憂患意識，及六十四卦各陰爻爻辭的憂患意識，可以使人們「知阻」而不受阻。坤以「簡能之德」「知阻」的原理，是說坤代表地道的「簡則易從」，代表陰道的「簡則易從」，所以諸陰爻之吉凶可知，「簡之德」可以「知阻」而繞開阻礙。而且，臣民效法地道的「易之德」，「簡則易從」，遵章守紀，不做違法的事情，也屬於「簡之德」「知阻」而不受阻。

此處之所以稱乾之凶為險，坤之凶為阻，則是因為山行遇澗為險，以高臨低為險；平行遇山為阻，以低臨高為阻。

乾坤交變十二卦循環升降

《繫辭傳》開篇第一章講的就是乾坤兩卦，可見其在《易經》中的重要地位。此圖講的是乾上坤下相交變否，坤上乾下相交變泰，為人體天地；泰左否右，為人體天地陰陽循環氣機之升降。

君王位高而知險，此險即是跌落之險，也就是說這個危險就是君王會從高高的位子上掉下來而失去尊位；臣民位低而知阻，此阻即是不通之阻，也就是說這個阻礙就是律法規範，臣民得知道做事不能超越法律及規範之上。

成天下之亹亹者

能說諸心，能研諸侯之慮。定天下之吉凶，成天下之亹亹者。是故，變化云為，吉事有祥，象事知器，占事知來。

「能說諸心」的「說」字，不是「悅」的意思，而是「閱」。因為古時「悅」、「閱」與「說」都是通用的。「能說諸心」是說可以看清人心。也就是說，懂得乾坤之道，就可以做到洞曉人心了。因為乾坤即陰陽，人心也分陰陽。雖然人心百謀千慮，但大至而分，不過或為名或為利，或為善或為惡，或為財或為色，或為權或為錢，皆逃不出陰陽二字。

「能研諸侯之慮」的「諸侯」二字，朱熹認為是衍文，也就是說本來沒這兩個字，是傳抄、印刷的錯誤。不過，加上這兩個字，也不會影響原意。只是不如「能研諸慮」更工整些。天下人整天都想著什麼呢？也不過是或為善或為惡，或為財或為色，或為權或為錢，也逃不出陰陽二字。

「定天下之吉凶」很好理解，就是占卜算卦，這是《易經》八卦的主要功能。當然，以易理而推知天下萬物之吉凶，也可以稱為「占卜」。

「成天下之亹亹者」是說，成就天下所有勤勉者的事業。也就是說，只要你懂得易理，而且很勤勉，那麼做事就會有成，事業有成。亹亹，便是勤勉、勤奮的樣子。

而以上四句，其實皆是在說乾坤二卦的重要作用。因為深刻理解乾坤兩卦，便走進《易經》的大門了。乾坤便是「一陰一陽之謂道」，明白了乾坤，便可以掌握易理。

「是故，變化云為，吉事有祥，象事知器，占事知來。」這句話則是告訴人們該如何應用易理。也就是說，易理是如何成就「天下之亹亹者」。變化，事物漸顯為變，事物漸隱為化，顯極而隱，隱極而顯，這就是變化。天地萬物如此神秘的變化，你怎麼能掌握它們的規律呢？易理可以告訴你！云，云就是說，就是告訴；為，就是做。云為，就是告訴你該怎樣去做。

「吉事有祥」，祥，就是祥瑞，就是好事的徵兆。當事物向好的方向發展時，便會出現好的徵兆。懂易理，便可以從這個徵兆來知道自己做對事情。比如，古時有「鳳凰來儀」的徵兆，這就說明君王治理天下時，不但恩澤百姓，也普惠眾生，自然界沒有遭到人為的大破壞，所以這是好的徵兆。

乾坤二用圖

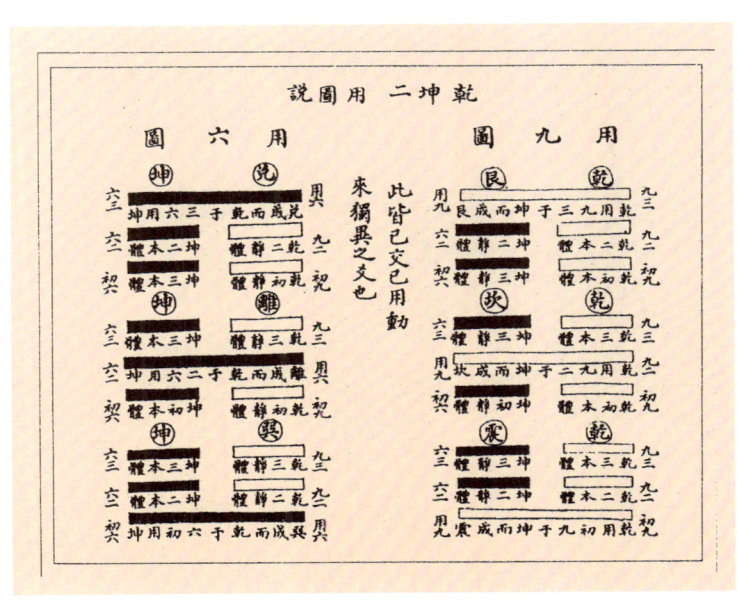

「二用」是指乾卦的「用九」和坤卦的「用六」。《易經》六十四卦中除了乾、坤二卦之外，都是六爻，只有乾、坤二卦多出了一爻，稱為「用爻」。「用爻」是指占筮過程中出現的全爻都是「老陽」或者「老陰」時，六爻會發生相反的變化。如此圖右側的「空心爻」，就是這種變化所產生的結果。

「象事知器」是說，透過卦象，可以明白天下各種有形之物的原理，也可以「以象製器」而應用於生活。

「占事知來」就是說，透過占卜，可以知道未來的事情，使你能夠身懷遠謀，提前為將來做準備，積蓄力量。當然，這種占卜，並非單指分蓍草或搖銅錢，以易理推測未來，也屬於「占」。

人謀鬼謀

天地設位，聖人成能，人謀鬼謀，百姓與能。

「天地設位」的意思就是天尊地卑的不同位置，這個內涵，我們在《繫辭傳》第一章已經講過了。那麼「聖人成能」是什麼意思？能，是古時一種像熊一樣的獸類，但是長著鹿一樣的足。「能」這個動物很有力氣，所以「能」字的引申義是能力、

聖人之「能」在百姓身上的體現

神農氏根據益卦而發明了木犁，這個木犁就是神農「能」的體現。神農把製作木犁的原理與方法傳授百姓，這樣，神農部落的人們，就可以人人都用木犁耕地了。這就是「百生與能」，這個「能」正是聖人之「能」在百姓身上的體現。也可以說，如果聖人不能把這個「能」發揮到百姓身上而體現出來，那麼這個聖人也不是真正的「能」。

才能。「聖人成能」也就是說聖人透過「天地設位」的古天文學而發明了易學，有了這個易學，那麼聖人做什麼事情都可以成功了，聖人的才能也就充分顯露出來了，所以說「聖人成能」。

「人謀鬼謀」是什麼意思呢？前面我們講過「君子信道，小人信神」的意思。君子掌握了易學，便可用易理而謀劃各種事物，怎麼統治百姓？怎麼鎮壓叛亂？怎麼發展經濟？……這些皆屬於君子要思考的「人謀」。可是在古時，愚昧無知、沒有知識的百姓，是不會懂得諸多大道理的，也不會懂得「道」，他們只信神。所以聖人以占卜求神的方式來統治、指揮百姓，這就是「鬼謀」。按現在的話說，就是裝神弄鬼，讓你聽我的。但在古時，這種「鬼謀」也是君子「人謀」智慧的體現。因為你跟百姓講物理，講化學，他們聽不懂，他們不理你。而透過裝神弄鬼的「鬼謀」，百姓也就能夠完全聽從聖人的領導，把聖人的「能」體現出來，所以說「百姓與能」。

舉例而言，神農氏根據益卦發明了木犁，這個木犁就是神農「能」的體現，可是你把製作木犁的原理與方法傳授百姓，跟他講力學原理，他聽不懂。神農說：「神告訴你們，就得完全按照這種方式去做這個木犁，有一點偏差都不行。」這樣，神農不用多費口舌，百姓就聽得懂了，而且神農的木犁用什麼木頭，百姓也用什麼木頭，神農的犁柄弧度多少，百姓也做成相同的弧度；神農的犁頭有多尖銳，百姓也做成多尖銳。這樣，神農部落的人們，就可以人人都用木犁耕地了。其他部落的人過來一看，忍不住讚嘆：「哇，這個神農部落的人們真『能』啊！」這就是「百生與能」，這個「能」正是聖人之「能」在百姓身上的體現。也可以說，如果聖人不能把這個「能」發揮到百姓身上而體現出來，那麼這個聖人也不是真正的「能」。你想，如果神農部落只有神農一個人有木犁，別的人都拿原始的貝殼挖地，那能提高生產力嗎？一個生產落後的部落，能體現出部落首領的「能」嗎？這個道理，就如同管理之父德魯克所說的：「管理，就是使平凡的人創造不平凡的事。」你為什麼是管理者？因為你可以讓平凡的員工團結在一起，做出不平凡的事情。否則，就不是有效的管理；管理者也不是合格的管理者。所以，今天的管理者，就相當於古時的聖人，要把「聖人」之「能」在眾人身上體現出來，那才是真的「能」！

八卦以象告

　　八卦以象告，爻彖以情言，剛柔雜居，而吉凶可見矣。變動以利言，吉凶以情遷。是故愛惡相攻而吉凶生，遠近相取而悔吝生，情偽相感而利害生。凡《易》之情，近而不相得則凶，或害之，悔且吝。

　　「八卦以象告，爻彖以情言，剛柔雜居，而吉凶可見矣。」這句話是告訴你用八卦判斷吉凶的方法。即用八卦判斷吉凶的根本在於卦象，這就是「八卦以象告」，

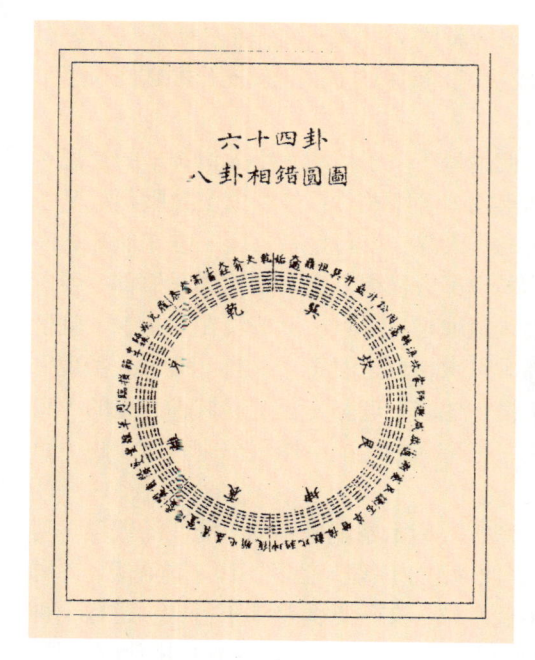

六十四卦八卦相錯圓圖

此圖講的是乾南坤北，離東坎西，震東北，兌東南，巽西南，艮西北。自震至乾為順，自巽至坤為逆，因此八卦相交而成六十四卦。「八卦以象告，爻彖以情言，剛柔雜居而吉凶可見矣。」這句話是講，用八卦判斷吉凶的方法，意指八卦判斷吉凶的根本在於卦象。

可是，並不是每個人都具有分析卦象的能力，而且卦象所代表的事物極其繁多，也不是每個人都能把握得很好，所以古聖人寫出卦爻辭，幫助人們看懂卦象，這就是「爻彖以情言」。也就是說，你分析卦象的時候，要按照卦爻辭的思路去分析，這樣就不會偏失了。「剛柔雜居而吉凶可見矣」是說，透過卦爻辭的指導，再仔細推敲陰陽爻雜錯相處適當還是不當，吉凶的結果就完全可以看出來了。

接下來，《繫辭傳》作者告訴你為什麼這樣判斷吉凶。

「變動以利言，吉凶以情遷。」這是說，卦象、爻象的變化是向有利的方向發展，還是向不利的方向發展，這就是判斷吉凶的依據。變動，指的是卦象、爻象的變動方式；利，就是利害關係；吉凶，是最終的吉凶結果；情遷，是說卦象、爻象的變化是否符合情理。

「是故愛惡相攻而吉凶生，遠近相取而悔吝生，情偽相感而利害生。」這句話的意思是說，所以看卦爻象之間是相愛還是相攻可以判斷出吉凶，看卦爻象之間的遠近關係就可判斷出悔吝狀況，看卦爻象之間相感應的真與假，就可判斷出是有利還是有害。舉例而言，某爻與相臨之爻或相應之爻為異性，那麼它們的關係就是相愛的；某爻與相臨之爻為同性，那麼就會有悔吝之事發生；某爻與相臨、相感之爻為異性則有利，為同性則有害。

「凡《易》之情，近而不相得則凶，或害之，悔且吝。」這一句是最終總結，意思是說，總之《易經》裡面的情理，應當親近的爻位卻互相排斥，那麼結果必然是凶險、有害或悔吝。這句總結如果按今天的話來解釋，那麼就是「同性相斥，異性相吸」的原理。有一句名言叫「真正知己，永遠是異性」。這句話就是符合易理的真理。因為同性之間，無論友誼多麼深厚，永遠存在一定的排斥心理，即使是斷袖之癖的人們，也不會形成像夫婦之間那種親密關係。當然，這種「同性相斥，異性相吸」的理論，並非只適用於男女，還適用於天下萬物。相對於企業而言，同行

各企業之間永遠存在激烈的競爭與排斥關係，而合作關係的企業則永遠存在相吸相助的親密關係。這個道理，是企業老闆們內心必須清楚知道的一個基本常識。

看懂《易經》會識人

將叛者，其辭慚，中心疑者其辭枝，吉人之辭寡，躁人之辭多，誣善之人其辭游，失其守者其辭屈。

學會了《易經》，你就可以看清人的心理。因為相由心生，一個人的內心所想，總會從言語、表情上透露出來。當然你必須真正讀懂《易經》，而不是讀過幾遍《易經》就能有這個本事。

什麼叫真正讀懂《易經》呢？就是深刻明白乾坤兩卦的內涵，明白陰與陽的轉化關係，明白「一陰一陽之謂道」。陰，代表內在，代表內心；陽，代表外在，代表行為語言等各種表現。由於陰陽之間永遠存在微妙的轉化關係，所以我們可以由陰知陽，也可以由陽知陰。

「將叛者，其辭慚」是說，當一個人要背叛你的時候，聽他講話就能知道了。他的話雖然講得好聽，但語氣裡一定有許多歉然，隨時都有慚愧之意流露出來。所以古人說：「心不負人，面無慚色。」當然，這是看古樸的古人所用的方法。可是現代人，懂得這個道理，往往會做到語言、語氣及表情都毫無慚愧之色，那麼如果他表現得失去常態的無愧，那也是一種「將叛」的訊息，因為易學告訴我們，陽極而轉陰，陰極而轉陽，物極必反。所以，你只有深刻理解易理，才能靈活地判斷出誰要背叛你。比如《最後的晚餐》中的猶大，當耶穌說出有人要出賣他時，猶大表現得依然很忠誠。可是他的手與耶穌在同一個盤子裡取食的行為，便已經揭露他的謊言。達文西為什麼是名畫家？因為他

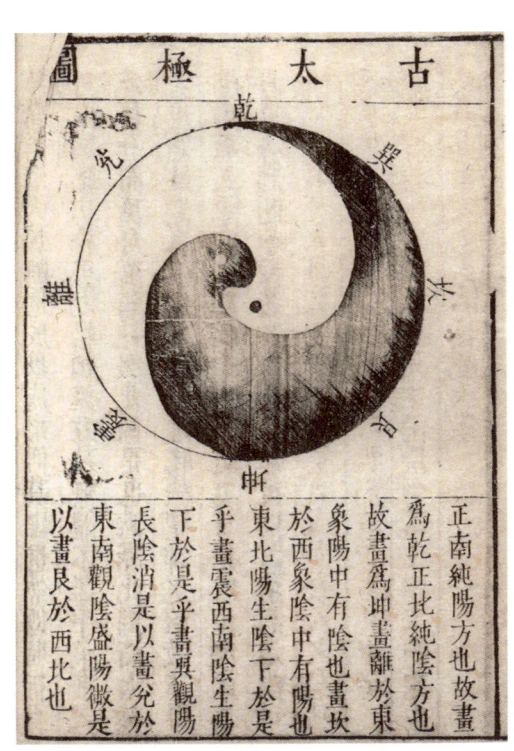

由陰知陽，由陽知陰

古人認為宇宙不僅是旋轉的一體（太極），也是可以分開成陰陽兩極的（生兩儀）。太極圖上的陰陽魚表示一切事物既矛盾，又相輔相成，物極必反。中間的「魚眼」表示陰中有陽，陽中有陰。易學告訴我們，陽極而轉陰，陰極而轉陽，物極必反，所以，你只有深刻理解易理，才能對人有準確的認識。

有極強的觀察能力與表達能力，想了解人心百態，你仔細看看《最後的晚餐》就會有收獲。

「中心疑者其辭枝」是說，心中有疑惑的人，說話就毫無系統，雜亂無章。枝，就是樹枝，引申義就是支離而沒有主脈、主題。心中有疑問的人，他的語言表達往往做不到脈絡分明。此外，當一個人對你有疑心的時候，講話也往往敷衍而不講重要的內容。和你說了半天，卻沒有談到真正的東西，沒有講主要的東西，那就表明他對你有疑心，他對你還不放心。

「吉人之辭寡」是說，有修養的吉人，言辭真善而正直，話說得少。什麼叫吉人？吉人就是沒病沒災，沒有難處而永遠吉祥的人。這種人怎麼會多話呢？他根本沒那麼多話要說，因為人不是為了說話而活著，而是為享受生活而活著。一個非常有錢的人，今天怕別人把他的錢搶了，明天又怕自己短命而享受不了富貴生活，這種人，不叫吉人。吉人，是真正懂得易理的人，是真正

修身的方法

「吉人之辭寡」是說，有修養的吉人，言辭真善而正直，講話少。吉人就是沒病沒災，沒有難處而永遠吉祥的人。吉人，是真正懂得易理的人，是真正能夠修身、齊家、治國平天下的人。因為中國古文化的精髓理論，只有一個，就是易理。易理可以修身、齊家、治國平天下。而修身的方法，便是保精裕氣養神，懷清靜之心；語言太多，就會耗氣而傷身。似上圖這般立於青山吟詩弄句，就是修身方式的一種。

能夠修身、齊家、治國平天下的人。為什麼這樣說呢？因為中國古文化的精髓理論，只有一個，那就是易理。這個易理，即可以修身，也可以齊家，還可以治國，甚至

可以管理天下。而修身的方法，便是保精裕氣養神，懷清靜之心；而語言太多，就會耗氣而傷身。「齊家」的方法，也是「飽」、「裕」、「養」之道；治國的方法，同樣是「飽」、「裕」、「養」之道；平天下的方法，是讓天下諸侯歸順，同樣也是「飽」、「裕」、「養」之道。所以說，連修身這點小事情都做不到的人，怎麼能做到齊家、治國、平天下呢？怎麼是「吉人」呢？所以說，「吉人寡言」的內涵，並非「沉默是金」這麼一個小道理，而是修身、齊家、治國、平天下的大理論精髓。

「躁人之辭多」是說，浮躁的人，較為輕浮，話就說得多。什麼叫浮躁？就是心靜不下來的人。這種人，看到什麼事物都有想法，一有想法就想表達，可是由於心靜不下來，他的表達永遠是膚淺的，沒有主題與內涵，這種人肯定不是「吉人」。所以選拔主管、看一個人的學識，由此便可以看出來：這種「躁人」，肯定是膚淺之輩。

「誣善之人其辭游」是說，陷害善良的人，心中不安，故言不由衷，說話浮游不定。因為他在以無中生有的方式誣陷好人，所以當然拿不出真正的事實。言辭中自然就會游移不定，一會兒說東，一會兒說西，總之是說他人的壞處，但是你問他是真的嗎？他會說我聽人家這麼說，你說靠不住，他又說不過、但是、恐怕、說不定⋯⋯一大堆。總之，似是而非，似非而是，欲加人罪而不負責地游移其辭。

「失其守者其辭屈」是說，失去守護而沒有安全可言的人，他的言辭就會唯唯諾諾。比如，古代打仗中有一種最為恥辱的盟約，叫「城下之盟」。這種盟約是怎麼一回事呢？就是徹底打敗了，宣布無條件投降。勝方以滅城為威脅手段，讓你同意盟約的各種條款。這種盟約裡，打敗仗的一方雖然「理直」，卻不敢「氣壯」，只能唯唯諾諾，任人擺布，這就是「辭屈」。失去了地位、失去了權力、失去了操守等的這些人，皆屬於「失其守者」。當你不知道這個人的真實處境時，只憑他言辭中的理不直、氣不壯，就可以判斷出這個人是「失其守者」。古時有些明君賢臣，就是透過犯人的「辭屈」而查出刑訊逼供的許多冤案，所以說懂得這個「辭屈」之妙很有用處。比如，你是某企業的領導者，一個員工來應聘，你發現他很有能力，但語言「辭屈」，你便降低一點待遇也可以留住這個人。以後隨著業績再加薪，那麼你既可以節省一些資金，又可以發揮激勵的作用。

八卦有六爻，此處《繫辭傳》的作者也只列舉了六個識人方法。至此，《繫辭傳》便全部講完了。而《繫辭傳》本身還有許多言而未言的內容，需要大家去仔細體悟和思考。當大家真正從自己的體悟與思考中理解了《繫辭傳》，那才算是真正理解易學。

第四章

《說卦傳》的智慧

　　《說卦傳》是專為說明《易經》卦象而寫的傳。按《繫辭傳》的說法，《易經》原來沒有辭，全靠卦象表意。想要讀懂《易經》，就必須了解它的意象。《易經》是中國最古老的一部成書文獻，時代的演變也造成了語言文字的演變，因此《易經》的語言也成為最難理解的語言。我們想要直接讀懂它，就不得不參照它所依據的卦象。《說卦傳》就是告訴我們，當初規定用八卦符號所代表卦象的一篇傳文。

本章內容摘要

參天兩地而倚數：揲蓍成卦法

聖人作易，以順性命之理：順應本性與命運

天地定位，山澤通氣：逆序而數

雷以動之，風以散之：八個物象的基本特性

帝出乎震，齊乎巽：方位和季節

神也者，妙萬物而為言者也：卦象的作用和意義

乾，健也：八卦之卦德

乾為馬，坤為牛：八卦代表的八種動物

乾為首：八卦與人體各部位

乾，天也，故稱父：乾坤父母與三子三女

乾為天、為圜、為君、為父：萬物類象

第1節

參天兩地而倚數
揲蓍成卦法

揲蓍成卦法是利用《易經》占卜的最古老方法之一，它是透過擺弄蓍草而得出卦象的方法。在擺弄蓍草的過程中，處處體現了《易經》的原理，最後的預測也是要回到《易經》六十四卦，所以它又是最典型的《易經》占卜法之一。

【原文】

昔者，聖人之作《易》也，幽贊於神明而生蓍[1]。參天兩地[2]而倚數，觀變於陰陽，而立卦，發揮於剛柔而生爻，和順於道德而理於義，窮理盡性以至於命。

【注解】

[1] 蓍：蓍草。
[2] 參天兩地：即三天兩地。天為陽代表奇數，天為圓，直徑的三倍為圓周的長度，任何數以三乘之都會成為奇數，所以天數為三。地為陰代表偶數，地為方，直徑的四倍為正方形的周長，四裡面包含兩個偶數，任何數以二乘之都會成為偶數，所以地數為二。

【釋義】

從前，聖人創制《易》的時候，大地暗助神明之道而長出了神奇的蓍草。聖人用蓍草演算天地之間的數，發現了天數為三地數為二的奧祕。聖人透過對陰陽變化的觀察而發明了八卦，依據陰柔與陽剛的特點創制了陰陽二爻，把人的道德與天地

之道的和諧進行綜合，整理出精闢的哲學內涵，使《易》中的哲理包括了天地所有的道理，甚至是人的命運。

宇宙物理的形成

昔者，聖人之作《易》也，幽贊於神明而生蓍。參天兩地而倚數。

「昔者，聖人之作《易》也，幽贊於神明而生蓍。」這句話的意思是說，古時聖人初創易學這門學問的時候，神明暗中贊助他，讓大地長出蓍草。

是否真的這麼神奇？天上有一位神明在啟發伏羲發明八卦，並因此而讓大地長出了蓍草？應該沒這麼神奇。真實的情況，應該是多虧了蓍草的幫助，讓伏羲發現天地間隱藏的真理──易理。也就是說，伏羲以蓍草作為工具，最終演算出天地間最偉大的定律──陰陽相推的易理。

伏羲是怎樣使用蓍草這個工具呢？是用它來占卜嗎？肯定不是。因為那時候易理還沒有被總結出來，易學占卜法尚未發明，這時候蓍草的作用就是「參天兩地而倚數」。

什麼叫「參天兩地而倚數」？簡言之，就是以蓍草演繹天地之數。也就是說，蓍草的作用相當於算籌，可以用它進行數學計算。一年有多少天，一個月有多少天，部落有多少人，如何分配食物等，都可以用蓍草進行計算。而伏羲用蓍草演算天體，就是「一畫開天」。伏羲怎麼畫這一畫呢？就是用蓍草在地上畫了一個圓圈。這個圓圈就代表天，並且是一筆畫成，所以說「一畫開天」。這個「一畫開天」就叫「參天」；接下來，伏羲還「一畫闢地」，即在地上又一筆畫了一個方形，這「一畫闢地」就叫「兩地」。為什麼這麼說呢？因為天方地圓，陽奇陰偶，奇數的基本單位是一，偶數的基本單位是二；而圓的周長與直徑的比例是三比一，也就是說天之圓有天奇的三個基本單位，所以稱為「參天」，「參」字就是「三」的意思；而方形的特點是對邊相等，所以相臨兩邊乘以二，就是方形的周長，於是方形的周長永遠是偶數，而絕對不會出現奇

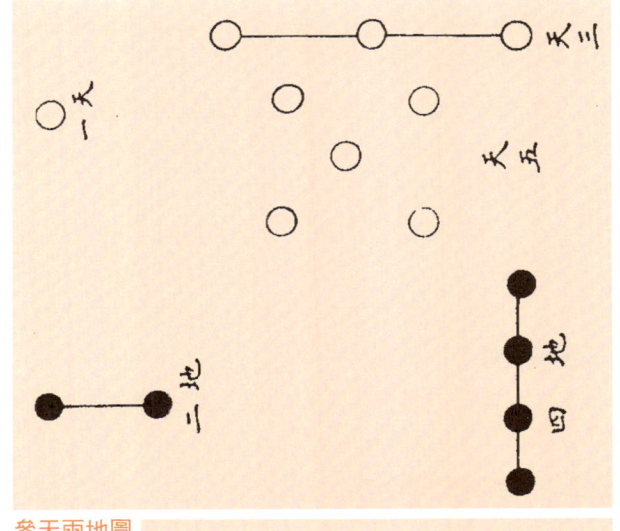

參天兩地圖

乾元用九，參天也；坤元用六，兩地也，所以說參天兩地而倚數。

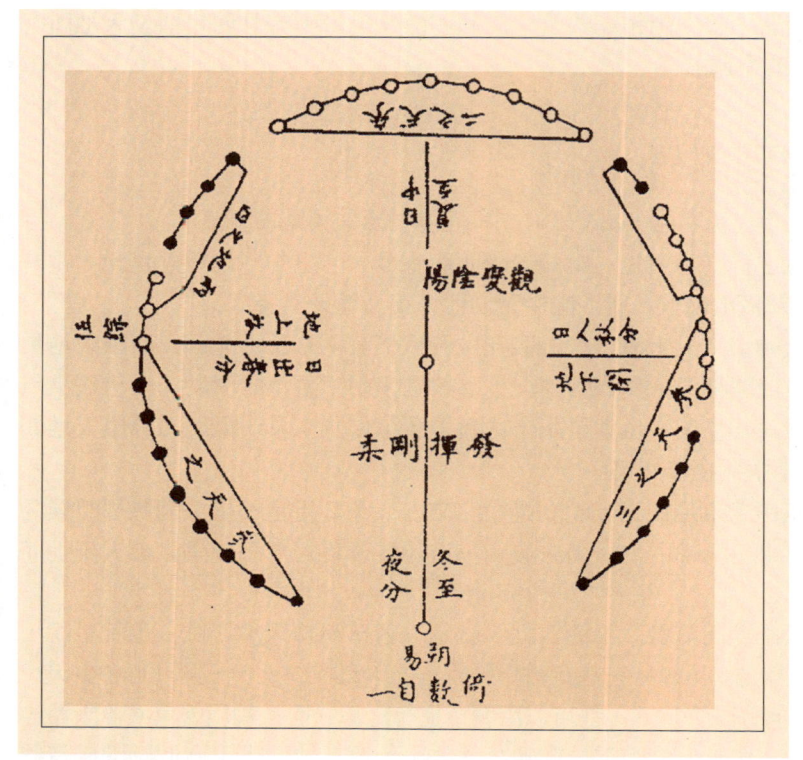

參天兩地倚數之圖

　　伏羲時代，蓍草的作用就是「參天兩地而倚數」。什麼叫「參天兩地而倚數」？簡言之，就是以蓍草演繹天地之數。也就是說，蓍草的作用就相當於算籌，可以用它進行數學計算。一年有多少天，一個月有多少天，部落有多少人，如何分配食物等，都可以用蓍草進行計算。

數，所以說「兩地」。簡言之，對於圓來說，則直徑乘以三，便得到圓的周長，所以說「參天」；對於方來說，則相臨兩邊長度乘以二，便得到方形的周長，所以說「兩地」。這是古人計算圓周與四方邊長的簡易方法。其他的數，皆為二、三兩個數字組合而成。比如在易學裡，三個三就成了老陽九（3×3=9），三個二就成了老陰六（3×2=6），兩個三、一個二相加就成了少陰八（3+3+2=8），兩個二、一個三相加就成了少陽七（2+2+3=7）。這也就是說，三代表奇數在運算方面數的屬性，二代表偶數在運算方面的屬性。所以「參天兩地而倚數」的意思是說，聖人依據奇數以三來推算，偶數用二來推算的運算定理，確定了演算天地變化的方法。

窮理盡性

　　觀變於陰陽而立卦，發揮於剛柔而生爻，和順於道德而理於義，窮理盡性以至於命。

「觀變於陰陽而立卦」是說，聖人上觀天、下觀地、中觀天地間的萬事萬物，最終將這些林林總總的萬事萬物總結為陰與陽兩個方面，以二進制數學的方式表達它們，於是發明了八卦。以蓍喻陰陽，則一根長蓍草為陽，兩根短蓍草為陰。一陰一陽就是二進制數學的 0 與 1。

「發揮於剛柔而生爻」是說，聖人將二進制數學的陰與陽發揮為剛與柔的兩種屬性，從而創立了「效天下之動者」的爻。也就是說，陽爻與陰爻「效天下之動者」而具有新的內涵，使其又具有剛健與柔順的兩種屬性。

「和順於道德而理於義」是說，聖人把天地陰陽之道與人的道德協調理順，使其合乎天道的法度。理，朱熹認為是「隨事得其條理，析言之也」的意思；義，是法度的意思。

「窮理盡性以至於命」是說，聖人全面研究天下的所有道理，從而徹底揭示萬物之本性，並使其有益於生命。這句話，實際上是中國性命之學的綱要，是道家內丹修煉的法訣。窮理，就是把天下所有道理研究透了，明白天下至理就是陰陽，就是「一陰一陽之謂道」；盡性，就是徹底揭示萬物之本性，從而明白本性即「如來」，即清靜虛無之心；命，即生命。本性清靜，生命之根才會堅固，所以說，由性了命一直是中國傳統養生的精髓。

道教內丹

「窮理盡性，以至於命」是說，聖人全面研究天下的所有道理，從而徹底揭示萬物之本性，並使其有益於生命。這句話，實際上是中國性命之學的綱要，是道家內丹修煉的法訣。唐代外丹金丹術因為有副作用，促使金丹術由外丹向內丹轉變。至唐末五代，道教內丹道已經盛行起來，出現了鐘呂金丹道。

第四章 《說卦傳》的智慧

第 2 節

聖人作易，以順性命之理
順應本性與命運

> 聖人創制《易》的時候，想向人們說明的是要順應本性與命運的道理，所以確立了天道為陰與陽，地道為柔與剛，人道為仁與義，共包含天地人三才的兩種屬性。

【原文】

昔者聖人之作《易》也，將以順[1]性命之理。是以立天之道曰陰與陽，立地之道曰柔與剛，立人之道曰仁與義。兼三才而兩之，故《易》六畫而成卦。分陰分陽，迭[2]用柔剛，故《易》六位而成章。

【注解】

[1] 順：順應、依照。
[2] 迭：交迭。

【釋義】

從前聖人創制《易》的時候，想向人們說明要順應本性與命運的道理，所以確立了天道為陰與陽，地道為柔與剛，人道為仁與義。這裡共包含天地人三才的兩種屬性，所以八卦共有六個爻。即天道兩爻有陰陽之分，地道兩爻有剛柔之分，人道兩爻有仁義之分，所以《易》中的八卦順理成章地分為六個時位。

「盡性知命」的易學之道

「窮理盡性，以至於命」，是聖人作易的意圖，「盡性知命」的易學之道，強調了由現實關懷（憂患）以歸於終極關懷的思想。

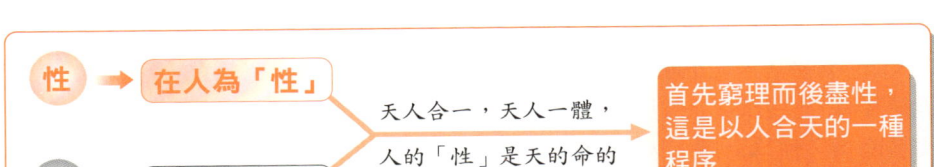

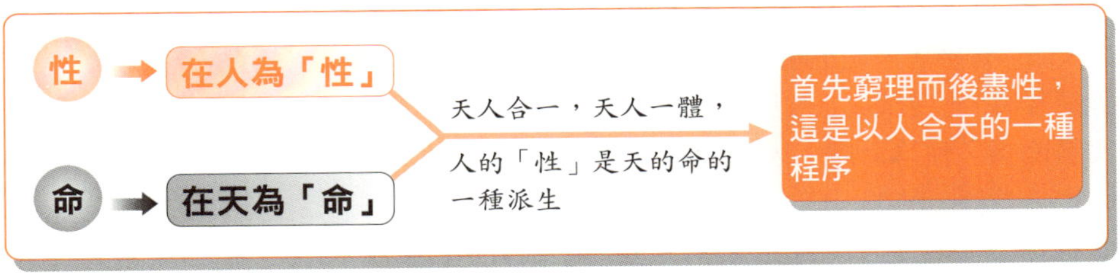

性 → 在人為「性」

命 → 在天為「命」

天人合一，天人一體，人的「性」是天的命的一種派生

首先窮理而後盡性，這是以人合天的一種程序

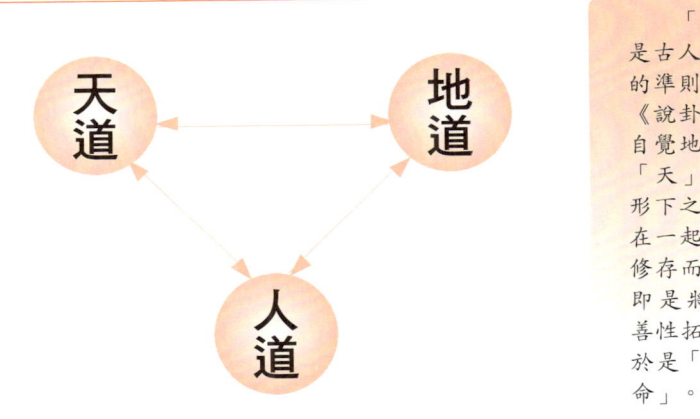

天道 ─ 地道
  ↘ ↙
  人道

「天命」和「道」是古人認為宇宙最高的準則和造化之主。《說卦》在這裡完全自覺地力圖將形上之「天」（「道」）與形下之「人性」融合在一起，所以就人性修存而言，「盡性」即是將先天固有之善性拓展開來，就等於是「窮理」、「至命」。

心、性、命只不過是天道在不同形式上的不同表現，其內涵是完全一致的，人若能修身立誠，率性於道，便是踐行了《易經》盡性至命的教導。

第四章 《說卦傳》的智慧

377

性命之理

昔者聖人之作《易》也，將以順性命之理。

「昔者聖人之作《易》也，將以順性命之理」是說，古時聖人初創易學這門學問的時候，除了「參天兩地而倚數」之外，還按照性命的道理而建立易學體系。

什麼是性命之理？性，就是人類的本性，心神，炯炯一靈；命，就是人類的生命、天命、腎精，天地至精。性命相合如一，則自然神清腎固，性強命壯；性命相離，則神飛腎瀉，性衰命亡。以狀態而言，則性陽命陰，因為性是無形的，命是有形的；以本質而言，性陰命陽，因為性喜清靜、無為，而命喜生長、運動。總之，性命之理即陰陽之理，即古人所謂的道德。

什麼是「順性命之理」呢？就是順應本性與生命運行規律。性喜清靜、無為，沒有人生下來就特別喜歡動腦筋，整日憂慮滿懷，人的天性喜歡過無憂無慮的生活；命喜行長、運動，生長、運動是所有生命的本質，停止生長、一動也不動那就是死亡。所以，讓心境無憂無慮，讓生命生長運動，就是「順性命之理」。

又由於「性命之理」便是道德，所以「順應性命之理」便是「順應道德」，即順應天道。

三才而兩之

是以立天之道曰陰與陽，立地之道曰柔與剛，立人之道曰仁與義。兼三才而兩之，故《易》六畫而成卦。分陰分陽，迭用柔剛，故《易》六位而成章。

由於天地萬物皆要順應天道而生，而天道就是一陰一陽，所以天地萬物皆離不開陰陽之道。天道是陰陽之道；地道則是剛柔之道；人類是天地間萬物的代表，人道則是仁義之道。所以說「是以立天之道曰陰與陽，立地之道曰柔與剛，立人之道曰仁與義。」其人道的仁，便相當於天道的陽，地道的剛；人道的義，則相當於天道的陰，地道的柔。

三爻的八經卦正好表達了天、地、人三者的關係，可是由於天道分陰陽，地道分剛柔，人道分仁義，所以將兩個三爻卦相疊為六爻卦，正好體現出陰陽、剛柔與仁義六者之間的關係，所以說「兼三才而兩之，故易六畫而成卦」。這樣，六爻卦中下面二爻代表地道的剛與柔，中間兩爻代表人道的仁與義，上面兩爻代表天道的陰與陽，這就是「分陰分陽，迭用柔剛，故易六位而成章」。

需要說明的是，此處只是說明六爻卦的產生原因。而實際應用上，卦中所有陰爻皆可代表地道的柔和人道的義，所有陽爻皆可代表地道的剛與人道的仁，並不侷限於天、地、人的位置。此外，六十四卦所有陰陽爻，可以代表各陰陽屬性的事物，並不體現於以上六種。如君子與小人、雌雄、男女、大小、前後、高低等。

第 3 節

天地定位，山澤通氣
逆序而數

> 天與地確定了上與下的位置，山與澤相對而氣息相連，雷與風相對而相互激盪，水與火相對而格格不入，這便是相互交錯的先天八卦方位。想要了解以往的事情便按著順時針的方向往前數，想要了解未來的事情便逆順序向後數。所以《易》是逆序而數。

【原文】

天地定位，山澤通氣，雷風相薄[1]，水火不相射，八卦相錯。數往者順，知來者逆[2]，是故《易》逆數也。

【注解】

[1] 薄：激盪。
[2] 數往者順，知來者逆：此句歷來解釋有多種說法。一種認為「數往者順」指的是先天八卦，「知來者逆」指的是後天八卦；還有人認為是「天道左旋，地道右旋」；邵雍認為是先天八卦的運轉順序。筆者認為邵雍講的較為確切。「數往者順，知來者逆」便是先天八卦方位圖按照震、離、兌、乾、巽、坎、艮、坤的順序排列運轉。

【釋義】

天（乾）與地（坤）確定上下的位置，山（艮）與澤（兌）相對而氣息相連，雷（震）與風（巽）相對而相互激盪，水（坎）與火（離）相對而格格不入，這便是相互交錯的先天八卦方位。想要了解以往的事情便按著順時針的方向往前數，想要了解未來的事情便逆順序向後數。所以《易》是逆序而數。

先天八卦方位圖

天地定位，山澤通氣，雷風相薄，水火不相射，八卦相錯。

這裡所說的，便是先天八卦方位圖。

「天地定位」就是天尊地卑的兩種位置。也就是說在先天八卦圖中，乾卦在上面，坤卦在下面。

「山澤通氣」是說，天地之中，大山出雲生水，水流出匯聚為大澤，大澤又蒸發成雲雨落於山上，它們之間的氣息是相互連通的。而代表山的艮與代表澤的兌，也有這種相通的關係。反應到卦圖中，則是坤卦右方為艮卦，與乾卦左方的兌卦遙相呼應。

「雷風相薄」是說，天地中的雷與風往往相互激盪，雷助風勢，風助雷威，相伴而行。這種關係反應到卦圖中，則是坤卦左方為震卦，與乾卦右方的巽卦遙相呼應。

「水火不相射」是說，水火不相接納對方。射，就是射箭的「射」，此處指進入對方的意思。也就是說坎水與離火不相容納，因為坎水也代表月亮，離火也代表太陽，太陽與月亮一般情況下不會同時出現，只晦朔之時相合。其表現在卦圖中，則是離火位於正東方，坎水位於正西方。

先天八卦方位圖
清代 黃宗炎 《圖學辯惑》

此圖是伏羲所畫的先天八卦方位圖，但這個八卦圖，在唐以前未見流傳，在唐宋以後才出現的。

「八卦相錯」是說，八卦的順序相互交錯。也就是說天與地不在一起，而是呈相對應的形式錯開；艮與澤也不在一起，也是呈相對應的形式錯開；震與巽也不在一起，也是呈相對應的形式錯開；坎與離也不在一起，也是呈相對應的形式錯開。其實也就是伏羲先天八卦方位圖的樣子。此外，古代許多易學家認為，「八卦相錯」就是八經卦兩兩組合而成六十四卦。這兩種說法，後者與前文「三才而兩之」聯繫得更為緊密些，而前者與後文「雷以動之，風以散之」相關聯，所以兩種說法都各有其立場，無法形成統一的定論。

數往者順，知來者逆

數往者順，知來者逆，是故《易》逆數也。

此小節是易學的一個難點，從古至今一直沒有統一的說法。古時的代表觀點有：

《子夏易傳》：「定天地之位合二物之交，通山澤之氣雷風相薄而大，水火相革而生，重錯八卦以觀其所適，而天下之理得矣。如日月之更也，如四時之代也，古今往來其道一也。故往者從而數之，來者逆而前之，是故逆數者易之智也。」

《周易集解》引虞翻解：「天地地位謂五貴三賤，故定位也；山澤通氣謂艮兌同氣相求，故通氣；雷風相薄謂同聲相應，故相薄；水火不相射謂坎離射厭也，水火相通，坎戊離己，月三十日一會於癸壬，故不相射也。八卦相錯，錯摩則剛柔相摩，八卦相盪也。數往者順謂坤消從午至亥，上下故順；知來者逆謂乾息從子至巳，上下故逆也。是故易逆數也，易謂乾，故逆數。」

《周易注》韓康伯注：「易八卦相錯變化，理備於往則順而知之，於來則逆而數之。作《易》以逆睹來，以前民用。」

《周易注疏》孔穎達疏：「此一節就卦象明重卦之意。易以乾坤象天地、艮兌象山澤、震巽象雷風、坎離象水火。若使天地不交、水火異處，則庶類無生成之用，品物無變化之理，所以因而重之。今八卦相錯，則天地人事莫不備矣，故云天地定位而合德，山澤異體而通氣，雷風各動而相薄，水火不相入而相資。既八卦之用變化如此，故聖人重卦……則易之卦爻與天地等，成性命之理、吉凶之數，既往之事，將來之幾，備在爻卦之中矣。故易之為用，人欲數知既往之事者，易則順後而知之；人欲數知將來之事者，易則逆前而數之。是故聖人用此易道，以逆數知來事也。」

胡瑗《周易口義》：「此一章言伏羲畫卦之始，始因天地定位之後作為八卦，故因天地之道畫為乾坤之象，取山之象為艮，澤之象為兌，雷之象為震，風之象為巽，水之象為坎，火之象為離。因天地定位之後，取此山澤雷風水火之象畫為八卦，以盡萬物之理、萬事之情。後世聖人觀其天地生成之體，又艮有止靜之德，澤有潤物之性，水澤之象其氣可以相通；又因雷能震動萬物，風能發生萬物，又取雷風之象能相擊薄以剩萬物；又觀水火之性不相資射，言水之性其性溼而潤下，火之性其性燥而炎上，因其水火之性不相資射，以成八卦之象，互相變動，互相錯雜，以推測其物理，以考稽其人之情偽，分其奇偶之數，人之過去未來之事，若數其已往之事，則順而數之，言其易知也；若數其未來之事，則以逆而數之，言其難知也。是故聖人因此大易之象逆人之吉凶之兆，皆以逆數之術以前萬民之用，使人知其吉而背其凶也。」

邵雍則曰：「天地定位一節，明伏羲八卦也。八卦相錯者，明交錯而成六十四也。數往者順，若順天而行，是左旋也，皆已生之卦也，故云數往也；知來者逆，若逆天而行，是右旋也，皆未生之卦也，故云知來也。夫《易》之數由逆而成矣。此一

節直解圖意，逆若逆知四時之謂也。」

朱熹則曰：「起震而歷離兌以至於乾，數已生之卦也；自巽而歷坎艮以至於坤，推未生之卦也。《易》之生卦，則以乾、兌、離、震、巽、坎、艮、坤為次，故皆逆數也。」

以上諸多說法中，朱熹的觀點源自於邵雍，但朱熹並沒有解釋出邵雍的原意；最有價值的說法，則是虞翻與邵雍二人的觀點。

虞翻不認為「八卦相錯」是八經卦相重而成六十四卦，而認為是八卦剛柔相摩，互相推盪而旋轉的意思；「數往者順」是指由巽至坎至艮至坤的順序為由上到下，所以為順；「知來者逆」是指由震至離至兌至乾的順序為由下到上，所以為逆；「是故《易》逆數也」指的是乾卦，也就是說乾卦代表的陽爻主斷未來之事，坤卦代表的陰爻主斷過去之事，因為《易經》主要是預測未來，所以說「《易》逆數也」。

虞翻的觀點，對後世六爻納甲占卜法影響深遠，所以這種占卜法皆有陽爻主斷未來之事，陰爻主斷過去之事的說法。

邵雍的觀點，認為「天地定位」等所說的是伏羲先天八卦方位圖；「八卦相錯」四字，指的是八卦相重而成六十四卦。「數往者順」與「知來者逆」，說的是伏羲先天六十四卦大橫圖與伏羲先天六十四卦圓圖的關係：伏羲六十四卦大橫圖，由乾卦開始至坤結束，一共六十四卦；由乾卦至復卦的三十二個卦皆由乾卦變化而來，由坤至姤的三十二個卦皆由坤卦變化而來，所以，乾坤為眾卦之父母。將大橫圖變為圓圖，則由復至乾為左半圖，由姤至坤為右半圖。當我們順著天道左旋的方向去看這張圖時，則由復至乾、由姤至坤屬於由子向父、由女向母的方向發展，這就叫向「已生之卦」發展，因為父母卦比子女卦生成時間要早，子女卦皆為父母卦所生。這就叫「數往者順」。意思是順著天道左旋的方向去看，卦序是朝著所生卦依次排列的；向著所生卦方向排列，就叫「數往」。可是，當我們逆著天道運行方向看圓圖時，也就是以右旋的方向（逆時針）去看圖，則形成由乾至復、由坤至姤的排列次序，則屬於由父母卦向子女卦方向的排列，為父母依次推演而生子女，所以「皆未生之卦也」。這就叫「知來者逆」，也就是說逆著天道運行方向看圓圖，可以知道乾坤父母卦衍生出的未來眾卦；知來，就是知曉未來卦變的意思。「《易》逆數也」是說，《易經》中的諸卦，皆是按照伏羲六十四卦圓圖逆向（逆時針）的順序依次推衍出來的。

既然伏羲六十四卦圓圖逆推可明曉六十四卦生成之理，那麼這張圓圖順向觀察，有什麼用途呢？其用途就是應用於曆法：此圖順看，就是一個八卦曆法。該圖中乾坤坎離為四正卦，代表兩至兩分，其餘六十卦每爻代表一日，一共三百六十日，正好合一年之數。此外，伏羲先天方位圖也是一個小曆法，代表四時八節，而且還是一個月象盈虧表，可以用來計月。

數往者順，知來者逆

「天地定位，山澤通氣，雷風相薄，水火不相射，八卦相錯。數往者順，知來者逆，是故，易逆數也。」這裡就開始講八卦的物象了，「數往者順，知來者逆」是指先天八卦和後天八卦的順序，先天八卦為順，後天八卦為逆。

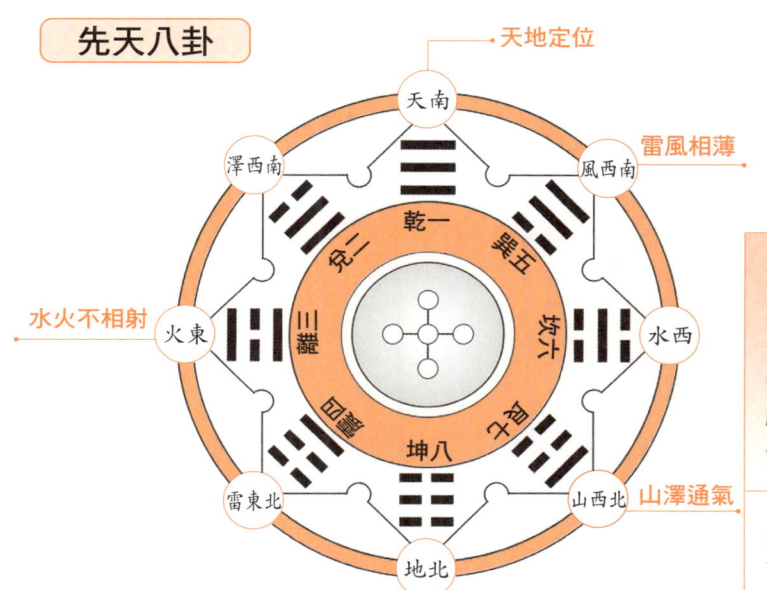

先天八卦

- 天地定位
- 雷風相薄
- 山澤通氣
- 水火不相射

（方位）天南、澤西南、風西南、火東、水西、雷東北、山西北、地北

乾一、兌二、離三、震四、巽五、坎六、艮七、坤八

這是伏羲時代先天八卦的順序。後來周文王把它變化為後天八卦順序，兩者的方位出現了不同。

先天八卦的順序可以順數出以往的情況，後天八卦的順序可以逆知未來的情況。

後天八卦

（方位）南、東南、西南、東、西、東北、西北、北

離九、坤二、兌七、巽四、中五、震三、艮八、坎一

人們用易推算，是要預測未來的情況，所以《易經》的應用主要是按後天八卦這個逆的順序。

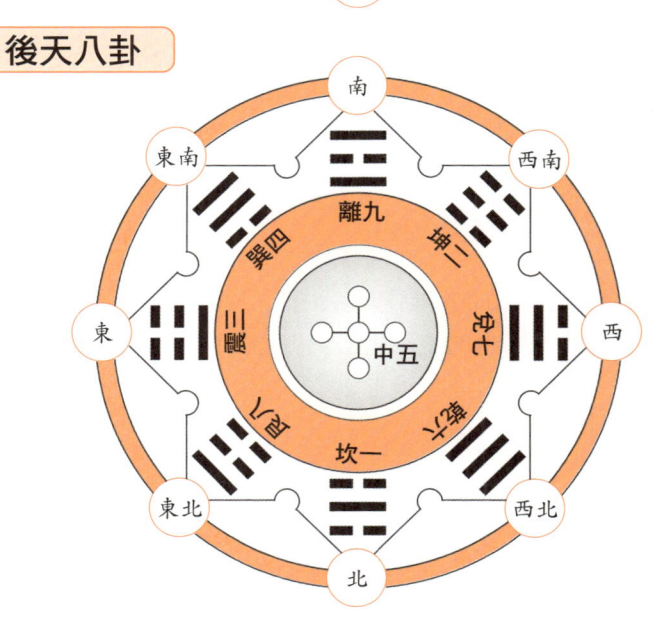

第四章 《說卦傳》的智慧

383

第 4 節

雷以動之，風以散之
八個物象的基本特性

這一章是根據伏羲先天八卦方位圖中各卦代表的基本物象，來說明它們各自具有的基本特性與作用。這八個物象，正是自然界最重要的八大要素。這八大要素使自然界成為一個龐大的化工廠，孕育萬物。

【原文】

雷以動之，風以散之，雨以潤之，日以烜[1]之，艮以止之，兌以說之，乾以君之，坤以藏之。

【注解】

[1] 烜：音ㄒㄩㄢˇ，通「晅」。曝晒，晒乾。

【釋義】

雷（震）的特點是運動，風（巽）的特點是吹散，雨（坎）的特點是滋潤，日（離）的特點是晾晒，艮的特點是停止，兌的特點是喜悅，乾的特點是君臨主宰，坤的特點是歸藏。

雷以動之

「雷以動之」是說雷聲使陽氣萌動。春天驚蟄一聲雷，冬眠的動物被震醒，開始蠢蠢欲動，這就是我們已看到的「雷以動之」的情形。而我們看不見的「雷以動之」則更為豐富。比如，雷電能產生大量的臭氧，臭氧是地球生命的保護傘，使地表生

物免遭紫外線的危害；雷電可以使空氣中的細菌和紫外線喪生，雷電後，空氣清新、潔淨，病菌含量可減少 90%；此外，雷電還可以合成易被植物吸收的氮肥，使大地擁有肥沃的土壤。而上溯至地球形成之初，也是這一陣陣驚雷鳴繁衍了最初的生命。美國科學家曾經做過一個試驗。他們模擬早期地球的大氣條件，把水、氨、甲烷、二氧化碳等放在密閉的儀器裡進行熱循環，在容器內不斷地放出閃電。一個星期後，他們從容器內的液體中得到了若干氨基酸和其他有機物。這說明正是無數的雷電，使 45 億年前地球擁有了最初的有機物，正是這些與生命有關的有機物，最終合成蛋白質而育化出第一個原始細胞生物。萬世萬物的生命，皆是源於這雷電。所以說，伏羲八卦方位圖將一陽初動的震卦作為生命輪迴的起點，有其深刻內涵的。

風以散之

「風以散之」是說風具有吹散的作用。春風送暖，夏風送爽，秋風送涼，北風送寒，這就是「風以散之」；風可以使枝頭成熟的果實墜落到地上，風可以使有傘翼的種子飄向四方，風可以使風媒花受粉結籽，這也是「風以散之」。沒有風，我們吃不到大米與白麵，可見「風以散之」的意義是如此重大。所以，伏羲八卦方位圖將代表風的巽卦與震卦相對，以體現兩者對生命繁衍的重要作用。

雨以潤之

「雨以潤之」是說雨具有滋潤萬物的作用。所有生命都離不開水，水是所有生命的基礎，所以，天降雨露潤澤萬物，使萬物得以生長。

日以烜之

「日以烜之」是說陽光具有曬烤的作用。人人都知道萬物生長靠太陽的道

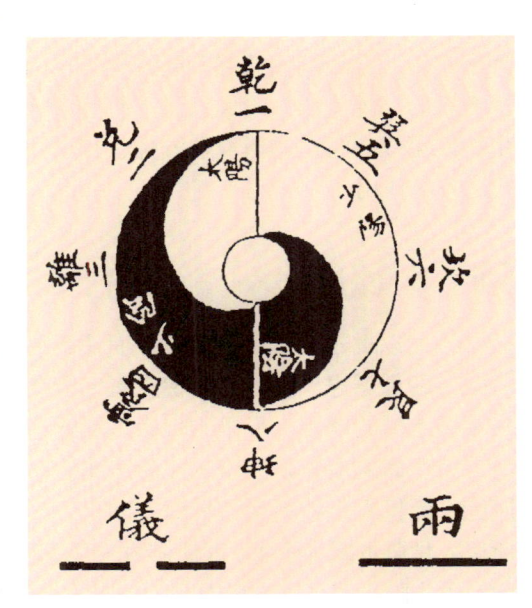

伏羲八卦方位圖
來瞿唐 明朝

伏羲八卦方位圖將一陽初動的震卦作為生命輪迴的起點，將代表風的巽卦與震卦、代表雨的坎卦與代表火的離卦、代表山的艮卦與代表大澤的兌卦相對。天為世界的主宰，天體旋轉主導著大地上的節氣變換，所以代表天的乾卦位於伏羲八卦方位圖的上方。而萬物皆依賴地球而生，死後也入土為安，所以坤卦位於伏羲八卦方位圖的下方。

理，這裡所說的「日以烜之」指的就是這個作用。雨下得時間長了，氣溫就低，溼度也大，於是就需要太陽晒烤了；太陽晒烤得太厲害，氣溫就會過高，溼度也就會降低而越來越乾燥，於是又需要「雨以潤之」了，所以伏羲八卦方位圖中，將代表雨的坎卦與代表火的離卦，排列為遙相呼應的位置。

艮以止之

「艮以止之」是說山（艮）有阻止的作用。大山阻止了通路，所以當年愚公便努力移走大山。這個阻止人前進的大山，對生命繁衍有什麼作用呢？這個作用太大了。我們看一看西藏高原上縱橫交錯的一道道山脈，就會明白。西藏高原上那些終年積雪的大山，阻擋了南印度洋溫暖而潮溼的空氣北上，使藏北高原乾燥而寒冷，然而那些冰川卻是中國眾多大江大河的源頭活水，澆灌滋潤大半個中國。這是一個多麼龐大神奇的水利工程啊！這就是「艮以止之」的作用。此外，喜馬拉雅山脈將藏南與藏北分成兩個截然不同的世界，南面是溼潤溫暖的海洋性氣候，北面則是乾旱奇冷的高地氣候，兩種氣候下有著各種不同習性的生物，有了這座大山，兩邊的生物便可以在各自的環境裡安然生存，而不會遭到外來物種的侵害，這也就「艮以止之」的作用。

兌以說之

「兌以說之」是說沼澤（兌）有使萬物喜悅的作用。說，有「悅」、「說」、「脫」、「閱」四種意思，此處為喜悅之意。沼澤是如何使萬物喜悅呢？其實，這個沼澤就是諸多水域的總稱。最早的生命是從水裡誕生的，而生命最重要的物質便是核糖，所以說生命的本質是甜蜜的，甜蜜的生命最早誕生於水中，這就是「兌以說之」的原因。而世界上各種生命皆離不開水，人類和動物們見到了河水，便會充滿喜悅，所以人類自古擇水而居，即使游牧，也是沿著河流遷移，這也是「兌以說之」的原因。由於大山阻止了不同物種之間的侵害，而大澤又使同物種有更好的生活環境，所以，伏羲八卦方位圖中，將代表山的艮卦與代表大澤的兌卦，排列成遙相對應的位置。

乾以君之，坤以藏之

「乾以君之，坤以藏之」則比較好理解，就是說，天為世界的主宰，天體旋轉主導大地上的節氣變換，所以代表天的乾卦位於伏羲八卦方位圖的上方。而萬物皆依賴地球而生，死後也入土為安，所以說「坤以藏之」，坤卦位於伏羲八卦方位圖的下方。

第 5 節

帝出乎震，齊乎巽
方位和季節

> 帝是指北斗星。古人認為北斗星是宇宙的主宰，天體都圍著它運轉。而且根據北斗所指的方位，可以確定時節。

【原文】

帝[1]出乎震，齊乎巽，相見乎離，致役乎坤，說言乎兌，戰乎乾，勞乎坎，成言乎艮。

萬物出乎震，震東方也。齊乎巽，巽東南也，齊也者，言萬物之潔齊也。離也者，明也，萬物皆相見，南方之卦也，聖人南面而聽天下，嚮明而治，蓋取諸此也。坤也者，地也，萬物皆致養焉，故曰：致役乎坤。兌，正秋也，萬物之所說也，故曰：說言乎兌。戰乎乾，乾，西北之卦也，言陰陽相薄也。坎者，水也，正北方之卦也，勞卦也，萬物之所歸也，故曰：勞乎坎。艮，東北之卦也。萬物之所成終而所成始也。故曰：成言乎艮。

【注解】

[1] 帝：指北斗星。古人認為北斗星是宇宙的主宰，天體都圍著它運轉。並且根據北斗所指的方位可以確定時節。

【釋義】

天帝（北斗星）春分時在震方出現，立夏時在巽方出現，夏至時在離方出現，立秋時在坤方出現，秋分時在兌方出現，立冬時在乾方出現，冬至時在坎方出現，

立春時在艮方出現。至此天帝按後天八卦方位周巡一圈。

萬物在北斗星指向震方時，開始生長，震指的便是東方；北斗星指向巽方時，已經長得鮮潔整齊，巽指的是東南方；北斗星指向離方時，萬物都已長大，可以看出本來的面目，離指的是南方，聖人坐北朝南治理天下，面向光明，便是如此；坤卦代表地，北斗星指向坤方時，萬物都已長成，所以說勞作於坤；北斗星指向兌方時，正是仲秋時節，萬物成熟享受豐收的喜悅，所以說喜悅於兌。爭戰於乾，乾為西北方，北斗星指向乾方時陰盛陽虛，盛陰將驅除弱陽，所以要發生爭戰。坎為水，位於正北方，北斗星指向坎方時，正值冬至日，此時天地閉合，萬物歸藏，所以說勞苦於坎。艮為東北方，北斗指向艮方時，正是立春時，此時是一年的終結，同時也是新一年的開始，所以說成功於艮。

文王八卦方位圖

帝出乎震，齊乎巽，相見乎離，致役乎坤，說言乎兌，戰乎乾，勞乎坎，成言乎艮。

這裡講的是文王八卦方位圖。文王八卦圖與洛書九宮有清晰的對應關係，洛書中「戴九履一，左三右七，二四為肩，六八為足」，文王八卦方位圖則離為九在上，坎為一在下，震為三在左，兌為七在右，巽為四在左肩，坤為二在右肩，艮為八在左足，乾為六在右足。從左方順時針推移，則正好依次是「帝出乎震，齊乎巽，相見乎離，致役乎坤，說言乎兌，戰乎乾，勞乎坎，成言乎艮」，以成四時八節之序。

對於「震出乎震」一節的解釋，古代諸易學家詳略不同。

《子夏易傳》曰：「帝者造化之主，天地之宗，無象之象也，不可以形智索。因萬物之生成始終其顯其出入焉，參而主之者陽也，是故出乎東，春之建也。陽動於下，萬物震之而生也，故震東方之物。」

《鄭氏周易》曰：「萬物出乎震，雷發聲以生之也。」

《周易集解》：「崔憬曰：帝者天之

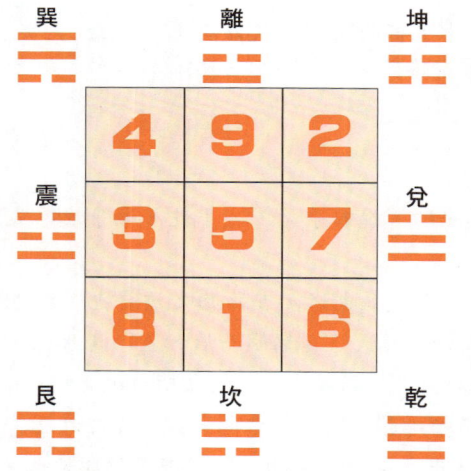

洛書九宮圖

從河圖洛書再加八卦的九宮綜合而成的圖像，稱為「洛書九宮圖」。洛書分九宮，配成八卦。一白水星居正北，為坎卦，屬陽；二黑土星居西南，為坤卦，屬陰；三碧木星居正東，為震卦，屬陽；四綠木星居東南，為巽卦，屬陰；五黃土星居中央，為太極，屬陽；六白金星居西北，為乾卦，屬陰；七赤金星居正西，為兌卦，屬陽；八白土星居東北，為艮卦，屬陰；九紫火星居正南，為離卦，屬陽。

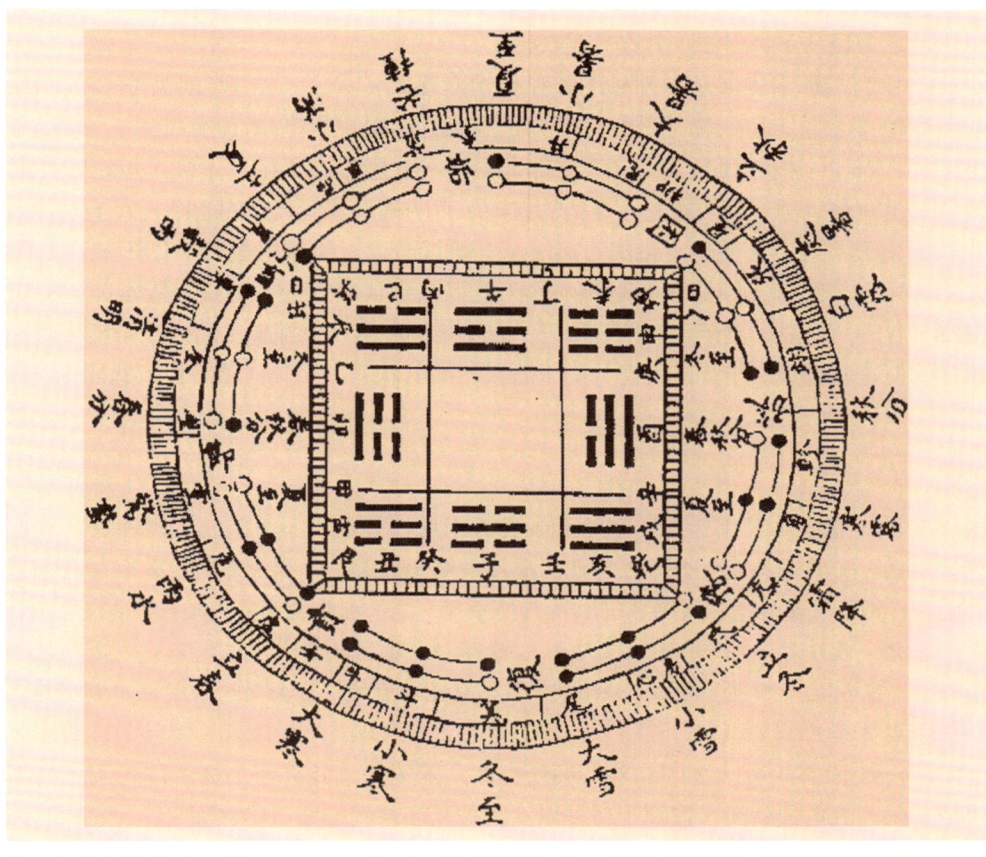

周天曆象氣節之
張理 元代 《易象圖說外篇》

　　張理一生博覽群書，尤精於兩宋象數易之研究，並建立了自己獨特的易學體系。圖中卦畫以黑白點代表陰陽爻，外圈三點為下卦，內圈三點為上卦，可見其深受宋朝河洛學之影響。張理認為，《易》有四象，以應四季；《易》有八卦，以應八節；八卦二十四爻，以應二十四節氣；十二辟卦，以應十二辰；辟卦七十二爻以應七十二侯；反易之卦二十有八，以應二十八宿；六十四卦三百八十四爻，以應閏年陰曆的三百八十四天。

王氣也，至春分則震王而萬物出生。」

　　《周易正義》孔穎達疏：「萬物出乎震，震東方者，解上帝出乎震，以震是東方之卦耳。」

　　邵雍則認為，其圖為「震兌橫而六卦縱」，其卦之方位是明「文王八卦」，在易之體用關係中則為「易之用」。並且認為這樣的八卦方位是從「伏羲八卦」（乾坤縱而六子橫）演變而來的：「至哉！文王之作《易》也，其得天地之用乎？故乾坤交而為泰，坎離交而為既濟也。乾生於子，坤生於午，坎終於寅，離終於申，以應天之時也。置乾於西北，退坤於西南，長子用事而長女代母，坎離得位，兌震為偶，

以應地之方也。王者之法，其盡於是矣。」

　　後世有易學者大多認為邵雍的觀點新穎而正確，其實，邵雍的觀點與以上諸家的觀點並不矛盾，說的都是一樣的。只是邵雍介紹得更為細緻而已。因為「帝出乎震」的「帝」，指的便是天帝，天帝即北極星。北極星在天宇上不動，但它的功能散發卻是有跡可循，即依靠北斗斗柄的方向，可明極星這個天帝的意圖。大至而言，北斗指南天下皆春，便是「帝出乎震」。若細而分之，則指的是二十四節氣中的驚蟄節。可是，將二十四節氣簡略為八節，並以八卦代表八節，則沒有驚蟄節，只有立春、春分、立夏、夏至、立秋、秋分、立冬、冬至這八個節氣，所以「帝出乎震」所指的便是立春後三十天或者春分前十五天的節氣狀態。而其他諸卦也依此類推。

四時八節

　　萬物出乎震，震東方也。齊乎巽，巽東南也，齊也者，言萬物之潔齊也。離也者，明也，萬物皆相見，南方之卦也。聖人南面而聽天下，嚮明而治，蓋取諸此也。坤也者，地也，萬物皆致養焉，故曰：致役乎坤。兌，正秋也，萬物之所說也，故曰：說言乎兌。戰乎乾，乾，西北之卦也，言陰陽相薄也。坎者，水也，正北方之卦也，勞卦也，萬物之所歸也，故曰：勞乎坎。艮，東北之卦也，萬物之所成終而所成始也。故曰：成言乎艮。

　　上一小節言「帝」，則北斗斗柄所指而八節變換；此節言萬物，以說明萬物隨「帝」出入的各種狀態，實際上皆是以八卦配八節言明物換星移之理。

　　「萬物出乎震，震東方也。」這是說，萬物從震生長出來，震卦位於東方。也就是說，指斗柄指向東方時為「帝出乎震」，此時為春分時節，萬物開始生長。

　　「齊乎巽，巽東南也，齊也者，言萬物之潔齊也。」這是說，斗柄指向東南的時候，為立夏時節，此時大地上的萬物都變得鮮潔齊整，草木長高了，枝葉綠綠的；動物們也已經換了毛，毛色潔淨鮮亮；人也皮膚潤澤，精神煥發了，這就是「齊也者，言萬物之潔齊也。」

　　「離也者，明也，萬物皆相見，南方之卦也。聖人南面而聽天下，嚮明而治，蓋取諸此也。」這是說，斗柄指向南方時，為夏至時節，此時太陽離地球最近，天干測日影最短，天下光明，萬物皆生長壯實，完全顯露出來全部面貌。古聖人面南背北治理天下，便要面向光明，細察諸事諸物，這就是取法於離卦。

　　「坤也者地也，萬物皆致養焉，故曰致役乎坤。」這是說，斗柄指向西南方的時候，為立秋時節，此時各種植物皆受大地的養育而結籽，各種動物被大地養育得又肥又壯，這就是天帝把養育萬物的勞役都交給大地。

　　「兌，正秋也，萬物之所說也，故曰：說言乎兌。」這是說，北斗斗柄指向西方的時候，為秋分時節，此時萬物成熟而喜悅，所以說兌是喜悅的意思。

「戰乎乾，乾，西北之卦也，言陰陽相薄也。」這是說，北斗斗柄指向西北方的時候，為立冬時節，此時陰氣與陽氣交戰，互相接觸激盪。為什麼說陰陽二氣在此時交戰呢？其原因便是，此時陰氣已重，天氣日冷，但仍然會出現「十月小陽春」的天氣，這就好比陰氣把陽氣打敗後，陽氣又捲土重來一樣，所以說「戰乎乾」。

「坎者，水也，正北方之卦也，勞卦也，萬物之所歸也，故曰：勞乎坎。」這是說，北斗斗柄指向正北方向時，為冬至時節。坎卦代表水，而此時萬物皆為冰雪所覆蓋，皆歸藏於深處保存性命。人類只在屋中勞作。此處的難點，在「勞」字，不要單純理解為勞動，而是在屋裡勞作的意思。所以有「冬藏」之意。小篆字形中的「勞」是一個會意字，上面是「焱」，即「焰」的本字，表示燈火通明或者屋外的陽光；中間是「冖」字，表示房屋；下面是「力」字，表示用力。所以這個「勞」字，相對萬物而言，有隱藏於最下面保存生命力的意思；相對人類而言，則是指在屋中避寒勞作。

「艮東北之卦也，萬物之所成，終而所成始也，故曰：成言乎艮。」北斗斗柄指向東北艮卦方位時，為立春時節。此時正是辭舊迎新之際，舊的一年自此而止，新的一年自此而生，萬物至此皆長一歲，所以說「萬物之所成，終而所成始也，故曰成言乎艮」。

八卦在方位、時令方面的屬性之象

「萬物出乎震，震東方也。齊乎巽，巽東南也……」這裡《說卦傳》向人們揭示八卦在方位、時令方面所具有的屬性之象。震東、巽東南、離南、乾西北、坎北、艮東北，都講方位。而在兌下說「正秋」，講的是時令，其他可以互推。還可推知兌是正西，震為春、離為夏、坎為冬。

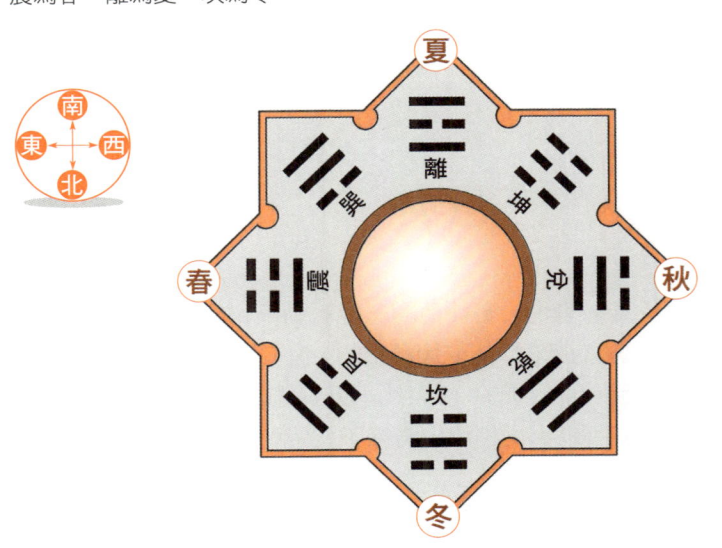

第 6 節

神也者，妙萬物而為言者也
卦象的作用和意義

> 卦象的作用和意義就在於使人明白：物物相動，物物相融，物物相生，物物相剋；物物在相剋中而生，物物在相生中而剋；相動、相融、相剋、相生，就是陰陽相推而生變化，於是產生萬物。

【原文】

神也者，妙萬物而為言者也。動萬物者莫疾乎雷，橈[1]萬物者莫疾乎風，燥萬物者莫熯[2]乎火，說萬物者莫說乎澤，潤萬物者莫潤乎水，終萬物始萬物者，莫盛乎艮。故水火不相逮，雷風不相悖，山澤通氣，然後能變化，既成萬物也。

【注解】

[1] 橈：音ㄋㄠˊ，彎曲。
[2] 熯：音ㄏㄢˋ，乾燥。

【釋義】

神指的是相對於萬物變化的奧妙而言。能震動萬物的，沒有比雷更有效的；能彎曲萬物的，沒有比風更有效的；能乾燥萬物的，沒有比火更有效的；能喜悅萬物的，沒有比澤更有效的；能滋潤萬物的，沒有比水更有效的；能使萬物終止並重新開始，沒有比艮更有能力的。所以水火相隨，雷風不相違背，山與澤氣息相通，然後才能變化，造化萬物的繁衍。

卦象的作用

神也者，妙萬物而為言者也。動萬物者，莫疾乎雷；橈萬物者，莫疾乎風；燥萬物者，莫熯乎火；說萬物者，莫說乎澤；潤萬物者，莫潤乎水；終萬物始萬物者，莫盛乎艮。

此節字句，意在說明為什麼要給八卦賦予卦象的內涵。

「神也者，妙萬物而為言者也。」意思是說，所謂的神，是對萬物變化的奧妙而言。也就是說，天地間萬物的變化太微妙了，比如諸多物理運動，諸多化學反應，很難用幾句語言把它說清楚，只能稱其為神。這個神，是神奇的神，而不是迷信中燒香供奉的那個神。

自然界有哪些最神奇的事物呢？《說卦傳》作者告訴你，一共有六大神奇。

其一是，「動萬物者，莫疾乎雷」。一聲驚雷，可以使天下所有蟄蟲復甦過來，可以給大地帶來豐富的氮肥，其他任何東西也沒有這麼大的能力，所以只有雷是「動萬物者」，雷電之迅疾，也是它物所無法比擬的，所以說「莫疾乎雷」。

其二是，「橈萬物者，莫疾乎風」。誰能把天地萬物同時弄彎了？只有風。風一吹，草木皆隨風搖動彎曲，久受風吹之草木，則不會擁有筆直的枝幹；風甚至可以使人和動物的骨頭受風溼而彎曲，所以說，天下只有風能夠「橈萬物」。橈，就是彎曲的意思。疾風之快，也是它物所不能及，所以說「莫疾乎風」。

其三是，「燥萬物者，莫熯乎火」。什麼能使天下萬物變得乾燥？只有火。這個火既可認為是天上的太陽，又可認為是人間燃燒的火，還可以認為是較高的氣溫。

其四是，「說萬物者，莫說乎澤」。誰能使天地萬物都喜悅起來呢？只有大澤。因為不但生命自此而出，而且生命也依此而養。植物長在大澤旁邊，則水肥充足，長勢茂盛，如喜悅之狀；動物們口渴見澤而樂，喝完水，晒晒太陽，或者繼續捕食，日子一天一天過得很快樂。人在大澤旁居住，或漁或獵，或耕或獲，豐衣足食而喜悅無邊。所以說「說萬物者，莫說乎澤」。說，即喜悅的意思。

其五是，「潤萬物者，莫潤乎水」。可以潤澤萬物的，只有從天而降的雨露霜雪，其他液體則不具備這種性質。所以說「潤萬物者，莫潤乎水」。

其六是，「終萬物始萬物者，莫盛乎艮」。艮卦代表立春時節，既是年之終，又是一年之始，所以說「終萬物始萬物者，莫盛乎艮」。

這裡所說的六大神奇，正是按照文王八卦的次序來說，可是只說了乾坤父母下面的六子卦，卻沒有說乾坤二卦，這是為什麼呢？這是因為，乾坤二卦不屬於天地之間的神奇，而是天地萬物之六大神奇的創造者。也就是說，天、地及天地間的萬物之中，真正的神（神奇），其實只有一個，那就是乾坤；進一步而言，就是乾坤所代表的陰陽二氣；也就是前面《繫辭傳》所說的：「陰陽不測之謂神。」

八卦之神，在於推測萬物之妙

「神也者，妙萬物而為言者也。動萬物者，莫疾乎雷，橈萬物者，莫疾乎風，燥萬物者，莫乎火，説萬物者，莫説乎澤，潤萬物者，莫潤乎水；終萬物始萬物者，莫盛乎艮。」這段話説明了為什麼要給八卦賦予這些象及其作用意義，八卦之神，則在乎推測萬物之妙。

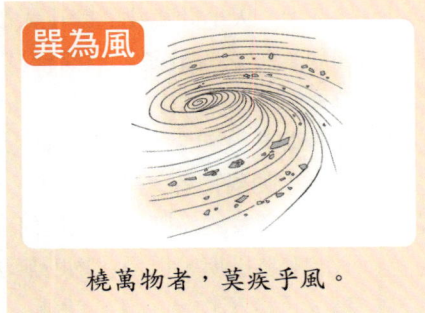

震為雷
動萬物者，莫疾乎雷。

巽為風
橈萬物者，莫疾乎風。

離為火
燥萬物者，莫熯乎火。

兌為澤
説萬物者，莫説乎澤。

坎為水
潤萬物者，莫潤乎水。

艮為山
終萬物始萬物者，莫盛乎艮。

以上起震止艮，中間並沒有提到乾坤二卦。這是因為《序卦》中説：「有天地然後有萬物」，天地是萬物之母，天地與萬物不能相等對待，所以這裡沒有提到乾坤二卦。

卦象的意義

故水火不相逮，雷風不相悖，山澤通氣，然後能變化，既成萬物也。

上一小節枚舉自然界六大神奇，目的是為了說明卦象主要依據，而此小節則著重在言明卦象的重要意義。這意義就在於使人明白：物物相動，物物相融，物物相生，物物相剋；物物在相剋中而生，物物在相生中而剋；相動、相融、相剋、相生，就是陰陽相推而生變化，於是產生萬物。

「故水火不相逮」是說水與火格格不入。逮，就是「及」的意思。《左傳·齊桓公伐楚》中說「風馬牛不相及也」，意思是說馬和牛是兩種不同的動物，怎麼能讓牠們一起交配呢？此處的水與火，就如同牛與馬的關係。

「雷風不相悖」是說雷與風不相悖逆。為什麼不相悖逆？因為雷、風之五行皆屬木，性相同。

「山澤通氣」是說大山與沼澤氣息相通。為什麼說山與澤氣息相通呢？這是因為山五行屬土，澤五行屬金，艮土生兌金。

上面列出的六個子卦，坎為水，離為火，雷、風為木，艮為土，兌為金。所以乾金父與坤土母生出此六子之後，此六子形成五行生剋之理而變化繁衍為萬物。所以說「然後能變化，既成萬物也」。

第 7 節

乾，健也

八卦之卦德

> 所謂卦德，是指各卦所具有代表性的性能、性情與特點。乾卦代表剛健，坤卦代表柔順，震卦代表運動，巽卦代表進入，坎卦代表險阻，離卦代表附麗，艮卦代表阻止，兌卦代表喜悅。這八個卦德非常重要，因為根據這八個特性可以類推出各種事物，萬物類象便是在此基礎上推演出來的。

【原文】

乾，健也；坤，順也；震，動也；巽，入[1]也；坎，陷也；離，麗也；艮，止也；兌，說也。

【注解】

[1] 入：進入。

【釋義】

乾卦代表剛健，坤卦代表柔順，震卦代表運動，巽卦代表進入，坎卦代表險阻，離卦代表附麗，艮卦代表阻止，兌卦代表喜悅。

乾卦代表剛健

「乾，健也」是說乾卦的卦德為剛健。也就是乾卦《象辭傳》所說的：「天行健，

君子以自強不息。」這種剛健之德，同時也是所有陽爻之德。

坤卦代表柔順

「坤，順也」是說坤卦具有柔順之德。像牝馬一樣柔順，像大地一樣「厚德載物」，這都是說坤卦的柔順之德。這種柔順之德，同時也是所有陰爻之德。

震卦代表運動

「震，動也」是說震卦的卦德是運動。震為雷，當然驚天動地了。

巽卦代表進入

「巽，入也」是說巽卦的卦德是進入。風無處不行，無孔不入，所以巽卦有進入的特性。

坎卦代表險阻

「坎，陷也」是說坎卦的卦德是下陷。雨水過多，會導致地面下陷，人走在有水的地面上，也會陷進淤泥裡，所以坎的卦德是陷。而且地面下陷必有險情，所以坎卦卦德也為險。有些版本的《易經》便稱為「坎，險也」。兩者意通。

離卦代表附麗

「離，麗也」是說離卦的卦德是附麗。麗，是指附著在其他物體上的意思。如離卦《彖辭》說：「日月麗乎天，百谷草木麗乎土。」此外，「麗」也有亮麗、鮮豔的意思。

艮卦代表阻止

「艮，止也」是說艮卦的卦德是阻止。雖然山靜止不動，而且可以阻擋風及生物的前行，成為諸物種與氣候的分界。

兌卦代表喜悅

「兌，說也」是說兌卦的卦德是喜悅。兌為澤，澤就是江河湖海，水能夠滋潤

萬物，愉悅萬物。此外，「說」還有「說」、「脫」、「閱」的意思，所以兌卦德也含有這些意思。因為兌為口，所以有「說」的意思；因古人常把果木放於沼澤中去皮，將獸皮放於沼澤中脫毛，且秋天樹葉脫落，所以兌卦有「脫」的涵義；秋天草木凋零，天高地闊，一覽無遺，所以兌卦也有「閱」的意思。

以上八個卦德非常重要，因為根據這八個特性可以類推出各種事物，萬物類象便是在此基礎上推演出來的。

八卦之卦德

「乾，健也；坤，順也；震，動也；巽，入也；坎，陷也；離，麗也；艮，止也；兌，說也。」這一段說明八卦各自的特性。乾是剛健，坤是柔順，震是震動，巽是進入，坎是下陷，離是附麗，艮是阻止，兌是喜悅。

乾	代表天	剛健	剛健發揮主導作用。
坤	代表地	柔順	順應天，吸收一切能量產生萬物。
震	象為雷	運動	震萬物而萌發，激發性，主動性。
巽	象為風	進入	無孔不入，能運載各種能量。
坎	象為水	險阻	險陷，水存低窪之處，有險。
離	象為火	附麗	明亮，美麗，如日照萬物。
艮	象為山	阻止	為靜止，事物發展到頂點必須謹慎。
兌	象為澤	喜悅	外虛內實，與事物溝通，有喜悅之感。

第8節

乾為馬，坤為牛
八卦代表的八種動物

> 乾卦代表馬，坤卦代表牛，震卦代表龍，巽卦代表雞，坎卦代表豬，離卦代表野雞，艮卦代表狗，兌卦代表羊。這一章的內容，朱熹認為是伏羲發明八卦時的「遠取諸物」。

【原文】

乾為馬，坤為牛，震為龍，巽為雞，坎為豕，離為雉[1]，艮為狗，兌為羊。

【注解】

[1] 雉：野雞。

【釋義】

相對於動物來說，乾卦代表馬，坤卦代表牛，震卦代表龍，巽卦代表雞，坎卦代表豬，離卦代表野雞，艮卦代表狗，兌卦代表羊。

乾卦代表馬

「乾為馬」，因為馬具有奔騰、剛健之象。

坤卦代表牛

「坤為牛」，因為牛具有柔順之德。

八卦卦象的具體表示

「乾為馬，坤為牛，震為龍，巽為雞，坎為豕，離為雉，艮為狗，兌為羊……」《說卦傳》在這裡說明了八卦所代表的具體卦象。

卦名	自然	人	屬性	動物	身體	方位	季節
乾	天	父	健	馬	首	西北	秋冬間
坤	地	母	順	牛	腹	西南	夏秋間
震	雷	長男	動	龍	足	東	春
巽	風、木	長女	入	雞	股	東南	春夏間
坎	水、月	中男	陷	豕	耳	北	冬
離	火、日	中女	附	雉	目	南	夏
艮	山	少男	止	狗	手	東北	冬春間
兌	澤	少女	悅	羊	口	西	秋

儘管這裡羅列了很多，但用這些卦象去應對萬事萬物，仍顯得太少，所以《說卦傳》用了很多可以讓人們去類推的語句，如「其於人也」、「其於馬也」等，這分明是指這些只是一個方面，其他方面還可以去類推。

震卦代表龍

「震為龍」，因為龍伴雷雨而行。

巽卦代表雞

「巽為雞」，因為雞可乘風而飛，古時喜歡居於樹上，是鳥類的代表。

坎卦代表豬

「坎為豕」，因為豬體肥色黑而喜水。豕，就是豬。

離卦代表野雞

「離為雉」，因為野雞依附於山野，羽毛顏色亮麗鮮豔。雉，就是野雞。

艮卦代表狗

「艮為狗」，因為狗可看門，阻止陌生人進入。

兌卦代表羊

「兌為羊」，古時羊盛產於西北，誰家養的羊多，誰家就富裕，所以古時「羊」與「祥」為通假字。西漢大儒董仲舒曾云：「羊，祥也，故吉禮用之。」可見羊代表富裕與吉祥，自然與代表喜悅的兌卦有關聯了。

第9節

乾為首
八卦與人體各部位

這一章說明八卦分別代表的動物或人體的部位。朱熹認為這便是伏羲發明八卦時的「近取諸身」。乾卦代表頭，坤卦代表腹，震卦代表足，巽卦代表大腿，坎卦代表耳朵，離卦代表眼睛，艮卦代表手，兌卦代表口。

【原文】

乾為首[1]，坤為腹，震為足，巽為股，坎為耳，離為目，艮為手，兌為口。

【注解】

[1] 首：頭部。

【釋義】

相對於人的身體來說，乾卦代表頭，坤卦代表腹，震卦代表足，巽卦代表大腿，坎卦代表耳朵，離卦代表眼睛，艮卦代表手，兌卦代表口。

乾卦代表頭

「乾為首」，由於乾為天，在上為尊位，相對於人或動物，則尊位在頭。

八卦與人體外部八體一一對應

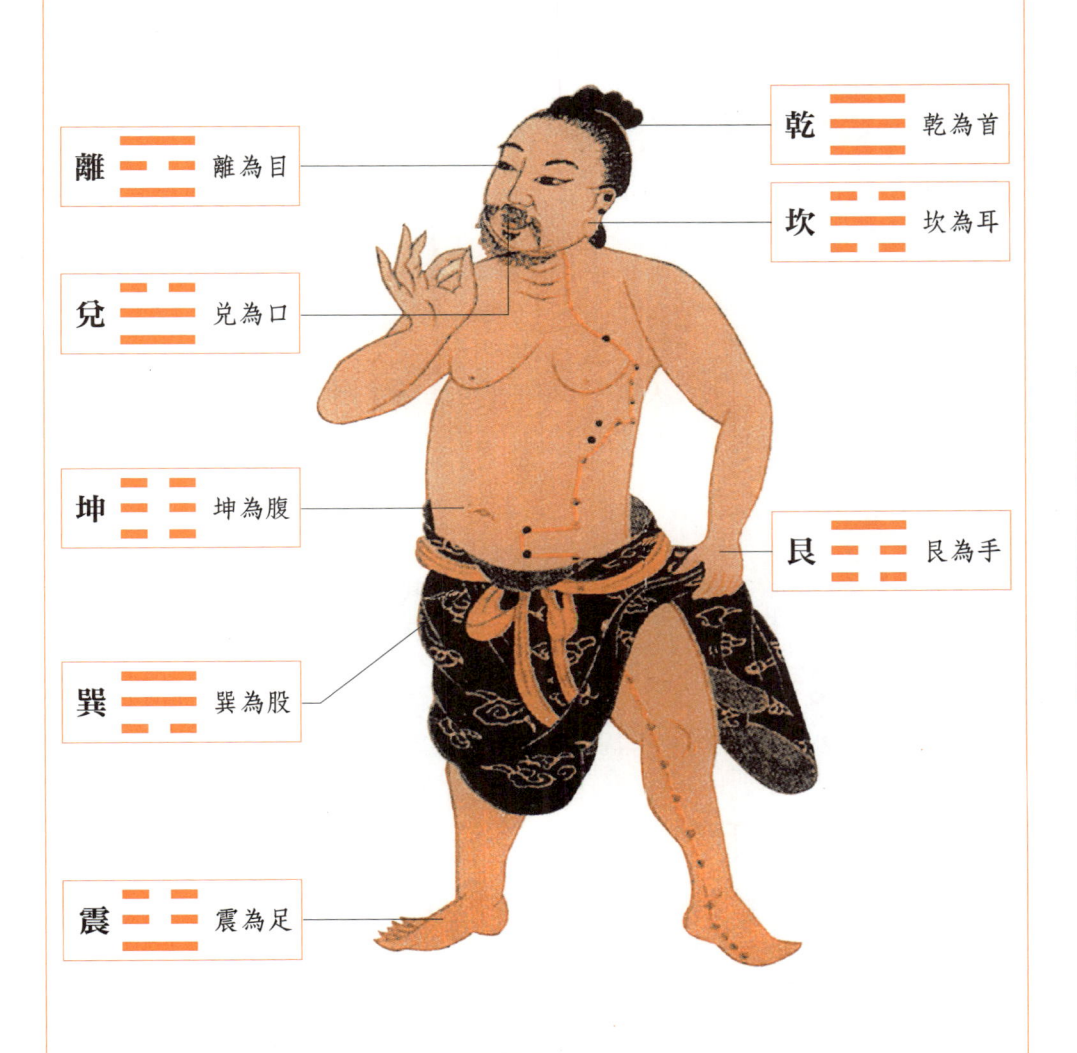

離 ☲ 離為目

兌 ☱ 兌為口

坤 ☷ 坤為腹

巽 ☴ 巽為股

震 ☳ 震為足

乾 ☰ 乾為首

坎 ☵ 坎為耳

艮 ☶ 艮為手

> 八卦分別代表八個不同的人體部位。乾卦代表頭，坤卦代表腹，震卦代表足，巽卦代表股，坎卦代表耳，離卦代表目，艮卦代表手，兌卦代表口。朱熹認為這便是伏羲發明八卦時的「近取諸身」。

第四章 《說卦傳》的智慧

坤卦代表腹

「坤為腹」，坤代表地，地有承載萬物、收藏萬物之功能；對於人或動物，則為無所不藏之腹部。

震卦代表足

「震為足」，震為動，其動在震下一陽爻；相對於人或動物，則動下為足。因為走路、跺腳，都是人身或動物最下方在動。

巽卦代表腿

「巽為股」，股，一般指大腿，如果不細分就是腿。腿隨足動，如風隨雷行，所以說「巽為股」。

坎卦代表耳

「坎為耳」，因為坎為陷，耳朵也深陷於頭部，其功能在內，所以說「坎為耳」。

離卦代表眼

「離為目」，雙目如日，徹照周身及外界，所以說「離為目」。

艮卦代表手

「艮為手」，雙手握拳，則外剛而內止，所以說「艮為手」。

兌卦代表口

「兌為口」，口外柔而開口講話取悅於人，所以說「兌為口」。

第 10 節

乾,天也,故稱乎父
乾坤父母與三子三女

> 乾代表天,所以也表示父親;坤代表地,所以也表示母親。震卦代表長子,巽卦代表長女,坎卦代表次子,離卦代表次女,艮卦代表少男,兌卦代表少女。此節內容,意在說明乾坤生六子的原理。

【原文】

乾,天也,故稱乎父;坤,地也,故稱乎母。震一索[1]而得男,故謂之長男;巽一索而得女,故謂之長女;坎再索而男,故謂之中男;離再索而得女,故謂之中女;艮三索而得男,故謂之少男;兌三索而得女,故謂之少女。

【注解】

[1] 索:索取。

【釋義】

乾代表天,所以也表示父親;坤代表地,所以也表示母親。坤卦從乾卦索取到第一個剛爻於是生出男孩為震卦,所以震卦代表長子。乾卦從坤卦索取到第一個柔爻而生出女孩為巽卦,所以巽卦代表長女。坤卦索取乾卦第二個剛爻生出男孩為坎,所以坎卦代表次子。乾卦索取坤卦第二個柔爻生出女孩為離,所以離卦代表次女。坤卦索取乾卦第三個剛爻生出男孩為艮,所以艮卦代表少男。乾卦索取坤卦第三個陰爻生出女孩為兌,所以兌卦為少女。

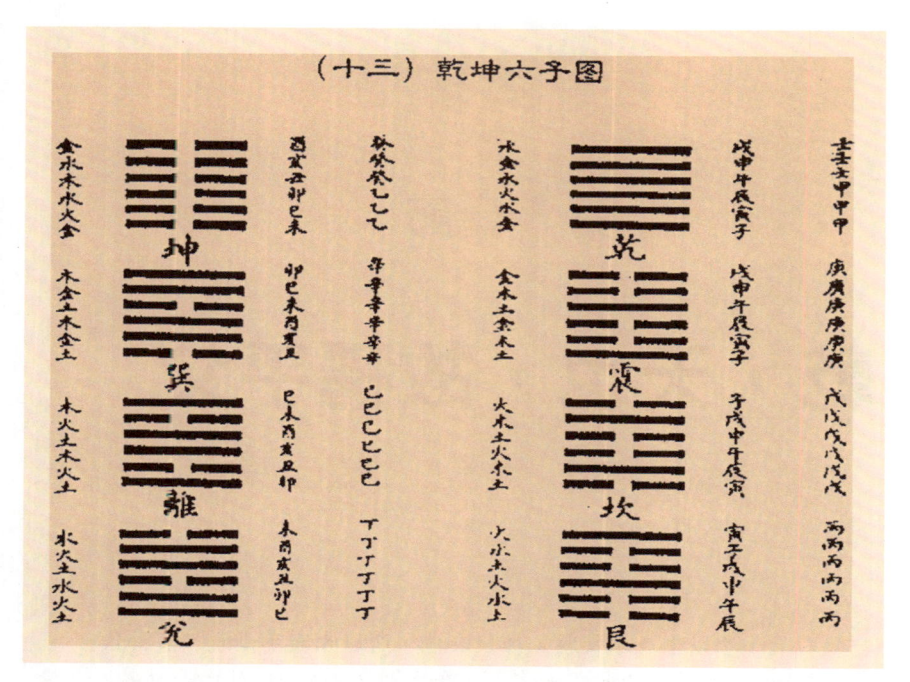

乾坤六子圖

佚名 宋代 《周易圖》
此圖中乾卦和坤卦各領三男三女，同時所有卦爻均納甲。

乾卦代表父親，坤卦代表母親

「乾，天也，故稱乎父；坤，地也，故稱乎母。」這句話比較好理解，因為在《繫辭傳》中已講過這方面的內容。乾，就是天道，就是父道；坤就是地道，就是母道。乾坤相合而生六子，六子繼而生萬物。

震卦代表長子

「震一索而得男，故謂之長男。」這是說，乾坤相合，乾卦初爻與坤卦初爻交換（即坤卦索取乾卦初爻），則生出了震卦。這個震卦就是乾坤的長子。索，是索求的意思。

巽卦代表長女

「巽一索而得女，故謂之長女。」這是說，巽卦是乾坤相合時，乾卦索取坤卦初爻而產生出來的，所以巽卦是乾坤的長女。

坎卦代表次子

「坎再索而男，故謂之中男。」這是說，坎卦是乾坤相合時，坤卦索取乾卦中爻而產生的，所以坎卦為乾坤的中男（即次子，二兒子）。

離卦代表次女

「離再索而得女，故謂之中女。」這是說，離卦是乾坤相合時，乾卦索取坤卦中爻而產生的，所以離卦為乾坤的中女（即次女，二女兒）。

艮卦代表少男

「艮三索而得男，故謂之少男。」這是說，艮卦是乾坤相合時，坤卦索取乾卦上（三）爻而產生的，所以艮卦為乾坤的少男（即小兒子）。

兌卦代表少女

「兌三索而得女，故謂之少女。」這是說，兌卦是乾坤相合時，乾卦索取坤卦上（三）爻而產生的，所以兌卦是乾坤的少女（即小女兒）。

此章雖然說明的是乾坤生六子的爻變原理，但實際上仍然在講卦象。理解了這些內容，我們便可以從人倫的角度去分析卦象了。

乾坤生六子圖

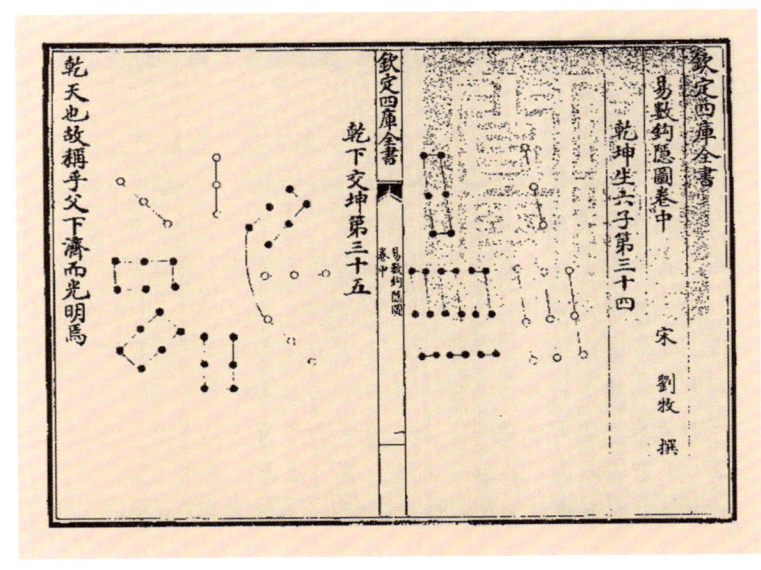

乾坤相合而生六子，六子繼而生萬物。乾坤生六子，六子為男女，且有長幼之分，震卦代表長子，巽卦代表長女，坎卦代表次子，離卦代表次女，艮卦代表少男，兌卦代表少女。

第11節

乾為天、為圜、為君、為父
萬物類象

> 乾代表天、代表圜環、代表君王、代表父親、代表玉器、代表金屬、代表寒冷、代表冰、代表大紅色、代表良馬、代表瘦馬、代表雜色的馬、代表樹木上的果實。

【原文】

乾為天、為圜[1]、為君、為父、為玉、為金、為寒、為冰、為大赤、為良馬、為瘠[2]馬、為駁[3]馬、為木果。

坤為地、為母、為布、為釜[4]、為吝嗇、為均、為子母牛、為大輿、為文、為眾、為柄。其於地也，為黑。

震為雷、為龍、為玄黃、為旉[5]、為大塗、為長子、為決躁、為蒼筤竹、為萑葦。其於馬也，為善鳴、為馵足、為作足、為的顙。其於稼也，為反生。其究為健，為蕃鮮。

巽為木、為風、為長女、為繩直、為工、為白、為長、為高、為進退、為不果、為臭。其於人也，為寡髮、為廣顙、為多白眼、為近利市三倍。其究為躁卦。

坎為水、為溝瀆、為隱伏、為矯輮、為弓輪。其於人也，為加憂、為心病、為耳痛、為血卦、為赤。其於馬也，為美脊、為亟心、為下首、為薄蹄、為曳。其於輿也，為多眚。為通、為月、為盜。其於木也，為堅多心。

離為火、為日、為電、為中女、為甲冑、為戈兵。其於人也，為大腹。為乾卦。為鱉、為蟹、為蠃、為蚌、為龜。其於木也，為科上槁。

艮為山、為徑路、為小石、為門闕、為果蓏[6]、為閽寺、為指、為狗、為鼠、為黔[7]

喙之屬。其於木也，為堅多節。

兌為澤、為少女、為巫、為口舌、為毀折、為附決。其於地也，為剛鹵。為妾、為羊。

【注解】

[1] 圜：圓環。
[2] 瘠：瘦弱。
[3] 駁：駁雜，雜色。
[4] 釜：古炊器。斂口圓底，或有二耳。
[5] 旉：同「敷」。展開。
[6] 蓏：音ㄌㄨㄛˇ，草本植物的果實。
[7] 黔：黑色。

【釋義】

乾代表天、代表圓環、代表君王、代表父親、代表玉器、代表金屬、代表寒冷、代表冰、代表大紅色、代表良馬、代表瘦馬、代表雜色的馬、代表樹木上的果實。

坤代表地、代表母親、代表布匹、代表鍋、代表吝嗇、代表均勻、代表帶犢子的母牛、代表大車、代表文章、代表民眾、代表柄。相對於地來說代表黑色的土地。

震代表雷、代表龍、代表青黃、代表展開、代表大路、代表長子、代表急躁、代表青色的竹子、代表蘆葦。相對於馬來說，它代表善鳴、代表左後蹄白色、代表白額。相對於莊稼來說，它代表反生的莊稼。其最終也代表健，代表蔬菜。

巽代表木、代表風、代表長女、代表繩直、代表工巧、代表白色、代表長、代表高、代表進退、代表不果、代表氣味。相對於人來說，它代表頭髮少、代表大腦門、代表白眼球多，它還代表近利市三倍。其最終代表急躁的震卦。

坎代表水、代表溝渠、代表隱伏、代表矯揉、代表車輪。相對於人來說，它代表憂鬱多、代表心病、代表耳痛、代表血卦、代表紅色。相對於馬來說，它代表美脊、代表心急、代表低頭、代表薄蹄、代表拉曳。相對於車來說，它代表散架，代表通達、代表月、代表盜寇。相對於樹木來說，它代表堅實多心。

離代表火、代表日、代表電、代表中女、代表甲冑、代表戈兵。相對於人來說，它代表大腹。代表乾卦，代表鱉、代表蟹、代表甲蟲、代表蚌、代表龜。相對於樹木來說，它代表樹幹枯。

艮代表山、代表小徑道路、代表小石頭、代表門闕、代表草瓜木果、代表守門人、代表手指、代表狗、代表鼠、代表黑嘴動物。相對於樹木來說，它代表堅韌多節。

兌代表澤、代表少女、代表巫師、代表口舌、代表毀折、代表退落。相對於地來說，它代表堅硬的鹽城地。代表妾、代表羊。

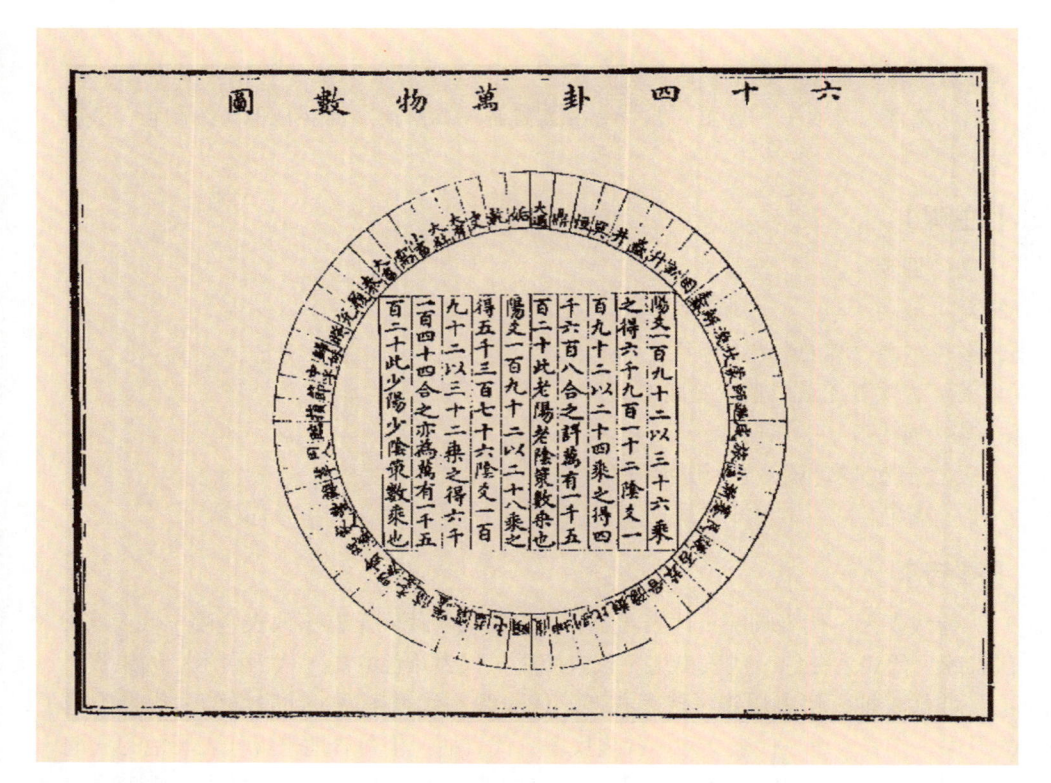

六十四卦萬物數圖

　　周易包羅萬象，天地人物一切事理盡在其中。陽爻一百九十二，以三十六乘之，得六千九百一十二；陰爻一百九十二，以二十四乘之，得四千六百八，合之計萬有一千五百二十，此老陽老陰策數乘也……

🐎 乾卦象徵的諸事諸物

　　乾為天、為圜、為君、為父、為玉、為金、為寒、為冰、為大赤、為良馬、為瘠馬、為駁馬、為木果。

　　「乾為天」，因為天性剛健而無狀，為萬物之宗。
　　「為圜」，圜有兩個讀音，一個是ㄏㄨㄢˊ，其意通「環」；一個是ㄩㄢˊ，意思是指球體，與「圓」字有些區別。《說文》中說：「圜，天體也。按，渾圓為圜，平圓為圓。圓之規為圓。」因此，相對形狀而言，一切球形的物體，皆可歸類於乾。
　　「為君、為父」，因為君為一國之尊，父為一家之尊。
　　「為玉、為金」，因為金玉皆為至堅至剛之物，有乾健之德。
　　「為寒、為冰」，因為寒氣如君父之威嚴，氣寒結冰為極堅之物。

「為大赤」，大赤即大紅色，此為太陽之色，赤日炎炎，所以大赤色具有乾的屬性。此外，五行各有其色，其木青、火紅為陽，金白、水黑為陰，中宮土黃為中性。而木青與火紅兩者，木表為少陽，火紅為老陽，所以大赤配乾卦。

「為良馬」，是因為良馬有剛健之德，能夠奔馳久遠，如天體之往復不停。

「為瘠馬」，瘠馬瘦而無肉，而露其骨至堅，有乾剛健之德也。

「為駁馬」，什麼是駁馬呢？《說文》中說：「駁，馬色不純也。」意思是說毛色不純的馬，就叫駁馬。不過，還有另外一種說法認為，駁是傳說中能食虎豹的猛獸；駁馬，即這種至威至猛之馬。此處的駁馬，實際上指的便是一種毛色不純卻至威至猛、腳力出眾的馬。如李白《將進酒》：「五花馬，千金裘，呼兒將出換美酒，與爾同銷萬古愁。」這個五花馬，就是駁馬。自然，其至威至猛、剛健無比的特性，則具有乾卦剛健之德。

「為木果」，木果即堅果，因其果皮堅硬，所以有乾卦剛健之德。

其實，世間具有乾卦屬性的事物有許多，並非此處所列舉的這些。總之，凡是極健、極剛、極硬、極老之物，皆可歸屬於乾，因為，乾為老陽，為陽道之極。

坤卦象徵的諸事諸物

坤為地、為母、為布、為釜、為吝嗇、為均、為子母牛、為大輿、為文、為眾、為柄。其於地也，為黑。

「坤為地」，這是因為大地有形並以柔順之德承天命。

「為母」，因為母親如大地一樣，有生育之功能、功勞。

「為布」，這是因為布柔軟，有柔順之德；布可製衣製被，有藏體之功。

「為釜」，釜，就是煮東西的鍋。大地可以使萬物成熟，而以鍋煮物同樣是把生食加工為熟食，所以「坤為釜」。

「為吝嗇」，這是以性情而言。天道普施為慷慨大方，地道則普藏為吝嗇。大地上的萬物，皆為大地所孕養而為大地之子女。這就如同我們人類一樣，沒有哪個母親願意把剛生下來的孩子送給別人，這就是吝嗇，大地母親也是具有這種吝嗇。而這種吝嗇，也可以說是一種珍愛、珍藏，是大地母親對子女慈愛的一種表現形式。

「為均」，大地母親至柔至順，對每個孩子都同樣關愛而無偏執，所以說「坤為均」。

「為子母牛」，子母牛，就是已經懷上小牛犢的母牛，或者是已經生下來還在為小牛犢哺乳的母牛。此時母牛孕、育而溫順，所以有坤之美德。

「為大輿」，大輿，就是大車。大有卦九二爻辭說「大車以載」，指的便是大輿的用途是裝載貨物的。而大地則「厚德載物」，兩者同樣具有承載、負重之德。

乾卦和坤卦象徵的諸事諸物

乾卦

乾為天、為圓、為君、為父、為玉、為金、為寒、為冰、為大赤、為良馬、為瘠馬、為駁馬、為木果。

天	天性剛健而無狀，為萬物之宗。
圓	相對形狀而言，一切球形的物體，皆可歸類於乾。
君、父	君為一國之尊，父為一家之尊。
玉、金	金玉皆為至堅至剛之物，有乾健之德。
寒、冰	寒氣如君父之威嚴，氣寒結冰為極堅之物。
大赤	大赤配乾卦。
良馬	良馬有剛健之德，能夠奔馳久遠，如天體之往復不停。
瘠馬	瘠馬瘦而無肉，而露其骨至堅，有乾剛健之德也。
駁馬	駁馬至威至猛，具有乾卦剛健之德。
木果	木果果皮堅硬，有乾卦剛健之德。

其實，世間具有乾卦屬性的事物有許多，並非此處所列舉的這些。總之，凡是極健、極剛、極硬、極老之物，皆可歸屬於乾，因為，乾為老陽，為陽道之極。

坤卦

坤為地、為母、為布、為釜、為吝嗇、為均、為子母牛、為大輿、為文、為眾、為柄。其於地也，為黑。

地	大地有形並以柔順之德承天命。
母	母親如大地一樣，有生育之功能、功勞。
布	布柔軟，有柔順之德；布可製衣製被，有藏體之功。
釜	釜，就是煮東西的鍋。大地可以使萬物成熟，所以「坤為釜」。
吝嗇	這是以性情而言。天道普施為慷慨大方，地道則普藏為吝嗇。
均	大地母親至柔至順，對每個孩子都關愛而無偏執。
子母牛	此時母牛孕、育而溫順，所以有坤之美德。
大輿	輿，就是大車。大地「厚德載物」，兩者同樣具有承載、負重之德。
文	大地出產萬物，斑斕而富有紋彩。
眾	君子為陽，民眾為陰，坤卦三爻純陰，所以「為眾」。
柄	柄，即物體的把柄，諸物皆執柄而用，與乾為體坤為用暗合。
黑	地分五色，南赤北黑東青西白中黃，坤代表黑色的土地。

依此類推，則凡是有形之大物、物生之本、有容藏特性、有生化之功能的諸事諸物，皆可取象於坤卦。

「為文」，即紋彩。大地出產萬物，斑斕而富有紋彩。而古時結繩記事後來深化為篆書，也有陰柔之美，所以此處之「文」，也指文字。

「為眾」，君子為陽，民眾為陰，坤卦三爻純陰，所以「為眾」。

「為柄」，柄，即物體的把柄，諸物皆執柄而用，與乾為體坤為用暗合。正如《子夏易傳》所云：「為柄，執而用也。物由之而生，本之而用也。」

「其於地也，為黑」，這是因為地分五色，南赤北黑東青西白中黃，西白為少陰，北水為老陰，坤卦為至陰，所以坤也代表黑色的土地。

依此類推，則凡是有形之大物、物生之本、有容藏特性、有生化之功能的諸事諸物，皆可取象於坤卦。

震卦象徵的諸事諸物

震為雷、為龍、為玄黃、為旉、為大塗、為長子、為決躁、為蒼筤竹、為萑葦。其於馬也，為善鳴、為馵足、為作足，為的顙。其於稼也，為反生。其究為健，為蕃鮮。

「震為雷」，烏雲為陰，雨為陰，雷動於烏雲之中，下雨之時，就如同震卦下面一陽爻動於兩陰爻之上，所以說「震為雷」。

「為龍」，龍在水中生活，為陰中之陽畜。

「為玄黃」，玄，為黑中帶紅的顏色，是天的顏色；黃，為大地的顏色。玄與黃兩種顏色混雜，則成為蒼色，這就是「玄黃」。乾坤初合而生震之長男，所以震有玄黃之色。

「為旉」，（ㄈㄨ），古同「敷」，是施予、給予、鋪展、鋪開的意思。春雷過後，萬物復甦，生機始見，所以說「震為旉」。

「為大塗」，大塗，即大路、大道、大途。大路上車馬喧嘩，有雷動之象。

「為長子」，這個比較簡單，因為震為乾坤父母的長子，其卦象為一陽初生之象。

「為決躁」，決，就是決斷、果斷；躁，就是疾、快。震為一陽初動於下，而果斷迅疾正是陽剛行動的本性。

「為蒼筤竹」，蒼色為玄黃之色，且此竹性堅貞而節上虛，所以有震卦之象。蒼筤竹，就是蘆葦。

「其於馬也，為善鳴、為馵足、為作足，為的顙。」這是說震卦可代表四種馬。「為善鳴」是指鳴叫聲非常響亮的馬，因為善鳴與雷聲相配；「為馵（ㄓㄨˋ）足」是指馬足為白色的馬，因白色如一陽爻，此馬有震之卦象；「為作足」，指這種馬善於以四足運動而上身不動，與震卦一陽動於下之意相符；「為的顙」則是指馬的額頭（腦門）處就像靶心一樣，有一點白色的毛，「的」就是靶心的意思，「顙」

指腦門部位，據說蹄足之馬必為的顙。

「其於稼也，為反生」，稼，就是指莊稼，農作物。而對於「反生」的解釋，則歷來有兩種說法。其一認為，「反生」是指反生的莊稼，如豆子，它在土裡的芽先向下生長，然後回到上面頂長到地面。由於這些「反生」農作物與震卦所代表的節氣不符，所以筆者認為此說不妥。還有一種觀點認為，「反生」即指種子初生而拆甲而出，「反生」就是有了生命力，筆者認為這種說法比較符合震卦一陽初生的內涵。

「其究為健，為蕃鮮」則是對所有農作物（或其他事物）的總體概括，意思是說，從根本上來講震卦的內涵為事物初生之剛健，所有草木初生的狀態皆屬於震的卦象。蕃鮮，即草木初生的樣子，其下堅而白色，與震卦下面一陽爻相應。此外，還有一種說法認為，「其究為健，為蕃鮮」是說，震卦的發展變化方向，是乾的剛健和巽的鮮潔蕃盛。

巽卦象徵的諸事諸物

巽為木、為風、為長女、為繩直、為工、為白、為長、為高、為進退、為不果、為臭。其於人也，為寡髮、為廣顙、為多白眼、為近利市三倍。其究為躁卦。

「巽為木」，這得從巽卦的卦象去理解。巽卦下面一個陰爻為柔，上面兩個陽爻為剛，所以巽卦有內柔外剛且剛柔變換的特性。而木頭也有這種剛柔變換的特性，如，木質硬為剛，但其不是永遠保持筆直的狀態，而是可彎成各種曲線，所以說「巽為木」。

「為風」，風也是具有剛柔變換的特性。如強風可以摧毀房屋，拔倒樹木，可柔弱起來，卻又是極盡溫柔。

「為長女」，乾坤相合所生的第一個女子為巽，且巽卦下面一陰爻代表一陰初生。

「為繩直」，繩直，就是木工用的墨斗。用墨斗可以在任何不平的物體上畫出直線，所以墨斗也有剛柔變換之特點。其繩為柔，拉直則為剛。

「為工」，是指將各種木材製成器皿，因為製作木器也是剛柔變換之理。也代指木工。

「為白」，白色為物體本來之色，為素色，素色可以描畫成各種顏色，所以與一陰初生的巽卦有關聯。再者，白色為西方金色，此方為少陰，正是陰氣始生之意。

「為長，為高」世界上，大概沒有比風再長再高的了，風從北極可以颳到南極，可以颳到九天之上，所以說「巽為長、為高」。

「為進退」，進退即剛柔之變，如風來來去去不定，所以說「巽為進退」。

「為不果」，不果，有兩個意思，一個是辦事不果決，猶豫不決，這與「進退」意思相近；二是沒有結果。古人認為猶豫不決做事情不會有結果。還可引申為樹木不結果實，因為巽是仲春之樹木。進一步引申，還可表示女人不能懷孕生孩子等。

「為臭」，臭，即嗅，為氣味的意思。各種氣味皆隨風而至，所以說「巽為臭」。

「其於人也，為寡發、為廣顙、為多白眼、為利近市三倍」，這是說相對於人而言，巽卦可代表四種人。「為寡發」，這是說這種人頭髮少，就像被風吹禿了的荒山，從卦象上看，髮細長代表陰，額方圓代表陽，所以頭髮少的人與巽卦的卦象很相似；「為廣顙」，就是大腦門，其原理與「為寡髮」的原理相同；「為多白眼」，是說這個人的白眼珠多，黑眼珠少，有的人經常用眼睛的餘光斜視他人，也會造成「白眼」的現象，由於白為陽，黑為陰，所以也與巽卦卦象相符；「為利近市三倍」，是說這個人靠近利市，能獲得三倍的利息，占卜求財，得到這個巽卦很好，得財必多。

「其究為躁卦」，有兩種解釋。一種認為，「躁卦」指的便是「震為決躁」的震卦，也就是說巽卦變到最後就成了急躁的震卦。還有一種解釋是，巽為風，風吹至極，則成為極為狂躁、乾燥的狀態；引申為人，則如風一樣柔順的性格發展到最後，極可能變為性格妄躁而暴烈，有如風之颶者。

坎卦象徵的諸事諸物

坎為水、為溝瀆、為隱伏、為矯輮、為弓輪。其於人也，為加憂、為心病、為耳痛、為血卦、為赤。其於馬也，為美脊、為亟心、為下首、為薄蹄、為曳。其於輿也，為多眚。為通、為月、為盜。其於木也，為堅多心。

「坎為水」，坎卦上下皆陰而中有一陽，外表柔順，內心剛健而有誠信之象。水則外表柔順可潤萬物，內則質剛可溺萬物，所以坎卦有水的形象。

「為溝瀆」，溝與瀆，皆為可蓄水的溝渠，皆有下陷之象。

「為隱伏」，物陷於深處必隱而不可見，如一陽藏於二陰之中，所以坎「為隱伏」。

「為矯輮，為弓輪」，矯輮，是古代加工木料的一種方法。一般是先將木條用水浸溼浸透（或者直接選用從樹上剛砍下來的溼木料），然後把變軟的溼木條固定在所需形狀的架子上，再用火熏烤或令其自然風乾，徹底風乾後，這個木條的形狀就固定不變了，古代的弓箭與車輪，都是用這種方法加工製成的，所以說「為矯輮，為弓輪」。此種加工方法是借用二陰之柔以變形，再利用一陽之剛以定形，所以說與坎卦有關係。

「其於人也，為加憂、為心病、為耳痛、為血卦、為赤」，這就是說，相對人體而言，則坎卦代表多憂多慮的人，有心病的人，有耳痛的人，有血光之災的人，

見紅露紅的人。想要真正理解這句的內容，得從中醫學的角度來看。中醫學中坎水代表腎，腎病，則會影響到脾、心、耳處有病，因為脾土克腎水，腎水克心火，耳為腎之竅。而脾病莫過於多憂，所以說「為加憂」；心病與耳痛，則是腎水所克與耳為腎之竅的原因。「為血卦」，則是指必有血光之災，如打仗流血等事件，相對於疾病，則是指血液病，而血液的根源則在於脾不制水，所以其根源還是在脾。「為赤」，人體流血，女人來月經，都屬於見紅「為赤」；相對於疾病，則是指人發燒面赤。

「其於馬也，為美脊、為亟心、為下首、為薄蹄、為曳。」這句話是說，相對於馬來講，坎卦代表五種馬。「為美脊」，是說脊背漂亮的馬；「為亟心」，則是指心急的馬，亟，就是急的意思；「為下首」，是說低著頭很溫順的馬；「為薄蹄」，是說蹄甲較薄的馬；「為曳」，是說可以拉車的馬，不是戰馬。曳，就是牽引的意思，代指拉車。

「其於輿也，為多眚。為通、為月、為盜。」這一句話，並非皆是相對大車而言，「為通、為月、為盜」與車無關，否則就不通順了。「其於輿也，為多眚」，是說相對於大車而言，是一個多災的破車。眚，就是災難的意思；坎卦外面兩陰爻，則代表大車的破舊。

「為通」，坎為水，水流則暢通，遇阻則潰決，所以坎代表通順。

「為月」，則是指月體無光為陰，借日光而明，是陽藏於陰中之象。

「為盜」，是由月引申而出，月本無光，盜日光而用之，所以坎有盜寇的內涵。並且坎卦一陽居於二陰之中，也有居心叵測而陰中竊物之象。

「其於木也，為堅多心」是說，相對樹木而言，坎卦代表堅實多心的樹木。也就是說，這個木頭，外表軟而內心硬，越往裡面越硬。

離卦象徵的諸事諸物

離為火、為日、為電、為中女、為甲冑、為戈兵。其於人也，為大腹。為乾卦。為鱉、為蟹、為蠃、為蚌、為龜。其於木也，為科上槁。

「離為火」，俗話說「人要實誠，火要虛」，「火空則發」，意思是說用木柴生火要留有空間，排得太緊，火不旺。所以火有中空外實之象，與「離中空」的離卦卦象相符。

「為日」，古人認為太陽就是天空中的一個大火球，是天之陽精發之於外，所以說「離為日」。

「為電」，閃電與火同理，也是發光可燃物，所以說「離為電」。

「為中女」，則是因乾坤相合，乾得坤之中爻所生之女，為二女兒。

「為甲冑」，離卦外陽為盔甲，內陰為盔甲所護之人。

「為戈兵」，就是說離卦代表戈兵等武器。古代冷兵器將堅硬、尖銳之端向敵，所以有離卦外陽內陰之象。

「其於人也，為大腹。」這是說，相對人而言，離卦代表腹部膨脹或大腹便便。因為人的肚子不是實心的，正是內陰外陽之象。

「為乾卦」，此處之「乾」，即乾溼的「乾」之意。也就是說乾卦代表乾燥。

「為鱉、為蟹、為蠃、為蚌、為龜。」這句話比較容易理解，因為這些動物皆屬於甲殼類，是外陽內陰之象。

「其於木也，為科上槁。」這是說相對於樹木而言，離卦代表頂端枯萎的樹木。因為頂端枯萎的樹木，其根必壞死而乾枯，其木中也腐朽敗壞，也是外陽內陰之象。

總之，離卦所代表的，皆是外陽內陰的事物。

艮卦象徵的諸事諸物

艮為山、為徑路、為小石、為門闕、為果蓏、為閽寺、為指、為狗、為鼠、為黔喙之屬。其於木也，為堅多節。

「艮為山」，是說大山陽剛極高而阻斷行人，與艮卦一陽爻處於兩陰爻之上的卦象相符。

「為徑路」，是說艮卦代表小路。小路漸行漸窄，直的不通，就像個死胡同，正是艮卦的形象。

「為小石」，因為石與山為同類。

「為門闕」，則是因為門闕為禁止出入之所，有阻止之意。

「為果蓏（ㄌㄨㄛˇ）」，果蓏，泛指草本植物的果實，不是乾卦所代表的木果。為少陽之實，果熟而止於地之意。

「為閽寺」，閽（ㄏㄨㄣ），是指看大門的，天黑了，便要把大門關上，這是看大門的要做的事情。寺，不是寺廟的意思，是秦漢時期的官員任職之所，按現在的話說，就相當於政府各部門機構。天黑不辦案了，看門的就要把這些機構的大門關上，所以有阻止之意。

「為指」，指端有甲，如艮上之一陽爻。示意不說話時，也以手指示於嘴邊，所以也有阻止之意。前面「近取諸身」時已講過。

「為狗」，前面「遠取諸物」時已講過，狗就有看門的作用，阻止陌生人進家。

「為鼠」，因鼠嘴利為陽，身弱為陰，正如艮卦卦象。

「為黔喙之屬」，黔，就是黑的意思；喙（ㄏㄨㄟˋ），一般指鳥獸的嘴。「黔喙之屬」則是指黑嘴頭子的動物或牙齒鋒利的獸類或喙部結實的鳥類。因為這些都有艮卦上陽下陰之象。

八卦與萬物類象對照表

卦畫	八卦	萬物類象
☰	乾	乾代表天、代表圓環、代表君王、代表父親、代表玉器、代表金屬、代表寒冷、代表冰、代表大紅色、代表良馬、代表瘦馬、代表雜色的馬、代表樹木上的果實。
☷	坤	坤代表地、代表母親、代表布匹、代表鍋、代表吝嗇、代表均勻、代表帶犢子的母牛、代表大車、代表文章、代表民眾、代表柄。相對於地來說代表黑色的土地。
☳	震	震代表雷、代表龍、代表青黃、代表展開、代表大路、代表長子、代表急躁、代表青色的竹子、代表蘆葦。相對於馬來說，它代表善鳴、代表左後蹄白色、代表白額。相對於莊稼來說，它代表反生的莊稼。其最終也代表健，代表蔬菜。
☴	巽	巽代表木、代表風、代表長女、代表繩直、代表工巧、代表白色、代表長、代表高、代表進退、代表不果、代表氣味。相對於人來說，它代表頭髮少、代表大腦門、代表白眼球多，它還代表近利市三倍。其最終代表急躁的震卦。
☵	坎	坎代表水、代表溝渠、代表隱伏、代表矯揉、代表車輪。相對於人來說，它代表憂鬱多、代表心病、代表耳痛、代表血卦、代表紅色。相對於馬來說，它代表美脊、代表心急、代表低頭、代表薄蹄、代表拉曳。相對於車來說，它代表散架，代表通達、代表月、代表盜寇。相對於樹木來說，它代表堅實多心。
☲	離	離代表火、代表日、代表電、代表中女、代表甲冑、代表戈兵。相對於人來說，它代表大腹。代表乾卦，代表鱉、代表蟹、代表甲蟲、代表蚌、代表龜。相對於樹木來說，它代表樹乾枯。
☶	艮	艮代表山、代表小徑道路、代表小石頭、代表門關、代表草瓜木果、代表守門人、代表手指、代表狗、代表鼠、代表黑嘴動物。相對於樹木來說，它代表堅韌多節。
☱	兌	兌代表澤、代表少女、代表巫師、代表口舌、代表毀折、代表退落。相對於地來說，它代表堅硬的鹽鹼地。代表妾、代表羊。

「其於木也，為堅多節。」這是說，對於樹木而言，則艮卦代表堅硬而多節的樹木。像竹子、六道木等，這個「節」便有阻止的意思，相當於艮卦上面的一陽爻。

兌卦象徵的諸事諸物

兌為澤、為少女、為巫、為口舌、為毀折、為附決。其於地也，為剛鹵。為妾，為羊。

「兌為澤」，大澤之水為陰居上，水下之土為陽，剛得其潤，上潤下堅，這就是大澤的形象，正好與兌卦下面二陽爻上面一陰爻相符。

「為少女」，是說乾坤相合，乾得坤卦上爻而得少女，即兌卦是乾坤的三女兒、小女兒。

「為巫」，古時以少女為巫，男人為覡的規定。

「為口舌」，口外柔而開口講話取悅於人，所以說「兌為口舌」。其引申義為口舌是非。

「為毀折」，兌五行屬金，在時為秋，所以有毀折之意。

「為附決」，「附決」就是從所附著的物體上脫落下來。古人在沼澤中去鳥獸之皮毛，所以兌卦有「附決」之意。

「其於地也，為剛鹵」，是說，相對於土地而言，兌卦代表堅硬的鹽鹼地。

「為妾」，古人嫁女，常常將姐妹同時嫁與一個男人為妻，所以小女兒便往往成為妾的身分。

「為羊」，古時羊盛產於西北，誰家養的羊多，誰家就富裕，所以古時「羊」與「祥」為通假字。西漢大儒董仲舒曾云：「羊，祥也，故吉禮用之。」可見羊代表富裕與吉祥，自然與代表喜悅的兌卦有關聯了。

第五章

《序卦傳》的智慧

　　《序卦》是對通行本六十四卦的排序所作的解釋和說明，闡述了六十四卦排列順序的意義。《序卦傳》的卦序，分為上下兩經。《序卦傳·上經》主要談天道，及大自然或是宇宙所能經驗的事物發生先後，從乾、坤所象徵的天地開始，以「盈天地之間者，唯萬物」的觀點來解釋乾坤兩卦居於首位。《序卦傳·下經》從天道的啟示，談人事的致用。自咸、恆二卦開始，以「物不可窮」來解釋最後一卦未濟，表示事物的變易是一個不封閉的體系。這個卦序和目前通行本《易經》卦序是相同的，也就是王弼本《易經》的卦序。

第五章 《序卦傳》的智慧

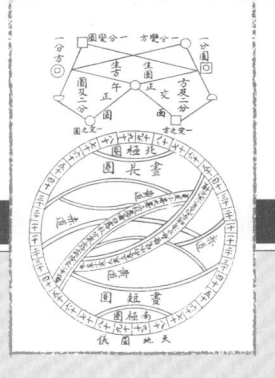

本章內容摘要

《序卦傳》一：上經卦序
《序卦傳》二：下經卦序

第1節

《序卦傳》一
上經卦序

《易經》卦名原是感性資料的隨意排列，《序卦》將卦序合理化、理論化。《序卦傳》的卦序，分為上、下兩經。上經主要談天道，及大自然或是宇宙所能經驗的事物發生先後，從乾、坤所象徵的天地開始。

【原文】

　　有天地，然後萬物生焉。盈天地之間者唯萬物，故受之以《屯》。屯者，盈也。屯者，物之始生也。物生必蒙，故受之以《蒙》。蒙者，蒙也，物之稚也。物稚不可不養也，故受之以《需》。需者，飲食之道也。飲食必有訟，故受之以《訟》。訟必有眾起，故受之以《師》。師者，眾也。眾必有所比，故受之以《比》。比者，比也。比必有所畜，故受之以《小畜》。物畜然後有禮，故受之以《履》。履者，禮也。履而泰然後安，故受之以《泰》。泰者，通也。物不可以終通，故受之以《否》。物不可以終否，故受之以《同人》。與人同者，物必歸焉，故受之以《大有》。有大者，不可以盈，故受之以《謙》。有大而能謙必豫，故受之以《豫》。豫必有隨，故受之以《隨》。以喜隨人者必有事，故受之以《蠱》。蠱者，事也。有事而後可大，故受之以《臨》。臨者，大也。物大然後可觀，故受之以《觀》。可觀而後有所合，故受之以《噬嗑》。嗑者，合也。物不可以苟合[1]而已，故受之以《賁》。賁者，飾也。致飾然後亨則盡矣，故受之以《剝》。剝者，剝也。物不可以終盡剝，窮上反下[2]，故受之以《復》。復則不妄矣，故受之以《無妄》。有無妄，物然後可畜，故受之以《大畜》。物畜然後可養，故受之以《頤》。頤者，養也。不養則不可動，

故受之以《大過》。物不可以終過，故受之以《坎》。坎者，陷也。陷必有所麗，故受之以《離》。離者，麗也。

【注解】

[1] 苟合：隨便地相合。
[2] 窮上反下：指被剝卦剝盡的上九爻來到了初九的位置，形成了一陽復生的復卦。

【釋義】

　　世上先有天與地，然後才能產生萬物。萬物盈滿天地之間，所以乾坤兩卦的後面是屯卦，屯便是盈滿的意思。屯代表萬物的始生。萬物始生之時處於幼稚階段，所以接下來便是蒙卦，蒙便是蒙昧的意思，蒙代表萬物始生的幼稚時期。萬物幼稚時期需要營養補育，所以接下來便是需卦。需卦講的便是飲食之道。飲食必然會引起爭鬥，所以接下來便是訟卦。爭訟必然會引起眾人的參與，所以接下來是師卦。師便是大眾的意思。眾人根據需要形成不同的群體，所以接下來便是比卦，比就是親比的意思。人們相互之間親比相處，財物自然會有所積累，所以接下來便是小畜卦。物質生活豐富了，自然開始精神文明建設，開始講究禮信，所以接下來是履卦。人們都守信而知禮，自然社會安泰，所以接下來是泰卦，泰便是通順的意思。可是事物不可能永遠通順，所以接下來泰極否來出理了否卦。事物又不可能永遠閉塞，所以接二連三是同人卦。大家同心同德必然會有大的收穫，所以接下來是大有卦。有了大的成就不能自滿，所以接下來是謙卦。有大的成就而能夠謙虛謹慎必然會產生喜樂，所以接下來是豫卦。喜樂的生活肯定得到百姓的擁護，所以接下來是隨卦。以喜樂之心跟隨必會有喜事，所以接下來是蠱卦。蠱卦是表示男女之事。有喜事才可以壯大，所以接下來是臨卦。臨便是大的意思。事物盛大以後就可觀了，所以接下來是觀卦。德政教化可觀後，人心民意就可以相合，所以接下來是噬嗑卦，嗑便是合的意思。物不可以簡單相合，所以接下來是賁卦，賁就是文飾的意思。極盡修飾則使亨通走到盡頭，所以接下來是剝卦。剝便是剝奪的意思。事物不會終結，所以接下來是復卦。一陽復生則不會沒有希望，所以接下來是無妄卦。有了希望便會得到大的收穫，所以接下來是大畜卦。物質豐富後人們開始追求養生之道，所以接下來是頤卦，頤便是養的意思。人只顧頤養而不運動便會對身體有害，所以接下來是大過卦。事物不可能總處於大的過錯中，所以接下來是坎卦，坎是陷的意思。陷落必有所依附，所以接下來是離卦。離便是依附的意思。

序卦圖

《易經》的卦名原是感性資料的隨意排列，《序卦》將卦序合理化、理論化。《序卦傳》的卦序，分為上、下兩經。

人們都守信而知禮，自然社會安泰，所以接下來是泰卦。泰便是通順的意思。可是事物不可能永遠通順，所以接下來泰極否來出理了否卦。

萬物幼稚時期需要營養補育，所以接下來便是需卦。需卦講的便是飲食之道。飲食必然會引起爭鬥，所以接下來便是訟卦。

世上先有天與地，然後才能產生萬物。

四	十	三	經下	十	三	經上
一陰五陽反對六卦：姤、夬	二陽四陰反對十二卦：遯、訟、巽、鼎、革、豐、旅、渙、節、中孚	三陰三陽反對二十卦：否、泰、咸、恆、損、益、既濟、未濟、漸、歸妹、豐、旅		十二辟卦	三陰三陽反對二十卦	反對不變八卦：乾、坤、坎、離、頤、大過、中孚、小過
					一陽五陰反對六卦：復、師、謙、豫、比、剝	
					二陽四陰反對十二卦	

爭訟必然會引起眾人的參與，所以接下來是師卦。師便是大眾的意思。眾人根據需要形成不同的群體，所以接下來便是比卦，比就是親比的意思。

人們相互之間親比相處，財物自然會有所積累，所以接下來便是小畜卦。物質生活豐富了，自然開始精神文明建設，開始講究禮信，所以接下來是履卦。

萬物盈滿天地之間，所以乾坤兩卦的後面是屯卦，屯便是盈滿的意思。屯代表萬物的始生。萬物始生之時處於幼稚階段，所以接下來便是蒙卦，蒙便是蒙昧的意思，蒙代表萬物始生的幼稚時期。

以上只是對該圖的一部分解析，其餘各卦可參見本節正文部分。

《易經》六十四卦的排列反映了世界產生、發展、變化的過程，以乾坤為首，象徵著世界萬物開始於天地陰陽，乾為陽，為天；坤為陰，為地。乾坤之後為屯、蒙，屯、蒙，象徵著事物剛剛開始，處於蒙昧時期。上經終於坎、離，坎為月，離為日，有光明之義，象徵萬物萬事活生生地呈現出來。

乾坤屯蒙需訟師

　　有天地，然後萬物生焉。盈天地之間者唯萬物，故受之以《屯》。屯者，盈也。屯者，物之始生也。物生必蒙，故受之以《蒙》。蒙者，蒙也，物之稚也。物稚不可不養也，故受之以《需》。需者，飲食之道也。飲食必有訟，故受之以《訟》。訟必有眾起，故受之以《師》。師者，眾也。

　　「有天地，然後萬物生焉。」這是說明為什麼將乾坤兩卦作為《易經》卦序的起始。也就是說因為先有了天和地，然後才會出現天地之間的萬物，所以將乾坤兩卦作為《易經》卦序的開始。

　　「盈天地之間者唯萬物，故受之以《屯》。屯者，盈也。屯者，物之始生也。」這句話是說，天地交媾而生萬物，只有萬物才可以充盈天地之間，但是，這萬物不是像變戲法似的突然就可以出現的，而需要一點一點地育化、生長、繁衍，所以接下來便是屯卦。屯卦，是屯滿、盈滿的意思；屯卦代表萬物始生的樣子。也就是說，小草也萌芽了，小樹苗也吐綠了，細胞開始分裂繁衍，小動物開始求偶孕子等，世間萬物都處於萌生狀態，這就是屯卦的樣子。

　　「物生必蒙，故受之以《蒙》。蒙者，蒙也，物之稚也。」這句是說，萬物剛剛生長的時候，皆要經過一個童蒙的幼稚時期，所以屯卦之後是蒙卦，蒙卦表現的，就是萬物幼稚的時候。

　　「物稚不可不養也，故受之以《需》。需者，飲食之道也。」這句話是說，萬物幼稚時期的生長，需要營養飲食，所以蒙卦之後是需卦，需卦講的便是飲食之道。

　　「飲食必有訟，故受之以《訟》。」這句話是說，萬物都爭搶自己喜歡的飲食，於是便產生了不均；這種不均便會產生各種爭訟。動物界如何處理爭搶飲食的糾紛，我們無法一一知曉，但由於人為萬物之長，所以人為萬物的代表，我們可以知道人類解釋這種糾紛是找長者來解決。上古時，少數人的貪得無厭與野蠻掠奪，勢必引起眾人的不滿，所以當時部落尊長、諸侯盟主等，其最重要的工作，便是解決這種事情。當然，飲食可以代表與人類生活有關的各種物資，甚至包括土地及配偶。我們要注意的是，訟，是指爭論的意思。如《說文》「訟，爭也。⋯⋯以手曰爭，以言曰訟。」

　　「訟必有眾起，故受之以《師》。師者，眾也。」如果部落酋長或諸侯盟主袒護那些貪得無厭的人，那麼，小的爭論就會引起大紛爭，最終引發眾人參與的戰爭，所以訟卦之後是師卦。師，就是眾人的意思；興師動眾，表達的其實就是一個「師」的涵義。

　　以上這七個卦序的形成，便是這樣的道理。朱熹《周易本義》中的〈卦序歌〉將其簡練地總結為：乾坤屯蒙需訟師。

比小畜兮履泰否

眾必有所比，故受之以《比》。比者，比也。比必有所畜，故受之以《小畜》。物畜然後有禮，故受之以《履》。履者，禮也。履而泰然後安，故受之以《泰》。泰者，通也。物不可以終通，故受之以《否》。

「眾必有所比，故受之以《比》。比者，比也。」眾人興師打敗了貪得無厭的人們，於是推舉戰爭中最勇敢的人當首領，並紛紛向新首領表示親近；新首領也做出新的制度，使大家分配公平，所以師卦之後是比卦。師卦九二爻為民眾的帶頭人，到了比卦，這個九二爻則升到了九五之尊位。比，就是眾人輔助而天下大同的意思。

「比必有所畜，故受之以《小畜》。」在新的制度下，大家都逐漸富裕起來，所以比卦之後是小畜卦。

「物畜然後有禮，故受之以《履》。履者，禮也。」有了物質文明後，大家開始追求精神文明了，開始更注重禮儀、禮貌了，所以小畜卦之後是履卦。履，就是禮的意思。

「履而泰然後安，故受之以《泰》。泰者，通也。」生活富裕，人人都注重禮儀，則政通人和，天下安泰，所以履卦之後是泰卦。泰，就是通順的意思。

「物不可以終通，故受之以《否》。」俗話說「人無千日好，花無百日紅」，政通人和、天下安泰的局面不會永遠存在，因為安樂滋生腐敗，於是社會風氣變壞，出現理不暢、禮不通、物不流的天地不通現象，所以泰卦後面是天地不通的否卦。

此五個卦序在〈卦序歌〉中稱為：比小畜兮履泰否。

同人大有謙豫隨

物不可以終否，故受之以《同人》。與人同者，物必歸焉，故受之以《大有》。有大者，不可以盈，故受之以《謙》。有大而能謙必豫，故受之以《豫》。豫必有隨，故受之以《隨》。

「物不可以終否，故受之以《同人》。」在天地不通的狀態下，誰也無法好好地生活，為了好好地生存下去，人們在混亂中會自覺地團結起來，所以否卦之後，是同人卦。

「與人同者，物必歸焉，故受之以《大有》。」人與人之間團結起來，大家和睦相處，就會有大的作為，大的收穫，所以同人卦之後是大有卦。

「有大者，不可以盈，故受之以《謙》。」想要有大的作為，則不能驕傲自滿，所以大有卦的後面是謙卦。

「有大而能謙必豫，故受之以《豫》。」有了大作為並且又有謙遜之德的國君，

做事必然有提前準備而且安樂祥和,所以謙卦之後是豫卦。豫,是預備的意思,同時也有愉悅之意。

「豫必有隨,故受之以《隨》。」做事未雨綢繆並且安樂祥和,必然百事隨順,天下歸隨,所以豫卦的後面是隨卦。

此五個卦序,在〈卦序歌〉中稱為:同人大有謙豫隨。

蠱臨觀兮噬嗑賁

以喜隨人者必有事,故受之以《蠱》。蠱者,事也。有事而後可大,故受之以《臨》。臨者,大也。物大然後可觀,故受之以《觀》。可觀而後有所合,故受之以《噬嗑》。嗑者,合也。物不可以苟合而已,故受之以《賁》。賁者,飾也。

「以喜隨人者必有事,故受之以《蠱》。蠱者,事也。」天下歸隨,萬民景仰的國君,必然難逃小人的蠱惑,所以隨卦之後是蠱卦。蠱,就是蠱惑、誘惑及淫亂之事。

「有事而後可大,故受之以《臨》。臨者,大也。」蠱惑、誘惑及淫亂之事變得越來越嚴重,所以蠱卦之後是臨卦。臨,就是大的意思。

「物大然後可觀,故受之以《觀》。」淫亂等腐敗現象越來越嚴重,就會使人人都能發現這些弊端,處處可見腐敗現象,所以臨卦之後是觀卦。

「可觀而後有所合,故受之以《噬嗑》。嗑者,合也。」觀察到越來越多的腐敗現象,就要增強團結,增加凝聚力以防政權傾覆,所以觀卦之後是噬嗑卦。噬嗑,就是相合,增加凝聚力的意思。

「物不可以苟合而已,故受之以《賁》。賁者,飾也。」腐敗不除則凝聚力不會持久,權貴腐敗之風也會越來越猖獗,所以噬嗑卦之後,是賁卦。賁,就是裝飾的意思。各種器具衣物等,皆追求精美裝飾,是腐敗極致的特徵。

此五卦卦序,〈卦序歌〉稱為:蠱臨觀兮噬嗑賁。

剝復無妄大畜頤

致飾然後亨則盡矣,故受之以《剝》。剝者,剝也。物不可以終盡剝,窮上反下,故受之以《復》。復則不妄矣,故受之以《無妄》。有無妄,物然後可畜,故受之以《大畜》。物畜然後可養,故受之以《頤》。頤者,養也。

「致飾然後亨則盡矣,故受之以《剝》。剝者,剝也。」追求極致的裝飾說明腐敗到了極點,導致「亨則盡矣」,也就是說,亨通的日子過到頭了,所以接下來是剝卦。剝,是群陰剝奪孤陽、小人排擠君子的意思。

六十四卦構成表

《周易》裡的六十四卦，圖像上是由兩個八卦上下組合而成。《序卦傳》的卦序，分為上、下兩經。上經三十卦：乾、坤、屯、蒙、需、訟、師、比、小畜、履、泰、否、同人、大有、謙、豫、隨、蠱、臨、觀、噬嗑、賁、剝、復、無妄、大畜、頤、大過、坎、離。下經三十四卦：咸、恆、遯、大壯、晉、明夷、家人、睽、蹇、解、損、益、夬、姤、萃、升、困、井、革、鼎、震、艮、漸、歸妹、豐、旅、巽、兌、渙、節、中孚、小過、既濟、未濟。

坤(地)	艮(山)	坎(水)	巽(風)	震(雷)	離(火)	兌(澤)	乾(天)	←上卦 ↓下卦
11.地天泰	26.山天大畜	5.水天需	9.風天小畜	34.雷天大壯	14.火天大有	43.澤天夬	1.乾為天	乾(天)
19.地澤臨	41.山澤損	60.水澤節	61.風澤中孚	54.雷澤歸妹	38.火澤睽	58.兌為澤	10.天澤履	兌(澤)
36.地火明夷	22.山火賁	63.水火既濟	37.風火家人	55.雷火豐	30.離為火	49.澤火革	13.天火同人	離(火)
24.地雷復	27.山雷頤	3.水雷屯	42.風雷益	51.震為雷	21.火雷噬嗑	17.澤雷隨	25.天雷無妄	震(雷)
46.地風升	18.山風蠱	48.水風井	57.巽為風	32.雷風恆	50.火風鼎	28.澤風大過	44.天風姤	巽(風)
7.地水師	4.山水蒙	29.坎為水	59.風水渙	40.雷水解	64.火水未濟	47.澤水困	6.天水訟	坎(水)
15.地山謙	52.艮為山	39.水山蹇	53.風山漸	62.雷山小過	56.火山旅	31.澤山咸	33.天山遯	艮(山)
2.坤為地	23.山地剝	8.水地比	20.風地觀	16.雷地豫	35.火地晉	45.澤地萃	12.天地否	坤(地)

「物不可以終盡剝，窮上反下，故受之以《復》。」小人之道不會長久，正義的君子失去上位，又會出現在下位並發揮作用，所以剝卦之後是復卦。

「復則不妄矣，故受之以《无妄》。」從低層做起的君子吸取教訓，不再有虛妄的念頭，懂得踏踏實實地做事了，所以復卦之後是无妄卦。

「有无妄，物然後可畜，故受之以《大畜》。」君子能夠沒有妄念地做事情，就可以真正使民富國強，所以无妄卦之後是大畜卦。

「物畜然後可養，故受之以《頤》。頤者，養也。」民富國強，則君子可以養賢臣，百姓可以養身體，所以大畜卦之後是頤卦。頤，就是頤養的意思。

此五卦卦序，〈卦序歌〉稱為：剝復无妄大畜頤。

大過坎離三十備

不養則不可動，故受之以《大過》。物不可以終過，故受之以《坎》。坎者，陷也。陷必有所麗，故受之以《離》。離者，麗也。

「不養則不可動，故受之以《大過》。」人餓著肚子不適宜做運動，這就是「不養則不可動」。可是，上面是君子養賢臣、養百姓的頤卦，這樣接下來就適宜運動了，所以頤卦之後是大過卦。大過，是大的過渡，可見這個運動還挺轟轟烈烈的。大過卦的主要內容便是換棟梁，喻指更換不合格的官員。

「物不可以終過，故受之以《坎》。坎者，陷也。」房子不能頻繁地更換棟梁，國家也不能頻繁地更換棟梁之材，更換太頻繁了，只能會使大廈傾覆得更快，所以大過卦之後是坎卦。坎，就是塌陷的意思。

「陷必有所麗，故受之以《離》。離者，麗也。」屋頂塌了，不會夷為平地，而會附麗於斷牆或家具之上；國家傾覆也不會君民皆亡，大家都會尋找自己可以依附的對象，這就是「陷必有所麗」。所以，坎卦之後是離卦。離，就是附麗的意思。

此三卦卦序，〈卦序歌〉稱為：大過坎離三十備。至此，《周易·上經》的三十個卦序便講完了。

第2節

《序卦傳》二
下經卦序

《序卦傳‧下經》從天道的啟示，談人事的致用。自咸、恆二卦開始，這個卦序和目前通行本《易經》卦序是相同的，也就是王弼本《易經》的卦序。

【原文】

　　有天地然後有萬物，有萬物然後有男女，有男女然後有夫婦，有夫婦然後有父子，有父子然後有君臣，有君臣然後有上下，有上下然後禮義有所錯[1]。夫婦之道不可以不久也，故受之以《恆》。恆者，久也。物不可以久居其所，故受之以《遯》。遯者，退也。物不可以終遯，故受之以《大壯》。物不可以終壯，故受之以《晉》。晉者，進也。進必有所傷，故受之以《明夷》。夷者，傷也。傷於外者必反於家，故受之以《家人》。家道窮必乖，故受之以《睽》。睽者，乖也。乖必有難，故受之以《蹇》。蹇者，難也。物不可以終難，故受之以《解》。解者，緩也。緩必有所失，故受之以《損》。損而不已必益，故受之以《益》。益而不已必決，故受之以《夬》。夬者，決也。決必有遇，故受之以《姤》。姤者，遇也。物相遇而後聚，故受之以《萃》。萃者，聚也。聚而上者謂之升，故受之以《升》。升而不已必困，故受之以《困》。困乎上者必反下，故受之以《井》。井道不可不革，故受之以《革》。革物者莫若鼎，故受之以《鼎》。主器者莫若長子，故受之以《震》。震者，動也。物不可以終動，止之，故受之以《艮》。艮者，止也。物不可以終止，故受之以《漸》。漸者，進也。進必有所歸，故受之以《歸妹》。得其所歸者必大，故受之以《豐》。豐者，大也。窮大者必失其居，故受之以《旅》。旅而無所容，故受之以《巽》。巽者，

入也。入而後說之，故受之以《兌》。兌者，說也。說而後散之，故受之以《渙》。渙者，離也。物不可以終離，故受之以《節》。節而信之，故受之以《中孚》。有其信者必行之，故受之以《小過》。有過物者必濟，故受之以《既濟》。物不可窮也，故受之以《未濟》，終焉。

【注解】

[1] 錯：形成錯落有致的社會秩序。

【釋義】

有了天地才會產生萬物，有了萬物才有了男女之別，有了男女才有夫婦的關係。有了夫婦才有了父子關係，有了父子關係才有了君臣的關係，有了君臣的關係才有了上下的階級制度，有了上下的階級制度才有了仁與義的禮教。夫婦之道不能不持久，所以在咸卦之後是恆卦，恆便是久的意思。事物不是一成不變的，所以接下來是遯卦，遯便是退的意思。事物不會總是隱退，所以接下來是大壯卦。事物不會永遠強壯，所以接下來是晉卦。晉便是前進上升的意思。前進會遇到傷害，所以接下來是明夷卦，夷便是傷的意思。在外面受傷必然要回到家中休養，所以接下來是家人卦。家道窮困必然性格乖僻，所以接下來是睽卦，睽便是乖的意思。性格乖僻會導致災難，所以接下來是蹇卦，蹇便是難的意思。事物不可能永遠處於困難之中，所以接下來是解卦，解便是緩解的意思。緩解必然會有所損失，所以接下來是損卦。經常受損必然會有益處，所以接下來是益卦。受益過多必然有所決裂，所以接下來是夬卦，夬便是決裂的意思。決裂後必然會有新的相遇，所以接下來是姤卦，姤便是相遇的意思。物相遇後聚在一起，所以接下來是萃卦，萃便是聚集的意思。相聚的群體中必然會產生首領，所以接下來是升卦。事物不斷上升必然會導致窮困，所以接下來是困卦。受困於上，下面必然要反抗，所以接下來是井卦。井需要經常修理，所以接下來是革卦。改革成功在於像鼎一樣有信而穩定，所以接下來是鼎卦。能夠用鼎祭祀上帝的只有長子，所以接下來是震卦，震便是動的意思。事物不能總是運動，所以接下來是艮卦，艮便是停止的意思。事物不可能永遠停止，所以接下來是漸卦，漸便是漸進的意思。前進必然有個歸宿，所以接下來是歸妹卦。得到自己的歸宿後必然會有所豐大，所以接下來是豐卦，豐便是風大的意思。豐大後會走入窮困，會失掉自己的居所，所以接下來是旅卦。旅途中無處安身，所以接下來是巽卦，巽便是進入的意思。能夠進入才能有喜悅，所以接下來是兌卦，兌便是喜悅的意思。喜悅過後人們各自散去，所以接下來是渙卦，渙便是相離的意思。事物不會總是處於分離的狀態中，所以接下來是節卦。有符節然後可以取信於人，所以接下來是中孚卦。有誠信一定能夠通行，所以接下來是小過卦。有所超越者一定能夠成功，所以接下來是既濟卦。事物發展不會窮盡，所以接下來是未濟卦。至此六十四卦終結。

周易序卦圖

《序卦傳》下經從天道的啟示，談人事的致用。自咸、恆二卦開始，這個卦序和目前通行本《易經》卦序是相同的，也就是王弼本《易經》的卦序。周公為六十四卦排序，並且給每一爻都配上了相應的卦辭和爻辭。

大壯卦 事物不是一成不變的，所以接下來是遯卦，遯便是退的意思。事物不會總是隱退，所以接下來是大壯卦。

咸卦 有了天地才會產生萬物，有了萬物才有了男女之別，有了男女才有夫婦的關係。夫婦之道不能不持久，所以在咸卦之後是恆卦，恆便是久的意思。

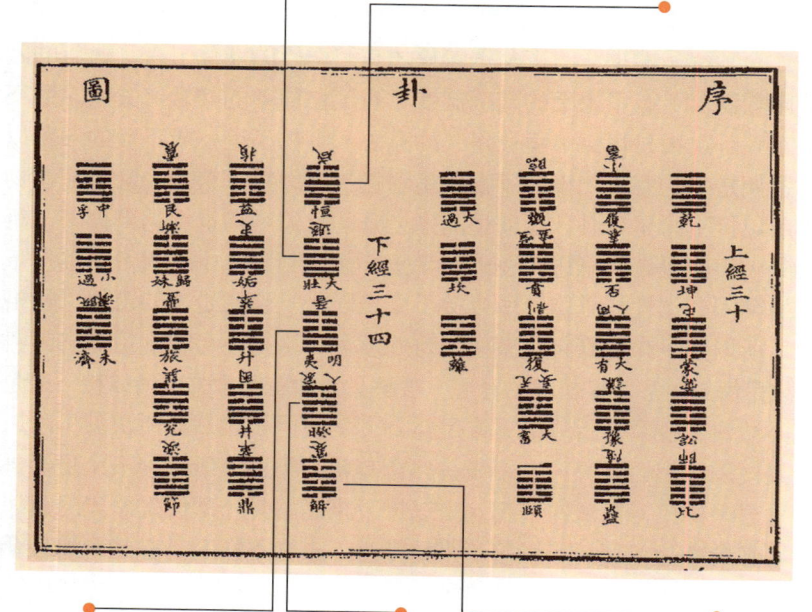

明夷卦 事物不會永遠強壯，所以接下來是晉卦。晉便是前進二升的意思。前進會遇到傷害，所以接下來是明夷卦，冥便是傷的意思。

睽卦 在外面受傷必然要回到家中休養，所以接下來是家人卦。家道窮困必然性格乖僻，所以接下來是睽卦，睽便是乖的意思。

解卦 性格乖僻會導致災難，所以接下來是蹇卦，蹇便是難的意思。事物不可能永遠處於困難之中，所以接下來是解卦，解便是緩解的意思。

以上只是對該圖的一部分解析，其餘各卦可參見本節正文部分。

下經以咸恆為始，象徵天地生成萬物之後，出現人、家庭、社會。咸為交感之義，指男女交感，進行婚配。恆，恆久，指夫婦白頭到老。社會形成以後，充滿矛盾，一直到最後為既濟、未濟。既濟，指成功、完成。未濟表示事物發展無窮無盡，沒有終止。

咸恆遯兮及大壯

有天地然後有萬物，有萬物然後有男女，有男女然後有夫婦，有夫婦然後有父子，有父子然後有君臣，有君臣然後有上下，有上下然後禮義有所錯。夫婦之道不可以不久也，故受之以《恆》。恆者，久也。物不可以久居其所，故受之以《遯》。遯者，退也。物不可以終遯，故受之以《大壯》。

「有天地然後有萬物，有萬物然後有男女，有男女然後有夫婦，有夫婦然後有父子，有父子然後有君臣，有君臣然後有上下，有上下然後禮義有所錯。」「有天地然後有萬物」是《序卦傳·上篇》已講過的內容，此處雖然重新提起，但其目的卻是要說明天地萬物之間最重要的事情，就是男人與女人的結合。因為男女結合在一起成為夫婦，就會產生夫婦相處之道；夫婦有了子女，就會產生父子相處之道；有了父子相處之道，才會有君臣相處之道；有了君臣相處之道以後，才會有上尊下卑的社會行為規範，才能使社會在禮儀的約束下擁有良好秩序。由此可見，如果沒有男女結為夫婦這件事，那麼父子、君臣之間的禮節及社會秩序都不會存在。所以，《周易·下經》第一卦便是講男女感情的咸卦。

「夫婦之道不可以不久也，故受之以《恆》。恆者，久也。」夫妻的正道不可不長久，所以咸卦之後是恆卦。恆，就是長久的意思。

「物不可以久居其所，故受之以《遯》。遯者，退也。」任何事物都不能永久占著一個位置不發生變化，所以恆卦之後是遯卦。遯，就是後退的意思。

「物不可以終遯，故受之以《大壯》。」事物不能永遠後退，因為後退可以保存實力，並使實力更加強大，所以遯卦之後是大壯卦。

此四卦卦序，〈卦序歌〉稱為：咸恆遯兮及大壯。

晉與明夷家人睽

物不可以終壯，故受之以《晉》。晉者，進也。進必有所傷，故受之以《明夷》。夷者，傷也。傷於外者必反於家，故受之以《家人》。家道窮必乖，故受之以《睽》。睽者，乖也。

「物不可以終壯，故受之以《晉》。晉者，進也。」事物不能總是停留在強壯的狀態而無所作為，強壯後就應當前進，所以大壯卦之後是晉卦。晉，就是前進的意思。

「進必有所傷，故受之以《明夷》。夷者，傷也。」前進必然會受到傷害，所以晉卦之後是明夷卦。明夷，就是受傷的意思。

「傷於外者必反於家，故受之以《家人》。」在外面受傷了便會回到家裡，所以明夷卦之後是家人卦。

「家道窮必乖，故受之以《睽》。睽者，乖也。」整天在家養傷而不能外出勞作，就會使家裡因窮困而有矛盾，所以家人卦之後是睽卦。睽，就是背離、違背、不和諧的意思。

此四卦卦序，〈卦序歌〉稱為：晉與明夷家人睽。

蹇解損益夬姤萃

乖必有難，故受之以《蹇》。蹇者，難也。物不可以終難，故受之以《解》。解者，緩也。緩必有所失，故受之以《損》。損而不已必益，故受之以《益》。益而不已必決，故受之以《夬》。夬者，決也。決必有遇，故受之以《姤》。姤者，遇也。物相遇而後聚，故受之以《萃》。萃者，聚也。

「乖必有難，故受之以《蹇》。蹇者，難也。」家庭不和睦則必然日子更難過，所以睽卦之後是蹇卦。蹇，就是困難的意思。

「物不可以終難，故受之以《解》。解者，緩也。」事物不可能永遠停留在困難中，物極則必反，困難達到極至時便會得到緩解，所以蹇卦之後是解卦。解，就是緩解的意思。

「緩必有所失，故受之以《損》。」緩解困難緩慢必然會遭受損失，所以解卦的後面是損卦。

「損而不已必益，故受之以《益》。」經常做損己利人的事情，最終必然會使自己受益，所以損卦之後是益卦。

「益而不已必決，故受之以《夬》。夬者，決也。」不斷受益，最終就會像河水滿溢而潰決一樣遭受損失，所以益卦的後面是夬卦。夬，就是潰決、決裂的意思。

「決必有遇，故受之以《姤》。姤者，遇也。」因決裂而離家出走，在外必有所遇，所以夬卦之後是姤卦。姤，就是遇的意思。

「物相遇而後聚，故受之以《萃》。萃者，聚也。」諸物皆是相遇之後才可聚在一起，所以姤卦之後是萃卦。萃，就是相聚、聚集的意思。

此七卦卦序，〈卦序歌〉稱為：蹇解損益夬姤萃。

升困井革鼎震繼

聚而上者謂之升，故受之以《升》。升而不已必困，故受之以《困》。困乎上者必反下，故受之以《井》。井道不可不革，故受之以《革》。革物者莫若鼎，故受之以《鼎》。主器者莫若長子，故受之以《震》。震者，動也。

「聚而上者謂之升，故受之以《升》。」大家聚到一起，有能力者的地位就會不斷上升，所以萃卦之後是升卦。

「升而不已必困，故受之以《困》。」地位一直上升，升到頭了就該「亢龍有悔」了；或者能力太出眾而受到君王的猜忌了，也會受困。所以說「升而不已必困」，升卦之後是困卦。

「困乎上者必反下，故受之以《井》。」陰陽相推，循環往復，變化無窮，所以升到上爻的位置後，接著會降到初爻，這就是「困乎上者必反下」。所以，困卦之後是井卦。井，代表最下的位置。

「井道不可不革，故受之以《革》。」井道，就是聖人像井把清潔給予民眾般教化眾生。而井需要經常清理才有潔淨的水喝，聖人思想也應當隨時勢而變革，這就是「井道不可不革」。所以，井卦之後是革卦。

「革物者莫若鼎，故受之以《鼎》。」新君登基施行新政時，要把新的律法條款刻在鼎上，改革事物的沒有比勒鼎更大的了，所以，革卦之後是鼎卦。

「主器者莫若長子，故受之以《震》。震者，動也。」按照《周禮》，只有長子才擁有繼承王位的權力，而擁有鼎則意味著擁有王權，所以說「主器者莫若乎長子」，鼎卦之後為震卦。震，是動的意思，也代表長子。

此六卦卦序，〈卦序歌〉稱為：升困井革鼎震繼。

艮漸歸妹豐旅巽

物不可以終動，止之，故受之以《艮》。艮者，止也。物不可以終止，故受之以《漸》。漸者，進也。進必有所歸，故受之以《歸妹》。得其所歸者必大，故受之以《豐》。豐者，大也。窮大者必失其居，故受之以《旅》。旅而無所容，故受之以《巽》。巽者，入也。

「物不可以終動，止之，故受之以《艮》。艮者，止也。」震卦所代表的震動不可能永遠不停下來，不動則代表停止，所以震卦之後是艮卦。艮，就是停止的意思。

「物不可以終止，故受之以《漸》。漸者，進也。」同樣，事物也不會永遠處於停止狀態，而會靜極而動，所以艮卦之後是漸卦。漸，就是循序漸進的意思。

「進必有所歸，故受之以《歸妹》。」一直往前走，肯定會找到一個好的歸宿，所以漸卦的後面是歸妹卦。

「得其所歸者必大，故受之以《豐》。豐者，大也。」最後終於找到自己的歸宿，肯定要大辦酒席與大家一起慶祝，所以歸妹卦之後是豐卦。豐，就是豐盛、盛大的意思。

「窮大者必失其居，故受之以《旅》。」有了歸宿後，如果每天都鋪張浪費「窮大方」，就會失去自己的居所成為流浪漢，所以，豐卦之後是旅卦。

「旅而無所容，故受之以《巽》。巽者，入也。」流浪的生活居無定所，像風一樣四處飄蕩；睏了，隨便找個草窩往裡面一鑽就睡，所以旅卦的後面是巽卦。巽，

六十四卦卦序

卦序指六十四卦排列的順序。通行本《易經》六十四卦的排列順序如下表所示。

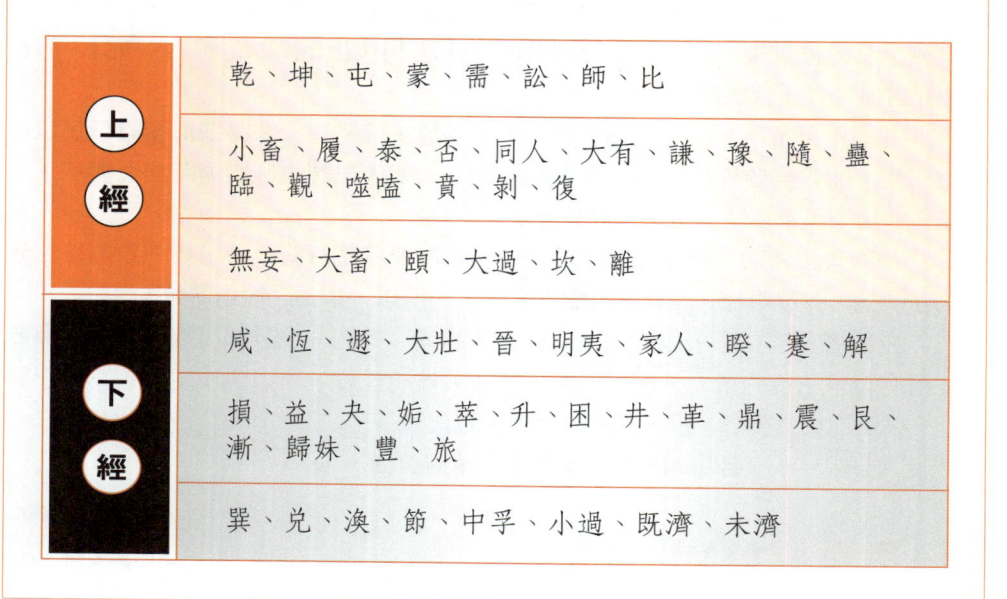

上經	乾、坤、屯、蒙、需、訟、師、比
	小畜、履、泰、否、同人、大有、謙、豫、隨、蠱、臨、觀、噬嗑、賁、剝、復
	無妄、大畜、頤、大過、坎、離
下經	咸、恆、遯、大壯、晉、明夷、家人、睽、蹇、解
	損、益、夬、姤、萃、升、困、井、革、鼎、震、艮、漸、歸妹、豐、旅
	巽、兌、渙、節、中孚、小過、既濟、未濟

就是鑽入的意思。

此六卦卦序，〈卦序歌〉稱為：艮漸歸妹豐旅巽。

兌渙節兮中孚至

入而後說之，故受之以《兌》。兌者，說也。說而後散之，故受之以《渙》。渙者，離也。物不可以終離，故受之以《節》。節而信之，故受之以《中孚》。

「入而後說之，故受之以《兌》。兌者，說也。」又睏又累的流浪漢，鑽在草窩裡面也睡得很香甜，心情也很高興，所以巽卦之後是兌卦。兌，就是喜悅的意思。

「說而後散之，故受之以《渙》。渙者，離也。」流浪漢睡醒了，心裡很高興，但又要趕路了，所以兌卦之後是渙卦。渙，就是離散的意思。由此我們也可以看出，這個流浪漢一直沒有返回家鄉，而是漂洋過海去了國外。

「物不可以終離，故受之以《節》。」諸物不可能永久離散下去，比如渙散的水流到一個低窪裡，也就停了下來。而那個流浪漢呢？此時正被一條大河擋住去路，不能前進了。所以，渙卦的後面是節卦。節，本意指竹節，引申義則是節制、停止

的意思。

「節而信之，故受之以《中孚》。」許多流浪漢聚集到大河邊，大家都不是很了解，該怎樣相處呢？其最重要的一條便是要誠信，要守信用。所以，節卦之後是中孚卦。

此五卦卦序，〈卦序歌〉稱為：兌渙節兮中孚至。

小過既濟兼未濟，是為下經三十四

有其信者必行之，故受之以《小過》。有過物者必濟，故受之以《既濟》。物不可窮也，故受之以《未濟》，終焉。

「有其信者必行之，故受之以《小過》。」由於大家都比較有誠信，就可以克服各種困難，最後那群流浪漢終於渡過一條小河，所以，中孚卦之後是小過卦。

「有過物者必濟，故受之以《既濟》。」那群流浪漢終於製造出渡河的大船，所以說「有過物者必濟」，最後終於全部渡過了大河。所以小過卦之後是既濟卦。既濟，就是民經渡過河，到達彼岸的意思。這群流浪漢到達的彼岸是哪裡？也許是南美洲，也許是朝鮮，也許是澳洲，但已無法考證了。不過，在上古及中古時期，中國有些古人確實漂洋過海離開了中土。

「物不可窮也，故受之以《未濟》，終焉。」都過河了，大團圓了，可是任何事物都不會窮盡而有大團圓式的末尾，因為事物總是陰陽相推不斷循環，所以，既濟卦後面是未濟。未濟，是尚未渡過河去。看來，人生有永遠渡不完的河，每個人都要不斷地渡過，不斷地超越。

此三卦卦序，〈卦序歌〉稱為：小過既濟兼未濟，是為下經三十四。至此六十四卦的卦序便全部講完了。為了便於大家記憶，現將〈卦序歌〉列於下：

乾坤屯蒙需訟師，比小畜兮履泰否，
同人大有謙豫隨，蠱臨觀兮噬嗑賁，
剝復無妄大畜頤，大過坎離三十備。

咸恆遯兮及大壯，晉與明夷家人睽，
蹇解損益夬姤萃，升困井革鼎震繼，
艮漸歸妹豐旅巽，兌渙節兮中孚至，
小過既濟兼未濟，是為下經三十四。

第六章

《雜卦傳》的智慧

　　韓康伯云：「雜卦者，雜揉眾卦，錯綜其義，或以同相類，或以異相明也。」可見，《雜卦傳》是將繁雜的六十四卦卦名，加以精要的解釋，因不依《序卦》的次序，所以稱之為《雜卦》。《雜卦》位於《易傳》七種十篇之末，以相反相成的觀點，透過反對之象，打亂六十四卦的排列順序，把六十四卦分為三十二對，以最簡練的語言來描述和解釋每卦卦義和相互間的關係。《雜卦傳》沒有按照順序講，而是雜錯而述之。以此來表述「雜而不亂」之理，告訴人們《易》有變化，其反對執一不化，以此發揮了《易》「不可為典要，唯變所適」的思想。

第六章 《雜卦傳》的智慧

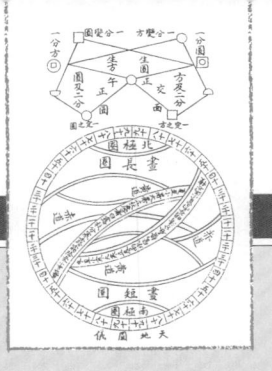

本章內容摘要

《雜卦傳》通釋：雜而不亂
《雜卦傳》句解：兩兩對解之卦

第 1 節

《雜卦傳》通釋
雜而不亂

【原文】

　　《乾》剛《坤》柔，《比》樂《師》憂；
　　《臨》《觀》之義，或與或求。
　　《屯》見而不失其居。《蒙》雜而著。
　　《震》，起也。《艮》，止也。
　　《損》、《益》盛衰之始也。
　　《大畜》，時也。《無妄》，災也。
　　《萃》聚而《升》不來也。
　　《謙》輕而《豫》怠也。
　　《噬嗑》，食也。《賁》，無色也。
　　《兌》見而《巽》伏也。
　　《隨》無故也。《蠱》則飭也。
　　《剝》，爛[1]也。《復》，反也。
　　《晉》，晝也。《明夷》，誅也。
　　《井》通而《困》相遇也。
　　《咸》速也。《恆》，久也。
　　《渙》，離也。《節》，止也。
　　《解》，緩也。《蹇》，難也。
　　《睽》，外也。《家人》，內也。
　　《否》、《泰》反其類也。

《大壯》則止，《遯》則退也。
《大有》，眾也。《同人》，親也。
《革》，去故也。《鼎》，取新也。
《小過》，過也。《中孚》，信也。
《豐》，多故也。親寡《旅》也。
《離》上而《坎》下也。
《小畜》，寡也。《履》，不處也。
《需》，不進也。《訟》，不親也。
《大過》，顛也。《姤》，遇也，柔遇剛也。
《漸》，女歸待男行也。
《頤》，養正也。《既濟》，定也。
《歸妹》，女之終也。《未濟》，男之窮也。
《夬》，決也，剛決柔也。君子道長，小人道憂也。

【注解】

[1] 爛：腐爛。

【釋義】

乾卦剛健，坤卦柔順，比卦喜樂，師卦多憂；
臨卦與觀卦的涵義，前者為給予，後者為索求。
屯卦指的是萬物相見於天地而各得所居，蒙卦則是萬物交雜而顯著。
震卦的涵義是興起，艮卦的涵義是停止。
損卦為盛大的開始，益卦正是衰落的開始。
大畜卦指得時機。無妄卦指災難。
萃卦是聚集的意思，升卦是不下來的意思。
謙卦是謙恭的意思。豫卦是愉悅的意思。
噬嗑指飲食，賁卦講白色的修飾。
兌卦顯現，巽卦伏藏。
隨卦指沒有事故，蠱卦則被娛樂所傷。
剝卦指腐爛，復卦指反復。
晉指白晝，明夷為受傷。
井卦指通達，困卦指相遇。
咸卦指迅速感應，恆卦指恆久。
渙卦指離散，節卦指節止。
解卦指緩解，蹇卦指困難。

睽卦指分離於外，家人指回到家裡。

否卦與泰卦的意思正好相反，即否極泰來，泰極否來。

大壯卦指停止，遯卦指隱退。

大有卦為民眾，同人卦為相親相愛。

革卦指改革去除以前的毛病。

鼎卦指立新。小過卦指小的超越，中孚指誠信。

豐卦指物質豐富。親人少則是旅卦的涵義。

離卦指依附於上，坎卦指水流於下。

小畜卦指小的積蓄。履卦指不停留。

需卦指不前進。訟卦指不親和。

大過卦指顛覆，姤卦指相遇，陰柔遇到陽剛。

漸卦是指女子出嫁等待男子前來娶親。

頤卦指養生之道。既濟指成就。

歸妹卦指女子出嫁，成為別人的妻子。未濟是男子的盡頭。

夬卦是決勝，陽剛決勝陰柔，君子之道開始生長，小人之道開始憂慮。

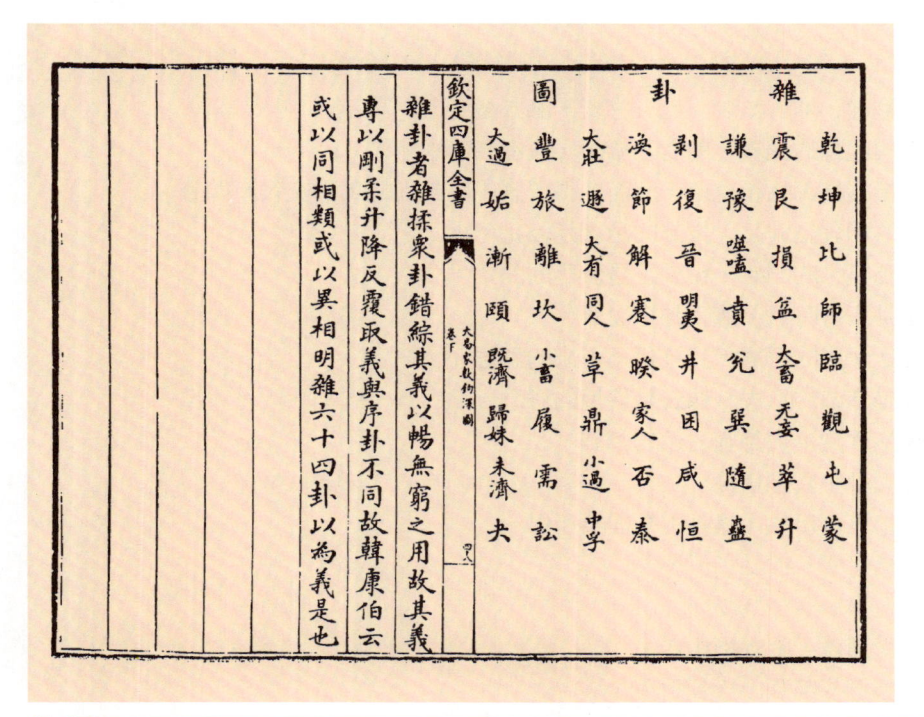

雜卦圖

雜卦是雜糅眾卦，錯綜其義，以暢無窮之用，所以其義專以剛柔、升降、反復取義，與序卦不同，故韓康伯說，有的是同相類，有的以異相明，雜六十四卦成為一個系統。

第 2 節

《雜卦傳》句解
兩兩對解之卦

《乾》剛《坤》柔，《比》樂《師》憂

乾坤二卦，卦形相反，互為錯卦，其內涵也迥然不同：乾卦代表剛健，坤卦則代表柔順。

比師二卦，互為綜卦。比卦因親比而有快樂的內涵，師卦則因征戰而充滿憂慮。

《臨》《觀》之義，或與或求

臨觀二卦，互為綜卦。臨卦上坤下兌，有上面給予下面的意思；觀卦上巽下坤，有下面仰求上面的意思。

《屯》見而不失其居。《蒙》雜而著

屯蒙二卦，互為綜卦。屯卦為萬物初萌生狀態，還不會走動，所以占卜得屯卦則說明不會離開居所；蒙卦是蒙昧幼稚階段，所以表示雜亂蒙茸而顯著的事物。

《震》，起也。《艮》，止也

震艮二卦，互為綜卦。震為動，代表運動的開始；艮為止，代表運動的停止。

《損》、《益》盛衰之始也

損益二卦，互為綜卦。損卦代表損失大而開始衰弱；益卦代表因增益頗多而開始興盛。

《大畜》，時也。《無妄》，災也

大畜與無妄二卦，互為綜卦。大畜卦是因占有天時而得到大的積蓄；無妄卦則代表無妄之災，也就是無緣無故遭受的災難。

《萃》聚而《升》不來也

萃卦與升卦，互為綜卦。萃卦有聚合、薈萃的意思；升卦，只進不退的意思。

《謙》輕而《豫》怠也

謙卦與豫卦，互為綜卦。謙卦是看輕自己而尊重他人；豫卦則是因有預備而成功，因成功而安逸，因安逸而懈怠。

《噬嗑》，食也。《賁》，無色也

噬嗑卦與賁卦，互為綜卦。噬嗑卦代表吃東西、吃食物；賁卦則說明樸素的白色才是最美的修飾色。

《兌》見而《巽》伏也

兌卦與巽卦，互為綜卦。兌卦的喜悅顯露於表情上，人人可見；巽卦的柔順則隱於心底，常常不為人知。

《隨》無故也。《蠱》則飭也

隨卦與蠱卦，既是錯卦又是綜卦。隨卦隨順，所以沒有是非與事故；蠱卦蠱惑淫亂，所以需要整治。飭（ㄔˋ），即休整、整治的意思。

《剝》，爛也。《復》，反也

剝卦與復卦，互為綜卦。剝卦群陰剝離孤陰，所以有腐爛之象；復卦一陽初生，所以有一陽還復之象。反，即指還陽。

《晉》，晝也。《明夷》，誅也

晉卦與明夷卦，互為綜卦。晉卦上離下坤，表示如日中升，代表白晝；明夷卦上坤下離，如火埋於地下，有被傷害的危險。

《井》通而《困》相遇也

井卦與困卦，互為綜卦。井卦表示井水取之不盡，源源不絕，所以有通暢之意；困卦則表示被重重大水所困，所遇皆水之象。

《咸》速也。《恆》，久也

咸卦與恆卦，互為綜卦。咸卦表示陰陽互相感應之迅捷；恆卦表示恆久不變。

《渙》，離也。《節》，止也

渙卦與節卦，互為綜卦。渙卦為風吹水散之象，表示離散、渙散；節卦澤水增加，如不節制則水溢而出，所以有節制、阻止之意。

《解》，緩也。《蹇》，難也

解卦與蹇卦，互為綜卦。解卦有打雷下雨解散烏雲之象，所以有緩解的意思；蹇卦則有被險境所阻擋，面臨困難之意。

《睽》，外也。《家人》，內也

睽卦與家人卦，互為綜卦。睽卦為分離、背離的意思，表示一家人不和而分離外出；家人卦則是指一家人和和睦睦，從外面回到家中。

《否》、《泰》反其類也

否卦與泰卦，既互為綜卦，也互為錯卦。否極則泰來，泰極則否來，所以說「《否》、《泰》反其類也」。

《大壯》則止，《遯》則退也

大壯卦代表君子壯大而前進制止小人；遯卦則代表陰道漸盛，君子宜歸於山林隱退。

《大有》，眾也。《同人》，親也

大有卦與同人卦，互為綜卦。大有卦一陰爻居於君位而統五陽，以柔順之德執政，所以廣得民眾擁護；同人卦一陰爻居於下卦中位，能夠與五陽爻親密相處。

《革》，去故也。《鼎》，取新也

革卦與鼎卦，互為綜卦。此二卦皆有變革之意。只是革卦指將獸皮浸於沼澤中脫毛，所以其寓意重在除舊，改掉舊習俗；鼎為君王頒布新的律法所用，所以其寓意重在立新，創制新制度。

《小過》，過也。《中孚》，信也

小過卦與中孚卦，互為綜卦。小過卦是指小的度過，小的超越，因為小卦陰多陽少，且二陰爻居於上下卦之中位，是指小人得正，小人之事；中孚卦陽多陰少，且二陽爻居於上下卦之中位，是指君子得正，君子之事。君子有誠信，所以中孚有誠信的涵義。此外，中孚卦象如契約，以示君子定契約而講誠信。

《豐》，多故也。親寡《旅》也

豐卦與旅卦，互為綜卦。豐卦表示因「歸妹」而大擺豐盛的酒席請客，朋友多、財物多的場面；旅卦則表示因窮困潦倒而無親無故，不得不去流浪的情景。

《離》上而《坎》下也

離卦與坎卦，互為錯卦。離卦代表火，火有炎上的性質；坎卦代表水，水有潤下的性質，所以說「離上而坎下也」。

《小畜》，寡也。《履》，不處也

小畜卦與履卦，互為綜卦。小畜卦相對大畜而言，表示財物積蓄尚少；履卦上乾下兌，是喜悅的兌跟著剛健的乾後面走，所以既不越禮，也不會停止腳步，絕對不會等在某個地方固定不動，這就是「不處也」。

解讀《雜卦傳》

《雜卦傳》是將繁雜的六十四卦卦名，加以精要的解釋，因不依《序卦》的次序，所以叫《雜卦》。《雜卦》為《易傳》七種十篇之末。其未依照《序卦》次序，而取其概要精簡文字以兩兩錯綜進行解卦，前五十六如此，唯後八卦次序則雜亂。

乾	震	謙	剝	渙	大壯	豐	大過
剛健	興起	謙恭	腐爛	離散	停止	物質豐富	顛覆
坤	艮	豫	復	節	遯	旅	姤
柔順	停止	愉悅	反復	節止	隱退	親人少	相遇
比	損	噬嗑	晉	解	大有	離	漸
喜樂	盛大的開始	飲食	白畫	緩解	民眾	依附於上	女子出嫁等待男子前來娶親
師	益	賁	明夷	蹇	同人	坎	頤
多憂	衰落的開始	白色的修飾	受傷	困難	相親相愛	水流於下	養生之道
臨	大畜	兌	井	睽	革	小畜	既濟
給予	時機	顯現	通達	分離於外	改正缺點	小的積蓄	成就
觀	無妄	巽	困	家人	鼎	履	歸妹
索求	災難	伏藏	相遇	回到家裡	立新	不停留	女子出嫁
屯	萃	隨	咸	否	小過	需	未濟
萬物相見於天地而各得所居	聚集	沒有事故	迅速感應	否極泰來	小的超越	不前進	男子的盡頭
蒙	升	蠱	恆	泰	中孚	訟	夬
萬物交雜而顯著	不下來	被娛樂所傷	恆久	泰極否來	誠信	不親和	決勝

《需》，不進也。《訟》，不親也

需卦與訟卦，互為綜卦。需卦表現的是前面有險阻，所以停下來吃東西，因此有「不進」的涵義；訟卦，是因為食物分配不均，人們搶奪食物而引發的言語爭執，所以訟卦有人與人之間不相親相愛的意思。

《大過》，顛也。《姤》，遇也，柔遇剛也

大過卦的卦象，表現的房屋棟梁兩太弱，有大廈將傾的危險，所以說「大過，顛也。」姤卦表示一女子離家出走，遇到了五個男人，所以說「姤，遇也，柔遇剛也」。

《漸》，女歸待男行也

漸卦表示的是女子出嫁前在家是等著男子來接的情景。古時女子出嫁，必須等待男方「納采、問名、納吉、納徵、請期、親迎」六禮具備後方可行嫁。

漸卦各卦爻以大雁為喻，因為大雁是古時男子行納采之禮時，必須要送給女方的禮物。因為古人認為大雁代表忠貞不渝，雌雄雁有一隻死亡，則另一隻終不嫁不娶。當然，現在的大雁是沒有這種習性的，不知古時的大雁是否真的與現在不同。

《頤》，養正也。《既濟》，定也

頤卦上艮下震，卦象如口，所以有調理飲食，滋補頤養之意。既濟卦六爻陰陽得位，三個陰爻皆居偶位，三個陽爻皆居奇位，是爻位最完美的一卦，所以代表事物發展的終極安定狀態。

《歸妹》，女之終也。《未濟》，男之窮也

歸妹卦上震下兌，代表雷雨降於沼澤之中，象徵女子最終出嫁來到男方家，有了最終的歸宿，所以說「女之終也」。未濟卦上離下坎，因火炎上而水潤下，所以上下卦天地不交，而卦中三個陽爻皆居於偶位為不得位，所以象徵男人不正而窮途末路。

《夬》，決也，剛決柔也。君子道長，小人道憂也

夬卦上面一個陰爻，下面五個陽爻，表示強大的眾陽將驅逐弱小的一陰，所以有「剛決柔」之象。因陽爻代表君子，陰爻代表小人，所以這個卦有利於君子，而不利於小人，這就是「君子道長，小人道憂也」。

附錄一

《易經》六十四卦原文

上經

第一卦：☰ 乾　乾為天　乾下乾上

乾，元亨，利貞。

初九：潛龍勿用。九二：見龍在田，利見大人。九三：君子終日乾乾，夕惕若厲，無咎。九四：或躍在淵，無咎。九五：飛龍在天，利見大人。上九：亢龍有悔。用九：見群龍無首，吉。

彖曰：大哉乾元，萬物資始，乃統天。雲行雨施，品物流形。大明終始，六位時成，時乘六龍以御天。乾道變化，各正性命，保合大和，乃利貞。首出庶物，萬國咸寧。

象曰：天行健，君子以自強不息。

潛龍勿月，陽在下也。見龍在田，德施普也。終日乾乾，反復道也。或躍在淵，進無咎也。飛龍在天，大人造也。亢龍有悔，盈不可久也。用九，天德不可為首也。

文言曰：「元者，善之長也；亨者，嘉之會也；利者，義之和也；貞者，事之幹也。君子體仁，足以長人；嘉會，足以合禮；利物，足以和義；貞固，足以幹事。君子行此四德者，故曰：乾，元亨，利貞。」

初九曰：「潛龍勿用。」何謂也？

子曰：「龍德而隱者也。不易乎世，不成乎名；遯世無悶，不見是而無悶；樂則行之，憂則違之；確乎其不可拔，潛龍也。」

九二曰：「見龍在田，利見大人。」何謂也？

子曰：「龍德而正中者也。庸言之信，庸行之謹，閑邪存其誠，善世而不伐，德博而化。易曰：『見龍在田，利見大人。』君德也。」

九三曰：「君子終日乾乾，夕惕若，厲無咎。」何謂也？

子曰：「君子進德修業，忠信，所以進德也。修辭立其誠，所以居業也。知至至之，可與幾也。知終終之，可與存義也。是故，居上位而不驕，在下位而不憂。故乾乾，因其時而惕，雖危而無咎矣。」

九四曰：「或躍在淵，無咎。」何謂也？

子曰：「上下無常，非為邪也。進退無恆，非離群也。君子進德修業，欲及時也，故無咎。」

九五曰：「飛龍在天，利見大人。」何謂也？

子曰：「同聲相應，同氣相求；水流濕，火就燥；雲從龍，風從虎。聖人作而萬物睹，本乎天者親上，本乎地者親下，則各從其類也。」

上九曰：「亢龍有悔。」何謂也？

子曰：「貴而無位，高而無民，賢人在下而無輔，是以動而有悔也。」

潛龍勿用，下也。見龍在田，時舍也。終日乾乾，行事也。或躍在淵，自試也。飛龍在天，上治也。亢龍有悔，窮之災也。乾元用九，天下治也。

潛龍勿用，陽氣潛藏。見龍在田，天下文明。終日乾乾，與時偕行。或躍在淵，乾道乃革。飛龍在天，乃位乎天德。亢龍有悔與時偕極。乾元用九，乃見天則。

乾元者，始而亨者也。利貞者，性情也。乾始能以美利利天下，不言所利。大矣哉！大

哉乾乎？剛健中正，純粹精也。六爻發揮，旁通情也。時乘六龍，以禦天也。雲行雨施，天下平也。

君子以成德為行，日可見之行也。潛之為言也，隱而未見，行而未成，是以君子弗用也。君子學以聚之，問以辯之，寬以居之，仁以行之。易曰：「見龍在田，利見大人。」君德也。

九三，重剛而不中，上不在天，下不在田。故乾乾，因其時而惕，雖危無咎矣。

九四，重剛而不中，上不在天，下不在田，中不在人，故或之。或之者，疑之也，故無咎。

夫大人者，與天地合其德，與日月合其明，與四時合其序，與鬼神合其吉凶。先天而天弗違，後天而奉天時。天且弗違，而況於人乎？況於鬼神乎？

亢之為言也，知進而不知退，知存而不知亡，知得而不知喪。其唯聖人乎？知進退存亡，而不失其正者，其唯聖人乎？

第二卦： 坤　坤為地　坤下坤上

坤，元亨，利牝馬之貞。君子有攸往，先迷，後得主，利。西南得朋，東北喪朋。安貞吉。

彖曰：至哉坤元，萬物資生，乃順承天。坤厚載物，德合無疆。含弘光大，品物咸亨。牝馬地類，行地無疆，柔順利貞。君子攸行，先迷失道，後順得常。西南得朋，乃與類行；東北喪朋，乃終有慶。安貞之吉，應地無疆。

象曰：地勢坤，君子以厚德載物。

初六：履霜，堅冰至。象曰：履霜堅冰，陰始凝也。馴致其道，至堅冰也。

六二：直方大，不習無不利。象曰：六二之動，直以方也。不習，無不利，地道光也。

六三：含章可貞，或從王事，無成有終。象曰：含章可貞，以時發也。或從王事，知光大也。

六四：括囊，無咎無譽。象曰：括囊無咎，慎不害也。

六五：黃裳元吉。象曰：黃裳元吉，文在中也。

上六：龍戰於野，其血玄黃。象曰：龍戰於野，其道窮也。

用六：利永貞。象曰：用六永貞，以大終也。

文言曰：坤至柔，而動也剛，至靜而德方，後得主而有常，含萬物而化光。坤其道順乎？承天而時行。

積善之家，必有餘慶；積不善之家，必有餘殃。臣弒其君，子弒其父，非一朝一夕之故，其所由來者漸矣，由辯之不早辯也。易曰：「履霜，堅冰至。」蓋言順也。

直其正也，方其義也。君子敬以直內，義以方外，敬義立而德不孤。「直方大，不習，無不利」則不疑其所行也。

陰雖有美含之；以從王事，弗敢成也。地道也，妻道也，臣道也。地道無成，而代有終也。

天地變化，草木蕃；天地閉，賢人隱。易曰：「括囊；無咎無譽。」蓋言謹也。

君子黃中通理，正位居體，美在其中，而暢於四支，發於事業，美之至也。

陰疑於陽必戰。為其嫌於無陽也，故稱龍焉。猶未離其類也，故稱血焉。夫玄黃者，天地之雜也，天玄而地黃。

第三卦： 屯　水雷屯　震下坎上

屯，元亨利貞，勿用有攸往，利建侯。

彖曰：屯，剛柔始交而難生，動乎險中，大亨貞。雷雨之動滿盈，天造草昧，宜建侯而不寧。

象曰：雲雷屯；君子以經綸。

初九：磐桓，利居貞，利建侯。象曰：雖磐桓，志行正也。以貴下賤，大得民也。

六二：屯如邅（ㄓㄢ）如，乘馬班如。匪寇婚媾，女子貞不字，十年乃字。象曰：六二之難，乘剛也。十年乃字，反常也。

六三：即鹿無虞，唯入於林中，君子幾不如舍，往吝。象曰：即鹿無虞，以從禽也。君子舍之，往吝窮也。

六四：乘馬班如，求婚媾，往吉，無不利。象曰：求而往，明也。

九五：屯其膏，小貞吉，大貞凶。象曰：屯其膏，施未光也。
上六：乘馬班如，泣血漣如。象曰：泣血漣如，何可長也。

第四卦： ䷃ 蒙　山水蒙　坎下艮上

蒙，亨。匪我求童蒙，童蒙求我。初筮告，再三瀆，瀆則不告。利貞。
彖曰：蒙，山下有險，險而止，蒙。蒙亨，以亨行時中也。匪我求童蒙，童蒙求我，志應也。初筮告，以剛中也。再三瀆，瀆則不告，瀆蒙也。蒙以養正，聖功也。
象曰：山下出泉，蒙；君子以果行育德。
初六：發蒙，利用刑人，用說桎梏，以往吝。象曰：利用刑人，以正法也。
九二：包蒙吉；納婦吉；子克家。象曰：子克家，剛柔接也。
六三：勿用取女，見金夫，不有躬，無攸利。象曰：勿用取女，行不順也。
六四：困蒙，吝。象曰：困蒙之吝，獨遠實也。
六五：童蒙，吉。象曰：童蒙之吉，順以巽也。
上九：擊蒙，不利為寇，利禦寇。象曰：利用禦寇，上下順也。

第五卦： ䷄ 需　水天需　乾下坎上

需，有孚，光亨，貞吉。利涉大川。
彖曰：需，須也；險在前也。剛健而不陷，其義不困窮矣。需有孚，光亨，貞吉。位乎天位，以正中也。利涉大川，往有功也。
象曰：雲上於天，需；君子以飲食宴樂。
初九：需於郊。利用恆，無咎。象曰：需於郊，不犯難行也。利用恆，無咎；未失常也。
九二：需於沙。小有言，終吉。象曰：需於沙，衍在中也。雖小有言，以終吉也。
九三：需於泥，致寇至。象曰：需於泥，災在外也。自我致寇，敬慎不敗也。
六四：需於血，出自穴。象曰：需於血，順以聽也。
九五：需於酒食，貞吉。象曰：酒食貞吉，以中正也。
上六：入於穴，有不速之客三人來，敬之終吉。象曰：不速之客來，敬之終吉。雖不當位，未大失也。

第六卦： ䷅ 訟　天水訟　坎下乾上

訟，有孚窒。惕中吉，終凶。利見大人，不利涉大川。
彖曰：訟，上剛下險，險而健，訟。訟有孚窒，惕中吉，剛來而得中也。終凶，訟不可成也。利見大人，尚中正也；不利涉大川，入於淵也。
象曰：天與水違行，訟；君子以做事謀始。
初六：不永所事，小有言，終吉。象曰：不永所事，訟不可長也。雖有小言，其辯明也。
九二：不克訟，歸而逋，其邑人三百戶，無眚。象曰：不克訟，歸逋竄也。自下訟上，患至掇也。
六三：食舊德，貞厲，終吉。或從王事，無成。象曰：食舊德，從上吉也。
九四：不克訟，復即命，渝安貞，吉。象曰：復即命，渝安貞；吉，不失也。
九五：訟元吉。象曰：訟元吉，以中正也。
上九：或錫之鞶（ㄆㄢˊ）帶，終朝三褫（ㄔˇ）之。象曰：以訟受服，亦不足敬也。

第七卦： ䷆ 師　地水師　坎下坤上

師，貞，丈人，吉無咎。
彖曰：師，眾也，貞，正也。能以眾正，可以王矣。剛中而應，行險而順，以此毒天下，而民從之，吉又何咎矣。
象曰：地中有水，師。君子以容民畜眾。

初六：師出以律，否臧，凶。象曰：師出以律，失律凶也。
九二：在師中，吉無咎，王三錫命。象曰：在師中吉，承天寵也。王三錫命，懷萬邦也。
六三：師或輿屍，凶。象曰：師或輿屍，大無功也。
六四：師左次，無咎。象曰：左次無咎，未失常也。
六五：田有禽，利執言，無咎。長子帥師，弟子輿屍，貞凶。象曰：長子帥師，以中行也。弟子輿師，使不當也。
上六：大君有命，開國承家，小人勿用。象曰：大君有命，以正功也。小人勿用，必亂邦也。

第八卦：比　水地比　坤下坎上

比，吉。原筮，元永貞，無咎。不寧方來，後夫凶。
彖曰：比，吉也，比，輔也，下順從也。原筮，元永貞，無咎，以剛中也。不寧方來，上下應也。後夫凶，其道窮也。
象曰：地上有水，比；先王以建萬國，親諸侯。
初六：有孚比之，無咎。有孚盈缶，終來有它，吉。象曰：比之初六，有它吉也。
六二：比之自內，貞吉。象曰：比之自內，不自失也。
六三：比之匪人。象曰：比之匪人，不亦傷乎！
六四：外比之，貞吉。象曰：外比於賢，以從上也。
九五：顯比，王用三驅，失前禽。邑人不誡，吉。象曰：顯比之吉，位正中也。舍逆取順，失前禽也。邑人不誡，上使中也。
上六：比之無首，凶。象曰：比之無首，無所終也。

第九卦：小畜　風天小畜　乾下巽上

小畜，亨。密雲不雨，自我西郊。
彖曰：小畜；柔得位，而上下應之，曰小畜。健而巽，剛中而志行，乃亨。密雲不雨，尚往也。自我西郊，施未行也。
象曰：風行天上，小畜；君子以懿文德。
初九：復自道，何其咎，吉。象曰：復自道，其義吉也。
九二：牽復，吉。象曰：牽復在中，亦不自失也。
九三：輿說輻，夫妻反目。象曰：夫妻反目，不能正室也。
六四：有孚，血去惕出，無咎。象曰：有孚惕出，上合志也。
九五：有孚攣如，富以其鄰。象曰：有孚攣如，不獨富也。
上九：既雨既處，尚德載，婦貞厲。月幾望，君子征凶。象曰：既雨既處，德積載也。君子征凶，有所疑也。

第十卦：履　天澤履　兌下乾上

履，履虎尾，不咥（ㄅㄧㄝˊ）人，亨。
彖曰：履，柔履剛也。說而應乎乾，是以履虎尾，不咥人，亨。剛中正，履帝位而不疚，光明也。
象曰：上天下澤，履；君子以辨上下，定民志。
初九：素履，往無咎。象曰：素履之往，獨行願也。
九二：履道坦坦，幽人貞吉。象曰：幽人貞吉，中不自亂也。
六三：眇（ㄇㄧㄠˇ）能視，跛能履，履虎尾，咥人凶。武人為於大君。象曰：眇能視，不足以有明也。跛能履，不足以與行也。咥人之凶，位不當也。武人為於大君，志剛也。
九四：履虎尾，愬（ㄙㄨˋ）愬終吉。象曰：愬愬終吉，志行也。
九五：夬履，貞厲。象曰：夬履貞厲，位正當也。

上九：視履考祥，其旋元吉。象曰：元吉在上，大有慶也。

第十一卦：䷊ 泰　地天泰　乾下坤上

泰，小往大來，吉亨。
彖曰：泰，小往大來，吉亨。則是天地交而萬物通也，上下交而其志同也。內陽而外陰，內健而外順，內君子而外小人，君子道長，小人道消也。
象曰：天地交泰，後以財成天地之道，輔相天地之宜，以左右民。
初九：拔茅茹，以其匯，征吉。象曰：拔茅征吉，志在外也。
九二：包荒，用馮河，不遐遺，朋亡，得尚於中行。象曰：包荒，得尚於中行，以光大也。
九三：無平不陂，無往不復，艱貞無咎。勿恤其孚，於食有福。象曰：無往不復，天地際也。
六四：翩翩不富，以其鄰，不戒以孚。象曰：翩翩不富，皆失實也。不戒以孚，中心願也。
六五：帝乙歸妹，以祉元吉。象曰：以祉元吉，中以行願也。
上六：城復于隍，勿用師。自邑告命，貞吝。象曰：城復于隍，其命亂也。

第十二卦：䷋ 否　天地否　坤下乾上

否，否之匪人，不利君子貞，大往小來。
彖曰：否之匪人，不利君子貞。大往小來，則是天地不交，而萬物不通也；上下不交，而天下無邦也。內陰而外陽，內柔而外剛，內小人而外君子。小人道長，君子道消也。
象曰：天地不交，否；君子以儉德辟難，不可榮以祿。
初六：拔茅茹，以其匯，貞吉，亨。象曰：拔茅貞吉，志在君也。
六二：包承。小人吉，大人否，亨。象曰：大人否亨，不亂群也。
六三：包羞。象曰：包羞，位不當也。
九四：有命無咎，疇離祉。象曰：有命無咎，志行也。
九五：休否，大人吉。其亡其亡，繫於苞桑。象曰：大人之吉，位正當也。
上九：傾否，先否後喜。象曰：否終則傾，何可長也。

第十三卦：䷌ 同人　天火同人　離下乾上

同人：同人於野，亨。利涉大川，利君子貞。
彖曰：同人，柔得位、得中，而應乎乾，曰同人。同人曰，同人於野，亨。利涉大川，乾，行也。文明以健，中正而應，君子正也。唯君子為能通天下之志。
象曰：天與火，同人；君子以類族辨物。
初九：同人於門，無咎。象曰：出門同人，又誰咎也。
六二：同人於宗，吝。象曰：同人於宗，吝道也。
九三：伏戎於莽，升其高陵，三歲不興。象曰：伏戎於莽，敵剛也。三歲不興，安行也。
九四：乘其墉，弗克攻，吉。象曰：乘其墉，義弗克也，其吉，則困而反則也。
九五：同人，先號咷而後笑。大師克相遇。象曰：同人之先，以中直也。大師相遇，言相剋也。
上九：同人於郊，無悔。象曰：同人於郊，志未得也。

第十四卦：䷍ 大有　火天大有　乾下離上

大有：元亨。
彖曰：大有，柔得尊位，大中而上下應之，曰大有。其德剛健而文明，應乎天而時行，是以元亨。
象曰：火在天上，大有。君子以竭惡揚善，順天休命。
初九：無交害，匪咎，艱則無咎。象曰：大有初九，無交害也。

九二：大車以載，有攸往，無咎。象曰：大車以載，積中不敗也。
九三：公用亨於天子，小人弗克。象曰：公用亨於天子，小人害也。
九四：匪其彭，無咎。象曰：匪其彭，無咎；明辨晳也。
六五：厥孚交如，威如，吉。象曰：厥孚交如，信以發志也。威如之吉，易而無備也。
上九：自天佑之，吉無不利。象曰：大有上吉，自天佑也。

第十五卦：☷ 謙　地山謙　艮下坤上

謙，亨，君子有終。

彖曰：謙，亨，天道下濟而光明，地道卑而上行。天道虧盈而益謙，地道變盈而流謙，鬼神害盈而福謙，人道惡盈而好謙。謙尊而光，卑而不可逾，君子之終也。

象曰：地中有山，謙；君子以裒多益寡，稱物平施。
初六：謙謙君子，用涉大川，吉。象曰：謙謙君子，卑以自牧也。
六二：鳴謙，貞吉。象曰：鳴謙貞吉，中心得也。
九三：勞謙君子，有終吉。象曰：勞謙君子，萬民服也。
六四：無不利，撝（ㄏㄨㄟ）謙。象曰：無不利，撝謙；不違則也。
六五：不富，以其鄰，利用侵伐，無不利。象曰：利用侵伐，征不服也。
上六：鳴謙，利用行師，征邑國。象曰：鳴謙，志未得也。可用行師，征邑國也。

第十六卦：☷ 豫　雷地豫　坤下震上

豫：利建侯行師。

彖曰：豫，剛應而志行，順以動，豫。豫順以動，故天地如之，而況建侯行師乎？天地以順動，故日月不過，而四時不忒；聖人以順動，則刑罰清而民服。豫之時義，大矣哉！

象曰：雷出地奮，豫。先王以作樂崇德，殷薦之上帝，以配祖考。
初六：鳴豫，凶。象曰：初六鳴豫，志窮凶也。
六二：介於石，不終日，貞吉。象曰：不終日，貞吉；以中正也。
六三：盱（ㄒㄩ）豫，悔。遲有悔。象曰：盱豫有悔，位不當也。
九四：由豫，大有得。勿疑。朋盍簪。象曰：由豫，大有得；志大行也。
六五：貞疾，恆不死。象曰：六五貞疾，乘剛也。恆不死，中未亡也。
上六：冥豫，成有渝，無咎。象曰：冥豫在上，何可長也。

第十七卦：☱ 隨　澤雷隨　震下兌上

隨：元亨利貞，無咎。

彖曰：隨，剛來而下柔，動而說，隨。大亨貞，無咎，而天下隨時，隨之時義大矣哉！

象曰：澤中有雷，隨；君子以向晦入宴息。
初九：官有渝，貞吉。出門交有功。象曰：官有渝，從正吉也。出門交有功，不失也。
六二：繫小子，失丈夫。象曰：繫小子，弗兼與也。
六三：繫丈夫，失小子。隨有求，得，利居貞。象曰：繫丈夫，志捨下也。
九四：隨有獲，貞凶。有孚在道，以明，何咎。象曰：隨有獲，其義凶也。有孚在道，明功也。
九五：孚於嘉，吉。象曰：孚於嘉，吉；位正中也。
上六：拘繫之，乃從維之。王用亨於西山。象曰：拘繫之，上窮也。

第十八卦：☶ 蠱　山風蠱　巽下艮上

蠱：元亨，利涉大川。先甲三日，後甲三日。

彖曰：蠱，剛上而柔下，巽而止，蠱。蠱，元亨，而天下治也。利涉大川，往有事也。先甲三日，後甲三日，終則有始，天行也。

象曰：山下有風，蠱；君子以振民育德。

初六：幹父之蠱，有子，考無咎，厲終吉。象曰：幹父之蠱，意承考也。
九二：幹母之蠱，不可貞。象曰：幹母之蠱，得中道也。
九三：幹父小有悔，無大咎。象曰：幹父之蠱，終無咎也。
六四：裕父之蠱，往見吝。象曰：裕父之蠱，往未得也。
六五：幹父之蠱，用譽。象曰：幹父之蠱；承以德也。
上九：不事王侯，高尚其事。象曰：不事王侯，志可則也。

第十九卦：䷒ 臨　地澤臨　兌下坤上

臨：元亨，利貞。至於八月有凶。
彖曰：臨，剛浸而長。說而順，剛中而應，大亨以正，天之道也。至於八月有凶，消不久也。
象曰：澤上有地，臨；君子以教思無窮，容保民無疆。
初九：咸臨，貞吉。象曰：咸臨貞吉，志行正也。
九二：咸臨，吉無不利。象曰：咸臨，吉無不利；未順命也。
六三：甘臨，無攸利。既憂之，無咎。象曰：甘臨，位不當也。既憂之，咎不長也。
六四：至臨，無咎。象曰：至臨無咎，位當也。
六五：知臨，大君之宜，吉。象曰：大君之宜，行中之謂也。
上六：敦臨，吉無咎。象曰：敦臨之吉，志在內也。

第二十卦：䷓ 觀　風地觀　坤下巽上

觀，盥而不薦，有孚顒若。
彖曰：大觀在上，順而巽，中正以觀天下。觀，盥而不薦，有孚顒若，下觀而化也。觀天之神道，而四時不忒，聖人以神道設教，而天下服矣。
象曰：風行地上，觀。先王以省方，觀民設教。
初六：童觀，小人無咎，君子吝。象曰：初六童觀，小人道也。
六二：窺觀，利女貞。象曰：窺觀女貞，亦可醜也。
六三：觀我生，進退。象曰：觀我生，進退；未失道也。
六四：觀國之光，利用賓於王。象曰：觀國之光，尚賓也。
九五：觀我生，君子無咎。象曰：觀我生，觀民也。
上九：觀其生，君子無咎。象曰：觀其生，志未平也。

第二十一卦：䷔ 噬嗑　火雷噬嗑　震下離上

噬嗑，亨。利用獄。
彖曰：頤中有物，曰噬嗑，噬嗑而亨。剛柔分，動而明，雷電合而章。柔得中而上行，雖不當位，利用獄也。
象曰：雷電噬嗑；先王以明罰敕法。
初九：屨校滅趾，無咎。象曰：屨校滅趾，不行也。
六二：噬膚滅鼻，無咎。象曰：噬膚滅鼻，乘剛也。
六三：噬臘肉，遇毒；小吝，無咎。象曰：遇毒，位不當也。
九四：噬乾胏（ㄗˇ），得金矢，利艱貞，吉。象曰：利艱貞吉，未光也。
六五：噬乾肉，得黃金，貞厲，無咎。象曰：貞厲無咎，得當也。
上九：何校滅耳，凶。象曰：何校滅耳，聰不明也。

第二十二卦：䷕ 賁　山火賁　離下艮上

賁，亨。小利有所往。
彖曰：賁，亨；柔來而文剛，故亨。分剛上而文柔，故小利有攸往。天文也，文明以止，

人文也。觀乎天文，以察時變；觀乎人文，以化成天下。
象曰：山下有火，賁；君子以明庶政，無敢折獄。
初九：賁其趾，舍車而徒。象曰：舍車而徒，義弗乘也。
六二：賁其須。象曰：賁其須，與上興也。
九三：賁如濡如，永貞吉。象曰：永貞之吉，終莫之陵也。
六四：賁如皤如，白馬翰如，匪寇婚媾。象曰：六四，當位疑也。匪寇婚媾，終無尤也。
六五：賁於丘園，束帛戔戔，吝，終吉。象曰：六五之吉，有喜也。
上九：白賁，無咎。象曰：白賁無咎，上得志也。

第二十三卦：☷ 剝　山地剝　坤下艮上

剝，不利有攸往。
彖曰：剝，剝也，柔變剛也。不利有攸往，小人長也。順而止之，觀象也。君子尚消息盈虛，天行也。
象曰：山附地上，剝；上以厚下，安宅。
初六：剝床以足，蔑貞凶。象曰：剝床以足，以滅下也。
六二：剝床以辨，蔑貞凶。象曰：剝床以辨，未有與也。
六三：剝之，無咎。象曰：剝之無咎，失上下也。
六四：剝床以膚，凶。象曰：剝床以膚，切近災也。
六五：貫魚，以宮人寵，無不利。象曰：以宮人寵，終無尤也。
上九：碩果不食，君子得輿，小人剝廬。象曰：君子得輿，民所載也。小人剝廬，終不可用也。

第二十四卦：☷ 復　地雷復　震下坤上

復：亨。出入無疾，朋來無咎。反復其道，七日來復，利有攸往。
彖曰：復亨，剛反，動而以順行，是以出入無疾，朋來無咎。反復其道，七日來復，天行也。利有攸往，剛長也。復其見天地之心乎？
象曰：雷在地中，復；先王以至日閉關，商旅不行，后不省方。
初九：不遠復，無祇悔，元吉。象曰：不遠之復，以修身也。
六二：休復，吉。象曰：休復之吉，以下仁也。
六三：頻復，厲，無咎。象曰：頻復之厲，義無咎也。
六四：中行獨復。象曰：中行獨復，以從道也。
六五：敦復，無悔。象曰：敦復無悔，中以自考也。
上六：迷復，凶，有災眚。用行師，終有大敗，以其國君，凶。至於十年不克征。象曰：迷復之凶，反君道也。

第二十五卦：☰ 無妄　天雷無妄　震下乾上

無妄：元亨，利貞。其匪正有眚（ㄕㄥˇ），不利有攸往。
彖曰：無妄，剛自外來，而為主於內。動而健，剛中而應，大亨以正，天之命也。其匪正有眚，不利有攸往。無妄之往，何之矣？天命不佑，行矣哉？
象曰：天下雷行物與，無妄；先王以茂對時，育萬物。
初九：無妄，往吉。象曰：無妄之往，得志也。
六二：不耕獲，不菑（ㄗ）畬（ㄕㄜˊ），則利有攸往。象曰：不耕獲，未富也。
六三：無妄之災，或繫之牛，行人之得，邑人之災。象曰：行人得牛，邑人災也。
九四：可貞，無咎。象曰：可貞無咎，固有之也。
九五：無妄之疾，勿藥有喜。象曰：無妄之藥，不可試也。

附錄一　《易經》六十四卦原文

455

上九：無妄，行有眚，無攸利。象曰：無妄之行，窮之災也。

第二十六卦： ☷ 大畜　山天大畜　乾下艮上

大畜，利貞，不家食吉。利涉大川。
彖曰：大畜，剛健篤實，輝光日新，其德剛上而尚賢。能止健，大正也。不家食吉，養賢也。利涉大川，應乎天也。
象曰：天在山中，大畜；君子以多識前言往行，以畜其德。
初九：有厲利已。象曰：有厲利已，不犯災也。
九二：輿說輹。象曰：輿說輻，中無尤也。
九三：良馬逐，利艱貞。曰閑輿衛，利有攸往。象曰：利有攸往，上合志也。
六四：童牛之牿（ㄍㄨˋ），元吉。象曰：六四元吉，有喜也。
六五：豶（ㄈㄣˊ）豕之牙，吉。象曰：六五之吉，有慶也。
上九：何天之衢，亨。象曰：何天之衢，道大行也。

第二十七卦： ☷ 頤　山雷頤　震下艮上

頤：貞吉。觀頤，自求口實。
彖曰：頤貞吉，養正則吉也。觀頤，觀其所養也；自求口實，觀其自養也。天地養萬物，聖人養賢，以及萬民；頤之時義大矣哉！
象曰：山下有雷，頤。君子以慎言語，節飲食。
初九：舍爾靈龜，觀我朵頤，凶。象曰：觀我朵頤，亦不足貴也。
六二：顛頤，拂經，於丘頤，征凶。象曰：六二征凶，行失類也。
六三：拂頤，貞凶，十年勿用，無攸利。象曰：十年勿用，道大悖也。
六四：顛頤吉，虎視眈眈，其欲逐逐，無咎。象曰：顛頤之吉，上施光也。
六五：拂經，居貞吉，不可涉大川。象曰：居貞之吉，順以從上也。
上九：由頤，厲吉，利涉大川。象曰：由頤厲吉，大有慶也。

第二十八卦： ☷ 大過　澤風大過　巽下兌上

大過：棟橈，利有攸往，亨。
彖曰：大過，大者過也。棟橈，本末弱也。剛過而中，巽而說行，利有攸往，乃亨。大過之時義大矣哉！
象曰：澤滅木，大過；君子以獨立不懼，遯世無悶。
初六：藉用白茅，無咎。象曰：藉用白茅，柔在下也。
九二：枯楊生稊（ㄊㄧˊ）老夫得其女妻，無不利。象曰：老夫女妻，過以相與也。
九三：棟橈，凶。象曰：棟橈之凶，不可以有輔也。
九四：棟隆，吉，有它吝。象曰：棟隆之吉，不橈乎下也。
九五：枯楊生華，老婦得其士夫，無咎無譽。象曰：枯楊生華，何可久也。老婦士夫，亦可醜也。
上六：過涉滅頂，凶，無咎。象曰：過涉之凶，不可咎也。

第二十九卦： ☷ 坎　坎為水　坎下坎上

習坎有孚，維心亨，行有尚。
彖曰：習坎，重險也。水流而不盈，行險而不失其信。維心亨，乃以剛中也。行有尚，往有功也。天險不可升也，地險，山川丘陵也，王公設險以守其國，險之時用大矣哉！
象曰：水洊（ㄐㄧㄢˋ）至，習坎；君子以常德行，習教事。
初六：習坎，入於坎窞（ㄉㄢˋ），凶。象曰：習坎入坎，失道凶也。

九二：坎有險，求小得。象曰：求小得，未出中也。
六三：來之坎坎，險且枕，入於坎窞，勿用。象曰：來之坎坎，終無功也。
六四：樽酒簋貳，用缶，納約自牖（一ㄡˇ），終無咎。象曰：樽酒簋貳，剛柔際也。
九五：坎不盈，祇既平，無咎。象曰：坎不盈，中未大也。
上六：繫用徽纆（ㄇㄛˋ），寘（ㄓˋ）於叢棘，三歲不得，凶。象曰：上六失道，凶三歲也。

第三十卦：☲ 離　離為火　離下離上

離：利貞，亨。畜牝牛，吉。
彖曰：離，麗也；日月麗乎天，百穀草木麗乎土，重明以麗乎正，乃化成天下。柔麗乎中正，故亨；是以畜牝牛吉也。
象曰：明兩作離，大人以繼明照於四方。
初九：履錯然，敬之無咎。象曰：履錯之敬，以辟咎也。
六二：黃離，元吉。象曰：黃離元吉，得中道也。
九三：日昃之離，不鼓缶而歌，則大耋之嗟，凶。象曰：日昃之離，何可久也。
九四：突如其來如，焚如，死如，棄如。象曰：突如其來如，無所容也。
六五：出涕沱若，戚嗟若，吉。象曰：六五之吉，離王公也。
上九：王用出征，有嘉。折首，獲其匪醜，無咎。象曰：王用出征，以正邦也。

下經

第三十一卦：☱ 咸　澤山咸　艮下兌上

咸，亨，利貞，取女吉。
彖曰：咸，感也。柔上而剛下，二氣感應以相與，止而說，男下女，是以亨利貞，取女吉也。天地感而萬物化生，聖人感人心而天下和平；觀其所感，而天地萬物之情可見矣！
　象曰：山上有澤，咸；君子以虛受人。
　初六：咸其拇。象曰：咸其拇，志在外也。
　六二：咸其腓，凶，居吉。象曰：雖凶，居吉，順不害也。
　九三：咸其股，執其隨，往吝。象曰：咸其股，亦不處也。志在隨人，所執下也。
　九四：貞吉悔亡，憧憧往來，朋從爾思。象曰：貞吉悔亡，未感害也。憧憧往來，未光大也。
　九五：咸其脢（ㄇㄟˊ），無悔。象曰：咸其脢，志末也。
　上六：咸其輔，頰，舌。象曰：咸其輔，頰，舌，滕口說也。

第三十二卦：☳ 恆　雷風恆　巽下震上

恆，亨，無咎，利貞。利有攸往。
彖曰：恆，久也。剛上而柔下，雷風相與，巽而動，剛柔皆應，恆。恆亨無咎，利貞；久於其道也，天地之道，恆久而不已也。利有攸往，終則有始也。日月得天，而能久照，四時變化，而能久成，聖人久於其道，而天下化成；觀其所恆，而天地萬物之情可見矣！
　象曰：雷風，恆；君子以立不易方。
　初六：浚恆，貞凶，無攸利。象曰：浚恆之凶，始求深也。
　九二：悔亡。象曰：九二悔亡，能久中也。
　九三：不恆其德，或承之羞，貞吝。象曰：不恆其德，無所容也。
　九四：田無禽。象曰：久非其位，安得禽也。
　六五：恆其德，貞，婦人吉，夫子凶。象曰：婦人貞吉，從一而終也。夫子制義，從婦凶也。
　上六：振恆，凶。象曰：振恆在上，大無功也。

第三十三卦：☰ 遯　天山遯　艮下乾上

遯，亨，小利貞。
彖曰：遯亨，遯而亨也。剛當位而應，與時行也。小利貞，浸而長也。遯之時義大矣哉！
　象曰：天下有山，遯。君子以遠小人，不惡而嚴。
　初六：遯尾，厲，勿用有攸往。象曰：遯尾之厲，不往何災也。
　六二：執之用黃牛之革，莫之勝說。象曰：執用黃牛，固志也。
　九三：繫遯，有疾厲，畜臣妾吉。象曰：繫遯之厲，有疾憊也。畜臣妾吉，不可大事也。
　九四：好遯，君子吉，小人否。象曰：君子好遯，小人否也。
　九五：嘉遯，貞吉。象曰：嘉遯貞吉，以正志也。
　上九：肥遯，無不利。象曰：肥遯，無不利；無所疑也。

第三十四卦：☳ 大壯　雷天大壯　乾下震上

大壯，利貞。
彖曰：大壯，大者壯也。剛以動，故壯。大壯利貞；大者正也。正大而天地之情可見矣！
　象曰：雷在天上，大壯；君子以非禮勿履。
　初九：壯於趾，征凶，有孚。象曰：壯於趾，其孚窮也。
　九二：貞吉。象曰：九二貞吉，以中也。

九三：小人用壯，君子用罔，貞厲。羝羊觸藩，羸其角。象曰：小人用壯，君子罔也。
九四：貞吉悔亡，藩決不羸，壯於大輿之輹。象曰：藩決不羸，尚往也。
六五：喪羊於易，無悔。象曰：喪羊於易，位不當也。
上六：羝羊觸藩，不能退，不能遂，無攸利，艱則吉。象曰：不能退，不能遂，不祥也。艱則吉，咎不長也。

第三十五卦：䷢ 晉　火地晉　坤下離上

晉，康侯用錫馬蕃庶，晝日三接。
彖曰：晉，進也。明出地上，順而麗乎大明，柔進而上行。是以康侯用錫馬蕃庶，晝日三接也。
象曰：明出地上，晉；君子以自昭明德。
初六：晉如摧如，貞吉。罔孚，裕無咎。象曰：晉如摧如；獨行正也。裕無咎；未受命也。
六二：晉如愁如，貞吉。受茲介福，於其王母。象曰：受之介福，以中正也。
六三：眾允，悔亡。象曰：眾允之，志上行也。
九四：晉如鼫鼠，貞厲。象曰：鼫鼠貞厲，位不當也。
六五：悔亡，失得勿恤，往吉無不利。象曰：失得勿恤，往有慶也。
上九：晉其角，維用伐邑，厲吉無咎，貞吝。象曰：維用伐邑，道未光也。

第三十六卦：䷣ 明夷　地火明夷　離下坤上

明夷，利艱貞。
彖曰：明入地中，明夷。內文明而外柔順，以蒙大難，文王以之。利艱貞，晦其明也，內難而能正其志，箕子以之。
象曰：明入地中，明夷；君子以蒞眾，用晦而明。
初九：明夷於飛，垂其翼。君子於行，三日不食。有攸往，主人有言。象曰：君子於行，義不食也。
六二：明夷，夷於左股，用拯馬壯，吉。象曰：六二之吉，順以則也。
九三：明夷於南狩，得其大首，不可疾，貞。象曰：南狩之志，乃大得也。
六四：入於左腹，獲明夷之心，出於門庭。象曰：入於左腹，獲心意也。
六五：箕子之明夷，利貞。象曰：箕子之貞，明不可息也。
上六：不明，晦，初登於天，後入於地。象曰：初登於天，照四國也。後入於地，失則也。

第三十七卦：䷤ 家人　風火家人　離下巽上

家人，利女貞。
彖曰：家人，女正位乎內，男正位乎外，男女正，天地之大義也。家人有嚴君焉，父母之謂也。父父，子子，兄兄，弟弟，夫夫，婦婦，而家道正；正家而天下定矣。
象曰：風自火出，家人；君子以言有物，而行有恆。
初九：閑有家，悔亡。象曰：閑有家，志未變也。
六二：無攸遂，在中饋，貞吉。象曰：六二之吉，順以巽也。
九三：家人嗃（ㄏㄜˋ）嗃，悔厲吉；婦子嘻嘻，終吝。象曰：家人嗃嗃，未失也；婦子嘻嘻，失家節也。
六四：富家，大吉。象曰：富家大吉，順在位也。
九五：王假有家，勿恤吉。象曰：王假有家，交相愛也。
上九：有孚威如，終吉。象曰：威如之吉，反身之謂也。

第三十八卦： 睽　火澤睽　兌下離上

睽，小事吉。

彖曰：睽，火動而上，澤動而下；二女同居，其志不同行；說而麗乎明，柔進而上行，得中而應乎剛；是以小事吉。天地睽，而其事同也；男女睽，而其志通也；萬物睽，而其事類也；睽之時用大矣哉！

象曰：上火下澤，睽；君子以同而異。

初九：悔亡，喪馬勿逐，自復，見惡人無咎。象曰：見惡人，以辟咎也。

九二：遇主於巷，無咎。象曰：遇主於巷，未失道也。

六三：見輿曳，其牛掣，其人天且劓，無初有終。象曰：見輿曳，位不當也。無初有終，遇剛也。

九四：睽孤，遇元夫，交孚，厲無咎。象曰：交孚無咎，志行也。

六五：悔亡，厥宗噬膚，往何咎？象曰：厥宗噬膚，往有慶也。

上九：睽孤，見豕負塗，載鬼一車，先張之弧，後說之弧，匪寇婚媾，往遇雨則吉。象曰：遇雨之吉，群疑亡也。

第三十九卦： 蹇　水山蹇　艮下坎上

蹇，利西南，不利東北；利見大人，貞吉。

彖曰：蹇，難也，險在前也。見險而能止，知矣哉！蹇利西南，往得中也；不利東北，其道窮也。利見大人，往有功也。當位貞吉，以正邦也。蹇之時用大矣哉！

象曰：山上有水，蹇。君子以反身修德。

初六：往蹇，來譽。象曰：往蹇來譽，宜待也。

六二：王臣蹇蹇，匪躬之故。象曰：王臣蹇蹇，終無尤也。

九三：往蹇來反。象曰：往蹇來反，內喜之也。

六四：往蹇來連。象曰：往蹇來連，當位實也。

九五：大蹇朋來。象曰：大蹇朋來，以中節也。

上六：往蹇來碩，吉；利見大人。象曰：往蹇來碩，志在內也。利見大人，以從貴也。

第四十卦： 解　雷水解　坎下震上

解，利西南，無所往，其來復吉。有攸往，夙吉。

彖曰：解，險以動，動而免乎險，解。解利西南，往得眾也。其來復吉，乃得中也。有攸往夙吉，往有功也。天地解，而雷雨作，雷雨作，而百果草木皆甲坼，解之時義大矣哉！

象曰：雷雨作，解；君子以赦過宥罪。

初六：無咎。象曰：剛柔之際，義無咎也。

九二：田獲三狐，得黃矢，貞吉。象曰：九二貞吉，得中道也。

六三：負且乘，致寇至，貞吝。象曰：負且乘，亦可醜也，自我致戎，又誰咎也。

九四：解而拇，朋至斯孚。象曰：解而拇，未當位也。

六五：君子維有解，吉；有孚於小人。象曰：君子有解，小人退也。

上六：公用射隼，於高墉之上，獲之，無不利。象曰：公用射隼，以解悖也。

第四十一卦： 損　山澤損　兌下艮上

損，有孚，元吉，無咎，可貞，利有攸往。曷之用？二簋可用享。

彖曰：損，損下益上，其道上行。損而有孚，元吉，無咎，可貞，利有攸往。曷之用？二簋可用享；二簋應有時。損剛益柔有時，損益盈虛，與時偕行。

象曰：山下有澤，損。君子以懲忿窒欲。

初九：已事遄往，無咎，酌損之。象曰：已事遄往，尚合志也。

九二：利貞，征凶，弗損益之。象曰：九二利貞，中以為志也。
六三：三人行，則損一人；一人行，則得其友。象曰：一人行，三則疑也。
六四：損其疾，使遄有喜，無咎。象曰：損其疾，亦可喜也。
六五：或益之十朋之龜，弗克違，元吉。象曰：六五元吉，自上佑也。
上九：弗損益之，無咎，貞吉，利有攸往，得臣無家。象曰：弗損益之，大得志也。

第四十二卦：䷩ 益　風雷益　震下巽上

益，利有攸往，利涉大川。
彖曰：益，損上益下，民說無疆，自上下下，其道大光。利有攸往，中正有慶。利涉大川，木道乃行。益動而巽，日進無疆。天施地生，其益無方。凡益之道，與時偕行。
象曰：風雷，益；君子以見善則遷，有過則改。
初九：利用為大作，元吉，無咎。象曰：元吉無咎，下不厚事也。
六二：或益之十朋之龜，弗克違，永貞吉。王用享於帝，吉。象曰：或益之，自外來也。
六三：益之用凶事，無咎。有孚中行，告公用圭。象曰：益用凶事，固有之也。
六四：中行，告公從。利用為依遷國。象曰：告公從，以益志也。
九五：有孚惠心，勿問元吉。有孚惠我德。象曰：有孚惠心，勿問之矣。惠我德，大得志也。
上九：莫益之，或擊之，立心勿恆，凶。象曰：莫益之，偏辭也。或擊之，自外來也。

第四十三卦：䷪ 夬　澤天夬　乾下兌上

夬，揚於王庭，孚號，有厲。告自邑，不利即戎，利有攸往。
彖曰：夬，決也，剛決柔也。健而說，決而和，揚於王庭，柔乘五剛也。孚號有厲，其危乃光也。告自邑，不利即戎，所尚乃窮也。利有攸往，剛長乃終也。
象曰：澤上於天，夬。君子以施祿及下，居德則忌。
初九：壯於前趾，往不勝為咎。象曰：不勝而往，咎也。
九二：惕號，莫夜有戎，勿恤。象曰：有戎勿恤，得中道也。
九三：壯於頄（ㄎㄨㄟˊ），有凶。君子夬夬，獨行遇雨，若濡有慍，無咎。象曰：君子夬夬，終無咎也。
九四：臀無膚，其行次且。牽羊悔亡，聞言不信。象曰：其行次且，位不當也。聞言不信，聰不明也。
九五：莧陸夬夬，中行無咎。象曰：中行無咎，中未光也。
上六：無號，終有凶。象曰：無號之凶，終不可長也。

第四十四卦：䷫ 姤　天風姤　巽下乾上

姤，女壯，勿用取女。
彖曰：姤，遇也，柔遇剛也。勿用取女，不可與長也。天地相遇，品物咸章也。剛遇中正，天下大行也。姤之時義大矣哉。
象曰：天下有風，姤。後以施命誥四方。
初六：繫於金柅（ㄋㄧˇ），貞吉。有攸往，見凶，羸豕孚蹢躅。象曰：繫於金柅，柔道牽也。
九二：包有魚，無咎，不利賓。象曰：包有魚，義不及賓也。
九三：臀無膚，其行次且，厲，無大咎。象曰：其行次且，行未牽也。
九四：包無魚，起凶。象曰：無魚之凶，遠民也。
九五：以杞包瓜，含章，有隕自天。象曰：九五含章，中正也。有隕自天，志不捨命也。
上九：姤其角，吝，無咎。象曰：姤其角，上窮吝也。

第四十五卦：☱☷ 萃　澤地萃　坤下兌上

萃，亨。王假有廟，利見大人，亨，利貞。用大牲吉。利有攸往。
彖曰：萃，聚也；順以說，剛中而應，故聚也。王假有廟，致孝享也。利見大人亨，聚以正也。用大牲吉，利有攸往，順天命也。觀其所聚，而天地萬物之情可見矣。
象曰：澤上於地，萃。君子以除戎器，戒不虞。
初六：有孚不終，乃亂乃萃，若號，一握為笑，勿恤，往無咎。象曰：乃亂乃萃，其志亂也。
六二：引吉，無咎，孚乃利用禴。象曰：引吉無咎，中未變也。
六三：萃如，嗟如，無攸利。往無咎，小吝。象曰：往無咎，上巽也。
九四：大吉，無咎。象曰：大吉無咎，位不當也。
九五：萃有位，無咎。匪孚，元永貞，悔亡。象曰：萃有位，志未光也。
上六：齎咨涕洟（ㄧˊ），無咎。象曰：齎咨涕洟，未安上也。

第四十六卦：☷☴ 升　地風升　巽下坤上

升，元亨，用見大人，勿恤，南征吉。
彖曰：柔以時升，巽而順，剛中而應，是以大亨。用見大人，勿恤；有慶也。南征吉，志行也。
象曰：地中生木，升；君子以順德，積小以高大。
初六：允升，大吉。象曰：允升大吉，上合志也。
九二：孚乃利用禴（ㄩㄝˋ），無咎。象曰：九二之孚，有喜也。
九三：升虛邑。象曰：升虛邑，無所疑也。
六四：王用亨於岐山，吉無咎。象曰：王用亨於岐山，順事也。
六五：貞吉，升階。象曰：貞吉升階，大得志也。
上六：冥升，利於不息之貞。象曰：冥升在上，消不富也。

第四十七卦：☱☵ 困　澤水困　坎下兌上

困：亨，貞，大人吉，無咎，有言不信。
彖曰：困，剛揜也。險以說，困而不失其所，亨；其唯君子乎？貞大人吉，以剛中也。有言不信，尚口乃窮也。
象曰：澤無水，困；君子以致命遂志。
初六：臀困於株木，入於幽谷，三歲不覿（ㄉㄧˊ）。象曰：入於幽谷，幽不明也。
九二：困於酒食，朱紱（ㄈㄨˊ）方來，利用亨祀，征凶，無咎。象曰：困於酒食，中有慶也。
六三：困於石，據於蒺藜，入於其宮，不見其妻，凶。象曰：據於蒺藜，乘剛也。入於其宮，不見其妻，不祥也。
九四：來徐徐，困於金車，吝，有終。象曰：來徐徐，志在下也。雖不當位，有與也。
九五：劓（ㄧˋ）刖（ㄩㄝˋ），困於赤紱，乃徐有說，利用祭祀。象曰：劓刖，志未得也。乃徐有說，以中直也。利用祭祀，受福也。
上六：困於葛藟（ㄌㄟˇ），於臲（ㄋㄧㄝˋ）卼（ㄨˋ），曰動悔。有悔，征吉。象曰：困於葛藟，未當也。動悔，有悔吉，行也。

第四十八卦：☵☴ 井　水風井　巽下坎上

井，改邑不改井，無喪無得，往來井井。汔（ㄑㄧˋ）至，亦未繘（ㄩˋ）井，羸其瓶，凶。
彖曰：巽乎水而上水，井。井養而不窮也。改邑不改井，乃以剛中也。汔至亦未繘井，未有功也。羸其瓶，是以凶也。
象曰：木上有水，井；君子以勞民勸相。
初六：井泥不食，舊井無禽。象曰：井泥不食，下也。舊井無禽，時舍也。

九二：井谷射鮒，甕敝漏。象曰：井谷射鮒，無與也。
　　九三：井渫（ㄒㄧㄝˋ）不食，為我心惻，可用汲，王明，並受其福。象曰：井渫不食，行惻也。求王明，受福也。
　　六四：井甃（ㄓㄡˋ），無咎。象曰：井甃無咎，修井也。
　　九五：井洌，寒泉食。象曰：寒泉之食，中正也。
　　上六：井收勿幕，有孚無吉。象曰：元吉在上，大成也。

第四十九卦：䷰ 革　澤火革　離下兌上

　　革，己日乃孚。元亨，利貞，悔亡。
　　彖曰：革，水火相息，二女同居，其志不相得，曰革。己日乃孚；革而信之。文明以說，大亨以正，革而當，其悔乃亡。天地革而四時成，湯武革命，順乎天而應乎人，革之時大矣哉！
　　象曰：澤中有火，革。君子以治曆明時。
　　初九：鞏用黃牛之革。象曰：鞏用黃牛，不可以有為也。
　　六二：己日乃革之，征吉，無咎。象曰：己日革之，行有嘉也。
　　九三：征凶，貞厲，革言三就，有孚。象曰：革言三就，又何之矣。
　　九四：悔亡，有孚改命，吉。象曰：改命之吉，信志也。
　　九五：大人虎變，未占有孚。象曰：大人虎變，其文炳也。
　　上六：君子豹變，小人革面，征凶，居貞吉。象曰：君子豹變，其文蔚也。小人革面，順以從君也。

第五十卦：䷱ 鼎　火風鼎　巽下離上

　　鼎，元吉，亨。
　　彖曰：鼎，象也。以木巽火，亨飪也。聖人亨以享上帝，而大亨以養聖賢。巽而耳目聰明，柔進而上行，得中而應乎剛，是以元亨。
　　象曰：木上有火，鼎；君子以正位凝命。
　　初六：鼎顛趾，利出否，得妾以其子，無咎。象曰：鼎顛趾，未悖也。利出否，以從貴也。
　　九二：鼎有實，我仇有疾，不我能即，吉。象曰：鼎有實，慎所之也。我仇有疾，終無尤也。
　　九三：鼎耳革，其行塞，雉膏不食，方雨虧悔，終吉。象曰：鼎耳革，失其義也。
　　九四：鼎折足，覆公餗（ㄙㄨˋ），其形渥，凶。象曰：覆公餗，信如何也。
　　六五：鼎黃耳，金鉉，利貞。象曰：鼎黃耳，中以為實也。
　　上九：鼎玉鉉，大吉，無不利。象曰：玉鉉在上，剛柔節也。

第五十一卦：䷲ 震　震為雷　震下震上

　　震，亨。震來虩（ㄒㄧˋ）虩，笑言啞啞。震驚百里，不喪匕鬯（ㄔㄤˋ）。
　　彖曰：震，亨。震來虩虩，恐致福也。笑言啞啞，後有則也。震驚百里，驚遠而懼邇也。出可以守宗廟社稷，以為祭主也。
　　象曰：洊雷，震；君子以恐懼修身。
　　初九：震來虩虩，後笑言啞啞，吉。象曰：震來虩虩，恐致福也。笑言啞啞，後有則也。
　　六二：震來厲，億喪貝，躋於九陵，勿逐，七日得。象曰：震來厲，乘剛也。
　　六三：震蘇蘇，震行無眚。象曰：震蘇蘇，位不當也。
　　九四：震遂泥。象曰：震遂泥，未光也。
　　六五：震往來厲，億無喪，有事。象曰：震往來厲，危行也。其事在中，大無喪也。
　　上六：震索索，視矍矍，征凶。震不於其躬，於其鄰，無咎。婚媾有言。象曰：震索索，未得中也。雖凶無咎，畏鄰戒也。

第五十二卦：䷳ 艮　艮為山　艮下艮上

艮，艮其背，不獲其身，行其庭，不見其人，無咎。

彖曰：艮，止也。時止則止，時行則行，動靜不失其時，其道光明。艮其止，止其所也。上下敵應，不相與也。是以不獲其身，行其庭不見其人，無咎也。

象曰：兼山，艮；君子以思不出其位。

初六：艮其趾，無咎，利永貞。象曰：艮其趾，未失正也。

六二：艮其腓，不拯其隨，其心不快。象曰：不拯其隨，未退聽也。

九三：艮其限，列其夤（一ㄣˊ），厲薰心。象曰：艮其限，危薰心也。

六四：艮其身，無咎。象曰：艮其身，止諸躬也。

六五：艮其輔，言有序，悔亡。象曰：艮其輔，以中正也。

上九：敦艮，吉。象曰：敦艮之吉，以厚終也。

第五十三卦：䷴ 漸　風山漸　艮下巽上

漸，女歸吉，利貞。

彖曰：漸之進也，女歸吉也。進得位，往有功也。進以正，可以正邦也。其位剛，得中也。止而巽，動不窮也。

象曰：山上有木，漸。君子以居賢德，善俗。

初六：鴻漸於干，小子厲，有言，無咎。象曰：小子之厲，義無咎也。

六二：鴻漸於磐，飲食衎（ㄎㄢˋ）衎，吉。象曰：飲食衎衎，不素飽也。

九三：鴻漸於陸，夫征不復，婦孕不育，凶；利禦寇。象曰：夫征不復，離群醜也。婦孕不育，失其道也。利用禦寇，順相保也。

六四：鴻漸於木，或得其桷（ㄐㄩㄝˊ），無咎。象曰：或得其桷，順以巽也。

九五：鴻漸於陵，婦三歲不孕；終莫之勝，吉。象曰：終莫之勝，吉；得所願也。

上九：鴻漸於陸，其羽可用為儀，吉。象曰：其羽可用為儀，吉；不可亂也。

第五十四卦：䷵ 歸妹　雷澤歸妹　兌下震上

歸妹：征凶，無攸利。

彖曰：歸妹，天地之大義也。天地不交，而萬物不興，歸妹人之終始也。說以動，所歸妹也。征凶，位不當也。無攸利，柔乘剛也。

象曰：澤上有雷，歸妹；君子以永終知敝。

初九：歸妹以娣，跛能履，征吉。象曰：歸妹以娣，以恆也。跛能履吉，相承也。

九二：眇能視，利幽人之貞。象曰：利幽人之貞，未變常也。

六三：歸妹以須，反歸以娣。象曰：歸妹以須，未當也。

九四：歸妹愆（ㄑㄧㄢ）期，遲歸有時。象曰：愆期之志，有待而行也。

六五：帝乙歸妹，其君之袂，不如其娣之袂良，月幾望，吉。象曰：帝乙歸妹，不如其娣之袂良也。其位在中，以貴行也。

上六：女承筐無實，士刲（ㄎㄨㄟ）羊無血，無攸利。象曰：上六無實，承虛筐也。

第五十五卦：䷶ 豐　雷火豐　離下震上

豐：亨，王假之，勿憂，宜日中。

彖曰：豐，大也。明以動，故豐。王假之，尚大也。勿憂宜日中，宜照天下也。日中則昃，月盈則食，天地盈虛，與時消息，而況人於人乎？況於鬼神乎？

象曰：雷電皆至，豐。君子以折獄致刑。

初九：遇其配主，雖旬無咎，往有尚。象曰：雖旬無咎，過旬災也。

六二：豐其蔀（ㄅㄨˋ），日中見斗，往得疑疾，有孚發若，吉。象曰：有孚發若，信

以發志也。

九三：豐其沛，日中見昧，折其右肱，無咎。象曰：豐其沛，不可大事也。折其右肱，終不可用也。

九四：豐其蔀，日中見斗；遇其夷主，吉。象曰：豐其蔀，位不當也。日中見斗，幽不明也。遇其夷主，吉；行也。

六五：來章，有慶譽，吉。象曰：六五之吉，有慶也。

上六：豐其屋，蔀其家，窺其戶，闃（ㄑㄩˋ）其無人，三歲不覿，凶。象曰：豐其屋，天際翔也。窺其戶，闃其無人，自藏也。

第五十六卦：䷷ 旅　火山旅　艮下離上

旅：小亨。旅貞吉。

彖曰：旅，小亨，柔得中乎外，而順乎剛，止而麗乎明，是以小亨，旅貞吉也。旅之時義大矣哉！

象曰：山上有火，旅；君子以明慎用刑，而不留獄。

初六：旅瑣瑣，斯其所取災。象曰：旅瑣瑣，志窮災也。

六二：旅即次，懷其資，得童僕貞。象曰：得童僕貞，終無尤也。

九三：旅焚其次，喪其童僕貞，厲。象曰：旅焚其次，亦以傷矣。以旅與下，其義喪也。

九四：旅於處，得其資斧，我心不快。象曰：旅於處，未得位也。得其資斧，心未快也。

六五：射雉一矢亡，終以譽命。象曰：終以譽命，上逮也。

上九：鳥焚其巢，旅人先笑後號咷。喪牛於易，凶。象曰：以旅在上，其義焚也。喪牛於易，終莫之聞也。

第五十七卦：䷸ 巽　巽為風　巽下巽上

巽，小亨，利有攸往，利見大人。

彖曰：重巽以申命，剛巽乎中正而志行。柔皆順乎剛，是以小亨，利有攸往，利見大人。

象曰：隨風，巽；君子以申命行事。

初六：進退，利武人之貞。象曰：進退，志疑也。利武人之貞，志治也。

九二：巽在床下，用史巫紛若，吉無咎。象曰：紛若之吉，得中也。

九三：頻巽，吝。象曰：頻巽之吝，志窮也。

六四：悔亡，田獲三品。象曰：田獲三品，有功也。

九五：貞吉悔亡，無不利。無初有終，先庚三日，後庚三日，吉。象曰：九五之吉，位正中也。

上九：巽在床下，喪其資斧，貞凶。象曰：巽在床下，上窮也。喪其資斧，正乎凶也。

第五十八卦：䷹ 兌　兌為澤　兌下兌上

兌：亨，利貞。

彖曰：兌，說也。剛中而柔外，說以利貞，是以順乎天，而應乎人。說以先民，民忘其勞；說以犯難，民忘其死；說之大，民勸矣哉！

象曰：麗澤，兌；君子以朋友講習。

初九：和兌，吉。象曰：和兌之吉，行未疑也。

九二：孚兌，吉，悔亡。象曰：孚兌之吉，信志也。

六三：來兌，凶。象曰：來兌之凶，位不當也。

九四：商兌，未寧，介疾有喜。象曰：九四之喜，有慶也。

九五：孚於剝，有厲。象曰：孚於剝，位正當也。

上六：引兌。象曰：上六引兌，未光也。

第五十九卦： 渙　風水渙　坎下巽上

渙：亨。王假有廟，利涉大川，利貞。

彖曰：渙，亨。剛來而不窮，柔得位乎外而上同。王假有廟，王乃在中也。利涉大川，乘木有功也。

象曰：風行水上，渙；先王以享於帝立廟。

初六：用拯馬壯，吉。象曰：初六之吉，順也。

九二：渙奔其機，悔亡。象曰：渙奔其機，得願也。

六三：渙其躬，無悔。象曰：渙其躬，志在外也。

六四：渙其群，元吉。渙有丘，匪夷所思。象曰：渙其群，元吉；光大也。

九五：渙汗其大號，渙王居，無咎。象曰：王居無咎，正位也。

上九：渙其血，去逖出，無咎。象曰：渙其血，遠害也。

第六十卦： 節　水澤節　兌下坎上

節：亨，苦節不可貞。

彖曰：節，亨，剛柔分，而剛得中。苦節不可貞，其道窮也。說以行險，當位以節，中正以通。天地節而四時成，節以制度，不傷財，不害民。

象曰：澤上有水，節；君子以制數度，議德行。

初九：不出戶庭，無咎。象曰：不出戶庭，知通塞也。

九二：不出門庭，凶。象曰：不出門庭，失時極也。

六三：不節若，則嗟若，無咎。象曰：不節之嗟，又誰咎也。

六四：安節，亨。象曰：安節之亨，承上道也。

九五：甘節，吉；往有尚。象曰：甘節之吉，居位中也。

上六：苦節，貞凶，悔亡。象曰：苦節貞凶，其道窮也。

第六十一卦： 中孚　風澤中孚　兌下巽上

中孚：豚魚吉，利涉大川，利貞。

彖曰：中孚，柔在內而剛得中。說而巽，孚，乃化邦也。豚魚吉，信及豚魚也。利涉大川，乘木舟虛也。中孚以利貞，乃應乎天也。

象曰：澤上有風，中孚；君子以議獄緩死。

初九：虞吉，有它不燕。象曰：初九虞吉，志未變也。

九二：鳴鶴在陰，其子和之，我有好爵，吾與爾靡之。象曰：其子和之，中心願也。

六三：得敵，或鼓或罷，或泣或歌。象曰：或鼓或罷，位不當也。

六四：月幾望，馬匹亡，無咎。象曰：馬匹亡，絕類上也。

九五：有孚攣如，無咎。象曰：有孚攣如，位正當也。

上九：翰音登於天，貞凶。象曰：翰音登於天，何可長也。

第六十二卦： 小過　雷山小過　艮下震上

小過：亨，利貞，可小事，不可大事。飛鳥遺之音，不宜上宜下，大吉。

彖曰：小過，小者過而亨也。過以利貞，與時行也。柔得中，是以小事吉也。剛失位而不中，是以不可大事也。有飛鳥之象焉，有飛鳥遺之音，不宜上宜下，大吉；上逆而下順也。

象曰：山上有雷，小過；君子以行過乎恭，喪過乎哀，用過乎儉。

初六：飛鳥以凶。象曰：飛鳥以凶，不可如何也。

六二：過其祖，遇其妣；不及其君，遇其臣，無咎。象曰：不及其君，臣不可過也。

九三：弗過防之，從或戕之，凶。象曰：從或戕之，凶如何也。

九四：無咎，弗過遇之，往厲必戒，勿用永貞。象曰：弗過遇之，位不當也。往厲必戒，

終不可長也。
六五：密雲不雨，自我西郊；公弋取彼在穴。象曰：密雲不雨，已上也。
上六：弗遇過之；飛鳥離之，凶，是謂災眚。象曰：弗遇過之，已亢也。

第六十三卦： 既濟　水火既濟　離下坎上

既濟：亨小，利貞，初吉終亂。
彖曰：既濟，亨，小者亨也。利貞，剛柔正而位當也。初吉，柔得中也。終止則亂，其道窮也。
象曰：水在火上，既濟；君子以思患而預防之。
初九：曳其輪，濡其尾，無咎。象曰：曳其輪，義無咎也。
六二：婦喪其茀（ㄈㄨˊ），勿逐，七日得。象曰：七日得，以中道也。
九三：高宗伐鬼方，三年克之，小人勿用。象曰：三年克之，憊也。
六四：繻（ㄒㄩ）有衣袽（ㄖㄨˊ），終日戒。象曰：終日戒，有所疑也。
九五：東鄰殺牛，不如西鄰之禴祭，實受其福。象曰：東鄰殺牛，不如西鄰之時也；實受其福，吉大來也。
上六：濡其首，厲。象曰：濡其首厲，何可久也。

第六十四卦： 未濟　火水未濟　坎下離上

未濟：亨。小狐汔濟，濡其尾，無攸利。
彖曰：未濟，亨；柔得中也。小狐汔濟，未出中也。濡其尾，無攸利；不續終也。雖不當位，剛柔應也。
象曰：火在水上，未濟；君子以慎辨物居方。
初六：濡其尾，吝。象曰：濡其尾，亦不知極也。
九二：曳其輪，貞吉。象曰：九二貞吉，中以行正也。
六三：未濟，征凶，利涉大川。象曰：未濟征凶，位不當也。
九四：貞吉，悔亡；震用伐鬼方，三年有賞於大國。象曰：貞吉悔亡，志行也。
六五：貞吉，無悔，君子之光，有孚，吉。象曰：君子之光，其暉吉也。
上九：有孚於飲酒，無咎。濡其首，有孚失是。象曰：飲酒濡首，亦不知節也。

附錄二

《繫辭傳》

上篇

天尊地卑，乾坤定矣。卑高以陳，貴賤位矣。動靜有常，剛柔斷矣。方以類聚，物以群分，吉凶生矣。在天成象，在地成形，變化見矣。

是故，剛柔相摩，八卦相盪。鼓之以雷霆，潤之以風雨。日月運行，一寒一暑。乾道成男，坤道成女。乾知大始，坤作成物。乾以易知，坤以簡能。易則易知，簡則易從。易知則有親，易從則有功。有親則可久，有功則可大。可久則賢人之德，可大則賢人之業。易簡，而天下之理得矣；天下之理得，而成位乎其中矣。

聖人設卦觀象，繫辭焉而明吉凶，剛柔相推而生變化。是故，吉凶者，失得之象也。悔吝者，憂虞之象也。變化者，進退之象也。剛柔者，晝夜之象也。六爻之動，三極之道也。是故，君子所居而安者，《易》之序也。所樂而玩者，爻之辭也。是故，君子居則觀其象，而玩其辭；動則觀其變，而玩其占。是以自天佑之，吉無不利。

彖者，言乎象者也。爻者，言乎變者也。吉凶者，言乎其失得也。悔吝者，言乎其小疵也。無咎者，善補過也。是故，列貴賤者，存乎位，齊小大者，存乎卦，辯吉凶者，存乎辭。憂悔吝者，存乎介。震無咎者，存乎悔。是故，卦有小大，辭有險易。辭也者，各指其所之。

《易》與天地準，故能彌綸天地之道。仰以觀於天文，俯以察於地理，是故知幽明之故。原始反終，故知死生之說。精氣為物，遊魂為變，是故知鬼神之情狀。與天地相似，故不違。知周乎萬物，而道濟天下，故不過。旁行而不流，樂天知命，故不憂。安土敦乎仁，故能愛，範圍天地之化而不過，曲成萬物而不遺，通乎晝夜之道而知，故神無方而易無體。

一陰一陽之謂道，繼之者善也，成之者性也。仁者見之謂之仁，知者見之謂之知，百姓日用不知，故君子之道鮮矣。顯諸仁，藏諸用，鼓萬物而不與聖人同憂，盛德大業至矣哉！富有之謂大業，日新之謂盛德。生生之謂易，成象之謂乾，效法之謂坤，極數知來之謂占，通變之謂事，陰陽不測之謂神。

夫易，廣矣大矣，以言乎遠，則不禦；以言乎邇，則靜而正；以言乎天地之間，則備矣。夫乾，其靜也專，其動也直，是以大生焉。夫坤，其靜也翕，其動也闢，是以廣生焉。廣大配天地。變通配四時，陰陽之義配日月，易簡之善配至德。

子曰：「《易》其至矣乎！夫《易》，聖人所以崇德而廣業也。知崇禮卑，崇效天，卑法地，天地設位，而《易》行乎其中矣。成性存存，道義之門。」

聖人有以見天下之賾，而擬諸其形容，象其物宜，是故謂之象。聖人有以見天下之動，而觀其會通，以行其典禮。繫辭焉，以斷其吉凶，是故謂之爻。言天下之至賾，而不可惡也。言天下之至動，而不可亂也。擬之而後言，議之而後動，擬議以成其變化。「鳴鶴在陰，其子和之；我有好爵，吾與爾靡之。」

子曰：「君子居其室，出其言善，則千里之外應之，況其邇者乎，居其室，出其言不善，則千里之外違之，況其邇者乎？言出乎身，加乎民，行發乎邇，見乎遠。言行，君子之樞機。樞機之發，榮辱之主也。言行，君子之所以動天地也，可不慎乎？」

「同人，先號咷而後笑。」子曰：「君子之道，或出或處，或默或語。二人同心，其利斷金；同心之言，其臭如蘭。」

「初六，藉用白茅，無咎。」子曰：「苟錯諸地而可矣，藉之用茅，何咎之有？慎之至也。夫茅之為物薄，而用可重也。慎斯術也以往，其無所失矣。」

「勞謙君子，有終吉。」子曰：「勞而不伐，有功而不德，厚之至也。語以其功下人者也。

德言盛，禮言恭。謙也者，致恭以存其位者也。」

「亢龍有悔。」子曰：「貴而無位，高而無民，賢人在下位而無輔，是以動而有悔也。」

「不出戶庭，無咎。」子曰：「亂之所生也，則言語以為階。君不密，則失臣；臣不密，則失身；幾事不密，則害成。是以君子慎密而不出也。」

子曰：「作《易》者其知盜乎？易曰：『負且乘，致寇至。』負也者，小人之事也。乘也者，君子之器也。小人而乘君子之器，盜思奪之矣。上慢下暴，盜思伐之矣。慢藏誨盜，冶容誨淫。《易》曰：『負且乘，致寇至。』盜之招也。」

天一地二，天三地四，天五地六，天七地八，天九地十。天數五，地數五，五位相得而各有合。天數二十有五，地數三十。凡天地之數五十有五，此所以成變化，而行鬼神也。大衍之數五十，其用四十有九。分而為二以象兩，掛一以象三，揲之以四以象四時，歸奇於扐以象閏。五歲再閏，故再扐而後掛。

《乾》之策，二百一十有六，《坤》之策，百四十有四，凡三百有六十，當期之日。二篇之策，萬有一千五百二十，當萬物之數也。是故，四營而成《易》，十有八變而成卦，八卦而小成。引而伸之，觸類而長之，天下之能事畢矣。顯道神德行，是故可與酬酢，可與佑神矣。子曰：「知變化之道者，其知神之所為乎！」

《易》有聖人之道四焉：以言者尚其辭，以動者尚其變，以制器者尚其象，以卜筮者尚其占。是以君子將以有為也，將有行也。問焉而以言，其受命也如響。無有遠近幽深，遂知來物。非天下之至精，其孰能與於此？參伍以變，錯綜其數。通其變，遂成天下之文；極其數，遂定天下之象。非天下之至變，其孰能與於此？《易》無思也，無為也，寂然不動，感而遂通天下之故。非天下之至神，其孰能與於此。

夫《易》，聖人之所以極深而研幾也。唯深也，故能通天下之志；唯幾也，故能成天下之務；唯神也，故不疾而速，不行而至。子曰：「《易》有聖人之道四焉」者，此之謂也。

子曰：「夫《易》何為者也？夫《易》開物成務，冒天下之道，如斯而已者也。」是故，聖人以通天下之志，以定天下之業，以斷天下之疑。是故，蓍之德，圓而神；卦之德，方以知；六爻之義，易以貢。聖人以此洗心，退藏於密，吉凶與民同患。神以知來，知以藏往，其孰能與於此哉！古之聰明睿知神武而不殺者夫！

是以，明於天之道，而察於民之故，是興神物以前民用。聖人以此齋戒，以神明其德夫！是故，闔戶謂之坤；闢戶謂之乾；一闔一闢謂之變；往來不窮謂之通。見乃謂之象。形乃謂之器，制而用之，謂之法；利用出入、民咸用之，謂之神。

是故，《易》有太極，是生兩儀，兩儀生四象，四象生八卦，八卦定吉凶，吉凶生大業。是故，法象莫大乎天地，變通莫大乎四時；懸象著明莫大乎日月，崇高莫大乎富貴；備物致用，立成器以為天下利，莫大乎聖人；探賾索隱，鉤深致遠，以定天下之吉凶，成天下之亹亹者，莫大乎蓍龜。

是故，天生神物，聖人則之；天地變化，聖人效之；天垂象，見吉凶，聖人象之，河出圖，洛出書，聖人則之。《易》有四象，所以示也。繫辭焉，所以告也。定之以吉凶，所以斷也。

《易》曰：「自天佑之，吉無不利。」子曰：「佑者，助也，天之所助者，順也；人之所助者，信也。履信思乎順，又以尚賢也。是以自天佑之，吉無不利也。」

子曰：「書不盡言，言不盡意。然則聖人之意，其不可見乎。」子曰：「聖人立象以盡意，設卦以盡情偽，繫辭以盡其言，變而通之以盡利，鼓之舞之以盡神。」

乾坤其易之蘊邪？乾坤成列，而《易》立乎其中矣。乾坤毀，則無以見《易》。《易》不可見，則乾坤或幾乎息矣。是故，形而上者謂之道，形而下者謂之器。化而裁之謂之變，推而行之謂之通，舉而措之天下之民，謂之事業。

是故，夫象，聖人有以見天下之賾，而擬諸其形容，象其物宜，是故謂之象。聖人有以見天下之動，而觀其會通，以行其典禮，繫辭焉，以斷其吉凶，是故謂之爻。極天下之賾者，存乎卦；鼓天下之動者，存乎辭；化而裁之，存乎變；推而行之，存乎通，神而明之，存乎其人；默而成之，不言而信，存乎德行。

下篇

　　八卦成列，象在其中矣。因而重之，爻在其中矣。剛柔相推，變在其中矣。繫辭焉而命之，動在其中矣。吉凶悔吝者，生乎動者也。剛柔者，立本者也。變通者，趣時者也。吉凶者，貞勝者也。天地之道，貞觀者也。日月之道，貞明者也。天下之動，貞夫一者也。

　　夫乾，確然示人易矣。夫坤，隤然示人簡矣。爻也者，效此者也。象也者，像此者也。爻象動乎內，吉凶見乎外，功業見乎變，聖人之情見乎辭。

　　天地之大德曰生，聖人之大寶曰位。何以守位曰仁。何以聚人曰財。理財正辭，禁民為非曰義。

　　古者包犧氏之王天下也。仰則觀象於天，俯則觀法於地，觀鳥獸之文，與地之宜，近取諸身，遠取諸物，於是始作八卦，以通神明之德，以類萬物之情。

　　作結繩而為網罟，以佃以漁，蓋取諸《離》。

　　包犧氏沒，神農氏作，斲木為耜，揉木為耒，耒耨之利，以教天下，蓋取諸《益》。

　　日中為市，致天下之民，聚天下之貨，交易而退，各得其所，蓋取諸《噬嗑》。

　　神農氏沒，黃帝、堯、舜氏作，通其變，使民不倦，神而化之，使民宜之。《易》窮則變，變則通，通則久。是以自天佑之，吉無不利。黃帝、堯、舜垂衣裳而天下治，蓋取諸《乾》、《坤》。

　　刳木為舟，剡木為楫，舟楫之利，以濟不通，致遠以利天下，蓋取諸《渙》。

　　服牛乘馬，引重致遠，以利天下，蓋取諸《隨》。

　　重門擊柝，以待暴客，蓋取諸《豫》。

　　斷木為杵，掘地為臼，杵臼之利，萬民以濟，蓋取諸《小過》。

　　弦木為弧，剡木為矢，弧矢之利，以威天下，蓋取諸《睽》。

　　上古穴居而野處，後世聖人易之以宮室，上棟下宇，以待風雨，蓋取諸《大壯》。

　　古之葬者，厚衣之以薪，葬之中野，不封不樹，喪期無數，後世聖人，易之以棺槨，蓋取諸《大過》。

　　上古結繩而治，後世聖人易之以書契，百官以治，萬民以察，蓋取諸夬。

　　是故，《易》者，象也。象也者，像也。彖者，材也；爻也者，效天下之動者也。是故，吉凶生，而悔吝著也。

　　陽卦多陰，陰卦多陽，其故何也？陽卦奇，陰卦偶。其德行何也？陽一君而二民，君子之道也。陰二君而一民，小人之道也。

　　《易》曰：「憧憧往來，朋從爾思。」子曰：「天下何思何慮？天下同歸而殊途，一致而百慮，天下何思何慮？日往則月來，月往則日來，日月相推而明生焉。寒往則暑來，暑往則寒來，寒暑相推而歲成焉。往者屈也，來者信也，屈信相感而利生焉。尺蠖之屈，以求信也。龍蛇之蟄，以存身也。精義入神，以致用也。利用安身，以崇德也。過此以往，未之或知也。窮神知化，德之盛也。」

　　《易》曰：「困於石，據於蒺藜，入於其宮，不見其妻，凶。」子曰：「非所困而困焉，名必辱。非所據而據焉，身必危。既辱且危，死期將至，妻其可得見邪？」

　　《易》曰：「公用射隼，於高墉之上，獲之無不利。」子曰：「隼者禽也。弓矢者器也。射之者，人也。君子藏器於身，待時而動，何不利之有？動而不括，是以出而有獲。語成器而動者也。」

　　子曰：「小人不恥不仁，不畏不義，不見利不勸，不威不懲。小懲而大誡，此小人之福也。《易》曰：『履校滅趾無咎，此之謂也』。」

　　「善不積，不足以成名；惡不積，不足以滅身。小人以小善為無益，而弗為也。以小惡為無傷，而弗去也。故惡積而不可掩，罪大而不可解。《易》曰：『何校滅耳，凶。』」

　　子曰：「危者，安其位者也；亡者，保其存者也。亂者，有其治者也。是故，君子安而不忘危，存而不忘亡，治而不忘亂；是以身安而國家可保也。《易》曰：『其亡其亡，繫於

包桑。』」

子曰：「德薄而位尊，知小而謀大，力小而任重，鮮不及矣。《易》曰：『鼎折足，覆公餗，其形渥，凶。』言不勝其任也。」

子曰：「知幾其神乎？君子上交不諂，下交不瀆，其知幾乎？幾者動之微，吉之先見者也。君子見幾而作，不俟終日。《易》曰：『介于石，不終日，貞吉。』介如石焉，寧用終日，斷可識矣。君子知微知彰，知柔知剛，萬夫之望。」

子曰：「顏氏之子，其殆庶幾乎？有不善未嘗不知，知之未嘗復行也。《易》曰：『不遠復，無祇悔，元吉。』」

天地絪縕，萬物化醇。男女構精，萬物化生。《易》曰：「三人行，則損一人，一人行，則得其友。」言致一也。

子曰：「君子安其身而後動，易其心而後語，定其交而後求。君子修此三者，故全也。危以動，則民不與也。懼以語，則民不應也。無交而求，則民不與也。莫之與，則傷之者至矣。《易》曰：『莫益之，或擊之。立心勿恆，凶。』」

子曰：「乾坤，其易之門邪？」乾，陽物也；坤，陰物也。陰陽合德，而剛柔有體，以體天地之撰，以通神明之德。其稱名也，雜而不越。於稽其類，其衰世之意邪？

夫《易》，彰往而察來，而微顯闡幽。開而當名，辨物正言，斷辭則備矣。其稱名也小，其取類也大。其旨遠，其辭文，其言曲而中，其事肆而隱，因貳以濟民行，以明失得之報。

《易》之興也，其於中古乎？作《易》者，其有憂患乎？

是故，履，德之基也；謙，德之柄也；復，德之本也；恆，德之固也；損，德之脩也；益，德之裕也；困，德之辨也；井，德之地也；巽，德之制也。

履，和而至；謙，尊而光；復，小而辨於物；恆，雜而不厭；損，先難而後易；益，長裕而不設；困，窮而通；井，居其所而遷；巽，稱而隱。

履以和行，謙以制禮，復以自知，恆以一德，損以遠害，益以興利，困以寡怨，井以辨義，巽以行權。

《易》之為書也不可遠，為道也屢遷。變動不居，周流六虛，上下無常，剛柔相易，不可為典要，唯變所適。其出入以度，外內使知懼。又明於憂患與故，無有師保，如臨父母。初率其辭，而揆其方，既有典常。苟非其人，道不虛行。

《易》之為書也，原始要終，以為質也，六爻相雜，唯其時物也。其初難知，其上易知，本末也。初辭擬之，卒成之終。若夫雜物撰德，辨是與非，則非其中爻不備。噫！亦要存亡吉凶，則居可知矣，知者觀其彖辭，則思過半矣。

二與四同功而異位，其善不同。二多譽，四多懼，近也。柔之為道，不利遠者，其要無咎，其用柔中也。三與五同功而異位，三多凶，五多功，貴賤之等也。其柔危，其剛勝邪？

《易》之為書也，廣大悉備，有天道焉，有人道焉，有地道焉。兼三才而兩之，故六六者，非它也，三材之道也。

道有變動，故曰爻。爻有等，故曰物。物相雜，故曰文。文不當，故吉凶生焉。

《易》之興也，其當殷之末世，周之盛德邪？當文王與紂之事邪？

是故其辭危。危者使平，易者使傾。其道甚大，百物不廢。懼以終始，其要無咎，此之謂《易》之道也。

夫乾，天下之至健也，德行恆易以知險。夫坤，天下之至順也，德行恆簡以知阻。

能說諸心，能研諸侯之慮。定天下之吉凶，成天下之亹亹者。是故，變化云為，吉事有祥，象事知器，占事知來。

天地設位，聖人成能，人謀鬼謀，百姓與能。

八卦以象告，爻彖以情言，剛柔雜居，而吉凶可見矣。變動以利言，吉凶以情遷。是故愛惡相攻而吉凶生，遠近相取而悔吝生，情偽相感而利害生。凡《易》之情，近而不相得則凶，或害之，悔且吝。

將叛者其辭慚，中心疑者其辭枝，吉人之辭寡，躁人之辭多，誣善之人其辭游，失其守者其辭屈。

國家圖書館出版品預行編目(CIP)資料

圖解易經的智慧傳部 / 唐頤編著. -- 初版. -- 新北市：華威國際事業有限公司, 2025.07
　　面；　公分
ISBN 978-957-9075-70-1(平裝)
1.CST: 易經 2.CST: 研究考訂
121.17　　　　　　　　　114006244

圖解易經的智慧 傳部

原　　　著	唐　頤
副總編輯	徐梓軒
責任編輯	吳詩婷、劉沛萱
校　　對	張　昀
內文排版	黃莉庭
法律顧問	建業法律事務所 張少騰律師 110台北市信義區信義路五段7號62樓 電話：886-2-8101-1973
法律顧問	徐立信 律師
出 版 者	華威國際事業有限公司
總 經 銷	創智文化有限公司 236新北市土城區忠承路89號6樓 電話：886-2-2268-3489 傳真：886-2-2269-6560
初版一刷	2025年07月
定　　價	499元
香港總經銷	和平圖書有限公司
地　　址	香港柴灣嘉業街12號百樂門大廈17樓
電　　話	852-2804-6687
傳　　真	852-2804-6409

原著作名：《圖解易經的智慧 傳部》
Copyright © 2019 Beijing Zito Books Co., Ltd
All rights reserved.
Traditional Chinese rights arranged through CA-LINK International LLC (www.ca-link.cn)

【版權所有，翻印必究】